# 소프트웨어 프로젝트 관리

Software Project Management

고석하 지음

개정3판

생능출판

국립중앙도서관 출판시도서목록(CIP)

소프트웨어 프로젝트 관리 / 고석하 지음. — 개정3판. —
파주 : 생능출판사, 2014
p. ; cm

ISBN 978-89-7050-794-1 93320 : ₩27000

프로젝트 관리[--管理]
프로젝트[project]

325.431-KDC5
658.4038-DDC21 CIP2014002516

# 개정 3판 머리말

이번 개정에서는 2013년 초에 발표된 PMI의 *A Guide to the Project Management Body of Knowledge* ver.5에서 추가되거나 변경된 내용을 반영하였다. 또한, 프로그램 관리에 대한 PMI의 2008년의 *The Standard for Program Management*, ver.2의 내용을 추가하였으며, 프로그램 관리의 관점에서 소프트웨어의 개발부터 폐기까지의 전체 생애주기에 걸친 총 소유비용을 어떻게 최소화할 것인가에 대한 간단한 논의를 추가하였다.

프로젝트project는 특정 결과물을 생성한 후에 종료되는 한시적이고 유일한 노력이다. 프로젝트가 한시적이라는 것은 명확한 시작과 종료 시점을 가진다는 뜻이다. 반면에 운영operation은 프로젝트의 결과물을 지속적이고 반복적으로 이용하고 관리하는 노력이다. 일반적으로 작업은 프로젝트와 운영으로 분류할 수 있다.

특히, 지식은 일반적으로 프로젝트에 의해서 생성되며 프로젝트에 의해서 생산 활동에 적용된다. 이러한 이유로, 산업 사회에서 정보화 사회를 거쳐서 지식 사회로 진입하고 있는 현재 프로젝트의 중요성이 나날이 증대하고 있다.

프로세스는 특정 제품, 결과 또는 서비스의 성취를 위해 수행되는 상호 연관된 행동과 활동들의 집합이다. 프로젝트의 프로세스는 크게 2가지로 분류할 수 있다.

- **제품(종속) 프로세스**product-oriented process: 프로젝트의 결과물을 정의하고 생성한다. 그 구체적인 내용은 응용 영역에 따라서 매우 다양하다.
- **관리 프로세스**management process: 프로젝트를 개시하고, 작업 계획을 개발하며 구체적인 관리 활동을 수행하고, 진행 상황을 모니터하고 통제하며 프로젝트를 종료시킨다. 모든 프로젝트에서 공통적이다.

프로젝트에서 관리 프로세스와 제품 프로세스는 서로 겹치며, 그 수행 동안에 상호작용한다. 예를 들면, 프로젝트의 범위는 목표로 하는 제품을 어떻게 만들 것인가에 대한 기본적인 이해가 없이는 정의될 수 없다.

그러나 프로젝트 관리에 관한 지식들은 제품 프로세스와는 독립적으로 발전시킬 수 있다. 프로젝트 관리와 관련된 국제적인 기구인 PMIProject Management Institute에서는 제품 프로세스에 의해서 직접적으로는 영향을 받지 않는, 프로젝트 관리를 위한 지식을 주기적으로 정리하여 하나의 지식 체계Body of Knowledge로 발표한다. PMI는 2013년에 제5판을 발표하였다. 제5판에서는 프로젝트 관리와 관련된 지식을 크게 10개 영역으로 분류하였다.

이 책은 크게 세 부분으로 구성되어 있다. 이 책의 제I부에서는 프로젝트 관리에 대한 기초 이론을 간단히 소개하였다. 제1장에서는 프로젝트란 무엇인가와 소프트웨어 프로젝트의 특수성에 대하여 간단히 설명하였다. 제2장에서는 PMI의 프로젝트 관리 모형과 프로그램 관리 모형의 개요를 설명하였다. 프로그램이란 상호 연관된 프로젝트들의 집합으로, 해당 프로그램의 생애주기 내에서 시작되는 프로젝트들을 개별적으로 관리해서는 얻을 수 없는 이익을 관리하고 통제하기 위해서 연계된 방법으로 관리되는 것들을 말한다.

제II부에서는 프로젝트 관리 프로세스들을 10개의 지식 영역별로 자세히 설명하였다. 제3장부터 12장까지는 해당 프로젝트 관리 지식 영역에 대한 일반적인 내용을 먼저 소개하고, 소프트웨어 프로젝트 관리에 특유한 내용은 나중에 소개하였다.

제III부에서는 소프트웨어 개발 프로젝트의 제품 프로세스와, 그것을 기반으로, 제품 프로세스와 관리 프로세스 간의 상호작용에 대해서 소개하였다. 제13장에서는 대표적인 소프트웨어 제품 프로세스 모델들을 소개하였다. 제14장과 제15장에서는 전형적인 소규모 웹사이트 개발 프로젝트와 대규모 비즈니스 프로세스 응용 소프트웨어 개발 프로젝트의 제품 프로세스를 각각 가장 대표적인 소프트웨어 제품 프로세스 모델 중의 하나인 폭포수 모델과 UPUnified Process에 기반하여 설명하였다. 제14장과 제15장에서는 또한 관리 프로세스가 구체적인 제품 프로세스에 따라 어떻게 조정되어야 하는가를 설명하였다.

이 책의 가장 큰 특징은 프로젝트의 제품 프로세스와 관리 프로세스를 엄격히 분리하여 소개하였다는 것이다. 이러한 관점에서는 이 책은 소프트웨어 프로젝트의 예를 이용한 일반적인 프로젝트 관리에 대한 책으로 간주될 수도 있다. 이러한 구성을 선택한 이유는, 구체적인 제품 프로세스를 함께 고려하지 않고는 관리 프로세스에 대해서도 바르게 이해할 수 없기 때문이다.

이 책의 또 하나의 특징은 너무 전문적이거나 소프트웨어 프로젝트에만 특유한 내용들은 가급적 본문의 내용으로부터 분리하여 독립된 "Box" 안에 따로 정리하였다는 것이다. Box 안의 내용은 되도록 그림이나 표를 이용하여 설명함으로써 이해를 높이도록 하였다. 특히 전문성이 높거나 내용이 긴 것은 각 장의 부록에 수록하였다. 이러한 모듈러한 양식은 실무자들이 현업에서 필요한 내용들을 그때그때 확인하거나, 대학에서 강의 내용을 맞춤화하는 데에 편리할 것으로 기대한다. 일반적인 프로젝트 관리에 대한 입문을 위해서는 Box의 내용은 선택적으로 학습하면 된다.

부족한 점이 매우 많지만, 천릿길도 한 걸음부터라는 마음으로 계속 개정하고 개선하여 우리나라 소프트웨어 산업의 발전과 지식입국에 조금이라도 보탬이 될 수 있기를 바란다. 비록 졸고이나마 이 책이 나올 수 있도록 도와주신 모든 분들께 감사드린다.

2014년 2월

고석하

C O N T E N T S

# 차례

PART 02 PMI 프로젝트 관리 프로세스

CHAPTER 03 프로젝트 통합 관리



CHAPTER 04 프로젝트 이해관계자 관리



CHAPTER 05 프로젝트 범위 관리

PART 03 소프트웨어 제품 프로세스

CHAPTER 13 소프트웨어 프로세스 모델



CHAPTER 14 웹 사이트 개발 프로젝트

PART 01

# 소프트웨어 프로젝트 관리 개요

제1부에서는 프로젝트 및 프로그램 관리에 대한 기초적인 지식을 PMIProject Management Institute가 2013년에 출판한 〈A Guide to the Project Management Body of Knowledge, Ver.5〉와 2008년에 출판한 〈The Standard for Program Management, Ver.2〉의 개요에 대해 살펴볼 것이다.

제1장에서는 프로젝트와 프로그램이 무엇이며, 프로젝트 및 프로그램의 한 종류로서 소프트웨어 프로젝트 및 프로그램의 특수성은 무엇인가에 대해서 설명한다. 프로젝트와 프로그램은 프로세스에 의해서 수행된다. 프로젝트 프로세스는 크게 제품(종속) 프로세스와 프로젝트 관리 프로세스로 분류할 수 있다. 프로젝트 관리 프로세스와 제품 프로세스는 서로 겹치며, 프로젝트가 수행되는 동안 상호작용한다. 예를 들면, 프로젝트의 범위는 목적으로 삼는 제품을 어떻게 만들 것인가에 대한 기본적인 이해 없이는 정의될 수 없다.

이 책에서는 프로젝트 관리에 대해서 효과적으로 설명하기 위해 필요하다고 생각되는 범위에 한해서 제품 프로세스에 관해 설명하였다. 이러한 경우에도 다양한 종류의 제품 프로세스를 이용하여 관리 프로세스에 대해서 설명하는 것은 혼란을 유발할 수 있다. 따라서 이 책에서는 소프트웨어를 이용하여 일관성 있게 프로젝트 관리 프로세스 자체뿐만 아니라 프로젝트 관리 프로세스와 제품 프로세스 간의 상호작용에 대해서 설명하였다. 제1장에서는 앞으로의 일관성 있는 설명을 위해 소프트웨어 프로젝트의 특수성에 대해서 설명할 것이다.

제2장에서는 〈A Guide to the Project Management Body of Knowledge, Ver.5〉[1)]의 프로젝트 관리 모델과 〈The Standard for Program Management, Ver.2〉[2)]의 프로그램 관리의 전체적인 구조에 대해서 설명할 것이며, 이를 위해서 관리의 기본 요소인 계획과 통제를 PCDAPlan-Do-Check-Act 사이클의 관점에서 간단히 설명하고 거버넌스governance 개념을 소개할 것이다. PDCA 사이클은 프로젝트 수행 기간에 얻어진 경험을 분석하고 그 결과를 다음 프로젝트에 피드백함으로써 생산성을 향상시키는 기제를 말한다. 또한 프로그램 관리의 관점에서 아키텍처 침식architecture erosion을 방지함으로써 소프트웨어의 전체 생애 주기에 걸친 총비용을 어떻게 최소화할 것인가에 대해서 간단히 설명할 것이다.

---

1) 앞으로는 'PMBoK2013'으로 표시하겠다.
2) 앞으로는 'StdPgM2008'로 표시하겠다.

CHAPTER

# 01

# 프로젝트 관리와 소프트웨어 개발의 기초

CHAPTER

# 01 프로젝트 관리와 소프트웨어 개발의 기초

이 장에서는 다음의 사항을 중심으로 프로젝트 관리와 소프트웨어 개발에 관한 기본적 개념들에 대해서 알아본다.

- 프로젝트, 프로그램, 포트폴리오의 차이
- 제품 프로세스와 관리 프로세스의 차이
- 소프트웨어 개발 프로젝트의 특수성

## 1.1 프로젝트 관리 개요

### 1.1.1 프로젝트[1)]

PMI Project Management Institute의 정의에 의하면, **프로젝트** project는 유일한 제품, 서비스 혹은 결과를 만들어 내기 위해 수행되는 한시적으로 수행되는 점진적인 노력이다. 여기에서 '한시적', '유일한', '점진적'의 의미는 다음과 같다.

- **한시성** : 한시적이라는 의미는 모든 프로젝트가 명확한 시작과 명확한 종료를 가진다는 의미이다. 프로젝트는 그 수행 목표들이 달성되었거나, 목표를 달성하는 것이 불가능하다는 것이 명확해지거나, 또는 더 이상의 프로젝트 수행에 대한 필요성이 없어졌을 경우에 프로젝트가 종료된다. 일시적이라는 의미가 반드시 기간의 짧음을 의미하진 않으며, 실제 다수의 프로젝트가 몇 년씩 지속되는 경우도 있다. 하지만 어떠한 경우에도 프로젝트의 수행 기간은 한정되어 있다.
- **유일성** : 프로젝트는 제품, 서비스, 또는 지식이나 정보와 같은 인도물을 생성하며, 이러한 인도물은 유일하다. 예를 들면, 수많은 사무실 건물이 건설되어 왔지만 위치나 형태 등이 완전히 같은 건물들은 한 쌍도 없다.
- **점진성** : 프로젝트 또는 프로젝트의 인도물은 점진적으로 구체화된다. 예를 들

1) PMBoK2008, pp.5-7, 12, 22-23, 37-38. "PMBoK2008"과 PMBoK2013은 각각 PMI가 2008년에 발표한 프로젝트 관리 표준 모델인 A Guide to the Project Management Body of Knowledge의 제4판과 제5판을 의미한다. 이 책에 각주로 붙은 부분은 해당 부분을 정리하였다는 것을 의미한다.

면, 일반적으로 초기에는 프로젝트 범위(해야 할 일)가 대략적으로 기술되지만, 목표와 인도물에 대한 이해가 증진됨에 따라 프로젝트 범위는 좀 더 명확하고 구체적으로 기술된다. 프로젝트 명세서에 대한 **점진적 구체화**는[2)] 프로젝트가 계약에 의해 수행되는 경우에는 프로젝트 범위 정의와 함께 주의 깊게 조정되어야 한다.

프로젝트 자체가 한시적이기 때문에 프로젝트를 수행하는 프로젝트 팀도 또한 한시적이다. 단일 프로젝트 수행을 위해 생성된 팀은, 그 프로젝트가 종료되면, 해체되고 팀원들은 재배치된다.

일반적으로 작업은 프로젝트와 **운영**operation으로 분류된다. 작업은 한 집합의 목적들을 달성하기 위해 수행하는 일이다. 프로젝트와 운영은 아래와 같은 공통적인 특징들을 가지고 있다.

- 사람에 의해 수행된다.
- 한정된 자원으로 인해 제한받는다.
- 계획되고, 수행되고, 통제된다.

그러나 프로젝트와 운영은 목표에 있어 근본적으로 차이가 있다. 프로젝트는 특정 인도물을 생성한 후에는 종료되는 한시적이고 유일한 노력인 반면에, 운영은 인도물을 지속적이고 반복적으로 이용하고 관리하는 노력이다. 이러한 모든 노력들은 프로세스를 통해서 수행된다.

**프로세스**process는 특정 제품, 결과 또는 서비스의 성취를 위해 수행되는 상호연관된 행동과 활동들의 집합이다. 프로젝트 프로세스는 프로젝트 팀에 의해 수행되며, 프로세스의 종류는 두 가지로 분류할 수 있다.

- **제품 종속 프로세스**product-oriented process : 프로젝트가 제품생성과 관련된 프로세스로서, 응용 영역에 따라 매우 다양하다.
- **프로젝트 관리 프로세스**project management process : 프로젝트의 관리, 즉 초기화, 계

2) 점진적 구체화와 혼동하면 안 될 개념으로 범위 확산이 있다. 범위 확산scope creep은 시간이 지남에 따라서 범위 자체가 점점 확대되는 것을 말한다.

획, 수행, 모니터링 및 통제, 종료를 위한 프로세스인데, 모든 프로젝트에 공통적이며 프로젝트 제품에 독립적이다.

프로젝트 관리 프로세스들은 응용 영역 또는 산업 분야와는 독립적이다. 그러나 프로젝트 관리 프로세스와 제품 종속 프로세스는 서로 중복되는 부분이 있으며, 프로젝트가 수행되는 동안 상호작용한다. 예를 들면, 프로젝트의 범위는 제품을 어떻게 만들 것인가에 대한 기본적인 이해 없이는 정의될 수 없다.

산출물은 명세서, 타당성 조사 보고서, 상세 설계 문서 또는 작업 프로토타입과 같은 측정가능하고 검증가능한 작업결과이다. 프로젝트의 산출물 또한 그 프로세스에 따라서 다음과 같이 크게 2가지로 분류할 수 있다.

- 프로젝트 관리 프로세스에 따른 결과
- 최종 제품 또는 계획된 최종 제품의 구성 요소

### 1.1.2 프로젝트 관리[3)]

**관리**management는 조직 목표를 달성하는 과정으로, 모든 종류의 조직과 모든 계층에 적용된다. 기업의 경우에는, **유효성**effectiveness과 **효율성**efficiency을 높임으로써 잉여를 창출하는 것이 목표이다. 관리 과정은 다음과 같이 크게 다섯 단계로 분류할 수 있다.

① **계획**planning : 사명missions과 목표objectives, 그리고 이들을 달성하기 위한 행동 방안을 선택하는 것, 미래에 대해서 예측하고, 미래의 행동과정에 대한 여러 가지 대안을 작성하고, 이러한 대안 중에서 최적의 것을 선택하는 의사결정을 포함한다.

② **조직화**organizing : 조직 구성원들이 담당할 역할 구조를 설정하는 것이다. 목표를 달성하기 위해서 필요한 모든 일을 확인하여 배분하고, 그 일을 수행할 최적의 사람을 선택하여 할당한다.

③ **충원**staffing : 조직화에 의해서 설정된 업무에 인원을 배치하고 그 상태를 유지

3) PMBoK2008. pp.6-7, 41-65.

**Box 1-1 성공적인 프로젝트 관리 전략**

- **프로젝트 성공 기준을 정의한다.** 프로젝트 초기에 반드시 이해관계자들이 프로젝트 성공을 결정할 방법에 대해서 공동 인식을 공유하도록 한다.
- **견고한 프로젝트 계획을 개발한다.** 계획을 개발하는 데 가장 어려운 것은 생각하고, 정보를 교환하고, 협상하며, 균형을 맞추는 것이다. 견고한 프로젝트 계획을 작성하기 위해서 사용한 시간은 그 이후의 변경을 감소시킨다.
- **분할해서 정복한다.** 모든 대규모 과업을 작은 과업들로 분할하여, 좀 더 정확한 예측을 제공하고, 잠재된 작업 활동들을 밝혀내고, 더욱 정확하고 세밀한 상태 추적을 할 수 있도록 한다.
- **변경 계획을 수립한다.** 프로젝트에서는 모든 것이 정확히 계획한 대로만 진행되지는 않는다. 따라서 예산과 일정은 변화를 수용하기 위해서 주요 단계의 후반에는 약간의 여유분을 포함해야 한다.
- **프로젝트 위험을 관리한다.** 위험의 탐지와 통제의 실패는 위험이 프로젝트를 통제하도록 만든다. 프로젝트 계획 동안에 반드시 가능한 위험 요인을 브레인스토밍을 통하여 탐지하고, 그 잠재적인 위협을 평가하고, 완화하거나 방지할 최선의 방법을 결정하기 위해서 충분한 시간을 사용하여야 한다.

위의 항목들은 잡지 CIO에 게재된 상위 5개의 성공적 프로젝트 관리 전략을 보여준다([고 외, 2008]). 프로젝트 성공 기준을 잘 정의하고 공유하는 것은 프로젝트의 성공을 위해서 가장 중요하다. 소프트웨어 개발 프로젝트의 경우에는 종종, 미리 결정된 일정을 맞추는 것만이 성공에 대한 유일한 척도인 경우가 많다. 그러나 분명히 다른 중요한 기준들이 많다. 시장 점유율 올리기, 특정 판매량이나 수입 달성하기, 특정 고객 만족 척도 충족하기, 유지보수 비용이 많이 드는 레거시 시스템legacy system 퇴역시키기, 특정 트랜잭션 처리량과 정확도 달성하기 등이 그 예이다.

변경은 대규모 소프트웨어 시스템에서는 피할 수 없는 현상이다. 조직의 필요와 요구사항을 시스템의 전체 생에뿐만이 아니라, 개별 프로젝트 기간 동안에도 변화한다. 이것은 상응하는 변경이 시스템 또는 프로젝트에 행해져야 함을 의미한다.

변경 계획을 수립하고 프로젝트 위험을 관리하는 것은 프로젝트의 성공을 위한 가장 중요한 요소 중의 하나이다. 변경 관리와 위험 관리는 밀접하게 연관되어 있다. 위험 관리의 가장 중요한 요소 중의 하나는 프로젝트 후반에 대규모의 변경이 불가피해지는 것을 방지하는 것이다.

하기 위해서 인적 자원을 관리한다.[4)]

④ 지휘leading : 구성원들이 조직과 집단의 목표를 달성하는 데 공헌하도록 그들에게 영향을 미침. 동기부여motivating, 리더십, 의사소통communication 등을 포함한다.

4) 학자에 따라서는 충원은 조직화에 포함시키기도 한다. 또한 학자들에 따라서는 지시commanding, 조정coordinating, 의사결정decision making을 관리의 주요 요소로 분류하기도 한다.

## Box 1-2 PDCA 주기와 지속적 개선

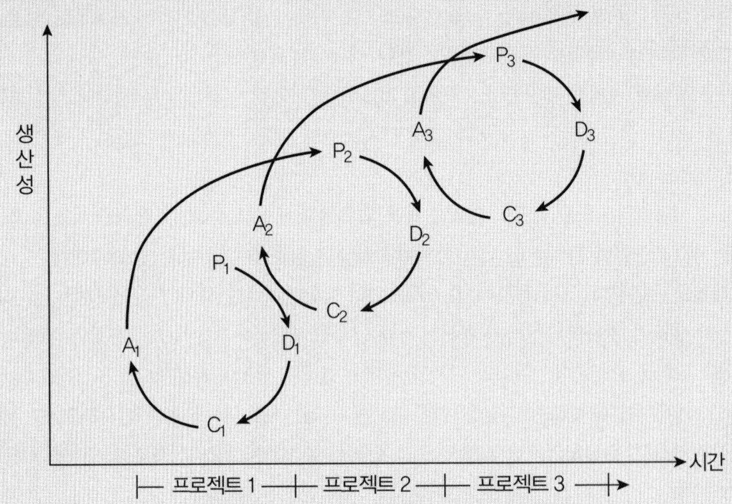


▶ PDCA 사이클과 생산성 향상

PDCA 주기에서 P는 계획plan, D는 실행do, C는 점검check, A는 조치action를 의미한다. 실행은 통상적인 의미의 모니터링 및 통제 활동을 포함하며, 계획과 함께 프로젝트 관리의 대부분을 차지한다. 각 부분의 자세한 내용은 다음과 같다.

- **계획**plan : 목적과 목표를 정하고, 그것을 달성하기 위한 구체적인 행동 경로를 결정한다.
- **실행**do : 계획을 실행하고, 실행을 모니터하며, 실행이 계획대로 진행되고 있지 않을 경우에는 적절한 조정 조치를 취한다.
- **점검**check : 실행 단계에서 심각한 이상이 감지되었을 경우에 그 해결책을 강구한다. 정보를 수집하고, 이상의 근본 원인이 무엇인지 확인한다.
  - 실행 성과가 계획을 초과하였다면, 그 원인이 항상 발생하도록 시스템을 개선할 수 있는 대안을 작성한다.
- **조치**action : 선택된 대안을 실행하여 시스템과 프로세스를 개선하고, 개선된 시스템과 프로세스를 안정시켜서 개선 효과가 일시적이 아니라, 지속적이고 누적적으로 발휘되도록 한다.

프로젝트 관리의 관점에서는, 문제점이나 개선점이 발견되더라도 프로젝트의 수행 중에 관련 프로세스를 변경하는 것은 너무나 큰 위험을 수반할 수 있다. 따라서 프로젝트 관리자는 프로젝트 수행 중에 얻은 교훈을 잘 정리하여 조직의 학습된 교훈 데이터베이스lessons learned database와 최선의 관행 라이브러리best practice library를 갱신하여야 한다. 프로젝트 수행 조직은 이러한 학습된 교훈을 정리하고 프로세스를 개선하여 그 결과를 다음 프로젝트에 피드백함으로써 생산성을 향상시켜야 한다.

⑤ **통제**controlling : 수행되는 일들이 계획과 일치하도록 하기 위해서 조직과 개인의 성과를 측정하고 수정함. 즉, 모든 활동들이 계획과 같이 잘 수행되고 있는가를 탐지하고 확인하는 과정으로, 목표 달성 여부의 측정과 관련된 활동과 그에 대한 통제를 포함한다.

이 중에서도 가장 핵심적인 요소는 계획, 조직화, 통제이다. 관리 과정을 이 세 요소를 중심으로 한 POCplanning, organizing, controlling의 반복적인 순환체계로 표현되기도 한다. 즉, 이들 각 요소는 단독적으로 성립되고 실행되는 것이 아니라, 계획하고plan, 계획된 내용을 조직을 이용하여 수행하고do, 그 결과를 확인하고 보장하는see 일련의 연관되고 반복되는 과정[5]을 통해서 수행된다. 프로젝트 관리와 관련해서는 PDCAplan, do, check, action 주기가 주로 거론된다.

**프로젝트 관리**project management의 근본적인 목적은 프로젝트의 목적을 달성하는 것, 즉 프로젝트의 범위를 충족시키는 것이며, 그러기 위해서 프로젝트 요구사항 충족을 위한 활동들에 지식, 기술, 도구 및 기법을 적용하는 것이다.

프로젝트 관리는 여러 가지 프로세스들을 통합하는 일이다. 프로젝트 관리의 통합은 개별 프로젝트 프로세스 및 제품 프로세스들을 적절하게 정렬시키고, 그것들의 조화로운 작동을 위해 서로 다른 프로세스들과 연결시킨다. 프로젝트 관리 프로세스들은 잘 정의된 인터페이스를 가진 분리된 요소들로 표현된다. 하지만, 실제 그것들은 겹치는 부분이 있으며 복잡하고 다양한 방법으로 상호작용한다. 특히, 한 프로세스 내에서의 활동은 해당 프로세스 및 관련된 타 프로세스들의 활동에도 영향을 끼친다. 예를 들면, 범위 변경은 거의 대부분 프로젝트 비용이나 팀 윤리, 그리고 제품 품질 등에 영향을 미칠 수 있다. 특정 사항에 대한 **상충관계**tradeoff는 프로젝트 및 조직 간에 다양하다. 성공적인 프로젝트 관리는 후원자sponsor, 고객, 기타 이해관계자의 요구사항을 성공적으로 충족시키기 위해, 상충관계를 해결하기 위한 상호작용들을 촉진하고 관리하는 것을 포함한다.

프로세스 상호작용은 종종 프로젝트 요구사항과 목표 간의 상충관계를 조정할 것을 요구하기도 한다. 크고 복잡한 프로젝트의 경우에는 이해당사자 들의 요구사항을 정의하고 충족시키고, 프로세스 결과에 대한 동의를 얻기 위해 특정 프로

5) 이러한 전체의 과정을 'plan-do-see', 약자로 'PDS cycle'이라고 부르기도 함

**Box 1-3 최선의 관행 라이브러리[6)]**

조직들은 규모의 경제와 효율성을 달성하기 위해서 최선의 관행을 채택하고 개발하며 적용한다. 이러한 것은 인프라스트럭처를 평가, 계획, 및 관리하는 데 적용된다. 최선의 관행 라이브러리best practice library 그 자체는 최선의 관행이 아니다. 그것은 최선의 관행을 검색하고 관리하기 위한 자료저장소이다. 최선의 관행을 정의하고 지정하는 것은 이 표준의 목적 밖이다. 이 라이브러리는 품질 보증, 비용 추정, 및 프로그램 관리와 같은 적용가능한 방법론들을 포함한다.

프로그램 관리 방법론은 조직 또는 산업 내에서 프로그램을 관리하기 위해서 사용되는 관행, 기법, 절차, 및 규칙들이다. 이것은 프로그램 위험을 감소시키고, 프로그램 효익을 달성하며, 프로그램을 계획대로 완성시키고, 이해관계자와 고객의 만족을 높이고, 갈등과 계획되지 않은 변경을 줄인다. 이것은 조직 수준에서 채택되고 승인되며, 프로젝트 관리 방법론을 보완(상충하는 것이 아니라)해야 한다.

최선의 관행은, 학습된 교훈처럼, 효과적이고 적절하게 (종종 선정된 이해관계자들에게 제한되고 통제된 방법으로) 유통되어야 한다. 최선의 관행은 적절하게 평가되고 선택되고, 검색에 적절하도록 저장되고, 그 유용성이 다함(또는 더 우수한 관행이 채택됨)에 따라서 제거되어야 한다.

세스가 여러 번 반복될 수 있다.

PMI의 PMBoK2013은 단일 프로젝트의 초기화, 계획, 수행, 모니터링 및 통제 그리고 종료에 필요한 정보를 문서화하고 표준화하는 방법을 제시하고 있다. PMBoK2013의 프로젝트 관리 표준은 대부분의 프로젝트, 대부분의 수행 기간에서 최적 사례로 인식되어 온 프로젝트 관리 프로세스들을 식별한 것으로, 산업계에서 광범위하게 적용되고 있다. '최적 사례'는 이러한 프로젝트 관리 프로세스들의 적용이 다양한 프로젝트의 성공 기회를 높여 주었다는 것에 대한 일반적인 합의가 있다는 것을 의미한다.

'표준'이라는 것은 묘사된 지식, 기술 그리고 프로세스들이 모든 프로젝트에 동일하게 적용되어야 한다는 것을 의미하는 것은 아니다. 어떤 프로젝트든지 프로젝트 관리자는, 프로젝트 팀원과 협력하여, 어떤 프로세스가 적절한지 그리고 각 프로세스를 어느 정도로 적용해야 할지에 대해서 결정해야 한다. 프로젝트 관리자와 팀원들은 각 프로세스와 그 프로세스를 구성하는 입/출력 요소를 신중하게 선정하고 재단tailoring해야 한다.

---

6) StdPgM2008 p.81. "StdPgM2008"은 PMI가 2008년에 발표한 프로그램 관리 표준의 2번째 모델인 The Standard for Program Management를 의미한다. 이 책이 각주로 붙은 부분은 해당 부분을 정리하였다는 것을 의미한다.

**Box 1-4 최선의 관행 라이브러리[7)]**

조직들은 규모의 경제와 효율성을 달성하기 위해서 최선의 관행을 채택하고 개발하며 적용한다. 이러한 것은 인프라스트럭처를 평가, 계획, 및 관리하는 데 적용된다. 최선의 관행 라이브러리best practice library 그 자체는 최선의 관행이 아니다. 그것은 최선의 관행을 검색하고 관리하기 위한 자료저장소이다. 최선의 관행을 정의하고 지정하는 것은 이 표준의 목적 밖이다. 이 라이브러리는 품질 보증, 비용 추정, 및 프로그램 관리와 같은 적용가능한 방법론들을 포함한다.

프로그램 관리 방법론은 조직 또는 산업 내에서 프로그램을 관리하기 위해서 사용되는 관행, 기법, 절차, 및 규칙들이다. 이것은 프로그램 위험을 감소시키고, 프로그램 효익을 달성하며, 프로그램을 계획대로 완성시키고, 이해관계자와 고객의 만족을 높이고, 갈등과 계획되지 않은 변경을 줄인다. 이것은 조직 수준에서 채택되고 승인되며, 프로젝트 관리 방법론을 보완(상충하는 것이 아니라)해야 한다.

최선의 관행은, 학습된 교훈처럼, 효과적이고 적절하게 (종종 선정된 이해관계자들에게 제한되고 통제된 방법으로) 유통되어야 한다. 최선의 관행은 적절하게 평가되고 선택되고, 검색에 적절하도록 저장되고, 그 유용성이 다함(또는 더 우수한 관행이 채택됨)에 따라서 제거되어야 한다.

PMBoK2013년 표준은 47개의 프로젝트 관리 프로세스들을 정의하고, 다음과 같이 5가지의 프로젝트 관리 프로세스 그룹으로 분류하고 있다.

- **개시하기 프로세스 그룹**initiating process group : 프로젝트 또는 프로젝트 단계를 정의하고 공인하는 과정으로 2개의 프로세스로 구성되어 있다.
- **계획하기 프로세스 그룹**planning process group : 목표들의 정의 및 정제, 목표 달성을 위해 필요한 활동의 과정, 프로젝트 수행 시에 따라야 할 범위에 대한 계획을 수립과정으로 24개의 프로세스로 구성되어 있다.
- **수행하기 프로세스 그룹**executing process group : 프로젝트에 대한 관리 프로세스를 수행할 인적 및 기타 자원을 통합하는 과정으로 8개의 프로세스를 포함한다.
- **모니터링 및 통제하기 프로세스 그룹**monitoring and controlling process group : 프로젝트 수행 실적과 프로젝트 관리 계획과의 차이를 식별하기 위해 프로세스를 정기적으로 측정하고 모니터링하며, 프로젝트 목표 달성을 위해 시정 조치 활동을 수행과정으로 11개의 프로세스로 구성되어 있다.
- **종료하기 프로세스 그룹**closing process group : 제품, 서비스 또는 결과물의 수용을 공

7) StdPgM2008 p.81. "StdPgM2008"은 PMI가 2008년에 발표한 프로그램 관리 표준의 2번째 모델인 The Standard for Program Management를 의미한다. 이 책이 각주로 붙은 부분은 해당 부분을 정리하였다는 것을 의미한다.

## Box 1-5 프로젝트 관리자가 갖추어야 할 지식

프로젝트 관리를 위한 많은 지식과 도구, 기법들은 작업분할체계WBS: work-break structure, 주요 공정 분석, 획득가치 관리 등과 같이 특화될 수 있다. 하지만 지식, 기술, 도구, 기법들에 대한 이해와 적용만으로는 효과적인 프로젝트 관리가 부족하다. 효과적인 프로젝트 관리를 위해서는 프로젝트 관리 팀원들은 적어도 다음의 5가지 영역의 전문적 지식을 갖추어야 한다.

- **프로젝트 관리 기법** : 프로젝트의 관리를 위해 특별히 개발된 기법이나 지식.
- **응용 영역에 대한 지식, 표준, 규정** : 예를 들어, 회계 관리 소프트웨어 개발 프로젝트에서는 회계 규정, 세법, 그리고 소프트웨어 공학 등과 같은 해당 응용 영역에 관한 구체적인 특수한 지식들이 필요하다.
- **프로젝트 환경에 대한 이해** : 실질적으로 모든 프로젝트는 사회적, 경제적 환경 내에서 계획되고 이행되며 환경적 요소들은 의도되었건 의도되지 않았건 프로젝트에 긍정적인 (또는) 부정적인 영향을 끼친다. 프로젝트 팀원들은 프로젝트가 수행되는 문화, 사회, 정치, 자연적 환경을 고려해야 한다.
- **일반적인 관리 지식 및 기술** : 일반 관리는 지속되는 사업의 운영에 대한 계획, 조직, 인력, 수행, 통제 등이 있다.
- **대인 기술** : 효과적인 의사소통, 조직에 대한 영향력, 리더십 및 동기 부여, 협상 및 갈등 관리, 문제 해결에 관한 지식 등이 있다.

일반 관리는 프로젝트 관리 기술 습득을 위한 기반을 제공하며, 종종 프로젝트 관리자의 필수 요건이 된다. 이러한 기술들과 응용을 설명하는 일반 관리 문서는 기본적으로 대부분의 프로젝트에서 공통적으로 필요하다. 이것은 다음과 같은 지식 분야들로 이루어져 있다. 재정관리 및 회계, 구매 및 조달, 판매 및 거래, 계약 및 상법, 제조 및 분배, 물류 및 공급망(전략적 계획, 전술적 계획) 운영적 계획(조직 구조, 조직 습성, 인력에 대한 관리, 보상, 이익, 경력), 안전 보건 업무, 정보 기술 등이다.
이상의 5가지 전문 지식 영역은 서로 중첩되며 어느 것 하나도 독립적으로 유지될 수 없다. 5 개의 모든 영역에 대해 프로젝트 팀원 모두가 전문가가 될 필요는 없으며, 또한 그럴 수도 없다. 하지만, 효과적으로 프로젝트를 관리하기 위해서는 프로젝트 팀이 5가지 지식 영역에 충분히 정통해야 한다.
프로젝트들 팀은 일반적으로 상위 조직의 일부이다. 조직의 예로는 회사, 정부 기관, 복지 기관, 국제 단체, 전문가 협회 등이 있다. 심지어 프로젝트 팀이 별도의 독립된 조직으로 운영되더라도, 그 팀은 일반적으로 해당 팀을 만든 조직에 의해 영향을 받는다. 프로젝트 관리 시스템, 문화, 유형, 조직 구조, 프로젝트 관리 사무소PMO: project management office에 대한 조직의 성숙도 또한 프로젝트 팀에 영향을 미친다. 프로젝트를 성공적으로 수행하기 위해서는 프로젝트에 영향을 미치는 이러한 상위 조직에 대한 지식도 또한 갖추고 있어야 한다.

식화하고, 프로젝트 또는 프로젝트 단계를 차례로 끝내는 과정으로 2개의 프로세스로 구성되어 있다.

이 5개의 프로세스 그룹들은 서로 의존하며, 동일한 순서로 각 프로젝트에서 수행되며, 응용 영역 또는 산업 분야에 따라 다르게 수행되지 않는다. 프로세스들 역시 프로세스 그룹 내 또는 프로세스 그룹 간에 서로 상호작용한다. 프로세스 그룹과 프로세스들은 하나의 프로젝트 내에서 종종 반복되고 교정된다. 특히, 계획 프로세스들은 일반적으로 수행 기간 동안에 재수행되거나 갱신되는 경우가 많다.

프로세스들은 저마다의 입 · 출력물로 연결되어 있다. 즉, 한 프로세스의 출력 또는 결과가 다른 프로세스의 입력이 된다. 예를 들면, 모니터링 및 통제 프로세스 그룹은 프로세스 그룹이 실행되는 동안 수행된 작업에 대해 모니터링과 통제를 할 뿐만 아니라, 전체 프로젝트 노력을 모니터링하고 통제한다. 모니터링 및 통제 프로세스 그룹은 프로젝트 관리 계획에 대한 준수 또는 적절한 수정을 위한 시정 활동과 사전 예방 활동 이행을 위한 피드백을 제공한다. 프로세스 그룹 간 많은 추가적인 상호작용들도 이와 비슷하다.

프로젝트가 여러 단계들로 나누어진 경우 프로세스 그룹들은 일반적으로 프로젝트가 효과적으로 완료될 수 있도록 전체 프로젝트 생애주기 동안 각 단계 내에서 반복된다. 대형 또는 복잡한 프로젝트에서 타당성 검토, 개념 개발, 설계, 프로토타입, 구축, 테스트 등 구분된 단계 또는 하부 프로젝트로 나누어진 경우에도 모든 프로세스 그룹의 프로세스들은 일반적으로 각 단계 또는 하부 프로젝트에서 반복된다. 프로젝트 관리자와 팀원은 원하는 프로젝트 목표들의 달성을 위해 프로세스 그룹에서 언제 어떤 프로세스를 적용할 것인지, 누가 수행할 것인지, 어느 정도로 엄격히 적용할 것인지를 결정할 책임을 진다.

### 1.1.3 프로젝트 생애주기[8)]

프로젝트 혹은 조직의 관리자는 조직 내에서 수행중인 운영과의 적절한 연계를 통해 효율적으로 관리하기 위해 프로젝트를 여러 단계로 나눌 수 있다. **프로젝트 생애주기**project life-cycle는 프로젝트의 시작부터 종료까지를 연결하는 단계들을 정의한다. 예를 들면, 조직은 대응할 필요가 있는 어떤 일을 식별했을 때 종종 그것을 프로젝트로 수행할 것인가를 결정하기 위해 타당성 조사를 공식적으로 수행할

8) PMBoK2008, pp.15-21.

수 있다. 프로젝트 생애주기에 대한 정의는 프로젝트 관리자가 타당성 조사를 프로젝트의 첫 번째 단계 또는 별도의 독립 프로젝트로서 다루어야 하는지에 대해 명확히 할 수 있도록 한다. 초기 투입의 성과를 명확히 식별할 수 없다면 이 노력들은 별개의 프로젝트로 취급하는 것이 적합하다.

프로젝트 생애주기는 일반적으로 아래 사항으로 정의된다.

- 각 단계 내에서 어떤 기술적 작업들이 수행되는가(예, 아키텍터의 작업은 어떤 단계에 포함되는가)?
- 각 단계의 인도물들은 언제 생성되며 어떻게 검토되고 검증되며, 유효해지는가?
- 각 단계에 누가 참여하는가(예, 동시공학concurrent engineering에서 이행 단계의 주요 참여자는 요구사항 및 설계에도 참여한다)?
- 각 단계의 통제와 승인은 어떻게 하는가?

대부분의 프로젝트 생애주기는 다음의 몇 가지 공통적인 특성을 가진다.

- 단계들은 일반적으로 순차적이고, 기술적 정보의 전달 또는 기술적 구성 요소의 이양과 같은 형태로 정의된다.
- 비용과 인력의 투입은 초기에는 낮은 수준이고, 중간 단계에서 최고에 도달하며, 프로젝트가 종료될 때 급속히 떨어진다.
- 프로젝트가 시작되었을 때 불확실성이 가장 높고, 따라서 목표 달성에 대한 실패의 위험이 가장 크다. 완수에 대한 확실성은 일반적으로 프로젝트가 진행됨에 따라 점점 개선된다.

**프로젝트 단계**는 하나 또는 그 이상의 산출물에 의해서 정의되며, 한 단계의 산출물들은 대체로 다음 단계의 작업 시작 전에 완결성과 정확성에 대해 검토되고 승인된다. 일반적으로 성취한 작업 및 산출물들이 승인되면 해당 단계가 종료되고 다음 단계가 시작된다. 한 단계의 결과물, 즉 산출물은 일반적으로 프로젝트의 적절한 통제 및 원하는 제품 또는 서비스의 획득을 보장하기 위한 다음 단계의 일부가 된다.

한 단계는 하부 단계들로 세분될 수 있다. 각각의 하부 단계도 모니터링 및 통

## Box 1-6 제품 생애주기와 혁신

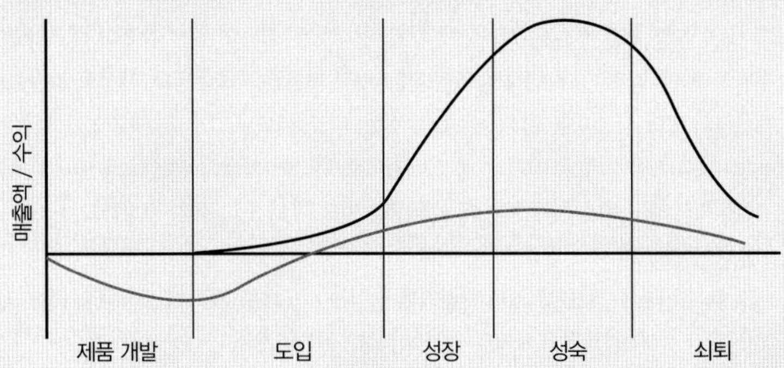


제품 생애주기PLC: product life cycle 이론에 의하면, 신제품이 시장에 도입되면 일반적으로 그 판매량과 이익이 일정한 패턴을 따라서 증가하였다가 안정된 후, 감소하기 시작해서 결국에는 사라진다. 여기에서 제품이란, 특정 브랜드의 제품보다는 하나의 산업에 해당하는, 예를 들면, 흑백텔레비전, 냉장고, CD 플레이어, 전기 자동차와 같은 것을 말한다(순서대로, 각각 쇠퇴기, 성숙기, 성장기, 도입기에 있는 것으로 평가되고 있다).

신제품을 도입하기 위해서는 우선 해당 제품을 발명해야 한다. 발명invention은 새로운 지식의 창출 또는 기존 지식의 새로운 조합을 통해서 새로운 제품과 생산 공정을 만들어 내는 것을 말한다. 혁신innovation은 발명을 최초로 시장에 도입하는 것을 말한다. 혁신은 크게 제품 혁신과 프로세스 혁신으로 분류할 수 있다.

- **제품 혁신**product innovation: 새로 개발된 제품이 기존의 제품과 얼마나 다른가에 따라서 다음과 같이 두 가지로 나눌 수 있다.[9]
  - 급진적 제품 혁신major product innovation: 주요 기능이나 특성이 완전히 다른, 예를 들면 흑백텔레비전과 컬러텔레비전과 같이, 새로운 제품을 개발한다. 이를 위해서는 한편으로는 아이디어 창출에서 제품 설계 그리고 세부 엔지니어링으로 이루어지는 발명과, 또 다른 한편으로 시장 조사 및 분석의 비즈니스 활동이 필요하다.
  - 점진적 제품 혁신incremental product innovation: 기존 제품의 기능을 개선하거나 디자인을 변경한다.
- **프로세스 혁신**process innovation : 새로운 재료나 부품[10]을 사용하거나, 절차를 개선함으로써 프로세스의 효율성을 높인다. 제조품의 생산 프로세스의 혁신은 특히 공정 혁신이라고 하기도 한다.

새로운 기술의 개발과 시장에서의 반응이 서로 역동적으로 작용하면서 제품 생애주기가 발전해 간다. 이러한 제품의 생애주기는 전형적으로, 도입 전까지 포함시키면, 다음과 같은 5단계로 구분할 수 있다.[11]

- **개발기**product development : 기업이 고객의 필요를 충족시킬 수 있는 새로운 제품을 구상하기 위

한 시장 조사를 하고, 필요한 기술 개발을 위한 연구개발을 수행한다.

- **도입기**introduction : 혁신가 및 빠른 수용자들을 대상으로 신제품이 대한 브랜드 인지도를 높이기 위한 광고 및 마케팅 활동에 많은 자금이 투자된다. 새로운 기능과 높은 품질이 중요시되어 제품 혁신이 활발하게 이루어지며, 특허나 상표권 같은 지적 재산권이 획득된다. 제품의 다양성은 아직 비교적 제한되어 있다. 개발비를 빨리 회수하기 위해서, 일반적으로 가격이 매우 높게 책정된다.
- **성장기**growth : 마케팅의 주요 대상이 일반 대중으로 변함에 따라서 제품의 성능이나 품질에 비해서 가격경쟁력의 중요성이 증가한다. 제품 혁신은 빈도와 그 폭이 점차 감소하고, 생산 프로세스 혁신의 중요성이 증가한다.
- **성숙기**maturity : 기능을 개선함으로써 차별화를 하려는 시도에도 불구하고, 제품과 기술이 표준화가 더욱 진전된다. 가격 경쟁의 격화되어 가격이 더욱 하락한다.
- **쇠퇴기**decline : 수요가 감소하며(새로운 대체재의 등장 등으로 인하여) 제조와 물류의 효율성이 경쟁의 핵심이 되고, 수익성이 떨어지는 유통 경로들이 폐쇄된다. 재고 처리 등의 이유로 인한 가격
- 전쟁이 발생하기도 한다. 새로운 기능과 고객을 발견함으로써 (틈새시장에서) 제품의 수명을 연장하려는 시도가 있을 수 있다.

모든 상업적 연구개발은 궁극적으로는 혁신을 지향한다. 그러나 새로운 제품에 대한 가능성에 대한 인식은 종종 기초연구 또는 그 결과로부터 촉발된다. 이러한 의미에서 기초연구는 그야말로 발명과 혁신의 기초라고 할 수 있다. 그러나 순수 기초연구는 개별 기업이 수행하기에는 위험이 크며, 주로 국가 주도로 수행되고 있다. 목적 기초연구는 기업에 의해서도 종종 수행되어 제품 개발로 연결된다. 제품 생애주기가 진전됨에 따라서 응용연구의 비중이 커지다가, 최종적으로는 개발 활동이 주로 수행된다.

제를 위해 하나 또는 그 이상의 특정 산출물들을 기준으로 조정된다. 이러한 하부 단계들의 산출물들은 일반적으로 상위 단계 산출물들과 연계하여 정의된다.

한 단계를 종료하고 산출물을 승인하기 위해서 공식적인 **검토 회의**를 열 수 있다. 공식적인 단계의 종료는 다음 단계의 공식적 승인은 아니다. 그러나 효과적인 통제

9) OECD는 지향하는 혁신의 종류에 따라서 기업의 연구개발 활동을 제품 관련 연구개발과 공정 관련 연구개발로 구분할 것을 제안하고 있다. 제품 관련 연구개발은 다시 혁신적 연구개발과 점진적 연구개발로 분류할 수도 있다.[권1994]

10) 새로운 물질 또는 재료 그 자체가 상품이 될 경우에는, 제품 혁신에 해당한다. 바이오나 의학 분야 등에서는 새로운 물질의 발견 또는 발명하는 것이 매우 중요하다. 기존의 물질을 기존의 용도와 전혀 다른 용도로 사용하기 위한 연구개발도 있을 수 있으며, 용도 특허는 그 결과에 대한 권리를 인정한다. 그러나 새로운 재료나 부품의 재품의 개선과 상관이 없이 비용 절감의 목적으로 사용되었을 때에는 공정 혁신으로 분류.

11) PLC 모델은 본질적으로 신제품에 대한 마케팅과 시장 반응에 대한 이론이다. 그러나 여기에서는 연구개발과 관련된 부분을 추가하여 강조하였다.

를 위해 단계 말 검토에서 종종 다음 단계 초기화가 동시에 수행된다. 일반적으로 한 단계의 종료와 다음 단계의 시작에 대한 공인은 하나의 검토로 이루어질 수 있다. 프로젝트가 완료되었거나 프로젝트를 계속하기에는 위험이 너무 크다고 확인된 경우에는 다음 단계의 초기화에 대한 결정 없이 한 단계가 종료될 수도 있다.

위험요소가 받아들일 정도라면 이전 단계 인도물들에 대한 승인 이전에 다음 단계를 시작할 수 있다. 이러한 단계간 중복현상의 예로는 일정 압축 기법인 **패스트트래킹**fast tracking을 들 수 있다. 패스트트래킹에서는 단계간 중복이 대체로 순차적으로 이루어진다. 현재 단계에 대한 종료 없이 다음 단계 활동 시작에 대한 결정을 위한 관리자 회의가 종종 개최되기도 한다. 예를 들면 프로젝트 관리자가 조치의 과정으로 패스트트래킹을 선택한 경우이다. 또 다른 예는 정보기술 회사가 하나 이상의 단계가 동시에 진행될 수 있는 반복 생명주기를 선택한 경우이다. 모듈에 대한 요구사항은 모듈이 설계되고 구축되기 전에 수집되고 분석될 수 있다. 모듈에 대한 분석이 진행되는 동안 또 다른 모듈에 대한 요구사항들의 수집을 병행하여 진행할 수 있다.

이상적인 프로젝트 생애주기 모델을 정의하기 위한 유일한 최선의 방법은 없다. 어떤 조직은 모든 프로젝트에 한 가지 프로젝트 생애주기 모델을 적용하는 정책 및 표준을 수립한 조직이 있는 반면, 어떤 조직들은 프로젝트 관리 팀이 프로젝트에 가장 적합한 프로젝트 생애주기 모델을 선택하도록 하는 조직도 있다. 산업에 따라서는 해당 산업을 위해서 특화된, 많은 조직에 의해서 선호되는 생애주기 모델이 있을 수도 있다.

프로젝트 생애주기와 **제품 생애주기**product life-cycle는 구분되어야 한다. 예를 들어, 비즈니스 계획에서 새로운 데스크톱 컴퓨터에 대한 개략적인 아이디어가 구상되고, 제품을 설계하고, 생산 설비와 조직을 구축하고, 지속적으로 설비와 조직을 운영함으로서 제품을 생산하고, 제품 및 설비를 개선하거나 확충하고, 최종적으로 제품을 철회하고 조직을 해체하기까지로 이루어질 수 있다. 이러한 제품 생애주기의 각 단계마다 한 개 또는 그 이상의 프로젝트들이 수행될 수 있다. 반대로 하나의 프로젝트에 여러 개의 제품 생애주기가 포함될 수도 있다.

경우에 따라서는 프로젝트는 2단계로 수행될 수도 있다. 많은 프로젝트 수행 조직에서 타당성 조사를 통해서 수익성이 인정된 경우에만 본 프로젝트를 공식적으로 승인한다. 이러한 경우에 타당성 분석 또는 초등 분석은 별개의 프로젝트 형태를 취할 수 있다. 예를 들면, 최종 제품의 개발을 위한 프로젝트를 공식적이고 본격적으로 시작하기 이전에, 프로토타입의 개발과 테스트를 위한 추가적인 프로젝트가 수행될 수 있다.

### 1.1.4 프로그램과 프로그램 관리[12)]

**프로그램**program은 상호 관련된 프로젝트들의 집합으로, 해당 프로그램의 생애주기 내에서 시작되는 프로젝트들을 개별적으로 관리해서는 얻을 수 없는 이익과 통제를 얻기 위해서 연계된 방법으로 관리되는 것들이다. 프로그램은 프로그램 내의 개별적인 프로젝트 범위 밖에 있는 — 프로젝트 자체의 관리를 위한 노력과 인프라스트럭처와 같은 — 연관된 작업 요소들을 포함할 수 있다. 프로그램의 예로서는 다음과 같은 것들을 들 수 있다.

- 단일 제품을 갖는 대형 프로그램: 대규모 빌딩 단지의 개발
- 단일 제품의 다수의 버전: 777-200, 777-200ER, 777-200LR, 777-3000, 777-3000LR, 777-F 등의 여려 제품을 포함하는 보잉 777 프로그램

**프로그램 관리**program management는 해당 프로그램의 전략적인 목표와 효익을 달성하기 위한 해당 프로그램에 대한  중앙 집중적으로 조정된 관리이다. 그것은 프로그램 목적을 달성하기 위해서 다수의 프로젝트들을 조정하고 최적화되거나 통합된 비용, 일정, 그리고 노력을 정하는 것이다. 즉, 프로그램 관리는 전략적 효익, 통합된 계획, 복잡한 상호의존성, 인도물 통합, 그리고 최적화된 진행 등의 핵심 요인들을 고려함으로써 연관된 프로젝트들을 관리할 틀을 제공한다.

프로그램 내의 프로젝트들은 인도되는 공통의 결과나 집단적인 노력을 통하여 연결된다. 프로젝트들 간의 연결이 공유되는 고객, 판매자, 기술, 또는 자원이라면, 노력은 하나의 프로그램보다는 프로젝트들의 포트폴리오로 관리되어야 한다. **포트폴리오**portfolio는 해당 작업의 효과적인 관리를 촉진하고 전략적 비즈니스 목표들을 달성하기 위해서 함께 묶은 컴포넌트들(예, 프로젝트들, 프로그램들, 포트폴리오들, 그리고 보수유지 및 연결된 지속적 운영활동들)의 모음이다. 포트폴

12) StdPgM2008 pp.5-12, 19. StdPgM200P은 PMI가 2008년도에 발표한 The Standar for Program Management, 2nd edition을 의미한다.

### Box 1-7 소프트웨어 실패 곡선과 개선 프로젝트

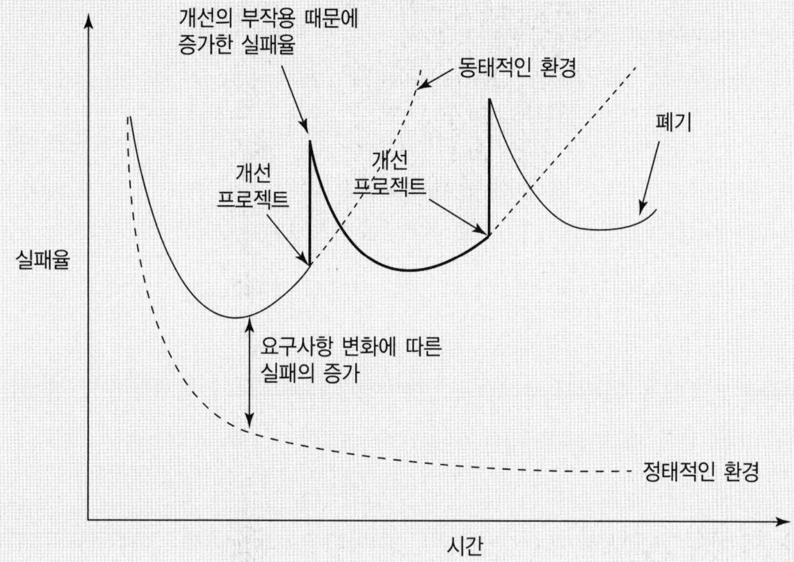


소프트웨어의 실제 사용 환경은 동태적이며, 요구사항이 끊임없이 변한다. 이러한 요구사항의 변경은 소프트웨어의 실제 사용 환경은 동태적이며, 요구사항이 끊임없이 변한다. 이러한 요구사항의 변경은 국부적인 수정 작업으로는 해결하기 어려운 것들이 많다. 이러한 완전히 해결이 되지 않은 요구사항이 어느 한계 이상으로 누적되면, 국부적인 수정과 개선 작업에도 불구하고 시스템의 실패가 증가하는 시점이 발생한다. 그 후 시스템의 실패 발생률이 감당할 수 있는 한계를 벗어나면(비용/효익 분석 후에) 시스템 전체의 구조적인 차원에서의 개선 작업(경우에 따라서 독립적인 개선 프로젝트로 수행되는)이 이루어진다. 구조적 개선 작업 이후에는 또한 국부적인 개선 작업들이 수행이 되어야 한다.

이러한 사이클은 여러 번 반복될 수 있다. 그러나 기존 코드의 많은 부분을 재활용하는 구조 변경이나 개선에는 한계가 있으며, 이러한 개선 사이클이 어느 횟수 이상 진행된 후에는 기존의 소프트웨어는 폐기하고, 전혀 새로운 소프트웨어를 만드는 것이 경제적으로 되는 시점이 발생한다.

하드웨어의 경우에는 제품 모델의 설계 개선이(또는 개선 프로젝트가) 완료되면, 제조 설비와 조직, 그리고 절차들도 또한 변경되어야 한다. 그러나 소프트웨어의 경우에는, 초기 개발과 마찬가지로, 이러한 후속 단계(또는 프로젝트)가 생략된다.

리오의 프로젝트나 프로그램들은 반드시 상호의존적이거나 직접적으로 연관되어 있을 필요는 없다.

프로그램에 기대되는 목적, 효익, 그리고 관리 방식은 프로젝트 관리 프로세스에서 주로 초기화 및 계획 프로세스 그룹을 통해서 투입된다. 한편, 프로젝트 위험, 변경 요구, 기준 들(시간, 비용, 및 품질)의 변경, 이슈들을 주로 실행, 모니터링 및 통제, 종료 프로세스 그룹을 통해서 이루어지며, 프로젝트 관리 프로세스에서 프로그램 관리 프로세스로 피드백된다.

프로그램에서는 컴포넌트들 간의 상호의존성을 통합하고, 모니터하고, 그리고 통제하는 것이 중요하다. 프로그램 관리는 프로젝트 상효의존성에 초점을 맞추고 그것을 관리하기 위한 최적의 접근방법을 결정하는 데 도움을 준다. 이러한 상호의존성과 관련된 행동으로는 다음과 같은 것들이 있다.

- 컴포넌트, 작업, 또는 단계들을 조정하기.
- 내부 프로그램을 위해서는, 해당 프로그램 내 복수의 프로젝트들에 영향을 미치는 자원 제약 및/또는 갈등을 해소하기.
- 상황 대처 계획과 같은 컴포넌트들의 위험활동을 완화시키기.
- 프로젝트 및 프로그램 목적과 목표들에 영향을 미치는 조직/전략적 방침들을 정렬하기.
- 공유된 거버넌스 구조 안에서 이슈들과 범위/비용/일정/품질 변경들을 해결하기.
- 문화, 언어, 시간, 그리고 거리 차이 등을 다루기 위해서 프로그램 전체를 포괄하는 프로그램 관리 프로세스와 인터페이스를 재단한다.

**프로그램 관리자**program manager는 프로젝트들 간에 투입노력을 조정하지만, 프로젝트들을 직접 관리하지는 않는다. 프로그램 관리자는 개별 프로젝트들을 지원하고 지도함과 동시에 각 프로젝트를 — 좀 더 큰 프로그램과 조직 성과 목표들을 포함하는 — 보다 큰 그림과의 연관성을 전달하기 위해서 각 프로젝트 관리자들과 상호작용한다. 프로그램 관리자는 전체 프로그램 구조와 프로그램 관리 프로세스에서 일을 성공적으로 수행하고 인도물들이 프로그램의 최종 산출물로 통합될 수 있도록 보장할 책임이 있다. 프로그램 관리자는 또한 프로젝트들이 일관된 방법으로 조직되고 수행되며 확립된 표준에 맞춰서 완수되도록 보장해야한다. 그리고 프로그램 관리자는 프로그램의 성과에 영향을 주는 외부 요인들을 파악하고 감안할 책임도 있다.

**프로그램 관리 오피스**PMO: program management office는 프로그램 인프라스트럭처의 핵심이다. PMO는 프로그램 관리자가 연관된 프로젝트들을 관리하는 것을 지원

〈표 1-1〉 프로젝트, 프로그램 그리고 포트폴리오 관리의 비교

| 구분 | 프로젝트 | 프로그램 | 포트폴리오 |
|---|---|---|---|
| 범위 | 정의된 목표를 갖는다. 범위는 프로젝트 생애주기를 통해서 점진적으로 다듬어진다. | 좀 더 큰 범위를 가지며 보다 중요한 효익을 제공한다. | 조직의 전략적 목적에 맞춰 변하는 비즈니스 범위를 갖는다. |
| 변화/변경 | 프로젝트 관리자는 변경을 예상하며 변경이 관리되고 통제되게 하기 위한 프로세스를 실행한다. | 프로그램 관리자는 프로그램 내외부로부터의 변화를 예측해야 하며 그것을 관리하기 위해서 준비해야 한다. | 포트폴리오 관리자는 좀 더 넓은 환경에서의 변화를 지속적으로 모니터해야 한다. |
| 계획 | 프로젝트 관리자는 프로젝트 생애주기를 통해서 점진적으로 고수준의 정보를 상세한 계획으로 발전시켜야 한다. | 프로그램 관리자는 전체 프로그램 계획을 개발하고 컴포넌트 수준의 상세한 계획을 위한 지침을 제공할 고수준의 계획을 작성해야 한다. | 포트폴리오 관리자는 통합된 포트폴리오에 필요한 프로세스와 정보소통을 창조하고 유지해야 한다. |
| 관리 | 프로젝트 관리자는 프로젝트 목표들을 충족시키기 위해서 프로젝트 팀을 관리한다. | 프로그램 관리자는 프로그램 스태프들과 프로젝트 관리자들을 관리한다. 그들은 비전과 전반적인 리더십을 제공한다. | 포트폴리오 관리자는 포트폴리오 관리 스태프들을 관리하거나 또는 통합할 수 있다. |
| 성공 | 성공은 제품, 프로젝트 품질, 적시성, 예산 준수성, 및 고객 만족도의 정도에 의해 측정된다. | 성공은 프로그램의 필요와 효익을 충족한 정도에 의해 측정된다. | 성공은 포트폴리오 컴포넌트들의 종합적 성과를 기준으로 측정된다. |
| 모니터링 | 프로젝트 관리자는 프로젝트가 생산하기로 한 제품의 생산 작업을 모니터하고 통제한다. | 프로그램 관리자는 프로그램이 충족시켜야 하는 전체 목적, 일정, 예산, 및 효익을 보장하기 위해서 프로그램 컴포넌트들의 진행을 모니터한다. | 포트폴리오 관리자는 통합된 성과와 가치 지표들을 모니터한다. |

출처: StdPgM2008 p.11, T1-1.

한다. 다양한 형태의 PMO가 있을 수 있지만, 표준적인 PMO의 목표는 다음과 같이 프로그램 관리자를 지원하는 것이다.

- 준수해야 할 프로그램 관리 프로세스를 정의하기.
- 프로그램 수준에서 일정을 관리하기.
- 프로그램과 프로그램 컴포넌트들을 위한 품질 표준을 정의하기.
- 문서 형상 관리를 제공하기.

- 변화를 관리하고 위험과 이슈들을 추적하기 위한 중앙 집중된 지원을 제공하기.

뿐만 아니라, 길고 위험하거나 복잡한 프로그램을 위해서는, PMO는 인적자원 관리, 계약 및 조달(특히 국제적) 관리, 법률 지원, 그리고 필요한 기타 지원 등과 같은 영역에서 추자적인 지원을 제공할 수 있다. 일부 프로그램들은 수년간 지속하며 대규모 조직의 운영 관리와 중첩하는, 일반적 운영의 다양한 측면을 포함하고 있다.

## 1.2 소프트웨어 개발 프로젝트

### 1.2.1 소프트웨어 프로젝트의 특수성

일반적 프로젝트 관리 기법의 대부분을 소프트웨어 프로젝트 관리에 적용할 수 있다. 그러나 소프트웨어 프로젝트의[13] 결과물인 소프트웨어는 하드웨어와는 다른 특성을 갖고 있으며, 이러한 특이성은 소프트웨어 프로젝트 관리를 위해 전문화된 기법을 사용할 것을 요구한다.

소프트웨어 프로젝트 관리의 핵심은 보이지 않는 것을 보이게 하는 것에 있다.

- 비가시성 : 교량이나 도로와 같은 물리적 인조물을 구축할 때에는 작업 진척 상황이 실제로 눈으로 보여질 수 있다. 그러나 소프트웨어의 경우에는 진도를 즉시로 눈으로 확인할 수 없다.
- 복잡성 : 지출된 화폐 단위 당 복잡성이 소프트웨어 제품은 하드웨어 제품보다 더 복잡하다.
- 유연성 : 소프트웨어의 변경 용이성은 일반적으로 소프트웨어의 장점으로 간주된다. 그러나 이러한 것은 소프트웨어가 물리적 또는 조직적 시스템과 상호작용할 때에는, 만약 필요하다면, 소프트웨어가 다른 요소에 적응하기 위해서 변경되기를 요구받는다는 것을 의미한다. 즉 소프트웨어 프로젝트는 제품에 대한 보다 잦은 변경 요구를 수용할 수 있어야 한다. 비록 소프트웨어라는 단어 자체

13) 여기에서 소프트웨어 프로젝트는 일반적으로 소프트웨어 '개발' 프로젝트를 의미한다.

### Box 1-8 소프트웨어 개발 프로젝트에서의 변경 비용

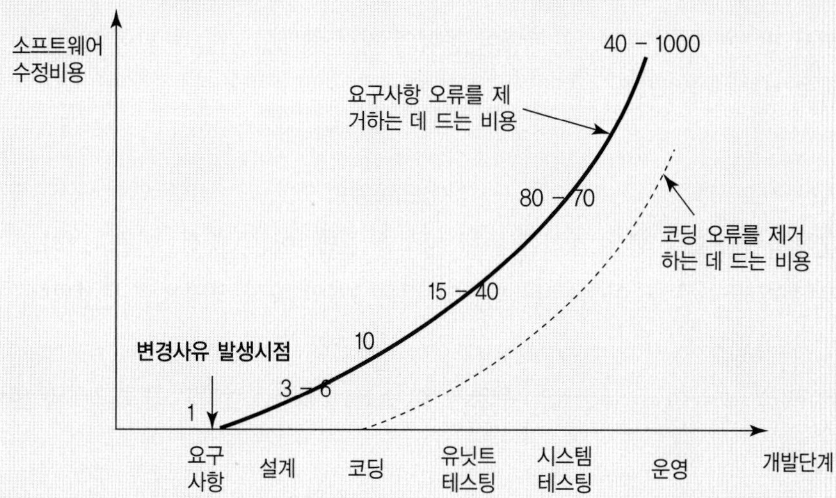


소프트웨어 개발 프로젝트에서 변경은 추가적인 비용을 발생시킨다. 변경을 초래하는 주된 이유 중의 하나는 오류error이다. 오류 수정 비용은 그 오류가 발생했을 즉시에 수정한다면 그리 크지 않지만, 발생 후에 수정한다면 그 경과 시간에 따라 기하급수적으로 증가한다. 예를 들어, 요구사항 단계에서 발생한 오류를 그 단계에서 수정할 때의 비용을 1이라 하면, 동일한 오류를 운영 단계에서 수정하기 위해서는 최대 1000까지의 비용이 든다. 따라서 요구사항 단계에서의 오류 발생을 최소화하고, 만약 발생하더라도 빨리 감지되어 수정되도록 하는 것이 무엇보다 중요하다.
코딩 단계에서 발생한 오류의 경우에도 마찬가지이다. 코딩 단계에서 발생한 오류를 I단계에서 수정한다면 비용이 얼마 들지 않지만, 그 후속 단계에서 고친다면 비용이 기하급수적으로 증가한다.
요구 사항의 변경 또는 추가로 인한 소프트웨어의 변경도 위의 그림에서 표현된 오류에 의한 변경과 동일한 패턴을 따른다. 운영 중에 요구사항이 변하여 기존의 소프트웨어를 그대로 쓸 수가 없게 되었다면, 경우에 따라서는 기존의 소프트웨어를 수경하는 것보다는 새로 개발하는 것이 경제적으로 더 유리할 수가 있다. 이런 의미에서 소프트웨어는 기술적인 관점에서는 변경이 가능하지만, 즉 말랑말랑soft하지만, 경제적인 관점에서는 변경이 불가능, 즉 딱딱hard할 수 있다.

가 고치기 쉽다는 뜻을 내포하고 있고 그러한 의미에서 '소프트웨어'라는 명칭이 사용되었지만, 실제로는 소프트웨어를 고치는 것은 '그렇게 쉽지' 않다.

### 1.2.2 소프트웨어 프로젝트를 성공적으로 수행하기 위해서 필요한 지식

CMU/SEI SEBoK Ver. 1.0은[14] 소프트웨어 프로젝트를 성공적으로 수행하기 위해서 필요한 지식, 즉 소프트웨어 공학의 지식 체계를 다음과 같이 크게 네 영역으로 분류한다.

- **계산 기초 사항**computing fundamental : 소프트웨어 개발과 소프트웨어 공학 학문 분야의 기초를 이루는 계산에 관한 지식과 개념, 이론, 방법, 기술, 그리고 응용에 대해 다룬다. 이 범주는 다음과 같은 5개의 지식 영역으로 구성된다. 해법과 자료구조algorithms and data structures, 계산기 구조computer architecture, 수학적 기초mathematical foundations, 운영체계operating systems, 그리고 프로그래밍 언어programming languages.
- **소프트웨어 제품 공학**software product engineering : 정확하고 일관성 있는 소프트웨어를 효과적이고 효율적으로 생산하기 위한 잘 정의되고 통합된 활동들의 집합에 대해서 다룬다. 소프트웨어 제품 공학은 요구사항 공학, 설계, 코딩, 그리고 테스팅과 같은 소프트웨어 제품의 생산, 그 운영과 유지에 관련된 기술적인 활동들을 포함한다.
- **소프트웨어 도메인**software domain : 계산이나 소프트웨어 공학 응용 또는 활용을 포함하는 특수한 도메인에 관한 지식을 다룬다. 이 범주는 다음과 같은 소프트웨어 도메인을 포함한다. 인공지능, 데이터베이스 시스템, 인간-컴퓨터 상호작용human-computer interaction, 컴퓨터 시뮬레이션, 그리고 소프트웨어 획득software acquisition.
- **소프트웨어 관리**software management : 소프트웨어 프로젝트 관리, 소프트웨어 위험관리, 소프트웨어 품질 관리, 그리고 소프트웨어 형상 관리, 소프트웨어 프로세스 관리, 그리고 소프트웨어 취득 관리에 관련된 활동들을 포함한다.

소프트웨어 프로젝트를 성공적으로 수행하기 위해서는 위의 네 가지 영역의 지식을 모두 갖추어야 한다. 그러나 위의 네 가지 지식 영역 중에서 소프트웨어 프로젝트 관리와 직접적으로 연관이 있는 것은 소프트웨어 관리 영역이다. SEBoK Ver.

14) Carnegy Mellon University/Software Engineering Institute, Software Engineering Body of Knowledge Version 1.0.

1.0는 소프트웨어 관리지식 영역을 다음과 같은 6개의 활동 영역으로 세분한다.[15)]

- **소프트웨어 프로젝트 관리**software project management : 프로젝트 목적을 정의하고, 프로젝트의 요구와 자원을 평가하고, 수행되어야 할 작업들에 대한 추정 값들을 작성하고, 수행하기 위한 계획을 정의하는 것을 다룬다.
- **소프트웨어 위험 관리**software risk management : 소프트웨어 제품 개발 계획을 위협하는 제 위험을 관리하기에 관한 개념, 방법, 그리고 기술 등을 다룬다. 위험 관리는 위험의 정의, 위험의 분석, 위험의 모니터링, 위험의 완화, 그리고 위험 계획과 같은 활동들을 포함한다.
- **소프트웨어 품질 관리**software quality management : 효과적이고 경제적인 방법으로 고품질의 소프트웨어 산출물 제작을 위한 개념, 기준, 방법, 기술, 그리고 기준과 관련이 있다. 이 영역은 품질 계획과 통제, 검증과 확인 활동, 산출물의 프로세스 특성의 측정, 그리고 소프트웨어 확실성dependability과 신뢰성에 대한 지식을 포함한다.
- **소프트웨어 형상 관리**software configuration management : 각 시점에서의 시스템 형상들, 각 형상에 가해지는 변경을 체계적으로 통제하고 소프트웨어 시스템의 수명 전체를 통해서 각 형상의 일정과 추적 가능성을 유지하기 위해서, 확인하기 위한 방법들에 대하여 다룬다.
- **소프트웨어 프로세스 관리**software process management : 소프트웨어 개발 과정의 기술적 측면의 관리에 대해 다룬다. 이 영역은 다음과 같은 관리 구성 요소를 포함한다. 사람들이 소프트웨어와 관련된 산출물을 개발하고 유지하기 위하여 사용하는 활동, 방법, 관행, 그리고 변환. 이 분야는 또한 조직 내의 제 프로세스들이 기대된 대로 수행되는 것을, 즉 정의된 프로세스들이 바르게 수행되고 그 프로세스들이 조직의 목표를 달성하기 위해서 개선되는 것을 보장하는 것을 포함한다.
- **소프트웨어 취득 관리**software acquisition management : 대리인을 통하여 그 대리인과 관계없는 소프트웨어 개발자로부터 맞춤 소프트웨어 시스템을 획득하는 것에 대해 다룬다. 이 영역은 조달, 계약, 성과 평가, 소프트웨어 시스템에 대한 미래의 지원을 확보하는 것과 같은 취득 활동에 관한 지식을 다룬다.

15) CMU/SEI SE-BoK Ver 1.0. [HILBURN 1999] pp.29-34.

## 부 록 1A
## 소프트웨어 프로젝트 성공 요인과 실패 요인

소프트웨어 프로젝트의 특징은 너무 많은 소프트웨어 프로젝트가 너무나 많은 방법으로 실패한다는 것이다. 즉, 소프트웨어 프로젝트는 성공하기는 어려우나 실패하기는 쉽다. 실패한 소프트웨어 프로젝트의 대표적인 공통된 증상은 다음과 같다.

- 최종 사용자의 필요에 대한 부정확한 이해
- 변하는 요구사항에 대처하는 능력의 부족
- 서로 잘 맞지 않는 모듈들
- 보수하거나 확장하기 힘든 소프트웨어
- 심각한 프로젝트 결함의 늦은 발견
- 낮은 소프트웨어 품질
- 받아들일 수 없는 소프트웨어 성능
- 제 각각의 방법으로 일하는 팀 멤버들 – 결과적으로 누가 무엇을 언제, 어디를, 왜 바꾸었는지를 확인할 수 없게 함
- 신뢰하기 힘든 구축과 인도 과정

**[그림 1A]** 높은 소프트웨어 프로젝트 실패 비율

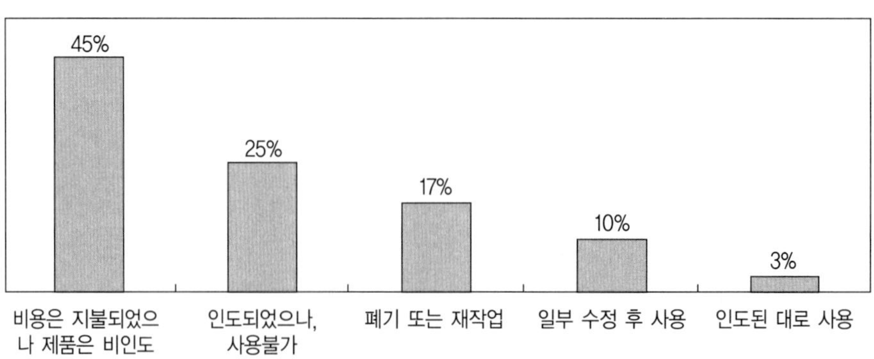

〈표 1A-1〉 MIS 소프트웨어 프로젝트의 성공과 실패 요인

| 항목 | 성공 요인 | 실패 요인 |
|---|---|---|
| 비즈니스 능력 | 새로운 능력을 제공 | 현재의 능력을 저해 |
| 가치value | 명백하고 긍정적인 가치 | 부정적인 가치 |
| 운영 속도 | 개선 | 저해 |
| 운영 비용 | 감소 | 증가 |
| 경쟁력 | 향상 | 저해 |
| 근로자의 의욕 | 개선 | 저해 |
| 요구사항 충족 정도 | 모든 사용자 요구사항을 충족 | 충분한 사용자 요구사항 충족에 실패 |
| 사용자 만족 수준 | 높은 수준에 달성 | 낮은 수준에 이름 |
| 스케줄 | 5% 이내로 예상 가능 | 통제 불가능함 |
| 비용 | 5% 이내로 예상 가능 | 통제 불가능함 |
| 요구사항 범위 | 5% 이내로 안정된 사용자 요구사항 | 통제를 벗어난 요구사항 |

참조: JONES00, p.193.

그러나 이러한 증상들을 치료하는 것은 그 병을 치료하는 것은 아니다. 예를 들어, 심각한 프로젝트 결함의 뒤늦은 발견은 단지 더 큰 문제들(즉, 프로젝트 상태의 주관적인 평가와, 요구사항과 설계 그리고 구현에서의 탐지되지 않은 불일치 등)의 증상에 불과하다. 다음은 실패한 소프트웨어 프로젝트의 근본 원인들이다.

- 즉흥적인 요구사항 관리
- 모호하고 정확치 않은 의사소통
- 취약한 아키텍처
- 지나친 복잡성
- 요구사항과 설계 그리고 구현에서의 탐지되지 않은 불일치
- 불충분한 테스팅
- 프로젝트 상태의 주관적인 평가
- 위험에 대한 대처의 실패
- 변경의 통제되지 않는 확산

● 충분치 못한 자동화

소프트웨어 개발 프로젝트는 다음과 같이 개발하는 소프트웨어의 종류에 따라서 6개 범주로 구분할 수 있다.

- MISmanagement information system
- 외주outsource
- 시스템과 내장embedded 소프트웨어
- 군용 소프트웨어
- 상업적COTS: commercial off the shelf 소프트웨어
- 개인적 소프트웨어

**MIS**는 기업이 자신의 영업과 행정 업무를 지원하기 위해서 생산한 응용 프로그램 유형을 말한다. 급여 시스템, 회계 시스템, 전후방 사무실 은행 업무 시스템, 항공기 예약 시스템, 그리고 e-비즈니스 등. 이 단어는 영업 도구로 컴퓨터가 사용되기 시작한 1963년부터 사용되기 시작했다.

일반적으로, 정보 시스템은 기업의 임원, 경영자, 그리고 지식 노동자의 업무상 필요에 의해서 개발된다. 정보 시스템은 이들에게 새로운 능력을 부여하거나, 실수할 확률을 줄이거나, 업무 수행을 촉진시키거나, 또는 다른 어떤 유리한 상황을 조성하기 위해서 개발된다. 정보 시스템의 평가 기준은 그것이 그 구축과 운영 비용을 상쇄하는 긍정적인 가치를 기업에 되돌려 줄 수 있는냐 하는 것이다.

인기 있는 MIS 개발 방법 중의 하나는 **정보 공학**information engineering이다. Texas Instrument나 James Martin Associates의 제품과 같은 몇몇의 정보 공학을 위한 상업적 도구 제품들이 존재한다. 그러나 이것들은 주로 데이터베이스 응용을 디자인하는 데 주안점을 둔다. 이외에도 주로 MIS 응용applications을 위한 소프트웨어 설계 방법들이 있다. Wariner-Orr, Michel Jackson, James Martin 등의 방법들이 그 중의 하나이다.

MIS 응용개발의 프로젝트 관리 측면은 몇몇 소프트웨어 비용 예측 도구에 의해서 지원된다. 이러한 독립적인 예측 도구 외에도, 좀 더 큰 MIS 개발 슈트의 일부로 내정되어 있는 예측 도구들이 있다. 예를 들어 TI Information Engineering

〈표 1A-2〉 소프트웨어 아웃소싱 프로젝트의 성공과 실패 요인

| 항목 | 성공 요인 | 실패 요인 |
|---|---|---|
| 계약의 법적 소송 | 없음 | 있음 |
| 인도된 소프트웨어의 운영 가능성 | 가능 | 가능하지 않음 |
| 요구사항의 변경 | 5% 이내로 | 통제를 벗어나 확산 |
| 프로젝트가 요구사항을 만족시키는 정도 | 100% 만족시킴 | 20% 이상을 빠뜨림 |
| 계약 비용 | 표준보다 적다. | 표준보다 많다. |
| 비용 예상 | 5% 이내로 예상 가능 | 20% 이상 초과됨 |
| 일정: 내부 개발 표준 일정에 대비하여 | 짧다 | 길다 |
| 일정 예측 | 1% 이내로 예측 가능 | 20% 이상 틀림 |
| 인도된 소프트웨어의 유지보수 | 가능함 | 본질적으로 불가능 |
| 계약당사자의 이익 | 모두에게 이익 | 한쪽이나 양쪽에게 손해 |

참조: JONES00, p.276.

Facility는 **기능 점수치**function point를 생산하고, 다시 소프트웨어 비용과 일정 추정치를 생산하는 내장 도구를 지니고 있다. 기능 점수 척도가 MIS분야에서 가장 널리 사용되는 척도이기 때문에, 많은 기능 점수(를 명세나 설계로부터 계산하는) 도구들이 시판되고 있다.

MIS 응용들은 종종 특정한 고객 조직에 의해서 특정 문제를 해결하기 위해서 발주되기 때문에, MIS 응용의 요구사항은 종종 소수의 사용자로부터 도출된다. 이러한 것은 수백만의 고객을 지원하기 위한 Window98과 같은 많은 시스템 소프트웨어 응용과 대비된다.

많은 MIS 요구사항이 특정한 목적을 위해서 개발되기 때문에 MIS 응용을 위한 요구사항 수집과 분석 방법들이 매우 중요하다. 요구사항을 확인하는 가장 인기 있고 성공적인 방법은 **JAD**joint application design이다. 이 방법은 IBM의 캐나다 토론토 소재 소프트개발 연구실에서 1970년대에 개발되었으며, 가장 정형적이고 대규모의 사용자와 자료 처리 전문가 공동의 작업 형태이다. JAD는 프로젝트 정의, 조사, 준비, 회의 그리고 최종 문서 작성의 5단계로 이루어지며, JAD 세션이라고 불리는 구조적인 워크숍을 중심으로 진행된다. JAD 세션은 일반적으로 작업이

〈표 1A-3〉 프로젝트와 계약 위반 소송에 연루된 프로젝트의 차이점

| 항목 | 성공적인 프로젝트 | 소송에 연루된 프로젝트 |
|---|---|---|
| 단점 예방 | | |
| JAD | 사용 | 미사용 |
| 프로토타입 | 사용 | 미사용 |
| 결함 추적 | 사용 | 뒤늦게 사용 |
| 변화 관리 | 공식적 | 비공식적 |
| 복잡성 분석 | 사용 | 뒤늦게 사용 |
| 단점 평가 | 사용 | 미사용 |
| 결함 제거 척도 | 사용 | 미사용 |
| 테스트 전 결함 제거 | | |
| 설계 조사 | 사용 | 급하게 사용되거나 생략됨 |
| 코드 조사 | 사용 | 급하게 사용되거나 생략됨 |
| 테스팅 | | |
| 서브루틴 테스트 | 사용 | 사용 |
| 유닛 테스트 | 사용 | 사용 |
| 새로운 기능의 테스트 | 사용 | 급하게 사용되거나 생략됨 |
| 회귀 테스트 | 사용 | 급하게 사용되거나 생략됨 |
| 통합 테스트 | 사용 | 사용 |
| 시스템 테스트 | 사용 | 급하게 사용되거나 생략됨 |
| 성과 테스트 | 사용 | 급하게 사용되거나 생략됨 |
| 능력capacity 테스트 | 사용 | 급하게 사용되거나 생략됨 |
| 승인acceptance 테스트 | 사용 | 실패한 시스템 |
| 전문화 | | |
| 소프트웨어 품질 보증 | 사용 | 비공식적 |
| 소프트웨어 테스팅 전문가 | 사용 | 미사용 |

참조: JONES00, p.278.

중단 없이 계속되게 하기 위해서 현장에서 떨어진 곳에서 3~5일 동안 진행되며, 이해관계자들이 모여 요구사항을 정의하거나, 프로젝트를 계획하거나, 컴퓨터 시스템을 설계하거나, 또는 기타 업무적인 의사결정을 내린다.

JAD의 특징은 사용자와 개발 조직을 모두 대표하는 팀에 의해서 합동으로 요

구사항이 개발된다는 것이다. JAD에 참여하는 사람들의 종류에는 임원 후원자, 촉진자, 서기, 풀타임 참여자들이 있으며, 경우에 따라서는 호출 참여자와 관찰자가 추가적으로 참가하기도 한다. 훈련된 JAD 촉진자가, 요구사항에 관련 있는 모든 요소들을 포함하기 위해서, JAD 세션을 중재한다. JAD 방법의 장점중의 하나는 요구사항의 확산을 효과적으로 제어한다는 것이다. JAD에 의해서 요구사항이 수집되고 확정된 후에는, 일반적으로 설계와 코딩 단계에서의 요구사항의 월간 변화율이 전통적인 방법에 의한 2%에서 0.5% 이하로 감소한다.

**외주 소프트웨어**outsourced software는 고객 조직을 위해서 계약 하에 외부 기업에 의해서 개발된 소프트웨어 프로젝트를 의미한다. 1990년경 이후로 외주 산업이 급격히 팽창하고 있다. 가장 중요한 외주 프로젝트 성공 요인 중의 하나는 계약상의 모호성을 제거하여 외주 계약자와 고객 간 분쟁의 위험을 최소화하는 것이다.

많은 대형 외주 벤더들이 전문화의 관점에서 시스템 소프트웨어 영역에 전문화되어 있다. 특정한 산업 내에서의 수직적 전문화는 외주 업계의 독특한 특징이다. 대형 외주 벤더들은 뱅킹, 보험, 정부 및 공공기관, 그리고 제조업 등의 몇몇의 다수의 고객을 지원할 수 있는 재사용가능한 응용을 개발하는 데 많은 결실을 맺게 한다.

주요 벤더들은 비용과 일정 예측, 소프트웨어 품질 보증, 테스팅, 기술적 저술, 데이터베이스 관리, 그리고 기능 점수 분석 등의 분야의 다수의 전문가들을 고용한다. 대형 외주 벤더 내의 다른 종류의 전문가들은 '시스템 분석가'와 같은 일반적인 직함을 갖고 있으나. JAD 세션을 촉진시키거나, 설계와 코드 인스펙션을 중재하는 등의 일정한 기술적 활동에 대하여 잘 훈련받기도 한다.

CHAPTER

# 02

# PMI의 프로젝트 및 프로그램 관리 모델

2.1 PMI 프로젝트 관리 모델의 개요

2.2 PMI 프로그램 관리 모델의 개요

부록 2A 계획과 통제

2B 프로그램 관리 문서들

2C 소프트웨어 아키텍처의 정의 및 구성요소

2D 소프트웨어 생애주기 모델과 프로그램 관리: 확장된 나선형 모델

CHAPTER

# 02 PMI의 프로젝트 및 프로그램 관리 모델

이 장에서는 PMI: Project Management Institute의 프로젝트에 대한 2013년도 표준(5판)과 프로그램 관리에 대한 2008년도 표준(2판)의 개요에 대해서 살펴본다. PMI 프로젝트 관리 모델에 대해서는, 포함되어 있는 프로세스 각각에 대한 자세한 내용은 2부에서 다루므로, 여기에서는 그 개요만 소개한다. PMI 프로그램 관리 모델에 대한 세부 사항은 이 책에서는 생략하였다. 이 장에서는 PMI 프로그램 관리 모델의 개요를 각 단계에서 수행할 효익 및 거버넌스 관리를 중심으로 소개하였다.

- 프로젝트 관리 및 프로그램 관리 프로세스들의 분류
- 프로그램 생애주기
- 프로그램 효익 및 거버넌스 관리

## 2.1 PMI 프로젝트 관리 모델의 개요

### 2.1.1 프로젝트 관리 프로세스의 분류

PMBoK2013에는 총 47개의 프로세스가 정의되어 있다. 각 프로세스는 프로젝트의 필요에 따라 한 명 또는 그 이상의 인원 또는 그룹의 노력이 투입될 수 있다. 각 프로세스는 일반적으로 모든 프로젝트에서 적어도 한 번 발생하며, 다단계 프로젝트의 경우에는 하나 또는 그 이상의 단계에서 발생할 수 있다. 이 책뿐만 아니라 거의 모든 프로젝트 관리 책에서 이런 프로세스들이 잘 정의된 인터페이스를 가진 구성 요소로 묘사되나, 실제로는 겹쳐지거나 설명되지 않은 다양한 방법으로 상호작용할 수 있다.

필요한 지식의 종류와 수행되는 활동 성격의 두 가지 기준에 의해서 다음과 같이 프로세스를 분류할 수 있다. 일반적으로 각 프로세스들은 같은 지식 영역 내의 프로세스뿐만 아니라 다른 지식 영역의 프로세스들과도 상호작용한다.

〈표 2-1〉 PMI 프로젝트 관리 모델의 프로세스들

| 프로세스 그룹 / 관리 지식 영역 | 개시하기 (2개) | 계획하기 (24개) | 수행하기 (8개) | 모니터링 및 통제하기 (11개) | 종료하기 (2개) |
| --- | --- | --- | --- | --- | --- |
| 통합 관리 | • 프로젝트 헌장을 개발하기 | • 프로젝트 관리 계획을 개발하기 | • *프로젝트 작업을 지시하고 관리하기* | • 프로젝트 작업을 모니터하고 통제하기<br>• 통합된 변경 통제를 수행하기 | • 프로젝트 또는 단계를 종료하기 |
| **이해관계자 관리** | • 이해관계자를 파악하기 | **• 이해관계자 관리 계획을 개발하기** | **• 이해관계자 참여를 관리하기** | **• 이해관계자 참여를 통제하기** | |
| 범위 관리 | | **• 범위 관리 계획을 개발하기**<br>• 요구사항을 수집하기<br>• 범위를 정의하기<br>• WBS를 생성하기 | | • 범위를 확인하기<br>• 범위를 통제하기 | |
| 시간 관리 | | **• 일정 관리 계획을 개발하기**<br>• 활동을 정의하기<br>• 활동 순서를 정하기<br>• 활동 자원을 추정하기<br>• 활동 기간을 추정하기<br>• 일정을 개발하기 | | • 일정을 통제하기 | |
| 비용 관리 | | **• 비용 관리 계획을 개발하기**<br>• 비용을 추정하기<br>• 예산을 책정하기 | | • 비용을 통제하기 | |
| 품질 관리 | | • *품질 관리 계획을 개발하기* | • 품질 보증을 수행하기 | • 품질을 통제하기 | |
| 인적자원 관리 | | • *인적자원 관리 계획을 개발하기* | • 프로젝트 팀을 확보하기<br>• 프로젝트 팀을 개발하기<br>• 프로젝트 팀을 관리하기 | | |
| 의사소통 관리 | | • *의사소통 관리 계획을 개발하기* | • *의사소통을 관리하기* | • *의사소통을 통제하기* | |
| 조달 관리 | | • *조달 관리 계획을 개발하기* | • 조달을 수행하기 | • *조달을 통제하기* | • 조달을 종료하기 |

| | | | | | |
|---|---|---|---|---|---|
| 위험 관리 | | • *위험 관리 계획을 개발하기*<br>• 위험을 식별하기<br>• 정성적 위험 분석을 수행하기<br>• 정량적 위험 분석을 수행하기<br>• 위험 대응 계획을 계획하기 | | • *위험을 통제하기* | |

**굵은 글씨**는 PMBoK2013에서 새로 생긴 관리 지식 영역 및 프로세스임.
*이탤릭 글씨*는 PMBoK2013에서 제목 및 일부내용이 바뀐 프로세스임.
참조: PMBoK2013, p.61, Table 3-1.

### 2.1.2 프로젝트 관리 프로세스 그룹

#### (1) 개시하기 프로세스 그룹initiating process group

**개시하기 프로세스 그룹**은 새로운 프로젝트나 단계를 시작하기 위해 공식적인 허가를 받기 위한 프로세스들로 구성되어 있다. 초기화 프로세스 그룹은 프로젝트 또는 프로젝트 단계를 시작하고, 프로젝트 목적과 목표를 식별하고, 프로젝트 관리자에게 프로젝트를 착수할 권한을 부여한다.

프로젝트를 시작하기는 대개 개별 프로젝트의 통제 범위 밖에서, 전체 조직이나 프로그램 또는 포트폴리오 프로세스에 의해 수행된다. 예를 들면, 시작하기 프로세스 그룹 활동 시작 전에 조직의 업무 필요사항 또는 요구사항들이 문서화된다. 새로운 작업 수행에 대한 타당성이 여러 대안 중 최적의 것을 선택하기 위한 평가 절차를 통해 수립된다. 프로젝트의 목표와 선택된 대안이 프로젝트 요구사항을 만족시킬 수 있는 최적의 대안임에 대한 근거와 함께 명확히 기술된다. 또한, 이러한 결정에 대한 문서화 내용에는 일반적으로 프로젝트 범위, 인도물, 프로젝트 기간, 예상 자원에 대한 기본적인 내용이 조직의 투자 분석을 위해 포함된다. 초기화 기간 동안 고객과 기타 이해관계자의 활발한 참여는 프로젝트의 성공 가능성을 높인다.

프로젝트의 기본 틀은 프로젝트 선정 절차의 문서화로 명확해질 수 있다. 조직의 전략적 계획에 대한 프로젝트의 관계에 따라 조직 내의 관리 책임 사항이 식별된다. 초기 범위 기술서 및 조직에서 기꺼이 투자한 자원들은 초기화 프로세스가 진행되는 동안 좀 더 정제된다. 할당되지 않은 자원은 프로젝트 관리자가 선택하여야 한다. 초기 가정과 제약 사항들도 또한 문서화되어야 한다. 이러한 정보들은 프로젝트 헌장에 기록되어야 하며, 프로젝트 헌장이 승인되면 프로젝트가 공식적으로 인가된다. 프로젝트 관리 팀원들이 프로젝트 헌장의 작성에 도움을 줄 수는 있으나, 승인 및 투자는 프로젝트 범주의 밖에서 관리된다.

프로젝트가 여러 단계로 분할되어 수행되는 경우에는 각 단계를 시작할 때마다 초기화 프로세스를 반복적으로 수행할 수 있다. 이때, 다음 단계에 필요한 자원이 가용하지 않는 등 시작 기준이 충족되지 않았거나, 프로젝트가 더 이상 필요 없어진 경우 또는 프로젝트가 요구사항을 충족시킬 가능성이 없어졌다고 판명되었을 경우에는 프로젝트가 연기되거나 종료될 수 있다. 각 단계의 초기화에서는 해당 단계의 범위에 대한 추가적인 검증 및 개발도 수행할 수 있다.

### (2) 계획하기 프로세스 그룹planning process group

이 프로세스들은 프로젝트 관리 계획을 개발하며, 프로젝트 범위와 비용을 식별하고, 정의하며, 발전시키고 프로젝트 기간 중에 발생하는 활동들의 일정을 개발한다. 프로젝트 관리 팀은 계획 프로세스 그룹과 그 구성 프로세스들 및 상호작용을 이용하여 성공적인 프로젝트를 계획하고 관리한다. **계획하기 프로세스 그룹**은 또한 프로젝트 팀이 다양한 원천으로부터 정보를 모으는 데 도움을 준다.

새로운 프로젝트 정보가 발견되면 추가적인 의존 관계, 요구사항, 위험, 기회, 가정 및 제약사항들이 식별되거나 해결된다. 프로젝트 관리의 다차원적인 특성은 추가적인 분석을 위해 반복적으로 피드백을 수행하도록 한다. 더 많은 프로젝트 정보 또는 특성들이 수집되고 이해됨에 따라 후속 조치들이 필요할 수도 있다. 프로젝트 생명 주기 동안 발생한 주요 변경 사항은 하나 또는 그 이상의 계획 프로세스나 초기화 프로세스를 반복하도록 할 수 있다. 예를 들면, 계획 프로세스 그룹의 출력인 프로젝트 관리 계획은 범위, 기술, 위험, 비용 등의 모든 면을 두루 다루는 데에 주안점을 둔다. 프로젝트 수행 동안에 승인된 변경을 인한 갱신들은 프로젝트 관리 계획의 각 부분에 큰 영향을 줄 수 있다. 프로젝트 관리 계획의 갱신은 전체적으로 정의된 프로젝트 범위 달성을 위한 프로젝트 일정, 비용, 자원 요구사항 등에 대한 더 큰 정확성을 제공한다. 갱신은 특정 단계의 수행과 관련된 활동과 이슈에 대해서만 제한될 수 있다. 이러한 프로젝트 관리 계획의 점진적인 구체화는 종종 "**연동 계획**rolling wave planning"이라고 불리며, 이는 계획이 반복적이고 지속적인 프로세스라는 것을 시사한다.

피드백 및 정제 프로세스가 무한정 계속될 수 없으므로, 언제 계획을 끝낼 것인지를 식별하는 절차가 마련되어야 한다. 이러한 절차는 프로젝트의 특성, 수립된 프로젝트 범위, 적절한 모니터링 및 통제 활동과 함께 프로젝트가 수행되는 환경에 의해 영향을 받는다.

프로젝트를 계획하는 동안, 프로젝트 팀은 프로젝트와 그 결과에 영향을 미치는 적절한 이해관계자들을 참여시켜야 한다. 이해관계자들은 프로젝트 관리 계획 및 모든 하부 계획들의 개발에 영향을 주는 기술 및 지식을 가지고 있다. 따라서 프로젝트 팀은 프로젝트 계획 시에 이해관계자를 활용해야 하며, 이해관계자들이 적절히 공헌할 수 있는 환경을 만들어야 한다.

### (3) 수행하기 프로세스 그룹executing process group

**수행하기 프로세스 그룹**은 요구사항을 달성하기 위해 관리 계획에 정의된 작업들을 완수하기 위한 프로세스들로 구성되어 있다. 프로젝트 관리 계획에 의거하여 활동들을 수행하고 통합하며 사람과 자원을 조정하는 것이 실행 프로세스에 포함된다. 또한 프로젝트 범위 명세서에 정의된 범위를 다루고 승인된 변경 사항을 이행하는 것도 실행 프로세스 그룹에 포함된다.

정상적인 수행 편차들은 재계획을 발생시킬 수 있다. 이러한 편차에는 활동 기간, 자원 생산성 및 가용성, 파악하지 못한 위험 등이 포함된다. 이러한 편차들은 프로젝트 관리 계획에는 영향을 미칠 수도 있고 그렇지 않을 수도 있지만, 분석되어야만 한다. 분석 결과는 변경 요청의 시발점이 될 수 있고, 만약 변경 요청이 승인된다면 프로젝트 관리 계획이 수정되며, 경우에 따라선 새로운 **기준선**baseline의 수립이 필요할 수도 있다. 프로젝트 예산의 대부분이 수행 프로세스 그룹의 프로세스들의 수행에 소요된다.

### (4) 모니터링 및 통제하기 프로세스 그룹monitoring & controlling process group

**모니터링 및 통제하기 프로세스 그룹**은 잠재된 문제를 제때에 식별하기 위해서 프로젝트 성과를 정기적으로 관찰하고 측정하여 프로젝트 관리 계획에서 벗어난 변이를 식별하고, 실행을 통제하고 필요한 수정 조치를 취하기 위해 수행되는 프로세스들로 구성된다. 이 프로세스 그룹은 변경을 통제하고 발생 가능한 문제에 대비한 예방 조치를 제시하고 권장하는 것을 포함한다. 예를 들면 다음과 같다.

- 진행 중인 프로젝트 활동을 모니터링하고, 프로젝트 관리 계획 및 프로젝트 성과 기준선과 비교한다.
- 통합 변경 통제를 통해 승인된 변경만이 적용되도록 영향력을 행사한다.

지속적인 모니터링 활동을 통해 프로젝트 팀은 프로젝트의 상태를 파악하고 추가 모니터링이 필요한 특정 영역에 집중할 수 있게 한다. 모니터링 및 통제프로세스 그룹은 하나의 프로세스 그룹 내에서 수행된 작업만 모니터링하고 통제하는 것이 아니라 프로젝트 전반적인 지원 노력도 모니터링하고 통제한다. 다단계 프로젝트에서는 프로젝트를 프로젝트 관리 계획에 따라 진행시키는 데 필요한 정정 또는 예방 조치를 구현할 수 있도록 프로젝트 단계 사이에 피드백도 제공한다.

실적과 계획 간의 차이가 커서 프로젝트 목표가 달성될 수 없을 것으로 예상되는 경우에는, 계획 프로세스 그룹 내의 적절한 프로젝트 관리 프로세스가 다시 수행되고 프로젝트 관리 계획이 갱신되도록 권고되어야 한다. 가령, 활동 종료일을 지키지 못하거나 못할 것이 확실시되는 경우에는 현재의 인력 투입 계획, 시간 외 근무 비중, 예산과 일정 목표 사이의 절충 등을 조정하는 것이 필요할 수도 있다.

#### (5) 종료하기 프로세스 그룹closing process group

**종료하기 프로세스 그룹**에는 프로젝트 또는 프로젝트 단계의 모든 활동들을 공식적으로 종결시키거나 완료된 제품을 다른 조직에 인계하거나, 취소된 프로젝트를 종료하는 데에 사용되는 프로세스들이 포함된다. 종료 프로세스 그룹은 모든 정의된 프로세스들이 완료되었는지를 검증하고, 프로젝트 또는 프로젝트의 단계가 끝났음을 공식화한다.

### 2.1.3 프로젝트 관리 프로세스 그룹과의 상호작용

프로세스 그룹들은 응용 영역이나 산업 부문에 독립적이며, 일반적으로 모든 프로젝트에서 같은 순서에 따라서 수행된다. 개별 프로세스 그룹 또는 개개의 구성 프로세스들이 프로젝트가 종료되기 전에 반복되기도 한다. 프로젝트 관리의

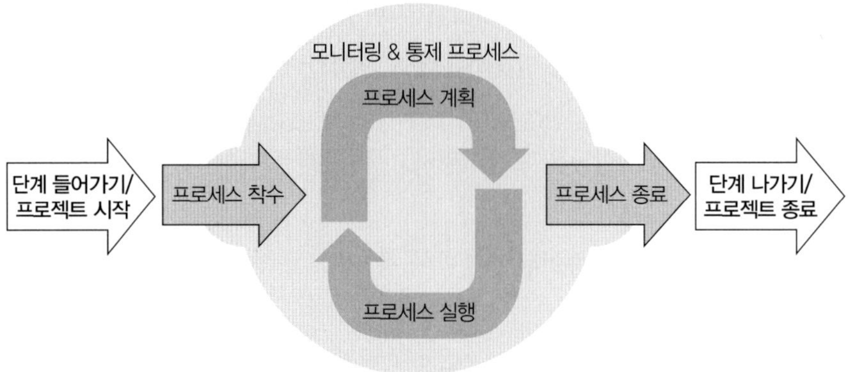


**[그림 2-1]** 프로젝트 관리 프로세스 그룹

출처 : PMBoK2008, p.40, Figure 3-1.

통합적인 성격에 의해서 모니터링 및 통제 프로세스 그룹은 다른 프로세스 그룹과 상호작용한다. 프로젝트 관리가 개별적인 작업이기 때문에 착수 프로세스 그룹이 해당 프로젝트를 시작시키며, 종료 프로세스 그룹이 그것을 끝나게 한다.

프로세스 그룹들은 서로 상호작용하며, 이러한 상호작용은 시간이 경과함에 따라서 변한다. 각 프로세스들도 소속되어 있는 프로세스 그룹 내에서뿐만 아니라 프로세스 그룹 간에도 상호작용한다.

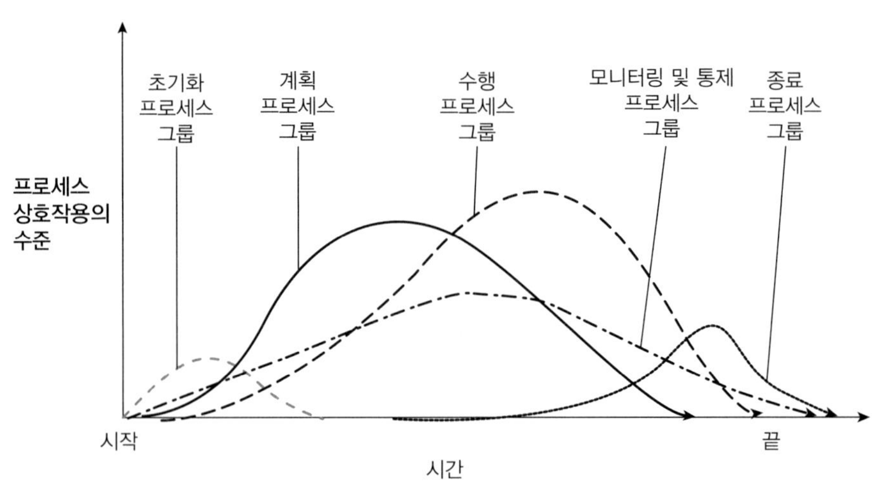


**[그림 2-2]** 프로젝트 관리 프로세스 그룹

출처 : PMBoK2008, p.41, Figure 3-1.

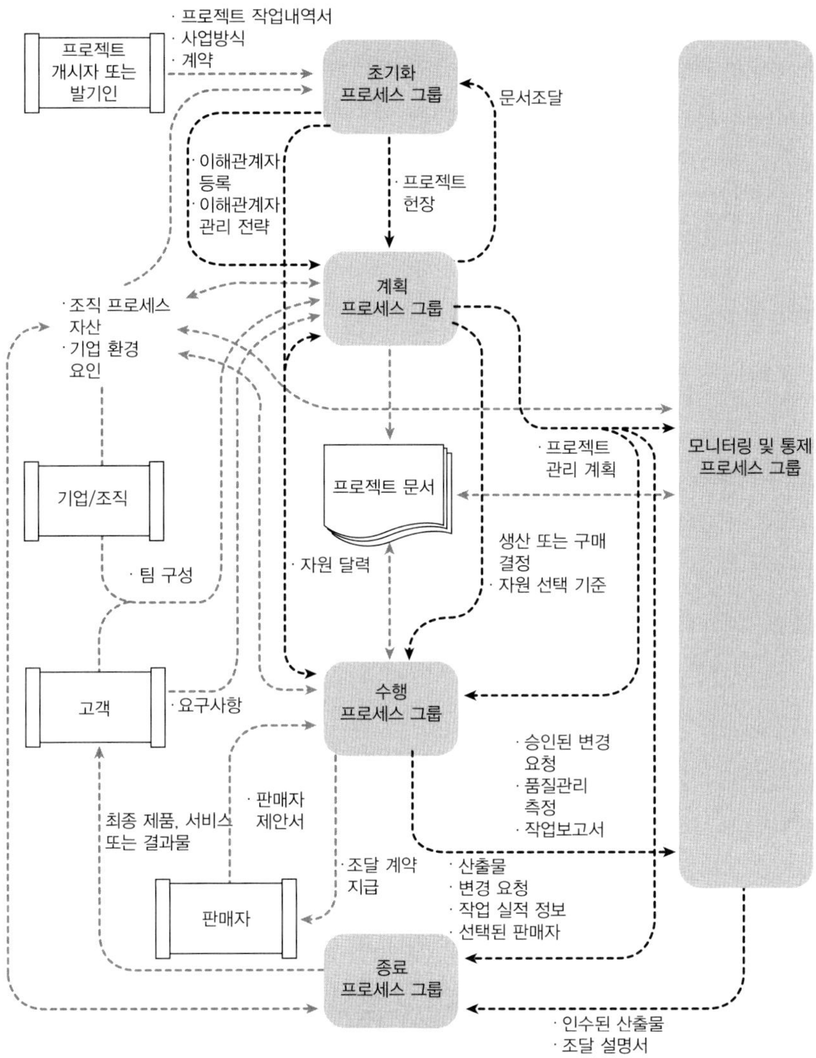


**[그림 2-3]** 프로젝트 관리 과정의 상호작용

출처 : PMBoK2008, p.42, Figure 3-3.

프로젝트 프로세스 그룹들은 그것들이 생산해 내는 산출물에 의해서 서로 연결된다. 일반적으로 한 프로세스의 산출물이 해당 프로젝트의 인도물deliverable이 됨과 동시에 다른 프로세스의 투입물이 된다. 예를 들면, 계획 프로세스 그룹은 실행 프로세스 그룹에 프로젝트 관리 계획과 프로젝트 문서들을 공급하며, 프로젝트가 진행됨에 따라서 프로젝트 관리 계획과 프로젝트 문서들을 갱신한다. 산출물 및 문서들은 이해관계자들과 프로세스 그룹들을 연결한다. 설계 단계 종료의 예를 들면, 설계 문서들의 고객에 의한 수용이 필요하다. 프로세스 그룹들은 결코 이산적이거나 한 번만 발생하는 사건이 아니다. 그것들은 프로젝트의 전 기간을 통해서 발생하는, 서로 겹치는 활동들이다.

### 2.1.4 다단계 프로젝트

(1) 프로젝트 단계와 프로젝트 프로세스 그룹

**프로젝트 단계**phases는 한 개의 주요 인도물의 완성을 효과적으로 관리하기 위해서 추가적인 통제가 필요한, 한 프로젝트 내에서의 구분들이다. 예를 들면, 가능성 연구feasibility study, 개념 개발concept development, 설계design, 프로토타입prototype, 구축build, 시험test 등이다. 단계의 수, 단계들의 필요성, 그리고 적용되는 통제의 정도는 프로젝트의 크기, 복잡도, 그리고 잠재적 영향에 따라 달라진다. 각 단계의 작업들은 다른 단계와 구별되는 특유한 특성을 가지며, 종종 다른 조직들과 상이한 기술 집합들에 의해서 수행된다. 그러나 모든 단계들은(특히, 프로젝트 관리의 관점에서는) 비슷한 특징들을 가진다.

단계들이 순차적일 경우에는, 한 단계의 종료는 해당 단계의 생산된 작업 결과물을 **인도물**deliverables로서 전달 또는 인도함으로써 끝이 난다. 이러한 단계 마침은 수행 중인 노력들을 재평가하고 나아가 만약 필요하다면 해당 프로젝트를 변경하거나 종료하기 위한 자연적인 시점을 제공한다. 이러한 시점들은 **단계 출구**phase exits, **이정표**milestones, **단계 게이트**phase gates, **의사결정 게이트**decision gates, **스테이지 게이트**stage gates, 또는 **킬 포인트**kill points 등의 다양한 이름으로 불린다. 한 단계의 인도물은 종종 다음 단계의 프로세스 그룹의 투입물이 된다. 예를 들어, 승인받은 설계 문서는 후속 단계들의 계획과 실행 프로세스 그룹들에 제품 기술product description을 제공한다.

단계의 주요 인도물 또는 목적은 특별한 수준의 통제가 성공적으로 달성될 것을 요구한다. 다섯 프로세스 그룹 모두에 걸친 프로세스들의 반복적인 수행은 이러한 추가적인 수준의 통제를 제공하며, 단계들의 경계를 규정한다.

프로젝트 단계들의 상위 수준적인 특성 요소들은 프로젝트 생애주기의 구성 요소가 되게 한다. 단계 구조는 프로젝트를 관리, 계획 및 통제의 편의를 위해서 논리적인 하위집합으로 분할할 수 있게 한다.

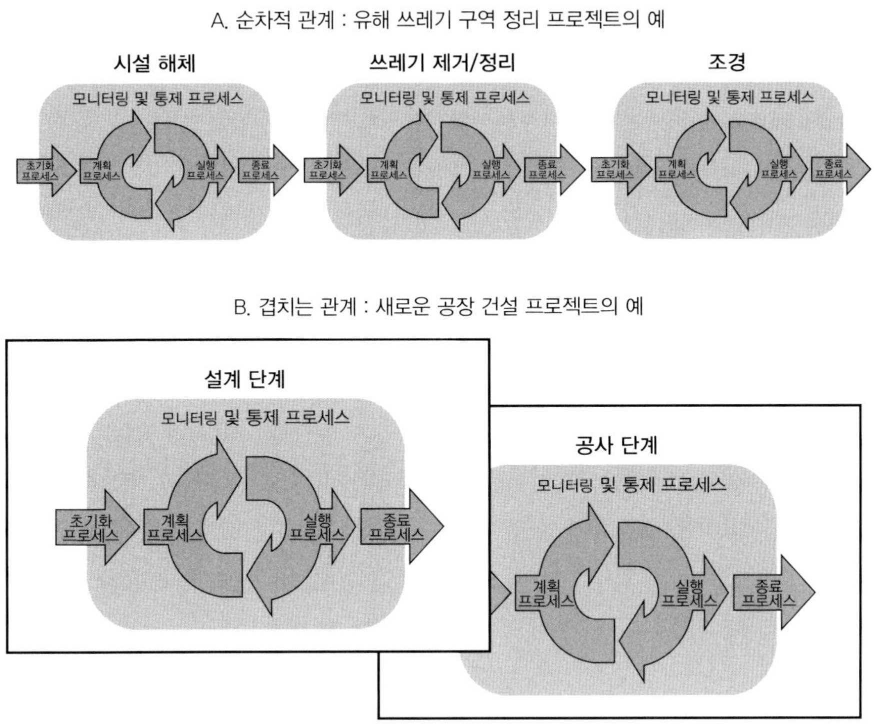


**[그림 2-4]** 단계들 간의 관계

출처 : PMBoK2008, p.21, Figure 2-4, 2-5.

프로젝트가 여러 단계 내지는 하위 프로젝트들로 분할되었을 때에는 모든 프로세스들이 일반적으로 각 단계 또는 하위 프로젝트마다 단계의 종료 기준이 충족될 때까지 반복해서 수행되며, 프로세스 그룹들이 각 단계 내에서 상호작용한다.

### (2) 단계들 간 관계의 종류

요구되는 통제, 효과성, 불확실성의 수준에 따라서 단계들 간의 관계가 결정되어야 한다. 프로젝트 단계들은 일반적으로 순차적이나, 일부 프로젝트 환경에서는 중첩하거나 병행적으로 진행될 수 있으며, 한 프로젝트 내의 상이한 단계들 사이에서 여러 종류의 관계가 발생할 수 있다.

- **순차적 관계**sequential relationship : 한 단계가 끝나야만 다음 단계가 시작할 수 있다. 불확실성은 줄여주나, 수행 기간을 단축하기 위한 조치를 취하는 데 제약이

있을 수 있음.

- **겹치는 관계**overlapping relationship : 한 단계가 끝나기 전에 다음 단계가 시작함. 패스트 트랙킹fast tracking으로 불리는 일정 단축 기법으로 종종 사용됨. 위험을 증가시키며, 충분한 정보가 확보되기 전에 후속 단계가 진행되는 경우에는 재작업을 초래할 수 있음.
- **반복적 관계**iterative relationship : 어떤 시점에서든지 단 하나의 단계가 계획되어 있으며, 다음 단계에 대한 계획 수립은 현 단계와 인도물들의 진행에 따라서 수행됨. 이러한 접근 방법은 연구research와 같이 구체적으로 정의되어 있지 않고, 불확실하며 빨리 변하는 환경에 유용하나, 장기 계획 능력을 손상시킬 수 있다. 범위는 제품을 연속적으로 인도하는 것과 프로젝트 위험을 최소화하고 제품의 비즈니스 가치를 최대화하기 위해서 요구사항의 우선순위를 정하는 것에 의해서 관리됨. 이 방법에서는 모든 프로젝트 팀 멤버(예, 설계사, 개발자 등)가 프로젝트 전체나 적어도 두 연속된 단계들에 걸쳐서 가용해야 함.

## 2.2 PMI 프로그램 관리 모델의 개요

### 2.2.1 프로그램 프로세스 그룹

PMI의 프로그램 관리 표준에는 47개의 관리 프로세스가 있다(표 2-2 참조).[1] 프로세스는 사전에 정의된 결과를 달성하기 위해서 수행되는, 서로 연관된 행위 및 활동들이다. 프로그램 프로세스는 투입, 적용되는 도구 및 기법, 그리고 결과 산출물에 의해서 정의된다.

프로그램 프로세스는, 프로젝트 프로세스와 마찬가지로 크게 5개 그룹으로 분류할 수 있다.

1) StdPgM2008 pp.35-41.

〈표 2-2〉 PMI 프로그램 관리 모델의 프로세스들

| 프로세스 그룹 / 관리 지식 영역 | 개시하기 (2개) | 계획하기 (22개) | 실행하기 (8개) | 모니터링 및 통제하기 (12개) | 종료하기 (3개) |
|---|---|---|---|---|---|
| 통합 관리 | • 개시하기 | • 관리 계획을 개발하기<br>• 인프라스트럭처 개발하기 | • 실행을 지휘 및 관리하기<br>• 자원을 관리하기 | • 성과를 모니터링 및 통제하기<br>• 이슈들을 관리하기 | • 종료하기 |
| 범위 관리 | | • 범위를 계획하기<br>• 목적과 목표를 정의하기<br>• 요구사항을 개발하기<br>• 아키텍처를 개발하기<br>• WBS를 개발하기 | • 아키텍처를 관리하기<br>• 컴포넌트 인터페이스를 관리하기 | • 범위를 모니터링 및 통제하기 | |
| 시간 관리 | | • 일정을 개발하기 | | • 일정을 모니터링 및 통제하기 | |
| 의사소통 관리 | | • 의사소통 계획을 작성하기 | • 정보를 배포하기 | • 성과를 보고하기 | |
| 위험 관리 | | • 위험 관리 계획을 작성하기<br>• 위험을 식별하기<br>• 위험을 분석하기<br>• 위험 대응 계획을 작성하기 | | • 위험을 모니터링 및 통제하기 | |
| 조달 관리 | | • 조달 계획을 작성하기 | • 조달을 수행하기 | • 조달 행정을 수행하기 | • 조달을 종료하기 |
| 재무 관리 | • 재무 적 틀을 확립하기 | • 재무 계획을 개발하기<br>• 비용을 추정하기<br>• 비용 예산을 작성하기 | | • 재무 상황을 모니터링 및 통제하기 | |
| 이해관계자 관리 | | • 이해관계자 관리 계획을 작성하기<br>• 이해관계자를 파악하기 | • 이해관계자들을 참여시키기 | • 이해관계자 기대를 관리하기 | |
| 거버넌스 | | • 거버넌스 구조를 계획하고 확립하기<br>• 감사 계획을 작성하기<br>• 품질 계획을 작성하기 | • 컴포넌트의 시작을 승인하기 | • 거버넌스 모니터링 제공하기<br>• 효익을 관리하기<br>• 변화를 모니터링 및 통제하기 | • 컴포넌트의 전환을 승인하기 |

• 프로젝트 관리와 구별하기 위해서 원문에는 대부분의 프로세스에 프로그램이라는 단어가 명시되어 있으나(예를 들어, 프로그램을 개시하기, 프로그램 관리 계획을 개발하기 등), 여기에서는 생략하였다.
• 프로젝트 관리 모델의 비용, 품질, 인적자원 관리 영역은 프로그램 관리 표준에서는 제외되었다. 그러나 비용, 품질, 인적자원 관리의 일부 프로세스에 대응하는 프로세스가 각각 재무 관리(비용을 추정하기, 비용 예산을 개발하기, 재무 상황을 모니터링 및 통제하기), 거버넌스(품질 계획을 작성하기), 통합 관리(자원을 관리하기)에 포함되어 있다.
• 출처: StdPgM2008, p.41, Table3-1.

- **개시하기**initiating **프로세스 그룹** : 프로그램 또는 포함된 프로젝트들을 정의하고 승인하며, 프로그램 효익 선언을 생산한다.
- **계획하기**planning **프로세스 그룹** : 프로그램이 제공해야 하는 효익과 범위를 인도하기 위한 최선의 행동 경로를 계획한다.
- **수행하기**executing **프로세스 그룹** : 프로그램 계획을 실현하고 프로그램의 효익을 인도하기 위해서 프로젝트, 사람, 그리고 기타 자원들을 통합한다.
- **모니터링하고 통제하기**monitoring and controlling **프로세스 그룹** : 프로그램과 포함된 프로젝트들을 기대되는 효익 인도에 대비하여 모니터링하고, 그리고 프로그램 관리 계획으로부터의 편차를 확인하기 위해서 그 진도를 정기적으로 측정한다. 또한 수정 조치들을 프로그램 효익을 달성하기 위해서 필요할 때 수행되도록 한다.
- **종료시키기**closing **프로세스 그룹** : 제품, 서비스, 또는 효익/결과의 수용을 공식화하며, 프로그램 또는 프로그램 컴포넌트를 질서 있게 종료시킨다.

프로그램 프로세스들은 순차적이지 않으며 서로 겹칠 수 있다. 상호작용은 프로세스 그룹 내부뿐만 아니라 프로세스 그룹 간에도 발생한다.

프로그램 수준에서의 프로세스 정의 및 용어는 프로젝트 수준의 그것과 비슷하다. 프로젝트 관리 프로세스들과 유사하게, 프로그램 관리 프로세스들은 조직 내의 다른 기능 그룹들과의 조정과 일반적인 이해관계자 관리 모두를 필요로 하나 좀 더 넓은 맥락에서 필요로 한다. 또한 프로그램 관리 프로세스는 좀 더 높은 수준의 이슈들을 다루며 프로젝트 수준의, 덜 상세한 분석을 포함한다. 프로그램 수준은 프로젝트 간의 이슈들을 해결하고, 프로그램 효익을 인도하기 위해서 시너지를 실현하는 것을 목적으로 한다. 프로그램 관리 프로세스들은 프로그램 결과를 도출하기 위해서 다양한 프로젝트들의 결과들을 통합한다.

프로그램 관리 프로세스를 적용하기 위한 지침은 프로그램 관리자가 프로젝트들의 일상적인 관리를 위한 권한, 자율성, 그리고 책임을 효과적으로 프로젝트 관리자들에게 위임하는 것이다. 이러한 이유로, 프로그램 프로세스들은 프로젝트 관리를 위한 것과 비슷한 지식을 필요로 한다.

**Box 2-1 프로그램 성과 분석과 이슈 관리**[2]

프로그램 성과 분석program performance analysis은 다음을 포함한다.

- **격차 분석**gap analysis : 프로그램 매트릭스는 프로그램 비용, 일정, 또는 예상되는 효익의 격차를 분석하고 보고하기 위해서 사용될 수 있다.
- **위험 분석**risk analysis : 프로그램의 위험에 대한 실시간 모니터링 및 분석은 성공을 위해서 필수적이다. 프로그램 위험 등록부의 지속적인 모니터링과 통제는 위험 대응 계획이 원하는 효과가 산출되도록 한다.
- **이슈 분석**issue analysis : 프로그램 수준의 이슈들은 우선순위가 부여되고 한 책임자에게 할당되어야 한다. 모든 이슈들은 기록되고, 그 영향이 분석되고, 그 근본 원인이 확인되고 밝혀져야 한다.
- **추세 및 확률 분석**trend and probability analysis : 프로그램 매트릭스와 기타 도구 및 소스들(CV, SV, 그리고 통합 위험 확률 점수들)은 프로그램 성공 및 실패의 가능성(예: 달성 가능한 최종 효익의 지속적인 측정에 기여하고 이해관계자 기대를 관리하는 데 도움이 되는 실현된 프로젝트 효익에 대한 조기의 측정)을 예측한다.

이슈는 비용, 일정, 기술적 아키텍처, 또는 기타 프로그램 영역에 영향을 미치는 계획되지 않은 사건, 우려, 또는 논란이다. 프로그램 수준에서의 이슈 관리 및 통제issue management and control는 프로젝트로부터 확대된, 해당 프로젝트 수준에서는 해결할 수 없는 이슈들을 해결하는 것을 포함한다. 이러한 해결되지 않은 프로젝트 이슈들은 전체 프로젝트의 진도에 영향을 미칠 수 있으며 반드시 추적되어야 한다.
이슈가 확인되면, 이슈 등록부에 기록되고 검토 조직에 의해서 분석되어야 한다. 이슈 검토issue review는 해결되지 않은 모든 이슈들의 상태를 추적하기 위해 정기적으로 수행되어야 한다. 각 이슈들이 해당 이슈를 해결하고 종결시킬 수 있는 권한이 있는 책임자에게 연계되어야 한다. 이슈가 해결되지 않았을 때에는, 해결될 때까지 점진적으로 좀 더 높은 권한을 가진 사람에게 인계되어야 한다. 조직 내의 다른 포트폴리오에 영향을 미칠 가능성이 있는 이슈들이 적절히 공개될 수 있도록 선택하기 위한 프로그램 거버넌스 프로세스와 절차들이 가동되어야 한다.
이슈 관리 및 통제 프로세스는 위험(특히 프로젝트 수준에서 해결되지 않은)의 통제와 병행해서 수행되어야 한다. 이슈들은 추가적인 분석과 계획을 위해서 프로그램 위험 관리로, 고 수준의 모니터링 및 변경 통제를 위해서는 프로그램 거버넌스로, 또는 프로그램 범위가 영향을 받거나 받을 가능성이 있거나 또는 해당 이슈가 추가적인 범위 분석과 계획을 필요로 한다면 프로그램 범위 관리로 보내질 수 있다. 이슈 해결 또는 수용은 프로그램 관리, 프로그램 스티어링 위원회, 또는 프로그램 지도 및 관리 또는 프로그램 변경 관리 및 통제 프로세스와 지명된 사람에 의해서 결정된다. 프로그램 관리는 이슈를, 해당 이슈의 잠재적인 충격을 프로그램 관리 계획에 의해서 설정된 용인 한계치tolerance와 비교함으로써, 적절히 의사결정할 수 있는 프로세스나 관리 자원에 회부한다.
이슈가 다루어질 때에는, 해당 이슈를 다루는 프로세스는 이슈 등록부issue register를 통해서 정보를 교환한다. 이 프로세스는 이슈가 적절히 반영되고, 만약 필요하다면, 추가적인 조치를 위해서 할당된 적절한 프로세스(이해관계자 관리와 같은)를 촉발시키는 것을 보장한다.

2) StdPgM2008 pp.95–97

### 2.2.2 프로그램 생애주기와 단계관문 검토[3)]

**프로그램 생애주기**program life cycle는 프로그램 유형에 의해서 영향을 받는다. 건설 프로그램이냐 또는 비즈니스 프로세스 개선 프로그램이냐에 따라서, 또는 하나의 대규모 제품을 갖는 프로그램이냐 하나의 제품군을 이루는 일련의 제품들을 갖는 프로그램이냐에 따라서 상이한 생애주기를 가질 수 있다. 그러나 주요 생애주기 단계들과 그 인도물들은 서로 비슷하다.

프로그램은, 프로젝트와 같이, 그 종류에 상관없이 전형적으로 크게 개시, 개발, 그리고 종료의 세 단계를 거치며, 좀 더 자세하게는 다음과 같은 주요 생애주기 단계life cycle phase를 갖는다.

① **프로그램 전 준비**pre-program preparation : 비즈니스 케이스를 개발하고 필요를 확인하며, 프로그램의 정당성을 확인한다.
② **프로그램 개시**program initiation : 프로그램 위임장에 의해서 정의된 기대되는 결과들을 인도하기 위해서 프로그램을 어떻게 구성하고 관리하여야 하는가에 대한 매우 자세한 내용을 개발한다.
③ **프로그램 셋업**program setup : 인프라스트럭처를 수립하고 해당 프로그램이 관리될 방향을 정의하고 핵심 인도물들을 정의할 '로드맵'을 작성함으로써 프로그램 현장을 점진적으로 가다듬고 프로그램의 기반을 개발한다.
④ **프로그램 효익의 인도**delivery of program benefits : 컴포넌트 프로젝트들을 시작하고 시작 단계에서 확인된 프로그램 효익들의 개발을 관리한다.
⑤ **프로그램 종료**program closure : 모든 작업이 완료되고 효익들이 누적된다.

이 프로그램 단계들은 일반적으로 순차적으로 수행되나, 서로 겹칠 수 있다. 일반적으로, 각 프로세스 그룹의 다수의 프로세스들이 프로그램 생애주기의 각 단계마다 한 번 이상 수행될 수 있다.[4)]

프로그램의 세부 사항은 프로그램의 유형에 따라서 달라질 수 있지만, 일반적

3) StdPgM2008 pp.17-19, 22, 30-32, 250.
4) 단, 프로그램 생애주기의 첫 단계인 프로그램 전 준비에서는 개시하기 프로세스 그룹 이외에는 수행될 개연성이 거의 없다. 두 번째 단계인 프로그램 개시 단계에서도 개시하기 프로세스 그룹 외에는 계획하기 프로세스 그룹만이 일부 수행될 수 있다. 마지막 단계인 프로그램 종료에서도 종료시키기 프로세스 그룹 이외에는 매우 제한으로 수행된다.

으로 자금 조달이 승인되거나 프로그램 관리자가 할당되면 프로그램을 시작한다. 프로그램은 다음의 경우에 종료된다. 해당 프로그램 내의 모든 구성 컴포넌트들의 인도물들이 성공적으로 생산되거나 또는 그것들이 미래에 이러한 효익을 인도할 수 있는 단계에 이르러 있고 그리고 최종 산출물이 고객에게 인도되거나 또는 운영 단계로 전환되었을 때이다. 종종 상당한 양의 프로그램 작업이 컴포넌트들로부터 다수의 인도물들을 최종 제품으로 합치는 통합 단계에서 발생한다. 통합 테스트는 다양한 부분들이 하나의 통합된 시스템으로 작동하는 것을 보장하기 위해 많은 시간과 비용이 소요될 수 있다.

프로그램의 각 **컴포넌트**component는 프로그램 일정의 어느 한 적절한 시점에 시작하여 그 제품을 프로그램에 인도하며, 일반적으로 프로그램이 종료되기 전에 종료된다. 컴포넌트의 시작과 종료는 프로그램 일정의 주요 이정표이다.

**단계관문 검토**phase-gate review는 프로그램 거버넌스뿐만 아니라 프로그램 통제와 관리를 위해서도 필요하다. 이 검토는 프로그램 생애주기의 주요 의사결정 시점에서 수행된다. 이 검토의 목적은 프로그램 생애주기의 다음 단계를 진행하기 위한 준비가 되었는가를 결정하기 위해서 완료된 단계의 진출 기준들이 객관적으로 확인하는 것이다. 이 검토는 또한 프로그램을 다음의 사항들을 포함하는 일군의 전략적이고 정성적인 기준으로 평가하는 기회를 제공한다.

- 프로그램 및 그 구성 프로젝트들이 조직의 전략에 맞추어 정렬되어 있다.
- 기대 효익이 비즈니스 케이스와 일치한다.
- 위험 수준이 조직에서 수용할 만하다.
- 일반적으로 수용되는 바람직한 관행이 준수되고 있다(예: 효율적인 자원 활용, 효과적인 의사결정, 적절한 책임과 모니터링, 이해관계자 참여 등).
- 포함된 프로그램/프로젝트들이 조직에게 의미가 있다.

단계관문 검토는 종종 생애주기 내의 핵심적 투자 결정에 기반을 둔다. 각 단계관문 검토의 초점은 방금 종료된 프로그램 단계에 구체적으로 맞춰져야 한다. 각 단계관문 검토는 전체 프로그램 수준에서 "계속" 또는 "중단" 결정 시점으로 작용한다. 프로그램 거버넌스는 한 단계의 마지막에 해당하지 않는, 반복적으로 열리는 프로그램 검토들도 포함한다. 단계관문 검토 G4의 경우에는, 프로그램 종료

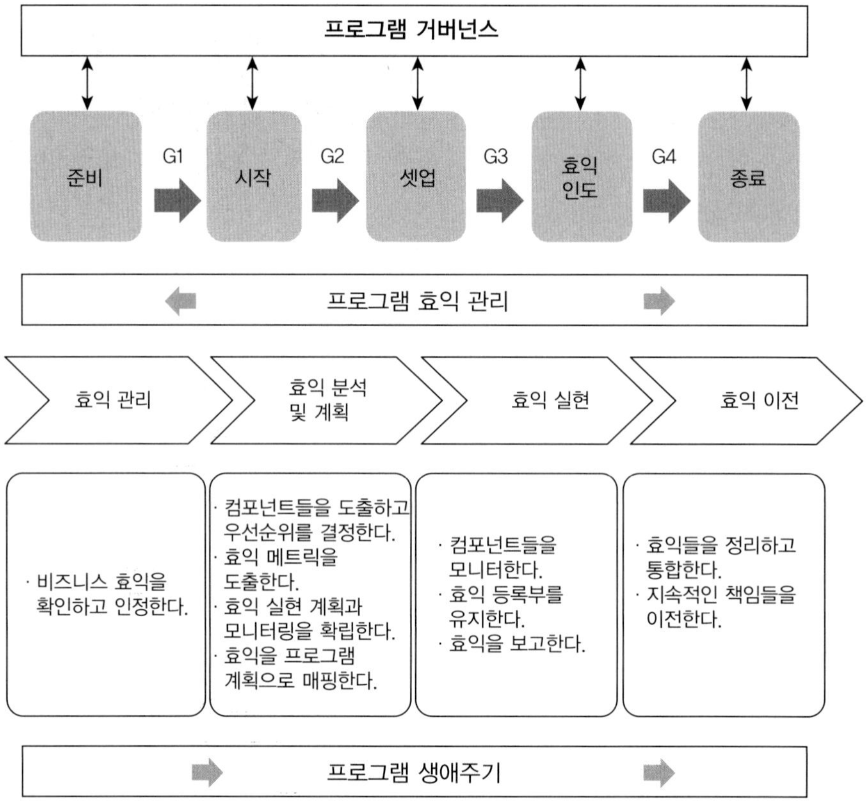


출처: StdPgM2008 pp.20-21, F2-2&3.

**[그림 2-5]** 프로그램 생애주기와 프로그램 효익 관리

를 확인하는 것이 관행이다. 실무에서는 단계관문 검토는 **스테이지 관문 검토**stage gate review 또는 **진행/정지 의사결정 시점**go/no-go decision point으로 불리기도 한다.

## 2.2.3 프로그램 효익 관리와 거버넌스 관리[5)]

일반적으로 그 효익benefits이[6)] 종료되는 시점에 산출되는 프로젝트와는 달리,

5) StdPgM2008 pp.20-22.

6) "Progress"는 작업 대상이 공정의 어느 지점에 있는가를 말하며, "progress management"는 작업의 진행 상황 또는 작업 대상의 가공 정도를 모니터하고 통제하는 과정으로, 일반적으로 해당 과업이 종료됨과 함께 종료되며 "진도 관리" 또는 "진척 관리"로 번역된다. 한편, "performance"는 작업자 또는 작업 팀이 산출해낸 결과를 의미하며, "performance management"는 작업자 또는 작업 팀이 산출해낸 결과를 모니터하고 통제하는 과정으로, 일반적으로 "성과 관리"로 번역된다. 성과 관리는 종종, PMI 프로젝트/프로그램 관리 표준에서 종종 그러하듯이, 진도 관리를 포함하는 좀 더 넓은 의미로 사용되기도 한다. PMI 프로젝트/프로그램 관리 표준에서, "benefit management"는 프로젝트/프로그램의 직접

**Box 2-2 비즈니스 케이스**[7)]

비즈니스 케이스business case 또는 기타 유사 문서는 비즈니스 관점에서 프로젝트가 소요되는 투자에 부합하는 가치가 있는가를 결정하는 데 필요한 정보를 제공한다. 전형적으로, 비즈니스 필요와 비용-효익 분석cost-benefit analysis이 해당 프로젝트를 정당화하기 위해서 포함된다. 요청하는 조직이나 고객이 외부 프로젝트의 경우 비즈니스 케이스를 작성할 수 있다. 비즈니스 케이스는 다음 중의 한 개 이상의 결과로 작성될 수 있다.

- 시장 수요(예: 석유 부족에 대응하기 위해서 좀 더 연료 측면에서 경제적인 차를 구현하기 위한 프로젝트를 공인하는 자동차 회사)
- 조직적 필요(예: 수입을 증가시키기 위해서 새로운 강좌를 개발하는 프로젝트를 공인하는 훈련 회사)
- 고객 요청(예: 새로운 공단을 위해서 새 변전소를 건설하는 프로젝트를 공인하는 전력 회사)
- 기술적 발전(예: 컴퓨터 기억 장치와 전자 기술의 발전 후에 좀 더 빠르고, 더 싸며 그리고 더 작은 노트북 컴퓨터를 개발하기 위한 새 프로젝트를 공인하는 전자 회사)
- 법적 요구사항(예: 독성 물질의 방출에 관한 지침을 개발하기 위한 프로젝트를 공인하는 페인트 제조 회사)
- 환경적 충격(예: 환경적 충격을 감소시키기 위한 프로젝트를 시작하는 회사)
- 사회적 필요(예: 높은 콜레라 감염률로 고통 받는 지역 사회를 위해 이동 식수 시스템, 간이 변소, 그리고 위생 교육을 제공하기 위한 비정부 조직)

다단계 프로젝트의 경우에는, 비즈니스 케이스는 비즈니스 상의 혜택을 제공하고 있는지를 확인하기 위해서 주기적으로 검토될 수 있다. 프로젝트 생애주기의 초기 단계에서는, 스폰서 조직에 의한 비즈니스 케이스의 주기적인 검토는 해당 프로젝트가 여전히 필요하다는 것을 확인하는 데 도움이 될 수 있다.

프로그램은 프로그램 종료 시에 모든 효익을 산출해 낼 수도 있고 또는 프로그램 중간에 증분적으로 산출해 낼 수도 있다. 프로그램 생애주기와 **프로그램 효익 관리**는 프로그램 준비 전 단계에서 효익을 확인하는 것부터 시작한다.

바람직한 효익 관리는 프로그램 효익의 가치를 평가하고, 프로그램 내의 다양한 프로젝트들에 의해서 인도되는 효익들의 상호의존성을 파악하고, 프로그램으

적인 결과물로부터 해당 프로젝트/프로그램이 지향하는 전략적 목적에 부합하는 효과와 이익을 산출하는 과정을 말한다. 따라서 효익 관리는 일반적으로 인도물이 완성되어 인도된 이후부터 수행된다. 이 책에서는 "benefit"과 "benefit management"를 각각 "효익"과 "효익 관리"로 번역하였다.

7) PMBoK2008, pp.75-76.

**Box 2-3 프로그램 효익 실현 계획[8)]**

효익 실현 계획benefit realization plan은 비즈니스 효익들을 확인하고 그 효익들의 실현을 위한 계획을 기록한다. 이 계획은 팀이 합의한 효익을 프로그램 완수까지 모니터링할 수 있게 한다. 이 계획은 다른 문헌들과 매우 흡사한 방법(인터뷰, 브레인스토밍, 및 검토 세션 등을 통해서)으로 작성된다. 뿐만 아니라, 이 계획은 전환을 위해서 필요한 조직 프로세스와 시스템, 그 프로세스와 시스템에 필요한 변경, 그리고 새로운 방식으로의 전환이 언제 그리고 어떻게 이루어질 것인가를 확인한다. 이 계획은 반드시 다음과 사항을 보장하기 위한 내용을 포함해야 한다.

- 프로그램의 모든 단계에서 프로그램 결과의 활용을 충족시키는 방법으로 관리.
- 실제 결과들과 계획된 프로그램 결과들과의 연결 및 평가.
- 필요한 수정 조치의 실시.
- 공식적인 프로그램 종료 전에 계획된 프로그램 결과의 달성.

로부터 효익을 실제로 실현하기 위한 책임과 의무를 할당한다. 확인된 효익에 기여하는 요인들이 명확히 정의되어야 하며, 이에 대한 이해관계자들 간의 합의가 있어야 한다. 또한, 효익을 계획, 관리, 측정, 추적, 그리고 실현하기 위한 지원 인프라스트럭처와 프로세스가 있어야 한다. 각각의 프로젝트로부터 기대되는 효익들이 프로젝트가 개시되기 전에 프로젝트 비즈니스 케이스 내에 정의되어야 하며, 프로그램 수준의 효익 추적과 평가 프로세스에 통합되어야 한다.

프로그램 셋업 단계에서는, 효익을 기록, 추적, 그리고 평가할 수 있는 능력이 앞의 단계에서 정의된 효익 정의와 평가 프로세스에 맞추어서 확보되어야 한다. 프로그램 종료 단계의 단계관문 검토에서는, 효익 관리는 실시간으로 실제 효익을 계획된 효익과 비교하여 보고하고 그것의 지속적인 가치를 예측하며, 만약 차질이 있다면, 그 이유와 그러한 차이를 해결하기 위한 대안을 추천하는 것을 포함한다.

효익 실현 계획benifit realization plan은 다음의 것들을 포함하는, 프로그램 시작의 일부분이다. 포함되는 것들은 효익들 간의 의도된 상호의존성, 조직의 전략적 목적에의 정렬, 효익 인도 일정, 메트릭과 측정, 프로그램의 최종적 및 증분적 효익들의 인도에 대한 책임, 그리고 효익 실현이다. 상호의존성, 효익 인도, 기대 이익은 프로그램이 기반을 둔 **비즈니스 케이스**business case로부터 도출되어야 한다. 효익 실현 계획은 이 정보에 기반을 두어야 하며 프로그램 개시 프로세스의 주요 산

8) StdPgM2008 p.109.

출물이다.

효익 실현 계획은 프로그램 관리 계획의 일부이며, 진척을 추적하고 편차를 보고하기 위한 기준선을 제공할 뿐만 아니라 이후에 효익이 어떻게 실현될 것인가를 결정하는 데 도움을 준다. 프로그램이 끝나면, 인도된 효익은 비즈니스 케이스에서 보장된 효익과 비교하여 프로그램이 실제로 목적한 효익 전제를 인도하였는지를 확인하여야 한다.

일단 프로그램의 산출물이 인도되면, 프로그램은 종료되며 인도된 제품 또는 결과로부터 효익을 획득하는 것은 운영의 책임이다. 기업 내의 비즈니스 프로세스들을 좀 더 효율적으로 개선하는 비즈니스 프로세스 개선 프로그램의 예를 들면, 일단 새로운 프로세스가 인도되면, 그것을 활용하고 최적화하여 최대의 효익을 이끌어 내는 것은 운영의 책임이다.

인도된 효익은 프로그램이 종료된 후에도 지속되어야 한다. 그러기 위해서는 다음과 같은 것들이 보장되어야 한다.

- 프로젝트 및 프로그램 환경에 인도된 산출물을 위한 지원이 개발되고 배치된다.
- 일정을 유지하고 고객 기대를 충족시키기 위한 자원이 적절히 제공된다. 지속적인 인도 및 배치에 대한 필요성을 이해시킨다.
- **생산 후 제품 생애주기**post-production product lifecycle를 관리하고 지속적으로 제품을 지원한다. 제품 생애주기 동안에 제품을 갱신하기 위해 프로젝트 관리를 수행할 수 있다.
- 제품의 생애주기 관리 및 지원을 위한 정보가 제공된다.
- 지원 제도에 대해 지속적으로 벤치마킹한다.
- 제품을 생산하는 프로젝트의 시작 시점부터 해당 제품에 대한 지속적 지원 내용이 정의된다.
- 고객 지원 조직이 확보된다.
- 배치된 제품이 변경될 때에는 지원 일정이 — 고객이 갱신된 제품을 지원할 수 있도록 — 적절히 정해진다.
- 제품 지원 요구사항을 충분히 이해할 수 있도록 지원 요원을 훈련한다.
- 수리/반환 설비/프로세스 요구사항들이 개발되고 수행된다.

### Box 2-4 프로그램 거버넌스 계획[9]

프로그램 거버넌스 계획program governance plan은 거버넌스 목적, 구조, 역할, 및 책임, 그리고 거버넌스 프로세스의 수행을 위한 물류를 서술한다. 이 계획은 프로그램 거버넌스 프로세스 전체를 통하여 참조된다. 거버넌스 하위프로세스들은 효과적인 운영을 보장하기 위해서 이 계획을 정제할 피드백을 제공한다. 이 계획은 다음과 같은 것들을 포함한다.

- **프로그램 거버넌스 목적** : 프로그램과 그 구성 컴포넌트를 위한 거버넌스 목적은 기록되어 컴포넌트 팀과 이해관계자들에게 제공하는 것이다. 컴포넌트 헌장과 프로젝트 관리 계획들은 이러한 목적의 우선순위를 보여주고 그것들이 어떻게 충족될 것인가에 대한 조언을 제공하기 위해서 필요하다.
- **프로그램 거버넌스 구조 및 구성** : 이것은 프로그램 거버넌스가 어떻게 실현될 것인가와, 역할과 책임, 프로세스, 단계 관문 요구사항, 그리고 수행에 대해서 서술한다. 프로그램 거버넌스 구조program governance structure는 프로그램의 목적과 목표들이 기업의 전략적 목적과 목표들(해당 프로그램이 그것을 위해서 개발되는)에 부합하도록 한다. 프로그램은 그 본질상 기업, 고객, 수행 조직, 공급자나 이해관계자로서 서로 중복될 수 있다. 거버넌스 틀은 중요한 인터페이스가 프로그램과 컴포넌트 간 갈등을 최소화하기 위해서 조심스럽게 관리되도록 한다. 구체적인 프로그램 거버넌스 구조는 기업과 상황마다 다를 수 있지만, 다음과 같은 공통적 역할을 통해서 충족된다. 그 역할은 임원 후원자, 프로그램 위원회/스티어링 컴미티, 프로그램 관리자, 프로젝트 관리자, 프로그램 관리 오피스, 프로젝트 팀과 팀원들이다.
- **프로그램 거버넌스 역할 및 책임 정의** : 다음과 같은 질문에 답함으로써, 전체적인 역할과 책임이 확인되고 서술될 수 있다.
  - 프로그램 위원회의 구성은 어떠한가? 회의 빈도는? 이슈들은 어떻게 위원회에 상달될escalted 것인가? 위원회는 그 결정을 어떻게 공개할 것인가?
  - 프로그램 임원 후원자와 부속 후원자들의 역할과 책임은 무엇인가?
  - 프로그램 디렉터와 부속 디렉터들의 역할과 책임은 무엇인가?
  - 프로그램 관리 오피스의 역할은 무엇인가?
  - 누가 인도에 대해 책임질 것인가?
  - 누가 효익이 실현되고 가치가 인도될 것을 보장할 것인가?
  - 누가 아키텍처 원칙의 준수에 대해서 책임질 것인가?
  - 누가 프로그램과 구성 컴포넌트들에 대해서 행정, 지도, 컨설팅, 및 모니터링 서비스를 제공할 것인가?
  - 누가 모든 이해관계자 집단과 특정 이해관계자들과의 적절하고, 효과적이며 효율적이고 적시의 의사소통을 보장할 것인가?
- **상위 수준 거버넌스 계획 및 회의 일정** : 거버넌스 계획의 구조는 프로그램 관리 계획의 일부가 되도록 고안되어 있다. 이 계획은 건전성 점검, 관문 검토 및 감사와 같은 거버넌스 활동과 회의들의 일정을 포함하는, 모든 거버넌스 계획 활동들의 결과를 포함한다.

9) PMBoK2008, pp.75-76.

● **관문 검토 요구사항** : 프로그램 거버넌스의 가장 중요한 일면 중의 하나는 프로그램 컴포넌트들이 효과적으로 관리될 것을 보장하는 것이다. 프로그램 관리 팀은 프로그램 컴포넌트들이 계속되거나 선언된 목표들을 충족할 수 경우에는, 종료되는 것을 보장해야만 한다. 고려되어야 할 것들은 전략적 조화, 투자 평가, 기회와 위협의 모니터링과 통제, 효익 평가, 그리고 프로그램 결과의 모니터링을 포함한다. 단계관문 요구사항은 다음의 사항에 대한 내용을 포함해야 한다.
  - 관문에서 검토되어야 할 것은 무엇인가?
  - 그것이 어떻게 검토될 것인가(프로세스)?
  - 누가 책임이 있는가?
  - 측정 기준은 무엇인가?

● **컴포넌트 개시 기준** : 컴포넌트를 위한 초기 관문 검토는 컴포넌트 개시 시에 수행된다. 이 관문이 올바른 컴포넌트가 올바른 시점에 개시되는 것을 보장하기 위한 매우 명확한 기준을 설정하는 것이 특히 중요하다.

● **주기적 건전성 점검** : 단계 관문 검토는 주기적인 프로그램 성과 검토의 대체물이 될 수 없다. 이 검토는 기대되었던 결과와 프로그램 효익을 장기적으로 실현하고 유지해야 할 필요에 대비하여 성과를 평가한다. 프로그램 건전성 점검health check은 프로그램이 정기적으로 검토되고 점검될 것을 보장하는 방법 중의 하나이다. 건전성 점검은 단계 관문이나 감사에 비해서 점 더 비공식적으로 되는 경향이 있으며 컴포넌트 팀에게 덜 위협적으로 느껴진다. 이것의 목표는 다음과 같다.
  - 중간의 불가피한 실패에 긍정적이고 건설적인 태도로 접근한다. 이것은 학습된 교훈이 미래의 유사한 계획을 예방하고 전체 프로세스를 개선할 것을 보장한다.
  - 전체 프로그램의 성공을 위해서 구체적인 세부사항이 아니라 넓은 영역에 초점을 맞춘다.
  - 문제가 확인되었을 때 대체안을 발견한다. 문제에 대한 해결안이 없을 때에도, 언제니 그것을 관리할 방법이 있기 마련이다.
  - 높은 수준의 검토에서 시작해서 필요한 부분에 좀 더 깊이 집중해 내려간다.
  - 프로세스와 절차들이 그 목적들을 달성할 수 있는지를 평가한다.

**프로그램 거버넌스**program governance는 프로그램 생애주기 전체에 걸친 진행과 그 컴포넌트 프로젝트들로부터 통합된 효익을 도출하는 것을 모니터링하고 점검한다. 보편적인 모니터링 방법은 **단계관문 검토**phase-gate review와 같이 미리 정의된 이정표들을 이용해서 진척을 모니터하는 것이다. 단계관문 검토는 신제품 개발에서 흔히 쓰이며, 전략적 정렬, 투자 평가, 기회와 위협의 모니터링 및 통제, 효익 평가, 그리고 프로그램 결과의 모니터링에 초점을 맞춘다. 프로그램이 포트폴리오의 일부로서 시작되었다면, 이러한 검토들은 해당 포트폴리오의 맥락 안에서 수행될 것이다.

### 2.2.4 프로그램 단계들

(1) 프로그램 전 준비

**프로그램 전 준비단계**pre-program preparation phase 비즈니스 케이스를 개발하고 필요성을 확인하며, 프로그램의 정당성을 확인하는 것이다. 일반적으로 성숙된 조직은 표준화된 방법을 사용하고, 공식적 프로그램 선택 과정을 사용하는 경향이 높지만, 비공식적 형태까지 다양한 프로그램 선택 프로세스가 사용될 수 있다. **포트폴리오 검토 위원회** 또는 임원 전략 위원회와 같은 전략 결정 조직은 전략적 목표 및 프로그램이 인도해야 할 효익들을 정의하는 **프로그램 위임장**program mandate을 발행할 수 있다. 프로그램 위임장은 프로그램이 이러한 목적을 달성하기 위해 가장 적합한 방법인가를 결정하기 위한 조직 자원을 확보하고, 또한 프로그램 개시 단계를 촉발시킨다.

이 단계의 작업은 조직 및 비즈니스 전략, 내외의 영향들, 프로그램 드라이버들drivers 그리고 관계자들이 실현되리라고 기대하는 효익들에 대한 기존의 정보 분석에 초점을 맞춘다. 기대되는 결과desired results, 필요한 자원 그리고 조직 전체에 걸친 새로운 역량을 구현하기 위해 필요한 변화를 인도하는 것의 복잡성의 관점에서 프로그램이 정의된다. 이 단계에서 수행되는 활동들에는 다음의 것들이 포함된다.

- 프로그램의 전략적 효익을 이해하기.
- 프로그램을 시작할 계획을 개발하기.
- 프로그램 목표들을 정의하고 조직의 목적과 정렬하기.
- 필요, 비즈니스 효익, 프로그램의 기능성과 합리화에 대해 이해시키기 위한 고수준의 비즈니스 케이스를 개발하기.
- 프로그램이 제대로 수행되는 것을 보장하기 위해서 프로그램 전체를 통한 '점검 시점'에 대해서 합의하기.

전사적 프로세스 개선과 같은 내부적 프로그램은 변화를 촉진하기 위해서 수행된다. 이러한 경우에는, 프로그램 계획은 조직 변화 관리에서 일반적으로 인정되는 방법들에 대한 분명한 이해와 통합 방법을 제공해야 한다. 일단 다루어야 할 전략적 영역이 이해되고 의사소통해야 할 이해관계자들이 확인된 후에는, 상위 수준의 접근 방법 또는 계획이 수립되어야 한다. 이 계획은 프로그램 관리자가 해당 프로그램을 촉발한 자극, 프로그램 목표, 그리고 어떻게 그 목표들이 조직에 부합하는 지를 명확하게 이해하고 있다는 것을 보여 줄 수 있어야 한다.

### (2) 프로그램 개시

**프로그램 개시**program initiation phase 핵심 목표는 프로그램 위임장에 의해서 정의된 기대되는 결과들을 인도하기 위해서 프로그램을 어떻게 구성하고 관리하여야 하는가에 대한 매우 자세한 내용을 수립하는 것이다. 프로그램 전 준비 단계에서 확인된 모든 고려사항들이 프로그램 헌장을 작성하기 위해서 분석되고 사용된다. 이 단계의 결과는 다음과 같다.

- **전략 관리 위원회**strategic governing board의 다음 단계(프로그램 셋업)로 진행하라는 승인.
- 프로그램 헌장 또는 프로그램 위임장: 예를 들어서, 다음과 같은 사항을 기록할 수 있다.
  - 비전, 주요 목표, 및 성공 기준.
  - 기대되는 결과 및 효익.
  - 프로그램 가정 및 제약.
  - 고 수준의 프로그램 계획.
  - 알려진 위험 및 이슈들.
- 비즈니스 변경에 영향을 줄 수 있는 능력을 지닌, 적절한 변경 관리자들의 확인.
- 스폰서 그룹 및 프로그램 위원회의 잠재적인 구성원들의 확인.
- 프로그램 내의 핵심적 의사결정자/이해관계자, 그리고 그들의 기대와 이해관계의 파악.
- 후보 프로젝트들과 기타 잠재적인 프로그램 컴포넌트들의 확인.
- 임원 스폰서executive sponncer와 프로그램 관리자의 지정.
- 프로그램을 관리하기 위한 인프라스트럭처의 생성.
- 프로그램 셋업에 필요한 핵심적 자원의 확인과 배정.

### (3) 프로그램 셋업

**프로그램 셋업**program setup**단계**에서는 프로그램이 승인 위원회로부터 '원칙적으로' 승인받고, 프로그램 관리자가 확정된다. 이 단계의 목적은 인프라스트럭처를 수립하고 해당 프로그램이 관리될 방향을 정의하고 핵심 인도물들을 정의할 '로드맵'을 작성함으로써 프로그램 현장을 점진적으로 가다듬고 프로그램의 기반을 개발하는 것이다. 이 단계의 결과는 프로그램 관리 계획을 승인하는 것이다.

이 단계는 프로그램에 포함될 — 이미 정의되지 않았더라도 — 컴포넌트들을 결정하며, 또한 프로그램 이슈들을 해결하기 위해 수행되어야 할 모든 가능성을 확인한다. 이 단계에서 수행되는 활동들에는 다음의 것들이 포함된다.

- 프로그램의 미션, 비전, 그리고 가치를 조직의 목표들과 정렬시키기.
- 프로그램 셋업을 위한 초기의 상세 비용 및 일정 계획을 개발하고 프로그램 나머지 부분을 위한 계획들의 개요를 작성하기.
- 제안된 프로그램에 대해서 기술적 가능성과 함께 — 만약 가능하다면 — 경제적 가능성 조사를 수행하기.
- 제조/구매 결정 및 프로그램을 지원할 하청업자의 선정에 대한 규칙을 정립하기.
- 어떻게 프로젝트들이 요구되는 효익을 산출할 능력을 인도할 것인가에 대한 계획을 보여주는 프로그램 아키텍처를 개발하기.
- 각 프로젝트에 대해서 연관된 기술, 투자 그리고 규제/법률적 요소들과 관련된 문제들을 다루는 비즈니스 케이스를 개발하기.
- 이해관계자와 의사소통하고 지원을 획득하기.

이 단계 동안에 프로그램 관리자와 프로그램 팀은 그 안에서 작업이 수행될 인프라스트럭처를 수립한다. 프로젝트에 비해서 프로그램은 일반적으로 다음과 같은 것들을 포함하는 지원 인프라스트럭처가 준비되어야 한다.

- 프로그램 특유의 거버넌스 영역들 : 프로세스 및 절차.
- 프로그램 특유의 도구들 : 프로그램 관리 도구, 시간/비용 보고 도구 및 프로세스, 획득 가치 관리earned value management 프로세스 및 도구들.

- 프로그램 관리 오피스.
- 프로그램 설비.
- 기타 프로그램 관리에 필요한 도구, 프로세스, 및 기법들.

이 단계의 주요 결과는 프로그램 수준의 계획 프로세스를 중심으로 구성되며 다음과 같은 사항들을 포함한다.

- 범위 정의 및 계획.
- 요구사항 정의, 분할, 확인validation 및 관리.
- 효익 정의, 분할, 관리, 비용 및 실현.
- 활동 정의 및 순서 정하기.
- 수행 기간 추정.
- 일정 수립.
- 외부 자원의 획득.
- 계약과 조달.
- 인적 자원과 충원.
- 비용 추정/예산
- 위험 관리 통합.
- 구성 컴포넌트 확인 및 정의.
- 프로그램을 지원할 프로그램 관리 오피스.
- 프로그램 관리 계획의 승인: 개별적인 비즈니스 케이스들과 지원 가능성 연구들에 기반을 둔다.
- 승인과 보고 절차를 포함하는 프로그램 거버넌스 기제.
- 프로젝트들과 프로그램 내에서의 효익의 측정 모두를 모니터링하고 통제하기 위한 프로그램 통제 틀.
- 프로그램을 지원하기 위한 설비와 기타 필요한 인프라스트럭처.
- IT 시스템과 통신 기술: 생애주기 전체를 통해서 프로그램을 유지하기 위해 필요한 지원 조치를 포함.

### (4) 프로그램 효익 인도 단계[10)]

**프로그램 효익 인도 단계**delivery of program benefits phase의 목적은 컴포넌트 프로젝트들을 시작하고 시작 단계에서 확인된 프로그램 효익들의 개발을 관리하는 것이다. 프로그램의 핵심 작업이 이 단계에서 시작하며, 계획된 효익들이 달성되고 인도되며 인수되거나 또는 종료 결정이 내려졌을 때 이 단계가 종료된다. 프로그램 관리 팀은 컴포넌트들을 독립적으로 운영했을 때에는 얻을 수 없는 결과를 얻기 위해서 일군의 연관된 컴포넌트들을 일관성 있고 통합된 방법으로 관리할 책임이 있다. 이 단계에서 수행되는 활동들에는 다음의 것들이 포함된다.

- 프로젝트들 모니터링하고 통제할 프로젝트 거버넌스 구조를 확립하기.
- 프로그램 목표들을 충족하도록 프로젝트들을 시작시키기.
- 컴포넌트들이 요구사항을 충족시키는 것을 보장하기.
- 계획을 기준으로 진도를 분석하기.
- 프로그램 관리 또는 예상된 효익에 영향을 미칠 수 있는 환경적 변화를 확인하기.
- 컴포넌트들 간에 공유되는 자원, 공통의 활동 및 기타 의존성들의 조정을 보장하기.
- 위험을 확인하고 긍정적 및 부정적인 위험들을 관리하기 위한 적절한 조치들이 취해지는 것을 보장하기.
- 이슈들을 확인하고 수정 조치들이 취해지는 것을 보장하기.
- 효익 재활용을 측정하기.
- 변경 요청을 검토하고 추가적인 작업을 적절하게 인가하기.
- 한계치들을 유지하고 결과가 기대대로 인도되지 않을 때 수정 조치들을 시작하기.
- 이해관계자들 및 프로그램 거버넌스 위원회와 의사소통하기.

### (5) 프로그램 종료 단계[11)]

**프로그램 종료 단계**program closure phase에서는 모든 작업이 완료되고 효익들이 누적된다. 이 단계에서 수행되는 활동들에는 다음의 것들이 포함된다.

10) StdPgM2008 pp.28-29.
11) StdPgM2008 pp.29-30.

- 이해관계자들과 효익 현황을 검토하기.
- 프로그램 조직을 해체하기.
- 프로그램 팀을 해체하고 모든 인적 자원을 적절히 재배치할 조치를 확보하기.
- 인프라스트럭처를 해체하고 모든 물적 자원(설비, 장비 등)을 적절히 재배치할 조치를 확보하기.
- 인도물이 고객에게 인도되고 받아들여진 후에 이슈나 결함이 발생했을 때 제공될 지도와 보수유지를 보장하는 고객 지원을 제공하기 — 이러한 보장은 일반적으로 계약에 의해서 정의된다.
- 습득된 교훈들을 미래의 유사한 프로그램에 사용할 수 있도록 조직 데이터베이스에 기록하기 — 습득된 교훈은 일반적으로 개선할 약점 또는 영역 및 수행 조직이 미래에 활용해야 할 강점 또는 최고의 관행으로 표현된다.
- 프로그램 생애주기 내에서 확인되었으나 프로그램 범위 밖에 있는, 조직이 추구해야 할 유용한 변화에 대한 권고 및 피드백을 제공하기.
- 재사용 및 미래에 있을지도 모르는 감사를 위해서 프로그램과 관련된 모든 문헌들을 저장하고 인덱스를 붙이기.
- 운영을 위해 필요한 모든 전환을 관리하기.

# 부 록 2A
# 계획과 통제

## A1. 계획

### 1. 계획의 의미

관리 과정의 첫 번째 단계인 계획 수립은 조직의 목표를 설정하고, 설정된 목표를 달성하기 위해서 무엇을 하여야 할 것인가를 결정하는 과정이다.

계획은 계획 수립 활동의 결과이며, 목표를 달성하기 위해서 필요한 자원의 할당, 일정 계획 및 기타 모든 행동을 구체화한 청사진이다. 계획은 특정 프로젝트에 맞추어서 작성되거나 일련의 미래 행동을 반복적 또는 계속적으로 규제할 수 있도록 정책policy, 절차procedure, 또는 규칙rule의 형태로 작성될 수 있다.

계획의 본질적인 속성은 다음과 같다.

- **미래 지향** : 계획은 본질적으로 미래의 변화에 대한 준비이다. 계획 수립 활동은 안정적인 환경에서뿐만 아니라, 불확실성이 큰 동태적인 환경에서 더욱 활발하게 수행되어야 하는 지속적이고 동태적인 과정이다.
- **성과 지향** : 계획은 목표를 달성하고 바람직한 결과를 얻기 위해 필요한 활동만을 포함해야 한다. 계획 수립 활동은 관리자에게 중요한 것이 무엇이고 조직의 강점이 무엇인가를 알려줌으로써 자원을 목적 지향적이고 효율적으로 사용할 수 있도록 해줘야 한다.
- **의사결정** : 다양한 이해관계자들을 확인하고 (이해관계자 간에 서로 상충될 수 있는) 목표들 간의 우선순위를 결정하며 목표를 달성하기 위해 필요한 활동들을 결정한다.

### 2. 계획의 기능

계획의 기본적인 기능은 다음과 같다.

- **활동의 조정** : 계획은 조직의 모든 계층의 모든 구성원과 부서에 대해서 수립되

며, 구성원들의 활동을 조정하기 위한 기초 청사진을 제공한다.

- **성과 표준의 제공** : 계획은 미래에 대한 객관적이고 합리적인 예측에 근거하여야 한다. 객관적이고 합리적인 예측은 일반적으로 과거의 실적에 대한 분석으로부터 얻어지며, 과거실적에 대한 객관적인 분석은 성과 표준에 대한 합리적이고 객관적인 기준을 제공한다.
- **통제의 기준** : 계획은 목표를 달성하기 위한 행위들과 성과 표준을 제공함으로써 언제 어떤 통제 활동을 할 것인가에 대한 기준을 제공한다.

### 3. 계획의 종류

계획의 종류는 매우 다양하다. 경우에 따라서는 사명, 목적, 목표 등도 계획의 일종으로 분류되기도 한다. 계획은 적용되는 기간에 따라서 장기 계획(일반적으로 5년 이상), 단기 계획(1년 이하), 중기 계획(단기와 장기의 사이, 경우에 따라서는 단기 계획에 포함되어 분류되기도 한다)으로 분류할 수 있다. 이외에도 적용 범위, 주체성 정도, 이용 빈도 등의 다양한 기준에 따라서도 분류할 수 있다.

- **전략**strategy : 전략은 조직의 장기적인 목표의 설정과 이를 달성하기 위한 활동을 선택하고 자원을 할당한다. 전략은 주요 목표와 방침의 체계를 선택함으로써 조직의 미래의 모습을 형상화하여 조직 구성원들에게 전달하고, 구성원들의 행동과 사고의 길잡이가 되는 유용한 개념의 틀을 제공한다. 일반적으로 5년 이상의 시간 범위를 갖는다.
- **운영 계획**operational plan : 전략의 전반적인 목표를 달성하기 위한 구체적인 활동과 방법을 규정한다. 전술적 계획tactical plans이라고 불리기도 하며, 전략에 비해서 범위가 제한되어 있고 자원의 할당과 실제 작업 활동의 일정schedule을 주로 다룬다. 일반적인 기업의 전형적인 운영 계획으로는 생산 계획, 재무 계획, 설비 계획, 마케팅 계획, 인사 계획 등이 있다.
- **프로젝트 계획**project plan : 경우에 따라서는 전략과 대비하는 관점에서 프로젝트 계획도 운영 계획의 한 형태로 분류되기도 한다. 그러나 일반적으로는 운영 계획은 지속적이고 반복적으로 수행되는 운영 작업에 대한 계획만 의미하며, 일시적 작업인 프로젝트에 대한 계획은 별도로 분류된다. 연관된 일련의 프로젝

트가 하나의 프로그램으로 수행될 경우에는 프로젝트 계획은 전체 프로그램 계획의 하위 계획이 된다.

- **방침**policy : 의사결정이 이루어져야 할 분야를 규정하며, 의사결정이 일관성 있고 조직의 목적 달성에 기여할 수 있도록 보장한다. 일반적인 기술서의 형식으로 명시적으로 표현되기도 하며, 경영자의 활동을 통해서 암시되기도 한다.
- **절차**procedure : 필요한 행동들의 시간적 순서를 결정함으로써 미래의 활동 방법을 정의하고 수립한다. 행동에 대한 지침이며, 특정의 활동들이 수행되어야 하는 정확한 방법들을 상세하게 기술한다.
- **규칙**rule : 특별히 요구되는 행동이나 해서는 안 될 행동에 대해서 재량권의 여지가 없도록 규정한다. 가장 단순한 형태의 계획으로서, 시간적 선후 관계를 명시하지 않는다는 점에서 절차와 구별된다.
- **예산**budget : 프로그램 또는 활동에 소요되는 자원을 수치로 표현한 것. 일반적으로 재무적 금액으로 표현되나, 노동 시간이나 제품의 단위와 같은 측정 가능한 다른 수치로 작성될 수도 있다. 예산은 통제의 중요한 수단이나 예산 편성 그 자체는 계획 활동이다.

### 4. 계획의 계층적 구조

계획은 계층적으로 작성해야 한다. 기간을 기준으로 예를 든다면, 기업은 전략과 그 전략을 수행하기 위한 연간 계획, 순간 계획, 월간 계획, 주간 계획, 일간 계획 등의 일련의 운영 계획을 작성할 수 있다.

하나의 주간 계획에는 5개 내지 6개의 일간 계획이 포함될 수 있고, 하나의 월간 계획에는 보통 4개의 주간 계획이, 하나의 순간 계획에는 3개의 월간 계획이, 하나의 연간 계획에는 4개의 순간 계획이, 하나의 전략에는 전략의 대상 기간에 따라서, 예를 들면, 5개의 연간 계획을 포함한다. 이러한 계획들은 기간이 짧을수록, 그리고 그 대상 시점이 현재와 가까울수록 일반적으로 더 세밀하고 자세하게 작성된다.

이러한 계획의 계층적인 구조는 하위 계획이 수정되더라도 상위 계획은 수정되지 않을 수 있게 한다. 예를 들어, 월요일과 화요일의 작업이 일간 계획대로 수행되지 않았더라도, 그 주간의 나머지 일간 계획을 수정하고, 실제 작업도 수정된 계획대로 실행된다면, 주간 계획은 전혀 수정되지 않을 수 있다. 마찬가지로 주간 계획이 수정되더라도 월간 계획은 전혀 수정되지 않을 수도 있다.

대상 범위도 상위 계층으로 갈수록 넓어진다. 전략은 조직 전체를 대상으로 하며, 운영 계획과 프로젝트 계획을 동시에 하위 계획으로 포함할 수 있다. 운영 계획은 전체 조직의 일부 부서만을 대상으로 할 수 있다. 일간 계획은 조직 구성원에 각각에 대해서 작성될 수도 있다. 기간의 경우와 마찬가지로 어느 하위 조직의 실행이 계획에서 벗어나서 해당 조직의 계획이 수정되어야 하더라도, 해당 조직의 상위 조직에 속하는 다른 하위 조직의 계획을 수정함으로써, 상위 조직의 전체 계획은 수정하지 않을 수 있다.

## A2. 통제

### 1. 통제란 무엇인가?

통제란 조직의 현 상태가 조직의 목표, 계획, 성과 기준에 합치되도록 하는 방법과 수단을 의미한다. 관리 과정에서 계획이 수립되고 설정한 목표를 효과적으로 달성할 수 있도록 조직이 구성되었더라도 모든 활동이 계획대로 진행되고 목표가 반드시 달성되리라는 보장은 없다. 따라서 조직 활동이 계획한 대로 진행될 수 있도록 성과를 측정하고 활동을 수정하는 통제 과정이 반드시 필요하다.

통제는 활동의 진행과 관련한 시간적 관점에서 다음과 같이 세 가지로 분류할 수 있다.

- **피드백 통제**feedback control : 이미 종결된 활동에 대해서, 해당 활동이 계획대로 수행되었는가를 확인한 후에, 그 결과를 다음 활동의 수행에 반영한다.
- **동시 통제**concurrent control : 업무 활동의 진행과 동시에 병행해서 수행된다. 가장 전형적인 예로는, 직접적인 현장 감독이 있다.
- **피드포워드 통제**feedforward control : 예상되는 문제를 사전에 예방한다.

이 중에서 가장 보편적인 유형은 피드백 통제이며, 실제로 나타난 조직의 성과가 계획과 어떻게 다르며 실시 과정에서 어떠한 문제가 있었는지를 사후적으로 검토하여 이후의 계획에 반영한다. 이때, 계획과 수행 간의 차이가 매우 커서 이후의 계획을 전반적으로 수정한다면, 이는 일반적으로 재계획replanning이라고 한다.

계획과 수행 간의 차이에 의해서 수정 활동이 시행된다는 것은 계획이 변경되었다(변경되었다는 것이 공식적이고 명시적으로 공표되지 않을 수도 있다)는 것을 의미한다. 이때 계획이 단지 부분적으로만 수정되었을 경우가 일반적으로 통제의 범위에 포함된다.

계획은 일반적으로 계층적으로 수립된다. 계층적인 계획 체계에서 하위 계층의 계획이 수정되고 상위 계층의 계획은 수정되지 않거나 단지 부분적으로만 수정되었을 경우, 하위 계획의 변경과 그에 관련된 수정 활동을 상위 계획의 관점에서 통제로 분류된다.

### 2. 효과적 통제의 특징

통제가 잘못 수행되면 목적의 달성을 저해하고 조직의 성과를 떨어트릴 수 있다. 이러한 부작용을 방지하기 위해서 통제는 다음과 같은 조건을 충족해야 한다.

- **합목적성** : 조직이 목표를 성취할 수 있도록 지원할 수 있어야 한다.
- **정확성** : 정확하고 신뢰할 수 있는 정보를 제공해야 한다.
- **적시성** : 성과에 영향을 미칠 요인을 예방하기 위해 필요한 시간을 확보할 수 있어야 한다.
- **경제성** : 발생하는 비용을 최소화하여, 최소의 비용으로 최대의 효과를 얻을 수 있어야 한다.
- **유연성** : 상황 변화에 쉽게 대응할 수 있어야 한다.
- **이해 용이성** : 복잡하지 않고 쉽게 이해될 수 있어야 한다. 복잡하면 실수를 유발시키고, 구성원들에게 불신을 초래할 수 있다.
- **합리성** : 기준은 가급적 높게 설정되어야 하나, 종업원이 처해 있는 상황을 반영하여야 하며 의욕을 잃을 수 있을 정도로 높으면 안 된다. 기준이 너무 높거나 낮으면 종업원들을 자극할 수 없다.
- **전략성** : 조직 성과에 중요한 영향을 미치는 사항에 대해서 집중해야 한다. 조직 내에서 일어나는 모든 일에 대해서 통제를 하면 안 된다.

- **예외적 사항에 대한 강조** : 전략적으로 중요한 내용이더라도 정상적인 범위 내에서 계획대로 진행되고 있는 활동에 대해서는 통제를 할 필요가 없다.
- **다양한 기준** : 성과의 보다 객관적이고 정확한 측정을 가능하게 한다. 하나의 기준에 의해서 통제가 이루어지면 편협성이 발생할 가능성이 있다.
- **수정 방법의 제시** : 탐지된 문제에 대한 구체적인 해결책이 제시되어야 한다.

### 3. 통제의 절차

통제는 반복되는 과정이다. 프로젝트의 경우에는 일단 제품 프로세스가 시작하면 지속적으로 제품 프로세스가 계획대로 실행되는가를 모니터링하여야 한다. 관리 프로세스도 또한 계획대로 실행되는가를 지속적으로 모니터링하여야 한다. 만약 제반 프로세스가 계획대로 실행되지 않고 성과와 표준 간의 편차가 어느 정도 이상으로 커진 것이 확인되면, 적절한 수정 조치가 취해져야 한다. 제품 프로세스가 종료되고, 후속 관리 프로세스도 종료되면 통제도 함께 종료된다.

통제가 효율적으로 수행되기 위해서는 사전에 통제에 대한 계획이 수립되어야 한다. 통제에 대한 계획은 기본 프로젝트 관리 계획에 포함되어야 한다. 효과적인 통제 계획을 수립하기 위해서는 과거의 유사한 프로젝트의 경험이 피드백되어야 하며, 그러기 위해서는 모든 프로젝트에서 통제 과정과 그 결과가 기록되고 분석되어야 한다.

통제 계획의 작성과 결과의 피드백을 포함하는 통제의 전 과정은 다음과 같이 6단계로 분류할 수 있다.

- **통제 영역 결정** : 통제 대상의 부서, 기능, 자원, 성과 등을 결정한다.
- **통제 내용 결정** : 달성해야 할 성과 표준과 통제 기준을 결정하고, 필요한 정보를 결정하고, 성과가 통제 기준을 벗어났을 경우 취할 조치를 결정한다.
- **모니터링 및 정보 수집** : 현재의 성과를 파악하기 위해 현재 상태를 모니터링하고 필요한 정보를 수집한다.
- **통제 기준과 현재의 상태 비교** : 현재의 성과를 표준과 비교하고, 수정 조치가 필요한가를 결정한다. 이 단계는 단계 3의 모니터링과 함께 지속적으로 수행한다.
- **수정 조치 실행** : 성과와 표준 간의 편차가 기준치 이상일 경우에는 수정 조치를

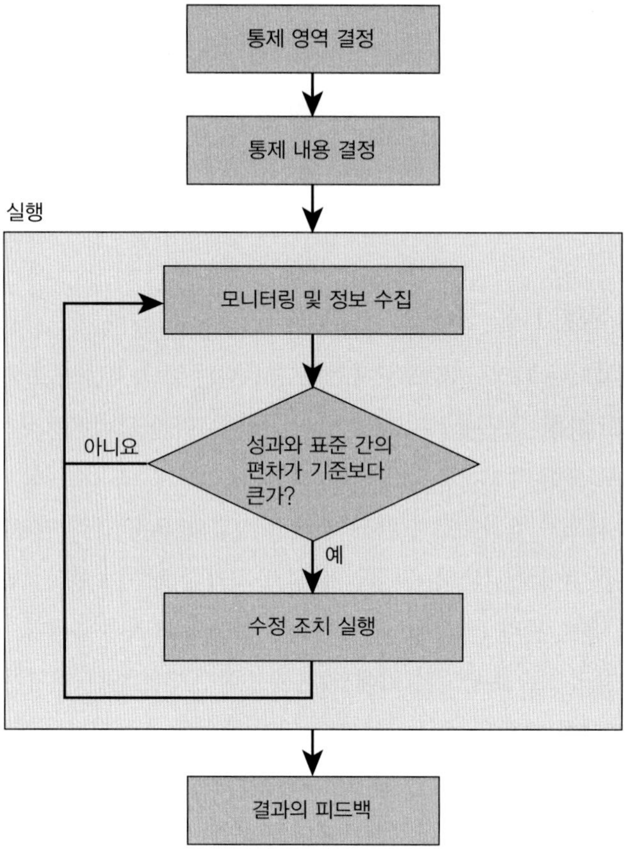


**[그림 2A]** 통제 과정

실행한다. 필요하다면 문제점과 그 원인을 분석하고, 필요한 조치를 결정하기 위한 의사결정 과정을 밟을 수 있다. 수행 조치를 실행한 후에는 다시 단계 3으로 돌아간다.

- **피드백** : 문제 해결 과정, 수정 조치, 그리고 수정 조치를 시행한 결과 등을 포함한 통제의 전 과정을 기록하여 관리 체계의 개선과 다음 프로젝트의 통제 계획 수립에 참고가 될 수 있게 한다.

# 부 록 2B
## 프로그램 관리 문서들

프로그램 수준의 주요 관리 문서로는 아래와 같은 것들이 있다. 이 중에서 프로젝트 수준에서 대응되는 관리 문서가 있는 것은 관련 프로젝트 관리 프로세스의 설명이 있는 부분에서 같이 소개하였다. 여기에서는 나머지 프로그램 범위 선언 및 프로그램 범위 관리 계획, 프로그램 최종 보고서, 프로그램 효익 실현 보고서 및 효익 실현 분석을 소개하겠다.

- 변경 요청 분석: : Box 3-9 참조.
- 비즈니스 케이스: Box 2-2 참조.
- 최선의 관행 라이브러리: Box 1-4 참조.
- 프로그램 거버넌스 계획: Box 2-3 참조.
- 프로그램 관리 계획: Box 3-4 참조.
- 프로그램 범위 선언 및 프로그램 범위 관리 계획: Box 5-1 참조.
- 프로그램 위험 관리 계획과 위험 범주: Box 12-2 참조.
- 프로그램 의사소통 관리 계획: Box 10-2 참조.
- 프로그램 이해관계자 명단 및 이해관계자 인벤토리: Box 4-1 참조.
- 프로그램 일정: Box 6-1 참조.
- 프로그램 작업 분할구조: Box 5-8 참조.
- 프로그램 조달 관리 계획: Box 11-3 참조.
- 프로그램 최종 보고서
- 프로그램 헌장과 프로그램의 승인: Box 3-2 참조.
- 프로그램 효익 실현 계획: Box 2-2 참조.
- 프로그램 효익 실현 보고서 및 효익 실현 분석

## B1. 프로그램 범위 선언 및 프로그램 범위 관리 계획[12)]

**프로그램 범위 선언**program scope statements은 프로그램의 방향을 정의하며, 범위, 한계, 기대, 그리고 비즈니스 영향과 함께 각 프로젝트와 그 자원을 기술한다. 이 선언은 프로그램 관리자의 책임이다. 프로그램의 초기에는 프로그램 관리자는 이 선언을 통해서 프로그램의 맥락과 틀이 적절하게 정의되고 평가되도록 해야 한다. 이 문서의 목적은 각 이해관계자들이 프로그램의 특성, 목적, 그리고 충족되어야 할 필요에 대한 이해를 공유하도록 하는 것이다. 범위 선언은 다음의 토픽들을 다루어야 한다.

- 조직의 필요와 비즈니스 요구사항 및 맥락.
- 해결안에 대한 비전: 초기의, 고 수준 제품 요구사항.
- 프로그램 인도물.
- 프로그램 범위, 한계, 및 경계.
- 가정과 제약들.
- 프로그램 효익과 성공 기준.

**프로그램 범위 관리 계획**program scope management plan은 전체 프로그램 계획의 부속 요소이다. 이 계획은 프로그램 안정성의 기대치에 대한 평가를 포함하고 범위 변경이 어떻게 확인되고 분류될 것인가, 범위가 어떻게 관리될 것인가, 그리고 범위 변경이 어떻게 전체 프로그램으로 통합될 것인가를 기술한다.

## B2. 프로그램 최종 보고서[13)]

**최종 프로그램 보고서**final program report는 고위 경영진이 전사적 거버넌스를 수행하기 위해서 필요한 정보와 함께, 미래의 프로그램이나 프로젝트의 성공을 위해서 사용할 수 있는 핵심적 정보를 기록한다. 이것은 다음과 같은 항목들을 포함한다.

12) StdPgM2008 pp.106, 108.
13) StdPgM2008 pp.106, 108.

- 재무적 및 획득 가치 평가.
- 학습된 프로그램 교훈.
- 성공과 실패.
- 개선할 영역.
- 위험 관리 결과.
- 예측하지 못한 위험.
- 범위 입증 요약 및 고객독점customer buy-off.
- 계약 종결의 이유(소송, 편의, 또는 완료)
- 기술적 및 규범적 기준선 이력.
- 프로그램 정보유통 아카이브archive 계획.

## B3. 프로그램 효익 실현 보고서 및 효익 실현 분석[14)]

진행 중인 프로그램의 실제 결과와 계획된 프로그램 효익 간의 차이에 대한 메트릭스와 그 개요에 대한 보고는 프로그램 거버넌스 계획에 정의된 바에 따라서 작성된다.

- **효익 실현 계획과 실제와의 비교** : 효익 실현 계획은 언제 그리고 어떻게 효익이 조직에 인도될 것인가를 정의한다. 효익이 가치가 있기 위해서는, 그것이 충분히 그리고 적시에 실현되어야 한다. 컴포넌트와 전체 프로그램 수준의 실제 사건들과 계획의 변경들이 계획된 효익의 실현을 불가능하게 만들지 않았는지 확인하기 위해서 계획을 정기적으로 모니터해야 한다. 효익 실현 계획은 컴포넌트의 실제 효익에 대비하여 평가되어야 한다. 이 분석은 프로그램 팀에 의해서 수행된다. 실제 효익은 효익 보고서에 의해 보고된다.
- **효익 실현 보고서** : 효익은 프로그램의 공식적 작업이 종료하기 전에 실현될 수 있으며, 일반적으로 공식 작업이 종료된 후에도 오랫동안 지속된다. 프로그램 관리 팀은 프로그램 종료 전에 모든 효익이 인도되고 수용되었다는 것을 보장해야 한다. 효익은 측정하기 위해서 정량화되어야 한다. 거버넌스는 이러한 것이 컴포넌트나 전체 프로그램에 대한 변경이 제안될 수 있도록 필요한 패러미

14) StdPgM2008 pp.106, 108.

터들에 대해서 발생하고 있는지를 평가하여야 한다. 효익 (실현) 보고서benefit report는 컴포넌트를 효익 실현 계획에 대비하여 측정한다. 이 보고서는 프로그램 팀에 의해서 작성되어서 기업 임원에게 보고되며, 컴포넌트가 재정렬되고 종료되거나 일찍 시작되도록 할 수 있다.

**효익 검토**benefit review는 광범위한 요인들에 대해서 실제와 계획된 효익을 비교 분석한다. 특히, 효익 관리의 일부로 반드시 분석되고 평가되어야 하는 측면들은 다음을 포함한다.

- **전략과의 부합성**startegic alignment : 프로그램 계획과 기업 간의 연관성을 보장하는 데 초점을 맞춘다. 프로그램의 가치 체계를 정의하고, 유지하고, 승인받기 그리고 프로그램 관리와 기업 운영 관리를 맞추는 것이다. 효익의 실현됨에 따라서 조직 운영의 흐름이 어떻게 영향을 받고 또 어떻게 부작용이 최소화될 것인가? 컴포넌트에 고유한 교란성disruptiveness이 어떻게 조직에 의해서 관리될 것인가? 등이다.
- **가치의 인도**value delivery : 프로그램이 약속된 효익을 인도하고 이 효익들이 가치로 전환될 것이라는 것을 보장하는 데에 초점을 맞춘다. 효익은 그것이 어떤 방법으로든 기업을 위해서 사용될 때 가치로 전환된다. 이것은 서비스 수준 협약service level agreement이나 달성될 구체적인 결과를 포함할 수 있다. 종종 효익이 가치로 전환될 수 있는 기회가 생기며, 이때 기회가 프로그램이나 구성 컴포넌트의 실제 사건(예를 들어, 지연, 비용 초과, 또는 기능 축소)에 의해서 위협을 받는지를 확인해야 한다. 투자는 또한 시간 가치를 가지며, 컴포넌트 일정의 변경이 추가적인 재무적 충격을 가할 수 있다.
- **자원 관리**resource management : 적절한 자원이 최적의 시점에 컴포넌트에 제공될 것이라는 것을 보장하는 데에 초점을 맞춘다. 즉, 자원(응용 프로그램, 정보, 인프라스트럭처, 인력, 자금 등)이 확인되고 적절한 시점에 제공되며, 목적이 달성되면 다시 회수되어야 한다. 자원 관리는 효익 실현을, 그것이 일단 시작되면, 보장하기 위한 적절한 자원이 제공되도록 해야 한다.
- **위험 관리**risk management : 위험에 대한 고위 임원의 인식, 기업 위험 허용 한계치에 대한 이해, 컴포넌트 간 그리고 전사적 수준의 위험의 관리, 그리고 컴포넌

트들 내의 효과적인 위험 관리를 위한 모니터링과 지원에 초점을 맞춘다. 이것은 구체적인 위험들의 관리보다는 기업 내에서 효익 실현에 대한 위험이 관리되는 방법과 더 많은 관계가 있다.

- **성과 측정**performance measurement : 전략 구현, 컴포넌트 완수, 자원 재사용, 프로세스 성과, 그리고 컴포넌트의 인도를 추적하고 모니터링하는 데에 초점을 맞춘다. 프로그램은 컴포넌트들보다 훨씬 오래 지속되기 때문에, 프로그램 가치 선언이 유지되도록 서비스 수준 협약 또는 영향 운영 서비스 수준 협약influence operational service level agreements을 설정하는 것이 필요하다. 컴포넌트의 성과, 프로그램 내외의 다른 컴포넌트에 대한 영향, 효익을 인도하는 능력 등이 훼손되지 않도록 보장하기 위해서 모니터링해야 한다.

# 부 록 2C
# 소프트웨어 아키텍처의 정의 및 구성요소[15)]

## C1. 아키텍처의 구성요소

PMI의 StdPgM2008은 아키텍처를 한 프로그램 내의 프로젝트들 간의 상호의존성을 정의하는 것으로 다음과 같은 요소로 구성된다고 정의한다.

- 프로그램 또는 시스템의 컴포넌트들의 구조에 대한 정의.
- 컴포넌트들 간의 상호관계에 대한 확인.
- 그 상호관계와 프로그램 또는 시스템의 진화를 관장할 일군의 규칙들.

여기에서 컴포넌트는 프로그램의 구성 프로젝트 또는 그 프로젝트의 산출물을 의미한다. PMI의 이러한 일반적인 아키텍처에 대한 정의는 **소프트웨어 아키텍처**에 대한 전형적인 정의에도 부합한다. 소프트웨어 아키텍처의 정의의 일반적인 핵심적 키워드는 다음과 같다.

- **컴포넌트**component : 전체 또는 전체의 기능을 분할한다.
- **상호작용**interaction : 컴포넌트들이 서로 간의 상호작용을 통해서 협력coolaboration 한다.
- **정돈된 형태를 갖는 구조**well-formedness of structure : 컴포넌트와 그 상호작용은 드러나 보이는, 정돈된 형태를 이루면면서 통합되어야 한다.
- **이유**reason : 고려되었던 대안들에 대한 분석과 의사결정들에 대한 구체적인 이유가 명시적으로 제시되고 기록되어야 한다.
  - **아키텍처적 지식**archítiectural knowledge : 개발 조직은 정돈된 형태를 생성하기 위한, 아키텍처에 대한 기존에 잘 확립된 지식, 전략, 원칙, 지침, 규칙, 방법,

15) 이 부분은 다음의 논문들의 내용을 요약하였다: 고석하, "소프트웨어 아키텍처의 구성요소에 대한 포괄적 모델," Journal of Information Technology Applications & Management 19(2), 2012, pp.135-147; 고석하, "프로그램 관리 관점에 기반을 둔 소프트웨어 아키텍처 생애주기 모델: 확장된 나선형 모델," JITAM 20(2), 2013, pp.71-87. 해당 논문들의 인용 부분은 생략하였다.

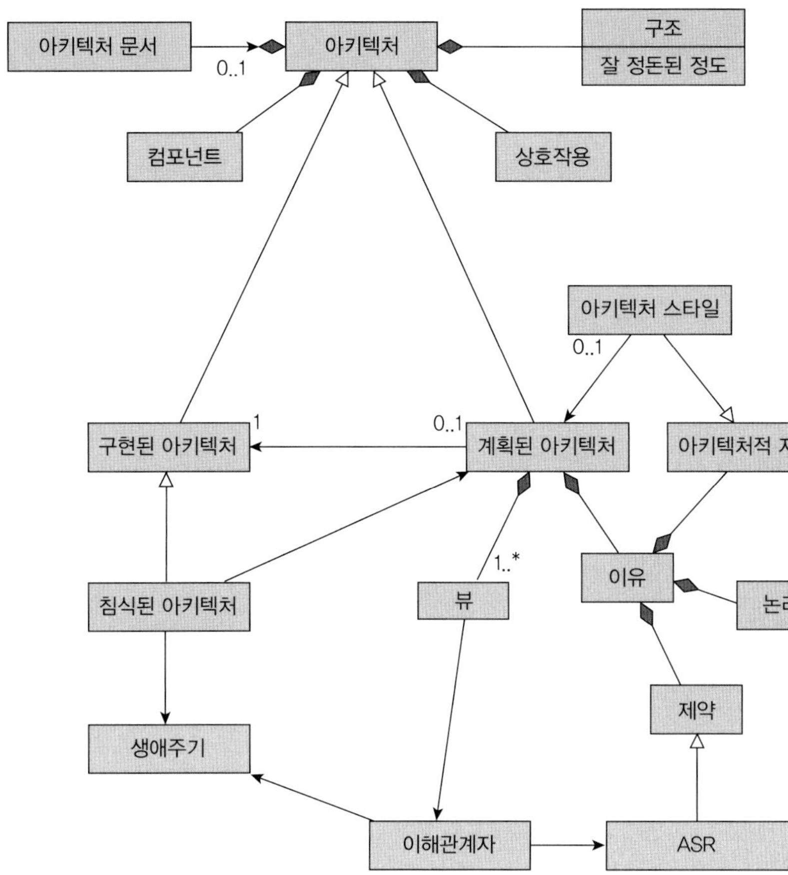


[그림 2C] 소프트웨어 아키텍처의 유형에 따른 구성요소

기호: 선분의 화살표 방향은, 항행navigation의 방향이 아니라, 읽는 방향을 나타낸다.

프로토콜, 패턴, 그리고 베스트 프랙티스 등으로 구성되는 지식 베이스를 유지해야 하며, 그 중에서 어떤 것이 해당 아키텍처의 개발에 적용되었는가가 명시적으로 기록되어야 한다.

- ASR : architecturally significant requirements : 해당 프로젝트에 고유한, 아키텍처 개발에 적용된 구체적인 제약들이 명시적으로 기록되어야 한다. 지식은 실제의 프로젝트에서는 제약 없이 무조건적으로 그리고 무제한적으로 적용될 수는 없으며, 모든 의사결정이 궁극적으로는 해당 프로젝트의 요구사항 또는 이해관계자들의 필요에 기반을 두어야 한다.
- 논리rationale : 선택된 지식들이 구체적인 제약 하에서 어떻게 적용되었는지, 그리고 해결안이 왜 다른 대안들에 우선해서 선택되었는지에 대한 구체적인

설명이 명시적으로 제시되어야 한다.

- **다양한 관점**various perspectives : 아키텍처에 반영되어야 할 이해관계자들의 필요는 일반적으로 서로 상충하며, 따라서 아키텍처에는 다양한 이해관계들의 관점이 반영되어야 한다. 이러한 다양한 관점들은 특히, 생애주기 관점에서 정리되어야 한다.

이 중에서 정돈된 형태를 갖는 구조, 이유, 다양한 관점은 대략 PMI의 요소 중에서 세 번째, 일군의 규칙에 해당한다고 볼 수 있다.

실질적으로 모든 소프트웨어는 컴포넌트로 구성된다. 또한 상호의존성은 도메인의 안정성이나 기술적 성숙도를 불문하고, 또한 시스템이 개발 초기에 있느냐 또는 이미 수년간 운영 중이냐를 불문하고 존재한다. 즉, 모든 소프트웨어는 '서로 상호작용하는 컴포넌트들'로 구성되며, 이러한 서로 상호작용하는 컴포넌트들은 일정한 구조를, 그것의 좋고 나쁨에 상관없이, 갖는다. 이런 의미에서 모든 아키텍처에 존재하는 기본 요소는 컴포넌트, 상호작용, 그리고 일정한 구조이다. 위 그림에서 맨 위 부분은 이를 보여준다.[16)]

[그림 2C]에서 흰 화살표는 일반화–특수화 관계를 나타낸다.[17)] 해당 부분은 아키텍처를 크게 다음과 같은 두 가지로 분류할 수 있다는 것을 나타낸다.

- **구현된 아키텍처**implemented architecture : 소스코드 또는 바이너리 코드에 내재하는 아키텍처. 개발이 완료된 모든 소프트웨어에 존재한다. 모든 구현된 아키텍처는 컴포넌트, 상호작용, 그리고 일정한 구조를 갖는다. 또한 모든 구현된 아키텍처에 대해서는 역공학reverse engineering을 통해서 해당 아키텍처의 구조를 기술하는 문서를 생성할 수 있다.
- **계획된 아키텍처**planed architecture : 사전적으로 설계되고 문서화된 아키텍처. 해당 아키텍처가 특정한 형태를 갖게 된 이유를 포함할 수 있다. 또한 아키텍처 설계

16) 이 그림은 UMLUnified Modeling Language를 이용하여 작성하였으며, UML에서 검정 다이아몬드는 전체–부분의 관계를 나타낸다: 검정 다이아몬드 ◆가 부착된 쪽이 전체이며, 선분 반대쪽이 부분, 즉 구성요소이다. 예를 들어, 그림 맨 상단부분은 아키텍처의 구성요소에는 '컴포넌트,' '상호작용,' '구조,' 그리고 '아키텍처적 문서'가 있다는 것은 나타낸다.

17) 흰 화살표 △가 가리키는 보다 일반적인 유형을 나타내고, 화살의 꼬리 쪽이 보다 특수한, 하위 유형을 나타낸다. 예를 들어, 그림 맨 상단부분은 아키텍처는 '구현된 아키텍처'와 '계획된 아키텍처'의 두 가지가 있다는 것을 나타낸다.

에 반영된 다양한 관점과 이슈들을 포함할 수 있다. 기록되지 않은, 아키텍처와 관련된 단순한 생각 또는 의도는, 그 것을 객관적으로 확인할 수 없으므로, 계획된 아키텍처로 인정되지 않는다. 따라서 계획된 아키텍처는 없을 수도 있다.

아키텍처의 품질을 결정하는 가장 핵심적인 요소는 '정돈된 형태의 구조'이다. 소프트웨어의 구조가 잘 정돈되어 있지 않으면 개발자들이 소프트웨어를 이해하기 힘들며, 따라서 작업 시간과 실수와 오류가 늘어나고 소프트웨어의 품질이 낮아지며 비용이 증가한다.

"BDUFBig Design Up-Front"와 **애자일**agile 방법론을 구분하는 것은 서로 상호작용하는 컴포넌트들에 의도적으로 '정돈된 형태의 구조'를 부여하기 위한 절차의 유무이다. BDUF에서 아키텍처를 설계하는 전형적인 방법은 프로젝트 초기(예를 들어서, UP 또는 Open UP에서는 두 번째 단계인 일래보래이션 페이즈elaboration phase)에 ASR을 포함하는 아키텍처적 제약을 식별하고 아키텍처 패턴과 같은 일군의 지식을 선택하여 통합하며 그것들을 사용하여 시스템 전체의 기능성을 하위 시스템들로 아키텍처적 제약을 충족시키는 방법으로 분할하고 그 하위 시스템들을 동일한 방법으로, 아키텍트의 판단에 더 이상의 분할이 필요 없다고 판단되는 수준까지, 재귀적으로 분할하는 것이다. 모델-뷰-컨트롤러Model-View-Controller, 칠판Blackboard, 계층Layers 등과 같은 일반적인 **아키텍처 패턴**들에 의하면, 이것은 전형적으로 시스템이 다양한 종류의 클래스들(모델, 뷰, 그리고 컨트롤러와 같은)로 구성되는 하위시스템으로 분할되는 것을 의미한다.

한편, 애자일 방법론은 가시적인 사용자 가치를 최대한 빨리 그리고 자주 인도하는 것을 목표로 삼으며, 프로그래밍과 테스트 주도적 개발을 통해서 발현하는 필요emergent needs에 따라서 아키텍처도 발현적으로 설계되어야 한다고 주장한다. 애자일 방법론은 아키텍처 활동에 포함된 방대한 문서의 생성을 제거하는 것을 그 목적중의 하나로 삼으므로, 이유에 대한 명시적인 기록이 결여될 가능성이 높아진다. 뿐만 아니라, 컴포넌트의 구체적인 작성은, 누락이나 시스템의 새로운 버전의 개발 등의 이유로 인해서 기능이 추가됨에 따라서 새로운 컴포넌트도 추후에 추가될지 모른다거나 구체적인 컴포넌트를 만드는 것은 아키텍트의 주요 관심사가 아니라는 등의 이유로, 종종 상세 설계 단계로 이전되기도 한다. 따라서 애자일 방법론에 의해서 생성된 아키텍처에는 잘 정돈된 구조가 존재할 가능성과 아키텍트architect 및 시스템 엔지니어와 같은 전기 생애주기 이해관계자들 외에 병행 운영자 및 관리자와 같은 후기 생애주기의 이해관계자들의 관점이 반영될 가능성이 모두 필연적으로 낮아진다.

실증 조사들은 실제로는 많은 애자일 팀들이 개발 초기에 품질 높은 아키텍처를 개발하기 위해서 많은 투자를 한다는 것을 보여준다. 이는 아키텍처 설계의 중요성을 반증한다고 볼 수 있다. 따라서 이러한 접근방법은 종종 상호의존성을 충분히 고려하지 못하게 하는 문제점을 발생시킨다. 결과적으로 애자일 방법론에서는 종종 개발 후기로 갈수록 점증적으로 코드의 구조가 나빠지고 오류가 증가하며 시간과 자원이 많이 들고, 심지어는 모든 것을 폐기하고 처음부터 다시 재개발해야 하는 경우가 발생하기도 한다.

### C2. 후기 생애주기 변경과 아키텍처 퇴화

기술 발전 또는 업무 환경의 변화로 인한 새로운 요구사항에 맞도록, 최소한 한 번의 개발 주기가 완료되고 시스템의 운영되기 시작한 후에 소프트웨어를 변경하는 것을 **후기 생애주기 변경**late-lifecycle changes이라고 한다.

**소프트웨어 진화**software evolution는 후기 생애주기 변경으로 인한 소프트웨어의 변화(경우에 따라서는 아키텍처의 심대한 변경을 수반한) 과정으로 정의할 수 있다. 소프트웨어 진화는 오랫동안 연구되어온 주제이며, 다음과 같은 항목들을 포함하는 **소프트웨어 진화 법칙**Laws of Software Evolution이 개발되어 있다.

- 지속적인 변경 : 소프트웨어는 현재의 능력과 환경적 요구사항의 불일치를 해소하기 위한 유지보수와 개발로 인하여 끊임없이 변한다.
- 증가하는 복잡도 : 이러한 변경은 컴포넌트 간의 상호작용과 의존도를 증가시킨다.
- 지속적인 성장 : 사용자의 만족도를 유지하기 위해서 기능이 전체 생애주기를 통해서 지속적으로 증가한다.
- 낮아지는 품질 : 시스템의 지각된 품질이 낮아지며, 유지보수 비용도 또한 점점 증가한다.

이렇게 변경이 통제되지 않아서 시스템의 품질이 저하하고, 급기야는 더 이상 유지보수가 불가능해지기까지 하는 현상을 소프트웨어 노후화software aging, 아키텍처 퇴화architectural degeneration/erosion/drift/decay, 또는 코드 부식code decay, 설계 부식design decay, 설계 침식design erosion, 소프트웨어 침식software erosion 등으로 부른다. 그러나 이런 다양한 명칭에도 불구하고 모든 유형의 소프트웨어 노후화는 아키텍처와 직간접적으로 관련이 있으며, 관련된 논의들을 아키텍처 퇴화의 관점에서 통합할 수 있다.

모든 소프트웨어는 노후화된다. 소프트웨어 노후화software aging는 '시간 경과에 따른 소프트웨어 가치의 저하'로 정의할 수 있으며, 그 원인은 크게 '시간의 경과에도 불구하고 고치지 않는 것'과 '잘못 고치는 것'의 두 가지로 나눌 수 있다. '고치지 않는 것'으로 인한 소프트웨어 노후화를 방지하기 위해서, 즉 변화하는 환경과 요구사항에 맞추어서 경제적이고 신속하게 소프트웨어를 유지보수하기 위해서는 높은 품질의 아키텍처를 개발하고 퇴화를 예방하는 것이 매우 중요하다. 물론, 일단 아키텍처가 퇴화된 후에는 아키텍처를 개선해야 한다.

아키텍처 퇴화architectural degeneration는 '소프트웨어가 개발된 이후의 후기 생애주기 변경들을 통하여 실제 아키텍처가 설계된 아키텍처와 달라지는 것'을 말한다. 아키텍처가 퇴화하면 개선비용이 누적적으로 증가하며, 더 이상 시스템을 개선할 수 없어서 조기에 폐기해야만 할 필요성도 발생하게 된다. 소프트웨어가 더 이상 사용자 요구사항을 잘 충족시키지 않게 되는 것은 일반적으로 아키텍처 퇴화로 간주되지 않는다.

ASR을 잘 관리하는 것은 아키텍처 퇴화가 없는 소프트웨어 진화를 위한 핵심 요소이다. 아키텍처 퇴화를 방지 위해서는 다음과 같은 프로세스를 통해 진화 계획을 작성하고, 그에 따라서 진화를 관리해야 한다.

단계 1: 진화 요구사항, 즉 아키텍처 진화의 지침을 제공할 ASR를 밝히고 정리한다.

단계 2: 필요한 과업들과 그것들 간의 상호의존성을 확인하고, 과업의 수행 순서를 정한다.

단계 3: 진화 계획에 대한 대안들을 작성한다.

단계 4: 대안들 중에서, 비용-효익 분석을 통해서, 최적의 계획을 선택한다.

〈표 2C〉 아키텍처에 포함된 구성요소의 차이: 잘 통제된 아키텍처 프로세스에 의해서 설계된 아키텍처, 발현적으로 생성되고 부분적으로 기록된 아키텍처, 그리고 퇴화된 실제 아키텍처

| 아키텍처의 구성요소 | 잘 설계된 아키텍처 | 발현적으로 생성된 아키텍처 | 퇴화된 실제 아키텍처 |
|---|---|---|---|
| 컴포넌트 | 포함 | 포함 | 포함 |
| 상호작용 | 포함 | 포함 | 포함 |
| 정돈된 형태 | 포함 | 아마도 | 불포함 |
| 이유: 기록된 | 포함 | 불포함 | 불포함 |
| 전체 생애주기적 관점 | 포함 | 아마도 | 불포함 |

이러한 프로세스는 다음과 같은 특징을 지닌 폐쇄적 진화closed evolution의 경우에 특히 효과적이다.

- 기술의 갱신 또는 변경을 요구하는 비즈니스 필요 그리고/또는 제약에 의해서 진화가 촉발된다.
- 진화의 목표 시스템에 대한 주요 비즈니스 구동 요소들과 요구사항들이 알려져 있다.
- 작성할 목표 시스템의 아키텍처가 알려져 있거나, 또는 구축 중에 있다.

한편, 퇴화된 아키텍처에서도 컴포넌트들과 상호작용은 있으나, 아키텍처 퇴화의 정의상, 정돈된 형태의 구조는 파괴되어 있다. 아키텍처가 퇴화되는 과정에서는 일반적으로 변화된 제약과 관점들이 적절히 다루어지지 않으며(그래서 아키텍처가 퇴화한다), 따라서 더 이상 기존의 지식과 논리도 유효하지 않게 된다. 즉, 퇴화된 실제 아키텍처는 더 이상 이유와 다양한 관점을 포함하지 않는다. 〈표 2C〉는 잘 정제된 아키텍처 프로세스에 의해서 설계된 아키텍처와 그렇지 않은 아키텍처에 포함되는 구성요소의 차이를 보여준다. 이상의 논의는 기존의 아키텍처에 대한 정의들의 대부분이, 실제 아키텍처에 포함되어 있는 것이 아니라, 바람직한 설계된 아키텍처에 포함되어야 할 요소들을 규정하고 있다는 것을 의미하기도 한다.

## C3. 아키텍처와 PMI 프로그램 관리 모델

PMI 모델의 특징은 범위 및 아키텍처와 관련된 요구사항 활동들을 관리 활동으로 간주한다는 것이다. 반면에, 소프트웨어 생애주기 모델과 방법론들은 전형적으로 요구사항 활동들을 제품 프로세스로 간주한다. 그러나 요구사항과 관련된 활동들은 '요구사항을 도출하기'를 포함해서 17개 범주로 세분할 수 있다. 한편, 아키텍처는 소프트웨어 프로젝트의 성패를 가를 수 있는 주요 위험 요소들과 연관되어 있는 가장 핵심적인 요소 중의 하나이다. 따라서 '요구사항의 우선순위를 정하기'를 포함하는 범위 및 아키텍처와 관련된 요구사항과 관련된 활동은 관리 프로세스로 분류하고 **도출된 요구사항**derived requirements를 포함하는 기타 요구사항과 관련된 활동들은 제품 프로세스로 분류할 수 있다. 이러한 관점은 PMI의 프로젝트 및 프로그램 관리의 전통 하에서 축적되어 온 위험 관리를 비롯한 풍부한 지식과 경험을 소프트웨어 아키텍처 퇴화에 관한 논의에 자연스럽게 통합할 수 있게 해준다.

한편, PMI 프로그램 관리 모델은 주로 컴포넌트 프로젝트가 병렬적으로 동시에 수행되는 경우를 상정하고 있다. 즉, PMI 프로그램 관리 모델은 아키텍처 관리의 주안점을 전체 프로그램 범위를 병렬적으로 수행되는 컴포넌트 프로젝트에 할당하고, 컴포넌트 프로젝트 간의 상호작용을 관리하는 데에 두고 있다. 따라서 PMI 프로그램 관리 모델은 전체 범위를 하나의 프로젝트에 할당하고 시간이 경과함에 따른 범위 및 기술 및 기타 환경 변화와 관련된 아키텍처 퇴화와 관련된 논의에 그대로 적용하기에는 한계가 있다.

## 부 록 2D
## 소프트웨어 생애주기 모델과 프로그램 관리: 확장된 나선형 모델[18)]

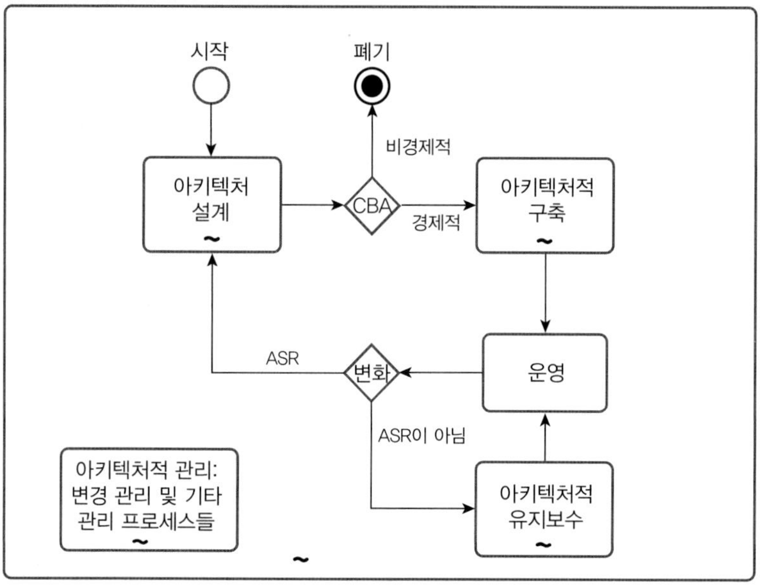


위의 그림은 소프트웨어의 생애주기 전체에 걸친 총비용을 최소화하기 위한 규범적 소프트웨어 생애주기 모델을 보여준다. 위의 그림은 OMG의 **BPMN**[19)]의 표기법을 이용하여 작성되었다. BPMN에서 모서리가 둥근 사각형은 활동activity을 나타낸다. 기호 '~'는 애드혹ad-hoc 프로세스, 즉 포함된 활동들이 임의적인 순서로 그때그때의 상황에 맞추어서 수행된다는 것을 나타낸다.

활동은 그 내부에 복수의 하위 활동을 가질 수 있다. BPMN에서는 하위 활동을 포함하는 활동을 서브프로세스subprocess, 하위 활동을 포함하지 않는 활동을 과업task이라고 한다. 위의 그림에서 가장 상위의 소프트웨어 생애주기 프로세스는 아키텍처 설계, 아키텍처 구축, 운영, 아키텍처적 유지보수, 그리고 아키텍처적 관

---

18) 이 부분은 고석하 (2013), "프로그램 관리 관점에 기반을 둔 소프트웨어 아키텍처 생애주기 모델: 확장된 나선형 모델," JITAM 20(2), 2013, pp.71-87을 요약한 것임. 해당 논문의 인용 부분은 생략하였다.

19) OMGObject Management Group, Business Process Model and Notation(BPMN), ver.2.0, OMG, 2010.

리의 다섯 개 활동(운영은 과업, 나머지 활동들은 하위프로세스)을 포함한다. 각각의 활동과 그 하위 활동의 개요는 다음과 같다.

- **아키텍처 설계**architecture design : 아키텍처 프로토타입을 개발하고 확인한다.
  - **아키텍처적 분석**architectural analysis : 해결되어야 할 문제, 즉 ASRarchitecturally significant requirements을 식별한다.
  - **아키텍처적 종합**architectural synthesis : 문제에 대한 잠정적인 해결안을 개발한다.
  - **아키텍처적 평가**architectural evaluation : 개발된 해결안을 ASR에 대비하여 검증한다.
- **아키텍처적 구축**architectural construction : 아키텍처 설계로부터 투입된 확인된 아키텍처validated architecture를 기반으로 소프트웨어를 구현한다.
  - **아키텍처 정제**architecture refinement : 아키텍처 프로토타입의 구조를 개선하고 상호작용의 세부사항을 결정한다.
  - **상세 설계**detail design : 각 컴포넌트들의 구체적인 내용을 결정한다.
  - **구현**implementation : 소스 프로그램을 개발하고 설치한다.
- **운영**operation : 소프트웨어를 이용하여 업무를 수행한다.
- **아키텍처적 유지보수**architectural maintenance : 기존의 아키텍처를 유지하면서 소프트웨어를 개선 및 변경한다.
- **아키텍처적 관리**architectural management : 요구사항의 변화를 변경 관리의 일환으로 지속적으로 모니터하고, 요구사항의 변화가 감지되면, 그 내용에 따라서 필요한 활동들을 수행한다. 아키텍처와 관련된 주요 관리 활동에는 다음과 같은 것들이 포함된다.
  - **아키텍처적 요구사항 및 제약 분석**architecturally significant requirement and constraint analysis : ASRs을 비롯하여 아키텍처에 영향을 미치는 제약들을 식별하고, 이러한 제약들 간의 상충관계를 비롯한 관계들과 완전성에 대해서 분석하고, 현재의 설계된 아키텍처 또는 실제 아키텍처가 이들 제약들에 부합하는지를 평가한다.
  - **아키텍처적 지식 관리**architectural knowledge management : 해당 아키텍처 설계에, 최종적으로 적용된 지식을 포함하여, 이용될 가능성이 있는 모든 지식을 조직 프로세스 자산을 중심으로 탐색하고 식별한다.

- 아키텍처적 활동 관리architectural activity management : ASR의 변화를 포함하는 각종 변경을 관리하고, 아키텍처 문서를 작성하고 형상을 관리configuration management하며, 정보 및 의사소통을 관리하고, 기타 관리 및 지원 활동을 수행한다.

각 하위프로세스 내의 활동들은 일정한 순서 없이, 그때그때의 상황에 맞는 순서에 따라서 수행된다. 즉, 이 모델에 포함된 모든 하위 프로세스들은 애드혹 프로세스들이다. 아키텍처 설계의 예를 들면, 아키텍처적 분석, 아키텍처적 종합, 그리고 아키텍처적 평가의 세 가지 하위활동을 동시에 수행할 수도 있고, 차례로 수행할 수도 있으며, 그때 상황에 따라서 기타의 다른 순서로 수행할 수도 있다.

아키텍처 설계는 아키텍처적 제약과 아키텍처적 지식을 다양한 관점에서 논리적으로 연결하고 아키텍처 대안들을 작성하고 평가하며, 최종안을 선택하기 위한 프로토타이핑을 수행한다. 아키텍처 대안들은 전체 시스템을 컴포넌트와 컴포넌트들 간의 상호작용을 잘 정돈된 형태로 분리하고 표현하여야 한다. 아키텍처 설계는 기존 아키텍처의 재설계를 포함한다.

아키텍처적 구축은 전기 생애주기에서의 구축과 후기 생애주기에서의 재구축을 포괄한다. PMI에 의하면, 모든 프로젝트와 프로그램 활동들은 관리 프로세스와 제품 프로세스로 분류할 수 있다. 아키텍처적 구축에서 제품 프로세스는 아키텍처의 프로토타입을 정제하고 상세 설계를 하며, 최종적으로 소프트웨어 시스템을 구현한다. 그러나 구체적인 상황에 맞추어 적용할 방법론과 프로젝트 생애주기 모델을 선택하는 것은 관리 부문의 책임이다. 개발자들은 정의된 아키텍처를 이해하고 준수하기 위해서 관리 부문의 지원을 받는다. (재)구축 또는 유지보수가 완료되면, 시스템은 운영 상태로 들어간다.

운영 상태에서, 관리 활동은 요구사항의 변화를 모니터한다. 요구사항의 변화는 변경 관리의 일환으로 지속적으로 모니터링된다. 이러한 요구사항의 변화는 기술적 환경의 변화로부터 기인할 수도 있지만, 최근에는 비즈니스 환경 및 프로세스의 변화로부터 기인하는 경우가 많다. 특히 비즈니스의 변화는, 기술 부문이 적시에 모니터하기 어려우며, 관리 부문이 특히 전적인 책임을 지고 모니터하여야 한다. 요구사항의 변화가 감지되면, 그 내용에 따라서 필요한 활동들을 수행한다.

소프트웨어의 생애주기는 크게 처음 소프트웨어의 개발이 완료되는 시점을 중심으로 전기와 후기로 나눌 수 있다. 소프트웨어의 후기 생애주기에서의 변경은 수반되는 아키텍처의 변경의 정도를 기준으로, 기존의 아키텍처를 유지하면서 기능을 개선하는 아키텍처적 유지보수와 아키텍처를 재설계하고 새로운 아키텍처에 맞추어서 시스템 전체를 변경하는 아키텍처적 재구축으로 분류할 수 있다. 아키텍처적 재구축은 퇴화된 아키텍처를 복구하는 즉, 실제 아키텍처가 설계된 아키텍처와 다를 때, 실제 아키텍처를 설계된 아키텍처에 맞추어서 시스템을 수리하는 경우를 포함한다.

요구사항의 변화가 탐지되면 그것이 ASR과 관련 있는가를 확인한다. 만약, ASR이 변하지 않았다면 아키텍처적 유지보수를 수행한다. 이때, 경제적인 이유 등으로 유지보수를 일정 기간 보류할 수도 있다(그림에서는 이러한 것은 표현하지 않았다). 유지보수를 위한 제품 프로세스에는 요구사항을 정제하기 위한 추가적인 요구사항 활동과 상세 설계 및 코딩 등이 포함된다.

만약, ASR이 변했다면 프로그램 관리 팀은 변한 ASR을 정제하고, 아키텍처 설계 활동을 통해서 정제된 ASR에 맞추어 새로운 아키텍처의 프로토타입을 작성한 후, 재구축에 대한 비용/효익 분석 CBA을 수행한다. 만약, 비용/효익 분석에서 재구축을 하는 것이 경제적이지 않다고 판정이 나면, 재구축을 보류하거나 적당한 시점에 시스템을 폐기한다. 재구축을 하는 것이 바람직하다고 판정이 나면, 재구축 프로젝트를 착수하고 관리의 책임을 프로그램과 프로젝트 수준으로 적절히 분할한다. 재구축 프로젝트의 제품 프로세스에는 선택된 아키텍처 프로토타입을 정제하는 것과 구현을 위한 기타 작업들이 포함된다.

아키텍처적 관리 프로세스는 환경의 변화에 대한 완충작용을 하여 다른 프로세스들이 안정적이고 효율적으로 수행될 수 있도록 하여야 한다. 아키텍처적 관리 프로세스는 기타 프로세스들과 병행으로, 그때그때 상황에 맞추어서, 즉 '애드혹' 한 방법으로 수행된다.

아키텍처 설계 이후의 제품 프로세스에 대해서 미리 제약을 가하지 않는다는 점에서, 확장된 나선형 모델은 Boehm(1988, 1996, 1998)의 나선형 모델Spiral Model[20]과 동일하다. 실제로, 이 모델은 Boehm의 나선형 모델의 아키텍처 퇴화의

20) Boehm, B.W., "A Spiral Model of Software Development and Enhancement," Computer, May 1988, pp.73-82. Boehm, B.W., "Anchoring the Software Process," IEEE Software,

관점에서의, 전기 생애주기에만 국한된 것이 아니라, 소프트웨어 전체 생애주기에 걸친 확장이라고 볼 수 있다. 이 모델에서는 각 아키텍처적 구축 프로젝트에서 아키텍처 설계까지의 과정을 Boehm의 나선형 모델에 따르는 것이 적극적으로 권장된다.

소프트웨어는 전형적으로 프로젝트를 통해서 개발된다. 아키텍처적 재구축도, 만약 수행된다면, 프로젝트의 형태로 수행된다. 즉 소프트웨어가 프로젝트에 의해서 개발된 후에 또 다른 프로젝트에 의해서 보수된다면 이 두 프로젝트는 공통의 산출물을 통해서 서로 연계되며, '개별적으로 관리해서는 달성하기 힘든 이익 획득 및 비용 절감을 위해 통합하여 관리되는 일련의 프로젝트들'이라는 PMI의 프로그램의 정의를 충족한다. 따라서 소프트웨어 생애주기 프로세스는 프로그램의 관점에서 관리되어야 한다.

그러나 일반적으로 하나의 조직이 관리의 책임을 지는 하나의 구축 프로젝트에 대한 나선형 모델과는 달리, 확장된 나선형 모델에서는 장기간에 걸쳐 다수의 조직이 관리의 책임을 분담해야 한다. 따라서 확장된 나선형 모델에서는 이해관계가 서로 상충할 수도 있는 조직들, 예를 들어서 개발 조직들과 소유권을 갖고 있는 이용 조직, 간에 어떻게 관리 활동을 통합하고 조정할 것인가에 대한 세심한 배려가 필요하다. 특히, 소유권을 갖는 이용 조직이 전체 생애주기 비용을 최소화할 수 있도록 자신의 관리 프로세스에 개발 및 유지보수 조직의 관리 프로세스를 통합시키는 것이 중요하다.

---

July 1996, pp.73-82. Boehm, B.W., "Using the WInWin Spiral Model: A Case Study," IEEE Computer 31(7), July, 1998, pp.33-44.

PART 02

# PMI 프로젝트 관리 프로세스

제2부에서는 다음과 같은 PMBoK2013의 10개 지식 영역에 대해서 설명할 것이다. 각 장마다 PMBoK2013의 해당 관리 프로세스를 소개하고 관련된 일반적인 지식을 먼저 제시한 후에, 소프트웨어 프로젝트 관리에 대한 특유한 내용은 나중 또는 박스로 분리해서 안내할 것이다.

- 프로젝트 통합 관리: 다양한 프로세스들과 프로젝트 관리 활동들을 식별하고, 정의하며, 결합하고, 조정한다.
- 프로젝트 이해관계자 관리: 프로젝트에 영향을 주거나 또는 프로젝트에 의해서 영향을 받을 수 있는 사람이나 그룹 또는 조직을 식별하고, 이해관계자들의 기대와 프로젝트에 대한 영향을 분석하며, 이해관계자들을 프로젝트 의사결정과 집행에 효과적으로 참여시키기 위한 적절한 관리 전략을 개발한다.
- 프로젝트 범위 관리: 필요한 모든 작업을 식별하고 작업 범위를 정의한다.
- 프로젝트 시간 관리: 필요한 활동들을 정의하고 배열하며, 필요한 자원과 기간을 추정하고, 일정을 개발하고 통제한다.
- 프로젝트 비용 관리: 원가를 추정하고, 예산을 책정하며, 원가를 통제한다.
- 프로젝트 품질 관리: 품질 정책, 목표 및 책임을 결정하고, 프로젝트 수행 필요를 만족시키도록 한다.
- 프로젝트 인적자원 관리: 프로젝트 팀을 구성하고 관리한다.
- 프로젝트 의사소통 관리: 의사소통 계획을 수립하고, 정보를 배포하며, 성과를 보고한다.
- 프로젝트 조달 관리: 작업의 수행을 위해 프로젝트 팀 외부로부터 필요한 제품, 서비스나 결과를 구매하거나 취득한다.
- 프로젝트 위험 관리: 위험 관리 계획을 작성하고, 위험을 발견하고 분석하여 대응하며, 이러한 과정을 모니터하고 통제한다.

이 책의 가장 큰 특징 중의 하나는 제품 프로세스와 관리 프로세스를 엄격히 분리하였다는 것이다. 이러한 관점에서 이 책은 소프트웨어 프로젝트의 예를 이용한 일반적인 프로젝트 관리에 대한 책으로 간주할 수도 있다. 이 책에 소개된 소프트웨어 또는 소프트웨어 프로젝트에 관한 내용은 단지 다른 부분의 이해를 돕기 위한 보조 자료라고 이해하여도 무방하다. 프로그램 관리에 대해서는 주요 프로그램 관리 문서를 중심으로, 대응하는 프로젝트 관리 문서에 대해서 소개하였다.

CHAPTER

# 03

# 프로젝트 통합 관리

CHAPTER

# 03 프로젝트 통합 관리

이 장에서는 프로젝트를 수행하는 전 주기적 프로세스 관리와 관련된 사항을 살펴본다.

- 프로젝트 헌장
- 프로젝트 관리 계획, 실행, 통제
- 의사결정
- 프로젝트 변경 관리

## 3.1 프로젝트 통합 관리 프로세스들

PMBoK2008의 **프로젝트 통합 관리**project integration management는 모든 프로젝트 관리 프로세스 그룹에 속하는 다양한 프로세스들과 프로젝트 관리 활동들을 식별하고, 정의하며 결합하고, 통합하며 조정하기 위한 프로세스 및 활동들을 포함한다. 프로젝트 관리의 맥락에서 통합integration은 단일화unification, 합병consolidation, 명확한 표현articulation, 프로젝트의 완성에 결정적인 통합적 행동들integrative actions, 이해관계자의 기대에 대한 성공적인 관리, 요구사항 충족시키기 등의 특성들을 포함한다. 프로젝트 통합 관리는 자원 배분에 대한 선택을 하고, 상충되는 목적과 대안들 간의 절충trade-offs을 하고, 프로젝트 관리 지식 영역들 간의 상호의존성을 관리하는 것이 수반된다.

프로젝트 통합 관리의 필요성은 개별적 프로세스들이 상호작용하는 상황에서 분명해진다. 예를 들어, **우발 상황 계획**contingency plan을 위해 필요한 비용 추정은 시간, 비용, 위험 지식 영역의 프로세스들을 통합하는 것을 포함한다. 다양한 대안들과 관련된 추가적인 위험이 식별되면, 이 프로세스들 중 한 개 이상의 프로세스가 재수행되어야 한다. 프로젝트 인도물들도 수행 조직 또는 고객 조직의 지속적 운영과 통합되거나, 미래의 문제나 기회들을 감안한 장기 전략 계획과 통합되어야 할 수도 있다. 프로젝트 통합 관리는 프로젝트 관리 계획과 프로젝트 인도물 간의 일관성을 보장하기 위한 프로젝트 문서들을 관리하기 위해서 필요한 활동들을 포함한다.

대부분의 경험 있는 프로젝트 관리자들은 프로젝트를 관리하기 위한 유일한 방법은 없다는 것을 잘 안다. 그들은 프로젝트 관리 지식, 기술, 그리고 필요한 프로세스들을 원하는 프로젝트 성과를 얻기 위해서 상이한 순서로 그리고 다양한 형태로 적용한다. 그러나 어떤 특정 프로세스가 필요하지 않다는 인식은 그것이 다루어져서는 안 된다는 것을 의미하지는 않는다. 프로젝트 관리자와 프로젝트 팀은 각 프로젝트에 맞추어서 각 프로세스의 수행 수준을 결정하는 문제를 적극적으로 다루어야 한다. 만약 프로젝트에 한 개 이상의 단계가 있다면, 해당 프로세스의 각 단계 내의 프로세스들에는 같은 수준의 엄격함이 적용되어야 한다.

프로젝트 및 프로젝트 관리의 통합적 성격은 프로젝트를 완수하기 위해서 수행되는 다른 유형의 활동들을 생각하면 명확히 이해할 수 있다. 프로젝트 관리 팀에 의해서 수행되는 활동으로는 다음과 같은 예들을 들 수 있다.

- 범위를 분석하고 이해하기 : 이것은 프로젝트와 제품 요구사항, 기준, 가정, 제약, 그리고 프로젝트와 관련된 기타 영향들 그리고 각각이 프로젝트 내에서 어떻게 관리되고 해결될 것인가를 포함한다.
- 식별된 정보를 어떻게 획득하고 프로젝트 관리 계획에 반영할 것인지를 이해하기
- 제품 인도물들을 생산하기 위한 활동들을 수행하기
- 작업 분해도를 준비하기
- 프로젝트 진도의 모든 측면들을 측정하고 모니터링하며, 프로젝트 목표를 달성하기 위해서 적절한 조치를 취하기

〈표 3-1〉 프로젝트 통합 관리 프로세스들

| 프로세스 이름 | | |
|---|---|---|
| 요약 | | |
| 산출물 | 도구 및 기법 | 투입물 |
| **프로젝트 헌장을 개발하기**develop project charter **(초기화)** | | |
| 공식적으로 프로젝트 또는 단계에 권한을 부여하고 이해관계자들의 필요와 기대를 충족시키는 초기 요구사항을 기록하는 문서를 개발한다. | | |
| • 프로젝트 헌장 | • 전문가 판단 | • 프로젝트 작업 기술서<br>• 비즈니스 케이스<br>• 계약 (해당되는 경우)<br>• 기업 환경 요인<br>• 조직 프로세스 자산 |
| **프로젝트 관리 계획을 개발하기**develop project management plan **(계획)** | | |
| 모든 보조 계획들을 정의하고, 준비하며 통합하고 조정하기 위해 필요한 조치들을 기록한다. | | |
| • 프로젝트 관리 계획 | • 전문가 판단 | • 프로젝트 헌장<br>• 계획 프로세스들로부터의 산출물<br>• 기업 환경 요인<br>• 조직 프로세스 자산 |
| **프로젝트 작업을 지시하고 관리하기**direct and manage project work **(실행)** | | |
| 프로젝트 목표를 달성하기 위해서 프로젝트 관리 계획에 정의된 작업을 리드하고lead 수행하며 승인된 변경들을 실행한다. | | |
| • 인도물<br>• 작업 성과 자료<br>• 변경 요구<br>• 프로젝트 관리 계획(갱신된)<br>• 프로젝트 문서(갱신된) | • 전문가 판단<br>• 프로젝트 관리 정보 시스템<br>• 회의 | • 프로젝트 관리 계획<br>• 승인된 변경 요청<br>• 기업 환경 요인<br>• 조직 프로세스 자산 |
| **프로젝트 작업을 모니터하고 통제하기**monitor and control project work **(모니터링 및 통제)** | | |
| 프로젝트 관리 계획에 정의된 성과 목표들을 충족하기 위해서 진도를 추적하고tracking, 검토하며 규제한다. | | |
| • 변경 요청<br>• 프로젝트 관리 계획(갱신된)<br>• 프로젝트 문헌(갱신된) | • 전문가 판단 | • 프로젝트 관리 계획<br>• 작업 성과 보고서<br>• 기업 환경 요인<br>• 조직 프로세스 자산 |
| **통합 변경 통제를 수행하기**perform integrated change control **(모니터링 및 통제)** | | |
| 모든 변경 요청들을 검토하고, 변경을 승인하며 인도물, 조직 프로세스 자산, 프로젝트 문서, 그리고 프로젝트 관리 계획에 대한 변경을 관리한다. | | |

| | | |
|---|---|---|
| • 변경 요구 상태(갱신된)<br>• 프로젝트 관리 계획(갱신된)<br>• 프로젝트 문서(갱신된) | • 전문가 판단<br>• 변경 통제 회의 | • 프로젝트 관리 계획<br>• 승인된 시정 조치<br>• 기업 환경 요인<br>• 조직 프로세스 자산 |
| **프로젝트 또는 단계를 종료하기**close project or phase **(종료)** | | |
| 공식적으로 프로젝트 또는 단계를 완료하기 위해서 모든 프로젝트 관리 프로세스 그룹들에 걸친 활동들을 마무리한다. | | |
| • 최종 제품, 서비스, 또는 결과 이전result transition<br>• 갱신된 조직의 프로세스 자산 | • 전문가 판단 | • 프로젝트 관리 계획서<br>• 수용된 인도물<br>• 조직의 프로세스 자산 |

프로젝트 관리 프로세스 그룹들 내의 프로세스들 간에, 연결들links은 종종 반복된다iterated. 계획 프로세스 그룹은 실행 프로세스 그룹에 프로젝트 초기에 문서화된 프로젝트 관리 계획을 제공하며, 프로젝트가 진행됨에 따라서 변경이 발생하면 프로젝트 관리 계획의 갱신을 촉진한다.

### 3.1.1 프로젝트 헌장을 개발하기develop project charter 프로세스

프로젝트 헌장 개발은 한 프로젝트 또는 한 단계를 공식적으로 인허하는 문서를 개발하고 이해관계자들의 필요와 기재를 충족하는 요구사항을 문서화하는 과정이다. 그것은 수행 조직과 요구하는 조직 또는 외부 프로젝트의 경우에는 고객 간의 파트너십을 설정한다. 공인된 프로젝트 헌장은 공식적으로 프로젝트를 시작시킨다. 프로젝트 관리자는 프로젝트 계획 작성 전에, 프로젝트 헌장이 개발되는 동안에 가능한 빨리, 그리고 항상 계획이 시작하기 전에 프로젝트에 배정되어야 한다. 프로젝트 헌장project charter은 프로젝트 관리자에게 프로젝트 활동을 위해 조직의 자원을 활용할 수 있는 권한을 제공하기 때문에, 프로젝트 관리자가 프로젝트 헌장 개발에 참여하는 것이 권장된다.

**Box 3-1 프로젝트 헌장** project charter[1]

프로젝트 헌장은 프로젝트를 공인하는 문서이며, 프로젝트 관리자에게 프로젝트 활동을 위해 조직의 자원을 활용할 수 있는 권한을 제공한다. 프로젝트 헌장은 프로젝트 팀 외부의 프로젝트 비용 집행을 승인할 수 있는 프로젝트 발기인 또는 후원자에 의해서 발행되고 공인한다. 프로젝트 헌장의 주된 기능은 사업 필요 사항, 프로젝트 정당성, 고객 요구에 대한 현재 상태의 이해 내용, 그러한 요구사항 만족을 위해 의도한 새로운 제품, 서비스 또는 결과를 문서화하는 것이다. 다중 단계 프로젝트에서, 후속 단계의 프로젝트 헌장 개발 프로세스는 프로젝트 최초 차터링 단계 동안의 의사결정 사항에 대해 검증한다. 프로젝트 헌장은 다음의 정보를 다루어야 한다.

- 프로젝트의 목적 또는 정당화
- 측정할 수 있는 프로젝트 목표 및 관련된 성공 기준들
- 상위 수준의 요구사항
- 상위 수준의 프로젝트 서술
- 상위 수준의 위험들
- 일정 마일스톤 요약summary milestone schedule
- 개괄적 예산
- 프로젝트 승인 요구사항(프로젝트 성공을 구성하는 요소들, 프로젝트 성공 여부를 결정하는 사람들, 프로젝트를 사인 오프sign off하는 사람들)
- 선정된 프로젝트 관리자, 책임 및 권한 수준
- 스폰서나 기타 프로젝트 헌장을 공인하는 사람(들)의 이름과 권위

프로젝트는 스폰서, PMO, 또는 **포트폴리오 스티어링 위원회**portfolio steering committee와 같은 프로젝트 외부자에 의해서 공인된다. 프로제트를 시작하게 하는 사람이나 스폰서는 해당 프로젝트에 자원을 조달할 수 있는 수준에 있어야 한다. 그들은 프로젝트 헌장을 개발하거나 그 의무를 프로젝트 관리자에게 위임해야 한다. 프로젝트는 내적인 필요나 외부의 영향력에 의해서 공인된다. 이것은 통상적으로 필요 분석, 비즈니스 케이스, 또는 프로젝트가 해결해야 할 상황에 대한 서술의 생성을 촉발한다. 프로젝트 헌장을 만드는 것은 프로젝트를 조직의 전략과 지속적 활동에 연계시키는 역할을 한다.

1) PMBoK2008, pp.77-78.

## Box 3-2 프로그램 헌장과 프로그램의 승인[2)]

프로그램 헌장program charter은 프로그램에 대한 활용가능한 모든 정보를 통합하는 공식 문서이다. 프로그램 헌장은 전략적 거버넌스 위원회가 프로그램의 진도를 승인할 것인가를 결정하기 위해서 분석하는 핵심 문서이다. 일단 승인되면, 프로그램 헌장은 프로그램 셋업 단계로의 진행 및 프로그램의 전체 비즈니스 케이스, 상세한 프로그램 계획들, 그리고 컴포넌트 헌장 개발의 기반이 된다. 프로그램 헌장은 일반적으로 다음의 것들을 포함한다.

- **정당성**justification : 왜 이 프로그램이 중요한가, 그리고 달성하기 위해서는 무엇이 필요한가?
- **비전**vision : 최종 상태가 어떠할 것인가, 그리고 그것이 어떻게 조직에 이익을 줄 것인가?
- **전략적 적합성**strategic fit : 핵심적인 전략적 드라이버driver가 무엇인가, 그리고 프로그램의 조직 전략 목표들 및 기타 지속적인 전략적 계획과의 관계는 어떠한가?
- **결과**outcomes : 비전을 달성하기 위해 필요한 핵심적 프로그램 결과는 무엇인가?
- **범위**scope : 무엇이 프로그램 안에 포함되어 있고 무엇이 범위 밖인가?
- **효익 전략**benefit strategy : 무엇이 추구하는 핵심 효익이고, 또 그것은 어떻게 달성하도록 되어 있는가?
- **가정과 제약**assumptions and constraints : 프로그램에 영향을 주는 가정, 제약, 의존성, 그리고 외부 요인은 무엇인가?
- **컴포넌트**components : 프로그램을 완성하기 위해서 프로젝트들과 기타 프로그램 컴포넌트들이 어떻게 구성되어 있는가? 또한 이것은 모든 컴포넌트들을 위한 높은 수준의 프로그램 계획을 포함할 수 있다.
- **위험과 이슈들**risks and issues : 프로그램 개요를 준비하는 동안에 확인된 초기 위험과 이슈들은 무엇인가?
- **시간 척도**time scale : 모든 핵심 이정표 일자들을 포함해서, 프로그램의 총 기간은 얼마인가?
- **필요한 자원**resources needed : 프로그램 비용과 자원(인력, 훈련, 숙박, 등)에 대한 추정치는 얼마인가?
- **이해관계자들에 대한 고려**stakeholder consideration : 확인된 이해관계자들은 누구이고, 가장 중요한 이해관계자는 누구인가, 그리고 그들의 프로그램에 대한 태도는 어떠하고 그들을 관리할 초기 전략은 무엇인가? 이것은 프로그램 의사소통 계획 초안에 의해서 보완되어야 한다.
- **프로그램 거버넌스**program governance : 프로그램의 관리, 통제, 그리고 지원을 위해 권고된 거버넌스 구조는 무엇인가? 보고 요구사항을 포함하는, 프로젝트 및 기타 프로그램 컴포넌트의 관리, 통제, 그리고 지원을 위해 권고된 거버넌스 구조는 무엇인가?
- **초기 높은 수준 로드맵**initial high-level roadmap : 프로그램의 진행을 위한 높은 수준의 로드맵은 어떠한가?

2) StdPgM2008 pp.24-25.

이상의 요소 중에서 프로그램을 선택하고 승인할 때 전형적으로 고려되는 것은 다음과 같다.

- 원하는 결과
- 효익 분석 : 실현에 대한 확인과 계획
- 조직의 장기적 목적 내에서의 전략적 적합성
- 가용한 총 자원(예; 자금, 장비 또는 인력)
- 프로그램을 셋업, 관리, 그리고 인도하기 위해서 필요한 기간, 비용 및 노력에 대한 추정치
- 프로그램에 내재하는 위험들

### 3.1.2 프로젝트 관리 계획을 개발하기develop project management plan 프로세스

프로젝트 관리 계획 개발은 모든 하위 계획들을 정의하고, 작성하며, 통합하고, 조정하기 위해 필요한 활동들을 문서화하는 프로세스이다. 프로젝트 관리 계획은 프로젝트가 어떻게 수행되며, 모니터링 및 통제되고 종료되는지를 정의한다. 프로젝트 관리 계획의 내용은 응용 분야와 프로젝트의 복잡도에 따라서 달라진다. 프로젝트 관리 계획은 프로젝트 종료 시까지 일련의 통합된 프로세스들에 의해서 개발된다. 프로젝트 관리 계획은 점진적으로 갱신되며 통합 변경 관리 프로세스를 통해 통제되며 승인된다.

**Box 3-3 프로젝트 관리 계획** project management plan[3)]

- 프로젝트를 위해서 선정된 생애주기 모델(다단계 프로젝트의 경우 연관된 프로젝트 단계 포함)과 각 단계에 적용될 프로세스들
- 프로젝트 관리 팀에서 조정된 다음과 같은 결과
  - 프로젝트 관리 팀이 선택한 프로젝트 관리 프로세스
  - 선정한 각 프로세스의 구현 수준
  - 선정한 프로세스를 완수하는 데 사용되는 도구 및 기법에 대한 설명
  - 선정된 프로세스들이(해당 프로세스 간에 의존성 및 상호작용을 포함하여) 해당 프로젝트 및 필수 투입물과 산출물을 관리하기 위해 사용되는 방법
- 프로젝트 목표를 달성할 수 있도록 작업을 실행하는 방법
- 변경을 모니터링하고 통제하는 방법을 문서화하는 변경 관리 계획
- 형상 관리가 어떻게 수행될 것인가를 문서화하는 형상 관리 계획
- 성과 측정 기준선의 완전성을 유지하는 방법
- 이해관계자 사이의 의사소통 필요성과 통신 기법
- 해결되지 않는 이슈들과 보류 상태의 의사결정을 해결을 촉진하기 위한 핵심 관리진의 검토 회의 내용, 참석 범위, 시기

프로젝트 관리 계획은 계획 프로세스들로부터 모든 하부 계획과 기준선들을 통합하고, 정리한다. 프로젝트 관리 계획은 요약 수준이 될 수도 있고, 상세 수준으로 정의될 수 있으며, 하나 또는 그 이상의 하부 계획 및 기타 요소들로 구성될 수 있다. 각각의 하부 계획 및 구성 요소들은 특정 프로젝트의 필요에 따라 상세화될 수 있다. 일단 프로젝트 관리 계획이 기준선화된 이후에는, 변경 요청이 생성되고, 통합 변경 통제 프로세스에 의해서 공인된 후에만 변경될 수 있다.
프로젝트 기준선들은 다음과 같은 것들을 포함한다.

- 일정 기준선
- 비용 성과 기준선
- 범위 기준선

보조 계획은 다음과 같은 것들을 포함한다.

- 범위 관리 계획 및 작업 분할 구조WBS : work breakdown structure
- 요구사항 관리 계획
- 비용 관리 계획
- 품질 관리 계획

3) PMBoK2008, pp.81-82, 124, 127-128.

- 인적자원 관리 계획
- 의사소통 관리 계획
- 위험 관리 계획
- 조달 관리 계획
- 변경 관리 계획
- 형상 관리 계획configuration management pan
- 프로세스 개선 계획

종종 범위, 일정, 비용 기준선은, 성과 측정기준선과 통합되어, 성과를 측정하고, 대비하기 위한 전체 프로젝트 기준선으로 사용된다. 이 성과 측정 기준선은 획득 가치earned value 측정에 사용된다.

## Box 3-4 프로그램 관리 계획[4)]

프로그램 관리 계획은 다음과 같은 질문에 대한 답을 포함하며 프로그램 셋업 단계에서 승인된다.

- 최종 결과와 기대는 무엇인가?
- 언제 그것이 달성되고, 프로그램 효익이 산출될 것인가?
- 프로그램 예산은 얼마가 되어야 하나?
- 위험과 이슈들은 무엇인가?
- 의존성, 가정, 그리고 제약은 무엇인가?
- 프로그램과 프로그램 컴포넌트들이 어떻게 관리될 것인가?
- 필요한 기타 서비스는 무엇인가?
- 어떻게 프로그램이 관리되고, 수행될 것인가?

프로그램 관리 계획은 프로그램 수행의 전술적 방법을 정의한다. 프로그램 관리 계획은 다음과 같은 프로그램 관리의 기본 사항들을 다루며, 이러한 요소들은 프로그램 관리 계획의 직접적인 구성 요소로서 포함될 수도 있으며, 다양한 하위 계획들의 형태(프로그램 로드맵, 프로그램 일정, 프로그램 거버넌스 계획, 거버넌스 매트릭스 및 핵심 성공 요인, 효익 실현 계획, 프로그램 이해관계자 관리 계획, 프로그램 의사소통 관리 계획, 프로그램 재무 계획, 계약 관리 계획, 범위 관리 계획, 조달 관리 계획, 품질 관리 계획, 프로그램 위험 대응 계획, 프로그램 위험 관리 계획, 일정 관리 계획 등)가 포함될 수도 있다.

- 프로그램의 조직.
- **프로그램 작업 분할 구조** : 프로그램의 범위를 인도물과 작업들(컴포넌트들을 통해서 이러한 인도물/효익들을 생성하기 위해서 필요한)의 관점에서 정의한다.
- 범위, 테크놀로지, 위험, 및 비용의 모든 측면들.
- **프로그램 일정** : 프로그램 이정표와 인도물들에 대한 시간표.
- **프로그램 예산** : 프로그램 생애주기를 통한 자금의 지출과 그 목적의 관점에서 프로그램을 위한 금전적 계획을 정의한다.
- 프로그램 인도물들에 요구되는 품질을 보장할 방법.
- 매트릭스, 효익 실현 및 지속성을 추적할 시스템을 정의하기 위한 계획.
- 프로그램 내외의 이해관계자들과 의사소통.
- 프로그램과 관련된 위험을 관리할 접근방법과 방법론들.
- **조달 관리 계획** : 조달 계획 과정의 첫 반복iteration주기 동안에 작성되고, 후속의 조달 수행 반복주기에서 필요할 때 갱신된다.
- **조달 계획** : 프로그램을 완수하고, 조달 계약한 운송 수단을 관리하기 위해서 필요한 설비, 재화, 서비스, 및 기타 외부 자원들
- 프로그램 내의 프로젝트들과 비프로젝트 요소들 간 프로그램과 구성 프로젝트들 또는 외부 요소들과의 상호관계

4) PMBoK2008, pp.26, 44-45, 79.

**Box 3-5 프로젝트 관리 계획의 바람직한 특성들**[5)]

- 이해하기 쉽다.
- 읽기 쉽다.
- 모든 주요 참여자(주요 이해관계자)가 잘 알고 있다.
- 프로젝트 규모, 복잡도, 중요도에 맞추어 적절하다.
- 프로젝트 관리자 개인보다는 팀에 의해서 준비되었다.

프로젝트 관리 계획project management plan은 프로젝트 집행을 관리하고 통제하는, 정규적이고, 승인된 문서이다. 위의 항목들은 프로젝트 관리 계획의 바람직한 특성들이다(고석하, 2008). 계획의 가장 중요한 부분은 의사소통이다. 원활한 의사소통을 위해서 프로젝트 관리 계획은 이해하기 쉽고 읽기 쉬워야 한다. 또한 프로젝트 관리자는 전체 프로젝트 팀원, 주요 이해관계자들과 임원들에게 계획을 알려줘야 한다.

프로젝트 성공을 달성하기 위한 핵심은 모든 주요 이해관계자로부터 합의와 절충을 받아내는 것이다. 프로젝트 계획에 주요 이해관계자들을 포함시킴으로써, 프로젝트 관리자는 그들에게 프로젝트에 대한 주인 의식을 심어줄 수 있다. 이러한 것은 더 높은 참여 의식을 고취하며, 이것은 다시 향상된 동기 부여와 생산성을 가져온다.

또한 프로젝트 관리계획은 모든 프로젝트 가정들을 포함해야 하며, 프로젝트의 집행을 인도할 수 있도록 충분히 상세해야 한다. 대다수의 프로젝트 관리자가 프로젝트 동안에 고객과의 주(경우에 따라서는 유일한) 인터페이스가 된다. 그렇기 때문에, 프로젝트 관리자에게는 의사소통, 협상, 마케팅, 세일즈맨십 등이 재무적 또는 분석적 능력과 같이 중요하다. 종종 프로젝트 관리의 인간 관리 측면이 프로젝트의 성공에 결정적인 영향을 미친다. 사람을 관리하는 것은 프로젝트 관리자가 수행해야 하는 일 중에서 가장 힘들고 중요한 일 중의 하나이다. 어떻게 팀 내의 갈등을 해소할 것인가와 프로젝트 필요를 어떻게 팀의 개인적/전문가적 필요와 균형을 맞출 것인가는 프로젝트 관리자가 당면한 과제 중의 하나이다. 프로젝트 관리 계획에는 이러한 주요 요소들이 포함되어야 한다.

프로젝트 관리 계획을 개발할 때, 다음과 같은 사항을 위해서 전문가를 활용할 수 있다.

- 프로젝트 필요에 맞도록 이 프로세스를 조정한다.
- 프로젝트 관리 계획에 포함될 기술 및 관리 세부 사항을 개발한다.
- 프로젝트 작업을 수행하기 위해 필요한 자원과 지술 수준을 결정한다.
- 프로젝트에 적용할 형상 관리configuration management의 수준을 결정한다.

5) PMBoK2008, pp.81-82, 124, 127-128.

- 어떤 프로젝트 문서를 공식적 변경 통제 프로세스에 회부할 것인가를 결정한다.

다른 계획 프로세스들에 의해서 생성된 산출물들은 프로젝트 관리 계획을 생성하기 위해서 통합된다. 다른 계획 프로세스들의 산출물인 모든 기준선들과 보조 관리 계획들이 이 프로세스의 투입물이 된다. 뿐만 아니라, 이러한 문서들의 갱신은 프로젝트 관리 계획의 갱신이 필요할 수 있다.

### 3.1.3 프로젝트 작업을 지시하고 관리하기direct and manage project execution 프로세스

프로젝트 작업을 지시하고 관리하기는 프로젝트 목표를 달성하기 위해서 프로젝트 관리 계획에 정의된 작업을 리드하고lead 수행하며 승인된 변경들을 실행하는 프로세스이다. 이 프로세스의 핵심적 효과는 이것이 프로젝트 작업의 전반적인 관리를 제공한다는 것이다. 이 프로세스는 다음과 같은 활동들을 포함한다.

- 프로젝트 요구사항들을 달성하기 위한 활동들을 수행한다.
- 프로젝트 산출물을 생성한다.
- 프로젝트에 배정된 팀원들을 충원하고, 훈련하며 관리한다.
- 자재, 도구, 장비, 설비들을 포함하는 자원을 획득하고, 관리하며 사용한다.
- 계획된 방법들과 표준들을 구현한다.
- 프로젝트 팀 내 · 외의 프로젝트 의사소통 통로를 수립하고 관리한다.
- 예측을 촉진하기 위해서 비용, 일정, 기술 및 품질 진전 상황, 상태와 같은 프로젝트 자료들을 생성한다.
- 변경 요청들을 발행하고 승인된 변경들을 프로젝트 범위, 계획, 환경에 맞추어 조정한다.
- 위험을 관리하고 위험 대응 활동들을 실천한다.
- 판매자와 공급자들을 관리한다.
- 교훈을 수집하고 문서화하고, 승인된 프로세스 개선 활동들을 실현한다.

**Box 3-6 변경 요청**change requests[6)]

프로젝트 작업이 수행되는 동안에 이슈들이 발견되면, 프로젝트 정책 또는 절차, 프로젝트 범위, 프로젝트 비용 또는 예산, 프로젝트 일정, 또는 프로젝트 품질을 수정할 수 있는 변경 요청이 발행된다. 기타 변경 요청들은 미래의 부정적 충격을 미리 다루기 위해 필요한 예방 또는 수정 조치를 다룬다. 변경을 위한 요청은 직접적 또는 간접적일 수 있으며, 외부에서 또는 내부에서 시작될 수도 있고, 선택적 또는 법 계약 상으로 강제될 수도 있다. 변경 요청에는 다음과 같은 항목들이 포함되며, 준비된 변경 요청들은 통합 변경 통제 프로세스에 제출된다.

- **권고된 수정 조치**recommended corrective actions : 권고된 수정 조치는 상황 대응 계획 또는 예비책work arounds을 포함한다. 후자는 원래는 계획되지 않았으나, 전에는 정의되지 않았거나 수동적으로 수용된accepted passively 부상하는 위험emerging risks을 다루기 위한 대응책이다.
- **권고된 예방 조치**recommended prevented actions : 위험의 부정적 결과를 낳을 확률을 줄이기 위한 활동에 대한 기록된 지침들이다.
- **결함 수리**defect repair : 프로젝트 구성 요소 내 결함을 공식적으로 기록된 식별, 결함을 수리할 것인가, 또는 해당 요소를 완전히 대체할 것인가에 대한 권고를 포함
- **갱신**updates : 공식적으로 통제된 문서나 계획 등에 대한 변경, 수정되거나 추가된 아이디어나 내용을 반영

프로젝트 관리 팀과 함께 프로젝트 관리자는 계획된 프로젝트 활동들의 수행을 지시하고, 프로젝트 내에 존재하는 다양한 기술적 또는 환경적 상호접점들을 관리하고, 프로젝트 범위 서술서에 정의된 작업 성취를 위해 다양한 활동들을 수행해야 한다. 프로젝트 수행 지시 및 관리 프로세스는 프로젝트 응용 영역에 의해 가장 직접적으로 영향을 받는다. 산출물들은 프로젝트 관리 계획에서 계획된 프로젝트 작업 성취를 위해 수행되는 프로세스의 결과물로 생성된다. 산출물의 완료 상태 및 성취한 것에 대한 작업성과 정보는 프로젝트 수행의 일부로 수집되고, 그것은 성과 보고 프로세스의 입력 사항이 된다. 작업성과 정보는 또한 모니터링 및 통제 프로세스 그룹에의 투입물이 된다.

프로젝트 수행 지시 및 관리는 또한 다음을 포함하는 승인된 변경의 실현을 필요로 한다.

6) PMBoK2008, pp.87-88, 92, 97.

**Box 3-7 변경 요청 양식[7]**

| 프로젝트 | 번호 |
|---|---|
| 변경 요청자 | 변경 요청일 |
| 변경 요청 내용 | |
| 변경 분석가 | 분석일 |
| 영향 받은 컴포넌트 | |
| 관련된 컴포넌트 | |
| 변경 평가 | |
| 변경 우선순위 | |
| 변경 구현 | |
| 추정된 노력 | |
| CCB 제출일 | CCB 결정일 |
| CCB 결정 내용 | |
| 변경 구현자 | 변경일 |
| QA 결정 내용 | QA 제출일 |
| CM 제출일 | |
| 주석 | |

변경 관리는 필요한 변경을 기술한 변경 요청 양식CRF : change request form을 작성함으로써 시작된다. 위 표는 프로젝트 CRF 서식의 예이다. CRF에는 분석가가 변경을 어떻게 구현할지를 개략적으로 기술한 절을 포함할 수 있다. CRF는 대체로 변경 계획 수립 시에 정의된다. 변경 요청은 공식적으로 기록되어야 하지만 CRF는 구현 주제보다는 요청된 변경을 기술하는 데에 초점을 맞추어야 한다. 변경을 수행하는 엔지니어는 변경을 어떻게 구현할지를 결정한다. 일단 CRF가 제출되면 형상 데이터베이스에 등록되어야 한다. 그 후에 요청된 변경이 필요한지를 점검하기 위해서 변경 요청이 분석된다.

- **수정 활동**corrective action : 프로젝트 작업의 예상되는 미래 성과를 프로젝트 관리 계획에 맞추기 위한 작업을 수행하라는 문서화된 지시.
- **예방 활동**preventive action : 프로젝트 위험과 관련된 부정적 결과의 확률을 줄일 수 있는 활동을 수행하라는 문서화된 지시.

7) Sommerville2007

- **결함 보수**defect repair : 프로젝트 컴포넌트 내의 결함의 공식적으로 문서화된 확인, 해당 컴포넌트를 완전히 대체할 것인가 아니면 해당 결함을 보수할 것인가에 대한 권고를 포함한다.

통합 변경 통제 프로세스의 일부로, 변경 통제 상태 갱신은 어떤 변경들은 승인되고 어떤 변경들은 기각되었다는 것을 나타낸다. 승인된 변경 요청들은 프로젝트 팀에 의해서 수행을 위한 일정이 결정된다. 승인된 변경 요청은 프로젝트 범위를 확장 또는 축소하기 위해 기록되고 권한이 부여된 변경이다. 승인된 변경은 정책, 프로젝트 관리 계획, 절차, 비용 또는 예산을 조정하거나 일정을 수정할 수도 있다. 승인된 변경 요청은 예방 또는 수정 활동의 수행을 필요로 할 수도 있다.

이 프로세스에서 갱신될 수 있는 프로젝트 관리 계획의 요소에는 모든 부속 관리 계획들과 프로젝트 기준선들이 포함된다. 이 프로세스에서 갱신될 수 있는 기타 프로젝트 관리 문서에는 요구사항 문서, 프로젝트 로그들, 위험 등록부, 이해관계자 등록부 등이 포함된다.

### 3.1.4 프로젝트 작업을 모니터하고 통제하기monitor and control project work 프로세스

프로젝트 작업 모니터링 및 통제는 프로젝트 관리 계획에서 정의된 성과 목표들을 달성하기 위해 진도를 추적하고, 검토하며 규제하는 프로세스이다. 모니터링은 프로젝트 전체 기간 동안 수행되는 프로젝트 관리의 측면이다. 모니터링은 성과 정보를 수집하고, 측정하며 배포하는 것과 프로세스 개선을 위해 측정치 및 추세를 평가하는 것을 포함한다. 지속적인 모니터링을 통해 프로젝트 관리 팀은 프로젝트의 강건함에 대한 가시성을 확보할 수 있고 특별한 주의가 요구되는 분야를 발견할 수 있다. 통제는 수정 또는 예방 조치들을 결정하거나 행동 계획을 재계획하고 취해진 해당 행동들이 성과 이슈들을 해결했는지를 확인하기 위해 행동 계획을 추적하는 것을 포함한다. 프로젝트 작업 모니터링 및 통제는 다음과 같은 것들과 관련되어 있다.

- 프로젝트 관리 계획에 대비하여 실제 프로젝트 성과를 비교한다.
- 시정 또는 예방 활동이 필요한지의 여부를 결정하기 위해서 성과를 평가하고, 그에 따라 적절한 활동을 권고한다.

- 위험들이 확인되고, 그 상태가 보고되며, 적절한 위험 대응 계획이 수행되고 있는지를 보장하기 위해서 새로운 위험을 식별하고 기존의 프로젝트 위험들을 분석하고, 추적하며 모니터링한다.
- 프로젝트 종료까지 프로젝트 제품 및 관련 문서에 대한 정확하고 적시의 정보 베이스를 유지한다.
- 상태 보고, 진도 측정, 예측을 지원하기 위한 정보를 제공한다.
- 현재 비용 및 일정 정보 갱신을 위한 예측을 제공한다.
- 승인된 변경 사항의 이행을 즉각적으로 확인한다.

이 단계에서 갱신될 수 있는 프로젝트 관리 계획의 주요 요소로는 일정, 비용, 품질 관리 계획들과 범위, 일정, 비용 성과 기준선들이 있다. 이 단계에서 갱신될 수 있는 주요 프로젝트 문서에는 예측, 성과 보고서, 이슈 로그 등이 있다.

### 3.1.5 통합 변경 통제를 수행하기perform integrated change control 프로세스

통합 변경 통제를 수행하기는 모든 변경 요청을 검토하고, 변경을 승인하고, 인도물, 조직 프로세스 자산, 프로젝트 문서 및 프로젝트 관리 계획들에 대한 변경을 관리하는 프로세스이다. 통합 변경 통제 프로세스는 프로젝트 시작부터 종결될 때까지 수행된다. 프로젝트 관리 계획, 프로젝트 범위 기술서, 그리고 기타 인도물들의 변경을(변경을 기각하거나 승인함으로써 단지 승인된 변경만이 갱신된 기준선으로 통합되는 것이 보장되도록) 주의 깊고 지속적으로 관리함으로써 유지된다.

통합 변경 통제 프로세스는 다음과 같은 변경 관리 활동들을 포함하며, 이러한 활동들은 프로젝트 수행의 진전에 맞추어 상이한 수준으로 수행된다.

- 통합 변경 통제를 거치지 않는 요인들을 모니터링하며, 단지 승인된 변경만이 구현되도록 하기
- 변경 요청들을 즉각적으로 검토하고, 분석하며 승인하기
- 승인된 변경을 관리하기
- 승인된 변경만이 프로젝트 관리 계획과 프로젝트 문서에 통합되도록 함으로써 베이스라인의 무결성integrity을 유지하기
- 권고된 모든 수정 및 예방 조치들을 검토하고, 승인하며 기각하기

**Box 3-8 프로그램 수준의 변경 요청 분석**[8]

컴포넌트들이 수행됨에 따라서, 변경 요청들이 생성될 수 있다. 이러한 변경 요청은 프로그램을 지도하고, 관리하기 프로세스에서 평가되어, 프로그램의 해당 변경을 실현하는 것을 승인하는 프로그램 거버넌스 프로세스로 보내진다. 일부 변경 요청들은 이해관계자, 누락된 요구사항, 또는 기술적 이슈들, 또는 외부 원천으로부터 제출될 수 있다. 변경 요청 분석은 다음과 같은 것에 대한 영향을 확인해야 한다.

- **프로그램 재정** : 프로그램 아키텍처에 대해서 제안된 변경은 프로그램 재정 상태에 대해서 악영향을 미칠 수 있다.
- **프로그램 일정** : 프로그램 아키텍처에 대해서 제안된 변경은 프로그램 시간표와 일정 약속에 대해서 영향을 미칠 수 있다. 주경로critical path의 변경 또는 합의된 일정 활동들의 변경을 확인하기 위해서 기준 일정을 분석해야 한다. 리드 기간이 긴 컴포넌트, 자원, 설비, 또는 활동들이 역진적으로 영향을 받거나 또는 프로그램이 갑자기 요구사항을 충족시키지 않게 되는 것을 보장하는 것이 중요하다.
- **프로그램 요구사항** : 제안된 변경이 프로그램과 컴포넌트 수준에서 요구사항에 영향을 줄 수 있다. 한 컴포넌트에서 요청된 변경이 다른 컴포넌트들에 영향을 줄 수 있다.
- **프로그램 아키텍처 기준선** : 기준 변경이 인도된 제품의 아키텍처를 변경시킬 수 있다. 전체 아키텍처에 대한 모든 변경은 그 영향이 확인된 모든 컴포넌트에 반영되어야 한다.
- **컴포넌트들 간의 인터페이스** : 한 컴포넌트에서 요청된 모든 변경이 잠재적으로 다른 컴포넌트들에 영향을 줄 수 있다. 이러한 영향의 확인과 분석은 변경 관리 프로세스의 일부이다.
- **문서화** : 모든 승인된 변경 요청은 프로그램 문서에 통합되어야 한다. 이러한 문서들의 버전 통제는 현재 문헌들의 대부분이 확인되고 모든 프로그램 참여자들이 사용할 수 있도록 보장한다.
- **위험** : 제안된 변경은 프로그램 위험 모집단에 영향을 미치며, 새롭거나 변경된 위험은 프로그램 위험 관리 계획에 따라서 관리되어야 한다.

- 변경들을 전체 프로젝트에 걸쳐서 통합하기(예를 들어, 제안된 일정 변경은 종종 비용, 위험, 품질, 충원에 영향을 미친다.)
- 변경 요청들의 전체 영향을 문서화하기

변경은 프로젝트와 연관된 어떠한 이해관계자에 의해서 요청될 수 있다. 만약 변경 요청이 구두로 시작하였더라도, 그것은 반드시 기록되어서 변경 관리 및/또는 형상 관리 시스템에 투입되어야 한다. 변경 요청은 변경 통제 및 형상 통제 시

8) StdPgM2008 p.87.

스템에 접수되어야 한다. 이러한 변경 요청 프로세스들은 시간 및 비용에 대한 영향의 추정치에 대한 정보를 필요로 할 수 있다. 개개의 기록된 변경 요청은 모두 프로젝트 관리 팀 내부 또는 외부 조직의 권한을 가진 사람에 의해 승인되거나 반려되어야 한다. 많은 프로젝트에서 프로젝트 관리자는 프로젝트 역할 및 책임 문서에 정의된 바에 따라서 특정 종류의 변경을 승인할 수 있는 권한을 부여 받는다. 필요하다면 언제든지, 통합 변경 통제 프로세스는 요청된 변경에 대한 승인 및 반려에 대한 책임을 가진 변경 통제 위원회CCB : change control board를 개최한다. 이 위원회의 역할 및 책임은 형상 통제 및 변경 통제 프로시저에서 명확히 정의되며, 적절한 이해관계자들의 동의를 받게 된다. 다수의 대형 조직은 위원회 간에 책임을 분리한 다중 계층 위원회 구조를 사용한다. 만약 프로젝트가 계약 하에서 수행된다면 몇몇 변경 제안 사항은 고객으로부터의 승인이 필요할 수도 있다.

승인된 변경으로 인하여 새로운 비용 예측, 활동 순서, 일정 계획, 자원 요구사항, 위험 대응 대안의 분석 또는 이에 대한 수정이 요구될 수 있다. 이러한 변경으로 인하여 프로젝트 관리 계획 또는 기타 프로젝트 관리 계획/문서들의 조정이 필요할 수 있다. 어느 수준의 변경 통제가 적절한가는 특정 프로젝트의 응용 영역 및 복잡도, 계약 요구사항, 프로젝트가 수행되는 환경 등에 의존한다.

변경 통제를 포함하는 형상 관리 시스템은 프로젝트 내의 승인된 변경과 기준선을 중앙 집중적으로 관리하기 위한 표준화되고, 효과적이며 효율적인 프로세스를 제공한다. 변경 통제는 프로젝트와 제품 기준선의 변경을 확인하고, 기록하고 통제하는 것에 초점을 맞추는 반면에, 형상 관리는 인도물과 프로세스 모두의 명세에 초점을 맞춘다. 변경 관리를 포함하는, 프로젝트 전체 수준에서의 형상 관리 시스템의 적용은 다음과 같은 세 개의 주요 목표를 달성한다.

- 수립된 기준선에 대한 변경을 일관성 있게 확인하고 요청하며, 이러한 변경들의 가치와 효과성을 평가하기 위한 진화적 방법을 확립한다.
- 각 변경의 영향을 고려함으로써 프로젝트를 지속적으로 점검하고 개선할 수 있는 기회를 제공한다.
- 프로젝트 관리 팀이 승인되고 기각된 모든 변경 사항에 대해서 이해관계자들과 지속적으로 의사전달할 수 있는 방법을 제공한다.

통합 변경 통제 프로세스에 포함된 형상 관리 활동의 일부는 다음과 같다.

- **형상 식별**configuration identification : 제품의 형상 중 어떤 형상이 정의되고 검증되었는지, 어떤 제품 및 문서가 레이블lableled되어야 하는지, 변경을 관리해야 하는지, 책임이 유지되어야 하는지에 대한 기초를 제공한다.
- **형상 상태 어카운팅**configuration status accounting : 언제 형상 항목에 관한 정보가 제공되어야 하는지에 대한 정보가 기록되고 보고된다. 이 정보는 승인된 형상 확인 목록, 해당 형상에 대한 제안된 변경의 상태, 승인된 변경의 구현 상태를 포함한다.
- **형상 검증 및 감사**configuration verification and audit : 형상 검증과 형상 감사는 프로젝트 형상 항목들의 구성이 정확하며 해당 변경들이 등록되고, 평가되며, 승인되고, 추적되며, 올바르게 구현되었다는 것을 보장한다. 이것은 형상 문서에 정의된 기능적 요구사항이 충족되었다는 것을 보장한다.

만약, 변경 요청이 가능하나 프로젝트 범위 밖이라고 판단되면, 그것의 승인은 기준선의 변경을 필요로 한다. 만약 변경 요청이 실현 가능하지 않다고 판단되면, 해당 변경 요청은 기각되고, 경우에 따라서는 추가적인 정보를 위해서 요청자에게 반송된다. 변경 요청은 프로젝트 관리자나 배정된 팀원에 의해서 변경 통제 시스템에 따라서 처리된다. 승인된 변경 요청은 프로젝트수행 지시 및 관리 프로세스에 의해서 실행된다. 모든 변경들의 상태는 승인되었든 되지 않았든, 프로젝트 문서 갱신의 일부로 변경 요청 로그 안에서 갱신된다. 이 프로세스에서 갱신되는 프로젝트 관리 계획의 요소에는 모든 부속 관리 계획들과 공식적 변경 통제 프로세스에 속하는 기준선들이 포함된다. 기준선에 대한 변경은 현 시점 이후의 변경만이 제시되어야 한다. 이러한 점은 기준선들의 무결성과 과거 성과에 대한 역사적 자료를 보호한다. 또한 이 프로세스에서는 변경 요청 로그와 기타의 공식적 변경 통제 프로세스에 속하는 모든 문서들이 갱신될 수 있다.

### 3.1.6 프로젝트 또는 단계를 종료하기close project or phase 프로세스

프로젝트 또는 단계 종료는 프로젝트 또는 단계를 공식적으로 완성하기 위해서 모든 프로젝트 관리 프로세스 그룹들 내의 모든 활동들을 마무리하는 프로세스이다. 프로젝트를 종료할 때에는, 프로젝트 관리자는 모든 프로젝트 작업이 완료되고, 프로젝트 목적들이 모두 충족되었는지를 보장하기 위해서 선행 단계 기록, 범위 입증 프로세스로부터의 기록, 그리고 계약(해당하는 경우에)들을 검토한다. 프로젝트 범위가 프로젝트 관리 계획에 대비해서 측정되기 때문에, 프로젝트가 종료되었다고 간주하기 전에 완료를 보장하기 위해서 프로젝트 관리 계획을 점검한다. 또한 이 프로세스는 프로젝트가 완결되기 전에 끝내게 되었다면, 그렇게 된 합당한 이유를 조사하고 기록하기 위한 절차를 수립한다.

이 프로세스는 다음을 포함하는 프로젝트나 단계의 행정적 종료에 필요한 모든 활동들을 포함한다.

- 해당 단계나 프로젝트의 완료 또는 중단 기준을 충족시키기 위해서 필요한 조치와 활동들.
- 프로젝트의 제품, 서비스, 결과를 다음 단계 또는 제품/오퍼레이션에 인도하기 위해서 필요한 행동과 활동들.
- 프로젝트 또는 단계에 대한 기록들을 수집하고, 프로젝트 성공 또는 실패에 대한 감사를 하고, 조직이 미래에 사용하기 위해서 학습된 교훈을 수집하고 프로젝트 정보를 보관하기 위해 필요한 활동들.

## 3.2 의사결정

### 3.2.1 의사결정이란?

의사결정이란 문제를 해결하거나 기회를 활용하기 위해서 필요한 절차나 관점을 식별하고 선택하는 과정이다. 의사결정은 경영 또는 관리의 핵심을 이루는 기본 개념이며, 계획 과정도 의사결정의 한 형태라고 할 수 있으며, 통제의 핵심도 의사결정에 있다고 할 수 있다.

조직체의 관리자나 구성원들은 주어진 절차에 따라서 각자에게 주어진 일을 수행하기도 하지만, 환경의 변화에 따라서 스스로 수많은 의사결정을 한다. 의사결정은 문제 형태에 따라 분류한다.

- **구조적 의사결정**structured decision-making : 문제 해결 절차의 주요 부분을 사전에 규정이나 매뉴얼 등으로 사전에 규정해 놓을 수 있는 경우. 프로그램 가능하다 programmable라고 하기도 하며, 일반적으로 일상적인 운영 과정에서 반복적으로 발생하는 문제들이 이에 해당한다.
- **비구조적 의사결정**structured decision-making : 문제 해결 절차의 주요 부분을 사전에 규정이나 매뉴얼 등으로 사전에 규정해 놓을 수 없는 경우. 프로그램 불가능하다un programmable라고 하기도 하며, 일반적으로 상위 관리자가 주로 수행하는 전략적인 업무 수행 과정에서 발생하는 비반복적인 문제들이 이에 해당한다.

의사결정은 정보의 다소 등 의사결정 상황에 따라서 다음과 같이 분류할 수도 있다.

- **확실한 상황 하에서의 의사결정**decision-making under certainty : 앞으로 어떤 상황이 발생할지가 확실한 경우
- **위험 하에서의 의사결정**decision-making under risk : 앞으로 발생할 상황의 종류와 각 상황이 발생할 확률이 알려진 경우. 이러한 상황이 발생하는 이유는 앞으로 어떤 상황이 발생할지가 실제로 정해지지 않았기 때문인 경우와 어떠한 상황이 발생할지가 결정되었으나 의사결정자가 그에 대한 충분한 정보가 없을 경우의 두 가지가 있을 수 있다. 후자의 경우에는 보다 많은 정보를 확보한다면, 의사결정 상황이 확실한 상황으로 바뀔 수 있다.
- **불확실한 상황 하에서의 의사결정**decision-making under uncertainty : 앞으로 발생할 상황의 종류는 알려져 있으나 각 상황이 발생할 확률이 알려져 있지 않은 경우, 또는 장래에 어떤 상황이 발생할 상황의 종류도 확실치 않은 경우의 두 가지가 있다. 위험 하에서의 의사결정과 같이 추가적인 정보가 확보됨에 따라서 위험 하에서의 의사결정이나 확실한 상황 하에서의 의사결정으로 전환될 수도 있다.

의사결정 문제는 의사결정자가 직면한 문제가 어느 정도 긴급성을 요구하느냐에 따라서 위기crisis, 비위기non crisis, 기회opportunity로 분류할 수도 있다.

### 3.2.2 합리적 의사결정 과정

문제를 어떻게 해결하고 합리적인 의사결정을 내릴 것인가? 이에 대한 획일적인 대답은 없으나, 일반적으로 다음과 같은 의사결정 과정이 많이 사용된다. 이 접근 방식은 비구조적 의사결정 문제에 특히 유용하다. 각 단계별로 살펴보기로 한다.

① **문제의 식별** : 의사결정을 하여야 할 문제 또는 기회가 무엇인지를 식별한다. 다음과 같은 일련의 하위 단계로 구성된다.

- 문제 정의 : 봉착하고 있는 문제 또는 기회가 무엇인가를 결정한다. 어떤 문제는 동시에 기회가 되기도 한다. 예를 들어, 종업원의 퇴직이 급증할 때, 이를 문제로 정의할 수도 있으나, 좀 더 실력 있는 사람들로 구성원을 대체할 수 있는 기회로 정의할 수도 있다. 이렇게 문제가 어떻게 정의되느냐에 따라서 의사결정의 내용이 전혀 달라질 수도 있다.
- 원인 규명 : 조직 내 · 외부의 어떤 변화가 문제를 일으켰는가, 또는 어떤 사람들이 문제 발생의 상황과 가장 깊이 연관되어 있는가? 등에 대해서 확인한다. 일반적으로 원인은 명확하지 않은 경우가 많으며, 추가적인 정보가 필요할 수 있다.
- 의사결정 목적의 식별 : 의사결정 문제에는 일반적으로 다수의 이해관계자가 존재하며, 이러한 다양한 의사결정자 간에 종종 목적이 상충된다. 이러한 경우에는 의사결정의 목적을 식별하고 그 목적들 간의 전체적인 우선순위를 결정하는 것이 무엇보다도 중요하다.

② **정보의 수집** : 최적의 해결안을 설계하기 위한 정보를 수집한다. 정보가 수집됨에 따라서 불확실한 상황이 점점 확실해진다. 정보가 수집됨에 따라서 추가적인 정보의 가치는 줄어들고 정보를 수집하기 위한 비용은 증가한다. 따라서 정보 수집은 비용-효과 측면에서 바람직한 한도 내에서 수행되어야 한다.

③ **대안의 개발** : 무조건 처음의 적당한 대안을 수용하고자 하는 유혹은 경영자가 문제의 최적 해결책을 발견하는 데 장애가 된다. 이것을 방지하기 위해서 몇 가지 대안이 제시되기 전에는 어떤 주요한 의사결정도 하지 않는 것이 바람직하다. 이 단계에서는 개인 또는 집단 **브레인스토밍**brainstorming 기법이 자주 이용된다. 브레인스토밍이란 최대한 다양한 아이디어가 제안되도록 하는 회의

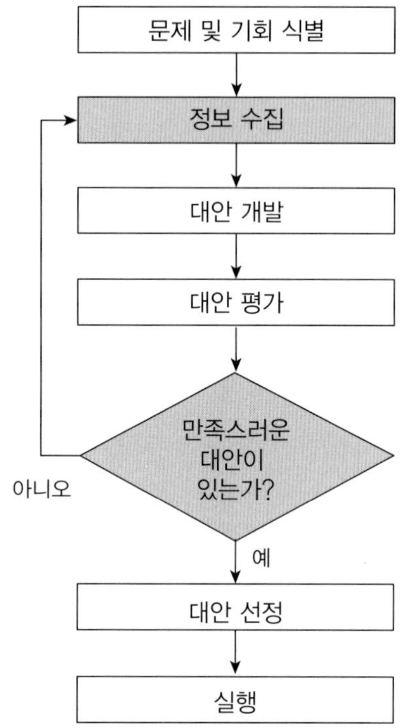


**[그림 3-1]** 의사결정 과정

기법 중의 하나이다.

④ **대안의 평가와 선정** : 개발된 몇 가지 대안들에 대해서 다음과 같은 질문들에 기초하여 대안을 평가하고 선정한다. 이때 최종안 선택을 위하여 **비용-혜택 분석**cost-benefit analysis 또는 **의사결정 분석**decision analysis 등의 기법을 사용할 수 있다. 만약 만족스러운 대안이 없을 경우에는 단계 2로 되돌아갈 수 있다.

- 실행가능하며, 수행하는 데 필요한 자금과 자원을 조직은 갖고 있는가?
- 조직의 모든 법적 윤리적 의무를 충족시키는가?
- 조직 전략과 내부 정책에 합당한가?
- 조직의 다른 부분에 미치는 결과는 무엇인가?

⑤ **실행** : 선택된 대안, 즉 계획에 포함된 활동들을 수행하고, 다음과 같은 사항들을 지속적으로 확인하고, 성과와 계획이 일정 기준 이상으로 차이가 날 경우에는 수정 조치를 취한다. 실행과 계획 간의 괴리가 너무 커서 의사결정의 주요 목적을 달성할 수 없을 것으로 예상되는 경우에는 이상의 과정을 처음부터 다시 시작할 수도 있다.

- 모든 활동들이 계획에 따라 실행되고 있는가?
- 의사결정의 결과로서 내외부 환경에는 어떤 일이 일어나는가?
- 구성원들은 기대한 만큼 업무를 수행하고 있는가?
- 경쟁자들은 어떤 대처를 하고 있는가?

일련의 의사결정을 수행한다면, 개별 의사결정 과정을 문서화하고, 그 결과를 다음 프로젝트에 피드백함으로써, 다음 의사결정의 품질을 향상시킬 수 있다. PDCA 사이클은 이러한 피드백에 의한 의사결정 프로세스의 개선 과정을 설명한다.

의사결정은 관리자에게 있어 계속되는 과정이며 여러 사람들을 다루는 끊임없는 도전이다. 최선의 대안이 선택되면, 관리자는 대안의 실행 시에 직면할 수도 있는 문제들을 처리하기 위한 세부 실행 계획을 세워야 한다. 의사결정을 수행하는 것은 단순히 명령을 내리는 것 이상을 필요로 한다. 인적 및 물적 자원이 적절하게 분배되어야 하며, 아울러 경영자는 그가 결정한 행동에 대한 예산과 계획을 수립하고, 구체적인 직무에 수반되는 책임을 조직원들에게 할당해야 한다. 또한, 그는 진행 보고를 위한 절차를 수립하고, 새로운 문제가 발생하는 경우에는 수정할 준비도 한다.

관리자는 초기의 대안 평가 단계에서 인식된 잠재적 위험과 불확실성도 또한 명심해야 한다. 일단 의사결정이 이루어지면 가능한 위험과 불확실성을 잊어버리는 것이 사람들의 자연스런 경향이다. 경영자는 실행 시에 여분의 시간을 의사결정을 재검토하는 데 이용하고, 위험과 불확실성에 대처하는 상세한 계획을 마련함으로써 이러한 실패를 막을 수 있다.

### 3.2.3 정보의 가치

지금까지 살펴본 합리적 의사결정 모델은 어쩌면 이상에 가까울지도 모른다. 실제로는 우리는 부족한 정보 속에서, 시간과 비용 제약 하에서 의사결정을 할 수 밖에 없다. [그림 3-2]에서 알 수 있듯이 추가적인 정보의 한계 가치는 정보의 총량이 증가함에 따라서 체감한다. 반면에 그러한 추가적인 정보를 획득하기 위한 비용은 정보의 총량이 증가함에 따라서 체증한다. 따라서 정보의 양이 어느 한계

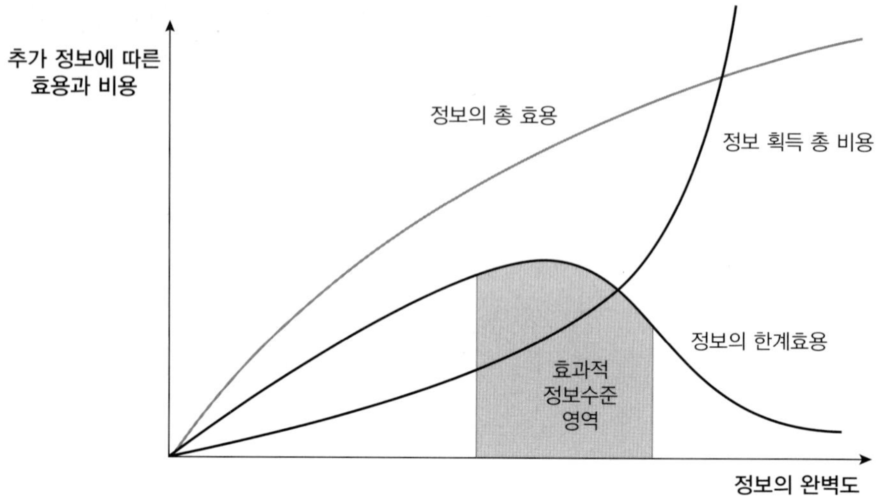


**[그림 3-2]** 정보의 가치와 비용

에 이르면 추가적인 정보를 획득하는 것은 비용-효과 측면에서 바람직하지 않다. 경우에 따라서는 정보의 양이 어느 정도 한계 이상으로 증가하면, 정보의 총 효용이 줄어들기도 한다. 이러한 현상을 **정보 과부하**information overloading라고 한다.

의사결정자는 문제의 본질과 그것에 대한 가능한 해결책의 미비, 좀 더 완벽한 정보를 수집하기 위한 시간과 돈의 부족, 방대한 양의 정보를 기억하고 처리할 수 없음, 그 자신의 지식 한계 등에 대처해야 한다. 따라서 관리자는 완벽하거나 이상적인 의사결정을 추구하는 대신에, 주어진 현실을 인정하고 그에 따라 제한된 합리성bounded rationality을 실현하여야 한다. 즉 관리자는 가능한 최선의 의사결정을 발견하려고 노력하기보다는 만족스러운 의사결정을 받아들이는 것이 일반적으로 바람직하다.

프로젝트가 종료되면 일반적으로 다음과 같은 산출물들이 발생하고, 이러한 산출물은 고객에게 인도되며, 프로젝트가 수행되는 동안 발생한 여러 가지 결과와 경험들은 프로젝트를 수행한 조직에 중요한 자산으로 남게 되어, 향후 새로운 프로젝트를 수행하는 데 귀중한 정보로 활용하게 될 수 있다.

- 최종 제품, 서비스 또는 결과물 : 이러한 산출물은 프로젝트가 헌장과 계약서 등에 따라 고객에게 이전하게 된다.

- **프로젝트 수행에 의해 생성된 파일** : 프로젝트의 활동에서 생성되는 문서로, 프로젝트 관리 계획서, 범위, 원가, 일정 및 프로젝트 역일표, 리스크 등록부, 변경 관리 문서, 계획된 리스크 대응 조치, 리스크 영향 등을 예로들 수 있다.
- **프로젝트 또는 단계 종료 문서** : 프로젝트나 단계의 완료, 또는 운영 그룹이나 다음 단계 등으로, 프로젝트 또는 단계의 인도물 인계를 명시하는, 공식적인 문서들을 포함하는 프로젝트 또는 단계 종료 문서이다. 프로젝트 종료 과정에서 프로젝트를 종결하기에 앞서, 프로젝트 관리자는 단계 문서, 범위 검증에 따른 고객 인수 문서, 계약서(해당될 경우)를 검토하여 모든 프로젝트 요구사항이 완료되었는지 확인한다. 프로젝트가 완료되기 전에 종결된 경우, 공식 문서를 통해 프로젝트의 종결 사유를 밝히고 취소된 프로젝트에서 완료된 인도물과 미완성 인도물의 공식적인 인계 절차를 명시한다.
- **선례 정보** : 선례 정보와 교훈 정보는 향후 프로젝트 또는 단계에 활용할 수 있도록 습득한 교훈 지식 기반으로 전송된다. 여기에는 이슈와 위험, 향후 프로젝트에 적용할 수 있는 기법 등에 대한 정보가 포함된다.

## 3.3 변경관리

동태적인 조직에서 변화는 불가피하다. 그러나 조직 전체에서든 개별 프로젝트 수준에서든 통제되고 관리되지 않는 변화는[9] 실패를 초래한다. 다음은 Information Week에서 150개 IT 회사 관리자들을 대상으로 서베이한 IT 프로젝트가 실패하는 상위 6개 이유들이다.[고 외, 2008]

- 좋지 않은 계획이나 프로젝트 관리
- 프로젝트 기간 동안의 비즈니스 목표의 변경

9) "change"는 한국어로 '변경'과 '변화'의 두 가지로 모두 번역할 수 있다. 외부 환경의 '변화'에 따라서 조직도 '변화'해야만 하며, 그러기 위해서 조직은 프로젝트를 수행하여 스스로를 '변경'한다. 프로젝트의 수행 도중에 환경이나 여건이 '변화'하면, 수행 조직은 계획을 '변경'할 필요성이 생긴다. 따라서 "change management"는 개별 프로젝트 수준에서는 "변경 관리"로, 조직 전체 수준에서는 "변화 관리"로 번역하는 것이 바람직한 것으로 판단된다. 이 책에서는 문맥에 따라 "변화"와 "변경"을 적절하여 구분하여 사용하였다.

**Box 3-9 변화를 준비하기**

- **변경 관리 정책을 수립한다** : 변경 요청이 접수되었을 때마다 준수할 명료하게 정의된 정책과 절차를 만든다.
- **변화를 기대한다** : 변화를 기회로 간주하고 적극적으로 받아들인다.
- **변화를 모색한다** : 6개월 내지 12개월마다 기회를 반영할 수 있는 변화를 모색한다. 혁신의 기회가 있는지를 확인하기 위해서 성공과 실패를 검토한다.

변화는 기회이지 위협이 아니다. 변화는 정상적인 것이며 예외적인 것이 아니다. 변화를 주도하고 변화의 불가피성을 받아들이는 것은 조직이 변화의 시대에 생존하고 나아가 번성하는 데 도움이 된다. 위의 세 항목은 변화 주도자가 조직의 내외에서 변화를 효과적으로 달성하기 위한 세 개의 주요 지침을 보여준다([고 외,2008]).

GEGeneral Electrics사의 사례는 "Work Out"이라고 명명한 혁신적 프로그램을 통하여 성공적으로 변화 관리를 수행하였다. Work Out은 초과 작업을 시스템으로부터 제거하는 것을 의미한다. 그 목적은 관료주의를 제거하고, 조직원들의 시간을 보다 생산적인 활동들을 위해서 자유롭게 사용할 수 있게 해 주는 것이다. Work Out 변화 관리 프로그램은 시간 절약과 생산성 향상이라는 결과를 가져오기 위해 다음과 같은 것을 포함하였다.

- **보고서** : 팀은 일상적 보고서를 작성하기 위해서 소요되는 시간을 계산하고, 그것을 해당 보고서들로부터 생성된 가치와 비교하였다. 그 결과 보고서를 작성하는 데 소요되는 비용이 그 사용 가치를 상회한다는 것이 즉각적으로 명백해졌다. 리포트들이 제거되거나 축소되자 소중한 추가 시간이 확보되었다.
- **승인** : 승인 절차 또한 그 정당성이 검토되고 그에 따라 조정되었다. 단순한 구매 요청이 12 개의 승인 날인을 필요로 한다는 사례가 발견되었다.
- **회의** : 팀은 회의에 대해서 평가하고, 원격회의teleconferencing와 같은 기술을 활용하기 위해서 그 진행 방법을 변경하였다.

변화는, 그것이 위기, 시장 변화, 또는 기술 발전, 그 어느 것에서 기인하는가와 상관없이, 모든 조직에게 도전을 제공한다. 성공적인 조직과 성공적인 개인은 변화를 예상하고 대응하는 방법을 배운다. 프로젝트는 변화를 위한 전략적 선택을 실현하기 위한 도구이다.

- 비즈니스 관리자로부터의 지원의 부족
- 자원의 부족
- IT 관리자로부터의 지원의 부족
- 프로젝트 기간 동안의 기술의 변경

변화는 관리되어야 한다. 현재의 숨가쁘게 변하는 환경 속에서 조직이 직면하는 수많은 도전과 복잡성은 효과적인 변화 관리를 핵심적인 경쟁 요소로 만들었다. **변경 관리**change management는 시스템의 설계와 구현의 진화, 구성, 정책 관리를 보조하는 일련의 기법 및 절차들이다. 다음은 프로젝트에 변화가 발생하는 주요 이유들이다.

- 초기 범위 정의에서의 누락
- 초기 범위에 대한 오해
- 새로운 요구사항을 만드는 정부 규제와 같은 외부 사건
- 합병, 획득 및 파트너십과 같은 새로운 비즈니스 문제와 기회를 만드는 조직 변화
- 더 좋은 기술이 사용 가능해짐
- 비즈니스 조직, 문화, 프로세스들에게 예기치 못한 심각한 변화를 일으키는 계획된 기술의 변화
- 단순히 애초에 요구한 또는 합의한 것보다 사용자나 경영진이 시스템에 대한 더 많은 요구
- 경영진에 의한 프로젝트 예산 감축 또는 일정 단축

**변경 관리 시스템**change management system은 변경 요청을 기록하고 변경으로부터 예상되는 충격에 따른 변화를 검토하는 데 필요한 단계들을 정의하는 일련의 절차들을 포함한다. 대부분의 변경 관리 시스템들은 처음에 변경 요청이 프로젝트 이해관계자(시스템 소유자, 사용자, 고객, 분석가, 개발자 등)로부터 제출될 것을 요구한다. 이상적으로 이들 변경 요청은 모든 변경 요청의 승인과 기각에 대한 책임이 있는 **변경 통제 위원회**CCB : change control board에 의해서 검토된다. CCB의 구성은 전형적으로 프로젝트에 이해관계를 갖고 있는 각 비즈니스 분야의 대표들을 포함한다. CCB가 각 변경을 승인할 것인가, 또는 기각할 것인가의 여부는 해당 변경의 영향 분석에 기반한다. 예를 들어, 한 부서가 배치 시간과 비용 모두를 증가시키는 변경을 원한다면, 다른 비즈니스 부서로부터 지연되는 일정과 증가하는 예산에 대해서 합의를 받아야 한다.

변경 관리의 주요 활동은 변경을 제안하고, 제안된 변경의 비용과 이익을 분석하여 변경이 가치가 있는지를 평가하고, 시스템의 어느 부분이 변경되었는지를

저장하고, 배포하며, 기억하는 것이다. 정형화된 변경 관리 절차는 통제된 방식으로 시스템이 변경되는 것을 보장하기 위해서 필수적이다.

변경 관리는 필요한 변경을 기술한 **변경 요청 양식**CRF : change request form을 작성함으로써 시작된다. 일단 CRF가 제출되면 형상 데이터베이스에 등록되어야 한다. 그 후에 요청된 변경이 필요한지를 점검하기 위해서 변경 요청이 분석된다. 변경 요청이 기각되었을 경우에는 그 이유가 해당 변경 요청을 제안한 사람에게 통보되어야 한다.

일단 채택된 변경에 대해서는 그 효과와 비용을 평가한다. 이 때 변경이 시스템의 나머지 부분에 어떠한 영향을 미치는지 점검되어야 한다. 이러한 점검은 형상 데이터베이스, 설계도, 소스 코드 등의 정보를 이용하여 변경에 의해 영향을 받는 모든 컴포넌트를 식별하는 것을 포함한다. 관련된 컴포넌트들의 변경 비용을 포함하여 전체 변경 비용을 추정한다.

변경 통제 위원회는 변경에 대한 최종적인 결정을 내린다. 변경 통제 위원회는 기술적인 관점이 아닌, 전략적이고 조직적인 관점에서 변경의 영향을 평가하여야 하며, 변경의 경제적 타당성에 대해서 판정해야 한다. 변경 통제 위원회는 변경을 채택한 후에는 그 변경의 우선순위를 결정해야 한다.

개발 동안에 시스템의 새로운 버전이 매일매일 생성될 때에는 좀 더 단순한 변경 프로세스가 이용되기도 한다. 문제점과 변경들은 어떤 경우에도 반드시 기록되어야 한다. 그러나 단지 개별 컴포넌트나 모듈에만 영향을 미치는 변경은 개별적으로 평가 받을 필요가 없다. 이러한 것들은 시스템 개발자에게 직접적으로 전달된다. 해당 시스템 개발자는 변경을 받아들이거나 왜 해당 변경이 필요하지 않은가에 대한 이유를 밝힐 수 있다. 그러나 상이한 개발팀들이 작성한 시스템 모듈들에 영향을 미치는 변경들은 반드시 변경 통제 위원회에 의해서 평가받아야 한다.

# 부 록 3A
## 의사결정분석: A소프트웨어사 프로젝트 사례

여기에서는 예제를 이용하여 의사결정분석을 간단히 소개하겠다.

### 1. 문제

A소프트웨어사에서 소프트웨어 개발 프로젝트를 수주하였다. 계약에는 47주 안에 개발을 완료하지 못하면 300만 원의 벌금을 물어야 하고, 반대로 40주 이내에 개발이 완료가 되면 150만 원의 보상금을 받는다는 조항이 들어있다.

지금 A사는 프로젝트 관리 계획을 작성하고 있으며, 다음과 같은 두 가지의 선택 가능한 대안이 있다.

- 정상 작업 : 프로젝트의 각 작업들을 정상적으로 진행한다.
- 단축 작업 : 추가적인 비용을 들여서, 프로젝트의 각 작업들을 단축해서 수행한다.

정상 작업과 단축 작업의 두 가지 경우에 모두 프로젝트가 지체되거나 조기에 완료될 가능성이 존재한다. 프로젝트가 지체되어 벌금을 물 확률과 조기 종료되어 보상금을 받을 확률, 추가로 발생하는 비용은 다음의 표와 같다. 정상 작업과 단축 작업 중에서 어느 것을 선택할 것인가? 의사결정 기준은 기대 수입의 최대화이다.

〈표 3A〉 확률표

| | 정상 작업 | 단축 작업 |
|---|---|---|
| 상금(150만 원)을 받을 확률 | 0.09 | 0.50 |
| 벌금(300만 원)을 낼 확률 | 0.16 | 0.02 |
| 추가 비용(만원) | 0 | 170.0 |

### 2. 해설

프로젝트에서는 일반적으로 여러 가지의 작업들이 수행되며, 이러한 작업들은 특근을 하거나 또는 추가적인 인력이나 성능이 높은 장비 등을 투입함으로써 정상적인 경우에 비해서 소요 시간을 단축할 수 있다. 그러나 작업을 정상적으로 하든 단축하든 어떤 경우에도 여러 가지 예상치 못한 이유로 프로젝트의 총 수행 기간이 계획보다 짧아지거나 길어질 수 있다. 여기에서는 정상 작업을 하였을 때와 단축 작업을 하였을 때 각각의 경우에 대해서 상금을 받을(즉, 프로젝트가 40주 이내에 종료될 확률) 확률과 벌금을 낼(즉, 프로젝트가 47주 이후에 종료될) 확률을 안다고 가정한다. 이렇게 각각의 의사결정 내용에 따라서 발생할 결과의 종류와 각각의 결과가 발생할 확률을 아는 경우를 일반적으로 **위험 하의 의사결정** decision making under risk이라고 한다.

경우에 따라서는, 예를 들어 정보가 부족하거나 하여, 초래 가능한 결과가 어떠한지 그 구체적인 내용이나 범위조차 짐작하지 못하거나, 또는 초래 가능한 결과의 범위는 알지만 각각의 결과가 발생할 확률은 알지 못할 수도 있다. 이러한 경우는 일반적으로 **불확실성 하에서의 의사결정** decision making under uncertainty이라고 한다. 반대로, 각각의 구체적인 의사결정 내용에 따라서 특정한 하나의 결과가 발생할 것이라는 미리 알 수 있는 경우도 있을 수 있다. 이러한 경우를 확실성 하의 의사결정 decision making under certainty이라고 한다.

이러한 의사결정의 성격에 따라서 사용할 수 있는 분석 기법이 달라진다. **의사결정분석** decision analysis은 위험 하의 의사결정에 사용되는 가장 대표적인 분석 기법 중의 하나이다.

## 3. 문제 풀이

의사결정분석에서는 일반적으로 수입의 기대치를 의사결정의 기준으로 삼는다. 앞의 문제에서 각 대안의 기대 수입을 계산하면 다음과 같다. 벌금이나 추가적인 비용을 음의 수입으로 간주하면(정상 작업의 경우에는 추가적인 비용이 발생하지 않는다),

- 정상 작업 : 0.09×150 − 0.16×300 = −34.5
- 단축 작업 : 0.50×150 − 0.02×300 − 170.0 = −101.0

따라서 정상 작업을 선택하며, 단축 작업을 선택하였을 때에 비해서 기대 수입이 66.5만 원 증가한다.

[그림 3A] 의사결정 나무

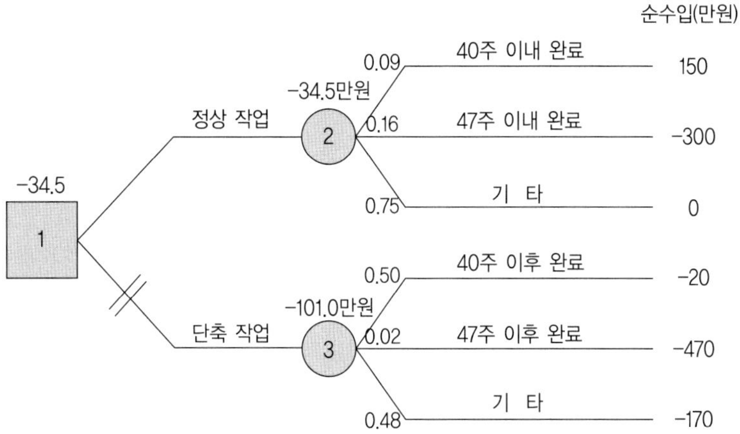


이상의 분석은 매우 간단하다. 그러나 문제가 복잡해지면 의사결정 분석에서는 **의사결정 나무**decision tree를 그리도록 권장한다. 이 문제를 의사결정 나무를 이용하여 분석하면 위의 그림과 같다. 의사결정 나무에서는 의사결정이 이루어지는 시점을 **의사결정 마디**decision node, 의사결정의 결과로 여러 가지 상황이 발생가능하게 되는 시점은 **기회 마디**chance node라고 하며, 일반적으로 각각 □과 ○로 나타낸다.

의사결정나무 분석은 오른쪽의 가지부터 시작하여 왼쪽의 줄기 쪽으로 진행하며, 기회 마디에서는 기대치를 계산하고, 의사결정 마디에서는 기대치가 높은(본 예와 같이 기대 수입이나 효익을 최대화하는 경우 – 만약 기대 손실이나 비용을 최소화하는 문제에서는 기대치가 가장 작은) 기회 마디를 선택한다.

앞의 예에서는 마디 2와 3은 기회 마디이며, 각각의 기대치는, 마디 위에 적어 놓은 것과 같이, −34.5만원과 −101.0만원이다(마지막 가지에 적은 것은 해당 기회 마디에서 발생할 수 있는 각각의 상황에 해당하며, 가지 왼쪽 끝에는 해당 상황이 발생할 확률과 오른 쪽 끝에는 해당 상황에서의 성과가 적혀있다. 성과는 상금, 벌금, 그리고 단축 작업을 위한 추가 비용의 총계가 적혀있다). 지금은 추가 수입의 기대치를 최대화하는 것이 목표이므로 의사결정 마디 1에서는 기회 마디 2를 선택하고 기회 마디 3은 제거(마디 1과 3을 잇는 가지 위에 //로 표시)하였다. 즉, 정상 작업을 함으로써 −34.5만원의 추가 수입(34.5만원의 추가 비용)을 '기대할' 수 있다.

# 부 록 3B
# 소프트웨어 형상 관리

## 1. 소프트웨어 형상 관리란?

**소프트웨어 형상 관리**software configuration management는 소프트웨어 생애주기 동안에 생성되는 시스템 내의 소프트웨어 항목을 식별, 정의, 제작, 수정, 저장, 배포하고, 소프트웨어 항목에 대한 수정 요구를 보고하고 기록하는 행위를 기술적인 절차를 적용하여 하나의 프로세스로 관리하는 것이다. 효과적인 소프트웨어 형상 관리는 소프트웨어의 항목의 안전성, 일관성 및 정확도를 보장한다.

소프트웨어 형상 관리의 목적은 다음과 같다.

- 산출물 품질의 향상.
- 개발 및 유지보수 생산성의 향상.
- 사용자 요구사항을 체계적으로 관리.

소프트웨어 생애주기 모델은 소프트웨어 프로젝트의 제품 프로세스의 기준을 제공한다. 소프트웨어 생애주기 모델은 프로젝트 진행시 수행되어야 할 활동들과 그 활동들의 순서를 정하고 관리, 통제하기 위한 기준을 제공하며, 프로젝트에 참여한 여러 사람들 간의 원활한 의사소통을 위한 기준을 제공한다. 소프트웨어 생애주기 모델은 중요한 산출물이 작성되는 **이정표**milestones를 정의한다. 소프트웨어 형상 관리의 활동은 이러한 이정표에 맞추어 형상 항목들을 관리하고 **기준선**baselines을 설정해야 한다[KOSKELA03].

소프트웨어 형상 관리는 1960년대에 하드웨어를 관리하는 데서 시작되어 1970년대에 미 국방부의 표준Military Standard의 일부로 작성되었다. 이후 지속적으로 발전하다가 1990년대에 들어 컴퓨팅 환경이 복잡해지고 품질 기준이 엄격해지면서 본격적으로 적용되기 시작했다. 현재의 소프트웨어 형상 관리는 복잡해진 개발 환경에서 소프트웨어를 체계적으로 작성하고 관리하여 좋은 품질의 소프트웨어를 생산하고, 새로운 버전의 소프트웨어를 보다 효율적으로 만들기 위해 반드시 필요한 프로세스 중의 하나이다.

## 2. 소프트웨어 버전과 릴리즈 관리

**소프트웨어 버전**version은 어떤 방법으로든 다른 인스턴스들과 구별되는 소프트웨어 인스턴스이다[Somerville07, Ch.29]. 소프트웨어 버전들은 상이한 기능, 확장된 성능, 또는 변경된 소프트웨어 결함을 가질 수 있다. 일부 버전들은 기능상으로는 동일하지만 상이한 하드웨어나 소프트웨어 구성을 위해 설계되기도 한다. 단지 작은 차이가 있는 버전은 때때로 변형variants이라고 불린다. 버전 관리자는 소프트웨어 버전을 필요할 때 검색할 수 있고 개발팀에 의해서 우연히 변경되지 않도록 보장해야 한다.

**소프트웨어 릴리즈**release는 고객에게 배포된 버전이다. 시스템 릴리즈는 실행가능한 코드 외에, 설정 파일, 데이터 파일, 설치 프로그램, 시스템을 설명하는 전자 문서와 종이 문서, 포장 및 관련된 광고 등을 포함할 수 있다. 각 시스템 릴리즈는 일반적으로 새로운 기능을 포함하거나 다른 하드웨어 플랫폼을 염두에 둔다. 보통 릴리즈보다 더 많은 버전들이 존재한다. 버전들은, 고객에게 배포하기 위해서가 아니라, 조직 내부에서 내부 개발이나 테스팅을 위해서 개발된다. 언제 새로운 릴리즈가 개발되고 설치를 위해 배포되어야 하는가를 결정하기 위해서 버전 관리자는 제품들을 위해서는 마케팅 담당자와 맞춤주문품을 위해서는 고객과 함께 작업한다.

대형 소프트웨어 시스템에는 수백 개 이상의 소프트웨어 컴포넌트들이 있으며, 이들 각각은 여러 상이한 버전들에 존재할 수 있다. 따라서 각 컴포넌트 버전을 식별하여 시스템에 바른 컴포넌트들이 포함되도록 보장하는 것은 매우 복잡해지며, 일반적으로 CASE 도구에 의해서 지원받지 않으면 불가능하다. CASE 도구는 소프트웨어의 각 버전의 기억 장소를 관리하고 시스템 컴포넌트의 접근을 제어한다. 컴포넌트들은 편집을 위해 시스템으로부터 체크아웃check out되어야 한다. 편집된 컴포넌트는 정해진 절차에 따라서 체크인check in되어 새로운 버전을 생성하고, 버전 관리자에 의해서 식별자가 할당된다. CASE 도구들이 제공하는 특성과 사용자 인터페이스는 도구별로 매우 상이하지만, 버전 관리의 일반 원칙은 모든 지원 도구가 공통적이다.

빌드 관리build management도 많은 형상 관리 도구가 제공하는 기능 중의 하나이다. 소프트웨어를 빌드한다building software는 것은 관련된 모듈들이나 파일들을 통합해서 사용할 수 있는 유틸러티 또는 응용을 만드는 것이다. 일반적으로 소프트웨어 컴파일러는 연관된 파일들을 하나로 통합하는 연결linking 기능도 함께 수행하며, 따라서 전통적으로는 소프트웨어 빌딩과 컴파일링은 거의 동일한 개념으로 여겨지기도 하였다. 그러나 최근의 컴포넌트 및 **서비스 지향 아키텍처**SOA: service-oriented architecture 등의 기술 발전은 빌딩을 컴파일링이나 링킹과는 별도의 독립적인 기능으로 발전시켰다. 효과적인 빌드 관리는 새로운 모듈 및 버전의 테스팅의 효율성을 극적으로 높일 수 있다.

### 3. 형상 관리 프로세스

소프트웨어 소스 코드의 경우에는 식별된 형상 항목이 최초로 작성되면 각 테스트를 거치면서 변경되거나 수정된다. 단위 테스트를 통과한 단위 프로그램들은 의미 있는 집합으로 묶여 시스템 테스트의 대상이 된다. 시스템 테스트를 통과한 프로그램들은 수락 테스트를 거쳐 기준선으로 확정된다. 기준선은 프로젝트 진행 상태 측정의 기준이 되는 아주 중요한 지표이며, 한번 확정된 기준선은 공식적인 승인 없이는 바꿀 수 없다.

테스트에서 결함이 발견되면 프로그램은 수정되고 버전 통제를 받게 된다. 이때 프로그램과 해당 단위 테스트의 결과는, 형상 항목의 구성에 포함되어 있다면, 서로 관계를 맺고  변경 통제 프로세스를 따라 관리된다. 시스템 테스트에서도 결함이 발견되면 역시 변경 통제 프로세스에 따라 진행한다. 수락 테스트는 주로 소프트웨어의 요구사항과 직접적으로 연관되어 있으므로 변경 통제 절차가 강화되고 요구사항과 변경의 추적trace을 관리해야 한다. 그리고 형상 관리 항목이 기준선이 되면 프로젝트 데이터베이스에 저장을 하고 기록한다.

소프트웨어 형상 관리 활동 정보는 소프트웨어 형상 관리 범위에 명시된 대로 소프트웨어 시스템의 형상을 관리하기 위해 필요한 모든 기능과 업무를 식별하여야 한다. 기술적 그리고 관리상의 소프트웨어 형상 관리 활동이 식별되어야 한다. 소프트웨어 형상 관리 계획은 다음과 같은 세부 활동들을 규정해야 한다.

- **형상 식별** : 형상 식별 활동은 기준선과 형상 항목들을 인식해내고, 인식해낸 것들을, 구분 가능하도록 명명함으로써 시스템의 변화를 쉽게 추적할 수 있도록

하는 작업이다. 따라서 형상 식별 활동은 코드, 명세, 설계 및 사업에 대해 통제될 데이터 요소의 문서화된 물리적, 기능적 특성을 식별, 명명 및 서술하며, 문서가 형상 통제를 위해 발주된다. 이때 통제되는 항목은 중간 및 최종 출력(실행 코드, 소스코드, 사용자 문서, 프로그램 목록, 데이터베이스, 시험 표본, 시험 계획, 명세 및 관리 계획 등)과 지원 환경(컴파일러, 운영체제, 프로그래밍 도구와 테스트 베드 등)의 요소일 수 있다.

- 형상 통제 : 기준선이 되는 형상 항목들에 대한 변경을 요청, 평가, 승인 또는 비승인하고 실행한다. 변경은 오류 수정과 향상을 포함한다. 변경 처리를 위해 필요한 정규화 정도는 영향을 받는 사업 기준선과 형상 구조 내의 변경에 따른 영향에 의존한다.
- 형상 이력 관리 : 형상 이력 관리 활동은 기준선을 포함하여 통제되는 소프트웨어 형상 항목들의 상태를 기록하고 보고한다. 각 형상 항목에 대해서는 최소한 초기 승인 버전 외에 요구된 변경의 상태와 승인된 변경의 실행 상태에 대한 데이터가 추적되고 보고되어야 한다.
- 형상 평가 : 식별된 소프트웨어 형상 통제 항목에 대한 요구사항 관점에서의 기능적 및 물리적인 완전성에 대한 평가를 수행하고 결과를 문서화한다. 형상 평가는 형상 항목에 요구되는 물리적 및 기능적 특성을 실제로 어느 정도로 반영할 것인가를 결정한다. 형상 평가는 기준선을 설정하기 위한 관리 수단이다.
- 배포 관리 및 인도 : 소프트웨어 산출물과 관련 문서의 배포 및 인도 과정을 공식적으로 통제하고, 결과를 문서화한다. 소프트웨어 코드, 산출물 및 관련 문서에 대한 원본이 소프트웨어 산출물의 수명주기 동안 유지되어야 한다. 또한 안전 또는 보호에 관련된 기능을 포함하는 소프트웨어 코드, 산출물, 관련 문서는 관련 조직의 정책에 따라 관리되어야 한다. 소프트웨어 산출물은 형상 통제 절차에 따라 배포되어야 한다.
- 인터페이스 제어 : 소프트웨어 형상 관리 계획의 범위 외부에 있는 항목과 인터페이스하기 위해 변경되는 사업 형상 항목들에 대한 변경을 조정한다. 하드웨어, 시스템 소프트웨어 및 지원 소프트웨어뿐만 아니라 다른 사업과 인도물의 해당 사업에 대한 잠재적인 인터페이스 효과에 대하여 조사하여야 한다.

소프트웨어 형상 관리 계획도 사업의 수명주기 동안에 계속해서 유지보수 되어야 한다. 즉, 계획은 프로젝트 각 단계 시작 시에 검토되고, 변화되며, 승인되어 사업팀에 배포되어야 하며, 이러한 유지보수 계획이 형상 관리 계획안에 포함되어 있어야 한다. 소프트웨어 형상 관리 계획은 다음의 내용을 서술하여야 한다.

- 누가 소프트웨어 형상관리 계획을 모니터링할 책임이 있는가?
- 얼마나 자주 갱신되어야 하는가?
- 소프트웨어 형상 관리 계획에 대한 변경이 어떻게 평가되고 승인되는가?
- 소프트웨어 형상 관리 계획에 대한 변경이 어떻게 이루어지고 전달되는가?

CHAPTER

# 04

# 프로젝트 이해관계자 관리

CHAPTER 04

# 프로젝트 이해관계자 관리

이 장에서는 프로젝트를 수행하는 전 주기적 프로세스 관리와 관련된 사항을 살펴본다.

- 프로젝트 헌장
- 프로젝트 관리 계획, 실행, 통제
- 의사결정
- 프로젝트 변경 관리

## 4.1 프로젝트 의사소통 관리 프로세스들

프로젝트 이해관계자 관리는 프로젝트에 영향을 주거나 또는 프로젝트에 의해서 영향을 받을 수 있는 사람이나 그룹 또는 조직을 식별하고, 이해관계자들의 기대와 프로젝트에 대한 영향을 분석하며 이해관계자들을 프로젝트 의사결정과 집행에 효과적으로 참여시키기 위한 적절한 관리 전략을 개발하기 위해서 필요한 프로세스들을 포함한다. 이해관계자 관리는 또한 이해관계자들과 그들의 필요와 기대를 이해하기 위해서, 지속적으로 의사소통하고, 이슈들이 발생함에 따라서 적극적으로 대처하며 상충하는 이해관계를 관리하고, 프로젝트 의사결정과 활동들에 적절한 이해관계자 참여를 촉진하는 것에 초점을 맞춘다. 이해관계자 만족은 주요 프로젝트 목표로 관리되어야 한다.

모든 프로젝트는 긍정적 또는 부정적으로 프로젝트에 영향을 주거나 또는 프로젝트에 의해서 영향을 받을 수 있는 이해관계자들을 갖는다. 어떤 이해관계자는 프로젝트에 제한적인 영향만을 끼칠 수 있는 능력을 갖고 있을 수도 있지만, 어떤 이해관계자는 프로젝트와 그 결과에 심대한 영향을 끼칠 수도 있다. 프로젝트 관리자가 이러한 이해관계자들을 정확히 파악하고 적절히 관리할 수 있는 능력은 프로젝트의 성공과 실패를 좌우할 수도 있다.

### 4.1.1 이해관계자를 확인하기identify stakeholders 프로세스

이해관계자를 확인하기는 프로젝트에 영향을 주거나 또는 프로젝트에 의해서

〈표 4-1〉 프로젝트 이해관계자 관리 프로세스들[1)]

<table>
<tr><th colspan="3">프로세스 이름</th></tr>
<tr><th colspan="3">요약</th></tr>
<tr><th>산출물</th><th>도구 및 기법</th><th>투입물</th></tr>
<tr><td colspan="3">이해관계자를 파악하기identify stakeholders (초기화)</td></tr>
<tr><td colspan="3">해당 프로젝트에 영향을 주거나 또는 프로젝트에 의해서 영향을 받는 모든 사람들과 조직들을 확인하고 그들의 이해관계, 참여, 프로젝트 성공에 끼치는 영향에 대한 적절한 정보를 기록한다.</td></tr>
<tr><td>• 이해관계자 명단</td><td>• 이해관계자 분석<br>• 전문가 판단<br>• 회의</td><td>• 프로젝트 헌장<br>• 조달 문서<br>• 기업 환경 요인<br>• 조직 프로세스 자산</td></tr>
<tr><td colspan="3">이해관계자 관리 계획을 개발하기plan stakeholder management (계획)</td></tr>
<tr><td colspan="3">효과적으로 이해관계자들을 프로젝트 생애주기를 통해서 참여하도록 하기 위해, 그들의 필요, 이해관계, 그리고 프로젝트 성공에 대한 잠재적 영향에 대한 분석에 근거해서 적절한 관리 전략을 개발한다.</td></tr>
<tr><td>• 이해관계자 관리 계획<br>• 프로젝트 문서 (갱신된)</td><td>• 전문가 판단<br>• 회의<br>• 분석적 기법들</td><td>• 프로젝트 관리 계획<br>• 이해관계자 명단<br>• 기업 환경 요인<br>• 조직 프로세스 자산</td></tr>
<tr><td colspan="3">이해관계자 참여를 관리하기manage stakeholder engagement (실행)</td></tr>
<tr><td colspan="3">이해관계자들과 그들의 필요/기대를 충족시키기 위해서, 의사소통하고 함께 작업하며, 이슈들이 발생함에 따라서 그것들을 적극적으로 해결하고, 프로젝트 생애 주기 전체를 통해서 적절한 이해관계자 참여를 조장한다.</td></tr>
<tr><td>• 이슈 로그<br>• 변경 요청<br>• 프로젝트 관리 계획(갱신된)<br>• 프로젝트 문서(갱신된)<br>• 조직 프로세스 자산(갱신된)</td><td>• 의사소통 방법<br>• 인간관계 기술<br>• 관리 기술</td><td>• 이해관계자 관리 계획<br>• 의사소통 관리 계획<br>• 변경 로그change log<br>• 조직 프로세스 자산</td></tr>
<tr><td colspan="3">이해관계자 참여를 통제하기control stakeholder engagement (모니터링 및 통제)</td></tr>
<tr><td colspan="3">전체 프로젝트 이해관계자 관계를 모니터하고 이해관계자 참여를 위한 전략과 계획들을 조정한다.</td></tr>
<tr><td>• 작업 성과 정보<br>• 변경 요청<br>• 프로젝트 관리 계획(갱신된)<br>• 프로젝트 문서(갱신된)<br>• 조직 프로세스 자산(갱신된)</td><td>• 정보 관리 시스템<br>• 인간관계 기술<br>• 관리 기술</td><td>• 프로젝트 관리 계획<br>• 이슈 로그<br>• 작업성과 자료<br>• 프로젝트 문서</td></tr>
</table>

1) PMBoK2013, pp.391–415

### Box 4-1 프로그램 이해관계자 명단 및 이해관계자 인벤토리[2)]

프로젝트 또는 프로그램 이해관계자 명단stakehloder register은 식별된 이해관계자들에 대한 다음과 같은 예를 포함한 모든 자세한 정보를 포함한다.

- 식별 정보identification information : 이름, 조직 내에서의 직위, 위치, 프로젝트/프로그램 내에서의 역할, 연락 정보
- 평가 정보assessment information : 주요 요구사항, 주요 기대, 프로젝트/프로그램에 대한 잠재적 영향, 생애 주기 중에서 가장 이해관계가 많은 단계
- 이해관계자 분류stakhlder classification : 내부/외부, 지원자/중립/저항자 등

이해관계자 명단은 프로그램 팀원의 보도, 인도물의 배포, 그리고 공식적 또는 비공식적 의사소통에 쉽게 사용할 수 있도록 작성되고 관리되어야 한다. 이해관계자 명단은, 이해관계자가 변하거나 새로운 사람이 식별될 수 있으므로, 프로젝트 생애 주기 전체를 통해서 정기적으로 자문을 받고 갱신되어야 한다. 프로그램의 핵심적 이해관계자의 예로는 다음과 같은 사람들이 있다.

- 프로그램 디렉터program director : 프로그램(들)의 집행에 대한 책임이 있는 개인.
- 프로그램 관리자program manager : 프로그램을 관리할 책임이 있는 개인.
- 프로젝트 관리자들project mangers : 프로그램 내의 개별 프로젝트를 관리할 책임이 있는 개인들.
- 프로그램 스폰서program sponsor : 프로그램의 시작, 프로젝트 자원의 공급, 그리고 종종 효익을 인도할 책임이 있는 개인 또는 집단.
- 고객customer : 프로그램이 제공하는 새로운 역량/결과를 사용해서 예상된 효익을 도출할 개인 또는 집단. 고객은 프로그램의 최종 결과의 핵심적 이해관계자이며, 프로그램이 성공이냐 실패냐를 최종적으로 판단한다.
- 수행 조직performing organization : 프로그램을 프로젝트들을 통해서 수행할 집단.
- 프로그램 팀원program team members : 프로그램 활동들을 수행할 개인들.
- 프로젝트 팀원project team members : 구성 프로젝트 활동들을 수행할 개인들.
- 자금 제공 조직funding organization : 프로그램에 대한 자금을 제공할 해당 조직의 일부 또는 외부 대리인은 중요한 이해관계자이다.
- 프로그램 관리 오피스PMO : program management office : 해당 프로그램과 관계된 거버넌스, 프로세스, 절차, 템플릿 등을 정의하고 관리할 책임이 있는 조직. 또한, 비록 조직마다 상이한 방법으로 수행되지만, 행정 업무를 중앙 집중적으로 담당함으로써 개별 프로그램 관리 팀이나 프로젝트 관리자를 지원한다.
- 프로그램 거버넌스 위원회/스티어링 컴미티program governance board/steering committee : 프로그램 목적이 달성되고 프로그램 위험과 이슈들을 해결하기 위한 지원이 제공될 것을 보장할 책임이 있는 집단.

---

2) PMBoK2013, p.398; StdPgM2008, pp.234-235.

이 외에도 추가적인 이해관계자가 조직 내외에 존재할 수 있다. 외부 이해관계자들에 대한 예는 다음과 같다.

- 변경된 정책과 절차에 의해서 영향을 받는 공급자.
- 새로운 정책을 적용하거나 인허가를 발급하는 정부 규제 기관.
- 프로그램에 이해관계가 있는 경쟁자 및 잠재적 고객.
- 고객, 환경 및 기타 이해관계(정치적 이해관계를 포함해서)를 대표하는 집단.

이해관계자는 프로그램의 결과에 의해서 직접적으로는 영향을 받지는 않지만 이해관계가 유지되는 집단이나 개인을 포함한다. 제한된 자원을 공유하거나 해당 프로그램과 상치되는 목적을 추구하는 집단이나 개인은, 프로그램 결과에 영향을 미칠 수 있기 때문에, 반드시 이해관계자로 간주되어야 한다. 비록 이해관계자 명단이 이해관계자들과 상위의 역할과 책임들을 확인하지만, 잠재적인 이해관계자 충격, 이슈, 및 우려사항들에 대한 자세한 정보를 포함하지는 않는다. 이해관계자 인벤토리 stakeholder inventory는 각각의 이해관계자 및 이해관계자 집단이 어떻게 프로그램에 영향을 미칠 것인가, 가능한 이해관계자 반응들에 대한 평가, 확인된 이해관계자 이슈 및 계획된 완화 방법들에 대한 포괄적인 요약을 제공한다.
이해관계자 인벤토리는 이해관계자 분석에서 확인된 충격, 참여하는 동안에 이해관계자에 의해서 제기된 이슈, 그리고 충격 완화의 추적 및 이슈 해결 상태에 대한 현황을 포함한다. 각 컴포넌트 프로젝트에는 프로그램 수준에서 고려되어야 할 이해관계자 관리 지침이 있다. 집단적으로, 개별 프로젝트 이해관계자의 불만이 전체 프로그램 이해관계자 승인에 부정적으로 영향을 미칠 수 있기 때문에, 프로젝트 이해관계자는 또한 프로그램 이해관계자이기도 하다.

영향을 받을 수 있는 사람이나 그룹 또는 조직을 식별하고, 그들의 이해관계, 참여, 프로젝트 성공에 끼치는 영향에 대한 적절한 정보를 기록하는 프로세스이다. 프로젝트 이해관계자들은 고객, 후원자, 수행 조직, 해당 프로젝트에 적극적으로 포함되거나 그 실행이나 성공에 의해서 긍정적 또는 부정적인 영향을 받는 대중이다. 그들은 또한 프로젝트와 인도물들에 영향을 미칠 수 있다. 이해관계자들은 조직의 다양한 계층에 있을 수 있고 다양한 권한 수준을 보유하고 있을 수 있으며, 또는 프로젝트 수행 조직의 외부에 있을 수도 있다.

프로젝트 초기에 이해관계자들을 파악하고 그들의 이해관계, 기대, 중요도와 영향력의 수준을 분석하는 것은 프로젝트 성공을 위해서 매우 중요하다. 각각의 이해관계자에게 접근하고 긍정적 영향을 최대화하며 잠재적인 부정적 영향은 완화하기 위해서 이해관계자 참여의 수준과 시점을 조절하기 위한 전략을 개발하는

**Box 4-2 이해관계자 관리 계획**stakeholder management plan[3)]

이해관계자 관리 계획은 프로젝트 관리 계획의 한 구성요소이며, 효과적으로 이해관계자들을 참여시키기 위한 관리 전략들을 식별한다. 이것은 프로젝트 필요에 따라서 공식적 또는 비공식적일 수도, 매우 상세하거나 대략적일 수도 있다.
이해관계자 명단에서 수집된 자료들 외에, 이해관계자 관리 계획은 다음의 것들을 포함할 수 있다.

- 주요 이해관계자들의 희망하는 및 현재 참여 수준.
- 변화의 범위 및 이해관계자들에 대한 충격.
- 이해관계자들 간의, 확인된 상호관계 및 잠재적 중복관계.
- 현재 프로젝트 단계에 대한 이해관계자 의사소통 요구사항.
- 이해관계자들에게 배포되어야 하는 정보: 언어, 양식, 내용, 그리고 상세도 정도 등을 포함.
- 정보 배포의 이유와 이해관계자 참여에 대한 기대되는 영향.
- 이해관계자들에게 필요한 정보 배포의 시점 및 주기.
- 프로젝트가 진전되고 발전함에 따라서 이해관계자 관리 계획을 갱신하고 정제하기 위한 방법.

프로젝트 관리자들은 이해관계자 관리 계획의 민감성에 대해서 충분히 숙지하고 있어야 하며 적절한 주의를 기울여야 한다. 예를 들어서, 프로젝트에 저항적인 이해관계자들에 대한 정보는 잠재적으로 프로젝트에 지장을 초래할 수 있으며, 따라서 그러한 정보의 배포에 대해서는 적절한 제약이 주어져야 한다. 이해관계자 관리 계획을 갱신할 때에는 정확성과 적절성을 유지하기 위해서 전제적인 가정의 타당성이 재검토되어야 한다.

것이 바람직하다. 평가와 그에 해당하는 전략은 가능한 변화에 대비한 조정을 위해서 프로젝트 수행 기간 동안에 주기적으로 재검토되어야 한다.

대부분의 프로젝트들에는 많은 수의 이해관계자가 있다. 프로젝트 관리자의 시간에 제한이 있고 따라서 가능한 한 효율적으로 사용되어야 하기 때문에, 이러한 이해관계자들은 그들의 이해관계, 영향력, 프로젝트에 대한 관여도에 따라서 분류되어야 한다. 이러한 것은 프로젝트 관리자가 프로젝트 성공을 보장하기 위해서 필요한 관계에 집중할 수 있게 한다.

### 4.1.2 이해관계자 관리 계획을 개발하기plan stakeholder management 프로세스

이해관계자 관리 계획을 개발하기는 효과적으로 이해관계자들을 프로젝트 생

3) PMBoK2013, pp.403-404

애주기를 통해서 참여하도록 하기 위해, 그들의 필요, 이해관계, 그리고 프로젝트 성공에 대한 잠재적 영향에 대한 분석에 근거해서 적절한 관리 전략을 개발하는 프로세스이다. 이 프로세스의 주요 효과는 프로젝트의 이해관계를 지원하기 위해서 프로젝트 이해관계자들과 상호작용하기 위한 명확하고 실천 가능한 계획을 제공하는 것이다.

이 프로세스는 프로젝트가 어떻게 이해관계자들에게 영향을 미치는가를 확인함으로써 프로젝트 관리자가 효과적으로 이해관계자들을 프로젝트에 참여시키고, 그들의 기대를 관리하고, 궁극적으로는 프로젝트 목표들을 달성하기 위한 다양한 수단들을 개발할 수 있게 한다. 이해관계자 관리는 프로젝트 팀과 이해관계자들 간의 관계를, 프로젝트 범위 내에서의 그들 각각의 필요와 요구사항을 충족하기 위해서, 만들고 유지하는 것에 대한 것이다.

이 프로세스는 어떻게 효과적인 이해관계자 관리를 실현할 것인에 대한 상세한 계획들을 포함하는 이해관계자 관리 계획을 산출한다. 프로젝트가 진행됨에 따라서 속해 있는 이해관계자 집단과 필요한 참여 수준이 변할 수 있으며, 따라서 이해관계자 관리 계획을 개발하기는 프로젝트 관리자가 정기적으로 재검토해야 하는 반복적인 프로세스이다.

### 4.1.3 이해관계자 참여를 관리하기manage stakeholder engagement 프로세스

이해관계자 참여를 관리하기는 이해관계자들과 그들의 필요/기대를 충족시키기 위해서, 의사소통하고 함께 작업하며, 이슈들이 발생함에 따라서 그것들을 적극적으로 해결하고, 프로젝트 생애 주기 전체를 통해서 적절한 이해관계자 참여를 조장하는 프로세스이다. 이 프로세스의 핵심적 효과는 이것이 프로젝트 관리자가 이해관계자들로부터의 지지는 최대화하고 저항은 최소화함으로써 프로젝트 성공을 달성할 확률을 충분히 높일 수 있게 하는 것이다.

이 프로세스는 다음과 같은 활동들을 포함한다.

- 이해관계자들을, 그들을 지속적으로 프로젝트의 성공을 추구하도록 하거나 또는 추구하는 것을 확인하기 위해서, 적절한 프로젝트 단계에서 참여시키기.
- 이해관계자 사이의 기대를 협상과 의사소통을 통해서 관리함으로써 프로젝트

**Box 4-3 이해관계자 참여 평가 행렬stakeholder engagement assessment martix[4]**

| 이해관계자 | 모름 Unaware | 저항적 Resistant | 중립적 Neutral | 지원적 Supportive | 선도적 Leading |
|---|---|---|---|---|---|
| 이해관계자 1 | C | | | D | |
| 이해관계자 2 | | | C | D | |
| 이해관계자 3 | | | | D C | |

모든 이해관계자들의 현재의 참여 수준은 성공적인 프로젝트 완수를 위해서 필요한, 계획된 참여 수준과 비교할 필요가 있다. 전체 프로젝트 생애주기를 통한 이해관계자 참여는 프로젝트 성공을 위해서 필수적이다. 이해관계자의 참여 수준은 다음과 같이 분류할 수 있다.

- 모름Unaware : 프로젝트와 그 잠재적 영향에 대해서 알지 못함.
- 저항적Resistant : 프로젝트와 그 잠재적 영향에 대해서 알며 변화에 대해서 저항한다.
- 중립적Neutral : 프로젝트에 대해서 알지만, 아직 지원적이지도 저항적이지도 않다.
- 지원적Supportive : 프로젝트와 그 잠재적 영향에 대해서 알며 변화에 대해서 지지한다.
- 선도적Leading : 프로젝트와 그 잠재적 영향에 대해서 알며 프로젝트의 성공을 위해서 적극적으로 참여한다.

현재의 참여 수준은 위의 이해관계자 참여 평가 행렬을 이용해서 기록할 수 있다. 여기에서 C는 현재의 참여 수준, D는 희망하는 참여 수준을 나타낸다. 프로젝트 팀은 사용가능한 정보를 이용하여 현재 프로젝트 단계에서 희망하는 참여 수준을 식별할 필요가 있다. 위의 예는 이해관계자 3은 현재 희망 참여 수준에 있으나, 이해관계자 1과 2는 그들을 희망하는 참여 수준으로 이동시키기 위해서 추가적인 의사소통과 조치들이 필요하다는 것을 보여준다.
이러한 분석적 프로세스를 통하여, 현재와 희망하는 참여 수준간의 격차가 식별될 수 있다. 프로젝트 팀은 전문가 판단을 이용함으로써 격차를 좁히기 위해 필요한 조치와 의사소통을 식별할 수 있다.

목적들의 달성을 보장하기.

- 아직은 이슈가 되지는 않은, 잠재적으로 우려되는 사항들을 적극적으로 다루고 이해관계자들에 의해서 제기될 수 있는 미래의 문제들을 예측하기.
- 식별된 이슈들을 명확하게 하고 해결하기.

이 프로세스는 이해관계자들이 프로젝트 목적, 목표, 효과, 그리고 위험을 명

4) PMBoK2013, pp.402-403

확히 이해하도록 보장함으로서 프로젝트 성공 확률을 높인다. 이것은 이해관계자들이 프로젝트의 적극적인 지원자가 되고 제반 활동들과 의사결정들을 지도할 수 있게 한다. 프로젝트에 대한 사람들의 반응을 예측함으로써 지원을 획득하고 부정적인 영향을 최소화하기 위한 사전 대책이 수립될 수 있다.

이해관계자들이 프로젝트에 영향을 미칠 수 있는 능력은 전형적으로 초기 단계에 가장 높으며 프로젝트가 진행됨에 따라서 점점 낮아진다. 프로젝트 관리자는 프로젝트에 다양한 이해관계자들을 참여시키고 관리할 책임이 있으며 필요할 때 프로젝트 스폰서에게 도움을 요청할 수 있어야 한다. 이해관계자 참여에 대한 적극적인 관리는 프로젝트가 목적과 목표들을 충족시키지 못할 위험을 줄여준다.

### 4.1.4 이해관계자 참여를 통제하기control stakeholder engagement 프로세스

이해관계자 참여를 통제하기는 전체 프로젝트 이해관계자 관계를 모니터하고 이해관계자 참여를 위한 전략과 계획들을 조정하는 프로세스이다. 이 프로세스의 주 효과는 프로젝트가 진행되고 환경이 바뀜에 따라서 이해관계자 참여 활동들의 효과와 효율성을 유지하거나 증진하는 것이다. 이해관계자 참여 활동들은 이해관계자 관리 계획을 포함하며 프로젝트 전체 생애주기를 통해서 수행된다. 이해관계자 참여는 지속적으로 통제되어야 한다.

## 4.2 프로젝트 이해관계자[5)]

### 4.2.1 프로젝트 이해관계자의 종류

**프로젝트 이해관계자**project stakeholder들은 프로젝트에 실제 참여하거나 프로젝트 수행 혹은 완료의 결과가 그들의 이익에 영향을 끼치는 개인 혹은 조직들을 말한다. 그들은 또한 프로젝트의 목적 및 결과물에 영향력을 행사할 수도 있다. 프로젝트 관리팀은 이해관계자들을 파악 및 식별하고, 그들의 요구사항 및 기대사항을 확인하고, 성공적인 프로젝트의 가능성에 대한 보장을 높이기 위해 요구사항

5) PMBoK2008, pp. 23-27

### Box 4-4 이해관계자 분석과 파워/이해관계 그리드[6)]

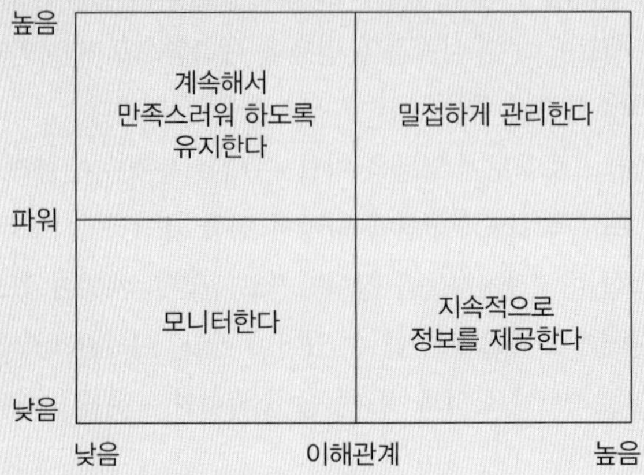


파워/이해관계 그리드

이해관계자 분석stakeholder analysis은 프로젝트 전체를 통해서 누구의 이해관계가 고려되어야 하는가를 결정하기 위해서 체계적으로 정량적 및 정성적 정보를 수집하고 분석하는 기법이다. 이것은 이해관계자의 이해관계, 기대, 영향을 식별하고 그것들을 프로젝트 목적과 연결시킨다. 이것은 또한 프로젝트의 성공 확률을 높이기 위한 협력관계와 잠재적인 파트너십을 구축하기 위해서 활용할 수 있는 이해관계자 관계(프로젝트 및 다른 이해관계자들과의)와 프로젝트 관리자가 각각의 프로젝트 또는 단계의 여러 시점마다 상이하게 영향을 미칠 필요가 있는 이해관계자 관계를 확인하는 데 도움을 준다. 이해관계자 분석은 일반적으로 다음과 같은 절차를 따른다.

① 모든 잠재적 프로젝트 이해관계자들과 관련 있는 정보를 – 그들의 역할, 부서, 이해관계, 지식, 기대, 그리고 영향력 수준 등과 같은 – 식별한다. 주요 이해관계자들은 일반적으로 식별하기 쉽다. 그 중에는 프로젝트 결과에 의해서 영향을 받는 의사결정 또는 관리 역할을 수행하는 모든 사람들이 – 스폰서, 프로젝트 관리자, 그리고 주요 고객 – 포함된다. 기타 이해관계자들을 확인하는 것은 일반적으로 이미 식별된 이해관계자들을 인터뷰하고 그 목록을 모든 잠재적 이해관계자가 포함될 때까지 확정함으로써 수행된다.
② 각각의 이해관계자가 만들어 낼 수 있는 충격이나 지원을 분석하고, 그들을 대응 전략을 정의하기 위해서 분류한다. 이해관계자가 많은 경우에는, 효과적으로 그들의 기대를 의사소통하고 관리하기 위해서 이해관계자들의 우선순위를 정하는 것이 중요하다.
③ 주요 이해관계자들이 다양한 상황 하에서 어떻게 반응하고 행동할 것인가를, 그들의 협력을 증진하고 잠재적인 부정적 영향을 완화하기 위해서 어떻게 그들에게 영향을 미칠 것인가를 계획하기 위해서, 평가한다.

6) PMBoK2013, pp.395–397

이해관계자 분석에서 사용할 수 있는 다양한 분류 방법이 존재한다. 예를 들면, 다음과 같다.

- 파워/이해관계 그리드power/interest grid : 이해관계자들을 프로젝트 결과에 대한 그들의 권한(파워)와 관심(이해관계) 수준을 기준으로 분류한다.
- 파워/영향력 그리드power/influence grid : 이해관계자들을 그들의 권한(파워)와 프로젝트 결과에의 적극적 참여도(이해관계) 수준을 기준으로 분류한다.
- 영향력/충격 그리드power/impact grid : 이해관계자들을 그들의 프로젝트에의 적극적 참여도(이해관계) 수준과 프로젝트의 계획과 집행에 변화를 끼칠 수 있는 능력을 기준으로 분류한다.
- 핵심 사항 모델salience model : 이해관계자들을 그들의 파워(그들의 의지를 강제할 수 있는 능력), 긴급성(즉각적인 주의가 필요성) 그리고 정당성(그들의 참여가 적절한가)을 기준으로 분류한다.

과 관련된 그들의 영향을 관리해야 한다.

다음은 대부분의 프로젝트에서의 반드시 고려해야 할 주요 이해관계자들이다.

- **프로젝트 관리자** : 프로젝트를 관리할 책임이 있는 사람.
- **고객/사용자** : 프로젝트의 결과물을 사용할 사람 또는 조직. 어떤 응용 영역에서는 고객과 사용자가 같은 의미로 사용되기도 하나, 다른 영역에서는 고객은 프로젝트의 제품을 획득/취득하는 주체를, 사용자는 프로젝트의 제품을 직접 이용하는 사람을 의미하기도 한다.
- **프로젝트 팀원** : 프로젝트의 작업을 직접 수행하는 사람들. 프로젝트 팀원은 종종 그 직무에 따라서 서로 다른 이해관계를 가지며 그에 따라 더 세분될 수 있다.
- **프로젝트 관리팀** : 프로젝트 관리 활동에 직접적으로 관여하고 있는 프로젝트 팀원들.
- **후원자** : 프로젝트를 위한 현금 또는 그와 같은 재정적 자원을 제공하는 사람 또는 그룹.
- **영향자** : 프로젝트의 제품에 대한 취득 또는 사용과 직접적으로 연관되지 않은 사람 또는 그룹이지만 고객의 조직 또는 수행 조직 내 개인적인 위치로 인해 프로젝트 진행 과정에 긍정적 혹은 부정적 영향을 미치는 사람 또는 그룹.
- **수행 조직 및 PMO**project management office : 프로젝트 팀원의 대부분이 속하는 조직과, 그 수행 조직 내 해당 프로젝트의 성과물에 직/간접 책임을 지는(만약 있다면) 사람.

**Box 4-5 이해관계자 분석 행렬**stakeholder analysis matrix[7]

| 이해관계자 | 프로젝트에서 이해관계자의 이해관계 | 충격에 대한 평가 | 지원의 획득 또는 장애를 줄이기 위한 잠재적 전략 |
|---|---|---|---|
| | | | |
| | | | |
| | | | |

이해관계자 관리 전략을 표현하는 일반적인 방법으로는 이해관계자 분석 행렬이 있다. 위의 그림은 표제만 표시된 이해관계자 분석 행렬의 예를 보여준다.
이해관계자 관리 전략stakeholder management strategy은 프로젝트 생애주기 전체를 통해서 이해관계자의 지원을 늘리고 부정적인 충격은 줄이기 위한 접근 방법을 정의한다. 이것은 다음과 같은 요소들을 포함한다.

- 프로젝트에 심각한 충격을 미칠 수 있는 주요 이해관계자.
- 파악된 이해관계자 각각에 대한 바람직한 프로젝트에의 참여 수준.
- 이해관계자 집단과 그 관리.

어떤 이해관계자 관리 전략과 관련된 일부 정보들이 공유되는 문서에 포함되기에는 너무 민감할 수도 있다. 프로젝트 관리자는 이해관계자 관리 전략에 포함될 정보의 유형과 그 상세도 수준에 대해서 신중하게 판단해야 한다.

이상의 주요 이해관계자들 외에 프로젝트 내부, 외부, 소유자, 투자자, 판매자, 계약자, 팀원과 그 가족들, 정부기관, 언론 매체, 시민, 임시 혹은 영구 압력 단체, 대단위 모임 등 다양한 종류의 이해관계자가 있을 수 있다.

프로젝트 이해관계자들은 종종 범위, 시간, 비용, 그리고 결과물의 품질에 관해서 서로 상충하는 목표를 갖는다. 일반적으로, 프로젝트 스폰서는 적은 비용을 최우선적으로 중요시한다. 반면 결과물의 사용자는 사용하기 쉽고 다양한 기능, 그리고 빠른 인도를 원한다. 프로젝트 팀의 엔지니어는 높은 기술적 탁월성과 자신의 기술 수준을 향상시키기 위해서, 비록 불확실하더라도 새로운 기술을 적용하길 원할 수 있다. 프로젝트가 계약에 의해서 아웃소싱된다면, 해당 아웃소싱 조직

7) PMBoK2008, p.251.

은 이익 극대화를 원할 수 있다. 프로젝트 관리자는 일반적으로 서로 상충하는, 이러한 이해관계자들의 요구사항들을 관리하여야 한다.

### 4.2.2 사용자 및 과업 분석

#### (1) 사용자 및 과업 분석이란 무엇인가?

사용자는 이해관계자의 가장 중요한 종류이다. 사용자가 어떤 사람들이고, 그들이 어떤 과업을 수행하며, 과업을 효율적이고 효과적으로 수행하기 위해서 어떠한 시스템이나 소프트웨어를 필요로 하는가를 분석하는 것은 요구사항 분석의 시발점이자 가장 핵심적인 부분이다.

**사용자 및 과업 분석**user and task analysis은 일반 사용자에 대해서, 그들을 활동 중에 관찰함으로써 배우는 과정이다. 더 많은 정보를 얻기 위해서 그들의 작업 맥락하에서 사용자들을 관찰하고 조사를 하는 것만이 당신이 미쳐 생각하지 못했던 것을 밝혀내고 당신의 설계 아이디어들을 재고하게 한다. 이것은 사용자와 과업을 분석하기 위해 현장을 방문해야 한다는 것을 의미한다.

사용자와 과업 분석은 설계가 시작하기 전, 심지어는 분석이 시작하기 전에 수행되어야 한다. 물론, 사용성 테스트나 알파와 베타 제품의 현장 도입과 같은 생명 주기의 후기 단계까지 계속해서 사용자와 과업 정보를 수집해야 한다. 또한 새로운 재설계한 인터페이스를 지원하기 위한 문서와 훈련 준비 과정에서도 계속 사용자와 과업 분석을 수행해야 한다. 전체 개발 생명주기 동안에 사용자를 계속해서 관찰한다면, 새로운 정보가 계속해서 밝혀진다. 그러나 사용자와 과업 분석은 그 결과가 초기 설계 구상에 통합될 수 있도록 빨리 시작되어야 한다.

과업 분석의 핵심은 다음과 같다.

- 사용자 목표부터 시작하라.
- 과업 분석의 상이한 종류와 수준을 확인하라.
- 사용자를 그들의 사용 능력에 따라 생각하라.

사용자 및 과업 분석은 사용자의 전형적인 환경 밖에서 그들의 실질 작업으로부터 떨어져서 그들에게 질문을 하는 것이 아니며, 일반적인 사용자를 대변한다고 주장하나, 종종 부지불식간에 그들을 잘못 대표하는 전문가 사용자나 관리자와 이야기하는 것과도 다르다. 그러한 "사용자 대표들"은 사용자들이 어떻게 일하도록 되어 있는지는 알거나 또는 그들이 사용자일 때 그들이 어떻게 일했는지를 기억할 수는 있지만, 종종 오늘 사용자의 세계에서 무엇이 일어나고 있는지는 모른다. 실제로는, 경험에 의하면, 사용자 자신들도 자신이 하고 있는 것을, 특히 그들이 자신이 수행하는 과업에 매우 익숙한 경우에는, 어떻게 정확히 표현해야 할지를 모른다.

(2) 사용자의 분류 방법

사용자 목표 분석은 사용자를 동질성 있는 집단으로 분류하는 것에서 시작한다. 사용자는 크게 1차적 사용자와 2차적 사용자로 분류할 수 있다. 1차적 사용자는 과업을 수행하기 위해서 그들 자신이 인터페이스와 정보를 사용하는 사람들로 정의할 수 있다. 이러한 사용자들은 목표를 달성하기 위해서 과업을 수행한다. 2차적 사용자는 사용자의 고객 그리고 인터페이스나 정보를 이용하는 사용자들에 의해서 영향을 받는 사람들이다.

1차적 사용자는 다시 사용 목적에 따라서 다음과 같이 분류할 수 있다[HR98 참조].

- 소프트웨어를 구매해서, 집이나 그들의 근무 장소에서 다른 사람의 도움이나 상호작용 없이 사용하는 개인들.
- 그들이 수행하는 직무의 일환으로 인터페이스와 정보를 사용하는 개인들 – 그 제품이 다른 사람에 의해서 구입된 경우도 포함.
- 보다 큰 비즈니스 프로세스의 일부로 소프트웨어와 정보를 사용하는 사람들의 집단.
- 다른 사람들이 소프트웨어를 성공적으로 사용할 수 있게 소프트웨어를 운영하고, 그들 자신도 운용 인터페이스의 사용자인 사람들.
- 작동하지 않는 제품을 수리하거나 의도된 대로 작동하지 않는 시스템이나 프로세스들을 해결하며, 그들 자신이 유지 인터페이스와 정보의 사용자인 개인들.
- 자기 자신과 타인을 위해서 제품을 설치하고, 그들 자신이 설치 인터페이스와 정보의 사용자인 사람들.

1차적 사용자는 능숙도에 따라 다음과 같이 분류할 수도 있다.

- 초보자
- 발전된 사용자
- 능력있는 사용자
- 전문가적 사용자

(3) 과업 분석의 종류와 수준들

과업 분석에는 다음과 같은 종류와 수준들이 있다.

- **작업 흐름 분석**work flow analysis or business process analysis : 순차적으로, 여러 사람에 의해서 수행되는, 일련의 관련된 업무들에 대한 분석.
- **직무 분석**job analysis : 일정 장소에서 일정 기간 동안에 수행하는 모든 직무에 대한 분석 – 한 사람이 복수의, 그러나 시간적으로 논리적인 선후 관계가 없는 일을 수행할 때에 주로 실시함.
- **작업 흐름 분석과 직무 분석의 통합** : 어떻게 작업 흐름이 직무와 상호작용하는가를 분석.
- **과업 목록 작성** : 어떤 과업들이 당신의 제품을 사용할 가능성이 있는 모든 사람들에 의해서 수행될 것인가를 조사.
- **프로세스 분석과 과업 순서 분석** : 사용자들이 과업들을 수행하는 순서를 분석.
- **과업 계층 구조 분석** : 대규모의 과업이 어떻게 하위 과업들로 구성되어 있는지를 계층적으로 분석.
- **절차적 분석**procedural analysis : 한 과업을 일련의 단계와 의사결정으로 세분하여, 사용자들이 과업이나 그 일부를 수행하기 위해서 어떤 단계를 밟고 의사결정을 내리는지를 분석.

CHAPTER

# 05

# 프로젝트 범위 관리

5.1 프로젝트 범위 관리 프로세스들

5.2 요구사항 밝히기 기법 : 집단 창조성 기법

5.3 요구사항을 밝히기 위한 고객과 개발자의 공동 작업

5.4 WBS 작성 방법

5.5 소프트웨어 요구사항 프로세스

부록 5A DOS 시스템 쓰임새 모델(예)

CHAPTER

# 05 프로젝트 범위 관리

이 장에서는 프로젝트를 수행하는 데 필요한 작업의 범위에 관한 다음의 사항들에 대해 알아본다.

- 프로젝트 범위 관리 프로세스
- 사용자나 이해관계자의 요구사항을 확인하기 위한 여러 기법
- 고객과의 공동 작업
- WBS를 작성하는 방법

## 5.1 프로젝트 범위 관리 프로세스들

〈표 5-1〉 프로젝트 범위 관리 프로세스들

| 프로세스 이름 | | |
|---|---|---|
| 요약 | | |
| **산출물** | **도구 및 기법** | **투입물** |
| **범위 관리 계획을 개발하기**plan scope management **(계획)** | | |
| 어떻게 프로젝트 범위가 정의되고, 확인되며, 통제될 것인가를 서술하는 범위 관리 계획을 생성한다. | | |
| • 범위 관리 계획<br>• 요구사항 관리 계획 | • 전문가 판단<br>• 회의 | • 프로젝트 관리 계획<br>• 프로젝트 헌장<br>• 기업 환경 요소<br>• 조직 프로세스 자산 |
| **요구사항을 수집하기**collect requirement **(계획)** | | |
| 프로젝트 목표를 충족시키기 위해서 이해관계자들의 필요를 정의하고 기록한다. | | |
| • 요구사항 문서<br>• 요구사항 관리 계획<br>• 요구사항 추적 행렬 requirement traceability matrix | • 인터뷰<br>• 포커스 그룹focus groups<br>• 촉진된 워크숍facilitated workshops<br>• 집단 창의성 기법<br>• 집단적 의사결정 기법들<br>• 설문지와 서베이<br>• 관찰<br>• 프로토타입prototypes | • 프로젝트 헌장<br>• 이해관계자 등록부 |

| 범위를 정의하기define scope (계획) | | |
|---|---|---|
| 프로젝트와 제품에 대한 상세한 서술을 개발한다. | | |
| • 프로젝트 범위 기술서<br>• 프로젝트 문서(갱신된) | • 전문가 판단<br>• 제품 분석<br>• 대안 확인alternatives identification<br>• 촉진된 워크숍 | • 프로젝트 헌장<br>• 요구사항 문서<br>• 조직 프로세스 자산 |
| **WBS를 생성하기create WBS (계획)** | | |
| 프로젝트 인도물들과 프로젝트 작업들을 작고, 좀 더 관리하기 쉬운 구성 요소들로 분할한다. | | |
| • WBS<br>• WBS 사전<br>• 범위기준선scope baseline<br>• 프로젝트 문서(갱신된) | • 분해decomposition | • 프로젝트 범위 기술서<br>• 요구사항 문서<br>• 조직 프로세스 자산 |
| **범위를 입증하기verify scope (모니터링 및 통제)** | | |
| 완성된 프로젝트 인도물들을 공식적으로 수용받는다. | | |
| • 수락된 인도물accepted deliverables<br>• 변경 요구<br>• 프로젝트 문서(갱신된) | • 인스펙션 | • 프로젝트 관리 계획<br>• 요구사항 문서<br>• 요구사항 추적 행렬<br>• 확인된 인도물들 validated deliverables |
| **범위를 통제하기control scope (모니터링 및 통제)** | | |
| 프로젝트와 제품의 범위의 상태를 모니터링하고 범위 기준선에 대한 변경을 관리한다. | | |
| • 작업 성과 측정<br>• 조직의 프로세스 자산(갱신된)<br>• 변경 요구<br>• 프로젝트 관리 계획(갱신된)<br>• 프로젝트 문서(갱신된) | • 편차 분석variance analysis | • 프로젝트 관리 계획<br>• 작업 성과 정보<br>• 요구사항 문서<br>• 요구사항 추적 행렬<br>• 조직 프로세스 자산 |

**프로젝트 범위 관리**project scope management는 프로젝트를 성공적으로 완수하기 위해 필요한 모든 작업을 포함하고 있고, 또한 필요한 작업만을 포함하고 있음을 보장하기 위해 필요한 프로세스들로 구성된다. 프로젝트 범위를 관리하는 것은 주로 프로젝트에 무엇이 포함되고 포함되지 않았는가를 정의하고 통제하는 것과 관련되어 있다.

이 영역의 프로세스들은 모든 프로젝트에서 반드시 한 번은 발생하며, 프로젝트가 단계들로 분할되어 있을 때에는, 한 단계 이상에서 발생한다. 프로젝트의 관점에서 범위는 다음의 두 가지 의미로 사용될 수 있다.

- **제품 범위**product scope : 제품, 서비스 또는 결과를 특징짓는 형태 및 기능
- **프로젝트 범위**project scope : 명세된 형태 및 기능specified features and functions을 가진 제품, 서비스 또는 결과의 인도를 위해 성취될 필요가 있는 작업

프로젝트 범위를 관리하기 위해서 사용되는 프로세스들은 해당 프로세스를 지원하기 위한 도구 및 기법들과 마찬가지로, 응용 영역에 따라서 달라지며 일반적으로 프로젝트 생애주기의 일부로 정의된다. 승인된 상세 **프로젝트 범위 선언**approved detailed project scope statement과 관련 **WBS**와 **WBS 사전**이 프로젝트의 **범위 기준선**scope baseline이 된다. 그러면 이 기준선이 프로젝트 생애주기 전체를 통해서 모니터링되고, 입증되며 통제된다.

비록 여기에서는 하나의 독립된 프로세스로 제시되지는 않았지만, 프로젝트 관리 팀의 계획 활동이 다섯 개 프로젝트 범위 관리 프로세스들과 관련된 작업들에 선행한다. 이러한 계획 활동은, 어떻게 프로젝트 범위가 정의되고, 기록되며, 입증되고, 관리되며, 통제될 것인가에 대해 지침을 제공하는 범위 관리 계획을 생성하는, 프로젝트 관리계획 개발 프로세스의 일부이다.

프로젝트 범위의 완수는 프로젝트 관리 계획에 대비되어 측정된다. 제품 범위의 완수는 제품 요구사항에 대비되어 측정된다. 프로젝트 범위 관리 프로세스들은 프로젝트의 작업들이 명세된 제품 범위를 인도하기 위해서 다른 지식 영역의 프로세스들과 잘 통합되어야 한다.

### 5.1.1 범위 관리 계획을 개발하기plan scope management 프로세스[1]

**범위 관리 계획을 개발하기**는 어떻게 프로젝트 범위가 정의되고, 확인되며, 통제되고, 입증될 것인가를 서술하는 범위 관리 계획을 생성하는 프로세스이다. 이 프로세스의 주요 효과는 프로젝트 전체 생애주기를 통해서 범위가 어떻게 관리될 것인가에 대한 지침과 방향을 제공하는 것이다. 범위 관리 계획을 개발하고 정제하는 것은 프로젝트 헌장에 있는 정보, 프로젝트 관리 계획의 최근에 승인된 보조

1) PMBoK2013, pp.107-108.

**Box 5-1 범위 관리 계획**scope management plan[2)]

범위 관리 계획은 어떻게 프로젝트 범위가 정의되고, 확인되며, 통제되고, 입증될 것인가를 서술하는, 프로젝트 또는 프로그램 관리 계획의 구성 요소이다. 이것은 프로젝트 관리 계획을 개발하기 프로세스의 주요 투입물이다. 이 계획은 공식적이거나 비공식적, 그리고 개략적이거나 또는 매우 상세할 수도 있으며, 다음과 같은 것들을 포함한다.

- 상세한 프로젝트 범위 선언을 준비하기 위한 프로세스.
- 상세한 프로젝트 범위 선언으로부터 WBSwork breakdown structure을 준비하기 위한 프로세스.
- WBS가 어떻게 유지관리되고 승인될 것인가를 규정하는 프로세스.
- 완성된 프로젝트 산출물에 대한 공식적 수락이 어떻게 획득될 것인가를 규정하는 프로세스.
- 상세한 프로젝트 범위 선언에 대한 변경 요청이 어떻게 처리될 것인가를 통제하기 위한 프로세스. 이 프로세스는 통합된 변경 통제를 수행하기 프로세스와 직접적으로 연계된다.

계획들, 조직 프로세스 자산에 있는 역사적 자료, 그리고 기타 적절한 기업 환경 요인들을 분석함으로써 시작한다. 이 계획은 프로젝트 범위 확산project scope creep을 줄이는 데 도움이 된다.

### 5.1.2 요구사항을 수집하기collect requirements 프로세스

**요구사항을 수집하기 프로세스**는 프로젝트 목표들을 달성하기 위해서 이해관계자들의 필요들을 정의하고 문서화하는 프로세스이다. 요구사항은 프로젝트 요구사항과 제품 요구사항으로 분류할 수 있다.

- **프로젝트 요구사항** : 비즈니스 요구사항, 프로젝트 관리 요구사항, 인도 요구사항 등을 포함할 수 있다.
- **제품 요구사항** : 기술적 요구사항, 안전 요구사항, 성능 요구사항 등을 포함할 수 있다.

프로젝트의 성공은 프로젝트 · 제품 요구사항들의 포착과 관리에 투입된 노력에 의해서 직접적으로 영향을 받는다. 요구사항은 후원자, 고객, 및 기타 이해관

2) PMBoK2013, pp.109-110.

## Box 5-2 요구사항 프로세스의 기초 활동들

- **요구사항을 확인하기**identifying requirement : 이것은 요구사항을 간단한 문장으로 표현하고 그것들을 하나의 집합으로서 제공하는 것을 포함한다.
- **고객의 필요를 이해하기** : 종종 요구사항 밝히기requirement elicitation로도 불린다. 이것은 요구사항을 종류별로 분류하고 이름을 붙이는 것을 포함한다.
- **요구사항을 명확히하고 재표현하기** : 요구사항은 고객이 진짜로 필요로 하는 것을 표현해야 한다.
- **요구사항을 분석하기** : 예를 들어, 요구사항이 '올바르다'는 것을 보증하기 위하여 일군의 기준을 사용하는 것을 포함한다.
- **요구사항을 정의하기** : 요구사항이 모든 이해관계자에게 똑같은 것을 의미하도록 정의되어야 한다.
- **요구사항을 명세화하기** : 명세 문서에 포함될 수 있도록 각 요구사항의 모든 정확한 세부사항이 포함되어야 한다.
- **요구사항의 우선순위를 정하기** : 이것은 상위의 요구사항이 하위의 요구사항보다 먼저 구현되고 인도될 수 있도록 한다.
- **요구사항을 도출하기** : 어떤 요구사항은 사용자에게 직접적으로 혜택을 주는 것이 아니라 시스템의 설계 때문에 파생된다.
- **요구사항을 분류하기** : 예를 들어, 요구사항을, 하드웨어에 의해서, 소프트웨어에 의해서, 훈련을 통해서, 또한 문헌 속에서 충족될 수 있는가에 따라서 분류할 수 있다.
- **요구사항을 할당하기** : 요구사항을 시스템의 여러 하위 시스템이나 컴포넌트들에 할당한다.
- **요구사항을 추적하기** : 각각의 요구사항이 어디에서 해결되고 충족되었는가를 추적하고 확인할 수 있어야 한다.
- **요구사항을 관리하기** : 시스템 설계, 개발, 통합과 테스트, 배치, 그리고 운영의 모든 단계 동안에 요구사항을 추가하고, 삭제하고, 그리고 수정할 수 있어야 한다.
- **요구사항을 테스트하고 입증하기** : 이것은 요구사항이 충족되었다는 것을 확인하기 위해서 요구사항, 설계, 코드, 테스트 계획, 그리고 시스템 제품을 점검하는 공식적 프로세스다.
- **요구사항의 올바름을 확인하기**validating requirements : 이것은 과도한 자금이 설계에 투입되기 전에 요구사항에 의해서 야기된 설계 위험이 최소화되었다는 것을 증명하는 프로세스이다. 사용할 수 있는 재원의 한계 때문에 어떤 요구사항이 옳은가를 먼저 확인할 것인가에 대한 우선순위가 결정되어야 한다.

참조: YOUNG01, pp.9–11

해설 : 모든 프로젝트들은 요구사항 프로세스를 갖는다. 이상의 목록은 요구사항 프로세스가 시스템 생명주기의 전체에 걸친다는 것을 보여준다. 그것은 프로젝트의 초기에만 국한되거나 또는 단지 요구사항 관리에만 국한된 것이 아니다.

**Box 5-3 요구사항 관리 계획**requirements management plan[3)]

요구사항 관리 계획은 어떻게 요구사항들이 프로젝트를 통해서 분석되고, 기록되고, 관리될 것인가를 기록한다. 요구사항 관리 계획에는 다음과 같은 요소들이 포함될 수 있다.

- 어떻게 요구사항 활동들이 계획되고, 추적되고, 보고될 것인가
- **형상 관리**configuration management **활동들** : 어떻게 제품 요구사항에 대한 변경이 시작될 것인가, 어떻게 충격이 분석될 것인가, 어떻게 이러한 것이 추적되고 보고될 것인가가, 누가 이러한 변경들을 승인할 것인가 등과 함께 밝혀져야 한다.
- 요구사항 우선순위 결정 프로세스
- 사용될 제품 매트릭스와 그것을 사용하는 근거
- **추적 구조**traceability structure : 어느 요구사항 속성들requirement attributes이 추적 행렬traceability matrix에 포착될 것인가, 그리고 어느 다른 프로젝트 문헌 요구사항들project documents requirements이 추적될 것인가

계자들의 정량화되고 문서화된 필요와 기대를 포함한다. 일단 프로젝트가 시작한 후에는 이러한 요구사항들은 측정할 수 있을 정도로 충분히 자세하게 밝혀지고, 분석되며 기록되어야 한다. 요구사항을 수집하는 것은 고객의 기대들을 정의하고 관리하는 것이다. 요구사항은 WBS의 기반이 된다. 비용, 일정, 품질 계획도 모두 이 요구사항 위에서 구축된다. 요구사항의 개발은 프로젝트 헌장에 포함된 정보의 분석으로부터 시작한다.

요구사항 수집을 위해 사용될 수 있는 집단 창의성 기법에는 브레인스토밍, 명목 집단 기법nominal group technique, 델파이 방법Delphi method, 마인드/아이디어 맵mind/idea map, 친화도affinity diagram 등이 포함된다.

### 5.1.3 범위를 정의하기define scope 프로세스

**범위를 정의하기**는 프로젝트와 제품에 대한 자세한 기술을 개발하는 프로세스이다. 상세 프로젝트 범위 기술서는 프로젝트 성공을 위해서 필수적이며, 프로젝트 착수 동안에 기록되어야 할 주요 인도물들, 가정들, 제약들에 근거하여 작성된다. 계획하는 동안 프로젝트에 대한 정보가 좀 더 알려짐으로 인해 프로젝트 범위가 훨

3) PMBoK2013, pp.110-111.

### Box 5-4 요구사항 문서requirements documentation[4)]

요구사항 문서는 어떻게 개별적인 요구사항들이 프로젝트에 대한 비즈니스 필요를 충족시키는가를 서술한다. 요구사항들은 매우 상위 수준에서 시작해서, 더 많은 정보가 수집됨에 따라서 점진적으로 자세하게 된다.

기준선화되기 전에, 요구사항들은 명확(측정가능하고 입증가능)하고, 완전하며 일관적으로 주요 이해관계자들에게 수용 가능해져야 한다. 요구사항 문서의 서식은 모든 요구사항들이 이해관계자와 우선순위에 따라서 분류된 단순한 목록의 형태에서 임원 요약, 자세한 서술, 부착물들을 포함하는 정교한 형태까지 다양할 수 있다.

요구사항 문서는 다음과 같은 요소들을 포함할 수 있다.

- **비즈니스 필요 또는 포착되어야 할 기회** : 현재 상황의 한계와 왜 프로젝트가 채택되었는가를 서술
- 추적traceability을 위한 비즈니스 및 프로젝트 목표
- **적절한 방법의 기능적 요구사항**functional requirements : 제품과 연관된 비즈니스 프로세스, 정보 상호작용 등이 요구사항 목록에 문서 형태로 기록되는지 또는 모델로 표현되는지의 여부
- **비기능적 요구사항**non-functional requirements : 서비스 수준, 성능, 안전, 보안, 부합성compliance, 지원성supportability, 유지/제거retention/purge 등
- 품질 요구사항
- 수용 기준acceptance criteria
- **비즈니스 규칙**business rules : 조직의 운영 방침
- 다른 조직 부문에 대한 충격
- 수행 조직 내외의 다른 주체에 대한 충격
- 유지 및 훈련 요구사항
- 요구사항 가정 및 제약들

조달procurements에 대해서도 요구사항 문서가 작성될 수 있다. 조달에 대한 요구사항 문서에는 다음의 사항들이 포함될 수 있다.[5)]

- 조달 계획을 수립하는 동안에 고려해야 할, 프로젝트에 대한 주요 정보
- 건강, 안전, 성과, 환경, 보험, 지적재산권, 취업 기회 균등, 라이선스 및 인허가 등을 포함하는 계약 및 법적 관련 사항에 대한 요구사항 - 이런 모든 것들이 조달 계획 시에 고려되어야 한다.

---

4) PMBoK2013, pp.109-110.
5) PMBoK2008, p.319.

## Box 5-5 요구사항 추적 행렬requirements traceability matrix[6)]

| 프로젝트 이름 | | | | | | | | |
|---|---|---|---|---|---|---|---|---|
| 비용 센터 | | | | | | | | |
| 프로젝트 서술 | | | | | | | | |
| ID | 부 ID | 요구사항 서술 | 비즈니스 필요, 기회, 목적, 목표 | 프로젝트 목표 | WBS 인도물 | 제품 설계 | 제품 개발 | 테스트 케이스 |
| 001 | 1.0 | | | | | | | |
| | 1.1 | | | | | | | |
| | 1.2 | | | | | | | |
| | 1.2.1 | | | | | | | |
| 002 | 2.0 | | | | | | | |
| | 2.1 | | | | | | | |
| | 2.1.1 | | | | | | | |
| 003 | 3.0 | | | | | | | |
| | 3.1 | | | | | | | |
| | 3.2 | | | | | | | |
| 004 | 4.0 | | | | | | | |

요구사항 추적 행렬은 요구사항들을 그 기원에 연결시키고 프로젝트 생애주기를 통해서 추적하는 행렬이다. 요구사항 추적 행렬을 작성하는 것은 각 요구사항을 비즈니스 및 프로젝트 목표들과 연결함으로써, 비즈니스 가치를 추가할 것을 보장한다. 이것은 프로젝트 생애주기를 통해서 요구사항들을 추적하는 수단을 제공함으로써 요구사항 문서에 승인되어 있는 요구사항들이 프로젝트 말에 인도될 것을 보장한다. 마지막으로, 이것은 프로젝트 범위의 변경을 관리하기 위한 구조를 제공한다.
이 프로세스에는 다음과 같은 관계에 대한 추적이 포함된다.

- 요구사항 대 비즈니스 필요, 기회, 목적, 목표
- 요구사항 대 프로젝트 목표
- 요구사항 대 제품 범위/WBS 인도물들
- 요구사항 대 제품 설계
- 요구사항 대 제품 개발
- 요구사항 대 테스트 전략 및 테스트 시나리오들
- 상위 수준 요구사항 대 좀 더 상세한 요구사항

각 요구사항과 연관된 속성들도 이 행렬에 기록될 수 있다. 이러한 속성들은 요구사항에 대한 주요 정보를 정의하는 데에 도움을 준다. 이 행렬에 사용되는 전형적인 속성으로는 유일한 식별자unique identifier, 요구사항에 대한 문서 형태의 서술, 포함의 근거, 소유자, 기원, 우선순위, 버전, 현재 상태(유효, 취소, 연기, 추가, 승인 등), 완료된 일자 등이 포함된다. 요구사항이 이해관계자의 만족을 충족시키는 것을 보장하기 위한 추가적인 속성에는 안정성stability, 복잡도, 수용 기준 등이 포함된다.

6) PMBoK2008, p.111.

**Box 5-6 프로젝트 범위 서술서**project scope statement[7]

프로젝트 범위 서술서는 프로젝트 인도물과 인도물을 산출하기 위해 필요한 작업을 기술한다. 프로젝트 범위 기술은 프로젝트 이해관계자들 간의 프로젝트 범위에 대한 공통적인 이해를 제공한다. 이것은 이해관계자들의 기대를 관리하기 위해 명시적인 범위 제외explicit scope exclusions를 포함할 수 있다. 이것은 프로젝트 팀이 좀 더 상세한 계획을 수립하고, 수행 동안에 프로젝트 팀의 작업을 인도하고, 변경 요청 또는 추가 작업이 프로젝트 경계 안에 있는지 아닌지를 평가하기 위한 기준선을 제공한다.

프로젝트 범위 서술서가 수행될 작업과 제외될 작업을 정의하는 상세함의 정도와 수준이 프로젝트 팀이 전체 프로젝트 범위를 얼마나 잘 통제할 수 있을 것인가를 결정할 수 있다. 프로젝트 범위 서술서 세부 내역은 직접 또는 다른 문서를 참조함으로써, 다음과 같은 것들을 포함할 수 있다.

- **제품 범위 서술**product scope description : 프로젝트 헌장 또는 요구사항 문서에 서술된 제품, 서비스 또는 결과물의 특성을 단계적으로 상세히 설명한다progressively elaborate.
- **제품 인수 기준**product acceptance criteria : 완성된 제품, 서비스 또는 결과물의 인수 프로세스와 인수 기준을 정의한다.
- **프로젝트 인도물**project deliverables : 프로젝트의 제품 또는 서비스를 구성하는 산출물 및 프로젝트 관리 보고서 및 문서와 같은 부차적인 결과물.
- **프로젝트 제외물**project exclusions : 일반적으로 프로젝트로부터 어떤 것이 제외되어 있는가를 정의한다. 어떤 것이 프로젝트 범위 밖인가를 명시적으로 선언하는 것은 이해관계자들의 기대를 관리하는 데 도움이 된다.
- **프로젝트 제약**project constraints : 프로젝트 범위와 연관된 것으로 프로젝트 팀의 옵션을 제한하는 특정한 프로젝트 제약(예를 들어, 고객이나 수행 조직의 의해서, 사전에 정의된 예산, 일자 또는 일정 이정표들)을 열거하고 설명한다. 프로젝트가 계약에 의해서 수행될 경우에는 계약 조항들이 일반적으로 제약된다. 제약에 대한 정보들이 프로젝트 범위 선언 안에 열거될 수도 있고, 다른 별도의 로그log에 열거될 수도 있다.
- **프로젝트 가정**project assumptions : 프로젝트 범위와 연관된 구체적인 프로젝트 가정들과 그러한 가정이 옳지 않은 것으로 판명될 경우, 발생 가능한 영향을 열거하고 설명한다. 프로젝트 팀은 종종 그들의 계획 프로세스의 일부로 가정들을 식별하고, 기록하며 확인한다.

씬 더 구체적으로 정의되고 서술된다. 기존의 위험, 가정, 그리고 제약들이 좀 더 완벽하게 분석되며, 필요한 경우에는 추가적인 위험, 가정, 제약들이 분석된다.

이 프로세스에서 갱신될 수 있는 프로젝트 문헌에는 **이해관계자 등록부**, **요구사항 문서**, **요구사항 추적 행렬**requirement traceability matrix 등이 포함된다.

---

7) PMBoK2008, pp.115-116,148.

### 5.1.4 WBS를 생성하기create WBS 프로세스

WBSwork breakdown structure(작업 분할 구조)를 생성하기는 프로젝트 인도물들과 작업을 좀 더 작고, 좀 더 관리하기 쉬운 요소들로 분할해가는 과정이다. WBS는 프로젝트 팀이 프로젝트 목적을 달성하고 요구되는 인도물들을 만들기 위해서 수행하여야 할 작업을 산출물 중심으로 계층적이며, 각 하위 수준의 프로젝트 작업이 좀 더 상세한 정의를 나타내도록 정리한 구조이다. WBS는 프로젝트의 전체 범위를 조직화하고, 정의하며, 현재 승인된 **프로젝트 범위 선언**project scope statement에서 명세된 작업들을 묘사한다.

계획된 작업은 **작업 패키지**work package라고 불리는 WBS 구성요소의 최하위 수준 내에 포함된다. 작업을 좀 더 작고 관리하기 편한 조각으로 나눈다. 작업 패키지는 일정이 계획되고, 비용이 예측되며 모니터링되고, 통제될 수 있다. WBS의 맥락에서는, 작업은 노력 그 자체가 아니라, 노력의 결과인 작업 제품 또는 인도물들work products or deliverables을 가리킨다.

작업 패키지 수준은 해당 작업의 비용과 활동 기간이 신뢰성 있게 추정되고 관리될 수 있는 WBS의 최하위 수준이다. 작업 패키지들의 상세도 수준은 프로젝트의 규모와 복잡도에 따라서 달라진다. 전체 프로젝트 작업에서 **작업 패키지의 분할**decomposition은 다음의 활동들을 포함한다.

- 인도물들과 관련된 작업들을 식별하고 분석하기.
- WBS의 구조를 만들고 조직화하기.
- 상위 WBS 수준들을 하위 수준의 상세한 구성 요소들로 분할하기.
- 확인 코드들identification codes을 개발하고 WBS 구성 요소들에 할당하기.
- 작업이 필요하고 동시에 충분하다는 수준으로 분할되었다는 것을 입증하기.

WBS 구조는 다음과 같은 다양한 형태로 만들 수 있다.

- 프로젝트 생애주기의 단계들을 분할의 첫 번째 수준으로 사용하고, 제품과 프로젝트 인도물들을 두 번째 수준으로 삽입하기.
- 주요 인도물들을 분할의 첫 번째 수준으로 사용하기.

- 계약 작업과 같은 프로젝트 팀의 외부에서 수행될 수 있는 하위 프로젝트들을 사용하기. 이때에는 판매자가 계약 작업의 일환으로 해당 작업에 대한 WBS를 개발한다.

상위 수준의 WBS 구성 요소(즉, 입증 가능한 제품을 나타낸다)를 분할하기 위해서는, 각 인도물 또는 하위 프로젝트를 위한 작업을 근원적인 구성 요소로 나누는 것이 필요하다. WBS는 들여쓰기를 이용한 개요outline, 조직도organizational chart, 생선뼈 그림fishbone diagram 등의 다양한 형태로 표현될 수 있다. 올바르게 분할되었음을 입증하는 것에는 하위 수준의 WBS 요소가 해당하는 상위 수준 인도물의 완성을 위해서 필요하고 또한 충분하다는 것을 확인하는 것이 필요하다. 상이한 인도물들에 대해서는 상이한 수준의 분할이 필요할 수 있다. 작업 패키지에 도달하기 위해서는, 어떤 인도물들의 작업은 단지 다음 단계로의 분할만이 필요할 수도 있는 반면에, 다른 것들은 추가적인 분할이 필요할 수도 있다. 작업이 좀 더 상세한 수준으로 분할됨에 따라서, 작업을 계획하고, 관리하며 통제할 수 있는 능력이 향상된다. 그러나 과도한 분할은 비생산적인 관리 노력, 비효율적인 자원 활용, 저하된 작업 수행 능률을 초래할 수도 있다.

분할은 너무 먼 미래에 수행될 인도물이나 하위 프로젝트에 대해서는 가능하지 않을 수도 있다. 프로젝트 관리 팀은 일반적으로 인도물이나 하위 프로젝트가 분명해져서 상세한 WBS의 개발이 가능해질 때까지 기다린다. 이러한 기법은 종종 **연동계획**rolling wave planning이라고 불린다.

WBS는 프로젝트 관리 작업을 포함하는 모든 제품과 프로젝트 작업에 대응한다. 최하위 수준의 작업총합이 상위수준의 작업이 될 수 있도록 누락되지 않고 중복도 되지 않는 수준으로 작성되어야 한다. 이러한 것은 종종 **100% 규칙**이라고 불린다.

이 프로세스에서 갱신될 수 있는 프로젝트 문서에는 요구사항 문서가 포함된다. 만약 승인된 변경 요청들이 이 프로세스에서 생성된다면, 이러한 승인된 변경을 반영하기 위해서 요구사항 문서를 갱신해야 할 필요가 있을 수 있다.

### 5.1.5 범위를 입증하기verify scope 프로세스

**범위를 입증하기**는 완결된 프로젝트 인도물들에 대한 수락을 공식화하는 프로세스이다. 범위 입증에는 산출물 각각이 만족스럽고 또한 고객이나 후원자에 의해서 공식적인 수락을 받을 수 있게 완성되었는지를 확인하기 위해서 고객이나 후원자와 함께 검토하는 것을 포함한다. 수락 기준을 충족하는 인도물들은 고객이나 후원자들에 의해서 서명되고 승인받는다.

고객이나 후원자들로부터 해당 프로젝트 인도물들에 대한 이해관계자들의 수락을 증명하는 공식적 문서들은 프로젝트 또는 단계종료 프로세스로 송부된다. 범위 입증은 산출물의 수락에 주로 관련된 반면, 품질 통제는 인도물들이 올바르고 명세된 품질 요구사항을 충족시켰는지에 대해서 주로 다룬다는 점에서 서로 다르다. 일반적으로 품질 통제가 범위 입증 이전에 수행되지만, 이 두 프로세스가 병행으로 진행될 수도 있다.

이 프로세스에서 갱신될 수 있는 프로젝트 문서에는 제품을 정의하거나 제품 완성에 대한 상태를 보고하는 모든 문서들이 포함될 수 있다. 이 프로세스에서 투입되는 프로젝트 관리 계획의 주요 요소에는 프로젝트 범위 선언, WBS, WBS 사전 등이 포함된다.

### 5.1.6 범위를 통제하기control scope 프로세스

**범위를 통제하기**는 프로젝트와 제품 범위의 상태를 모니터링하고 범위 기준선에 대한 변경을 관리하는 프로세스이다. 프로젝트 범위를 통제하는 것은 모든 요청된 변경과 권고된 수정 또는 예방 조치들이 통합된, 변경 통제 수행 프로세스에서 처리되는 것을 보장한다. 프로젝트 범위 통제는 또한 변경이 실제로 발생했을 때 그것을 관리하기 위해서 사용되며, 다른 통제 프로세스와 통합된다. 통제되지 않은 변경은 종종 프로젝트 **범위 완화**scope creep라고 불린다. 변경은 부득이한 것이나, 어떤 형태로든지 통제되어야 한다.

이 프로세스에서 갱신될 수 있는 프로젝트 관리 계획의 요소에는 범위 기준선 및 기타 기준선들이 포함된다. 이 프로세스에서 주로 사용되는 프로젝트 관리 계획의 요소에는 범위 기준선, 범위 관리 계획, 변경 관리 계획, 형상 관리 계획, 요구사항 관리 계획 등이 포함된다. 이 프로세스에서 갱신될 수 있는 기타 프로젝트 문서에는 요구사항 문서 및 요구사항 추적 행렬 등이 포함된다.

## 5.2 요구사항 밝히기 기법 : 집단 창조성 기법

창조성을 증진하기 위한 다양한 회의 진행 기법들이 존재한다. 이러한 집단의 창조성을 증진시키기 위한 회의 진행 방법들이 프로젝트 및 제품 요구사항을 확인하고 범위를 결정하기 위해서 사용될 수 있다. 또한 이런 회의에서 도출된 아이디어를 체계적으로 정리함으로써, 추가적인 아이디어의 창출을 촉진시킬 수 있는 자료 정리 기법들이 있다. 이 절에서는 이러한 집단 창조성 기법들에 대해서 알아본다.

### 5.2.1 브레인스토밍brainstorming

**브레인스토밍**은 위험 대응 대안의 작성 등 새로운 아이디어나 어떤 문제에 대한 창조적인 해결책이 필요한 경우에 널리 사용할 수 있다. 브레인스토밍은 아이디어 창출과 축약의 두 단계로 이루어진다. **아이디어 창출**idea generation 단계의 원칙은 다음과 같다.

- 비판이나 토론을 허용하지 않는다.
- 상상력을 최대한 발휘한다.
- 가능한 많은 아이디어를 생성한다.
- 아이디어를 변형 · 발전시키고 통합한다.

**아이디어 축약**idea reduction 과정의 순서는 다음과 같다.

① 가지치기 : 더 이상 고려할 필요가 없는 아이디어들은 제거한다.
② 아이디어 묶기 : 비슷한 아이디어끼리 묶는다.
③ 특징 정의 : 필요하다면 각 아이디어에 대해서 그 아이디어를 제안한 사람이 간단하게 설명하도록 한다.

④ 우선순위 정하기

브레인스토밍은 종종 겉으로는 연관성이 없는 다수의 아이디어를 통합함으로써 가장 독창적이고 혁신적인 아이디어를 창출해낸다. 전형적인 브레인스토밍에서는 참가자들이 자유롭게 아이디어를 제공하지만, **명목 집단 기법**nominal group technique과 같은 단체 인터뷰 기법을 사용하여 좀 더 구조적으로 회의를 진행할 수도 있다. 비록 현장 브레인스토밍이 더 효과적이지만, 경우에 따라서는 웹기반 브레인스토밍을 수행할 수도 있다. 또한 사전에 관련된 주제에 대한 준비warm-up 워크숍을 수행하는 것이 효과적일 수도 있다. 브레인스토밍의 기능은 다음과 같다.

- 참석한 모든 집단의 참여를 촉진한다.
- 다른 사람의 아이디어에 무임승차를 할 수 있게 한다.
- 촉진자 또는 서기가 논의된 모든 것에 대한 기록을 작성한다(따라서 아무것도 손실되지 않는다).
- 전형적으로 어떤 제기된 문제에 대해서든지, 매우 폭넓은 해결책들이 제시된다.
- 틀에 박히지 않은, 일반적인 제약에 얽매이지 않은 생각을 장려한다.

브레인스토밍은 포괄적인 프로젝트 위험 목록을 만들기 위해서 이용할 수 있다. 이때 프로젝트 팀은 일반적으로 해당 팀의 구성원이 아닌 다양한 분야의 전문가들과 함께 브레인스토밍을 수행한다. 프로젝트 위험에 대한 아이디어가 촉진자의 인도 하에서 제공된다. RBS와 같은 위험 분류를 기본적인 틀로 사용할 수도 있다. 이러한 방법으로 위험이 확인되고 종류별로 분류되며, 그 정의가 좀 더 정확해진다.

### 5.2.2 명목 집단 기법nominal group technique

**명목 집단 기법**은 다양한 규모의 투표와 같은 방법으로 신속히 결정을 내리면서도 모든 사람의 의견을 감안하고 싶어하는(단지 가장 큰 집단의 의견만이 반영되는 전통적인 투표와는 반대로) 집단들을 위한 의사결정 방법이다. 이 회의의 특징은 득표 계산 방법에 있다. 처음에는, 모든 집단 구성원들이 해결 방안에 대한 자신의 관점을 간단한 설명과 함께 제시한다. 그리고 모든 해결안들의 목록으로부터 중복된 항목을 제거한 후에, 구성원들이 해결안들에 대해서 1등, 2등, 3등, … 등으로 순위를 부여한다. 각 해결안이 받은 등위 합계를 낸 후에, 가장 낮은 값을 기록한(가장 인기가 있는) 해결안이 최종 결정으로 선택된다.

이 기법은 다양한 변형이 가능하다. 예를 들어, 이 기법은 여러 대안들 중의 하나를 선택하는 것이 아니라, 장점과 추가적인 발전을 필요로 하는 분야를 구별하기 위해서 사용할 수도 있다. 또한, 의견들의 순위를 매기는 대신에 좀 더 주관적으로 평가할 수도 있다. 이 기법의 구체적인 진행 절차는 다음과 같다.

① 소개 및 설명 : 촉진자가 참석자들을 환영하고 회의의 목적과 절차를 설명한다.

② 조용히 아이디어 만들기 : 촉진자가 각각의 참가자들에게 해결해야 할 문제가 적힌 종이를 주고 해당 문제를 보았을 때 떠오르는 모든 아이디어를 적어달라고 부탁한다. 촉진자는 참석자들에게 이 단계 동안에 서로 의견을 교환하거나 자문을 하지 말라고 부탁한다. 이 단계를 약 10분 정도 진행한다.

③ 아이디어 공유하기 : 촉진자는 구성원들이 그들이 생성한 아이디어들을 공유하도록 한다. 촉진자는 참석자들이 말한 각각의 아이디어를 플립 차트flip chart에 적는다. 모든 아이디어들이 다 적힐 때까지 라운드로빈round robin 방식으로 진행한다. 이 단계에서는 항목들에 대한 토론은 하지 않으며 참석자들이 다른 사람의 아이디어로부터 떠오르는 새로운 아이디어를 적도록 권장한다. 이 프로세스는 모든 참석자들이 동등한 기여를 할 기회를 가는 것을 보장하며 해당 집단에 의해서 만들어진 모든 아이디어에 대한 기록을 제공한다. 이 단계는 전형적으로 15~30분 정도 걸린다.

④ 집단 토의 : 참가자들에게 동료들이 만든 아이디어 중에서 그들에게 의미가 분명하지 못한 것에 대해서 말로 설명하거나 좀 더 상세한 내용을 제시하도록 권장한다. 촉진자의 임무는 모든 사람이 기여하고, 어느 한 아이디어에 지나친 시간을 소비하지 않고 모든 항목들에 대해서 철저하게 토론하는 것을 보장하는 것이다. 이 단계에서 중요한 것은 판단이나 비판을 배제하고 가능한 한 중립적으로 되는 것이다. 집단은 토의를 위해서 새로운 항목을 제안하고 항목

들을 범주들로 분류할 수 있으나, 아이디어들을 제거할 수는 없다. 이 단계는 30~45분 정도 걸릴 수 있다.

⑤ **투표와 순위 매기기** : 이 단계에서는 기록된 아이디어의 원래 문제와 관련된 우선순위를 결정한다. 이 단계가 끝나자마자 즉각적으로 참가자들은 문제에 대한 대응 방안을 확인할 수 있게 되며, 회의는 구체적인 결과를 생성하고 종료한다.

이 기법의 장점은 다음과 같다.

- **집단 상호작용**group interaction으로부터 파생되는 다음과 같은 두 문제점을 해결해 준다.
  - 어떤 구성원들은 비판 받는 것이 두려워서 아이디어를 제시하는 것을 꺼릴 수가 있다.
  - 어떤 사람은 집단들 내에 갈등을 조성하는 것을 피하려 할 수 있다.
- 차이를 최소화하고 상대적으로 균등한 참여를 보장함으로써 이러한 문제들을 해결한다.
- 시간을 절약한다.
- 다수의 아이디어를 생성하며, 따라서 의사결정의 질을 높이고 종종 덜 구조적인 집단적 방법들에서는 느낄 수 없는 완결되었다는 느낌을 만들어낸다.

이 기법의 단점은 다음과 같다.

- 한 번에 오직 한 문제만을 다룰 수 있다.
- 참여하는 구성원들 간에 어느 정도의 유사성이 있어야만 한다.
- 모든 사람들이 내포된 형식성에 어느 정도의 편안함을 느껴야 한다.
- 준비를 위해 많은 시간이 든다. 즉흥성이 없다. 설비들이 준비되고 잘 계획되어야 한다.
- 의견들이 투표 과정에서 수렴하지 않을 수도 있고, 아이디어들의 융합이 제한될 수도 있고, 프로세스가 너무 기계적으로 느껴질 수도 있다.

이 기법은 다음과 같은 경우에 특히 효과적이다.

- 어느 구성원들이 다른 사람들에 비해서 목소리가 특히 클 때
- 어떤 구성원들이 조용할 때, 더 잘 생각할 때
- 어떤 구성원들이 참가하지 않을 것이라는 우려가 들 때
- 해당 집단이 쉽사리 다량의 아이디어를 만들어내지 않을 때
- 모든 또는 일부 구성원들이 팀에 새로 들어왔을 때
- 이슈가 논쟁의 소지가 많고 치열한 갈등이 있을 때

이 기법은 1968년에 Delbecq & Van de Ven에 의해서 개발되었다. Bartunek & Murnighan은 **비구조적인 문제**ill-structured problems를 다루기 위한 변형을 개발하였다. 이 변형 방법에서는 명목적 아이디어들이 생성되고 목록이 기록된 후에, 촉진자는 아이디어들이 동일한 문제에 관련되었는지를 질문한다. 만약 그렇지 않다고 판정되면, 해당 문제는 비구조적인 문제로 분류되고, 생성된 아이디어들은 **응집적인 집단들**coherent groups로 분류된다. 이러한 비구조적 아이디어들의 군집들은 그 자체가 문제들로 취급되며, 명목 집단 기법이 이들 각각의 군집에 적용된다.

### 5.2.3 델파이 방법Delphi method

**델파이 신전**Delphi Oracle은 그리스 시대의 아폴로 신전을 말한다. 아폴로는 예언의 능력이 있는 것으로 믿어졌으며, 1960년대 초 미국의 RAND 연구소에서 개발한 예측 기법을 델파이 신전의 이름을 따서 명명하였다. 이 방법은 과학기술의 장기적인 발전과 같은 장기적인 추세를 예측하는 데 특히 효과가 있다고 알려져 있다. 이 방법은 전문가들이 직접적으로 대면하지 않고 회의를 함으로써 **그룹 상호작용**group interaction을 방지하고 보다 객관적인 결론을 도출하는 것을 목적으로 한다. 이 방법은 익명성을 보장하여 전문가들이 자유로이 의견을 개진하고, 개진된 의견들을 피드백해 줌으로써 의견을 수정할 수 있게 한다. 이 방법의 절차는 다음과 같다.

① 촉진자가 설문지를 개발하고 참여자를 선정한다.
② 설문지를 이용하여 참여자들의 의견을 확인한다.
③ 설문 조사의 결과를 분석한다.
④ 만약 참여자들 간에 의견 일치가 이루어지지 않았다면, 조사 결과를 참여자들에게 통보하고 설문 조사를 다시 한 번 수행한다.
⑤ 전문가들 간에(어느 수준 이상의) 의견 일치가 이루어질 때까지(보통 서너 번) 라운드(단계 ③과 ④)를 반복한다.

### 5.2.4 아이디어/마인드매핑idea/mind mapping

**마인드맵**mind map(mind web이라고도 함) 또는 **아이디어맵**idea map은 아이디어를 생성하고, 시각화하며 구조화하고 분류하기 위해서 사용되며, 학습 및 연구, 브레인스토밍, 기억의 회상, 시각적 사고visual thinking, 조직화, 문제 해결 및 의사결정, 저작 활동을 위한 도구로서 오랫동안 사용되었다.

마인드맵은 단어, 아이디어, 과업, 또는 기타 항목들을 관련된 중심적인 단어나 아이디어 주변에 모아서 배치한 그림으로서, 시각적으로 메모하는 방법이라고 간주할 수 있다. 마인드맵의 요소들은, 의미 또는 아이디어들 간의 관계를 표현하기 위한 목표 하에서, 그 중요도에 따라서 직관적으로 배치되며 그룹, 가지, 또는 지역으로 분류된다. 마인드맵에서는 이해를 돕기 위한 도형이나 기호를 사용할 수 있으며, 색깔을 이용해서 지역을 구분할 수도 있다.

아이디어들을 방사형radial으로 비선형적으로 그래피컬하게 나타냄으로써, 마인드맵은 계획과 조직 과업들에 대한 브레인스토밍적인 접근을 장려한다. 비록 마인드맵의 가지들이 **계층적인 나무 구조**hierarchical tree structures를 나타내지만, 그 방사형 배치는 좀 더 선형적인 시각적 암시를 주는, 전형적인 계층적 구조와 결부된 개념들의 우선순위화를 파괴한다. 이러한 브레인스토밍적인 지향은 사용자들이 개념들을 특정의 개념적 틀에 얽매이지 않고 제시하고 연관짓게 한다.

### 5.2.5 친화도affinity diagram

**친화도**는 아이디어와 자료를 조직화하는 비즈니스 도구이다. 이 방법은 다음과 같은 절차를 통해서 다량의 아이디어들(예를 들어, 브레인스토밍을 통해서 얻어

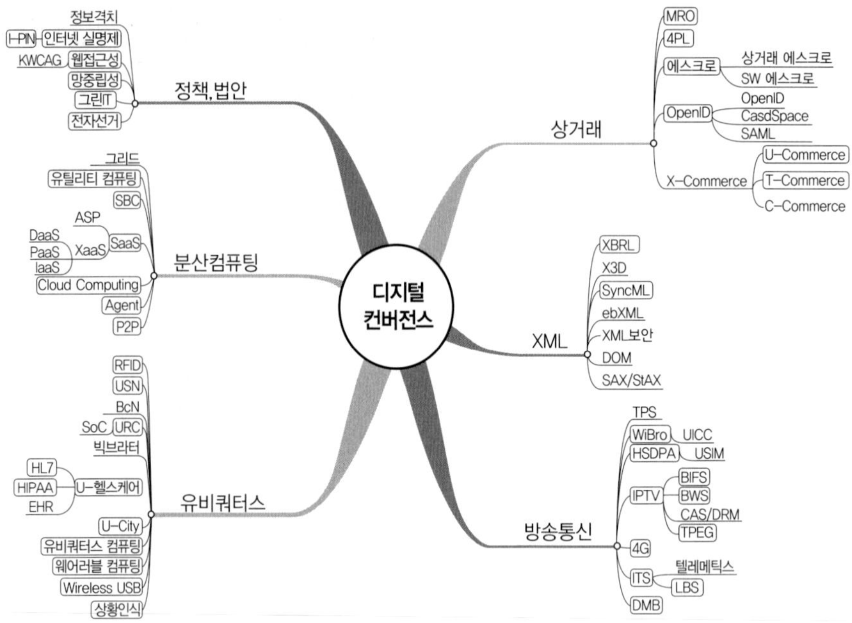


**[그림 5-1]** 마인드맵 예시

진 아이디어들이나 사용자 요구사항들)을 집단으로 분류하여 효과적으로 검토하고 분석할 수 있게 한다.

① 각각의 아이디어를 카드나 포스트잇에 적는다.

② 카드 하나를 선택하여 가장 관계가 깊다고 판단되는 집단에 추가한다(해당 집단에 해당하는 줄의 맨 밑에 붙인다. 필요하다면 제목을 수정할 수도 있다). 만약 관련된 아이디어의 집단이 없다면 따로 분류한다(벽에 부착하고, 해당 아이디어를 대표하는 제목을 작성하여 위에 붙인다. 제목은 뜻이 명확한 단어나 문장으로 만든다).

③ 모든 카드가 분류될 때까지 단계를 반복한다.

일단 모든 아이디어가 분류된 후에는, 규모가 큰 집단은 좀 더 용이한 관리와 분석을 위해서 더 작은 집단들로 재분류할 수 있다. 이렇게 분류된 집단(열)들은 연관성이 깊을수록 서로 인접하게 이동시키고 그러한 그룹들의 위쪽에 상위 제목을 만들어 붙인다(하나의 상위 표제가 둘 이상의 그룹들을 거느리는 형태가 된다). 이러한 상위 제목이 여럿이 생기면 다시 연관성이 높은 상위 제목들을 묶어

### Box 5-7 집단 심층 면접focus group 또는 focus group interview

집단 심층 면접, 즉 포커스 그룹은 일련의 참가자들이 제품, 서비스, 개념, 광고, 아이디어, 또는 패키징packaging 등에 대해서 그들의 태도attitude에 대해서 질문을 받는 정성적 조사qualitative research의 한 형태이다. 회의는 중재자moderator가 진행하며, 일반적으로 6명 내지 12명 이내의 회의 목적에 맞는 참석자들이 선발된다. 회의 진행을 위한 규정된 방법은 없으며, 질문들은 참석자들이 다른 참석자들과 자유롭게 이야기하는 상호작용적 집단 환경 하에서 주어진다.

이 기법은 마케팅, 사회과학, 도시 계획 등의 분야에서 주로 사용된다. 이 기법이 마케팅에서 사용될 때에는 각 고객 집단에 대응하는, 다수의 포커스 그룹들을 구성할 수 있다. 이 기법에는 다음과 같은 변형들이 있다.

- **양방향 포커스 그룹**two-way focus group : 하나의 포커스 그룹이 다른 포커스 그룹을 관찰하고, 관찰된 상호작용과 결론에 대해서 토론한다.
- **복수 중재자 포커스 그룹**dual moderator focus group : 한 명의 중재자가 회의를 유연하게 진행되도록 하며, 다른 한 사람은 모든 주제가 다 다뤄지도록 보장한다.
- **경쟁적 중재자 포커스 그룹**dueling moderator focus group : 두 명의 중재자가 토론되고 있는 주제에 대해서 임의로 상반되는 입장을 취한다.
- **응답자 중재 포커스 그룹**respondent moderator focus group : 한 명 이상의 응답자에게 임시적으로 중재자의 역할을 하도록 부탁한다.
- **고객 참여 포커스 그룹**client participant focus groups : 한 명 이상의 고객 대표가 공개적으로나, 비공개적으로 토의에 참가한다.
- **소 포커스 그룹**mini focus groups : 4~5명의 포커스 그룹들을 구성한다.
- **전화 포커스 그룹**teleconference focus groups : 전화로 회의를 진행한다.
- **온라인 포커스 그룹**online focus groups : 인터넷을 이용하여 회의를 진행한다.

전형적인 포커스 그룹은 일반적으로 정확한 정보를 제공하면서도, 전통적인 시장 조사에 비해서 저렴하다. 그러나 (예를 들어 신제품에 대한 전국적인 반응을 확인하기 위해서 지역별로) 다수의 포커스 그룹들을 구성해야 한다면 많은 비용이 들 수도 있다. 포커스 그룹은 집단 환경에서 상호작용 없이는 도달할 수 없는 자료와 통찰(말로 표현된 다른 사람의 경험을 듣는 것은 참여자들의 기억과 아이디어, 경험들을 자극하는 경향이 있다) 및 공동의 언어를 제공할 수 있다.

그러나 포커스 그룹은 그 크기가 작아서 모집단을 대표하지 못할 가능성이 높으며, 일대일 면접에 비해서 연구자들이 통제력을 발휘하기 힘들다. 관측자 의존성observer dependency(응답자들이 관측자의 기대에 부응하려는 경향)도 포커스 그룹의 기본적인 단점 중의 하나이다.

프로젝트 환경에서는 사전에 선정된 이해관계자와 관련 주제 전문가를 대상으로, 제안된 제품에 대한 그들의 태도와 기대를 확인하기 위해서 수행할 수 있다.[8]

8) PMBoK2008, p.100.

(경우에 따라서는 인접한 위치를 재배치할 수도 있다) 차 상위 제목을 만들어 붙인다. 결국 데이터 전체를 조직도 같은 나무 모양으로 구조화한다.

친화도 작성을 위한 회의 진행의 기본 원칙은 다음과 같다.

- 합리적인 분류법이 무엇인가에 대해 토론하지 않으며, 독특한 관점이 존중되는 환경을 만든다. 만약 분류 방식이 전혀 다른 사람이 있다면 독자적으로 작업할 수 있도록 카드 전체를 복사해 주고, 서로 다른 최종 작업 결과들을 적절히 취사선택할 수도 있다.
- 신중한 생각보다 스피드가 중요하며, 시간을 낭비하지 말고 각자 생각하는 대로 신속히 반응하도록 한다.

일단 완성되면, 친화도는 원인-및-결과도를 작성하는 데 사용할 수도 있다. 친화도는 1960년대에 카와키타 지로에 의해서 고안되었으며, **JK 방법**JK method으로 불리기도 한다.

## 5.3 요구사항을 밝히기 위한 고객과 개발자의 공동 작업

요구사항은 사용자 또는 고객과 개발자의 공동 작업에 의해서 밝혀진다. 사용자 또는 고객과 개발자의 공동 작업 형태에는 가장 간단한 일-대-일 인터뷰, 요구사항 워크숍, JAD 등이 있다. 일-대-일 인터뷰는 가장 간단한 공동 작업 형태이며, 가장 비용이 저렴하다.

### 5.3.1 요구사항 워크숍requirement workshop

**요구사항 워크숍**에서는 모든 주요 이해관계자들이 모여, 요구사항 관리에 경험이 많은 촉진자의 진행 하에 짧은 기간에(보통 2일 이내) 새 시스템이 구현할 상위수준의 기능들을 작성하고 검토하는 데 집중한다. 촉진자는 경험이 충분히 많아야 하며, 외부 인사가 바람직하다. 그러나 팀의 내·외부로부터 신뢰를 받고,

모임 도중의 도전을 감당할 수 있을 정도로 충분히 강하다면, 내부인도 촉진자가 될 수 있다.

요구사항 워크숍의 기능은 다음과 같다.

- 이 프로젝트의 성공이라는 하나의 공통된 목표에 헌신하는, 효율적인 팀을 구성하는 데 도움을 준다.
- 모든 이해관계자들이 발언을 한다.
- 응용프로그램이 무엇을 해야 하는가에 대한 이해관계자들과 개발자 팀 간의 합의를 도출해낸다.
- 프로젝트 성공을 저해하는 정치적 쟁점을 노출시키고 해결한다.
- 그 결과물, 즉 기능 수준에서의 초기 시스템 정의가 즉시 사용가능하다.

촉진자의 기능은 다음과 같다.

- 전문적이고 객관적인 모임의 분위기를 조성한다.
- 정시에 모임을 시작하고 종료시킨다.
- 모임의 규칙을 확립하고 집행한다.
- 모임의 목표와 의사일정을 소개한다.
- 모임을 관리하고 팀이 궤도를 벗어나지 않도록 한다.
- 의사 결정과 합의 도출은 촉진하나, 그 내용에 관여하는 것은 삼간다.
- 초점이 의사 결정에 집중되도록 설비와 보급을 관리한다.
- 모든 이해관계자가 참여하도록 보장하고 그들의 발언 내용이 주목받도록 한다.
- 급작스럽고 비생산적인 행위를 통제한다.

### 5.3.2 JAD

JADJoint Application Development는 가장 정형적이고 대규모의 사용자와 자료 처리 전문가 공동의 작업 형태이다. JAD는 조직의 여러 분야에 영향을 주는 의사결정자들 간의 공동 작업 방법으로 발전하였다. JAD는 프로젝트를 계획하거나, 컴퓨터 시스템을 설계하거나, 또는 업무적인 의사결정을 내리기 위해 사람들이 함께

**Box 5-8** JAD의 5단계

| 번호 | 단계 | 결과 산출물 | 단계 | 작업일수 |
|---|---|---|---|---|
| 1 | JAD 프로젝트 정의 | • 경영진 정의 가이드 | 경영자 인터뷰 | 1 내지 3 |
| | | | 경영진 정의 가이드를 작성하기 | 1 내지 3 |
| | | | 회의 일정을 작성하기 | 1 |
| 2 | 조사 | • 데이터 모델<br>• 프로세스 모델<br>• 예비 정보<br>• 회의 일정 | 기존의 시스템과 친숙해지기 | 1 내지 4 |
| | | | 데이터 요구사항을 기록하기 | 1 내지 5 |
| | | | 비즈니스 프로세스를 기록하기 | 1 내지 5 |
| | | | 예비 정보를 수집하기 | 1 내지 4 |
| | | | 회의 일정을 준비하기 | 1 |
| 3 | 준비 | • 작업 문서<br>• OHP, 플립 차트 | 작업 문서를 준비하기 | 2 내지 5 |
| | | | OHP, 플립차트 등을 준비하기 | 1 |
| | | | 사전 회의를 개최하기 | 1 |
| 4 | 회의 | • 서기 노트와 양식 | 회의를 개최하기 | 1 내지 5 |
| 5 | 최종 문서 작성 | • JAD 문서<br>• 서명된 승인 양식 | 최종 문서를 작성하기 | 1 내지 5 |
| | | | 참여자들의 문서 검토하기 | 2 |
| | | | 검토 회의를 개최하기 | 1 |
| | | | 최종 문서를 수정하고 배포하기 | 2 |

JAD는 임원 후원자와 촉진자가 함께 경영진 정의 지침management definition guide를 만드는 것으로부터 시작한다. 경영진 정의 가이드는 경영진이 프로젝트로부터 원하는 것을 정의한다. 이것은 경영진의 관점에서 작성되며 프로젝트의 목적, 범위, 목표들을 포함한다. 이것은 경영자의 명령과 방침을 전달한다. 이것은 10~20쪽의 문서이며 비즈니스 영역에서 수행되는 인터뷰로부터 작성된다. 경우에 따라서는 전체 JAD 세션이 이 경영 정의 가이드를 작성하기 위해서 수행되기도 한다.

경영진 정의 지침은 다음의 내용을 포함한다(단, *표한 부분은 필요한 만큼 반복한다).

- 프로젝트의 목적
- 프로젝트의 범위
  - 새 비즈니스 프로세스의 사용자들
  - 영향을 받는 비즈니스 영역들
  - 영향을 받는 시스템들
- 경영 목표들
- 비즈니스 프로세스들
- 제약들

- 자원 제약들
  - 인원
  - 물리적 공간
  - 하드웨어
  - 기타
- 가정들*
  - 주제
  - 서술
- 미해결된 이슈들*
  - 이슈 번호
  - 이슈 이름
  - 할당되는 곳
  - 해소된 날짜
  - 서술
- 세션 참석자들

하는 구조적인 워크숍(JAD 세션이라고 불린다)을 중심으로 한다. JAD는 구체적인 회의 안건, 가시적인 보조 기구, 회의를 진행하는 촉진자 등이 필요하며, 최종적으로 의견이 일치된 요구사항들을 산출한다.

JAD는 프로젝트 정의, 조사, 준비, 회의 그리고 최종 문서 작성의 5단계로 이루어진다. JAD에 참여하는 사람들의 종류에는 임원 후원자, 촉진자, 서기, 풀타임 참여자들이 있으며, 경우에 따라서는 호출 참여자와 관찰자가 추가적으로 참가하기도 한다.

JAD 회의의 성공은 의사결정을 하는 3~5일 동안 회의에 참여하는 사람이 누구인가에 크게 의존한다. JAD의 성공을 위해서 가장 중요한 역할은 임원후원자와 촉진자이다. 이들은 일반적으로 JAD의 가장 초기에 선정되어, 함께 경영진 정의지침을 작성한다. JAD의 성공을 위해 따라야 하는 일반적인 원칙은 다음과 같다.

- JAD의 성공을 위해서는 경영진의 참여가 필요하다.
- 풀타임 참여자들이 세션 전체에 참여해야 한다.
- JAD의 성공을 위해서는 훈련된 촉진자가 필요하다.

- 세션에 적절한 사람이 참여하여야 한다.
- 모든 참여자들은 동등하다.
- JAD의 준비는 JAD 세션 그 자체만큼 중요하다.
- 좋은 회의 일정을 만들고 그것을 지킨다.
- 세션에서 적절한 도구와 기법을 사용한다.
- 기술적인 특수 용어는 최소한으로 사용한다.
- 품질 높은 최종 문서를 빠르게 작성한다.

## 5.4 WBS 작성 방법

### 5.4.1 WBS 개요

WBSwork breakdown structure(작업 분할 구조)는 "프로젝트 목표와 요구되는 인도물들을 만들기 위해서 프로젝트 팀이 수행해야 하는 인도물 — 지향적인 계층적 분할작업"으로 정의할 수 있다. WBS와 관련된 중요한 용어에는 다음과 같은 것들이 있다.

- **인도물**deliverable : 인도물은 "한 프로세스, 단계, 또는 프로젝트를 완수하기 위해서 생산되어야 하는, 유일하고, 입증 가능한any unique and verifiable 제품, 서비스, 또는 서비스를 수행할 수 있는 능력"을 말한다. 종종 인도물은 프로젝트 후원자 또는 고객에 의해서 승인 받아야 하는 외적 인도물external deliverable에 국한되는 좁은 의미로 사용되기도 한다.
- **작업 패키지**work package : 각 WBS 가지의 최하위 수준의 인도물 또는 프로젝트 작업 구성요소. 작업 패키지는 해당 인도물 또는 프로젝트 작업 구성요소를 완성하기 위한 일정 활동들과 일정 이정표들을 포함한다.
- **통제 계정**control account : 범위, 예산(자원 계획), 실제 비용, 그리고 일정이 성과 측정을 위한 획득 가치에 비교된다. 통제 계정은 WBS의 선택된 관리 포인트(선택된 수준의 특정 구성요소)들에 배치된다. 각 통제 계정은 한 개 이상의 작업 패키지를 포함할 수 있으나, 각각의 작업 패키지는 단 하나의 통제 계정

### Box 5-9 프로그램 작업 분할구조[9)]

프로그램 작업 분할구조program work breakdown structure : PWBS는 작업을 조직화하고 관리하기 위한 틀을 제공한다. PWBS는 현실적인 일정을 수립하고, 비용 추정치들을 개발하고, 작업을 조직화하기 위한 필수적인 도구이다. 뿐만 아니라, PWBS는 프로그램이나 프로젝트 보고, 추적 및 통제에 필수적이다. PWBS는 모든 프로젝트와 프로그램을 위해서 개발되고 사용된다. PWBS를 미래의 활동들과 작업 범위가 쉽게 관리될 수 있도록 조직하는 것이 중요하다.

PWBS는 프로그램의 전체 범위를 포괄하는 인도물 지향적인 계층적인 분할이며, 구성 컴포넌트들에 의해서 생산될 인도물들을 포함한다. PWBS에 포함되지 않는 것들은 프로그램 범위 밖이다. PWBS는 계획, 절차, 표준, 프로세스, 주요 프로그램 이정표, 프로그램 관리 인도물, 및 프로그램 관리 오피스 지원 인도물들과 같은 프로그램 관리 인조물들을 포함하며, 이러한 것에만 국한되지 않는다.

PWBS는 프로그램 관리자와 컴포넌트 관리자들 간의 효과적인 통제와 의사소통을 위한 핵심 요소이다. 프로그램의 개요를 보여주며 각각의 프로젝트가 어떻게 그 틀 안에 들어맞는가를 보여준다. 분할은 프로그램 관리자에게 필요한 통제 수준까지 진행된다. 전형적으로, 이것은 각 구성 프로젝트 WBS의 첫째 또는 둘째 수준에 해당한다. 이것을 기반으로, PWBS는 프로그램 일정을 개발하는 통제 틀을 제공하며, 프로그램 관리자가 획득 가치 관리를 하기 위한 관리 통제 시점을 정의하는 등의 역할을 한다.

PWBS의 최하위 수준의 구성요소는 프로그램 패키지program package이다. PWBS 구성요소에 대한 완전한 서술과 추가적인 정보는, PWBS의 필수 구성요소인 PWBS 사전PWBS dictionary에 수록된다. PWBS는 프로그램 내의 각 프로젝트를 위한 WBS를 대체하지 않는다. 그 대신에, PWBS는 프로그램의 범위를 명확히 하고, 운영 또는 제품들과의 인터페이스를 확인하며 프로그램의 종료를 확실하게 하기 위해서 사용된다. 또한 PWBS는 프로그램 내의 모든 비프로젝트 작업을 포착하기 위한 장소이다. 이것은 프로그램 관리 오피스 내의 사용을 위해 개발된 프로그램 관리 인조물, 공개적인 의사소통을 위한 외부 인도물, 그리고 설비나 인프라스트럭처와 같은 프로젝트들 공동의 최종적 인도물들을 포함한다.

에만 연관될 수 있다. 각 통제 계정은 조직 분할 구조OBS : organizational breakdown structure에서 구체적인 하나의 조직 구성 요소와만 연관될 수 있다. 통제계정을 이전에는 일반적으로 "비용 계정cost account"이라고 불렀다.

WBS는 작업 패키지와 중간 인도물들의 계획 및 예산 수립, 지출, 원가 추정, 일정 계획, 성과 측정, 변경 관리를 포함하는, 프로젝트 관리의 모든 다른 측면들과 통합시키는 기반을 제공한다. 인도물 지향적인 WBS는 다음과 같은 구체적인

9) StdPgM2008 p.114.

이익을 제공하며, 이와 관련된 설계 및 관리와 관련된 다양한 이점을 제공한다.

- 프로젝트 후원자, 이해관계자, 팀원들과의 좀 더 좋은 의사소통
- 과업, 위험, 적시성, 비용에 대한 좀 더 정확한 추정
- 작업의 100%가 식별되고 포함되었다는 것에 대한 확신 증가
- 프로젝트 내의 통제 프로세스의 기반을 제공하며, 작업을 적절한 조직 단위, 하청업자, 또는 개인에게 할당하기 위한 기반 제공

### 5.4.2 100% 규칙

이 규칙은 WBS는 프로젝트 범위에 의해서 정의된 작업의 100%를 포함해야 하며, 또한 프로젝트 관리를 포함해서 완성되어야 하는 작업의 관점에서 내적, 외적, 그리고 중간의 모든 인도물들이 완료되어야 한다는 것을 의미한다. 이 100% 규칙은 WBS의 개발, 분해, 평가와 관련된 가장 중요한 원칙이다. 이 원칙은 계층 내의 모든 수준에 적용된다. 자식 수준에서의 작업의 총합은 부모에 표현된 작업의 100%와 같아야 하며, WBS는 프로젝트의 실제 범위 밖의 어떠한 작업도 포함하면 안 된다. 즉, WBS는 100% 이상의 작업을 포함해서도 안 된다.

**100% 규칙**은 활동 수준에서도 적용된다. 즉, 각 작업 패키지 내의 활동으로 표현되는 작업은 합쳐서 해당 작업 패키지를 완성하기 위해서 필요한 작업의 100%가 되어야 한다. 100% 규칙 이외의(실제로는 100% 규칙의 하위 규칙이라고도 할 수 있음), 흔히 거론되는 WBS 작성 원칙은 다음과 같다.

- **상호배타적인 요소들** : 두 구성 요소 간에 범위의 중첩이 있으면 안 됨
- **계획된 행위가 아닌, 계획된 결과** : 이 원칙은 사전에 방법을 너무 상세히 규정함으로써 프로젝트 참여자의 창의성을 제한하는 것을 방지함

### 5.4.3 WBS 품질 평가 기준

WBS 품질 속성 또는 평가 기준은 모든 WBS에 해당하는 핵심 속성들과 특수한 사용 맥락과 연관된 속성들로 분류할 수 있다. 이러한 품질 속성들은 모든 범위의 정의 수준에 공통적으로 적용되며, 프로젝트 WBS, 프로그램 WBS, 포트폴

리오 WBS 간에 개념적인 차이가 없다.

핵심 WBS 품질 속성은 다음과 같다.

- 프로젝트 구성 요소들의 인도물 지향적인 분류이다.
- 프로젝트의 범위를 정의한다.
- 작업을 명백하게 하고 프로젝트 범위를 모든 이해관계자와 의사소통한다.
- 범위에 의해서 정의된 작업의 100%를 포함한다.
- 프로젝트 관리를 포함해서, 완성되어야 할 작업의 관점에서 내부, 외부, 중간 산출물들을 파악한다.
- 각 수준의 분할이 부모 수준 작업의 100%를 포함하도록 구성되었다.
- 해당 작업 패키지를 인도하기 위해서 수행되어야 하는 과업들의 식별을 명확하게 지원하는 작업 패키지들을 포함한다.
- 프로젝트 범위의 도형, 문서, 또는 표 형태의 분할을 제공한다.
- 명사와 형용사(동사가 아니라)를 사용하여 정의된 구성 요소들을 포함한다.
- 모든 인도물들을 계층적 구조로 정리한다.
- 각 구성 요소에 대해서 도표나 개요 등의 표현 형식에 구애 받지 않고, 그 계층적 성격을 명확히 식별할 수 있는 코딩 체계coding scheme를 채택한다.
- 최소한 한 번의 분해를 포함하는 2개 이상의 수준을 갖는다.
- 해당 작업을 수행할 사람들에 의해서 작성되었다.
- 충분한 지식이 있는 주제 분야 전문가SME: subject matter experts 및 기타 이해관계자(재무 및 비즈니스 관리자와 같은)들로부터의 기술적 입력 자료에 근거해서 작성되었다.
- 프로젝트 범위가 점진적으로 명확해짐에 따라서, 범위가 기준선화될 때까지 반복적으로 진화한다.
- 프로젝트 변경 통제에 맞추어서 갱신되며, 그렇게 함으로써 프로젝트 범위가 기준선화된 이후에도 지속적인 개선을 가능하게 한다.

WBS는 개별 프로젝트, 산업 또는 환경에 특유한 목적에 맞추어 사용할 수 있어야 한다. 이렇게 사용 맥락에 맞추어 WBS를 사용할 수 있게 하는, 또는 적절히

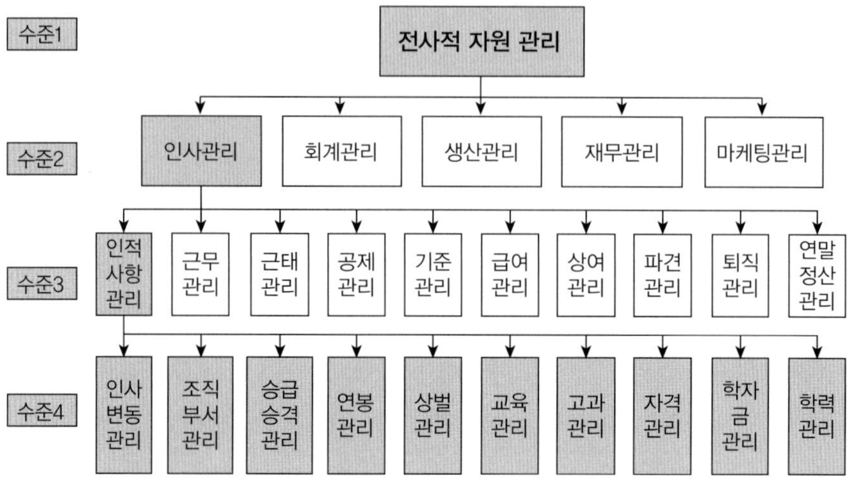


**[그림 5-2]** WBS 예

조절해야 하는 속성들에는 다음과 같은 것들이 있다.

- 충분한 수준의 분해를 달성한다.
- 모든 작업에 대해서 의사소통할 수 있는 충분히 상세한 내용을 제공한다.
- 구체적인 프로젝트 또는 조직에 의해서 요구되는 대로 추적을 하기에 적절하다.
- 통제 활동을 위해서 적절하다.
- 각 프로젝트에서 요구되는 대로, 구체적인 종류의 WBS 구성요소들이 포함할 수 있다.
- 적당한 수준에서의 책임 할당을 가능하게 한다.
- 프로젝트 관리와 모니터링 요구사항을 충족시킬 수 있도록 간결하고, 명료하고, 논리적으로 조직된 구조를 갖는다.

### 5.4.4 WBS 개발 절차

WBS를 개발하는 방법으로는 일반적으로 하향식, 상향식, WBS 표준, WBS 템플릿의 네 가지가 사용된다. 각 단계의 구체적인 절차는 다음과 같다.

(1) 하향식top-down

① **프로젝트의 최종 제품을 식별한다** : 상위 수준의 프로젝트 범위 문서(작업 선언

및 기술적 요구사항 같은)를 철저히 검토한다.

② 프로젝트의 주요 인도물들(설계 명세와 같이, 필요하기는 하나 그 자체로는 비즈니스 필요를 충족시키지는 못하는 중간 인도물인 경우가 종종 있다)을 정의한다.

③ 주요 인도물들을 관리 및 통합 통제에 적절한 수준까지 상세히 분할한다. 이러한 WBS 요소들은 정상적으로 독자적으로 인도 가능한 제품의 명확하고 개별적인 식별과 연계된다. 각 수준의 작업의 총합은 상위 수준의 작업의 100%를 표현해야 한다. WBS의 각 작업 패키지는 단 하나의 인도물을 포함해야 한다.

④ 프로젝트 계획이 성공적으로 완수되고 수행과 통제가 성공적으로 원하는 인도물들과 결과를 산출하도록, 프로젝트 이해관계자들이 합의할 때까지 WBS를 검토하고 정제한다.

(2) 상향식bottom-up

① 프로젝트에 포함된 모든 인도물(또는 작업 패키지)들을 식별한다. 만약 참가자들이 활동들을 제안하면, 연관된 인도물들(해당 활동들 그 자체가 아니라, 제안된 활동들을 연관된 인도물들로 전환해서)을 포함시켜야 한다. 각 작업 패키지는 단 하나의 인도물만을 포함해야 한다.

② 논리적으로 연관된 작업 패키지(또는 인도물)들을 함께 묶는다.

③ 인도물들을 다음 수준(예를 들어서, 부모 수준)으로 통합한다. 각 수준의 요소들의 총합은 그 상위 수준의 작업의 100%를 표현해야 한다.

④ 일단 주어진 일련의 연관된 과업들이 하나의 부모로 통합되면, 모든 작업이 포함되었는가를 확인하기 위해서 다시 그 하위 집합을 분석한다.

⑤ 모든 하위 요소들이 해당 프로젝트에 해당하는 하나의 부모로 통합될 때까지 이상의 과정을 반복한다. 완성된 구조가 프로젝트 범위 전체를 포함하는지를 확인한다.

⑥ 프로젝트 계획이 성공적으로 완수되고 수행과 통제가 성공적으로 원하는 인도물들과 결과를 산출하도록, 프로젝트 이해관계자들이 합의할 때까지 WBS를 검토하고 정제한다.

〈표 5-2〉 WBS 작성 방법들의 장단점

| 이름 | 설명 | 장점 | 단점 |
|---|---|---|---|
| 하향식<br>top-down | WBS의 점진적인 이해를 통해 작성 | 구조가 편리하게 상태 보고와 연계된다.<br>프로젝트 구조를 논리적으로 구성하기 쉽다.<br>프로젝트 인도물에 대해서 브레인스토밍/발견할 때 유용하다.<br>추가적인 인도물이 발견되었을 때 추가하기 편리하다. | 어떤 작업 패키지도 누락되지 않았는지 항상 주의하여야 한다.<br>모니터링 및 통제에 사용하기 위해서는 충분히 상세한 수준까지 작성되어야 한다. |
| 상향식<br>bottom-up | 지식, 정보, 경험 등이 풍부하거나 적당한 WBS 템플릿 필요 | 각각의 인도물들과 작업에서 시작하여 전체 프로젝트로 역방향으로 통합한다.<br>모든 작업 패키지가 포함된다. | WBS를 작성하기 전에 모든 인도물들을 식별해야 한다.<br>작업 패키지가 논리적으로 분류되는 것을 보장한다.<br>큰 그림에 대한 초점을 놓칠 수 있다. |
| WBS 표준<br>WBS standards | WBS를 구축하기 위한 일련의 원칙 | 포맷들이 미리 정의되어 있다.<br>프로젝트들 간의 WBS 일관성을 증진시킨다. | 프로젝트를 표준에 맞추어야 한다.<br>불필요한 인도물을 포함하거나, 프로젝트에 특수한 인도물을 포함하지 못할 수가 있다.<br>모든 프로젝트가 잘 짜여진 WBS 표준들 조합에 적합한 것은 아니다. |
| WBS 템플릿<br>WBS templates | 샘플 WBS로 기존 WBS를 재사용 | WBS 생성을 위한 시작점을 제공한다.<br>요구되는 상세도에 따라서 적절한 수준으로 작성하는 데 도움이 된다.<br>프로젝트들 간의 WBS 일관성을 증진시킨다. | 프로젝트가 표준에 부합하여야 한다.<br>불필요한 인도물을 포함하거나, 프로젝트에 특수한 인도물을 포함하지 못할 수가 있다.<br>모든 프로젝트가 잘 짜여진 WBS 템플릿 조합에 적합한 것은 아니다. |

출처 : [PMI2006], p.29, Table 5-1.

### (3) WBS 표준organizational WBS standards

조직의 WBS 표준은 WBS를 구축하기 위한 일련의 원칙들이며, 포맷, 일련번호 부여 규칙, 명칭 부여 관행, 또는 기타 필요한 요소들을 포함할 수 있다. WBS 표준은 높은 프로젝트 관리 성숙 수준이 필요한 많은 조직에서 흔히 사용된다. 이러한 표준들은 조직 전체에 걸친 일관성과 완전성을 달성하는 데 도움이 된다. WBS 표준의 예에는 다음과 같은 것들이 포함된다.

- 프로젝트 관리는 수준 2의 WBS 요소가 되어야 한다.

● 도형 및 문서형 WBS 관점들이 반드시 개발되고 유지되어야 한다.

(4) WBS 템플릿WBS templates

WBS 템플릿은 샘플 WBS이다. 조직은 상이한 유형의 프로젝트들과 상이한 생애주기를 위해서 다양한 템플릿을 보유할 수 있다. WBS 표준이나 템플릿의 사용은 WBS 또는 WBS 구성 요소들의 재사용을 통해서 일관성을 증진시킨다. 기존의 구성 요소를 재사용할 때에는, 반드시 해당 WBS를 현재 프로젝트의 구체적인 필요와 요구사항에 맞추어 수정해야 한다.

하향식 방법은 WBS의 점진적인 이해 및 개발을 허용하며, 프로젝트 관리자가 WBS를 개발한 경험이 적거나 해당 프로젝트의 제품이나 서비스가 잘 이해되지 않았을 때, 또는 적절한 WBS 템플릿이 없을 때에 사용하기 적당하다. 반대로, 상향식 방법은 지식, 정보, 경험 등이 풍부하거나 적당한 WBS 템플릿이 있을 때 적절하다. 만약 적당한 WBS 표준이나 템플릿이 있다면, 반드시 적극적으로 활용하여야만 한다. WBS의 작성은 반복적인 작업이며 높은 품질의 최종 WBS를 만들기 위해서는 한 개 이상의 방법을 사용해야 할 수도 있다.

## 5.5 소프트웨어 요구사항 프로세스

### 5.5.1 요구사항 밝히기

(1) 요구사항 프로세스의 중요성

요구사항은 범위 관리의 기초 자료를 제공하며, 모든 후속 개발 작업의 기초를 이룬다. 만약 올바른 요구사항이 없다면, 프로젝트를 주어진 일정과 예산 내에서 마치고 계획된 시스템의 사용자들을 만족시킬 가능성은 거의 사라지게 된다. 요구사항 프로세스는 복잡하거나 복잡해야 할 필요가 없다. 그러나 요구사항 프로세스는 어떤 규모의 프로젝트들에서도 요구된다. 프로젝트나 조직이 요구사항 프로세스를 갖는 것이 그것들의 어떤 다른 구체적인 구성 요소의 유무나 그 성질보다 중요하다.

**Box 5-10 단계별 오류 발생률과 제거율**

| 단 계 | 발생률 | 제거율 | 잔존율 |
|---|---|---|---|
| 요구 사항 | 1.00 | 77% | 0.23 |
| 설계 | 1.25 | 85% | 0.19 |
| 코딩 | 1.75 | 95% | 0.09 |
| 문서 | 0.60 | 80% | 0.12 |
| 오류 수정 | 0.40 | 70% | 0.12 |
| 합계 | 5.00 | 85% | 0.75 |

참조 : JONESOO

소프트웨어 개발 프로젝트에서 오류 발생률은 코딩 단계가 가장 높지만, 제거율은 요구사항 단계가 가장 낮으며 결과적으로, 오류 잔존율은 요구사항 단계가 0.23으로 가장 높고, 코딩 단계가 0.09로 가장 낮다. 따라서 소프트웨어 오류를 줄이기 위해서는, 요구사항 단계에서의 오류 발생률을 줄이고 제거율은 높이는 것이 가장 중요하다.

요구사항 오류를 줄이기 위해서는 프로젝트 초기에 사용자를 비롯한 다양한 이해관계자를 프로젝트 개발 과정에 참여시키는 것이 무엇보다 중요하다. 초기 단계에서의 활발한 이해관계자 참여는 잘못된 요구사항 정의와 중요한 요구사항 탈락을 방지하는 데에 필수적이다. 초기 단계에서의 활발한 이해관계자 참여는 또한 프로젝트 후반의 요구사항 변경과 추가를 방지하는 데에도 또한 효과적이다. 프로젝트 중간 단계에서는 개발팀 외의 이해관계자의 개입은 되도록 억제하는 것이 바람직한 경우가 많다. 외부 이해관계자의 참여는 프로젝트 후반에 제품 인수 과정 전후에 다시 촉진되어야 한다.

요구사항 프로세스는, 예를 들면, 공유된 비전을 달성하고, 요구사항을 위한 고객과 공급자의 공동 책임을 보장하고, 효과적인 프로젝트 조정을 가능하게 하는 기제를 필요로 한다. 요구사항 프로세스는 시스템과 소프트웨어의 개발 동안에 수행되는 모든 활동들에 대해서 영향을 미친다. 자동화된 요구사항 도구들이 각 요구사항의 우선순위, 그것들 간의 연관 관계, 그것이 코드 안에서 충족되어 있는 곳, 그리고 그것이 입증되고 테스트된 방법 등과 같은 속성들을 제공하기 위해서 필요하다. 하나의 산업으로 우리는 요구사항 프로세스에 충분한 시간과 노력을 투자하고 있지 않으며, 이것이 바로 문제의 근본적인 원인이다.

요구사항들을 효과적으로 다루는 것은 시스템과 소프트웨어를 개발하는 관리자와 실무자에게 가장 큰 도전이다. 비록 지난 50여 년 동안 시스템과 소프트웨어를 개발해 왔지만, 이 산업은 고객의 필요를 충족시키는 제품을 제공하는 데 있어 전 세계적으로 큰 어려움을 겪고 있다. 좀 더 효과적인 요구사항 프로세스와 관행을

**Box 5-11** 바람직한 요구사항 프로세스의 비율

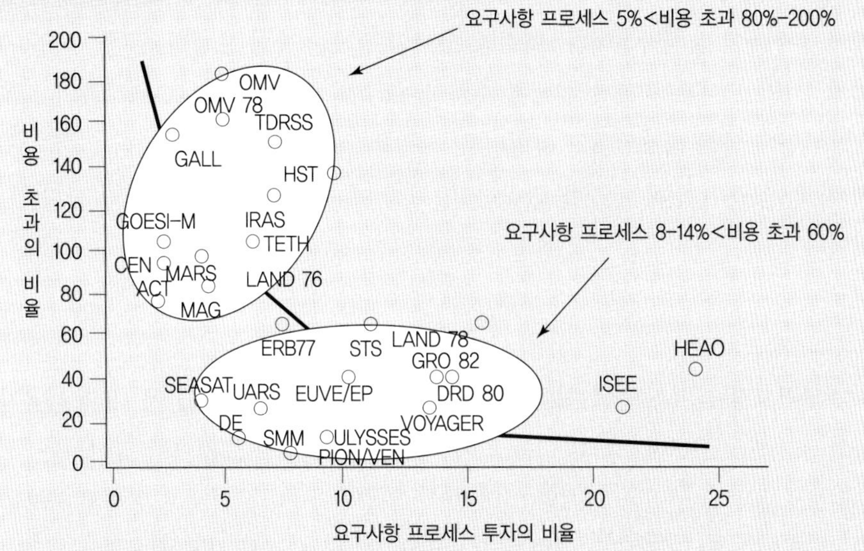


자료원 : YOUNG01, pp.62, 80.

어떤 시스템이나 소프트웨어 프로젝트든 모두 그 계획된 시스템이 충족하여야 할 일군의 요구사항들로부터 시작한다. 요구사항이란 시스템의 필요한 속성이다. 그것은 시스템이 사용자에게 가치나 효용을 갖기 위해 필요한 시스템의 성능, 특성, 또는 품질 요소를 규정하는 선언으로 정의될 수 있다. 요구사항과 요구사항 프로세스에 충분한 주의와 노력을 기울이는 것은 매우 중요하다. 위 그림에서도 볼 수 있듯이, 요구 사항 프로세스에 총비용의 5% 미만만 투자한 경우에는 총비용이 예상 비용보다 80-200% 더 초과하였으나, 8-14%를 투자한 경우에는 60% 이하의 초과비용이 발생하였다. 위 그림은 전체예산의 약 14% 정도를 요구사항 과정에 투자하는 것이 바람직하다는 것을 시사한다.

적용함으로써 프로젝트 실패의 가장 큰 원인을 제거할 수 있다. 필요한 개선 활동은 지금 낭비되고 있는 프로젝트 비용의 약 삼분의 일 정도로 수행될 수 있다.

(2) 맥락적 조사와 설계

**맥락적 설계**contextual design는 소프트웨어와 하드웨어를 정의하기 위한 여러 가지의 고객 중심적 기법들을 하나의 통합된 설계 과정으로 통합하는 방법론이다. 맥락적 설계는 자료를 수집하고, 설계하고, 팀과 조직적 맥락을 관리하는 것과 관련된 이슈들을 다룬다. 맥락적 설계의 가장 큰 특징 중의 하나는(고객과 분석자들 공동의) 회의를 진행하는 기술을 가장 중요한 설계 기술 중의 하나로 강조하는 것

이다.

**맥락적 조사**contextual inquiry는, 고객 중심적 시스템을 설계하기 위한, 맥락적 설계의 주춧돌이자 시작점이다. 맥락적 조사의 결과는 작업 모형화, 통합, 작업 재설계, 그리고 사용자 환경 설계를(순차적으로) 거쳐, 최종적으로 고객과의 프로토타이핑에 의해 테스트되고 확인된다. 맥락적 조사의 핵심은 "고객이 일하는 곳에 가서, 고객이 일하는 것을 관찰하고, 그 일에 대해서 고객과 이야기 한다."는 것이다.

(3) 스토리보딩

**스토리보딩**storyboarding의 목적은 응용을 위해서 제안된 개념들에 대한 사용자들의 조기의 반응("네, 그러나")을 얻어 내는 것이다. 소프트웨어에 있어서는, 스토리보드는 주로 인간과 기계의 인터페이스의 기본 사항을 밝히기 위해서 사용된다. 효과적인 스토리보딩은 저렴하고 사용하기 쉬운 도구를 사용한다.

**스토리보드**는 그것의 사용자와의 상호작용 형태에 따라서 수동적, 능동적, 또는 상호작용적의 세 가지로 분류될 수 있으나; 저렴하고 신속히 수행할 수 있는 스케치 등의 형태가 가장 널리 쓰인다. 즉, 스토리보딩은 저렴한 도구를 사용하여, 따라서 다양한 시행 착오를 통하여, 조기의 풍부한 사용자 피드백을 얻어내기 위해서 고안된 강력한 기법이다.

사용자 기반 시스템의 스토리보드는 활동의 다음의 세 가지 기본 요소를 다룬다.

- 행위자(사용자, 외부시스템, 또는 장치 등이 될 수 있음)가 누군가? 사용자에 대해서는, 상호작용은 전형적으로 사용자 입력 스크린 또는 자료 입력 폼, 데이터나 리포트와 같은 출력, 또는 다른 종류의(버튼, 스위치, 디스플레이, 그리고 모니터 같은) 입력과 출력 장치들에 의해서 묘사된다.
- 무엇이 그것들에게 일어나는가?
- 그것이 어떻게 일어나는가?

스토리보딩 지침은 다음과 같다[LW00 참조].

- **스토리보드에 너무 많은 시간을 투자하지 말라** : 최종 제품 같아 보이면 고객은 수정하기를 꺼릴 수가 있다. 스토리보드는 개략적이고, 심지어는 거친 스케치라도 무방하다.
- **만약 당신이 아무것도 고치지 않는다면, 아무것도 배우지 않는다** : 스토리보드는 고치기 쉬워야 한다. 당신은 스토리보드를 몇 시간 안에 고칠 수 있어야 한다.
- **스토리보드를 너무 좋게 만들지 말라** : 스토리보드를 스케치로 유지하라.
- **가능한 한, 스토리보드는 상호작용적이게 만들어라** : 고객의 사용 경험은 더 많은 피드백을 만들어내고 새로운 요구사항을 더 많이 밝혀낸다.

### (4) 프로토타이핑

**프로토타이핑**prototyping은 가장 널리 쓰이고 있는 소프트웨어 요구사항 밝히기 기법 중의 하나이다. 프로토타이핑에는 다양한 종류가 있다. 프로토타입은 세 가지의 기준에 의해서 분류할 수 있다.

- **수평적 프로토타입 vs 수직적 프로토타입** : '수평적'은 우리가 넓은 범위의 소프트웨어기능을 구현하려고 한다는 것을 의미하며, 수직적 프로토타입은 소수의 요구사항을 높은 품질 수준에서 정밀하게 구현하는 것을 말한다.
- **폐기용 프로토타입 vs 진화적 프로토타입** : '폐기throwaway'는 작업의 목적이 가능성을 확인하는 것을 의미하며, 대체적 기술, 시뮬레이션, 또는 당신의 목적을 달성시킬 수 있는 그 어떤 것이든 사용한다. 일단 완성된 후에는 그 과정에서 얻어진 지식만을 간직하고, 그 산출물은 폐기한다. '진화적evolutionary'은 프로토타입을 최종 시스템에서 사용할 바로 그 아키텍처에서 구현하였으며, 그 프로토타입을 발전시킴으로써 최종 시스템을 구축할 수 있다는 것을 의미한다.
- **아키텍처 프로토타입 vs 요구사항 프로토타입** : 아키텍처 프로토타입은 주로 사용될 기술의 실현 가능성을 확인시킨다. 요구사항 프로토타입은 소프트웨어의 부분적 구현으로, 개발자와 사용자, 그리고 고객이 시스템의 요구사항을 보다 잘 이해할 수 있도록 돕기 위해서 작성된 것을 의미한다.

만약, 주요 프로젝트 위험 영역이 사용자 인터페이스라면 요구사항 프로토타입을, 사용하려는 기술이 사용해 본 적이 없는 새로운 것이라서 성능이나 처리량 목표를 달성할 수 있는지 불확실하다면 아키텍처 프로토타입을 사용할 수 있다. 투자 전략과 위험의 폭에 따라서 최종 프로토타입 형태를 선택한다.

이중에서 가장 널리 사용되는 프로토타입의 형태는 폐기용, 수평적, 사용자 인터페이스 프로토타입이다. '사용자 인터페이스'는, 소프트웨어 내부의 논리나 알고리즘을 구현하거나 다른 기기나 시스템과의 인터페이스를 프로토타이핑하기보다는, 시스템의 사용자와의 인터페이스를 주로 구현한다는 것을 의미한다. 요구사항 밝히기 도구로, 프로토타입의 역할은 다음과 같다.

- 개발자에 의해서 구축되어, 개발자가 요구사항을 이해하고 있는가에 대해서 확인을 받는 데 쓰일 수 있다.
- 개발자에 의해서 구축되어, 고객이 밝혀진 것 이외의 추가적인 요구사항에 대해서 생각하는 것을 장려하기 위한 촉매로 사용될 수 있다.
- 고객에 의해서 구축되어, 요구사항을 개발자에게 의사소통하는 것을 도울 수 있다.

이 세 가지 모든 경우에서, 중요한 것은 최소한의 자원을 소모하는 방법으로 프로토타입을 구축하는 것이다. 만약 구축하는 것이 너무 비싸다면, 곧바로 본 시스템을 구축하는 것이 더 효율적일 수 있다. 이런 관점에서, 프로토타이핑은 본 시스템을 개발하는 과정에 사용자가 참여하며(경우에 따라서는 실제로 사용해본 후에) 사용자의 의견을 반영하여 설계를 하거나 변경해 나가는 참여적 설계 또는 진화적 개발과는 구별하는 것이 바람직하다.

많은 소프트웨어 프로토타입이 요구사항 프로토타입인 경향이 있으며, 주로 구축될 시스템의 사용자 인터페이스를 확인하기 위해서 사용된다. 사용자 인터페이스 집약적 시스템의 경우에 프로토타입된 사용자 인터페이스는 다른 많은, 예를 들어 다음과 같은, 요구사항들을 밝혀 준다.

- 어떤 기능이 사용자에게 제공되는가?
- 각각의 기능이 언제 사용자에게 제공되는가?
- 어떤 기능이 결여되어 있는가?

요구사항에는 잘 알려진 것에서부터 혼동되는 것, 그리고 알려지지 않은 것까지 있을 수 있다. 이중에서 잘 알려진 것에 대해서는 프로토타이핑을 적용할 필요가 없다. 또한 알려지지 않은 것에 대해서는 원천적으로 프로토타이핑을 적용할 수 없다. 즉, 프로토타이핑은 알려져 있기는 하나 혼동되는 요구사항에 대하여 적용하는 것이 바람직하다. 알려지지 않은 요구사항(만약 있다면)은 혼동되는, 그러나 이미 알려진 요구사항에 대한) 프로토타이핑의 결과로서, "그래, 그러나" 반응을 통해서, 밝혀질 뿐이다. 이때, 밝혀진 내용이 불확실하다면 새로 밝혀진 요구사항에 대해서 프로토타이핑이 다시 적용될 수 있다.

(5) 역할하기

**역할하기**role playing는 개발팀이 사용자의 역할을 '연극함'으로써 사용자의 세계를 직접 경험할 수 있게 한다. 역할하기의 기본 개념은 매우 단순하다. 비록 관찰하고 묻는 것이 이해를 돕기는 하지만 단지 관찰함으로써 개발자/분석자가 해결하려고 하는 문제에 대해서 바르고 심도있게 이해하거나 그 문제를 해결할 시스템의 요구사항을 명확하게 이해할 수 있을 것으로 기대하는 것은 너무 순진하다.

### 5.5.2 쓰임새 모델링

(1) 쓰임새usecase란?

가장 대표적인 객체지향적 개발 방법론 중의 하나인 UPUnified Process에서는 쓰임새 모델링을 중심으로 요구사항 분석이 수행된다. 가장 널리 사용되는 **쓰임새**의 정의는 다음과 같다.

- Jacobson 등(1992) : 쓰임새는 기능성의 일부를 사용함으로써 시스템을 사용하는 특정의 방법이다. 쓰임새는 액터와 시스템 간에 발생하는 상호작용의 완전한 경로를 구성한다.
- Rumbaugh 등(1999) : 쓰임새는 시스템이나, 하위 시스템, 또는 클래스가 외부의 액터와 상호작용함으로써 수행할 수 있는, 변이적 연쇄와 오류 연쇄를 포함하는, 행동의 연쇄에 대한 명세이다.
- Fowler(1997) : 쓰임새는 사용자에게 가시적인 기능을 포착하고 사용자를 위한

〈표 5-3〉 쓰임새 모델이 이해 관계자에게 제공할 수 있는 이익

| 이해 관계자 | 쓰임새 모델의 혜택 |
|---|---|
| 고객 | • 확인validation을 위한 고객 요구사항을 제공한다.<br>• 전체적 시스템 범위를 결정하는 데에 도움을 준다.<br>• 일정과 예산을 추정하는 데에 도움을 준다.<br>• 인수 테스팅의 기초를 제공한다. |
| 사용자 | • 확인을 위한 사용자 요구사항을 제공한다.<br>• 사용자의 시스템과의 상호작용을 모형화한다. |
| 프로젝트 관리자 | • 일정과 예산을 추정하는 데에 도움을 준다.<br>• 프로젝트의 가능성과 위험들을 평가하는 데에 도움을 준다.<br>• 요구사항을 추적하는 데에 도움을 준다.<br>• 시스템 개발의 진척 상황을 추적하는 데에 도움을 준다. |
| 시스템 아키텍쳐 설계자 | • 시스템 아키텍처를 도출한다.<br>• 아키텍처 요구사항을 추적하는 데에 도움을 준다.<br>• 기술 선택에서의 상충성 분석을 지원한다.<br>• 아키텍처의 완전성, 일관성 그리고 응집성을 평가하는 데에 도움을 준다. |
| 시스템 개발자 | • 시스템 설계를 위한 요구사항 모델을 제공한다.<br>• 시스템 문서화의 수단을 제공한다. |
| 시스템 보수 유지자 | • 시스템 수정을 위한 지침을 제공한다.<br>• 아키텍처 진화를 위한 지침을 제공한다. |

자료원 : AM01, p.75.

개별적인 목표를 달성하는 사용자와 컴퓨터 시스템 간의 전형적인 상호작용이다.

쓰임새 모델은 이해 관계자에게 가능한 한 많은 이익을 제공함으로써 이해 관계자의 적극적인 참여를 얻어낼 수 있어야 한다. 〈표 5-3〉은 쓰임새 모델이 이해 관계자에게 어떤 이익을 줄 수 있는가를 보여 준다.

올바른 쓰임새는 구축될 시스템의 한 부분을 포함하고 있어야 한다. 쓰임새의 모음으로 쓰임새 모델이 요구사항의 완전한 표현이 되기 위해서는 다음 것들을 포함하여야 한다.

- 행위, 성과, 성능, 설계, 그리고 외부 인터페이스와 관련된 모든 중요한 요구사항

- 각 쓰임새에 대해서 타당하거나 타당하지 않은 흐름에의 모든 행위자. 투입물에 대한 시스템 산출물의 정의
- 모든 도표, 그림, 테이블, 그리고 다른 문서들에 대한 완전한 이름표와 참조
- 모든 개념들과 사용된 측정 단위들의 정의

이외에도 쓰임새 모델은 다음과 같은 특징을 지녀야 한다.

- 모호하지 않다unambiguous
- 입증가능하다verifiable
- 일관성 있다consistent
- 고객과 사용자들이 이해할 수 있다understandable by customers and users
- 확장가능하고 수정가능하다extensible and modifiable
- 추적가능하다traceable
- 우선순위가 정해져 있다prioritized

(2) 쓰임새 모델링 절차

완성된 쓰임새는 많은 항목을 포함하며, 5 페이지 정도의 길이를 가질 수 있다. 이러한 항목들을 한 번에 완성시킨다는 것은 일반적으로 바람직하지 않다. 쓰임새 모델링의 기본적인 원칙은 요구사항들이 좀 더 많이 파악됨에 따라서, 좀 더 많은 세부사항들을 쓰임새의 기술에 추가한다는 것이다. 세 가지의 쓰임새를 다음과 같이 단계적으로 작성할 수 있다[CL이 참조].

- **기본적 쓰임새**essential usecase : 사용자의 의도를 중심으로, 문제의 핵심을 추상적이고 일반적으로 그리고 기술과 독립되게 서술한 쓰임새.
- **구조적 기본적 쓰임새**structured essential usecase : 사용자 인터페이스 설계와 후속 개발 과정과의 통합의 두 가지 모두를 위한 활용도를 높이기 위해서 매우 체계적으로 구성되고 기술된 쓰임새. 이 쓰임새는 확인identification, 관계relationships, 그리고 프로세스의 세 주요 부분으로 구성된다. 확인 섹션은 확인 번호, 이름, 그리고 목적 또는 기능을 포함한다. 관계 섹션은 이 쓰임새와 관계있는 다른 쓰임새들을 기록한다. 프로세스 섹션은 설명 부분이며, 그 상호작용 또는 동태적인

**Box 5-12** 쓰임새 모델링 프로세스

| **1. 쓰임새 모델링을 준비하고 쓰임새 접근방법을 정하기** | ↔ | **2. 초기 쓰임새 모델링을 수행하기** | ↔ | **3. 쓰임새 모델을 확장하기** | ↔ | **4. 테스트 케이스와 문서를 만들기** | ↔ | **5. 쓰임새들을 조직화하기** |
|---|---|---|---|---|---|---|---|---|
| • 이해관계자 분석을 수행하기<br>• 쓰임새들을 선택하고 맞추기<br>• 표준, 양식, 그리고 도구를 선택하기<br>• 훈련과 지도 필요를 결정하기 | | • 배경도를 개발하기<br>• 주요 액터들을 확인하기<br>• 개념적 시스템 쓰임새들을 발견하기<br>• 초기 쓰임새도를 개발하기<br>• 개념적 비즈니스 객체들을 결정하고 공들여 발전시키기 | | • 기준 쓰임새 서술을 개발하기<br>• 기준 쓰임새 서술을 발전시키기<br>• 확장, 포함, 그리고 일반화 관계들을 모델링하기<br>• 쓰임새를 객체 모델에 연계시키기<br>• 인스턴스 시나리오들을 개발하기 | | • 테스트 전략을 만들기<br>• 테스트 계획을 만들기<br>• 테스트 케이스를 만들기<br>• 테스팅 변형/오류 다루기<br>• 상호작용을 테스트하기<br>• 사용자 문서를 작성하기 | | • 비즈니스 기능 패키지들을 개발하기<br>• 쓰임새 의존성, 흐름들을 확인하기<br>• 쓰임새들을 이해관계자 관점에서 조직화하기<br>• 쓰임새 모델을 재정리하기 |

**지속적인 쓰임새 관리**

- 사용자가 쓰임새들이 맞는가를 확인하게 하기
- 훈련 계획을 정의하고 실행하기
- 지속적 스임새 모델링 과정을 추적하기
- 틀을, 이해관계자 피드백에 근거해서, 갱신하고 맞춤화하기

자료원 : AM01, pp.70-76.

위의 그림은 매우 엄밀하고 정형적인 쓰임새 모델링 과정을 표현하고 있다. 우선, 하단부에는 쓰임새 모델링 동안에 계속 지속되어야 하는 활동들이 정리되어 있다. 그 위에는 단계적으로 수행되어야 할 활동들이 분류되어 있다. 이 각 단계들은, 폭포수 모델에서처럼 한 단계가 완료된 후 다음 단계가 시작될 수도 있지만, 객체 지향적 모델링에서는 일반적으로 점진적이고 반복적으로 수행된다. 경우에 따라서는 각 활동들이 생략, 통합, 또는 간소화될 수 있다.

쓰임새 모델링의 기본 원칙은 다음과 같다.

- 다양한 쓰임새 모델링 방법을 사용할 수 있어야 한다.
- 쓰임새 모델링은 점진적이고 반복적으로 수행한다.
- 초기 또는 기본적 쓰임새가 완성되면, 테스트 계획의 수립을 시작하여야 한다.

측면을 정의하고, 다음과 같은 것들을 포함한다. 그것들은 사전 조건과 사후 조건들, 관련된 비즈니스 규칙, 그리고 사용자 의도와 시스템 책임들이다.

- **구체적 쓰임새**concrete usecase : 외부 사용자(또는 시스템 액터)와 시스템 간의 특정의 인터페이스를 통한 실제의 상호작용을 기술하는 쓰임새.

기본적 쓰임새가 완성되면, 테스트 계획의 수립을 시작하여야 한다. 문서화는 전통적으로 제품의 기능을 기준으로 구성되었다. 그러나 문서화의 최근의 경향은 과업 중심적이다. 즉, 문서화의 최근의 경향은 구체적인 과업을 수행하기 위해서 시스템을 어떻게 사용하는가를 서술하는 데에 중점을 둔다. 테스팅의 문서화도 쓰임새에 대응해서 과업 지향적으로 수행될 수 있다.

쓰임새 모델링에서 가장 경계하여야 할 것 중의 하나는 너무 일찍 세부적인 GUIgraphic user-interface 설계에 빠져들어 전체적인 큰 그림의 모습을 놓치는 것이다. 작은 시스템이나 큰 시스템의 일부에 대한 프로토타입에서는 조기의 GUI 모델링이 효과적일 수 있다. 그러나 대규모 시스템에서는 전체적 범위에 대한 명확한 이해 없이 GUI 모델링을 하는 것은 매우 위험할 수 있다. 큰 시스템은, GUI 설계에 다 나타날 수 없는, 매우 많은 요구 사항들이 있을 수 있다. 특히, 시스템이 클수록 쓰임새 모델링은 더욱 중요해지므로, 쓰임새 모델링과 GUI 모델링을 분리하는 관행이 매우 중요하다.

### (3) 시나리오를 이용한 쓰임새 모델의 보완

쓰임새들이 UP에서 시스템 행위를 서술하는 주된 기제이며, 일반적으로 그것으로 충분하다. 그러나 시스템 행위의 좀 더 상세한 기술이 가끔 필요할 때가 있다. 요구사항을 밝히기에서 **시나리오**는 쓰임새 모델에 사용자 중심적이고 맥락적인 측면(상호작용의 누구, 어디서, 언제, 그리고 왜)을 보완하는 주요 방법으로 쓰인다.

**Box 5-13 사용자 상호작용 시나리오: 판매를 처리하기 프로세스의 예**

시나리오 SN1: 현금으로 구매하기의 주 성공 시나리오
설명: 이 시나리오는 성공적인 현금 구매에 관한 것이다. 이번 반복에서는 쿠폰 처리나 구매 총액 계산 규칙 등과 관련된 부분은 제외하였다.

1. 고객이 제품 A를 1개, 제품 B를 2개, 제품 C를 10개 갖고 도착한다.
2. 출납자가 시스템에게 새 판매를 새성하라고 말한다 : makeNewSale.
3. 출납자가 항목 식별 번호와 구매 수량을 입력한다 : enterItem.
4. 시스템이 판매 라인 항목을 기록하고, 항목의 이름, 구매 수량, 그리고 해당 항목 구매액 소계를 단말기에 표시한다.
5. 모든 항목의 각각에 대해서–출납자와 시스템이 단계 3~4를 반복한다.
6. 출납자가 시스템에게 모든 항목의 입력이 끝났다고 말한다 : endSale.
7. 시스템이 단말기에 총금액을 표시한다.
8. 고객이 대금을 현금으로 지불한다.
9. 출납자가 지불된 액수를 시스템에 입력한다 : make Payent.
10. 시스템이 단말기에 잔액을 표시한다.
11. 출납자가 고객에게 잔액을 지불한다.
12. 고객이 떠난다.

사용자 상호작용 시나리오는 한 개 이상의 과업 목적을 달성하기 위하여 시스템과 상호작용하는 한 명 이상의 사용자를 묘사하는 이야기이다. 이야기식의 설명은 사용자의 동작과 시스템의 반응뿐만 아니라, 사용자의 목표, 예상, 그리고 시나리오 사건에 대한 반응도 기술한다. 사용자 상호작용 시나리오는 실제의 구체적인 사람이나, 물체, 그리고 행동과 연관된 시스템의 사용 사례를 기술하며, 사용성에 가장 큰 영향을 줄 것 같은 상황들에 초점을 맞춘다. 쓰임새는 기능적인 목표와 형태를 주로 다루지만, 사용자 상호작용 시나리오는 사용자들이 목표를 추구하는 과정에서의 정신적 경험을 강조한다. 사용자 상호작용 시나리오는 개발하려고 하는 시스템의 현재 모델as-is model로 쓰임새 모델링을 위한 기초 자료로 도메인 모델링 단계에서 수집되고 작성된다. 도메인이 어느 정도 이상으로 크고 복잡하다면, 이러한 개별적인 시나리오만으로는 도메인에 대한 체계적인 이해가 불가능하며, 모델링을 함으로써 도메인에 대한 체계적인 묘사와 설명을 개발하는 것이 필요하다.

시나리오는 개별적이고 단선적인 사건의 흐름을 나타낸다. 사건의 흐름이 단순하므로, 시나리오는 일반적으로 쓰임새에서보다 훨씬 풍부한 맥락적 사항들이 추가되더라도 이해하기에 큰 어려움이 없다. 즉, 시나리오는 인터페이스를 관통하는 정보뿐만 아니라 다음과 같은 것들을 포함할 수 있다.

- 사용자의 신원, 배경, 경험, 그리고 작업 과정(이것은 시나리오 자체보다는 사용자 프로파일 안에 따로 나타날 수 있다)
- 왜 사용자가 이 과업을 수행하는가와 왜 이 특정 시간에 수행되는가?
- 상호작용이 발생하는 상황 또는 환경
- 상호작용에서 사용되는 문서의 복사 – 상호작용, 사용자 인조물, 그리고 장비의 사진이나 비디오

시나리오는 현재 시스템as-is model에서의 사용 맥락을 밝히기 위한 것과 새 시스템to-be model에서의 사용의 세부 사항을 밝히기 위한 것이 있다. UP에서는 후자는 쓰임새의 인스턴스로 간주할 수 있으며, 명세와 설계 또는 테스팅 케이스를 개발하는 데 사용될 수 있다. 명세나 설계를 위한 쓰임새 인스턴스로의 시나리오에서는 이러한 풍부한 세부 사항들을 제외하는 것이 바람직할 수도 있다.

**시나리오 기반 설계**scenario-based design에서 사용자 상호작용 시나리오는, 설계자에 의해서 작성될 수 있지만, 전형적으로 요구사항 분석 과정에서 포착되고 분석된 실생활의 에피소드에 근거한다. 시나리오는 시스템 개발 전 과정을 통해서 사용자의 필요와 관심을 나타내고 추론하는 수단으로 논의되고 정제된다. 시나리오 기반 요구사항 분석은(기술적 선택 사항과 마케팅 분석 등의 다른 개발 제약들과 함께) 일군의 기초적 사용자 상호작용 시나리오를 생성한다. 이 기초적 사용자 상호작용 시나리오는 사용자의 경험을 기술하나, 단지 시스템에 대해서 구상되고 있는 기본적 기능성에 대해서만 국한되며 구체적인 사용자 상호작용은 기술하지 않는다.

설계 과정이 진행됨에 따라서 기초적 시나리오는 사용자들이 보는 화면 구성과, 이러한 구성이 어떻게 인식되고 이해될 것인가, 사용자가 그것과 어떻게 상호 작용할 것인가, 그리고 어떤 피드백이 그러한 상호작용 과정에서 제공될 것인가에 대한 세부 사항을 포함하는 구체적 사용자 상호작용 시나리오로 정제되어야 한다.

#### (4) 쓰임새 이야기판을 이용한 쓰임새 사용자 인터페이스의 정의

쓰임새 이야기판usecase storyboard의 구성 요소들은 다음과 같다.

- 사건의 흐름
- 상호작용도interaction diagrams
- 클래스도class diagrams
- 사용성 요구사항
- 사용자 인터페이스 프로토타입에 대한 참조
- 추적 의존성trace dependency

쓰임새 이야기판의 작성에는 사용자 인터페이스 설계자, 쓰임새 이야기판에 참가하는 경계 객체boundary objects의 설계자, 시스템의 다음 버전의 설계자, 테스터, 관리자 등이 참여할 수 있다. 쓰임새 이야기판을 이용한 사용자 인터페이스 모델링은 다음과 같은 순서로 할 수 있다.

① 관련 액터들의 특성을 기술한다.
② 쓰임새 이야기판을 작성한다.
③ 사건 이야기판의 흐름을 기술한다.
④ 쓰임새 이야기판에 대한 사용성 요구사항을 포착한다.
⑤ 쓰임새 이야기판에 필요로 하는 경계 객체를 발견한다.
⑥ 경계 객체와 액터 간의 상호작용을 기술한다.
⑦ 쓰임새 이야기판의 도형들을 보완한다.
⑧ 쓰임새 이야기판으로부터 사용자 인터페이스 프로토타입으로 참조한다.
⑨ 결과를 평가한다.

# 부 록 5A
## POS 시스템 쓰임새 모델(예)

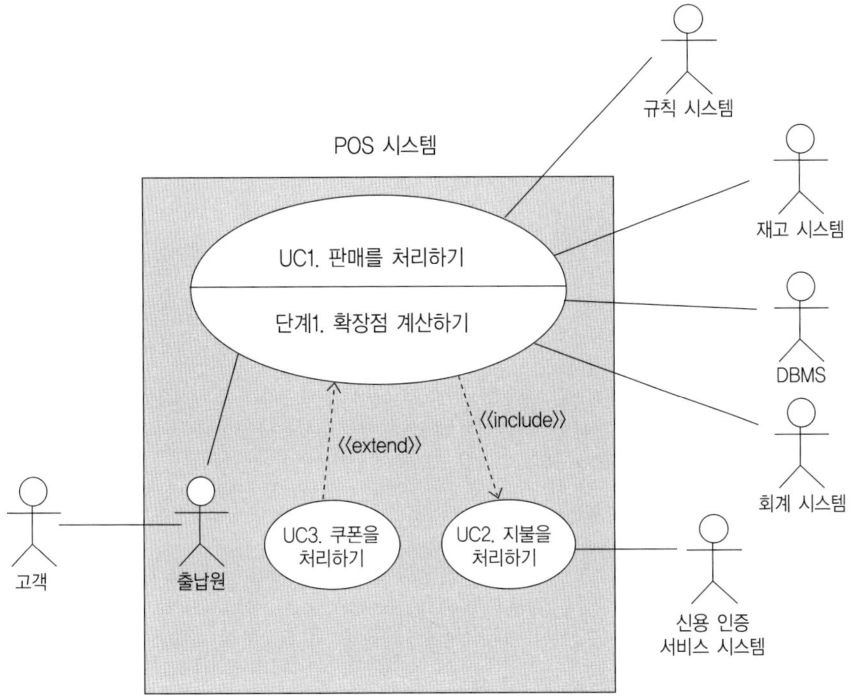


위의 그림은 POS 시스템의 쓰임새도이다. 위 그림의 사각형 테두리는 시스템의 경계를 나타낸다. 이 POS 시스템이 사람-기계 시스템이며, 전체 시스템에서 출납원이(예외 처리 등에서) 중요한 역할을 맡아야 한다는 것을 강조하기 위해서 출납원을 시스템 경계 내에 배치하였다. 시스템 경계 외부의 사람 모양의 아이콘은 행위자actor를 나타내며, 사용자를 포함한 시스템과 상호작용하는 모든 사물을 표시한다.

쓰임새는 타원형으로 나타낸다. 주 쓰임새는 'UC1 판매를 처리하기'이며, 주 쓰임새가 수행되기 위해서는 두 개의 쓰임새가 추가적으로 필요하다. 쓰임새 'UC2 지불을 처리하기'는 UC1이 수행될 때마다 항상 함께 수행되며(이러한 관계를 UML에서는 'include'로 표시한다), 'UC3 쿠폰을 처리하기'는 고객이 쿠폰을 제시했을 경우에만 UC1을 선택적으로 수행된다(이러한 관계를 UML에서는 'extend'로 표시한다). 두 쓰임새가 모두 UC1의 단계 9에서 사용된다(이러한 단계를 UML에서는 '확장점'이라고 한다).

다음은 이 세 쓰임새의 구체적인 내용에 대한 예시이다.

## A1. 쓰임새 UC1: 판매를 처리하기

포함되는 쓰임새: UC2 지불을 처리하기(확장점: 단계 9)

확장하는 쓰임새: UC3 쿠폰을 처리하기(확장점: 단계 9)

주 행위자: 판매원

지원 행위자: 신용 인증 서비스,(가격 계산과 총 지불 금액 계산) 규칙 시스템, 회계 시스템, 재고 시스템

이해 관계자

- 출납원: 정확하고 빠른 입력과 지불 오류가 없을 것을 원한다. 부족한 밸런스는 그의 봉급에서 공제당한다.
- 판매 담당자: 판매 커미션이 갱신되기를 원한다.
- 고객: 빠른 서비스와 최소한의 구매 노력을 원한다. 반품을 위한 구매 증명을 원한다.
- 회사: 트랜잭션들을 정확히 기록하고 고객들의 욕구를 충족시키기를 원한다. 현금 외의 다양한 지불 수단이 지원되고, 그 기록이 저장되길 원한다. 서버 컴포넌트(예, 원격 신용 인증)가 가용하지 않더라도 판매를 처리할 수 있는, 상당한 정도의 오류 내구성을 원한다. 회계와 재고의 자동적이고 신속한 갱신을 원한다.

사전 조건: 출납자가 지정되고 확인되었다.

사후 조건: 판매 기록이 데이타베이스에 저장되었다. 세금이 정확히 계산되었다. 회계와 재고가 정확히 갱신되었다. 판매 커미션이 기록되었다. 영수증이 발행되었다. 지불 인증(만약 있었다면)이 기록되었다.

사건 흐름

1. 고객이 상품 그리고/또는 서비스를 갖고 POS 판매대에 도착한다.
2. 출납원이 새로운 판매를 시작한다.
3. 출납원이 항목 식별 번호를 확인한다.
   - 3a. 잘못된 식별 번호
     - (1) 시스템이 오류 신호를 보내고 입력을 거부한다.
   - 3b. 같은 품목 번호의 품목이 여러 개가 있어서 일일이 항목 식별을 하는 것이 중요하지 않다(예, 새우깡 5봉지).
     - (1) 출납원이 품목 식별자와 함께 수량을 입력한다.
4. 시스템이 판매 라인 항목을 기록하고, 항목 설명, 가격, 그리고 현재까지의 누적 금액을 보여준다. 가격은 일군의 가격 규칙들로부터 계산된다.
   - 4a. 시스템이 제시한 가격이 필요치 않다(예, 고객이 무엇인가에 대해서 불평하고 가격을 할인 받았다).
     - (1) 출납원이 다른 가격을 입력한다.
     - (2) 시스템이 새로운 가격을 보여준다.
5. 출납원이 단계 3과 4를 필요한 만큼 반복한다.
6. 출납원이 모든 항목의 입력이 끝났음을 시스템에 입력한다.
7. 시스템이 총 지불액을 보여준다. 총 지불액은 일군의 지불액 결정 규칙들에 의해서 계산된다.
   - 7a. 시스템이 외부의 총 지불액 계산 시스템 서비스와의 통신 실패를 인식한다.
     - (1) 시스템이 POS 단말의 해당 서비스를 재가동하고, 작업을 계속한다.
       - (1a) 시스템이 해당 시스템이 재가동하지 않는다는 것을 감지한다.
         - (1) 시스템이 오류 신호를 한다.
         - (2) 출납원이 수동으로 계산해서 총 지불액을 입력하거나, 판매를 취소한다.

7b. 고객이 자기가 할인을 받을 자격이 있다고 말한다(예, 직원, 우대 고객).
(1) 출납원이 확인 요청을 입력한다.
(2) 출납자가 고객 식별 번호를 입력한다.
(3) 시스템이, 확인 규칙에 의해서, 할인된 총액을 표시한다.
7c. 고객이 자기 계좌에 할인 점수가 있고, 이번 구매에 적용해 달라고 요청한다.
(1) 출납원이 확인 요청을 입력한다.
(2) 출납자가 고객 식별 번호를 입력한다.
(3) 시스템이 '총 지불액 = 0' 또는 '할인 점수 = 0'이 될 때까지 점수를 적용하고, 할인 점수와 총 지불액을 갱신한다.
8. 출납원이 고객에게 총 지불액을 말하고, 지불할 것을 요청한다.
9. 고객이 지불하고, 출납원과 시스템이 지불을 처리한다.
(1) 고객이 쿠폰을 제출하면, 쓰임새 'UC3 쿠폰을 처리하기'를 수행한다.
(2) 쓰임새 'UC2 지불을 처리하기'를 수행한다.
10. 시스템이 완료된 판매를 로그log하고, 판매와 지불 정보를 외부 회계 시스템(회계와 커미션을 위해서)과 재고 시스템(재고를 갱신하기 위해서)에게 보낸다.
11. 시스템이 영수증을 발행한다.
12. 고객이 영수증과 상품(있다면)을 갖고 떠난다.

확장과 택일들

3-8a. 고객이 출납원에게 구매에서 한 항목을 제외해 달라고 요청한다.
(1) 출납원이 판매에서 제외하기 위해서 항목 식별 번호를 입력한다.
(2) 시스템이 갱신된 현재 누계를 보여준다.
3-8b. 고객이 출납원에게 판매 전체를 취소해 달라고 요청한다.
(1) 출납원이 시스템에 있는 판매를 취소한다.
3-8c. 출납원이 판매를 중단한다.
(1) 시스템이 판매를, 그것이 다른 임의의 POS 단말에서 복구할 수 있도록, 저장한다.
전체: 임의의 시점에서 시스템이 실패하면 복구와 정확한 회계를 지원하기 위

해서, 트랜잭션에 의존적인 모든 사태와 사건들이 시나리오의 어느 단계에서라도 복구 가능하도록 보장한다. 다음의 절차에 의해서 전상태를 재구축한다.

1. 출납원이 시스템을 재가동하고, 로그인하고, 이전 상태의 복구를 요청한다.
2. 시스템이 전상태를 재구축한다.
   2a. 시스템이 재복구를 저해하는 비정상 요소를 인식한다.
      (1) 시스템이 출납원에게 오류 신호를 하고, 오류를 기록하고, 새로운 상태로 들어간다.
      (2) 출납자가 새로운 판매를 시작한다.

**특별 요구 사항**

- 대형 평면 패널 모니터 상의 글씨가 1 미터에서 보여야 한다.
- 재고 시스템과 같은 원격 서비스에의 접속이 실패했을 경우에, 신속하고 확실하게 복구되어야 한다.
- 표시된 문장의 언어 국제화가 필요하다.
- 단계 4-9에 비즈니스 규칙(시스템)이 삽입될 수 있어야 한다.
- 쿠폰 계좌 정보 입력은 다음의 방법이 모두 가능해야 한다 – 레이저 스캐너, 키보드.
- 신용 카드 계좌 정보 입력은 다음의 방법이 모두 가능해야 한다 – 카드 리더, 키보드.
- 항목 식별 번호의 입력은 다음의 방법이 모두 가능해야 한다 – 바코드 스캐너, 키보드.
- 다음의 항목 식별 체계 모두를 지원할 수 있어야 한다 – UPC, EAN, JAN, SKU.

**발생 빈도:** 거의 지속적일 수 있다.

미해결 이슈들

- 총 지불액 계산상의 변이들이 무엇인가?
- 원격 서비스 복구 이슈들을 좀더 조사해야 한다.
- 상이한 비즈니스들을 위해서 어떤 맞춤화가 필요한가?
- 신용 카드 정보 입력을(카드 리더를 이용해서) 고객이 직접 할 것인가, 아니면 출납원이 할 것인가?
- 복수의 지불 방법이 사용될 경우에, 각 지불 방법으로 지불할 액수를 어떻게 결정할 것인가?
- 지불을 처리한 후에, 고객이 쿠폰을 제시하면 어떻게 할 것인가?
- 출납원이 로그아웃할 때, 자신의 현금 상자를 가져가야 하는가?

## A2. 쓰임새 UC2: 지불을 처리하기

포함하는 쓰임새: UC1 판매를 처리하기(확장점 단계 9)

주 행위자: 판매원

지원 행위자: 신용 인증 서비스

사전조건: 지불 금액이 정해져있다.

사후조건: 시스템이 지불 내역을 기록한다.

사건 흐름:

1. 고객이 지불 수단을 제출한다.
2. 출납원과 시스템이 제출된 지불 수단에 따라서 지불을 처리한다. 지불 수단이 여러 가지인 경우에는 각 방법을 복합적으로 이용한다.

경우 1: 현금으로 지불하기

1. 출납원이 받은 금액을 시스템에 입력한다.

2. 시스템이 잔액 그리고/또는 거스름돈 액수를 보여주고, 현금 상자를 연다.
3. 출납원이 받은 현금을 넣고, (필요한 경우) 거스름돈을 고객에게 준다.
4. 시스템이 현금 지불을 기록한다.

경우 2: 신용 카드로 지불하기

1. 출납원이 신용 카드의 내역을 입력한다.
2. 시스템이 외부 지불 인증 시스템에 지불 인증 요청 신호를 보내고, 지불 승인을 요청한다.
   2a. 시스템이 외부 시스템과의 협력 실패를 탐지한다.
      (1) 시스템이 출납원에게 오류 신호를 보낸다.
      (2) 출납원이 고객에게 다른 지불 수단을 요구한다(종료한다).
3. 시스템이 지불 승인을 수신하고, 출납원에게 승인 신호를 준다.
   3a. 시스템이 지불 거부를 수신한다.
      (1) 시스템이 거부 신호를 출납원에게 표시한다.
      (2) 출납원이 고객에게 다른 지불 방법을 요구한다(종료한다).
4. 시스템이, 신용 승인을 포함하는, 신용 지불을 기록한다.
5. 시스템이  신용 지불 사인 입력 기제를 제공한다.
6. 출납원이 고객에게 신용 지불 사인을 요청한다.
7. 고객이 신용 지불 사인을 한다.

경우 3: 상품권으로 지불하기

:

:

경우 4: 수표로 지불하기

:

:

특별 요구사항

- 신용 승인 반응이 90%의 경우에 30초 이내이어야 한다.
- 신용 승인 시스템과 같은 원격 서비스에의 접속이 실패했을 경우에, 신속하고 확실하게 복구되어야 한다.
- 신용 카드 계좌 정보 입력은 다음의 방법이 모두 가능해야 한다 – 카드 리더, 키보드.
- 지불 금액의 불충분 등으로 고객이 구매를 취소를 요청할 경우를 지원할 수 있어야 한다.

기술과 자료 변이 목록

- 신용 지불 사인은 종이 영수증에 받는다. 그러나 2년 이내에 많은 고객들이 디지털 사인 시스템을 선호할 것으로 예상된다.

미해결 이슈들

- 원격 서비스 복구 이슈들을 좀더 조사해야 한다.
- 신용 카드 정보 입력을 고객이 직접 할 것인가, 아니면 출납원이 할 것인가?
- 복수의 지불 방법이 사용될 경우에, 각 지불 방법으로 지불할 액수를 어떻게 결정할 것인가?

## A3. 쓰임새 UC3: 쿠폰을 처리하기

확장되는 쓰임새: UC1 판매를 처리하기(확장점: 단계 9)

주 행위자: 판매원

사전 조건: 구매 항목들의 자료(식별 번호와 구매 수량)가 입력되어 있다.

사후 조건: 해당 구매 항목들의 구매 잔액이 계산되고, 사용된 쿠폰에 대한 정보가 기록된다.

사건 흐름

1. (지불을 처리하기 전에) 고객이 쿠폰을 제출한다.
2. 출납원이 각 쿠폰의 정보를 입력하고, 시스템이 해당 금액을 확인한다. 시스템이(회계적 이유로) 사용된 쿠폰의 정보를 기록한다.
   2a. 입력된 쿠폰이 구매된 어떤 항목에도 해당하지 않는다.
      (1) 시스템이 출납원에게 오류 신호를 하고, 출납원이 해당 쿠폰을 고객에게 되돌려 준다.

### 특별 요구사항

쿠폰 계좌 정보 입력은 다음의 방법이 모두 가능해야 한다 – 레이저 스캐너, 키보드.

### 미해결 이슈들

– 지불을 처리한 후에, 고객이 쿠폰을 제시하면 어떻게 할 것인가?

CHAPTER

# 06

# 프로젝트 시간 관리

CHAPTER

# 06 프로젝트 시간 관리

이 장에서는 프로젝트의 특정 작업을 미래에 수행하게 될 때 소요되는 시간과 관련, 다음과 같은 사항을 알아본다.

- 시간을 예측하거나 추정하는 여러가지 방법과 확률
- 프로젝트를 완료하기 위해 소요되는 가장 짧은 일정을 찾아주고 관리할 수 있는 일정 관리 기법
- 시간과 일정을 관리할 수 있는 도구

## 6.1 프로젝트 시간 관리 프로세스들

일부 고급 실무자들은 인쇄된 프로젝트 일정 정보(일정)schedule와 그러한 일정을 생성한 일정 자료와 계산 공식들을 구분하기도 한다. 이러한 경우에는 프로젝트 자료와 그러한 자료를 처리하는 규칙인 스케줄링 엔진scheduling engine을 합하여 일정 모델schedule model이라고 한다. 그러나 일반적으로는 일정과 일정 모델을 통칭하여 일정이라고 한다.

〈표 6-1〉 프로젝트 시간 관리 프로세스들

| 프로세스 이름 | | |
|---|---|---|
| 요약 | | |
| **산출물** | **도구 및 기법** | **투입물** |
| **일정 관리 계획을 개발하기**plan schedule management **(계획)** | | |
| 프로젝트 일정을 계획하고, 개발하고, 관리하며 수행하고, 통제하기 위한 정책, 절차, 그리고 문서들을 확립한다. | | |
| • 일정 관리 계획 | • 전문가 판단<br>• 분석적 기법들<br>• 회의 | • 프로젝트 관리 계획<br>• 프로젝트 헌장<br>• 기업 환경 요소<br>• 조직 프로세스 자산 |
| **활동을 정의하기**define activities **(계획)** | | |
| 프로젝트 인도물들을 생산하기 위해서 수행되어야 하는 구체적인 행위들을 식별하는 프로세스 | | |
| • 활동 목록<br>• 활동 속성<br>• 이정표 목록 | • 분할decomposition<br>• Rolling wave planning<br>• 템플릿templates<br>• 전문가 판단 | • 범위 기준선scope baseline<br>• 기업 환경 요인<br>• 조직 프로세스 자산 |
| **활동을 배열하기**sequence activities **(계획)** | | |
| 프로젝트 활동들 간의 관계를 식별하고 기록하는 프로세스 | | |
| • 프로젝트 일정 네트워크도<br>• 프로젝트 문서(갱신된) | • 선행 도표 기법PDM<br>• 의존성 결정<br>• 리드leads와 레그legs 적용하기<br>• 일정 네트워크 템플릿 | • 활동 목록<br>• 활동 속성<br>• 이정표 목록<br>• 프로젝트 범위 기술서<br>• 조직 프로세스 자산 |
| **활동 자원을 추정하기**estimate activity resources **(계획)** | | |
| 각 활동을 수행하기 위해서 필요한 자재, 사람, 장비, 또는 공급품들의 종류와 양을 추정하는 프로세스 | | |
| • 활동 자원 요구사항<br>• 자원 분할 구조resource breakdown structure<br>• 프로젝트 문서(갱신된) | • 전문가 판단<br>• 대안 분석<br>• 발표된 추정 자료<br>• 상향식 추정<br>• 프로젝트 관리 소프트웨어<br>• 프로토타입prototypes | • 활동 목록<br>• 활동 속성<br>• 자원 달력<br>• 기업 환경 요인<br>• 조직 프로세스 자산 |
| **활동 기간을 추정하기**estimate activity durations **(계획)** | | |
| 각 활동을 추정된 자원을 이용하여 완수하기 위해서 필요한 작업 기간의 대략적인 수를 산정하는 프로세스 | | |

<table>
<tr><td>• 활동 기간 추정치<br>• 프로젝트 문서(갱신된)</td><td>• 전문가 판단<br>• 유사 추정<br>• 모수적 추정<br>• 삼점 추정three-point stimates<br>• 유보 분석reserve analysis</td><td>• 활동 목록<br>• 활동 속성<br>• 활동 자원 요구사항<br>• 자원 캘린더<br>• 프로젝트 범위 기술서<br>• 기업 환경 요인<br>• 조직 프로세스 자산</td></tr>
<tr><td colspan="3">일정을 개발하기develop schedule (계획)</td></tr>
<tr><td colspan="3">프로젝트 일정을 개발하기 위해서 활동 순서, 기간, 자원 소요량, 일정 제약들을 분석하는 프로세스</td></tr>
<tr><td>• 프로젝트 일정<br>• 일정 기준선<br>• 일정 자료<br>• 프로젝트 문서(갱신된)</td><td>• 일정 네트워크 분석<br>• PERT/CPM<br>• 자원 평활화resource leveling<br>• "What-if" 시나리오 분석<br>• 리드와 래그 적용하기<br>• 일정 압축schedule compression<br>• 일정 작성 도구</td><td>• 조직 프로세스 자산<br>• 프로젝트 범위 기술서<br>• 활동 목록<br>• 활동 속성<br>• 프로젝트 일정 네트워크도<br>• 활동 자원 요구서<br>• 자원 캘린더</td></tr>
<tr><td colspan="3">일정을 통제하기control schedule (모니터링 및 통제)</td></tr>
<tr><td colspan="3">프로젝트 진도를 갱신하기 위해서 프로젝트 상태를 모니터링하고 일정 기준선의 변경을 관리하는 프로세스</td></tr>
<tr><td>• 작업 성과 측정치<br>• 조직의 프로세스 자산(갱신된)<br>• 변경 요청<br>• 프로젝트 관리 계획(갱신된)<br>• 프로젝트 문서(갱신된)</td><td>• 성과 검토<br>• 편차 분석<br>• 프로젝트 관리 소프트웨어<br>• 자원 평활화<br>• "What-if" 분석<br>• 리드와 래그를 조정하기<br>• 일정 압축<br>• 일정 작성 도구</td><td>• 프로젝트 관리 계획<br>• 프로젝트 일정<br>• 작업 성과 정보<br>• 조직 프로세스 자산</td></tr>
</table>

**Box 6-1 프로그램 일정[1]**

프로그램 수준의 일정은 프로그램 결과에 해당하거나 다른 컴포넌트들과 상호의존성을 공유하는 컴포넌트 이정표만을 포함해야 한다. 프로그램 작업 분할구조PWBS는 프로그램 일정의 시발점이다. 프로그램 일정program schedule은 PWBS 내의 인도물들을 생산하는 모든 프로그램 패키지를 포함해야 한다. 만약 한 컴포넌트가 다른 컴포넌트들에 의존하는 다수의 인도물들을 생산한다면, 이러한 모든 인도물들과 상호의존성이 전체 프로그램 주일정program master schedule에 반영되어야 한다. 프로그램 일정은 또한 다양한 비프로젝트 프로그램 활동들을 포함하며, 주요 이정표들을 표시한다.

프로그램 일정의 초안은 종종 로드맵의 성격을 띠며(컴포넌트들의 순서와 시작/종료 일자를 확인한다) 비즈니스 케이스와 프로그램 헌장에 기반을 두고 작성된다. 프로그램 아키텍처가 생성된 후에, 컴포넌트 일정이 개발됨에 따라서 초안에 중간 컴포넌트 결과들이 추가되어 상세한 프로그램 마스터 일정이 개발된다. 프로그램 필요 일자들은 개별 컴포넌트 일정의 제약으로 작용하다. 상세한 컴포넌트 일정은 또한 계약으로 작성되기도 한다.

컴포넌트의 일정은 프로그램 관리자와 프로그램 관리 팀이 개발하는 것이 바람직할 때가 종종 있다. 그러나 매우 다양한 컴포넌트들이 포함되어 있고, 그 각각이 다른 계약자에 의해서 관리되며, 매우 상이한 종류의 작업을 포함한다면 중앙집중적 계획이 매우 상위의 수준에서만 가능할 수도 있다. 이런 경우 상세 계획은 컴포넌트 수준에서 수행되어야만 한다. 이 때, 계약자들이 서로 만나서 그들 각자 일정의 갈등이나 제약들을 해소하도록 하는 것이 바람직할 수 있다. 만약 하청업자가 있다면 주 계약자가 그들의 일정을 조정할 수 있다. 해결된 일정이 프로그램 관리 오피스에 보고되고 프로그램 주일정으로 통합되어야 한다.

프로젝트 시간 관리는 프로젝트를 적시에 완료하기 위해 필요한 프로세스들을 포함한다. 작은 프로젝트에서는 이들 프로세스들은 한 사람이 단기간에 수행하하기도 하나, 이들 각 프로세스의 도구와 기법들이 상이하기 때문에 PMBoK2008, p.129에서는 별도의 프로세스들로 구별한다. 여기에서는 별도의 프로세스로 정의되지는 않았지만, 이 일곱 프로세스의 수행 이전에 프로젝트 팀은 계획 작업을 수행한다. 이러한 계획 작업은 프로젝트 관리 계획 개발 프로세스의 일환으로 수행되며, 일정 수립 방법론과 일정 수립 도구를 선택하고, 포맷을 정하고 프로젝트 일정을 개발하고 통제하기 위한 기준들을 설정한다.

일정 수립 방법론은 일정 수립 프로세스를 위한 규칙과 접근 방법들을 정의한다. 가장 널리 알려진 방법론으로는 PERT/CPM이 있다. 프로젝트 시간 관리 프

1) StdPgM2008 p.127.

## Box 6-2 프로젝트 일정의 표현 방법

### 이정표 일정

| 활동 식별자 | 활동 설명 | 달력단위 | 프로젝트 일정 시간 영역 | | | | |
|---|---|---|---|---|---|---|---|
| | | | 기간1 | 기간2 | 기간3 | 기간4 | 기간5 |
| 1.1.MB | 인도가능한 신제품Z 준비 – 시작됨 | 0 | | | | | |
| 1.1.1.M1 | 컴포넌트 1 –완료 | 0 | | | | | |
| 1.1.2.M1 | 컴포넌트 2 –완료 | 0 | | | | | |
| 1.1.MF | 인도가능한 신제품Z 준비 – 종료됨 | 0 | | | | | |

자료일

### 요약 일정

| 활동 식별자 | 활동 설명 | 달력단위 | 프로젝트 일정 시간 영역 | | | | |
|---|---|---|---|---|---|---|---|
| | | | 기간1 | 기간2 | 기간3 | 기간4 | 기간5 |
| 1.1. | 인도가능한 신제품Z 준비 | 120 | | | | | |
| 1.1.1 | 작업 패키지 1 – 컴포넌트1 개발 | 67 | | | | | |
| 1.1.2 | 작업 패키지 2 – 컴포넌트2 개발 | 53 | | | | | |
| 1.1.3 | 작업 패키지 3 – 컴포넌트 개발 | 53 | | | | | |

자료일

### 논리 관계도와 상세 일정

| 활동 식별자 | 활동 설명 | 달력단위 | 프로젝트 일정 시간 영역 | | | | |
|---|---|---|---|---|---|---|---|
| | | | 기간1 | 기간2 | 기간3 | 기간4 | 기간5 |
| 1.1. | 인도가능한 신제품Z 준비 | 120 | | | | | |
| 1.1.1 | 작업 패키지 1 – 컴포넌트1 개발 | 67 | | | | | |
| 1.1.2 | 작업 패키지 2 – 컴포넌트2 개발 | 53 | | | | | |
| 1.1.3 | 작업 패키지 3 – 컴포넌트 개발 | 53 | | | | | |
| 1.1.1.T | 컴포넌트1 테스트 | 14 | | | | | |
| 1.1.1.M1 | 컴포넌트1 완료 | 0 | | | | | |
| 1.1.2 | 작업 패키지 2 – 컴포넌트2 개발 | 53 | | | | | |
| 1.1.2.D | 작업 패키지 2 설계 | 14 | | | | | |
| 1.1.2.B | 작업 패키지 2 구축 | 28 | | | | | |
| 1.1.2.T | 작업 패키지 2 테스트 | 11 | | | | | |
| 1.1.2.M1 | 작업 패키지 2 완료 | 0 | | | | | |
| 1.1.3 | 작업 패키지 3 – 컴포넌트 통합 | 53 | | | | | |
| 1.1.3.G | 컴포넌트1과 2 통합 | 14 | | | | | |
| 1.1.3.T | 신제품Z 통합 테스트 | 32 | | | | | |
| 1.1.3.P | 신제품Z 인도 | 7 | | | | | |
| 1.1.MF | 인도가능한 신제품Z 준비 | 0 | | | | | |

SS, FS

자료일

위의 예들은, 종종 상태일as-of date 또는 status date이라고 불리며, 자료일data date에 진행 중인 작업work in progress이 있는 예제 프로젝트의 일정을 보여준다. 이 예들은 일정 표현의 세 가지 상이한 수준 간의 관계를 시각적으로 보여준다.

프로젝트 일정은 주일정master schedule 또는 이정표 일정milestone schedule이라고 불리는 요약 형태로 표현될 수도 있고, 자세하게 표현될 수도 있다. 비록 표 형태로 표현될 수도 있지만, 일정은 다음과 같은 형식을 사용하여 그림으로 나타내는 것이 보다 일반적이다.

- **이정표 그림**master charts : 앞의 그림은 막대 그림과 비슷하나, 단지 주요 이정표들과 주요 외부 인터페이스의 시작과 종료만을 식별한다.
- **막대 그림**bar charts : 앞의 그림은, 활동을 나타내는 막대를 이용해서, 활동의 시작과 종료 일자, 그리고 기대되는 지속 기간을 보여준다. 막대 그림은 비교적 읽기 쉽고 빈번하게 사용된다. 통제 및 관리 의사소통을 위해서, 종종 "해먹 활동hammock activity"이라고 불리는, 좀 더 광범위하고 종합적인 요약 활동summary activity이 이정표들 간에 또는 여러 개의 독립적인 작업 패키지에 걸쳐서 사용되며, 막대 그림에서 표시된다. 앞의 두 번째 그림에서는 WBS 구조적 형식으로 표현된 요약 일정 부분의 예를 보여준다.
- **프로젝트 일정 네트워크 도**project schedule network diagrams : 앞의 그림은 활동 일자 정보와 함께, 일반적으로 프로젝트 네트워크 논리와 프로젝트의 주경로 일정 활동들을 보여준다. 앞의 그림은 AONactivity-on-node 또는 앞의 마지막 예와 같이, 종종 논리 막대 그림logic bar chart으로 불리는 시간 척도가 표시된 일정 도표 형식으로 표현된다. 또한 이 예는 각 작업 패키지가 어떻게 일련의 관련된 활동들로 계획되었는가를 보여준다.

로세스들과 관련 도구들은 일정 관리 계획에 기록된다. 해당 프로젝트의 필요에 따라서, 일정 관리 계획은 프로젝트 관리 계획 안에 포함될 수도 있고 별도의 부속 계획으로 분리될 수도 있으며, 공식적이거나 또는 비공식적일 수도 있으며, 매우 상세하거나 또는 매우 개략적일 수도 있으며, 적절한 통제 한계control thresholds를 포함한다.

프로젝트 일정을 개발하기 위해서는 활동 정의, 활동 정렬, 활동 자원 추정, 활동 기간 추정 프로세스들의 산출물과 함께 일정을 산출하기 위한 일정 수립 도구를 사용한다. 최종의 승인된 일정은 일정 통제 프로세스에서 사용될 기준선이 된다. 프로젝트 활동들이 수행됨에 따라서, 프로젝트 시간 관리 지식 영역의 대부분의 노력은 프로젝트 작업의 적시 완료를 보장하기 위한 일정 통제 프로세스에서 발생한다.

### 6.1.1 일정 관리 계획을 개발하기plan schedule management 프로세스[2)]

일정 관리 계획을 개발하기는 프로젝트 일정을 계획하고, 개발하며 관리하고,

2) PMBok2013, p.146.

**Box 6-3 일정 관리 계획**schedule management plan[3)]

일정 관리 계획은 일정을 정의하고, 모니터하고, 통제하기 위한 기준과 활동들을 확립하는, 프로젝트 관리 계획의 구성 요소이다. 이 계획은 프로젝트의 필요에 따라서 공식적이거나 비공식적, 그리고 개략적이거나 또는 매우 상세할 수도 있으며, 다음과 같은 것들을 포함한다.

- 프로젝트 일정 모델의 개발: 프로젝트 일정 모델을 개발할 때 사용할 일정 계획 방법론 및 도구를 명시한다.
- 정확도accuracy 수준: 현실적인 활동 지속 기간 추정치를 결정할 때 사용될 허용 가능한 범위를 명시한다. 상황 대응에 대한 내용이 포함될 수 있다.
- 측정 단위: 각 자원에 대해서 측정 시에 사용할 단위들(시간에 대해서는 인시, 인일, 또는 인주, 수량에 대해서는 미터, 리터, 톤, 입방 미터 등의)을 정의한다.
- 조직적 절차 연결: WBS는 추정치와 결과 일정이 일치하게 함으로써, 일정 관리 계획을 위한 틀을 제공한다.
- 프로젝트 일정 모델의 유지: 프로젝트의 수행 동안에 프로그램 일정 내에서 프로젝트의 현상태를 갱신하고 진도를 기록하기 위한 프로세스를 정의한다.
- 통제 한계control threshold: 어떤 조치가 취해지기 전에 허용될, 합의된 편차의 양을 정하기 위해서 일정 성과를 모니터할 편차 한계를 명시한다. 한계는 전형적으로 기준선 계획baseline plan에 정의된 모수로부터의 퍼센트 편차로 표시된다.
- 성과 측정의 규칙: 획득 가치 관리EMV: earned value management 규칙 또는 성과 측정을 위한 기타 물리적 측정 규칙들을 정의한다. 예를 들어서, 다음과 같은 것들을 포함할 수 있다.
  - 완성된 퍼센트를 확정하기 위한 규칙
  - 일정과 진도 관리가 측정될 통제 계정control accounts
  - 사용할 획득 가치 측정 기법(예: 기준선baseline, 고정-공식fixed-formula, 완료 퍼센트percent complete 등)
  - 원래 일정 기준선으로부터의 편차의 정도를 평가하기 위해서 사용할, 일정 편차SV: schedule variance 및 일정 성과 지표SPI: schedule performance index와 같은 일정 성과 척도들
- 보고 서식: 각종 일정 보고서들의 서식과 빈도를 정의한다.
- 프로세스 서술: 각각의 일정 관리 프로세스에 대하여 서술한다.

수행하고, 통제하기 위한 정책, 절차, 그리고 문서들을 확립하는 프로세스이다. 이 프로세스의 주요 효과는 프로젝트 전체 생애주기를 통해서 프로젝트 일정이 어떻게 관리될 것인가에 대한 지침과 방향을 제공하는 것이다.

3) PMBoK2013, p.147, 148-149

### 6.1.2 활동을 정의하기define activities 프로세스

활동 정의하기는 프로젝트 인도물들을 생산하기 위해서 수행되어야 하는 구체적인 행위들을 파악하는 프로세스이다. WBS 생성 프로세스는 작업 패키지라 불리는, WBS의 최하위 수준의 산출물을 식별하며, 각각의 프로젝트 작업 패키지는 다시 활동activities이라고 불리는 해당 작업 패키지의 산출물을 생산하기 위해 더 작은 구성 요소로 분할된다. 활동은 프로젝트 작업의 견적을 작성하고, 일정을 세우고, 수행하며 모니터링하고 통제하기 위한 기반을 제공한다. 프로젝트 목표를 충족시킬 수 있는 일정 활동들을 정의하고 계획하는 것이 이 프로세스에 내재해 있다. 이러한 활동 정의에는 종종 작업 패키지에 대한 책임을 가지고 있는 프로젝트 팀원을 포함시키는 것이 바람직하다.

분할은 프로젝트 작업 패키지를 좀 더 작고, 좀 더 관리하기 쉬운 활동으로 분리하기 위한 기법이다. 활동은 작업 패키지를 완성하기 위한 노력이며, 활동 정의하기 프로세스는 최종산출물로, 인도물들이 아니라, 활동들을 정의한다. 활동 목록, WBS, WBS 사전은 순차적, 또는 병행적concurrently으로도 개발될 수 있으나, WBS와 WBS 사전이 최종적인 활동 목록 개발의 기반이 된다.

### 6.1.3 활동을 배열하기sequence activities 프로세스

활동 배열하기는 각 일정 활동들 간의 논리적인 선후 관계를 식별하고 기록하는 프로세스이다. 처음과 마지막을 제외한 모든 활동들과 이정표들은 최소한 하나의 선행자predecessor와 후행자successor를 갖는다. 배열하기는 프로젝트 관리 소프트웨어를 사용하거나 또는 수작업으로 할 수도 있다. 이 프로세스에서 갱신되는 주요 프로젝트 문서에는 활동 목록, 활동 속성, 위험 등록부 등이 포함된다.

### 6.1.4 활동 자원을 추정하기estimate activity resources 프로세스

이 프로세스에서는 어떤 자원(사람, 장비 또는 물건)이 필요한가와 필요한 각 자원의 양 및 프로젝트 활동 수행에 각 자원을 사용할 수 있는 시기에 대하여 결정한다. 이 프로세스는 비용 예측하기 프로세스와 긴밀하게 조화되어야 한다.

추정된 활동 자원 요구사항은 활동에 할당된 자원과 그 가용도가 대부분의 활동의 수행 기간에 큰 영향을 미친다. 예를 들어서, 추가적 또는 낮은 기술의 자원이 할당되었을 경우에는, 증가된 의사소통, 훈련, 조정 필요성으로 인한 효율성과 생산성의 감소가 있을 수 있다.

이 프로세스에서 갱신되는 프로젝트 문서에는 활동 목록, 활동 속성, 자원 달력 등이 포함된다.

### 6.1.5 활동을 기간 추정하기estimate activity durations 프로세스

활동 기간 추정 프로세스는 추정된 자원을 이용하여 개별 활동들을 수행하기 위해서 필요한 작업 기간을 추정하는 프로세스이다. 활동 기간을 추정하기 위해서는 작업의 활동 범위, 소요되는 자원의 종류, 자원 소요 추정량, 자원 달력 등의 정보를 필요로 한다. 활동 지속 기간 추정치에 대한 입력 자료는 해당 활동 내의 작업들에 가장 익숙한 사람이나 집단들에 의해서 작성된다. 입력 자료의 양과 질이 점차 개선됨에 따라서, 기간 추정치의 정확도도 일반적으로 점진적으로 개선된다.

활동 기간 예측 프로세스는 일정 활동 완수에 필요한 작업 노력의 양과 일정 활동 완수에 적용되어야 하는 자원량, 두 가지에 대한 예측이 필요하다. 이러한 것들은 일정 활동 완수에 필요한 작업 기간의 추정치를 결정하기 위해서 사용된다. 기간 예측 지원에 사용되는 모든 정보와 가정 사항은 각 활동 기간 예측을 위해 문서화되어야 한다. 일정 활동 완료를 위해 필요한 작업 기간 예측에는 특정 작업 유형과 관련된 요구사항에 따른 경과 시간elapsed time에 대한 고려가 필요하다.

이 프로세스에서 갱신되는 프로젝트 문서에는 다음의 것들이 포함된다.

- **활동 속성**activity attributes
- **활동 기간 추정을 개발하면서 세워진 가정들**assumptions : 기술 수준 및 가용도

일정 수립을 위한 대부분의 프로젝트 관리 소프트웨어는 프로젝트 달력 및 특정 작업 기간 동안 필요한 자원에 대한 대안적 작업 기간 자원 달력alternative work-period resource calendars을 이용하여 이러한 상황을 다룰 수 있다. 일정 활동은 프로젝트 달력에 따라 작업되며, 자원 배정을 위한 일정 활동은 적절한 자원 달력에 따라 수행된다. 전체적인 프로젝트 기간은 일정 개발 프로세스의 출력 사항으로써 계산된다.

이 프로세스에서 필요한 프로젝트 범위 선언 내의 가정으로는 기존의 조건, 정보 가용성, 보고 기간의 길이 등이 포함되며, 제약의 예로는 숙련된 자원의 가용성 및 계약 조건 및 요구사항 등이 있다.

### 6.1.6 일정을 개발하기schedule development 프로세스

프로젝트 일정 개발은 프로젝트 일정을 생성하기 위해서 활동 순서, 활동 기간, 자원 요구사항, 일정 제약들을 분석하는 과정이다. 일정 계획 도구들은 활동, 기간, 자원들에 대한 자료들을 이용하여 프로젝트 활동들을 완료하기 위한 계획들을 생성해 낸다. 수용할 만한 일정을 개발하는 것은 일반적으로 반복적으로 수행된다. 일정 개발은 진행 과정 추적을 위한 베이스라인으로서의 역할을 할 수 있으며, 승인된 프로젝트 일정의 생성을 위해 기간 예측 및 자원 예측 결과에 대한 검토와 갱신을 필요로 할 수 있다. 일정은 현실적으로 유지되도록 프로젝트 관리 계획이 변경되거나, 잠재적 위험이 현실화되거나, 새로운 위험이 식별되거나 또는 위험이 제거되는 등 변경 사항이 발생할 때마다 프로젝트 전체 기간 동안 반복하여 갱신되어야 한다.

이 프로세스에서 갱신될 수 있는 프로젝트 문서에는 활동 자원 요구사항, 활동 속성, 달력, 위험 등록부 등이 포함된다.

### 6.1.7 일정을 통제하기control schedule 프로세스

일정 통제 프로세스는 프로젝트 상태를 모니터링하여 프로젝트 진도를 갱신하고 일정 기준선의 변경을 관리하는 프로세스이다. 일정 통제는 다음의 사항들을 다룬다.

- 프로젝트 일정의 현재 상태에 대한 결정
- 일정 변경을 일으키는 요소에 대한 영향력 행사
- 프로젝트 일정 변경에 대한 결정
- 변경이 승인된 경우, 실제 변경 과정의 관리

이 프로세스에서 갱신될 수 있는 프로젝트 관리 계획 요소에는 일정 기준선, 일정 관리 계획, 비용 기준선 등이 포함된다. 이 프로세스에서 갱신될 수 있는 프로젝트 문서에는 일정 자료 및 프로젝트 일정 등이 포함된다. 새로운 프로젝트 네트워크도가 승인된 잔여 기간과 작업 계획의 수정 내용을 보여주기 위해서 개발될 수 있다. 경우에 따라서는, 일정 지연이 너무 심각해서 작업 지시와 성과와 진도의 측정을 위한 현실적인 자료를 제공하기 위해 필요한 새로운 목표 일정이 개발되어야 할 수도 있다.

## 6.2 프로젝트 시간 관리 기법 및 도구

### 6.2.1 간트 도표

**간트 도표**Gantt chart는 계획된 작업과 실적을 같은 시간 축에 횡선으로 표시하여 계획과 통제를 동시에 할 수 있도록 고안된 일정 관리 기법으로, 간단하고 사용하기 쉬워서 여러 가지 생산 활동의 일정 계획과 통제에 가장 널리 사용되고 있는 기법이다. 간트 도표는 1919년 미국의 간트가 창안한 것으로 일명 '막대그래프 차트'라고도 하며, 다음과 같은 장점이 있다.

- 작업의 계획과 실적을 명확하고 계속적으로 파악할 수 있다.
- 작업의 지연 원인을 규명하여 일정 계획을 쉽게 조정할 수 있다.
- 작업자별 작업의 성과를 비교할 수 있다.

그러나 간트 도표에는 단순함에 따른 다음과 같은 단점이 있다.

- 복잡하고 세밀한 일정 계획에 적용하기 힘들며, 작업들 간의 유기적인 관련성을 파악하기 어렵다.
- 일정 계획의 변경을 유연하게 수용할 수 없다.
- 문제점을 사전에 파악하는 데 적절하지 않으며, 따라서 주요 위험 요소의 중점 관리 및 사전 통제를 효율적으로 할 수 없다.

간트 도표는 생산 관리, 재고 관리, 원가 관리 등에 응용되고 있으며, 사용 목

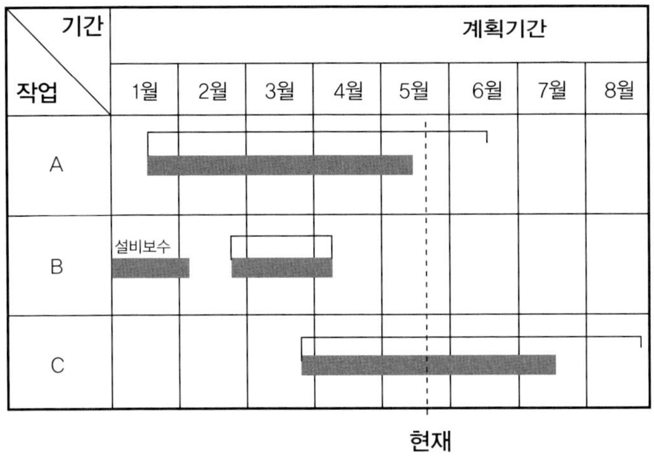


**[그림 6-1]** 기호를 사용한 간트 도표의 예

적에 따라 다음 4가지 유형이 있다.

- **작업자 및 기계 기록 도표**man and machine record chart : 각 기계나 작업자별로 계획 작업량과 실제 작업량의 관계를 표시하는 것으로, 기록된 작업 실적을 이용하여 작업자나 기계의 유휴 상태와 그 원인을 분석할 수 있게 한다.
- **작업 할당 도표**layout chart : 각 작업의 현재 상태를 보여주는 도표인데, 작업의 실제 상황을 기록함과 동시에 (신규)작업 계획을 작업자와 기계 설비에 할당할 수 있게 하는 도표이다.
- **작업 부하 도표**load chart : 작업자 특히 기계별로 현재 능력에 대해 어느 정도의 작업량이 부하되어 있는가를 보여줌으로써 작업자나 기계의 능력을 효과적으로 활용할 수 있게 한다.
- **작업 진도 도표**progress chart : 작업 공정이나 제품별로 계획된 작업이 실제로 어떻게 진행되고 있는가를 보여줌으로써 효율적인 진도 관리를 가능하게 한다. 즉, 계획과 실적을 비교하여 작업의 진도 상태를 나타냄으로써 효율적인 일정 관리를 가능하게 한다.

간트 도표는 그 유형에 따라 다소 차이가 있지만, 일반적으로 다음과 같은 형식으로 작성한다.

| 부호 | 내용 |
|---|---|
|  | 활동의 시작 |
|  | 활동의 끝남 |
|  | 허용된 일정계획의 활동시간 |
|  | 실제의 작업진행 |
| 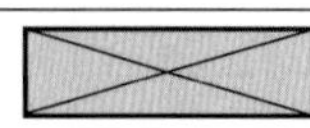 | 비생산 활동시간 |
|  | 차트를 검토한 시점 |

**[그림 6-2]** 간트 도표 기호

- 도표의 상단에는 가로로 일정 계획 기간(일, 주간, 월간, 연간)을 나타낸다.
- 도표의 좌측에는 세로로 계획 내용, 기계, 작업 등을 기입한다.
- 도표의 좌측에는 계획을 집행하는 일정을 좌, 우로 직선으로 선을 그린다(이것은 각 활동의 계획된 시작 시점, 종료 시점, 소요 시간, 작업량을 나타낸다).
- 실적은 계획선 밑에 직선으로 표시한다.
- 계획량과 실적량을 나타내는 직선의 길이는 단위 계획 시간을 100%로 놓고, 실적을 계획 기간의 길이에 비례하여 표시한다.

다음 그림은 간트 도표의 예이다. 간트 도표가 여러 방면에 두루 쓰이기 때문에 상업용 프로그램뿐만 아니라 프리웨어로 제공되는 것 등 다양한 프로그램이 개발되어 있다. [그림 6-3]은 Microsoft Visio로 작성된 것이다. 시작 날짜와 기간만을 입력하면 간트 도표가 자동적으로 그려진다.

간트 도표는 생산 현장에서 많이 쓰이는 관리 기법의 하나이다. 간트 차트 기호에서도 이러한 것을 엿볼 수 있다. 활동의 시작과 끝을 기호로 마감하고, 실질적으로 수행한 작업을 기호의 바로 밑에 표시함으로써 계획 대비 실적을 한 눈에 인지할 수 있다. 여기에서 비생산 활동이란 물건을 생산하지 않은 기간을 뜻하는 것으로, 제조업의 경우에는 기계의 보수 및 정비 등을 예로 들 수 있다.

| ID | 작업 이름 | 시작 | 완료 | 기간 |
|---|---|---|---|---|
| 1 | 기획회의 | 2005-12-29 | 2005-12-29 | 1d |
| 2 | 앙케이트 개발 | 2005-12-30 | 2005-01-13 | 11d |
| 3 | 앙케이트 인쇄 및 발송 | 2006-01-13 | 2006-01-25 | 9d |
| 4 | 답장 회수 | 2006-01-16 | 2006-02-03 | 15d |
| 5 | 데이터 입력 | 2006-01-16 | 2006-02-08 | 18d |
| 6 | 데이터 분석 | 2006-02-03 | 2006-02-08 | 4d |
| 7 | 보고서 작성 | 2006-02-09 | 2006-02-24 | 12d |
| 8 | 보고서 초안 배포 | 2006-02-23 | 2006-02-23 | 1d |
| 9 | 메모 취합 | 2006-02-24 | 2006-03-01 | 4d |
| 10 | 최종 보고서 작성 | 2006-03-02 | 2006-03-08 | 5d |
| 11 | 이사회에 배포 | 2006-03-06 | 2006-03-09 | 1d |
| 12 | 이사회 | 2006-03-17 | 2006-03-17 | 1d |

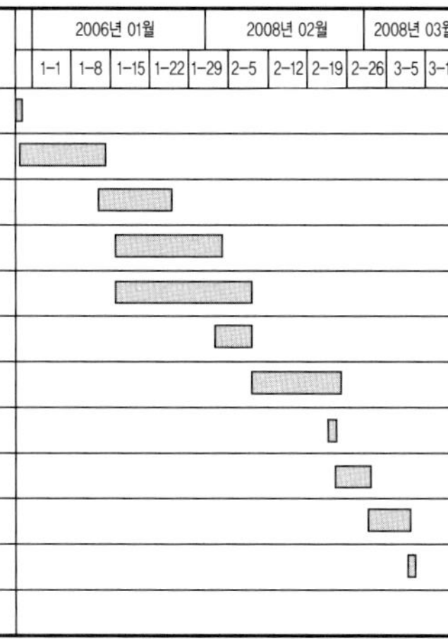


**[그림 6-3]** 간트 도표 : Microsoft Visio

### 6.2.2 PERT/CPM

프로젝트 관리자는 다음 질문들에 대해 해답을 제시해야 한다.

- 프로젝트를 정상적으로 수행하였을 때에, 주어진 기간 내에 완료할 수 있는가?
- 프로젝트를 지연시키지 않기 위해서는 특히 어떤 것에 주의를 기울여야 하는가?
- 프로젝트를 단축시킴으로써 이익을 얻을 수 있는가? 그렇다면 어느 정도 기간을 단축해야 하며, 그러기 위해서 무엇을 해야 하는가?

PERT/CPM은 이러한 프로젝트 관리자의 과제에 대답하기 위해서 개발되었다. PERTProgram Evaluation and Review Technique는 1958년에 미국항공우주국NASA의 지원을 받은 부즈알랜 앤드 해밀톤 사에 의해, CPMCritical Path Method은 1957년 듀폰 사와 레밍턴 사에 의해 각각 개발되었다. 두 기법은 처음에는 각기 특색이 있도록 따로 개발되었으나, 서로 장점을 취합하여 발전하면서 최근에는 하나로 통합되어 PERT/CPM 또는 그냥 PERT로 불리기도 한다.

미국의 경우에는 정부에서 발주하는 거의 모든 건설 프로젝트의 입찰 시에 PERT/CPM 분석 결과의 제시가 요구되며, 민간 기업에서도 대형의 건설 프로젝트에서는 PERT/CPM을 적용하고 있다. 최근에는 전 세계적으로 건설 프로젝트 외에도 대부분의 대형 프로젝트에는 일정 계획과 통제 계획을 작성하기 위해서

PERT/CPM을 이용하고 있다.

PERT/CPM은 활동들을 조정하고 계획하기 위해서 네트워크 개념을 이용하고 있으며, 간트 차트의 단점을 효과적으로 보완한다. PERT/CPM은 프로젝트를 완료하기 위해서 수행하여야 할 활동들의 목록, 각 활동들 간의 선후 관계, 각 활동들을 완성하기 위한 비용과 수행 기간에 대한 확률 분포 등에 대한 자료를 필요로 한다. PERT/CPM은 네트워크를 이용하여 활동들의 흐름을 시각적으로 표현함으로써 이해하기 쉽게 해주며, 다음과 같은 질문에 대한 해답을 제시한다.

- 모든 활동이 정상적으로 수행되었을 경우에, 프로젝트를 완료할 수 있는 최소 기간은 얼마인가?
- 프로젝트 완료 시각을 맞추기 위해서는 각 활동을 언제 시작하고 완료해야 하는가?
- 프로젝트의 완료 시간을 지연시키지 않기 위해서는 어떤 활동에 특히 주의를 기울여야 하는가?
- 전체 프로젝트 완료 시각을 단축하기 위해서는 어떤 활동들을 단축하는 것이 가장 경제적인가?
- 불확실성과 위험에는 어떻게 대처해야 하는가?

하나의 프로젝트를 설명하기 위해서는 다음 3가지의 정보가 필요하다.

- **활동에 대한 정보** : 프로젝트를 여러 개별 활동들로 세분한다.
- **활동 간의 선후 관계** : 각 활동의 선행 활동을 확인한다.
- **시간에 대한 정보** : 각 활동의 소요 시간을 추정한다.

프로젝트를 묘사하는 네트워크를 프로젝트 네트워크project network라 한다. 프로젝트 네트워크는 여러 개의 마디node(일반적으로 작은 원이나 사각형으로 표시함)와 마디와 마디를 연결하는 여러 개의 가지arc(화살표로 표시함)로 구성된다. 프로젝트 네트워크는 앞의 모든 정보를 전달할 수 있어야 하고, 이런 역할을 할 수 있는 네트워크에는 2가지 유형이 있다.

## Box 6-4 PDM을 이용한 의존성의 시각적 표현[4]

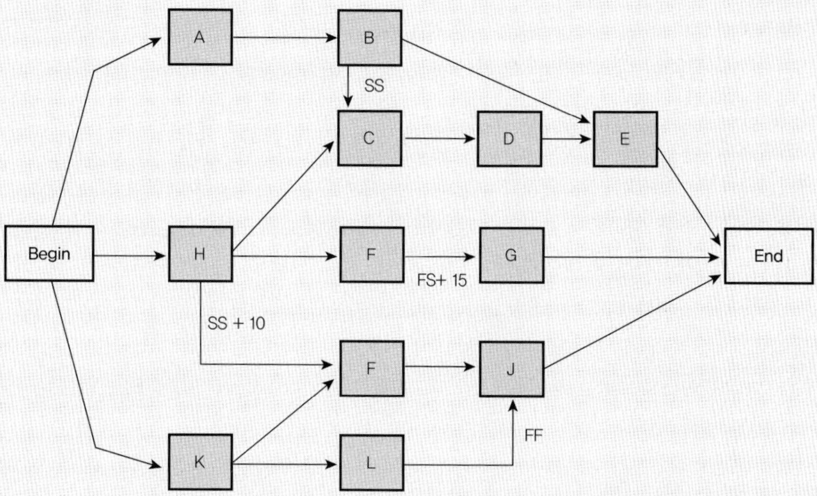


A. 선행도표방법(PDM)

PDMprecedence diagramming method(선행 도표 방법)은 상자와 화살표를 이용하여 활동 간의 논리적 관계를 표현하는 프로젝트 일정 네트워크를 작성하는 방법으로서 PERT/CPM에서 사용된다. PDM에서는 활동 간의 다음과 같은 4가지의 의존성 관계dependency relationship가 있다.

- **종료-시작**FS: finish-to-start : 선행 활동이 종료된 후에만 후행 활동이 시작할 수 있다.
- **종료-종료**FF: finish-to-finish : 선행 활동이 종료된 후에만 후행 활동이 종료될 수 있다.
- **시작-시작**SS: start-to-start : 선행 활동이 시작한 후에만 후행 활동이 시작할 수 있다.
- **시작-종료**SF: start-to-finish : 선행 활동이 시작한 후에만 후행 활동이 종료될 수 있다.

SF 관계에서는 선행 활동(G)이 시작하기 전에 후행 활동(H)이 시작해서, 선행 활동이 종료하기 전에 후행 활동이 종료할 수 있다. 이런 경우에는 선/후행 활동의 명칭이 시간에 따른 일반적 정의와는 배치되게 된다. 예를 들어서, 일반적인 단계적 모델에서는 요구사항 활동이 끝난 후에 설계 활동을 시작한다고 하자. 그렇다면 요구사항 활동이 설계 활동의 선행 활동이며 FS 관계이다. 그러나 동시 공학을 채택하여 요구사항 활동이 끝나기 전에 설계 활동을 시작하기로 결정했다고 하자. 이때에는 관계가 SF로 바뀌며, 설계 활동이 선행 활동이 되고 요구사항 활동이 후행 활동이 된다.
또한, SS 관계에서는 선행 활동이 종료되기 전에 후행 활동이 종료될 수 있다. 따라서 PDM 도형에서의 선후 관계는 활동 간의 시간적 순서를 나타내기보다는, 표기 방법상의 화살표 방향에 따른 명칭이라는 것을 알 수 있다.

4) PMBoK2008, pp.138-140.

활동 간 순서를 정의하는 의존성의 종류는 세 가지가 있다.

- **강제적 의존성**mandatory dependency : 강제적 의존성은 계약에 의해서 요구되거나 물리적 한계 등에 의해서 작업의 본성에 내제되어 있는 것이다. 이 의존성은 강성 논리hard logic라고 불리기도 한다.
- **재량적 의존성**discretionary dependency : 재량적 의존성은 특정 응용 영역의 베스트 프랙티스(예를 들어서, 일반적으로는 SS 관계로 수행되는 두 활동을 동시 공학을 채택하여 SF 관계로 바꾸었을 때) 또는 비록 받아들일 수 있는 다른 순서가 존재함에도 불구하고 특정 순서가 선호되는 프로젝트의 평상적이지 않은 어떤 특성에 근거하여 결정된다. 재량적 의존성은 임의적인 플로트 값float value을 발생시키고 그 이후의 일정 선택을 제한할 수 있으므로, 완전히 기록되어야 한다. 일정 압축fast tracking이 사용되는 경우에는, 이 의존성의 수정 또는 제거에 대해서 재검토되어야 한다. 이 의존성은 선호된 논리preferred logic, 선호적 논리preferential logic, 또는 연성 논리soft logic로 불리기도 한다.
- **외부적 의존성**external dependency : 외부적 의존성은 프로젝트에 관련된 활동들과 프로젝트 외적 활동들 간의 관계이다. 이 의존성은 일반적으로 프로젝트 팀의 통제 범위 밖에 있다. 예를 들어서, 소프트웨어 프로젝트에서 외부 공급자로부터 하드웨어의 인도에 의존할 수 있다. 또는 건설 현장에서 부지 준비 전에 정부의 환경 청문회가 개최되어야만 할 수도 있다.

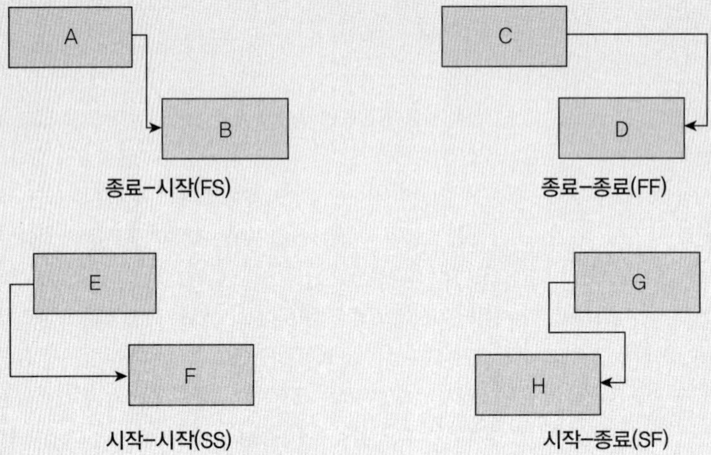


**B.** 활동의 논리적 선후 관계

- 활동-가지AOA 프로젝트 네트워크 : 각 활동이 가지로 표시되며, 마디는 선행 활동과 후행 활동을 구분해 주는 경계가 되고, 따라서 여러 개의 연결된 가지들은 활동 간의 선후 관계를 보여준다.

**Box 6-5 리드와 래그[5)]**

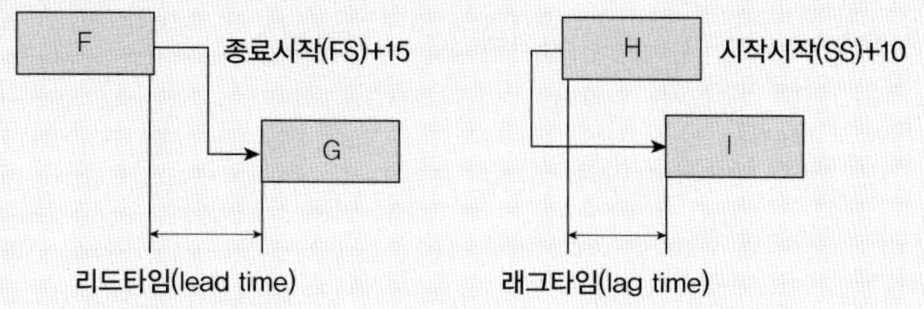


경우에 따라서는 현실적이고 달성 가능한 프로젝트 일정을 지원하기 위해서 활동들 간에 리드 타임 및 래그 타임을 설정해야 할 수도 있다. 리드와 래그는 일정 배열 논리를 대체하면 안 되며, 관련 활동들과 가정들이 기록되어야만 한다.

- **리드**lead : FS 관계에서 두 활동 간의 시간적 간격(위의 그림에서는 활동 F와 G 간의 숫자 15).
- **래그**lag : SS 관계에서의 시간적 간격(위의 그림에서는 활동 H와 I 간의 숫자 10)으로 후행 활동의 즉각적인 시작을 제한하는 지연 시간.

리드 타임은 음수일 수도 있으며, 이 경우에는 후행 활동의 시작을 촉진하게 된다. 동시 공학에서는 일반적으로는 FS 관계에 있는 활동들을 '동시에' 시작한다. 그러나 '일반적' 후행 활동을 선행 활동보다 먼저 시작하지는 않는다. 따라서 동시 공학에서는 일반적으로는 FS의 관계인 두 활동에 SS 관계가 추가된다. 이러한 경우, 후행 활동의 즉각적인 시작을 방지하기 위해서는 래그 타임을 설정하면 된다.

- 활동-마디AON 프로젝트 네트워크 : 각 활동이 마디로 표시되며, 가지는 활동들 간의 선후 관계를 나타내는 데 이용된다.

원래에는 이 두 가지의 방법이 널리 혼용되었으나, 최근에는 다음과 같은 이유로 AON 프로젝트 네트워크가 주로 사용되고 있다. AON 프로젝트 네트워크는 AOA 프로젝트 네트워크에 비해, 다음과 같은 특징이 있다.

- 경험이 없는 사용자들이나 경영자들이 쉽게 이해할 수 있다.
- 쉽게 작성하고, 프로젝트에 변화가 있을 때, 변경할 수 있다.

5) PMBoK2008, p.140.

PERT/CPM에서는 전체 프로젝트 종료 시각에 영향을 주지 않는다는 조건 하에서 각 활동별로 다음과 같은 시각들을 계산한다. 이때 각 활동들은 추정된 소요 시간과 실제 소요 시간이 정확히 일치한다고 가정한다.

- ES = 가장 빨리 시작할 수 있는 시각
- EF = 가장 빨리 종료할 수 있는 시각
- LS = 가장 늦게 시작할 수 있는 시각
- LF = 가장 늦게 종료할 수 있는 시각

ES와 EF는 각각 **최조 시작 시각**earliest start time 및 **최조 종료 시각**earliest finish time이라고 부르며[6], 모든 선행 활동이 완료되자마자 후행 활동이 시작할 때의 각 활동의 시작 시간과 종료 시각을 나타낸다. ES와 EF 간에는 다음과 같은 관계가 있다.

ES = 선행 활동들의 EF 중 가장 큰 값
EF = ES + 해당 활동의 (추정) 소요 시간

LS와 LF는 각각 **최지 시작 시각**latest start time과 **최지 종료 시각**latest finish time이라고 부르며, 프로젝트의 전체 완료 시각을 지연시키지 않으면서 최대한 늦출 수 있는 각 활동의 시작 시각과 종료 시각을 나타낸다. LS와 LF는 모든 활동에 대해서 ES와 EF를 구한 후에 계산하며, 이들 간에는 다음과 같은 관계가 있다.

LF = 후행 활동들의 LS 중 가장 작은 값
LS = LF − 그 활동의 (추정) 소요 시간

**여유 시간**float time은 최지 시간과 최조 시간 간의 차이인데, 프로젝트 전체의 종료 시각에 영향을 주지 않고, 해당 작업의 시작 시간을 조정할 수 있는 범위이다.

6) ES, EF, LS, LF의 'time'을 일반적으로 '시간'으로 번역한다. 예를 들어, 'earliest start time'을 일반적으로는 '최조 시작 시간'으로 번역한다. 그러나 여유 시간slack time의 경우와는 달리, 여기서의 'time'은 전체 프로젝트 시작 시각을 기준으로 한 일정 시간이 지난 후의 어느 한 시점을 의미하므로 이 책에서는 '시각'으로 번역하였다. ES와 EF를 합하여 최조 시각eraliest time, LS와 LF를 합쳐서 최지 시각latest time이라고 하기도 한다.

**Box 6-6 애로 사슬 방법**critical chain method[7]

자원 제약이 반영된 주경로를 애로 사슬critical chain[8]이라고 하며, 애로 사슬 방법은 제한된 자원을 반영하여 프로젝트 일정을 수정하는 일정 네트워크 분석 기법을 말한다. 초기의 프로젝트 일정 네트워크와 주경로는 일반적으로 PERT/CPM 등을 이용하여 개발된다. 보통 초기 일정과 이 방법에 의해서 자원 제약이 반영된 일정은 상이한 주경로를 갖는다.

애로 사슬 방법은 불확실성을 다루기 위해서 비 작업 일정 활동non-work schedule activity인 버퍼buffer를 추가한다. 애로 경로 끝에 삽입된 한 개의 버퍼는 프로젝트 버퍼라고 불리며, 애로 경로를 따라서 목표 종료 시각이 지연되는 것slippage[9]을 방지한다. '피딩 버퍼feeding buffer'라고 불리는, 추가적인 버퍼들은 애로 사슬이 아닌 종속적 과업들의 사슬에 다시 애로 사슬이 합쳐지는 각 지점에 배치된다. 따라서 피딩 버퍼는 애로 경로가 '피딩 사슬feeding chains'을 따라서 지연되는 것을 방지한다. 각 버퍼의 크기는 해당 버퍼로 들어오는 종속 과업 사슬의 지속 기간 불확실성을 반영하여야 한다.

일단 버퍼 일정 활동이 결정되면, 계획된 활동들은 가능한 가장 늦은 시작과 종료 시각으로 일정이 계획된다. 결과적으로 네트워크 경로의 총 여유시간을 관리하는 대신에, 애로 사슬 방법은 과업 사슬의 잔존 기간에 대하여 잔존 버퍼 기간을 관리하는 데 초점을 맞춘다.

여유 시간은 다음과 같은 공식에 의해서 계산하며, 두 개의 값은 항상 일치 한다.

$$\text{여유 시간} = (LF - EF) \text{ 또는 } (LS - ES)$$

여유 시간이 0인 활동을 **주활동**critical activity(중대 활동이라고 번역하기도 함)이라고 하며, 주활동들로 이루어진 경로를 **주경로**critical path(중대 경로라고 번역하기도 함)라고 한다. 주경로는 모든 경로 중에서 소요 시간이 가장 긴 경로이다. 가장 긴 경로가 2개 이상일 때에는 이들 모두가 주경로가 된다. 주경로 및 주활동은 다음과 같은 특징을 갖는다.

7) PMBoK2008, p.155.
8) "Critical chain"은 1997년에 Eliyahu M. Goldratt가 같은 이름의 책 Critical Chain(great Barrington, MA: The North river Press Publishing Corportation)에서 소개하였다. 제약 이론TOC: theory of constrains의 창시자로서, Goldratt는 기존의 일정 분석 기법에 제약 이론을 적용하였다. Lawrence P. Leach는 Critical Chain Project Management(Boston: ArtechHouse, 2000)에서 확률적 방법에 기반한 방법인 CCPM을 발표하였다. CCPM은 각 과업에 대한 시작과 종료 시각을 배제하며, 과업 기간 편차에 대한 처리를 버퍼에 통합한다.
9) "slippage"는 프로젝트 관리에서 마감일을 맞추지 못하는 행위act of missing a deadline를 말한다. 이것은 임의적인 이정표이다.

**Box 6-7 일정 압축**schedule compression

일정 압축은 프로젝트 범위를 변경함이 없이 일정 제약, 부과된 일자, 또는 기타 일정 목표를 달성하기 위해서 일정을 단축한다. 일정 압축은 다음의 기법을 포함한다.

- **크래싱**crashing : 최소의 추가 비용으로 최대의 압축을 달성하기 위해서 비용과 일정 간의 교환 관계를 분석한다. 크래싱의 예로는 초과 근무, 자원의 추가, 또는 주경로 상의 활동에 대한 급행료의 지불 등을 들 수 있다. 크래싱은 추가적인 자원이 기간을 줄일 수 있는 활동에만 효과가 있다. 크래싱은 항상 실효성이 있는 대안은 아니며, 비용 및/또는 위험을 증가시킬 수 있다.
- **조기 착공**fast tracking : 정상적으로 수행할 활동들을 연속적으로 병행하여 수행한다. 예로는, 모든 구조적 설계를 마치기 전에 건물 기초를 건설하는 것을 들 수 있다. 조기 착공은 재작업과 위험의 증가를 초래할 수 있다. 조기 착공은 기간을 줄이기 위해서 중첩될 수 있는 활동들에만 효과가 있다.

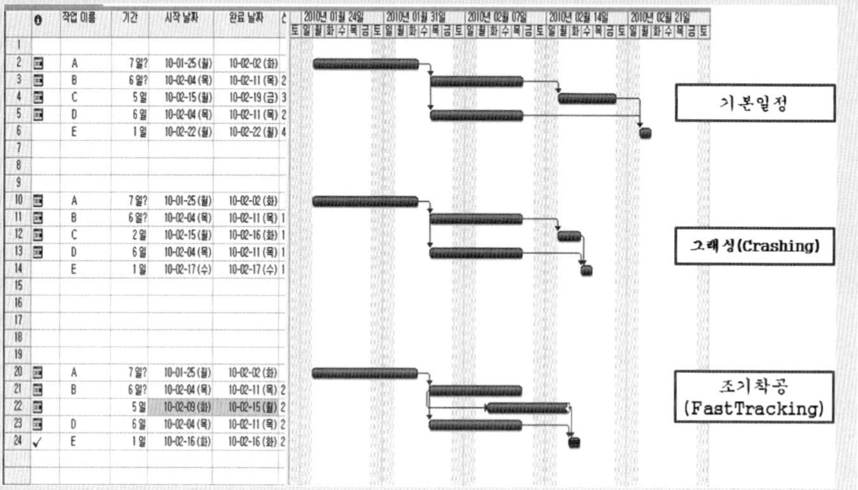


- 모든 활동이 정상적으로 수행되었을 경우에, 프로젝트를 완료할 수 있는 최소 기간은 주경로 상의 활동 수행 기간의 합과 같다.
- 주활동이 지연되면 전체 프로젝트의 완료 시각도 지연된다. 따라서 전체 프로젝트 완료 시각을 지연시키지 않기 위해서는 주활동에 특히 주의를 기울여서 관리를 하여야 한다.
- 전체 프로젝트 완료 시각을 단축하기 위해서는 주활동을 단축하여야 한다.

# 6.3 예측과 추정

## 6.3.1 예측

예측forecasting은 미래의 알려지지 않은 특정한 사실에 대하여 설명 또는 예보하는 것이다. 우리가 보다 정확한 예측을 하고자 하는 이유는 미래에 발생할 사실에 대한 정보가 우리들이 현재 수행할 의사결정에 매우 중요한 역할을 하기 때문이다. 예측은 여러 가지 기준으로 구분할 수 있다. 예측이 과거의 경험적 법칙이나 이론에 의해서 수행되었는가에 따라, 과학적 예측과 비과학적 예측으로 구분할 수 있다. 예측의 결과가 증명될 수 있고, 오차의 크기가 발표되며, 예측 방법의 절차가 객관적일 경우 과학적 예측이 된다. 또한 예측 결과가 결정적이냐, 확률적이냐에 따라, 결정적 예측과 통계적 예측으로 구분하기도 한다.

탐색적 예측 방법들은 유용한 과거의 자료들이 있는 경우에 이용될 수 있다. 이때 시계열 모형은 관심을 갖는 변수에 대한 과거의 패턴을 기초로 하여, 그러한 패턴이 미래에도 지속될 것이라는 가정 하에 미래의 값을 예측한다. 또 설명 모형은 그 변수와 다른 변수들 간의 관련성을 기초로 하여 관심을 갖는 변수의 미래 값을 예측하게 된다.

직관적 예측 방법은 과거의 자료가 부족하거나 없는 경우에 사용되며, 미래의 사상을 주관적으로 예측하는 전문가들의 견해에 의존하는 방법이다. 그런데 실제 분석에서 대부분의 예측 체계는 탐색적 방법과 직관적 방법이 둘 다 고려되어야 한다. 예를 들어 기존의 자료의 패턴이 지속될 것으로 기대할 때는 탐색적 예측 방법이 적용되지만, 기존의 자료 패턴이 변화한다면, 직관적 방법이 적용되어야 한다.

예측 방법의 선택에서 고려해야 할 주요 요인은 다음과 같다.

- 요구되는 예측의 형태 : 점 예측을 할 것인가 또는 구간 예측을 해야 할 것인가
- 시간 프레임 : 일별, 월별, 혹은 연도별로 할 것인가
- 자료의 패턴 : 자료의 패턴이 추세성, 계절성, 혹은 순환성을 갖는가, 그렇지 않으면 이들이 복합적으로 작용하고 있는가
- 예측의 비용

〈표 6-2〉 수요 예측 방법의 분류

| 예측 | 내 용 | 예 |
|---|---|---|
| 직관적 예측 방법 | 직관적 판단에서 출발하여 그 결과를 수렴해 가는 방법 | 델파이법<br>시나리오법 |
| 탐색적 예측 방법 | 과거와 현재의 실적이나 상태에 기초를 두고, 그 상태가 장래에도 지속된다는 가정 하에 이루어지는 예측 방법으로, 수동적 예측 방법이라고도 함. | 시계열분석<br>회귀분석 |
| 규범적 예측 방법 | 먼저 바람직한 상태나 달성해야 할 상태를 규정하고, 그것을 달성하기 위한 방법(규범)을 찾는 방법. 능동적 예측 방법이라고도 함. | 우주 계획 등 |
| 피드백 방법 | 탐색적 예측 방법과 규범적 예측 방법의 중간적 기법으로서, 탐색적 예측 방법의 결과를 피드백 시키면서 달성해야 할 목표와 규범을 설정해 가는 방법 | 경영 계획 등 |

- 요구되는 정확도
- 자료의 유용성
- 적용된 예측 방법에 대한 이해도와 적용의 편의성

PMBoK2008에서는 예측 방법을 다음과 같이 분류한다.[10]

- **시계열 방법**time series methods : 미래의 결과를 추정하기 위한 근거로 역사적인 자료를 사용한다. 그 예로는, 획득 가치 분석, 이동 평균moving average, 외연extrapolation, 선형 예측linear prediction, 추세 추정trend estimation, 성장 곡선growth curve 등을 들 수 있다.
- **인과/이코노메트릭 방법**causal/econometric methods : 일부 예측 방법들은 예측되는 변수에 영향을 미치는 배후 요소들을 확인할 수 있다는 가정을 사용한다. 예를 들면, 우산 판매가 날씨에 영향을 받을 수 있다. 만약 인과관계가 이해되면, 영향을 미치는 변수에 대한 예보를 하고 그것을 예측하는 데 사용할 수 있다. 이러한 방법들의 예로는 선형 또는 비선형의 회귀 분석 및 이코노매트릭스 등을 들 수 있다.
- **판단적 방법**judgmental methods : 판단적 예측은 직관적 판단, 의견, 확률 추정 등을

10) PMBoK2008, p.269.

통합한다. 이러한 방법의 예로는, 복합 예측composite forecasting, 서베이survey, 델파이 방법Delphi method, 시나리오 구축scenario building, 기술 예측technology forecasting, 유사 추정forecasting by analogy 등을 들 수 있다.

- **기타 방법**other methods : 모의실험simulation, 확률적 예측probabilistic forecasting, 앙상블 예측ensemble forecasting 등[11)]

## 6.3.2 추정

**추정**estimate은 '추측하여 판정'하는 것이며, 예측과 혼용되어 사용되는 경우도 있으나, 확실하지 않은 과거나 현재의 현상에 대한 추측이라는 점에서 예측과는 본질적인 차이가 있다. 프로젝트에서 WBS의 기간 및 비용 추정을 위해서 자주 사용되는 추정 기법으로는 다음과 같은 것들이 있다.[12)]

- **유사 추정**analogous estimating : 유사 비용 추정은 현재 프로젝트의 범위, 비용, 예산, 기간 또는 규모, 무게, 복잡도와 같은 기타 척도와 같은 모수parameters나 척도measures들의 값을 추정하기 위해서 과거의 유사한 프로젝트들의 동일한 모수나 척도들의 값을 사용한다. 기간이나 비용을 추정할 때, 이 기법은 현재 프로젝트 비용 추정의 근거로, 과거 비슷한 프로젝트들의 실제 기간이나 비용을 사용한다. 이때에는 총계 값(총 기간이나 총 비용)을 추정하며, 종종 프로젝트 복잡도에 대해 파악된 차이에 대한 보정이 이루어진다.
- **모수적 추정**parametric estimating : 모수적 추정은 비용, 예산, 기간 등의 활동 모수들activity parameters의 추정치를 계산하기 위해서 과거 자료와 기타 변수들(예, 건축에서 평, 소프트웨어 개발에서 프로그램 라인 수) 간의 통계적 관계를 이용한다. 이 기법은 모델의 정교함과 사용하는 자료에 따라서 높은 수준의 정밀도를 달성할 수 있다. 모수적 비용 추정은, 다른 추정 방법들과 결합해서, 전체 프로젝트 또는 프로젝트의 일부 부분에 대해 적용할 수 있다.
- **상향식 추정**bottom-up estimating : 한 활동이 적절한 수준의 신뢰도로 추정될 수 없을 때, 그 활동의 작업을 좀 더 상세하게 분할한다. 자원 요구가 추정되고, 이러한 추정치들이 활동의 각 자원별로 합계된다. 만약 활동들 간에 자원들의 적용

11) 앙상블 예측은 몽테칼로 분석Monte Carlo analysis의 일종으로, 동태적 시스템dynamic system의 미래의 상태의 표본을 생성하기 위해서 사용되며, 수치적 일기 예보를 위해서 주로 사용된다.
12) PMBoK2008, pp.144,149,150,171,172.

**Box 6-8 베타 분포와 삼점 추정**[13)]

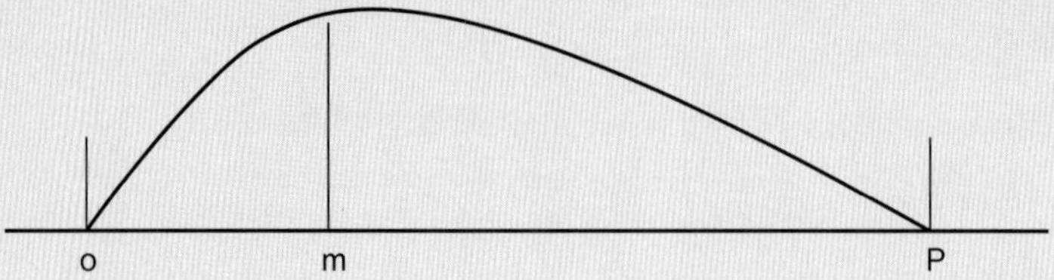


PERT에서는 활동 시간의 확률 분포가 베타 분포beta distribution를 따른다고 가정한다. 베타 분포의 특징은 범위가 평균을 중심으로 표준편차의 3배의 범위 내에 존재하며, 아래에서도 볼 수 있듯이, 우측에 비해서 좌측이 뭉툭하고 짧다는 것이다. 베타 분포는 평균, 분산, 범위의 최솟값 및 최댓값, 그리고 최우값most likely value[14)] 간에 다음과 같은 관계가 있다.

$$\mu = \frac{o + 4m + p}{6}$$

$$\sigma^2 = (\frac{p - o}{6})^2$$

삼-점 추정three-point estimating에서는 범위의 최솟값과 최댓값, 최우값의 세 모수를 먼저 추정하며, 이 세 모수와 위의 식을 이용하여 평균과 분산 등을 계산한다. PMBoK2008 삼-점 추정에서는 일반적으로 최솟값과 최댓값을 각각 낙관값optimistic value과 비관값pessimistic value이라고 한다. 삼-점 추정은 활동의 수행 기간만이 아니라 비용의 추정을 위해서도 종종 사용된다.

과 사용에 영향을 미치는 상호작용이 있다면, 이러한 자원 사용의 패턴이 해당 활동의 추정 요구사항에 반영되고 기록되어야 한다. 추정된 개별 작업 패키지 또는 활동들의 비용은 보고와 추적 목적으로 상위 수준에 종합rolled up된다. 상향식 비용 추정의 비용과 정확도는 전형적으로 개별 작업 또는 작업 패키지의 규모와 복잡도에 의해서 영향을 받는다.

유사 추정은 종종 프로젝트 초기 단계에서와 같이 해당 프로젝트에 대한 자세한 정보가 충분치 않을 때에 모수를 추정하기 위해서 사용된다. 유사 추정에는 역사적 정보와 전문가 판단이 사용된다. 유사 추정은 일반적으로 다른 방법들에 비

13) PMBoK2008, pp.150-151.
14) 확률 함수의 값이 최대가 되는 확률 변수의 값. 여기에서는 m에 해당한다.

### Box 6-9 횡단면 분석과 종단면 분석

- **횡단면 분석**cross-sectional analysis : 측정치들 간의 수평적 비교를 통하여 한 시점에서 수요를 예측. 회귀분석, 로지스틱 분석 등의 계량 분석 기법이 이에 속한다. 구매 의도 조사를 비롯한 일반적인 시장 조사 기법들도 어느 한 시점에 고객들을 대상으로 이루어지기 때문에 횡단면 분석의 성격을 띠게 된다. 전문가들을 대상으로 이루어지는 델파이법 역시 횡단면 분석으로 볼 수 있다.
- **종단면 분석**longitudinal analysis : 과거의 자료를 바탕으로 수요를 예측하는 방법. 주요 분석 기법으로는 시계열 자료series data를 바탕으로 시간의 변화에 따른 추세 변화를 분석하는 시계열 분석이 있다.

예측 방법은 예측에 사용되는 자료가 어느 한 시점에 대한 것이냐 또는, 일정한 주기마다 수집된 여러 시점에 대한 것이냐에 따라서 횡단면 분석과 종단면 분석으로 나눌 수 있다. 시계열 자료를 이용하여 모형을 추정한 후 예측할 때 이론과 실제 간의 괴리에서부터 발생하는 다음과 같은 문제들이 제기될 수 있다.

- 사회 현상의 예측에서는 반복 실험의 불가능성과 자료의 역사적 성격으로 말미암아 경험적 법칙을 얻는데 한계를 갖게 되고, 이러한 빈약한 법칙에 대한 지식은 정확한 예측을 매우 어렵게 한다.
- 자료의 수집 혹은 관측 과정에서 발생할 수 있는 오차나 경제 변수인 경우, 변수의 이론적 의의와 자료 사이의 괴리로 인하여 발생되는 측정 오차 등으로 자료의 신빙성이 결핍될 수 있고, 이때 이를 측정하거나 교정할 방법이 없다.
- 과거의 시계열 자료를 이용하는 경우 예측을 위하여 사용되는 자료들은 대부분의 경우 표본 추출의 결과로 생각할 수 없다. 따라서 일정 기간 동안 주어진 시계열 자료를 가지고 그 자료가 속하고 있는 모집단 분포의 특성을 통계적으로 추정한다는 것은 문제가 된다.
- 사회 현상으로부터 관측된 자료들의 오차의 분포는 흔히 정규분포의 형태를 취하지 않을 수 있고, 또 시계열 모형을 사용할 경우 자료 자체의 패턴을 발견하기 위해서 필요한 많은 자료를 수집하기 어렵다.
- 경제 모형에서 고려된 변수 중에는 가끔 적절히 측정될 수 없는 변수들이 포함될 수 있다. 이 경우 대리 변수proxy variables들을 사용함으로써 발생하는 오차들은 불가피하게 된다.
- 인과적 모형을 설정할 경우 변수들 간의 인과적 관련성은 주관적 판단이고, 인과성의 가정은 모형 속에 포함되지 않으며, 이러한 인과성을 객관적으로 측정할 수 없다. 또한 관련성의 크기를 나타내는 계수는 고정된 것으로 간주하나 실제로는 시간의 흐름에 따라 변동될 수 있다.
- 인과적 모형의 경우, 특히 경제 변수들 간에는 상호 의존성이 높으므로 독립변수와 오차 간에 밀접한 상관관계가 발생할 가능성이 높고, 또한 미래를 예측할 경우 독립변수 역시 예측되어져야 하는 미지수이므로 상대적으로 예측력은 낮아지게 된다.

해서 비용이 저렴하고 시간도 적게 드나, 또한 일반적으로 부정확하다. 유사 추정은, 다른 추정 방법과 연계해서, 전체 프로젝트나 프로젝트의 일부 부분에 적용할 수 있다. 유사 추정은 과거의 프로젝트들이 겉보기가 아니라 실제로 유사하고, 추정치를 준비하는 프로젝트 팀원들이 필요한 전문성을 지니고 있을 때 가장 신뢰도가 높다.

모수적 추정이나 유사 추정에 사용되는, 프로젝트 총 비용이나 기간을 예측하기 위한 수학적 모델을 개발하기 위하여 프로젝트 특징들(모수들) 간의 역사적 관계들이 사용된다. 그러한 모델들은 단순할 수도 있고(주택 건축비는 단위 면적당 비용에 근거한다) 또는 복잡할 수도 있다(예를 들어, 소프트웨어 개발의 기능 점수 방법은 매우 많은 요소들의 복잡한 관계를 고려해 넣는다).

모수적 또는 유사 추정의 비용과 정확도 모두가 다음과 같은 요소에 따라서 크게 변할 수 있다.

- 모델을 개발하기 위해서 사용된 역사적 자료가 정확한가?
- 모델에 사용된 모수를 쉽게 정량화할 수 있는가?
- 모델을 확장 또는 축소할 수 있는가, 대규모 프로젝트, 소규모 프로젝트, 또는 프로젝트 관계들에 대해서도 작용하는가?

## 6.4 소프트웨어 규모 척도와 노력 추정

### 6.4.1 소프트웨어 규모 척도

(1) LOClines of code

예를 들어, 건물을 지을 때 소요되는 비용과 기간을 예측하기 위해서는 그 건물의 규모를 알아야 한다. 우리는 일반적으로 건물의 규모를 측정하기 위해서 평 또는 m2(사실 이 두 가지는 본질적으로 동일하다)를 사용한다. 소프트웨어 또는 소프트웨어 프로젝트의 규모를 측정하기 위해 전통적으로 가장 널리 사용되던 척도는 LOC이다.[15)]

15) 가장 먼저 나타난 소프트웨어 규모 척도는 SLOCsource lines of code이며, LOC와 거의 동일하다.

**Box 6-10** LOC 척도의 생산성 패러독스

| 활동 | 어셈블리 소스 코드 (1,000,000 LOC) | C++ 소스 코드 (500,000 LOC) | 차이 (총 500,000 LOC) |
|---|---|---|---|
| 테스팅/디버깅 | 650 인월* | 250 인월 | 400 |
| 문헌 작성 | 600 인월 | 550 인월 | 50 |
| 코딩 | 550 인월 | 250 인월 | 300 |
| 관리 | 200 인월 | 100 인월 | 100 |
| 합계 | 2,000 인월 | 1,150 인월 | 850 |
| 애플리케이션 비용 | 20,000,000 불 | 11,500,000 불 | 8,500,000 불 |
| LOC/인월 | 500 LOC | 435 LOC | 65 LOC |
| 비용/LOC | 20.00 불 | 23.00 불 | -3.00 불 |

* 인월(man-month) : 1 사람이 1 개월 동안 작업했다는 것을 뜻함.
자료원: JONES00, p.73.

LOC 척도가 요구사항, 명세, 그리고 사용자 매뉴얼 등의 코딩 이외의 활동의 생산성 연구에 활용된다면, 매우 혼동되고 모순적인 결과를 초래하게 된다. 위 표의 예는 두 개의 언어 간의 생산성 비교에 LOC를 사용했을 때의 모순적인 결과를 보여준다. 위의 예에서는 같은 애플리케이션이 두 가지 버전이 각각 어셈블러와 C++을 이용해서 작성되었다고 가정한다. 해당 작업에 동원된 사람들의 기능 수준과 임금이 같다고 가정한다.

총 비용이 어셈블러 버전은 20,000,000달러가 들고 C++ 버전은 11,500,000달러만 들었으므로, 비용이 어셈블러 버전은 20,000,000달러가 들고 C++ 버전은 11,500,000달러만 들었으므로, C++가 더 생산적이다(이것은 모두가 잘 알고 있는 사항이며, 그렇기 때문에 지금은 어셈블러를 사용하는 사람이 거의 없다). 그러나 LOC 당 비용을 기준으로 생산성을 평가한다면, 어셈블러 버전은 1,000,000 LOC가 필요했던 반면에 C++버전은 500,000 LOC만 소요되었기 때문에 어셈블러가 더 생산적이라는 모순된 결과가 초래하게 된다.

바로 이러한 문제점이 사용된 언어에 의해서 영향을 받지 않는, 소프트웨어 규모 척도의 동기를 제공한다. 기능 점수는 그러한 가장 대표적인 척도이며, 이러한 척도에 의거한 소프트웨어 프로젝트 비용 및 일정의 산정은 보다 효율적인 개발 방법과 프로그래밍 언어의 사용을 촉진한다. 또한 이러한 척도의 사용은 소프트웨어 프로젝트의 비용 및 일정에 대한 보다 정확한 추정을 가능하게 한다.

LOC에는 물리적 LOC와 논리적 LOC가 있으며, 서로 직접적으로 전환되지 않는다. 이 두 가지 LOC의 공통적인 장점은 다음과 같다.

- 많은 소프트웨어 추정 도구에서 사용된다.

반면에, 물리적 LOC와 논리적 LOC의 공통적인 단점은 다음과 같다.

- 요구사항, 명세, 그리고 사용자 매뉴얼 등의 작성 또는 프로젝트 관리 활동과 같은 코딩 이외의 작업에는 적용할 수 없다.
- 소프트웨어 재사용의 경우에는 모호성을 초래할 수 있다.
- 전 생애주기에 대한 분석을 위해서는 적절하지 않다.
- 몇몇의 '시각적' 언어에 대해서는 적용할 수 없다.

물리적 LOC는 소스 코드에 나타난 물리적인 줄의 수(즉, 키보드의 'enter' 키가 눌린 횟수)이며, 빈 라인을 포함한다. 물리적 LOC의 장점은 측정하기 쉽고 그 측정이 철저하게 자동화되었다는 것이다. 물리적 LOC의 단점은 상당한 양의 '데드 코드dead code'를 포함할 수 있고, 빈 줄과 코멘트를 포함할 수 있으며, 복수의 언어가 쓰이는 프로젝트에서는 혼란을 초래할 수 있다는 것이다.

논리적 LOC의 장점은 데드 코드, 빈 줄, 그리고 코멘트가 제외되며, 기능 점수로 수학적으로 전환될 수 있다는 것이다. 논리적 LOC의 주요 단점은 측정하기 어렵고 자동화가 잘 되어있지 않다는 것이다.

(2) 기능 점수

**기능 점수**function point는 소프트웨어 세계의 선도 메트릭인데, 1970년대 중반에 Allan Albrecht가 이끄는 IBM 척도 팀에 의해서 개발되어 IBM에서 내부적으로 사용되다가, 1979년에 공개되었다. 기능 점수는 발표된 이후로 계속 개선되어 왔으며, 미국의 비영리 단체인 IFPUG(http://www.ifpug.org)가 표준의 제정과 교육 및 자격증 발급 등의 제반 관리 업무를 수행하고 있다. 한국에서도 기능점수 공인 자격증 제도가 시행되고 있다.

기능 점수 분석은 사용자 관점에서의 소프트웨어 개발 규모를 측정하기 위한 표준 기법이다. 기능점수 분석은 우선적으로 논리적 설계에 기초하여 사용자에게 제공되는 소프트웨어 기능들을 정량적으로 측정한다. 기능 점수는 소프트웨어의 요구사항과 명세로부터 계산되며, 다음과 같은 다섯 가지 핵심 요소들의 가중치들의 합계로 구성된다.

- 투입inputs : 스크린, 신호 등
- 산출outputs : 스크린, 리포트, 장표 등
- 조회inquiries
- 논리적 파일logical files
- 인터페이스interfaces

기능 점수의 주요 장점은 다음과 같다.

- 사용되는 프로그래밍 언어와 상관없이 항상 일정하다.
- 전체 생애 주기에 걸친 분석에 적합하다.
- 소프트웨어 재사용 분석에 적합하다.
- 객체지향 기술의 경제성 분석에 적합하다.
- 다수의 소프트웨어 비용 추정 도구에 의해서 지원된다.
- 다수의 언어에 대해서 논리적 LOC로 수학적으로 전환될 수 있다.

기능 점수의 주요 단점은 다음과 같다.

- 정확한 측정을 위해서는 인증 받은 기능 점수 전문가가 필요하다.
- 측정에 비용과 시간이 많이 들 수 있다.
- 자동화된 측정의 정확성이 불분명하다.
- 규모가 15 기능 점수 이하인 프로젝트에서는 측정 결과가 불규칙적이다.
- 다양한 변형들이 존재하며, 이러한 변형들을 IFPUG 기능 점수로 전환하거나 '백파이어backfire' 전환하는 규칙이 없다.

기능 점수가 비록 소프트웨어 규모 측정 기법으로 시작되었지만, 그 위력과 활용도는 기본 목표를 훨씬 뛰어 넘어 새로운 용도로 확장되었다. 기능 점수를 적용할 수 있는 업무들은 다음과 같다.

- 벤치마킹 연구
- 개발 비용 산정

- 소프트웨어 계약 관련 소송
- 소프트웨어 세금 관련 소송
- 유지보수 비용 산정
- 아웃소싱 계약
- 프로세스 개선 분석
- 품질 측정
- 품질 비용 산정

#### (3) 소프트웨어 생애주기에 따른 기능 점수의 활용

기능 점수의 가장 큰 장점은 소프트웨어 및 애플리케이션의 생애주기의 모든 단계에서 사용할 수 있다는 것이다. 기능 점수의 측정 유형은 소프트웨어의 생애주기에 따라서 3가지 유형으로 분류할 수 있다.

- **개발 프로젝트 기능 점수 측정** : 소프트웨어의 최초 설치와 함께 사용자에게 제공될 기능을 측정한다.
- **개선 프로젝트 기능 점수 측정** : 기존 애플리케이션의 변경 부분을 측정하며, 기존의 사용자 기능에 추가, 수정, 삭제할 부분의 기능을 측정한다.
- **애플리케이션 기능 점수 측정** : 베이스라인 또는 설치된 기능 점수 측정이라고도 부르며, 사용자에게 제공된 애플리케이션의 현행 기능을 측정한다. 개선된 애플리케이션의 기능 점수는 기존 애플리케이션 기능 점수와 개선 프로젝트 기능 점수의 합이 아니며, 개선 프로젝트의 종료로 애플리케이션 기능이 변경될 때마다 수정되어야 한다.

프로젝트 초기 단계에서의 사용자 요구사항은 급변한다. 프로젝트 초기에 작성되는 타당성 검토에서 작성되는 상위 수준의 요구사항은 일반적으로 매우 간단하고 개략적이다. 타당성 검토 후에 사용자는 여유를 가지고 요구사항을 보다 정교하게 다듬어간다. 어떤 부분에서는 상세한 요구사항을 생성하기 위하여 개발자의 조언을 구하기도 한다. 소프트웨어 개발자는 타당성 검토에 기초하여 자신들의 개발 및 요구사항의 초기 버전 작성을 작성할 수 있다. 사용자와 소프트웨어 개발자 간의 토론은 요구사항에 대한 개선으로 이끌어 준다.

〈표 6-3〉 생애주기 단계에 따른 기능 점수 활동의 종류: 폭포수 모델의 예

| 생명주기 단계 | 수행 기능 점수 활동 |
|---|---|
| 제안서 | 추정 |
| 요구사항 전반기 | 추정 |
| 요구사항 후반기 | 추정/측정 |
| 명세 | 측정 |
| 설계 | 측정 |
| 구축 | 측정 |
| 인도 | 측정 |
| 유지보수 | 측정 |

일반적으로 초기 사용자 요구사항만이 기능 점수 분석에 사용할 수 있는 유일한 문서인 프로젝트의 초기에는 정확한 기능 점수의 측정은 불가능하다. 그러나 알려지지 않은 기능과 그 기능의 복잡도에 대한 가정을 통하여 기능 점수 추정을 할 수 있다. LOC에 비해서 매우 정확한 초기 추정치를 산정할 수 있다는 것이 기능 점수의 가장 중요한 장점 중의 하나이다. 정확한 기능 점수 측정에 가장 적합한 단계는 최종적인 기능 요구사항 정의 단계이다.

〈표 6-3〉은 폭포수 생애주기 모델에 의거하여 어떻게 초기의 기능 점수 추정 활동이 측정 활동으로 발전하는가를 보여준다. 만약 반복적 모델을 사용할 경우는 애플리케이션 생애주기의 모든 시점에서 규모 추정과 측정이 병행해서 수행될 것이다. 이 경우에도 후기 반복으로 갈수록 추정 활동은 줄어들고 측정 활동의 비율이 늘어날 것이다.

#### (4) 기능 점수의 변형들 및 기타 소프트웨어 규모 척도

기능 점수는 1979년의 발표 이래로 다양한 종류의 변형들이 개발되었다. 따라서 기능 점수를 사용할 때에는 어떤 규칙에 따르고 있는지를 반드시 밝혀야 한다. 주요 변형들과 발표 기관, 그리고 그 발표 연도는 다음과 같다.

- IBM 기능 점수 : 1979.
- IBM 기능 점수 개정판 : 1984.

- IFPUG 기능 점수 : 계속 갱신되고 있음.
- Mark II 기능 점수 : 영국, 1983.
- 3D 기능 점수 : 보잉사, 1995.
- Full 기능 점수 : 캐나다, 1997.
- SPR : 미국, 1985.
- Netherlands 기능 점수 : 네덜란드, 1996.
- Engineering 기능 점수 : 미국, 1996.
- 디마르코 기능 점수(Bang 점수) : DeMarco, 1982.
- Object 점수 : 미국, 1995.

기능 점수의 변형 중에서 가장 중요한 것의 하나는 '**백파이러링**backfiring'이다. 백파이어링은 레거시 애플리케이션의 기능 점수를 측정하기 위한 가장 인기 있는 방법으로, CHECKPOINT, COCOMO II, GECOMO, KnowledgePlan, 그리고 SLIM 등의 소프트웨어 추정 도구에 의해서 지원되고 있다. 명세가 제공되어 있지 않은 레거시 애플리케이션을 위해서는 기능 점수를 측정할 수 있는, 현실적으로 유일한 방법이다. 백파이어링의 장점은 다음과 같다.

- 사용하기 쉽고 빠르다.
- 자동화가 상업적으로 제공되고 있다.
- 많은 비용 추정 도구에 의해서 지원되고 있다.
- 많은 소프트웨어 벤치마킹 연구에 사용되고 있다.

백파이어링의 단점은 다음과 같다.

- 정확도가 낮다(논리적 LOC과의 전환 오차가, 일반적인 기능 점수는 약 10%, 백파이어링은 약 20% 정도로 생각되고 있다).
- 시작점이 물리적 LOC라면, 일관성 없는 결과가 나올 수 있다.
- 여러 언어가 사용된 애플리케이션의 경우에는 모호성이 발생할 수 있다.
- 개인적인 프로그래밍 스타일에 따라서 상이한 결과가 나올 수 있다.
- 주요 기능 점수 기관이 인증하고 있지 않다.

또 다른 주요 규모 척도들로는 MOOD 등의 객체지향 프로젝트를 위한 척도들이 있다. 이러한 **OO 척도**object-oriented metrics들은 기존의 어떤 소프트웨어 척도들과 전혀 관련이 없다. OO 척도들의 공통적인 장점은 다음과 같다.

- OO 컴뮤너티가 심리적으로 매력적으로 느낀다.
- 복잡한 OO 프로젝트와 단순한 OO 프로젝트를 구별하는 것으로 보인다.

OO 공통적인 주요 단점은 다음과 같다.

- OO 패러다임 밖의 연구를 지원할 수 없다.
- 전 생명주기 이슈를 다룰 수 없다.
- 아직까지 테스팅에 대해서 적용되지 않았다.
- 아직까지 유지보수에 대하서 적용되지 않았다.
- LOC 척도들과의 변환 규칙이 없다.
- 기능 점수 척도들과의 변환 규칙이 없다.
- 자동화가 결여되어 있다.
- 계산하기 힘들다.
- 소프트웨어 추정 도구들에 의해서 지원되지 않는다.

### 6.4.2 소프트웨어 프로젝트 노력 추정

#### (1) 소프트웨어 노력 추정 방법

**소프트웨어 노력 추정**effort estimation은 소프트웨어 프로젝트의 일정 관리와 원가 관리를 위한 기초 자료를 제공한다. 특히, 노무비가 직접비의 대부분을 차지하는 소프트웨어 프로젝트의 경우에는 노력 추정과 원가 추정이 같은 의미로 사용되기도 한다. 일반적인 경우에는 노력 추정은 원가 추정의 일부라고 간주할 수 있으며, 노력 추정에 사용되는 거의 대부분의 방법이 원가 추정에 사용될 수 있다.

일반적으로 노력 추정과 원가 추정 모두에 일반적으로 사용되는 방법에는 다음과 같은 것들이 있다.

- **유사 추정**estimating by analogy : 과거에 수행한 프로젝트들 중에서 가장 유사한 프로젝트를 선정하고, 유사도(또는 상이도)에 따른 보정을 거처 현재 프로젝트의 노력(원가)을 추정한다. 전에 수행된 프로젝트에 대한 정보(그러나 일반적인 결론을 내릴 정도로 많지는 않은)가 있을 때 적합한 방법이다. 이 방법의 가장 큰 문제점은 어떻게 프로젝트 간의 유사성을 측정하느냐이다.
- **상향식 추정**bottom-up estimating : 전체 프로젝트를 보다 작은 작업 단위로 분할하고(큰 프로젝트의 경우에는, 작업 단위의 분할은 일반적으로 보통 한 사람이 1 내지 2주일 내지 소요되는 크기로까지 반복적으로 수행되며, 이런 분할 작업은 일반적으로, 노력이나 비용 추정과는 상관없이, WBS 작성 시에 수행된다) 각 단위의 노력(원가)을 산정한 후에, 각 개별 산정을 더해 총 노력(원가)을 얻는다. 보다 세부적인 정보가 많은, 프로젝트 후반 단계에서 가장 적합하다. 자료가 거의 없거나 완전히 새로운 종류의 프로젝트에 또한 적합하다.
- **모수적 모델링**parametric modeling : 과거 실적 자료와 수학적인 모델을 이용하여, 프로젝트 노력(과 기타 원가와 관련되는 요소들)의 소요량을 계산한다. 모수적 모델은 비교적 엄밀한 방법을 통해서 개발되나, 그 정확성은 경우에 따라 차이가 크다. 소프트웨어 프로젝트 노력을 추정하기 위한 모수적 모델로는 COCOMO 등이 있다.
- **하향식 추정**top-down estimating : 하향식 추정에는 먼저 전체 프로젝트의 노력(원가)을 추정한 후에, 각 하위 과업에 총 노력(원가)을 배분한다. 전체 프로젝트 노력(원가)을 추정하기 위해서는 일반적으로 매개변수 모델링이 사용되나, 유사 추정 또는 전문가 판단이 사용될 수도 있다.
- **전문가 판단**expert judgement : 충분한 지식을 갖고 있는 사람에게 추정이나 예측을 하도록 한다. 거의 모든 추정 또는 예측에서 사용될 수 있는 가장 기본적인 예측 방법 중의 하나이다.

이상의 추정 방법들은 서로 배타적인 것이 아니다. 특히 전문가 판단은 독자적으로 사용될 수도 있지만 모든 다른 추정 방법과 병행하여, 또는 다른 추정 방법을 보완하기 위해서 사용될 수 있다. 또한 프로젝트 관리자는 다른 방법을 사용하는 복수의 사람으로부터 복수의 추정치를 받을 수 있다. 전체 추정의 일부는 상향식 방법에 의해서 산정되고 다른 부분은 상향식으로 계산될 수도 있다.

〈표 6-4〉 COCOMO 상수

| COCOMO 상수 | | |
|---|---|---|
| 시스템 종류 | c | k |
| Organic | 2.4 | 1.05 |
| Semi-detached | 3.0 | 1.12 |
| Embedded | 3.6 | 1.20 |

(2) COCOMO : 모수적 모델

모수적 모델의 가장 간단한 형태로는 다음과 같은 예를 들 수 있다.

$$\text{노력} = \text{시스템의 규모} \times \text{생산성}$$

시스템의 규모는 LOC가 될 수도 있고 기능 점수가 될 수도 있다. 기능 점수는 보다 정확한 노력(또는 원가) 추정을 위해 개발되었으며, 현재에도 그러한 목적으로 계속 개선되고 있다.

반면에 COCOMOConstructive COst MOdel 모델은 생산성의 보다 정확한 추정에 초점을 두고 있다. COCOMO에는 다양한 변형들이 존재한다. 최초의 모델은 Boehm이 1970년대 후반기에 수행된 63개 프로젝트 자료에 의거해서 개발하였다. 이 중에서 비즈니스 시스템은 단 7개였으며, 따라서 최초의 모델은 정보시스템이 아닌 다른 애플리케이션에 적용될 수 있었다.

이 모델은 다음과 같이 표현된다.

$$\text{노력} = c \times \text{규모}^{k}$$

여기에서 노력은 인월person-month이, 노력은 ksdithousnads of delivered source code instructions이 단위이며, c와 k는 상수이다.

Boehm은 시스템을 'organic', 'semi-detached', 그리고 'embedded'의 세 가지로 분류하였으며, 각각의 종류에 대해서 다음과 같이 c와 k를 추정하였다.

여기에서 주목할 만한 것은 지수 값 k가 1보다 크다는 것이다. 이것은 큰 프로젝트가 작은 것에 비해서 비례하는 것보다 더 큰 노력을 필요로 한다는 것이다.

이것은 큰 프로젝트가 작은 것에 비해서 관리와 조정을 위해서 더 많은 노력을 필요로 한다는 Boehm의 발견을 반영한다.

Boehm은 발표 즉시 COCOMO가 부정확하다는 것을 발견하였으며, COCOMO81을 개발하였다. COCOMO81은 3개의 제품 속성에 대한 모수, 4개의 컴퓨터 속성에 대한 모수, 5개의 인력에 대한 모수, 그리고 3개의 프로젝트에 대한 모수, 총 15의 모수에 대한 추정치를 사용한다.

(3) COCOMO II

COCOMO II는 Boehm에 의해서 1999년에 발표되었다. 이 모델도 이전의 COCOMO 모델과 그 구조면에서 동일하며, 차이점은 다수의 모수를 사용한다는 것이다. 각 모수에 대한 추정치는 모델의 발표 시에는 전문가들에 의해서 설정되었다. 그러나 그 이후에 실제 프로젝트 자료에 대한 데이터베이스가 구축되었으며, 이러한 실증 자료에 의거해서 각 모수들이 갱신되고 있다.

이 모델은 또한 다음과 같은 생명주기의 세 단계에 대한 하위 모델을 포함함으로써 소프트웨어 프로젝트의 여러 주요 단계에서 추정을 할 수 있도록 하고 있다.

- 애플리케이션 구성application composition : 사용자가 경험할 외부적인 기능을 설계할 때. 이를 위해 전형적으로 프로토타이핑이 사용된다. 고생산성의 애플리케이션 도구가 사용될 수 있는 작은 애플리케이션의 경우에는 개발이 이 단계에서 종료될 수도 있다.
- 초기 설계early design : 소프트웨어의 기본적인 구조가 설계될 때. 다량의 트렌젝션이 발생하고 성능이 중요한, 좀 더 크고 힘든 시스템의 경우에는 채용할 아키텍처에 세심한 주의를 기울여야 한다.
- 아키텍처 이후post architecture : 소프트웨어 구조가 최종적으로 구현될 때. 요구된 대로 작동할 시스템을 작성하기 위해서 수정과 조정이 필요하다.

# 부 록 6A
## A 소프트웨어사 프로젝트 사례

〈표 6A-1〉 활동 목록

| 활동 | 활동 설명 | 기간(주) | 선행 활동 |
|---|---|---|---|
| A | 개발 계획서 준비 | 2 | - |
| B | 요구사항 수집 | 4 | A |
| C | 요구사항 분석 | 10 | B |
| D | 요구사항 명세서 작성 | 6 | C |
| E | 소프트웨어 설계 | 4 | C |
| F | 모듈 구현 | 7 | C |
| G | 상세 설계 | 7 | D |
| H | DFD 작성 | 5 | E |
| I | 설계 명세서 검토 | 9 | E, G |
| J | 모듈 검증 | 8 | F, H |
| K | 시스템 인계, 시현 | 2 | I |
| L | 시스템 구성 | 4 | J |
| M | 시스템 테스트 | 5 | J |
| N | 유지보수 | 6 | L, M |

A 소프트웨어사에서 소프트웨어를 개발하려고 하고 있으며(자세한 내용은 부록 2A 참조), 표 A의 활동 목록에 제시되어 있는 활동들을 수행해야 할 것으로 예상하고 있다고 가정하자. 표 A의 3번째 열은 활동들 간의 선후 관계를 나타내고 있고, 4번째 열은 각 활동을 정상적으로 수행하였을 때의 소요 기간을 보여 준다. 모든 활동들을 정상적으로 수행했을 때, 프로젝트를 47주 내에 완료할 수 있을 것인가?

소요 시간의 추정치들의 합은 79주로 약속시간 47주를 훨씬 초과한다. 그러나 다행히 여러 개의 활동들을 동시에 진행할 수 있으므로 프로젝트의 완료 시간은 79주보다 훨씬 줄일 수 있을 것이다.

**[그림 6A-1]** PERT/CPM 네트워크: AON

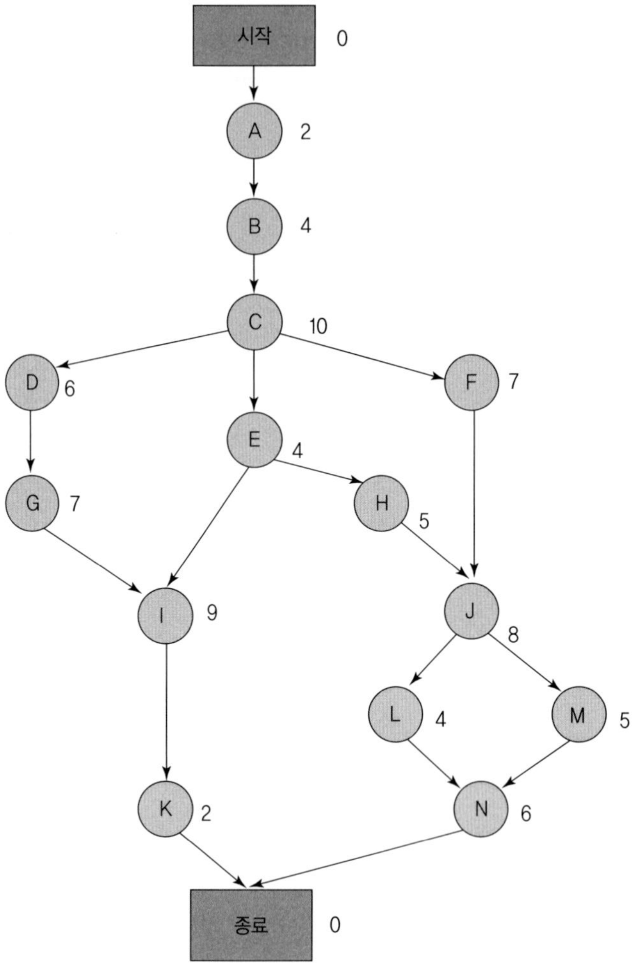


(AON) 프로젝트 네트워크를 사용하여 PERT/CMP 분석을 통해서 모든 활동을 정상적으로 수행했을 때 프로젝트를 가장 빨리 완료할 수 있는 기간을 계산할 수 있다. 그림 B는 표 A 세 번째 열의 활동 간의 선후 관계를 표현한다. 활동 A는 선행 활동이 없으므로 시작 마디를 선행 활동으로 연결했으며, 또, 활동 M과 활동 N은 후행 활동이 없으므로 종료를 후행 활동으로 연결하였다. 나머지 활동들의 연결 관계는 표 A의 네 번째 열의 내용을 따랐다. 이렇게 하여 완성된 프로젝트 네트워크는 모든 활동 간의 선후 관계를 한눈에 볼 수 있게 하였다. 활동 기간의 추정치는 각 마디(활동) 옆에 기록하였다.

〈표 6A-2〉 최조 시간: ES 및 EF

| 활동 | 활동 설명 | 기간(주) | 선행 활동 | ES | EF |
|---|---|---|---|---|---|
| A | 개발 계획서 준비 | 2 | – | 0 | 2 |
| B | 요구사항 수집 | 4 | A | 2 | 6 |
| C | 요구사항 분석 | 10 | B | 6 | 16 |
| D | 요구사항 명세서 작성 | 6 | C | 16 | 22 |
| E | 소프트웨어 설계 | 4 | C | 16 | 20 |
| F | 모듈 구현 | 7 | C | 16 | 23 |
| G | 상세 설계 | 7 | D | 22 | 29 |
| H | DFD 작성 | 5 | E | 20 | 25 |
| I | 설계 명세서 검토 | 9 | E, G | 29 | 38 |
| J | 모듈 검증 | 8 | F, H | 25 | 33 |
| K | 시스템 인계, 시현 | 2 | I | 38 | 40 |
| L | 시스템 구성 | 4 | J | 33 | 37 |
| M | 시스템 테스트 | 5 | J | 33 | 38 |
| N | 유지보수 | 6 | L, M | 38 | 44 |

## 단계 1: 최조 시각(ES, EF)의 계산

주경로를 발견하기 위해서는 먼저 최조 시각들(ES, EF)을 먼저 구한다. 최조 시각들은 먼저 수행해야 할 활동부터 시작하여 다음에 수행할 활동들의 순서로 계산하며, 각 활동별로는 ES를 구한 후에 EF를 계산한다. 우리의 예에서는 활동 A의 ES, 활동 A의 EF, 활동 B의 ES, 활동 B의 EF, 활동 C의 ES, 활동 C의 EF 등의 순서로 계산한다. 활동 D, E, F는 어느 것을 먼저 계산하더라도 상관없다.

일반적으로 선행 활동의 EF가 후행 활동의 ES가 되나, 선행 활동이 두 개 이상인 경우에는 선행 활동의 EF 중에서 가장 큰 값이 후행 활동의 ES가 된다. 예를 들어, 활동 I의 경우에는 선행 활동이 활동 E와 활동 G이며, 20과 29 중에서 큰 값인 29가 ES가 된다. 이러한 계산은 다음의 표를 이용하여 위에서부터 아래로 계산해 내려오면 편하게 할 수 있으며, 최종 결과가 표에 제시되어 있다. 표에 의하면, 전체 프로젝트를 가장 빨리 완료할 수 있는 기간은 44주이다.

〈표 6A-3〉 최지 시간: LF 및 LS

| 활동 | 활동 설명 | 기간(주) | 선행 활동 | ES | EF |
|---|---|---|---|---|---|
| A | 개발 계획서 준비 | 2 | B | 2 | 0 |
| B | 요구사항 수집 | 4 | C | 6 | 2 |
| C | 요구사항 분석 | 10 | D, E, F | 16 | 6 |
| D | 요구사항 명세서 작성 | 6 | G | 26 | 20 |
| E | 소프트웨어 설계 | 4 | H, I | 20 | 16 |
| F | 모듈 구현 | 7 | J | 25 | 18 |
| G | 상세 설계 | 7 | I | 33 | 26 |
| H | DFD 작성 | 5 | J | 25 | 20 |
| I | 설계 명세서 검토 | 9 | K | 42 | 33 |
| J | 모듈 검증 | 8 | L, M | 33 | 25 |
| K | 시스템 인계, 시현 | 2 | – | 44 | 42 |
| L | 시스템 구성 | 4 | N | 38 | 34 |
| M | 시스템 테스트 | 5 | N | 38 | 33 |
| N | 유지보수 | 6 | – | 44 | 38 |

## 단계 2: 최지 시각(LF, LS)의 계산

최지 시각들은 나중에 수행해야 할 활동으로부터 시작하여 그 전에 수행할 활동들의 순서로 계산하며, 각 활동별로는(최조 시각과는 반대로) LF를 구한 후에 LS를 계산한다. 우리의 예에서는 활동 N과 활동 K의 최지 시각들을 가장 먼저(두 활동 중에서 어느 것을 먼저 할 것인가에 대해서 먼저 계산하든 무방하다) 계산한다. 두 활동 모두 LF가 전체 프로젝트의 최조 완료 시각인 44가 되며, 활동 N과 K의 LS는 44에서 각각 수행 기간인 6과 2를 뺀 38과 42가 된다.

표를 이용하여 계산한다면, 다음의 표에서 밑에서부터 위로 계산해 올라가면 편하다. 표에서는 계산 결과가 제시되어 있다. 일반적으로 후행 활동의 LS가 선행 활동의 LF가 되나, 후행 활동이 두 개 이상인 경우에는 후행 활동의 LS 중에서 가장 작은 값이 선행 활동의 LF가 된다. 예를 들어, 활동 J의 경우에는 후행 활동이 활동 L와 M이며, 34와 33 중에서 작은 값인 33이 LF가 된다.

〈표 6A-4〉 여유 시간과 주경로

| 활동 | 활동 설명 | 기간(주) | 선행 활동 | ES | EF | 후행 활동 | LF | LS | 여유 시간 | 주경로 |
|---|---|---|---|---|---|---|---|---|---|---|
| A | 개발 계획서 준비 | 2 | – | 0 | 2 | B | 2 | 0 | 0 | ○ |
| B | 요구사항 수집 | 4 | A | 2 | 6 | C | 6 | 2 | 0 | ○ |
| C | 요구사항 분석 | 10 | B | 6 | 16 | D, E, F | 16 | 6 | 0 | ○ |
| D | 요구사항 명세서 작성 | 6 | C | 16 | 22 | G | 26 | 20 | 4 | × |
| E | 소프트웨어 설계 | 4 | C | 16 | 20 | H, I | 20 | 16 | 0 | ○ |
| F | 모듈 구현 | 7 | C | 16 | 23 | J | 25 | 18 | 2 | × |
| G | 상세 설계 | 7 | D | 22 | 29 | I | 33 | 26 | 4 | × |
| H | DFD 작성 | 5 | E | 20 | 25 | J | 25 | 20 | 0 | ○ |
| I | 설계 명세서 검토 | 9 | E, G | 29 | 38 | K | 42 | 33 | 4 | × |
| J | 모듈 검증 | 8 | F, H | 25 | 33 | L, M | 33 | 25 | 0 | ○ |
| K | 시스템 인계, 시현 | 2 | I | 38 | 40 | – | 44 | 42 | 4 | × |
| L | 시스템 구성 | 4 | J | 33 | 37 | N | 38 | 34 | 1 | × |
| M | 시스템 테스트 | 5 | J | 33 | 38 | N | 38 | 33 | 0 | ○ |
| N | 유지보수 | 6 | L, M | 38 | 44 | – | 44 | 38 | 0 | ○ |

## 단계 3: 여유 시간의 계산과 주경로의 발견

일단 최조 시각과 최지 시각을 계산한 후에는 활동별로 여유 시간을 계산할 수 있으며, 여유 시간이 0인 활동들을 연결함으로써 주경로를 발견할 수 있다. 최종 결과가 표에 제시되어 있으며, 주경로는

시작 → A → B → C → E → F → J → L → N → 종료.

이며, 전체 프로젝트를 44주 만에 완성하기 위해서는 주경로 상의 활동들은 선행 활동이 끝나자마자 즉시로 시작해야 한다. 그렇지 않은 활동들은, 예를 들어 활동 C는 제 16주와 제 20주 사이에 언제 시작하더라도 전체 프로젝트의 완료 시각은 영향을 받지 않는다.

이제 처음에 주어진 질문에 대한 답이 구해졌다. 모든 활동들을 정상적으로 수행했을 때, 각 활동에서 지연이 없다면 44주 만에 프로젝트를 완료할 수 있다.

**[그림 6A-2]** A소프트웨어사 프로젝트의 주경로

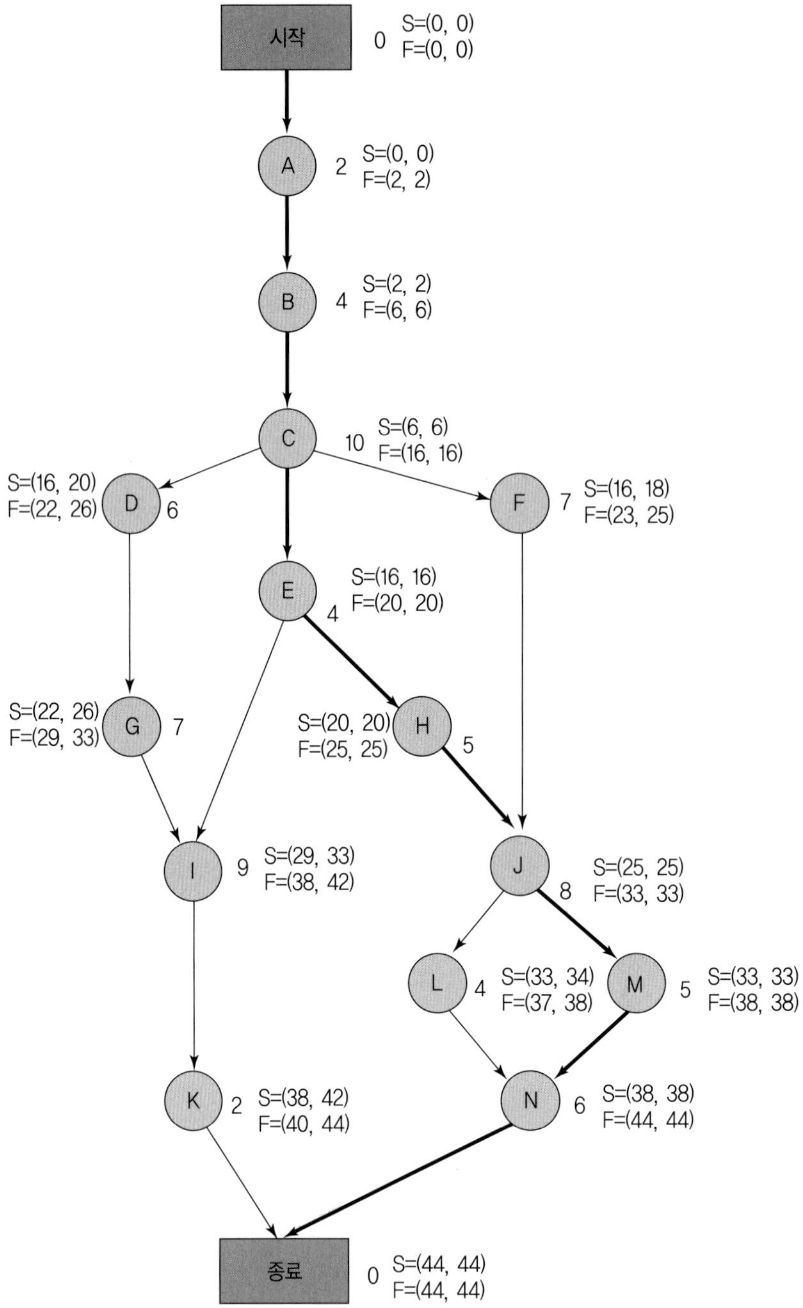


※기호 : S=(ES, LS), F=(EF, LF), 굵은 화살표가 주경로.

그러나 주경로 상에 있는 활동 A, B, C, E, F, J, L, N 중의 어느 한 활동이라도 지연이 된다면 프로젝트의 완료 시간도 지연될 것이다. 다른 활동들은 지연되더라도 전체 프로젝트의 완료 시각은 지연되지 않을 수 있다. 따라서 전체 프로젝트의 소요 시간을 44주, 나아가 목표 시점인 47주 이상으로 지연시키지 않기 위해서는 주경로 상의 활동들을 지연시키지 않도록 노력을 집중해야 한다.

# 부 록 6B
## 활동 시간의 불확실성과 일정 위험의 PERT/CPM을 이용한 관리

### 1. 문제

일반적으로 각 활동들은 계획 시간과 실제 시간이 일치하지 않는다. PERT/CPM은 각 활동의 소요 시간에 대한 3가지의 추정치를 이용하여 소요 시간의 불확실성을 반영한다.

- 최우 추정치(m) = 가장 일어날 가능성이 높은 추정치
- 낙관적 추정치(o) = 가장 낙관적인 상황에서의 추정치
- 비관적 추정치(p) = 가장 비관적인 상황에서의 추정치

A 소프트웨어사의 예에서 정상적으로 각 활동들을 수행하였을 때의, 각 활동에 대한 최우 추정치, 낙관적 추정치, 그리고 비관적 추정치가 〈표 6B-1〉과 같다고 하자.

일반적으로 활동들은 특근을 하거나 추가적인 인력이나 고성능의 장비 등을 투입함으로써 정상적인 경우에 비해서 소요 시간을 단축할 수 있다. A 소프트웨어사의 예에서, 각 작업을 단축crashing하기 위해서는 표 B와 같이 비용이 들며(예에서는, 논의를 간단히 하기 위해서 각 활동별로 1주를 단축하기 위한 비용은 단축 기간과 상관없이 일정하다고 정하였다), 계약 내용에 다음과 같은 사항이 포함되어 있다고 하자.

47주 안에 개발을 완료하지 못하면 300만원의 벌금을 물어야 하고,
반대로 40주 이내에 개발이 완료가 되면 150만원의 보상금을 받는다.

모든 작업을 정상적으로 수행할 것인가, 아니면 어떤 작업을 얼마나 단축할 것인가?

〈표 6B-1〉 소프트웨어사 각 활동의 소요 시간에 대한 추정치(단위: 주)

| 활동 | 낙관적 추정치 | 최우 추정치 | 비관적 추정치 | 평균 | 분산 |
|---|---|---|---|---|---|
| A | 1 | 2 | 3 | 2 | 1/9 |
| B | 2 | 31/2 | 8 | 4 | 1 |
| C | 6 | 9 | 18 | 10 | 4 |
| D | 4 | 51/2 | 10 | 6 | 1 |
| E | 1 | 41/2 | 5 | 4 | 4/9 |
| F | 3 | 71/2 | 9 | 7 | 1 |
| G | 5 | 61/2 | 11 | 7 | 1 |
| H | 4 | 4 | 10 | 5 | 1 |
| I | 5 | 8 | 17 | 9 | 4 |
| J | 3 | 9 | 9 | 8 | 1 |
| K | 1 | 2 | 3 | 2 | 1/9 |
| L | 4 | 4 | 4 | 4 | 0 |
| M | 1 | 51/2 | 7 | 5 | 1 |
| N | 5 | 51/2 | 9 | 6 | 1/9 |

## 2. 베타 분포에 의거한 소요 시간의 평균과 분산의 계산

PERT는 활동 시간의 확률 분포를 베타 분포로 가정한다. 베타 분포β-distribution의 특징은 평균을 중심으로 양쪽으로 표준편차의 3배의 범위 내에 존재하며, 즉, 베타 분포의 전체 구간이 표준 편차의 6배 이내의 범위에 존재하며, 우측에 비해서 좌측이 뭉툭하고 짧다는 것이다. [그림 6B]는 베타 분포의 모양과 3가지 추정치의 상대적 위치를 보여 준다. 낙관적 추정치 o와 비관적 추정치 p는 분포의 양 끝에 위치하고, 최우 추정치 m은 최고의 확률을 갖는 위치에 있다.

[그림 6B] 베타 분포

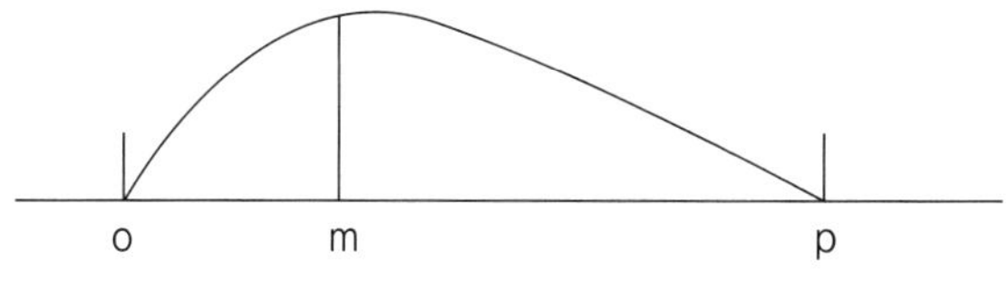

〈표 6B-2〉 각 활동의 소요 시간 단축 비용

| 활동 | 기간(주) | | 비용(만원) | | 최대로 줄일 수 있는 기간(주) | 1주를 줄이는 데 소요되는 비용(만원) |
|---|---|---|---|---|---|---|
| | 정상 | 단축 | 정상 | 단축 | | |
| A | 2 | 1 | 180 | 280 | 1 | 40 |
| B | 4 | 2 | 320 | 420 | 2 | 50 |
| C | 10 | 7 | 620 | 860 | 3 | 80 |
| D | 6 | 4 | 260 | 340 | 2 | 40 |
| E | 4 | 3 | 410 | 570 | 1 | 160 |
| F | 7 | 5 | 210 | 270 | 2 | 30 |
| G | 7 | 4 | 900 | 1020 | 3 | 40 |
| H | 5 | 3 | 180 | 260 | 2 | 70 |
| I | 9 | 6 | 200 | 380 | 3 | 60 |
| J | 8 | 7 | 430 | 490 | 1 | 30 |
| K | 2 | 1 | 100 | 20 | 1 | 100 |
| L | 4 | 3 | 160 | 200 | 1 | 40 |
| M | 5 | 3 | 250 | 350 | 2 | 50 |
| N | 6 | 3 | 330 | 510 | 3 | 60 |

베타 분포에서는 평균 μ 및 분산 σ2를 각각 최우 추정치, 낙관적 추정치, 그리고 비관적 추정치를 이용하여 다음과 같이 계산한다.

$$\mu = \frac{o + 4m + p}{6}$$

$$\sigma^2 = \left(\frac{p - o}{6}\right)^2$$

〈표 6B-1〉은 그 결과를 보여주고 있다. 〈표 6B-1〉에서 각 활동의 평균 소요 시간은 부록 4A의 소요 시간과 일치한다. 따라서 만약 각 활동의 실제 소요 시간이 평균 소요 시간과 같게 되면 프로젝트는 44주에 끝나게 된다. 그러나 비관적으로 추정할 경우 주경로는 44주에서 69주로 늘어난다. 최악의 경우에는 약속 시간 47주를 지키기가 쉽지 않음을 알 수 있다.

## 중심 극한 정리에 의거한 전체 프로젝트 수행 기간의 추정

PERT/CPM은 각 활동의 실제 소요 시간이 평균 소요 시간이 될 때의 주경로(평균 주경로)에 대해서만 초점을 맞춘다. 이러한 가정은 활동들의 실제 소요 시간이 평균과 크게 차이 날 때에는 성립되지 않을 수도 있으나, 일반적으로는 그러한 경우에도 가장 긴 경로가 주경로보다 많이 길지는 않는다.

PERT/CPM은 또한 프로젝트 전체 소요 시간의 확률 분포가 근사적으로 정규분포라고 가정한다. 이러한 가정은 한 활동에 소요 시간의 변화가 다른 활동의 소요 시간을 변화시키는 경향이 있거나 또는 주경로상의 활동의 수가 적으면 성립되지 않는다. 그러나 활동의 수가 많고 다양한 경우에는 이러한 가정은 비교적 정확해진다.

이러한 근사법에 의하면 프로젝트의 전체 소요 시간의 평균 $\mu_p$ 및 분산 $\sigma_p^2$은 근사적으로 다음과 같다.

$\mu_p$ = 주경로 상의 활동들의 평균 소요 시간의 합

$\sigma_p^2$ = 주경로 상의 활동들의 소요 시간 분산의 합

따라서 충북소프트웨어사의 예에서는 이와 같다.

$$\mu_p = 44$$
$$\sigma_p^2 = 9$$

이제 우리는 각 활동을 정상적으로 수행했을 때 전체 프로젝트를 47주 및 40주 이내에 완료할 확률을(근사적으로) 구할 수 있다. 표준편차 $\sigma_p$ = 3이므로, 전체 프로젝트를 47주 및 40주 이내에 완료할 확률은 각각 표준정규분포를 따르는 확률 변수 z가 (47−44)/3 = 1 및 (40−44)/3 = −1.33보다 작을 확률과 같다. 즉, 각 활동을 정상적으로 수행했을 때,

- 전체 프로젝트를 47주 및 40주 이내에 완료할 확률은 각각 0.84와 0.09이며,
- 벌금 또는 보상금에 의한 추가적인 수입의 기대치는 0.09×150 − 0.16×300 = −34.5만원이다.

〈표 6B-3〉 기간 단축 수입 계산 템플릿

| 단축된 전체 수행 기간 | 0주 | 1주 | 2주 | 3주 | 4주 | 5주 |
|---|---|---|---|---|---|---|
| 프로젝트가 40주 이내에 종료될 확률 | 0.09 | 0.16 | 0.25 | 0.37 | 0.50 | 0.63 |
| 프로젝트가 47주 이후에 종료될 확률 | 0.16 | 0.9 | 0.05 | 0.02 | 0.02 | 0.02 |
| 벌금 및 보상금의 기대치 (만원) | -34.5 | -3.0 | 22.5 | 49.5 | 69.0 | 88.5 |
| 기간 단축에 따른 한계 수입 (만원) | — | 31.5 | 25.5 | 27.0 | 19.5 | 19.5 |
| 기간 단축에 따른 총수입 (만원) | — | 31.5 | 57. | 84.0 | 103.5 | 123.0 |

## 시간과 비용의 상충 관계

일반적으로 정상적으로 작업할 때에 비해 특근을 하거나 또는 추가적인 인력이나 고성능의 장비 등을 투입함으로써 일부 작업들의 소요 기간을 단축crashing함으로써, 전체 프로젝트 수행 기간을 단축할 수 있다(원래는 기간 단축은 CPM에서, 수행 기간의 불확실성은 PERT에서 다루었으나 최근에는 이 두 가지가 통합되었다). 활동을 단축하기 위해서는 비용이 든다. 따라서 기간 단축에 따른 이익이 작을 경우에는 기간을 단축하면 안 된다.

우리의 예에서는 벌금을 물(전체 프로젝트가 47주 이후에 종료될) 확률은 줄이고 보상금을 탈(전체 프로젝트가 40주 이전에 종료될) 확률은 높여서, 결과적으로 벌금 또는 보상금에 의한 추가적인 수입의 기대치를 늘릴 수 있다. 따라서 기간 단축을 할 것인가, 한다면 얼마나 단축하여야 할 것인가를 정해야 한다.

일부 작업들을 단축시켰을 경우에도 전체 프로젝트 수행 시간의 분산은 변하지 않는다고 가정하면, 앞에서와 같이 중심 극한 정리를 이용하여, 보상금을 타거나 벌금을 물 확률을 계산할 수 있다. 〈표 6B-3〉은 단축된 전체 프로젝트 수행 기간과 벌금 또는 보상금에 의한 추가적인 수입의 기대치와의 관계를 보여준다.

〈표 6B-3〉에서 한계 수입이라는 것은 수행 기간을 1주 더 단축할 때 추가적으로 증가하는 수입을 말한다. 즉 1주를 단축했을 경우에는 벌금과 보상금을 합한 액수의 기대치가, 정상적으로 작업했을 때의 -34.5만원에서, -3.0만원으로 31.5만원 증가하며, 이것이 한계 수입이다. 1주에서 2주로 1 주를 더 단축할 때에는 기대 수입이 22.5만원으로 25.5만원 증가하며, 이것이 한계수입이다. 총수입은 한계 수입을 누적함으로써 얻는다.

〈표 6B-4〉 단축 활동 결정 작업표

| 활동 | 4여유 시 4간4 | 주경로 | 기간(주) | | 비용 (만원) | | 최대 단축 기간(주) | 1주 단축 비용 (만원) |
|---|---|---|---|---|---|---|---|---|
| | | | 정상 | 단축 | 정상 | 단축 | | |
| J | 0 | ○ | 8 | 7 | 430 | 490 | 1 | 30 |
| A | 0 | ○ | 2 | 1 | 180 | 280 | 1 | 40 |
| B | 0 | ○ | 4 | 2 | 320 | 420 | 2 | 50 |
| M | 0 | ○ | 5 | 3 | 250 | 350 | 2 | 50 |
| N | 0 | ○ | 6 | 3 | 330 | 510 | 3 | 60 |
| H | 0 | ○ | 5 | 3 | 180 | 260 | 2 | 70 |
| C | 0 | ○ | 10 | 7 | 620 | 860 | 3 | 80 |
| E | 0 | ○ | 4 | 3 | 410 | 570 | 1 | 160 |
| D | 4 | × | 6 | 4 | 260 | 340 | 2 | 40 |
| F | 2 | × | 7 | 5 | 210 | 270 | 2 | 30 |
| G | 4 | × | 7 | 4 | 900 | 1020 | 3 | 40 |
| I | 4 | × | 9 | 6 | 200 | 380 | 3 | 60 |
| K | 4 | × | 2 | 1 | 100 | 200 | 1 | 100 |
| L | 1 | × | 4 | 3 | 160 | 200 | 1 | 40 |

이제 문제는 어떤 작업을 단축함으로써 최소의 비용으로 전체 프로젝트의 수행 기간을 단축할 것이냐를 결정하는 것이다. 이때 적용해야 할 원칙은 이와 같다.

- 주경로 상의 작업을 단축해야 한다.
- 단위 기간 당 단축 비용이 가장 저렴한 작업을 단축해야 한다.

〈표 6B-4〉에서는 주활동이 단축 비용을 기준으로 내림차순으로 정리되어 있다. 첫 번째로 고려해야 할 활동은 주활동 중에서 단축 비용이 가장 저렴한 활동 J이다. 활동 J는 1주를 줄일 수 있으며, 1 주를 줄이더라도 주경로가 바뀌지 않는다(표 6B-5 참조). 따라서 활동 J를 줄이면 된다. 그 다음에 고려할 활동은 A이다. 활동 A를 줄이더라도 주경로가 바뀌지 않으므로 최대 기간인 1주를 단축할 수 있다. 그 다음에 고려할 활동은 B이며, 2주를 줄이더라도 주경로가 바뀌지 않는다. 따라서 추가로 2주 더, 총 4주를 단축하기 위해서는 활동 B를 최대한 단축하면 된다.

〈표 6B-5〉 기간 단축 비용 계산 템플릿

| 단축된 전체 수행 기간 | 1주 | 2주 | 3주 | 4주 | 5주 | |
|---|---|---|---|---|---|---|
| 시도 | 1차 | 1차 | 1차 | 1차 | 1차 | 2차 |
| 단축할 활동: 잠정적 | J | A | B | B | M | N |
| 주경로가 바뀌는가? | 아니오 | 아니오 | 아니오 | 아니오 | 예 | 아니오 |
| 같이 단축해야 할 활동 | 없음 | 없음 | 없음 | 없음 | L | 없음 |
| 한계 비용 (만원): 잠정적 | 30 | 40 | 50 | 50 | 90 | 60 |
| 단축할 활동: 결정된 | J | A | B | B | N | |
| 한계 비용 (만원): 결정된 | 30 | 40 | 50 | 50 | 60 | |
| 총비용 (만원) | 30 | 70 | 120 | 170 | 230 | |

1주를 더 단축하여 총 5주를 단축해기 위해서 활동 M을 단축하면 주경로가 바뀌며, 새로 주활동이 되는 활동 L을 같이 단축하여야만 전체 프로젝트 수행 기간이 단축된다. 이때, 활동 M과 L을 동시에 1주 단축하기 위해서는, 총 90만원의 비용이 든다. 반면에 활동 N을 1주 단축한다면, 주경로가 바뀌지 않으며 60만원의 비용이 든다. 따라서 활동 N을 단축하여야 한다.

## 의사결정

〈표 6B-6〉은 c의 구조를 보여준다. 〈표 6B-6〉에 의하면 활동 J를 1주 단축하여 전체 기간을 1주 단축하였을 때, 수입은(평균적으로) 31.5만원이 증가하고 비용은 30만원이 증가하여 1.5만원의 순수익이 발생한다. 그러나 그 이상 기간을 단축하였을 경우에는 증가된 비용이 증가된 수입을 초과한다. 따라서 최적의 의사결정은 전체 기간을 1주 단축하기 위해서 활동 J를 1주 단축하는 것이다.

여기서 하나 강조하고 넘어갈 것은, 비록 활동 J를 정상적인 수행 기간 8주보다 1주 단축하기로(그에 필요한 여러 가지의 추가적인 조치도 취하기로) 계획하였지만, 실제로는 계획대로 되지 않을 수도 있다는 것이다. 다른 활동의 경우에도 계획대로 실행되지 않을 수 있으며, 의사결정의 근거로 사용된 각종 계산 결과는 기대치로써 평균적인 개념이라는 것이다.

이해를 돕기 위해서 이상의 계산 과정을 각종 테이블을 사용해서 수행하였지만, 실제로는 선형계획법LP: linear programming을 이용해서 자동화할 수 있다. 또한 모의실험이나 의사결정기법 등의 기법을 이용해서 좀 더 정밀한 분석을 수행할 수도 있다.

〈표 6B-6〉 기간 단축에 따른 비용과 수입

| 단축된 전체 수행 기간 | 1주 | 2주 | 3주 | 4주 | 5주 |
|---|---|---|---|---|---|
| 단축할 활동 | J | A | B | B | N |
| 한계수입(만원) | 31.5 | 25.5 | 27.0 | 19.5 | 19.5 |
| 총수입(만원) | 31.5 | 57.0 | 84.0 | 103.5 | 123.0 |
| 한계비용(만원) | 30.0 | 40.0 | 50.0 | 50.5 | 60.0 |
| 총비용(만원) | 30.0 | 70.0 | 120.0 | 170.5 | 230.0 |
| 순수익(만원) | 1.5 | −13 | −36.0 | −66.5 | −100.0 |

## 부 록 6C
## 시간 관리 도구 : Microsoft Project

프로젝트 관리 도구는 표준화된 서식으로 보고서를 만드는 데 들이는 아까운 시간을 절약시켜 주며, 텍스트 중심의 보고서를 알기 쉽게 그래프와 차트로 시각화하며, 측정 가능하고 통제 가능한 데이터를 표시함으로써 추진 계획 대비 실적을 실시간으로 정확히 평가할 수 있게 한다. 프로젝트 관리 도구는 여러 가지가 있지만, 그 중에서 가장 많이 쓰이는 Microsoft 사의 Project 2003에 대해서 설명하겠다.

MS Project는 MS-Word, MS-Excel, MS-Powerpoint와 같은 일반 오피스 제품군과 호환하여 사용할 수 있으며, 이러한 일반적인 오피스 제품들이 제공하지 않는 다양한 프로젝트 관리 기능을 제공한다. 오피스 제품군과의 호환성은 다양한 형태의 보고서를 쉽게 작성할 수 있게 한다. 또한, 프로젝트 구성원 및 관계자는 자신의 PC에서 Microsoft Project를 설치하지 않고도 Microsoft Project Web Access나 MS-OutLook을 통하여 자신에게 할당된 프로젝트와 프로젝트 수행에 있어 필요한 다양한 기능에 액세스할 수 있다. MS Project는 또한 전사적 차원에서 자원, 기술, 기능을 기반으로 프로젝트를 배치하고 자원의 배정 현황을 추적할 수 있는 EPMenterprise project management 기능을 제공함으로써 자원을 효율적으로 사용을 할 수 있도록 한다.

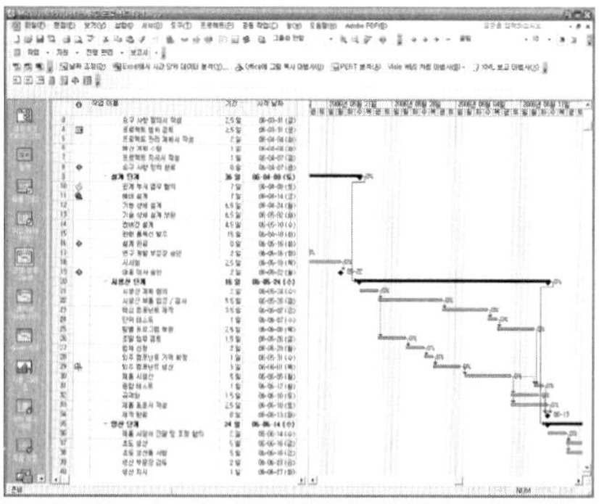

[그림 6C-1] 프로젝트 초기 계획 단계

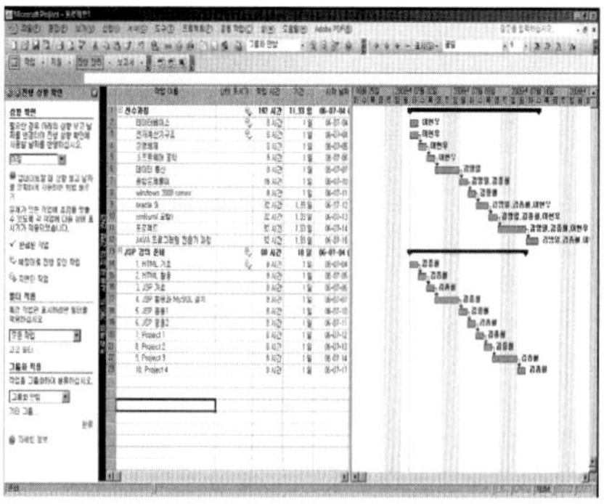

[그림 6C-2] 프로젝트 진척 관리 단계

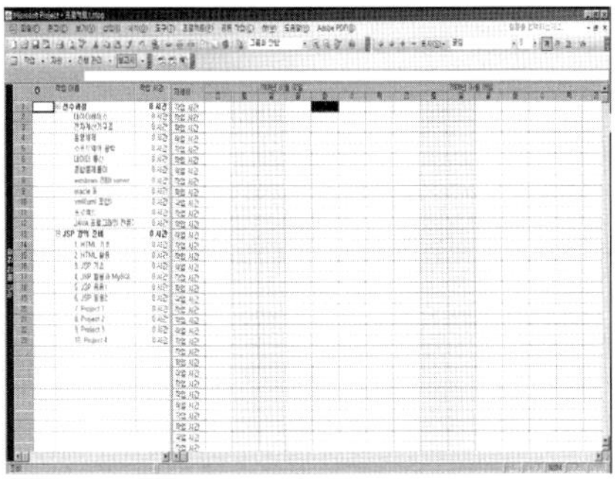

[그림 6C-3] 작업 배정 현황에 대한 예시

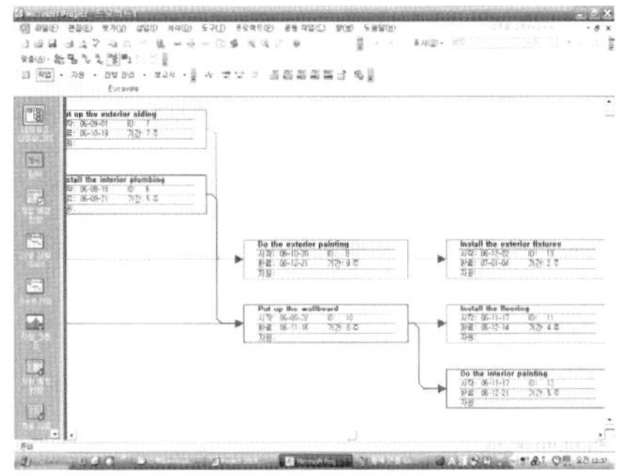

[그림 6C-4] 네트워크 다이어그램

일반적으로 프로젝트를 체계화하는 데 사용되는 WBSWork Breakdown Structure는 MS Project에서 기본이 된다. [그림 6C-1]는 초기 계획에 대한 간트 차트이다. [그림 6C-1]의 왼쪽에 나타난 아이콘은 보기 표시줄로 네트워크 다이어그램, 달력, 간트 차트, 자원 배정 현황 등의 다양한 기능을 사용자가 임의로 선택하여 수행하고자 하는 프로젝트의 상세 정보를 확인할 수 있도록 구성되어 있다. 보기 표시줄의 오른쪽에는 각 작업이 들여쓰기 방식으로 나열되어 있고, 오른쪽은 작업 내용을 간트 차트로 나타낸 화면이다. MS Project에서 사용하는 간트 차트는 사용자가 입력한 일정을 자동화하여 각각의 작업에 대한 기간과 중요 작업 또는 요주의 경로와 같은 정보를 제공하고, 각 작업에 대한 작업 수행자에 대한 정보를 하나의 도표로 제공한다.

[그림 6C-3]는 프로젝트를 수행하는 팀원들이 수행한 작업 결과에 대한 진행 상황 간트 차트이다. 진행 상황 간트 차트는 작업 이름과 작업에 대한 상태 표시, 작업 시간, 기간 등을 제공하며 현재 작업의 진행 여부 및 완료 여부를 확인할 수 있다.

[그림 6C-4]는 [그림 6C-1]에서 제시한 프로젝트에 대한 작업 배정 현황 예시이다. 작업 배정 현황에서는 팀 구성원들이 자신이 수행 작업을 사전에 정의한 근무 시간에 맞추어 시간 일정을 입력하는 기능을 제공한다. 작업 배정 현황에서 입력한 정보는 앞서 제시된 [그림 6C-3]를 통하여 각 작업에 대한 개별적인 팀 구성원들의 작업 결과를 취합하여 작업의 완료 및 지연에 대한 정보를 제공한다.

[그림 6C-4]는 [그림 6C-1]의 내용을 네트워크 다이어그램으로 변환한 그림이다. MS Project의 [네트워크 다이어그램] 보기는 작업의 선후 관계를 직관적이고

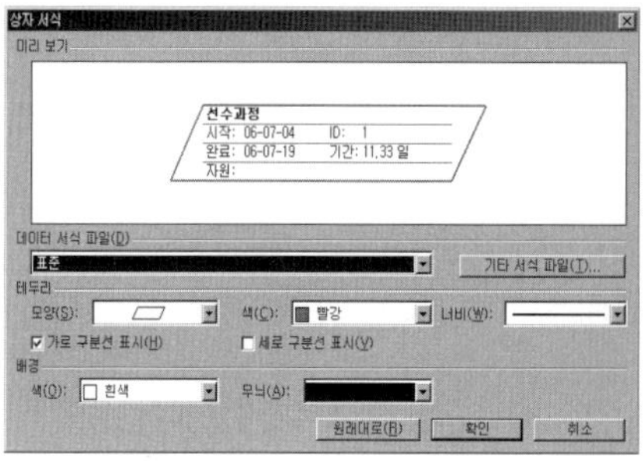


[그림 6C-5] 표준형 네트워크 노드

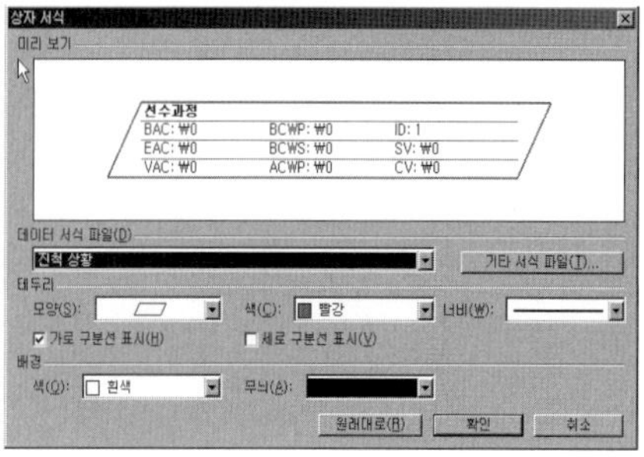


[그림 6C-6] 진척 상황 네트워크 노드

명쾌하게 이해할 수 있는 장점이 있다. 그러나 작업 수가 많은 경우에는 [네트워크 다이어그램]은 전체 작업을 한꺼번에 표시하기 어려운 단점이 있다. 일반적으로 여러 가지의 형태의 보고 형식을 따로 작성하지 않고 하나의 입력 자료로 여러 가지의 보고 및 관리 형식을 작성할 수 있는 것이 프로젝트 관리 툴의 장점이다.

네트워크 다이어그램의 각 노드에는 사용자의 필요에 따라 표준, 비용, 요약, 작업 진행 관리, 중요 시점, 진척 상황과 같은 다양한 하위 옵션을 제공하며 각각의 옵션에 따라 노드에 표시되는 정보의 유형이 달라진다([그림 6C-5], [그림 6C-6] 참조).

MS Project는 또한 PERT 위험 분석을 자동적으로 수행한다. 각 활동별로 수행 기간에 대한 추정치 3개를 입력하면 소프트웨어가 자동적으로 예상치 값들을 자동으로 계산하여 간트 차트로 보여 준다. 최적의 예상 간트 차트, 일어날 가능성이 높은 간트 차트, 최악의 예상 간트 차트를 선택하여 볼 수 있다.

CHAPTER

# 07

# 프로젝트 비용 관리

CHAPTER 07

# 프로젝트 비용 관리

이 장에서는 프로젝트 비용과 관련된 사항을 살펴본다.

- 프로젝트의 원가 구성요소
- 프로젝트의 경제성 분석 등에 관한 기본이론
- 프로젝트에 책정된 비용과 일정을 비교하여 프로젝트의 현재 진행정도, 미래진행 상황의 예측 등을 가능하게 만들어주는 획득가치 개념

## 7.1 프로젝트 비용 관리 프로세스들

**프로젝트 비용 관리**Project Cost Management[1)]에는 프로젝트가 승인된 예산 범위 내에서 완료될 수 있도록 추정estimating, 예산 편성, 그리고 비용 통제와 관련된 프로세스들이 포함된다. 비용에 영향을 미칠 수 있는 여지는 프로젝트의 초기 단계들에서 가장 크므로, 초기에 범위 정의를 하는 것이 매우 중요하다.

프로젝트 비용 관리의 세 가지 프로세스 수행에 포함된 작업은 프로젝트 관리팀의 계획 수립 활동의 뒤를 잇는다. 이 계획 수립 노력은 비용 관리 계획을 만들어 내는 프로젝트 관리 계획 개발 프로세스의 일부이다. 비용 관리 계획은 프로젝트 비용의 계획, 구조화, 추정, 예산 편성 및 통제를 위한 서식 및 기준을 수립한다. 비용 관리 프로세스 및 관련 도구 및 기법은 일반적으로 프로젝트 생애주기 정의 동안에 선정되며, 비용 관리 계획에 기록된다.

프로젝트 비용 관리는 비용 산정에 대한 이해관계자들의 요구사항들을 반영해야 한다. 서로 다른 이해관계자들은 서로 다른 방법과 시기에 프로젝트 비용을 측정한다. 예를 들면, 획득 항목에 대한 비용은 획득 결정이 내려졌을 때 또는 합의되었을 때, 주문되었을 때, 항목이 배달되었을 때, 비용이 실제 사용되었을 때, 프로젝트 계정이 기록되었을 때 등의 시기에 측정될 수 있다.

1) 회계학적으로는 원가Costs와 비용expense은 다른 것이나, PMBoK에서는 대체적으로 원가와 비용을 엄격히 구별하지 않고 사용한다. 이 책에서도 원가와 비용을 엄격히 구분하지 않고 혼용하여 사용하였으며, 일반적으로 보다 친숙한 용어인 비용을 대표 용어로 사용하였다.

〈표 7-1〉 프로젝트 비용 관리 프로세스들

| 프로세스 이름 | | |
|---|---|---|
| 요약 | | |
| **산출물** | **도구 및 기법** | **투입물** |
| **비용 관리 계획을 개발하기**plan cost management **(계획)** | | |
| 프로젝트 비용을 계획하고, 개발하고, 관리하고, 수행하고, 통제하기 위한 정책, 절차, 그리고 문서들을 확립한다. | | |
| • 비용 관리 계획 | • 전문가 판단<br>• 분석적 기법들<br>• 회의 | • 프로젝트 관리 계획<br>• 프로젝트 헌장<br>• 기업 환경 요소<br>• 조직 프로세스 자산 |
| **비용을 추정하기**estimate costs **(계획)** | | |
| 프로젝트 활동들을 완수하기 위해서 필요한 금전적 자원의 근사치를 개발하는 프로세스 | | |
| • 활동 원가 추정치들<br>• 추정 근거들<br>• 갱신된 프로젝트 문서들(위험 등록부 등) | • 전문가 판단<br>• 유사 추정<br>• 모수적 추정<br>• 상향식 추정<br>• 삼점 추정3-point estimates<br>• 예비 분석<br>• 품질 비용<br>• 프로젝트 관리 추정 소프트웨어<br>• 벤더 입찰 분석 | • 범위 기준선<br>• 프로젝트 일정<br>• 인적자원 계획<br>• 기업 환경 요인<br>• 조직 프로세스 자산 |
| **예산을 결정하기**determine budget **(계획)** | | |
| 개별 활동들 또는 승인된 비용 기준선을 확립하기 위한 작업 패키지의 비용 추정치들을 합산하는 프로세스 | | |
| • 비용 성과 기준선<br>• 프로젝트 자금 요구사항<br>• 갱신된 프로젝트 문서들(위험 등록부, 비용 추정치, 프로젝트 일정 등) | • 비용 집계<br>• 예비 분석<br>• 전문가 판단<br>• 역사적 관계<br>• 자금 제한 조정 | • 활동 원가 추정치<br>• 추정의 근거<br>• 범위 기준선<br>• 프로젝트 일정<br>• 자원 달력<br>• 계약<br>• 조직 프로세스 자산 |
| **비용을 통제하기**control costs **(모니터링 및 통제)** | | |
| 프로젝트 예산을 갱신하기 위해서 프로젝트 상태를 모니터링하고 비용 기준선의 변경을 관리하는 프로세스 | | |

| | | |
|---|---|---|
| • 성과 측정치들<br>• 원가 추정<br>• 갱신된 조직 프로세스 자산(편차의 이유들, 선택된 수정 조치 및 이유, 프로젝트 비용 통제로부터의 기타 교훈)<br>• 변경 요구<br>• 갱신된 프로젝트 관리 계획(비용 성과 기준선, 비용 관리 계획 등) | • 획득 가치 분석<br>• 예측<br>• 완료까지 성과 지표to-complete performance index<br>• 성과 검토<br>• 편차 분석<br>• 프로젝트 관리 소프트웨어 | • 원가 기준<br>• 프로젝트 자금 조달 요구<br>• 성과 보고서<br>• 작업 성과 정보<br>• 변경 요구(승인된)<br>• 프로젝트 관리 계획서 |

프로젝트 비용 관리는 주로 일정 활동 완료에 필요한 자원의 비용과 관련되어 있다. 그러나 프로젝트 비용 관리는 또한 프로젝트 의사결정의 프로젝트의 제품, 서비스 또는 결과를 사용하고, 유지관리하며 지원하는 데 소요되는 **후속 반복적 비용**subsequent recurring costs에 대한 영향도 감안해야 한다. 예를 들면, 설계 검토의 횟수를 제약하는 것은 프로젝트 비용을 줄일 수는 있으나, 고객의 운영비용을 증가시킬 수 있다.

많은 조직에서, 프로젝트 제품에 대한 장래의 재정적 성과에 대한 예측 및 분석은 프로젝트 외부에서 수행된다. 자본 설비 프로젝트에서와 같은 경우에는, 이 작업이 프로젝트 비용 관리에 포함될 수 있다. 이러한 예측 및 분석이 포함되었을 때에는 프로젝트 비용 관리에는 투자 회수율, 할인된 현금 흐름, 투자 회수 기간 분석과 같은 다양한 일반적인 관리 기법이 추가되어야 한다.

특히 일부 범위가 작은 프로젝트에서는 비용 예측 및 예산 편성은 아주 긴밀하게 연결되어 있으며, 해당 프로세스들이 비교적 짧은 기간 동안 한 사람에 의해 수행되는 하나의 프로세스 같이 보여지기도 한다.

### 7.1.1 비용 관리 계획을 개발하기plan cost management 프로세스[2]

**비용 관리 계획을 개발하기**는 프로젝트 비용을 계획하고, 개발하고, 관리하고, 수행하고, 통제하기 위한 정책, 절차, 그리고 문서들을 확립하는 프로세스이다. 이 프로세스의 주요 효과는 프로젝트 전체 생애주기를 통해서 프로젝트 비용이 어떻게 관리될 것인가에 대한 지침과 방향을 제공하는 것이다. 이 프로세스와 관

2) PMBoK2013, pp.195-196

**Box 7-1 전문가 판단**expert judgment

- 상위 경영진
- 수행 조직의 다른 단위
- 고객을 포함하는, 이해관계자들
- 전문 또는 기술 조합들
- 산업 집단들industry groups 및 컨설턴트
- 동일한 영역의 프로젝트에서 일한 프로젝트 관리자들(직접 또는 학습된 교훈을 통해서)
- 비즈니스 또는 프로젝트 영역의 주제별 전문가들subject matter experts
- PMOproject management office

수행되는 활동에 관련된 응용 분야, 지식 영역, 학문 분야, 산업 등의 전문 지식에 근거하여 제공된 판단이 일정이나 예산 등을 결정하는 데 활용되어야만 한다. 이러한 전문성은 특수한 교육, 지식, 기술, 경험 또는 훈련을 지닌 어떤 개인 또는 집단에 의해서도 제공될 수 있다. 전문가 판단은 위의 항목들을 포함하는 다양한 원천으로부터 얻어질 수 있다.

전문가 판단은 어떻게 추정 방법들을 통합하고, 또한 그것들 간의 차이를 조절할 것인가를 결정하기 위해서도 사용될 수 있다. 전문가 판단은 또한 자료의 신뢰성을 평가하고 자료를 어떻게 해석할 것인가를 결정하는 데에 사용될 수도 있다. 전문가는 도구들의 상대적 장단점들을 확인할 수 있어야 한다. 전문가들은 특정 조직의 능력과 문화 내에서 어떤 도구가 더 적절한지를 판정할 수 있어야 한다.

시간 및 비용 등에 대한 추정은 가용 자원, 임금, 자재비, 인플레이션, 기타 위험 요인들 등 다양한 변수로부터 영향을 받는다. 이런 다양한 변수에 대한 과거 정보에 기초한 전문가 판단은 과거의 유사한 프로젝트의 환경과 정보에 대한 귀중한 통찰을 제공한다.

전문가 판단은 판매자 제안서들을 평가하는 데 사용될 수도 있다. 제안서의 평가는 조달 문서와 제안된 계약에서 다루어진 영역 각 분야의 전문가들로 구성된 검토팀에 의해서 수행될 수 있다. 여기에는 계약, 법무, 재무, 회계, 공학, 설계, 연구, 개발, 영업, 및 제조와 같은 기능 분야의 전문가들이 포함될 수 있다.

련 도구 및 기법들이 비용 관리 계획에 기록된다.

### 7.1.2 비용을 추정하기estimate cost 프로세스

**비용을 추정하기**는 프로젝트 활동 완수를 위해 필요한 금전적 자원의 대해서 근사치를 개발하는 프로세스이다. 비용 추정치는 주어진 시점에서 알려진 정보에 근거한다. 그것은 프로젝트를 시작하고 완료하기 위한 비용 대안들의 확인과 고려를 포함한다. 대략적인 예측치를 추정하며, 다양한 비용 대안에 대해서 식별하

## Box 7-2 비용 관리 계획cost management plan[3)]

비용 관리 계획은 어떻게 비용이 일정을 정의하고, 모니터하며 통제하기 위한 기준과 활동들을 확립하는, 프로젝트 관리 계획의 구성 요소이다. 이 계획은 비용 관리 프로세스와 관련 도구 및 기법들을 기록하며, 다음과 같은 것들을 포함한다.

- 측정 단위 : 각 자원에 대해서 측정 시에 사용할 단위들(시간에 대해서는 인시, 인일, 또는 인주, 수량에 대해서는 미터, 리터, 톤, 입방 미터, 그리고 화폐 형태의 총량 등)을 정의한다.
- 정밀도precision 수준 : 활동 비용 추정치가 사사오입 되는 정도(예: 만원 단위 또는 백만원 단위)를, 활동의 범위와 프로젝트의 규모를 기준으로, 결정한다.
- 정확도accuracy 수준 : 현실적인 활동 비용 추정치를 결정할 때 사용될 허용 가능한 범위(예: ∓ 10%)를 명시한다. 상황 대응에 대한 내용이 포함될 수 있다.
- 조직적 절차 연결 : 추정치와 예산, 그리고 비용 통제 간의 일관성이 보장될 수 있게 함으로써, WBS가 비용 관리 계획을 위한 틀을 제공한다. 프로젝트 비용 회계를 위해서 사용되는 WBS 구성 요소를 통제 계정control account이라고 한다. 각각의 통제 계정에는 수행 기관의 회계 시스템과 직접적으로 연결되는 유일한 코드 또는 계정 번호가 주어진다.
- 통제 한계control threshold : 어떤 조치가 취해지기 전에 허용될, 합의된 편차의 양을 정하기 위해서 비용 성과를 모니터할 편차 한계를 명시한다. 한계는 전형적으로 기준선 계획baseline plan으로부터의 퍼센트 편차로 표시된다.
- 성과 측정의 규칙 : 성과 측정을 위한 획득 가치 관리EMV 규칙들을 정의한다. 예를 들어서, 다음과 같은 것들을 포함할 수 있다.
  - 통제 계정이 측정된 WBS 내의 위치
  - 사용할 획득 가치 측정 기법(예: 가중 이정표weighted milestones, 고정-공식fixed-formula, 완료 퍼센트percent complete 등)
  - 추적 방법들 및 상향적 종료 시점 추정치EAC: estimate at completion에 대한 정당성 확인validity check을 위한 예상 종료 시점 추정치projected EAC을 계산하기 위한 획득 가치 계산 공식
- 보고 서식 : 각종 비용 보고서들의 서식과 빈도를 정의한다.
- 프로세스 서술 : 각각의 기타 비용 관리 프로세스에 대하여 서술한다.
- 추가적 세부사항들 : 다음과 같은 비용 관리 활동들에 대한 추가적인 세부사항들을 포함할 수 있다.
  - 전략적 자금 조달 대안에 대한 서술
  - 환율 변동에 대처하기 위한 절차
  - 프로젝트 비용 기록을 위한 절차

3) PMBoK2013, pp.198-199.

고 평가한다. 프로젝트의 최적 비용을 달성하기 위해서 제조–구매, 구매–임대, 자원 공유와 같은 비용 상충관계와 위험이 반드시 감안되어야 한다.

비용 추정치들은, 경우에 따라서는 환율 변동의 효과를 제거하고 비교를 용이하게 하기 위해서 인시 또는 인월 등의 다른 단위로 표시되기도 하지만, 일반적으로는 어떤 화폐 단위(원, 달러, 유로 등)로 표현된다.

비용 추정치들은 프로젝트 도중에 정보가 증가하면서 세부사항을 반영하기 위해서 정제되어야 한다. 예측의 정확성은 프로젝트가 생명 주기에 따라 진행되면서 따라 증가한다. 따라서 비용 추정은 매 단계마다 반복적으로 수행된다. 예를 들어, 프로젝트 착수 단계에는 비용 추정치는 ±50% ROMrough order of magnitude(정밀도)을 가질 수 있다. 프로젝트 후반에는 더 많은 정보가 획득됨에 따라서 추정치는 ±10% 범위로 압축될 수 있다. 어떤 조직에서는, 언제 이러한 정제가 수행되고, 기대되는 정밀도의 범위는 어느 정도가 되야 하는지에 대한 지침이 마련되기도 한다.

필요한 정보들은 거의 모든 다른 프로세스들로부터 입력된다. 일단 입수되면, 이러한 모든 정보는 세 비용 관리 프로세스들 모두에 투입된다. 비용은 노동, 재료, 장비, 서비스 및 설비, 또는 응급 비용(예비비) 등의 프로젝트에 부과될 모든 자원에 대해 추정된다. 비용 추정은 해당 활동을 완료하기 위해서 필요한 자원에 대한 근사 비용의 정량적 평가이다.

### 7.1.3 예산을 결정하기determine budget 프로세스

**예산을 결정하기**는 승인된 비용 기준선의 수립을 위해 개별 활동 또는 작업 패키지의 추정 비용을 통합하는 프로세스이다. 이 기준선은 모든 승인된 예산을 포함하나, **관리 예비비**management reserves는 포함하지 않는다. 프로젝트 예산은 프로젝트를 수행하기 위해서 승인된 자금으로 구성한다. 프로젝트 비용 성과는 승인된 예산을 기준으로 측정된다.

일정활동 비용 추정치들은 WBS에 따라서 작업 패키지 단위로 합산된다. 그런 후에 작업 패키지 비용 추정치들은(통제 계정과 같은) WBS의 더 상위 수준의 구성 요소로 종합되며, 궁극적으로 전체 프로젝트에 대해서 합산된다. 프로젝트 비용 기술서는 요약된 예산을 제공한다. 일정 활동 또는 작업 패키지 비용 예측은 구체적인 예산 요청 및 작업 공인 이전에 준비된다.

### 7.1.4 비용을 통제하기control costs 프로세스

**비용을 통제하기**는 프로젝트 예산을 갱신하기 위해서 프로젝트 상태를 모니터링하고 비용 기준선에 대한 변경들을 관리하는 프로세스이다. 예산을 갱신하는 것은 현재까지 지출된 실제 비용을 기록하는 것을 포함한다. 승인된 예산 이상의 어떠한 지출도 통합 변경 통제 수행 프로세스에 의해서 승인을 받아야 한다. 자금의 지출을, 그러한 지출에 대응하여 수행되고 있는 작업의 가치에 대해서 고려하지 않고, 모니터링하는 것은 프로젝트 팀이 승인된 자금 한도 내에 머무르게 하는 것 이외의 어떤 가치도 없다. 따라서 비용 통제의 많은 노력이 프로젝트 자금의 지출에 대응해서 수행되고 있는 물리적 작업 간의 관계를 분석하는 것과 연관된다. 효과적인 비용 통제의 요점은 승인된 비용 기준선과 그러한 기준선의 변경들을 관리하는 것이다.

프로젝트 비용 통제는 다음의 활동들을 포함한다.

- 승인된 비용 기준선의 변경을 야기시키는 요소에 대해 영향력을 행사하기
- 모든 변경 요청이 시의 적절하게 수행되었음을 보장하기
- 실제 변경들이 발생했을 때, 그리고 지속되는 동안 관리하기
- 비용 지출이 승인된 한계(기간 별 그리고 전체 프로젝트)를 초과하지 않도록 보장하기
- 승인된 비용 기준선과의 편차들을 색출하고 이해하기 위해서 비용 성과를 모니터링하기
- 지출된 자금에 대비한 작업 성과를 모니터링하기
- 승인되지 않은 변경들이 보고된 비용, 또는 자원 사용에 포함되는 것을 방지하기
- 승인된 변경들과 관련된 비용에 대한 정보를 이해관계자들에게 제공하기
- 예상되는 비용 초과들이 허용된 한계 내에 머물게 하기

프로젝트 비용 관리는 통합된 변경 통제 수행 프로세스의 일부분으로 음 또는

**Box 7-3 성과 검토performance review와 편차 분석variance analysis[4)]**

성과 검토performance review는 실제 시작 및 종료 일자, 완료 비율, 그리고 진행 중인 작업들의 잔여 기간을 측정하고, 비교하여, 분석한다. 만약 획득 가치 분석이 사용되면, 일정 편차SV와 일정 성과 지표SPI가 일정 편차의 크기를 평가하기 위해서 사용된다.
일정 통제의 중요한 부분 중의 하나는 일정 편차가 수정 조치를 필요로 하는가를 결정하는 것이다. 예를 들어서, 주경로 위에 있지 않은 활동의 큰 지연은 전체 프로젝트 일정에는 거의 영향을 미치지 않을 수도 있는 반면에, 주활동 또는 준 주활동near-critical activity의 약간의 지연은 즉각적인 조치를 필요로 할 수도 있다. 만약 애로사슬 일정 방법을 사용한다면, 남아있는 버퍼의 크기를 인도 일자를 보호하기 위해서 필요한 버퍼 양과 비교하는 것이 일정 상태를 결정하는 데 도움이 될 수 있다. 필요한 버퍼와 남아있는 버퍼 간의 차이가 수정 조치가 필요한가를 결정할 수 있다.
편차 분석은 무엇 때문에 기준선과 실제 성과 간의 차이가 발생하였는지에 대한 사후 검토after-the-fact look이다. 편차 분석을 수행하는 절차는 응용 영역, 사용된 표준, 산업에 따라서 다를 수 있으나, 공통적인 개념은 다음과 같다.

- **수집된 정보의 품질을 입증한다** : 수집된 정보가 완전하고, 과거 자료와 일관성이 있으며, 기타 프로젝트 또는 상태 정보와 비교해 보았을 때 믿을 만하다는 것을 확인한다.
- **편차를 결정한다** : 실제 정보를 프로젝트 기준선과 비교하고, 프로젝트 결과에 유리하거나 불리한 모든 차이들을 주목한다. 획득 가치 분석에서는 편차를 정량화하기 위해서 다양한 일정 및 비용 성과 측정치들을 사용한다.
- **편차의 영향을 결정한다** : 편차의 프로젝트 비용, 일정, 기타 영역에 대한 영향을 결정하고 품질 성과 조정이나 범위 등의 변경이 필요한지 확인한다.

가능하다면, 편차의 추세를 분석하고 편차의 원인과 그 충격 분야에 대한 모든 발견들을 기록하는 것이 바람직하다.

양의 편차들의 원인들을 밝혀낸다.

**성과 검토**에서는 시간 경과에 따른 원가 성과, 예산(계획 가치) 초과/미달 일정 활동 및 작업 패키지, 만기가 다가오는 이정표와 충족된 이정표, 진행 중인 작업을 완료하기 위해서 필요한 추정 자금을 비교한다. 성과 검토 회의를 열어서 일정 활동, 작업 패키지 또는 원가회계 상태 및 진행률을 평가한다. 만약 획득 가치 분석을 사용한다면 다음과 같은 정보들을 결정해야 한다.

4) PMBoK2008, pp.165-166.

- **편차 분석**variance analysis : 실제 프로젝트 성과를 계획 또는 예상 성과와 비교한다. 원가 차이와 일정 차이를 가장 자주 분석하지만, 프로젝트 범위, 자원, 품질 및 위험과 관련된 계획에서 벗어나는 변이에 대한 분석도 같은 정도로 또는 경우에 따라 그 이상으로 중요하다.
- **추세 분석**trend analysis : 시간의 경과에 따른 프로젝트 성과의 변화 추세를 검토하여 성과가 향상되고 있는지 혹은 저하되고 있는지 판별한다. 도형 분석 기법들이 현재까지의 성과를 이해하고, 미래의 성과 목표와 BAC 대 EAC 및 완료 일자의 형식으로 비교하는 데 유용하다.
- **획득가치 성과** : 일정과 비용에 대해서, 기준선 계획과 실제 성과를 비교한다.

## 7.2 프로젝트 원가

회계적인 관점에서는 **비용**expense은 일정 기간 내에 프로젝트의 전반적인 목표 달성을 위하여 소비된 경제 가치를, **원가**cost는 생산을 위하여 투입된 자원의 경제 가치를 의미하며, (경제 가치의 소비인 점에서 비용과 원가가 같으나)원가가 생산을 위하여 제공된 경제 가치인 반면에 비용은 반드시 생산을 위하여 소비되는 것을 전제로 하지 않는다는 점에서 차이가 있다.[5)]

경제 활동의 결과 유출된 가치인 비용은 **순이익**net income과 관련이 있으며, 경제 활동의 결과로 유입된 가치인 **수익**revenue에서 비용을 빼면 순이익이 된다. 원가는 **이윤**profit과 관련이 있으며, 공급자가 프로젝트의 수행 결과를 제공하는 대가로 지급하는 **가격**price에서 원가를 빼면 이윤이 된다.

원가는 관리 목적에 따라 여러 가지로 분류할 수 있다. 발생 형태에 따라 살펴보면 다음과 같다.

- **재료비** : 프로젝트 수행을 위한 재료의 소비액. 주재료비, 보조 재료비, 부품비, 소모 공구 등으로 구분할 수 있다.
- **노무비** : 프로젝트 수행에 종사한 종업원에게 지급하는 노동의 대가. 대금, 급

5) 그러나 이 섹션을 제외한 다른 부분에서는, 비용과 원가를 구별하지 않고 혼용해서 사용하겠다.

료, 수당 등이 있다.

- **경비** : 재료비와 노무비를 제외한 그 밖의 모든 원가 요소. 감가상각비, 보험료, 수선비, 통신비, 잡비 등이 있다.

원가 요소를 그 프로젝트에 직접 부과하느냐의 여부에 따라 분류하면 다음과 같다.

- **직접비** : 특정 프로젝트의 수행을 위해서만 소비되어 직접 그 프로젝트에 부과할 수 있는 원가 요소.
- **간접비** : 여러 종류의 프로젝트를 위하여 공통적으로 소비되어 특정 프로젝트에 직접 부과할 수 없는 원가 요소.

프로젝트의 수행에 따라 발생하느냐의 여부에 따라 분류하면 다음과 같다.

- **고정비** : 프로젝트 수행에 관계없이 고정적으로 발생하는 원가. 감가상각비, 보험료, 임차료 등
- **변동비** : 프로젝트 수행에 따라 변하는 원가
  - 비례비 : 직접재료비, 도급 임금처럼 프로젝트 수행에 비례하는 원가
  - 체감비 : 비례비보다 적게 증가하는 원가
  - 체증비 : 비례비보다 많이 증가하는 원가

## 7.3 프로젝트 경제성 분석

프로젝트의 경제성 분석은 프로젝트를 선정하거나 기존 프로젝트의 계속 여부를 판단하는 것과 같은 정책 결정자의 의사결정 과정을 돕기 위해서 프로젝트의 가치를 비교하고 평가하는 것을 의미한다. 일반적으로 경제성 분석은 비용과 편익의 현금 흐름을 측정하고, 비용과 편익의 가치를 현재화하여 경제성을 분석하고, 선정하는 과정으로 이루어진다.

### 7.3.1 회수기간법

**회수기간**payback period은 어떤 프로젝트에 대해 투입한 자금을 모두 회수하는 데 걸리는 기간을 의미한다. 회수기간법은 투입한 자금을 얼마나 빨리 회수하는가를 측정하므로, 각 프로젝트에 대해 회수기간을 계산할 때에는 회계 상의 이익이 아니라 현금 흐름을 대상으로 측정하여야 한다.

예를 들어, 어떤 프로젝트를 수행할 경우 현재 1,000만원의 비용이 소요된다고 하면, 이 프로젝트가 계획대로 수행될 경우, 앞으로 3년에 걸쳐서 각 연도 말에 순서대로 각각 500만원(t=1), 300만원(t=2), 200만원(t=3)의 현금 흐름이 예상된다고 가정해 보자. 이 프로젝트의 경우 투입액 1,000만원을 회수하는 데 걸리는 기간은 3년이다. 따라서 이 투자안의 회수기간은 3년이 된다.

프로젝트를 선정할 때 회수기간을 기준으로 할 수 있으며, 이때 프로젝트의 회수기간이 목표 회수기간보다 짧을 경우 프로젝트를 채택하며, 여러 프로젝트가 있을 경우에는 회수기간이 목표 회수기간보다 짧은 프로젝트들 중에서 회수기간이 가장 짧은 프로젝트를 선택한다.

### 7.3.2 평균 회계이익률법

**평균 회계이익률**average return on book value은 프로젝트의 기간 중의 평균 순이익을 연평균 투입액으로 나눈 값이다. 식으로 표현하면 아래와 같다.

평균 회계이익률 = 평균 순이익 / 평균 투입액

프로젝트의 평균 회계이익률이 설정한 최소 목표 평균 회계이익률target book rate of return보다 클 경우에는 프로젝트를 채택하고, 상호 배타적인 프로젝트들이 다수 있을 경우에는 해당 프로젝트들 중에서 평균 회계이익률이 가장 높은 투자안을 선택할 수 있다.

### 7.3.3 순현가법

**순현가**net present value는 프로젝트의 수행 결과 발생하는 현금유입cash inflow의 현재 가치에서 현금유출cash outflow의 현재 가치를 차감한 것을 의미한다. 즉, 순 현금유입net cash flow의 현재 가치의 합계를 의미한다. 프로젝트의 순현가를 정의하면 다음과 같다.

$$\begin{aligned} \text{NPV} &= \text{현금유입의 현가} - \text{현금유출의 현가} \\ &= C_1/(1+k)^1 + C_2/(1+k)^1 + \cdots + C_n/(1+k)^n + C_0 \\ &= \Sigma C_1/(1+k)^t - C_0 \end{aligned}$$

$k$는 적정한 **할인율**을 나타내는 할인 계수이며, 그 프로젝트가 벌어들여야 하는 최소한의 수익률로 **소요 자본의 요구 수익률**required rate of return을 의미하며, 투입 자본의 기회 비용으로서 **자본 비용**cost of capital이라고 불리기도 한다. t는 기간을 나타내며, $C_0$는 최초 투입액(현금 유출)을, $C_1$은 1차년도의 현금 유입을, $C_t$는 t차년도의 현금 유입을 나타낸다.

앞 식에서 할인 계수 $k$는 해당 프로젝트의 투자 위험에 상응하는 할인율을 뜻하며, 순현가가 0보다 크다면 채택하고, 순현가 0보다 작으면 기각한다. 상호 배타적인 프로젝트들 중에서 하나를 선정할 경우에는 순현가가 0보다 큰 프로젝트들 중에서 순현가가 가장 높은 프로젝트를 최적 프로젝트를 선택한다.

### 7.3.4 수익성 지수법

**수익성 지수**PI : profitability index는 프로젝트의 수행으로 인하여 발생하는 현금 유입의 현가를 현금 유출의 현가로 나눈 비율이다. 수익성 지수는 편익/비용 비율 benefit/cost ratio or B/C ratio이라고도 한다. 순현가법이 어떤 투자안의 경제적 타당성을 절대적 금액으로 측정하는 데 반하여, 수익성 지수법은 투자안의 상대적 수익성을 비율로 측정한다. 수익성 지수를 수식으로 표현하면 다음과 같다.

$$\begin{aligned} \text{PI} &= \text{현금 유입의 현가} \ / \ \text{현금 유출의 현가} \\ &= \Sigma C_t/(1+k)^t - C_0 \end{aligned}$$

수익성지수법에서 프로젝트를 선정하는 의사결정 기준은 수익성 지수가 1보다 큰 프로젝트를 채택하고, 수익성 지수가 1보다 작은 프로젝트를 기각한다. 상호

배타적인 프로젝트들의 경우에는 수익성 지수가 1보다 큰 프로젝트들 중에서 수익성지수가 가장 큰 프로젝트를 선택한다.

### 7.3.5 내부수익률법

**내부수익률**IRR : internal rate of return은 프로젝트의 수행 결과로 발생하는 현금 유입의 현가와 현금 유출의 현가가 같아지게 하는 할인율로 장기 투자안의 평균 투자 수익률을 의미한다. 내부수익률은 다음의 식에 의해서 구할 수 있다.

$$\text{NPV} = \Sigma C_t/(1 + IRR)^t - C_0 = 0$$

앞의 식에서 정의한 바와 같이, IRR은 결과적으로 NPV를 0으로 만드는 특정 할인율을 의미한다. 다시 말하면, NPV법에서는 할인율 k가 시장에서 결정된 자본 비용으로 미리 결정되어지는 데 반하여, IRR법에서는 NPV를 0으로 만드는 특정 할인율 IRR의 값을 구한다.

프로젝트를 선정하는 의사결정 기준은 내부수익률 IRR이 자본 비용 k보다 높을 경우 프로젝트를 채택하고, IRR이 자본 비용 k보다 낮을 경우 프로젝트를 기각한다. 상호 배타적인 프로젝트들의 경우에는 내부수익률이 자본 비용 k보다 큰 프로젝트들 중에서 내부수익률이 가장 높은 프로젝트를 선택한다.

## 7.4 프로젝트 비용 관리 활동

승인된 예산 안에서 프로젝트를 완수하기 위한 관리 활동들은 크게 다음과 같이 분류할 수 있다.

- **원가 추정** : 프로젝트 활동을 완수하기 위해 필요한 자원 원가의 근사값을 추정하는 활동.
- **원가 예산 책정** : 원가에 대한 기준선을 작성하기 위해 개별 활동 또는 작업 패키지의 산정 원가를 집계하여 반영하는 활동.

● 비용 통제 : 책정된 프로젝트 예산에 대한 집행 비용의 차이 및 변경 등 대한 처리 과정.

### 7.4.1 원가 추정

**원가 추정**에는 범위 관리, 일정 관리, 품질 관리 등에서 이루어진 각 활동을 완료하는 데 필요한 자원에 대해 먼저 대략적인 원가를 산출하고, 이를 지속적으로 발생하는 변경 내용에 따라 리스크를 포함하여 발생 가능한 원가 산정 변동 요인을 반영시켜 산정해야 한다.

프로젝트가 진행되면서 수정 보완된 내용이 원가 추정에 반영되므로, 프로젝트 생애주기 전반에 걸쳐 프로젝트가 진행됨에 따라 프로젝트 원가 산정의 정확성이 향상된다. 예를 들어, 착수 단계 프로젝트의 산정치는 −50%에서 +100% 사이의 ROMrough order of magnitude(대략적 크기 정도)이나, 프로젝트 후기로 가면서 더 많은 정보를 활용할 수 있게 되면 산정치 범위가 −10%에서 +15% 사이로 좁혀질 수 있다.

일정 활동의 원가는 프로젝트에 소요되는 모든 자원에 대하여 산정된다. 프로젝트의 원가를 산정하기 위해서는 우선적으로 모든 자원에 대한 단위당 단가(작업 시간당 직원 인건비, 1$m^3$ 당 자재량 등)를 알아야 원가를 추정할 수 있다. 상업용 데이터베이스와 판매자가 제공하는 가격 일람표의 정보를 참조하는 것도 원가 단가를 구할 수 있는 방법이다. 실제 단위 원가를 모르면 단위 원가 자체를 산정해야 한다.

원가에 포함되는 요소로는 인건비, 자재비, 기기장비비, 서비스비, 설비비 등과 물가 상승  충당금이나 우발사태 비용과 같은 특수한 범주가 있다. 많은 일정 활동 원가 추정치에 우발사태 준비금이라고 하는 예비비를 포함시키는 경우가 많이 있는데, 이는 일정 활동의 원가를 지나치게 높게 산정하는 원인이 될 수 있다. 우발사태 준비금은 예상했지만 확실하지는 않았던 사건을 처리하기 위해 프로젝트 관리자의 재량으로 사용할 수 있는 산정된 비용이다. 이러한 사건은 "알려진 불확실한 상황known unknown"이며 프로젝트 범위와 원가 기준선에 포함되는 요소이다.

원가를 추정하는 방법은 근본적으로는 시간을 추정하는 방법과 동일하다. 제5

장 프로젝트 시간 관리에서 소개된 방법 외의 원가 산정 방식으로는 '판매자 입찰 분석'과 프로젝트의 '필수적 원가should cost 분석' 기법이 있다. 서로 경쟁적인 프로세스에서 최고의 성과를 낸 프로젝트인 경우, 개별 인도물의 가격을 조사하여 최종적인 전체 프로젝트 원가를 유출하기 위해 프로젝트팀이 추가적인 원가 산정 작업을 수행할 수 있다.

원가 산정 도구, 전산화한 스프레드시트, 시뮬레이션, 통계 도구 등과 같은 프로젝트 관리 소프트웨어가 원가 산정에 널리 활용되고 있다. 이와 같은 도구를 일부 원가 산정에 활용하면 원가 산정의 여러 가지 대안을 쉽고 빠르게 비교 · 분석할 수 있다.

### 7.4.2 원가 예산 책정

**원가 예산 책정**에서는 개별 일정 활동이나 작업 패키지에 대해 산정된 원가를 합산하여 프로젝트 성과를 측정하는 데 사용할 원가 총액 기준선을 설정하고 추정된 예산을 배정하게 된다. 일정 활동 원가 산정치는 작업 분류 체계에 따라 작업 패키지별로 합산하고, 다시 작업 패키지 원가 산정치는 보다 상위 수준의 작업 분류 체계 요소에 대해 합산하는 방식으로 진행하면서 전체 프로젝트에 대한 합계가 산출된다.

원가 예산 책정 시에는 다음과 같은 사항이 고려되어야 한다. 먼저, 계획하진 않았지만, 발생될 가능성이 있는 변경에 대한 비용인 우발 사태 준비금과 같은 예비비를 확립한다. 이와 같은 변경은 위험 등록부에 식별된 위험에서 비롯될 수 있다. 또한 주기적인 자금 지출의 변동 폭이 크면 조직 운영에 좋지 않은 영향을 줄 수 있으므로, 책정된 예산에 맞춰 자금 지출을 조정해야 한다. 이와 같은 조정은 작업 일정을 조정하여 지출을 원활하게 하거나 통제해야 하는 결과를 수반하며, 일정이 재조정되면 자원 배정이 영향을 받을 수 있으므로, 이를 반영하는 피드백 프로세스가 반복되어야 한다.

### 7.4.3 비용 통제

프로젝트 원가가 추정되어 이에 따른 예산이 책정되고 배정되면 프로젝트가 수행되며, 프로젝트가 진행됨에 따라 여러 가지 환경이 변경되거나 제약 등이 발생하여 당초 계획을 수정해야할 변경 요인이 발생하며, 그에 따라 프로젝트가 적절하게 수행하고 있는지 모니터링하고 통제할 필요가 발생한다.

효율적인 **비용 통제**를 위해서는 비용 변경 통제 시스템을 통해 변경 절차 등이 결정되고, 비용 변경시 합리적인 의사결정을 위해서 작업 수행 실적과 집행 비용 등에 대한 성과 측정 및 평가가 이루어져야 하며, 이에 대한 측정 및 평가를 통해 향후 어떻게 진행될 수 있는지에 대한 예측을 하여야 하며, 추세 분석이나 차이 분석 등을 통해 지속적인 성과 관리가 이루어져야 한다. 이를 위해 프로젝트 비용 통제에서는 다음과 같은 활동을 수행한다.

- 원가 기준선의 변경을 유발하는 요인 관리
- 변경 요청에 대한 합의 도출
- 실제 변경의 발생 시점과 진행 관리
- 집행된 비용 초과액이 승인된 자금을 넘지 않고 프로젝트 총액 내에 있도록 유지
- 집행된 비용의 성과를 모니터링하여, 원가 기준선으로부터 벗어나는 것을 감지 및 파악
- 원가 기준선에 대해 모든 변동 사항을 정확히 기록
- 부정확하거나 부적절한 변경 또는 승인되지 않은 변경 사항이 보고된 원가나 자원 사용 데이터에 포함되지 않도록 차단
- 승인된 변경을 해당 이해관계자에게 통보
- 예상되는 비용 초과액을 수용 가능한 한계 내로 유지하기 위한 조치 등

프로젝트 비용 통제는 긍정적 및 부정적 차이의 원인을 탐색하며, 통합 변경 통제의 일부이다. 예를 들어, 예상된 비용과의 차이에 대해서 부적절하게 대응하면, 품질 또는 일정상 문제가 발생하거나 프로젝트 후기에서 수용 불가능한 수준의 위험이 초래될 수 있다.

비용 변경 통제 시스템은 원가 기준선의 변경 절차를 정의하고, 변경을 승인하는 데 필요한 양식, 문서, 추적 시스템 및 승인 수준 정보를 포함한다. 비용 변경 통제 시스템의 처리 내용은 다시 통합 변경 통제 프로세스로 연결되어 통합 운영된다.

비용에 대한 변경을 승인하는 절차를 수행하기 위해서는 객관적인 자료를 분석하여 의사결정을 수행할 필요가 있다. 당초 계획된 비용과 집행 비용과의 차이나 성과를 측정하고 분석하는 성과 측정 기법은 향후 일정하게 발생할 모든 차이의 정도를 평가하는 데 도움이 되는데 획득 가치 기법을 많이 사용한다.

## 7.5 획득 가치 분석[6]

**획득 가치 분석**earned value analysis은 초기 계획과 비교하여 프로젝트의 진행 상황이 어느 정도인지를 객관적인 수치로 나타내기 위해 개발되었다. 1960년대에 미국방부DoD는 방위 산업 프로젝트에 관련한 법규에 획득 가치의 적용을 제도화하기 시작했다. 획득 가치 산정은 프로젝트가 어느 시점에서 초기 계획과 차이가 나는지를 정확히 확인하는 데 도움이 되며, 또한 프로젝트가 지금까지 진행된 추세로 수행한다고 가정할 경우, 완료 시점에서 비용 초과나 종료일에 대한 지연이 발생할 것인지에 대한 사전 점검 도구로 활용될 수 있다. 획득 가치 분석은 비용 통제, 자원 관리 및 생산 관리 등에 특히 유용하다.

획득 가치 분석은 기준 원가를 계산하는 것에서 시작한다. 계획 가치는 프로젝트 계획에 근거해서 작성되며, 시간이 경과함에 따른 획득 가치의 변화에 대한 예측을 보여준다. 획득 가치는 일반적으로 화폐 가치로 계산되지만, 소프트웨어 개발과 같이 인건비가 비용의 대부분을 차지하는 경우에는 인시person-hour나 인일person-day 등으로 측정되기도 한다.

획득 가치 분석의 기초 지표들은 다음과 같다.

- **계획 가치**PV : planned value : 활동 또는 WBS의 구성 요소들을 지정된 일정 시점까지 완료하도록 계획된 작업에 대해 책정된 예산의 합계 금액. 기준 예산BB : baseline budget 또는 작업 일정 예산 원가BCWS : budgeted cost of work schedule라고 하기도 함.
- **획득 가치**EV : earned value : 지정된 일정 기간 동안 활동 또는 WBS의 구성 요소

6) PMBoK2008, pp.181-187 참조.

〈표 7-2〉 획득 가치 분석 계산 방법

| 과업 | 책정된 노력(인일) | 완료 계획일 | 누적 노력 (인일) | 실제 완료일 | 실제 소요 노력(인일) | 누적 실제 노력(인일) |
|---|---|---|---|---|---|---|
| 요구사항 분석 | 14 | 17 | 14 | 17 | 20 | 20 |
| 전체 시스템 명세 | 20 | 23 | 34 | 34 | 58 | 88 |
| 모듈 A 명세 | 15 | 32 | — | 39 | 4 | — |
| 모듈 B 명세 | 15 | 32 | 64 | 39 | 4 | 96 |
| 모듈 C 명세 | 20 | 38 | 84 | 58 | 35 | 131 |
| 명세 점검 | 2 | 40 | 86 | 62 | 3 | 137 |
| 아키텍처 설계 | 4 | 44 | 90 | 66 | 15 | 149 |
| 모듈 A 설계 | 7 | 53 | 97 | 진행중 | 5 | — |
| 모듈 B 설계 | 6 | 56 | 103 | 진행중 | 5 | 159 |
| 모듈 C 설계 | 1 | 60 | 104 | | | |
| 설계 점검 | 25 | 64 | 129 | | | |
| 모듈 A 코딩 및 테스팅 | 4 | 69 | 133 | | | |
| 모듈 B 코딩 및 테스팅 | 25 | 75 | 158 | | | |
| 모듈 C 코딩 및 테스팅 | 30 | 83 | 188 | | | |
| 통합 및 테스팅 | 28 | 84 | — | | | |
| 설치 | 15 | 84 | 231 | | | |
| 사용자 교육 | 6 | 90 | 237 | | | |

들 중에서 실제 완료된 작업에 해당하는 예산의 합계 금액. 수행 작업 예산 원가 BCWP : budgetd cost of work performed라고 불리기도 한다. 경우에 따라서는 계획 가치에 대비한 비율로 표시되기도 한다.

- **실제 원가**AC : actual cost : 지정된 일정 기간에 활동 또는 WBS의 구성 요소들로 이루어진 작업을 완료하기 위하여 실제로 발생된 총 비용
- **완료 시점 예산**BAC : budget at completion : 완료 시점에서의 총 계획 가치

이들 지표들의 계산 방법을 예를 들어 설명하면 〈표 7-2〉와 같다. 우선 WBS의 최소 단위 작업들에 대해서 소요될 것으로 예산되는 비용을 책정한다. 그 다음에는 일정 계획에서 정해진 완료일을 기준으로 작업들을 정렬하고, 각 완료일에 대해서 그날까지 완료하기로 계획되어 있는 모든 작업들의 총 예산을 합산하여

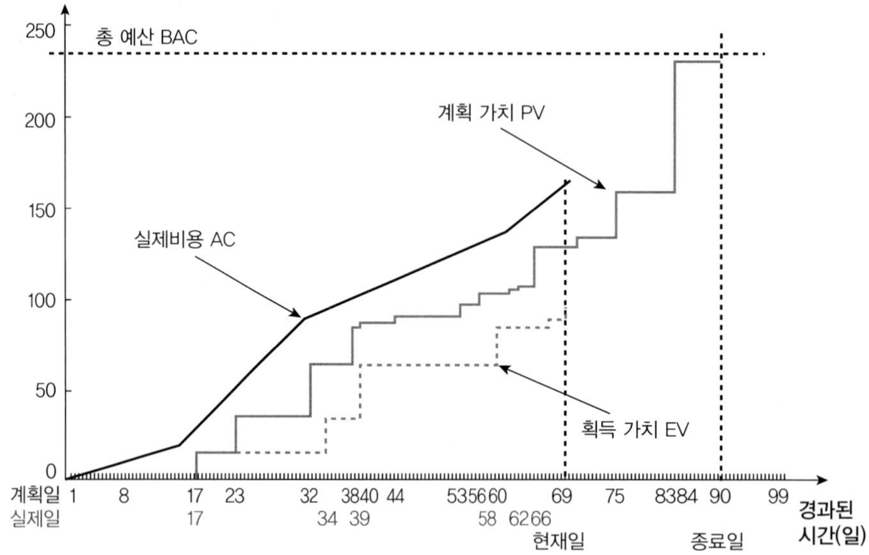


**[그림 7-1]** 획득가치분석도

기준 예산을 계산한다. 우리의 예에서는 BAC는 237인일이다. 획득 가치와 실제 원가는 프로젝트가 진행되면서 실제로 각 작업이 종료될 때마다 그때까지 종료된 모든 작업들의 각각 예산과 실제 비용을 누적하여 계산한다.

우리의 예에서는 현재 69일째이며 모듈 A와 B의 설계를 수행 중이라고 가정한다. [그림 7-1]에서 계획 가치는 완료 계획일과 누적 노력을 각각 X축과 Y축으로, 획득 가치는 실제 완료일과 누적 노력을 각각 X축과 Y축으로, 실제 원가는 실제 완료일과 누적 실제 노력을 각각 X축과 Y축으로 하여 그래프를 그렸다. [그림 7-1]과 〈표 7-2〉로부터 계획보다 일정이 약 25일 정도 지연되고, 69 비용은 약 1인일 정도 초과되고 있다는 것을 알 수 있다.

과업이 시작은 했으나 아직 완료되지는 않았을 경우에는, 획득 가치를 산정하기 위해서 일관성이 있는 방법이 적용되어야 한다. 프로젝트에서 주로 사용되는 방법은 다음과 같다.

- 0/100 방법 : 과업이 완료되기까지는 0으로 산정하며, 과업이 완료되었을 경우에만 계획 가치의 100%를 부여한다.
- 50/50 방법 : 과업이 시작하자마자 계획 가치의 50%를 부여하고, 완료되었을 경우에 나머지 50%를 부여한다.

- **이정표 방법** : 이정표가 달성된 비율에 따라서 계획 가치의 해당 비율을 부여한다.

어느 방법이 더 좋은가는 일반적으로 말할 수는 없다. 특히 개개의 작업들이 전체 프로젝트 규모에 비해서 충분히 작은 정도로 분할되었을 경우에는(실제로 그렇게 하는 것이 일반적으로 바람직하다), 어느 방법을 사용하든지 큰 차이가 나지 않는다. 그렇지 않을 경우에는 50/50 방법은 일정 진행 상황을 초과 보고하고 잘못된 안전감을 심어 줄 수 있다. 이정표 방법은 복잡하며, 추가적인 관리 활동을 요구할 수 있다. 따라서 특별한 이유가 없는 한, 0/100 방법을 사용하는 것도 유력한 대안이 될 수도 있다. 앞에서 사용한 예에서도 0/100 방법이 사용되었다.

계획 가치, 획득 가치, 실제 원가의 세 가지 값을 활용하여 주어진 시점에서 계획된 대로 작업이 진행되고 있는지의 여부를 판단할 수 있다. 가장 널리 사용되는 방법은 비용 차이와 일정 차이를 측정하는 것이다. 이와 관련된 지표들은 다음과 같다.

- **비용 차이**CV : cost variance : 획득 가치에서 실제 원가를 뺀 값EV-AC. 프로젝트의 종료 시점에서는 총 예산과 실제 지출액 간의 차이이다.
- **일정 차이**SV : schedule variance : 획득 가치에서 계획 가치를 뺀 값EV-PV. 그 값이 0이면  현재 프로젝트가 계획된 일정대로 수행된 것이고, 음이면 일정이 계획에 비해서 지연된 것이며, 양이면 계획에 비해서 더 빨리 작업이 수행된 것이다.
- **비용 성과 지수**CPI : cost performance index : 획득 가치를 실제 비용으로 나문 값 EV/AC. 그 값이 1.0 미만이면 현재가지 수행한 작업을 위해서 계획된 예산액을 초과하여 더 많이 비용을 사용한 것이고, 1.0보다 크면 계획된 예산액보다 적게 사용한 것이다.
- **일정 성과 지수**SPI : schedule performance index : 획득 가치를 계획 가치로 나눈 값EV/PV. 일정 상태와 프로젝트 완료일을 예측하는 데 사용된다. 때때로 프로젝트 완료 산정치를 예측하기 위해서 비용성과 지수와 함께 사용된다.

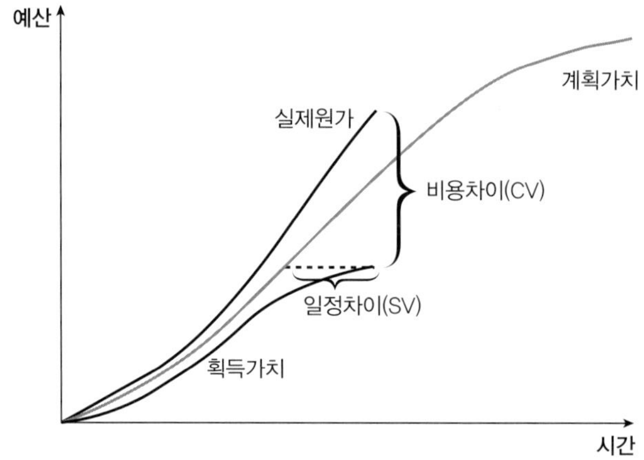


A. 일정 차이 및 비용 차이

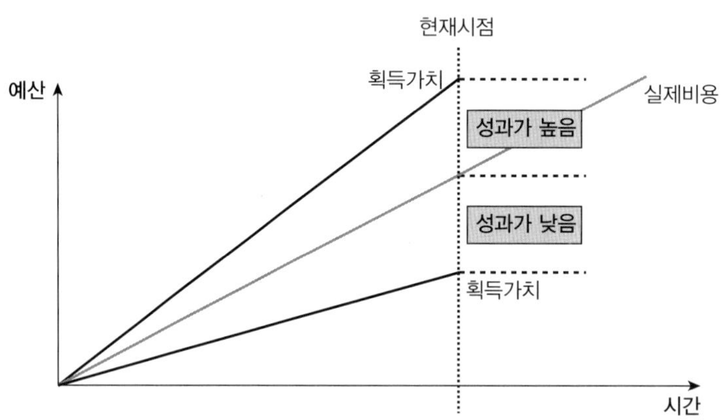


B. 비용 차이(CV = EV − AV)의 의미

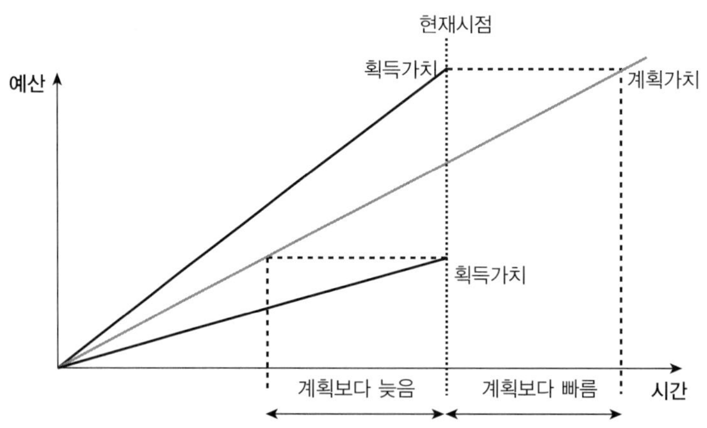


C. 일정 차이(SV = EV − PV)의 의미

**[그림 7-2]** 일정 차이 및 비용 차이의 의미

비용 차이와 일정 차이의 의미는 [그림 7-2]와 같다(프로젝트 규모에 비해서 단위 작업이 충분히 작게 분할된 경우에는 이 그림들에서와 같이 그래프가 부드러워지며, 이렇게 되는 것이 바람직하다). 프로젝트를 계획대로 완수하기 위해서는 비용 차이 및 일정 차이 값이 프로젝트가 완료 단계에 도달할수록 감소하도록 해야 한다. 비용 차이와 일정 차이를 비율 척도로 변환하여 프로젝트의 원가 및 일정 성과 효율을 나타낼 수 있다.

## 7.6 프로젝트 관리 계획의 갱신

획득 가치 기법 등을 이용하여 현재 시점에서의 비용이나 일정에 대한 평가를 한 후에는 프로젝트가 나머지 완료시까지의 비용이나 일정에 대해서 예측한다. 예측은 진행 중인 프로젝트에서 현재 사용할 수 있는 정보와 지식을 토대로 프로젝트의 향후 상황과 조건을 산정하거나 추정하는 것으로 예측치는 프로젝트가 실행되고 처리되면서, 작업성과 정보를 기준으로 일반화되고, 갱신되어 다시 피드백된다. 작업성과 정보란 프로젝트의 과거 성과에 관한 정보와 미래에 프로젝트에 영향을 줄 수 있는 모든 정보(완료 시점에서의 비용 추정치, 완료까지의 예산 소요 추정치 등)를 의미한다.

프로젝트 총비용과 관련된 주요 추정치는 다음과 같다.

- **완료까지 추정치**ETC : estimate to completion : 기준 시점인 현재부터 완료 시점까지 소요될 예산의 추정치. 지금까지 발생한 실제 비용은 포함되지 않는다.
- **완료 시점 추정치**EAC : estimate at completion : 완료 시점까지 발생한 총 비용에 대한 추정치. 완료까지 추정치와 기준 시점까지 발생한 실제 비용을 합한 값이다 ETC + AC.
- **완료 시점 차이**VAC : variance at completion : 완료 시점 예산과 완료 시점 추정치의 차이BAC – EAC. 현재의 상황이 지속된다면 프로젝트 완료 시점에서 프로젝트 비용이 책정된 예산에 비해 어느 정도 차이가 날 것인가에 대한 추정치이며, 그 값이 주어진 한계를 초과하면 재계획 등의 시정 조치가 취해져야 한다.

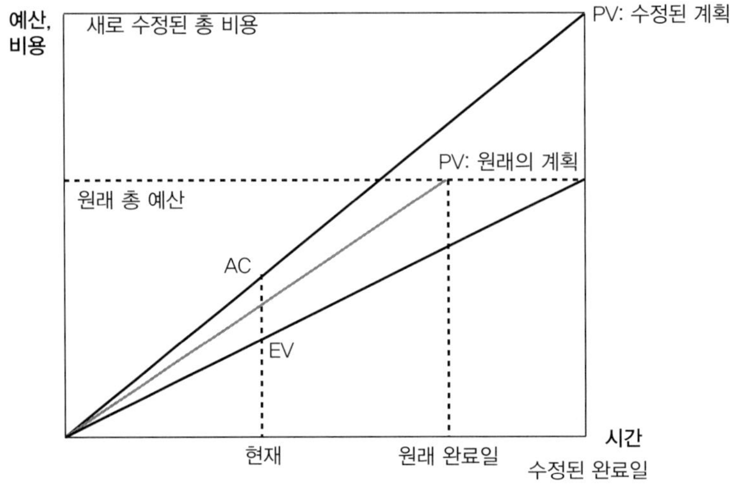


**[그림 7-3]** 획득가치 분석에 의거한 일정 및 예산의 갱신

획득 가치 데이터를 이용하여 완료까지 추정치를 계산하는 공식으로는 다음의 두 가지가 주로 사용된다.

- ETC = BAC − EV
- ETC = (BAC − EV)/CPI

앞의 방법에 의하면, 프로젝트 완료가지 추가로 소요될 비용에 대한 추정치 ETC는 단순히 남아 있는 과업들의 계획 초기에 책정된 예산의 합이다. 이 방법은 계획 가치와 실제 비용의 차이가 뚜렷한 추세가 없이 영을 중심으로 불규칙하고 무작위로 변하고 있을 때 사용한다.

두 번째 방법은 계획 가치와 실제 비용의 차이가 뚜렷한 추세가 있으며, 그러한 추세가 앞으로도 계속될 것으로 예상될 때 사용한다. 이 방법에서는 남아 있는 과업의 초기 책정 예산의 합에 지금까지의 프로젝트 수행 효율성을 반영함으로써 앞으로 소요될 비용을 예측한다.

완료까지 추정치를 계산한 후에는 완료 시점 추정치와 완료 시점 차이를 계산하여, 완료 시점 차이가 허용 가능한 오차 범위를 벗어날 경우에는 프로젝트 관리팀에게 경고를 보낸다. 수행 기간에 대해서도 이와 비슷한 분석을 할 수 있으며, 이때에도 차이가 허용 가능한 오차 범위를 벗어날 경우에는 프로젝트 관리팀에게 경고를 보낸다. 이런 경우, 프로젝트 관리팀은 일정 계획 및 비용 계획을 다시 작성할 수 있다. [그림 7-3]은 프로젝트 관리 계획이 변경됨에 따라서 PV 곡선이 어떻게 갱신될 수 있는가를 개념적으로 예시한다.

CHAPTER

# 08

# 프로젝트 품질 관리

8.1 프로젝트 품질 관리 프로세스들

8.2 품질의 정의 및 종류

8.3 품질 비용과 프로세스 개선

8.4 품질 관리 기법 및 도구

부록 8A 식스 시그마 및 린 식스 시그마

8B 품질 기능 전개

8C ISO 9126 소프트웨어 품질 분류 체계

CHAPTER

# 08 프로젝트 품질 관리

이 장에서는 다음에 대하여 학습한다.

- 프로젝트의 결과로 나타나는 제품 등의 품질에 대한 정의와 종류
- 품질을 측정하거나 개선하기 위한 식스 시그마나 품질기능 전개 등 여러가지 관리 기법 등

## 8.1 프로젝트 품질 관리 프로세스들

**프로젝트 품질 관리**는 프로젝트의 수행 목적을 충족하기 위해 품질 정책, 목표 및 책임을 결정하는, 수행 조직의 프로세스 및 활동들을 포함한다. 프로젝트 품질 관리는 프로젝트의 관리뿐만 아니라 해당 프로젝트의 제품의 관리도 함께 다룬다. 이러한 점은 그 제품의 성격과는 관계없이 모든 프로젝트에 적용된다. 제품의 품질을 관리하기 위해서는 제품 특성에 맞는 접근 방법과 측정 방법을 사용해야 한다. 즉, 소프트웨어의 품질을 측정하고 관리하기 위해서는 원자력 발전소와는 다른 접근 방법과 측정 방법을 사용해야 한다. 그러나 프로젝트의 품질을 관리하기 위한 기본적인 절차는 이러한 두 가지 프로젝트를 포함한 거의 모든 프로젝트에 공통적으로 적용할 수 있다.

제품 또는 프로젝트 품질 요구사항을 충족시키지 못하면 이해관계자들의 일부 또는 전체가 심각한 부정적 영향을 받을 수 있다. 예를 들면 다음과 같다.

- 고객 요구사항을 충복시키기 위해서 프로젝트 팀을 혹사시키면 종업원 이직률, 오류, 또는 재작업이 증가할 수 있다.
- 프로젝트 일정을 맞추기 위해서 계획된 품질 감사quality inspection를 소홀히 하면 탐지되지 않은 오류가 늘어날 수 있다.

**등급**grade은 품질과 구별되어야 한다. 품질은 "고유한 특성들이 요구사항들을 충족시키는 정도"로 정의될 수 있다. 한편, 등급은 동일한 기능적 용도를 가지나

〈표 8-1〉 프로젝트 품질 관리 프로세스들

| 프로세스 이름 | | |
|---|---|---|
| 요약 | | |
| 산출물 | 도구 및 기법 | 투입물 |
| **품질 관리 계획을 개발하기**plan quality management **(계획)** | | |
| 프로젝트와 제품에 대한 품질 요구사항 및/또는 표준들을 확인하고, 그것들에 대한 프로젝트의 적합성compliance을 어떻게 확인할 것인가를 결정한다. | | |
| • 품질 관리 계획<br>• 품질 메트릭metrics<br>• 품질 점검표<br>• 프로세스 개선 계획<br>• 프로젝트 문서(갱신된) | • 비용–효익 분석<br>• 품질 비용<br>• 품질 관리도<br>• 벤치마킹<br>• 실험 설계<br>• 통계적 표본 추출<br>• 흐름도flowcharting<br>• 기타 품질 관리 방법론 및 도구들 | • 범위 기준선<br>• 이해관계자 등록부<br>• 비용 성과 기준선<br>• 일정 기준선<br>• 위험 등록부<br>• 기업 환경 요인<br>• 조직 프로세스 자산 |
| **품질 보증을 수행하기**perform quality assurance **(실행)** | | |
| 적절한 품질 표준과 조작적 정의operational definition가 사용되는 것을 보장하기 위해서 품질 요구사항과 품질 통제 측정의 결과들에 대해 감사audit한다. | | |
| • 조직 프로세스 자산(갱신된)<br>• 변경 요구들<br>• 프로젝트 관리 계획(갱신된)<br>• 프로젝트 문서(갱신된) | • 품질 관리 계획 및 품질 통제 수행 도구 및 기법들<br>• 품질 감사quality audit<br>• 프로세스 분석 | • 프로젝트 관리 계획<br>• 품질 메트릭스<br>• 작업 성과 정보<br>• 품질 통제 측정치들 |
| **품질 통제를 수행하기**perform quality control **(모니터링 및 통제)** | | |
| 성과를 평가하고 필요한 변경을 권고하기 위한 품질 활동들의 수행을 모니터링하고 그 결과를 기록한다. | | |
| • 품질 통제 측정치들<br>• 확인된 변경들<br>• 확인된 인도물들<br>• 조직 프로세스 자산(갱신된)<br>• 변경 요청<br>• 프로젝트 관리 계획(갱신된)<br>• 프로젝트 문서(갱신된) | • 이시카와의 일곱 가지 기본 품질 관리 도구<br>• 통계적 표본 추출<br>• 인스펙션<br>• 승인된 변경 요청 검토 | • 프로젝트 관리 계획<br>• 품질 측정 도구<br>• 품질 점검표<br>• 작업 성과 측정치들<br>• 변경 요청(승인된)<br>• 인도물들<br>• 조직 프로세스 자산 |

상이한 기술적 특성을 갖는 서비스나 제품들에 부여되는 범주이다. 품질 요구사항을 충족시키지 못하는 낮은 수준의 품질은 항상 문제가 되나, 낮은 등급은 그렇지 않다. 예를 들어서, 어떤 일반용 소프트웨어 제품은 등급은 낮으나(제한된 수의 기능) 품질은 높은(뚜렷한 결함이 없고, 읽기 쉬운 매뉴얼) 반면에, 어떤 전문

**Box 8-1 프로젝트 삼각 제약과 품질**

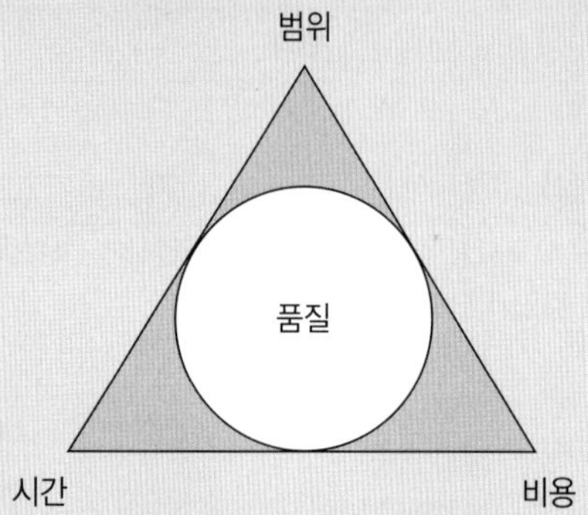


시간, 비용, 범위의 세 요소는, 프로젝트 인적 자원과 같은 프로젝트의 내부적인 관리 요소들과는 달리, 고객의 관점에서의 프로젝트 품질을 결정한다. 위 그림의 프로젝트 삼각형은 이러한 프로젝트의 가장 기본적인 3대 제약 간의 관계를 보여준다. 프로젝트 기간을 단축하기 위해서는 프로젝트 범위를 축소하거나 또는 추가적인 자원을 확보하기 위해서 프로젝트 비용을 늘여야 한다. 마찬가지로 프로젝트의 범위를 확대하기 위해서는 프로젝트 기간을 연장하거나 프로젝트 비용을 증액하여야 한다.
프로젝트 제품은 종종 프로젝트 범위와 별도로 정의되기도 한다. 이러한 관점에서는 프로젝트 제품 품질은 프로젝트의 성공을 결정짓는 주요한 관리 요소 중의 하나이다. 프로젝트 제품의 품질을 희생한다면 시간, 비용 범위의 세 제약을 동시에 개선할 수 있다. 시간, 비용, 범위, 그리고 최종 산출물의 품질 간의 상충관계를 과학적이고 합리적으로 관리하는 것이 프로젝트 관리의 핵심이다.

가용 소프트웨어는 등급은 높으나(다양한 기능) 품질은 낮을(많은 결함, 빈약하게 구성된 사용자 문서) 수 있다. 프로젝트 관리자는 요구된 수준의 등급과 품질을 모두 충족시키는 것과 관련된 상충관계trade offs를 관리할 책임이 있다.

여기에 포함된 품질 관리의 기본적 접근 방법은 ISOInternational Standard Organization의 표준들에 부합되도록 의도되었다. 이 영역의 모든 프로세스들에서 데밍Deming, 주란Juran, 크로스비Crosby 등이 제시한 방법론들을 포함하여 TQMtotal quality managemenmt, 식스 시그마six sigma 및 린 식스 시그마lean six sigma, FMEAfailure mode and effect analysis, 설계 검토design reviews, 품질 기능 전개QFD : quality function deployment과 고객의 소리voice of quality, 품질 비용COQ : cost of quality, 통합 능력 성숙 모델CMMI: Capability Maturity Model Integrated, 브레인스토밍brainstorming, 친화도affinity diagram, 역장분석force field analysis, 명목 집단 기법nominal group technique, 행렬도matrix diagram, 우선순위화 행렬prioritization matrix, 지속적 개선continuous improvement 등의 다양한 품질 관리 및 분석 기법들을 이용할 수 있다. 현대적(운영에 관한) 품질 관리는 프로젝트 관리를 보완하며, 이 두 가지 모두가 다음 사항들의 중요성을 인식한다.

- **고객 만족**customer satisfaction : 고객 요구사항이 충족되도록 기대를 이해하고, 평가하며 정의하고 관리하기. 이것은 요구사항에의 부합conformance to requirements(프로젝트가 만들도록 되어있는 것을 만드는 것을 보장하기 위한)과 사용 적합성fitness for use(제품이나 서비스가 실제 필요real needs를 충족시켜야 한다)의 조합을 필요로 한다.
- **검사보다 예방**prevention over inspection : 현대 품질 관리의 핵심 요소 중의 하나는 품질은 계획되고, 설계되며 구축되어야 (검사되는 것이 아니라) 한다는 것이다. 실수를 예방하는 비용은 실수를 검사에서 발견되었을 때 수정하는 것보다 저렴하다.
- **지속적 개선**continuous improvement : PDCA(계획-실행-점검-실천) 주기는 슈하트Schuhart에 의해서 정의되고 데밍Deming에 의해서 수정된 바대로의 품질 개선의 기반이다. 뿐만 아니라, TQM이나 식스 시그마와 같은, 수행 조직에 의해서 취해진 품질 개선 운동은 프로젝트 제품의 품질만이 아니라 프로젝트 자체의 품질도 개선시켜야 한다. 프로세스 개선 모델들은 말콤 볼드리지Malcolm Baldrige, OPM3Organizational Project Management Maturity Model 및 CMMICapacity Maturity Model Integrated 등을 포함한다.
- **경영층 책임**management responsibility : 성공을 위해서는 프로젝트 팀 전원의 참여가 필요하나, 필요한 자원을 공급하는 것은 경영층의 책임이다.

**품질 비용**은 제품 생애주기 전체에 걸친, 품질과 관련된 모든 노력의 총비용을 말한다. 프로젝트 의사결정은 제품 반환, 품질 보증 청구, 리콜 캠페인recall campaigns 등의 결과로, 품질의 운영 비용에 영향을 미칠 수 있다. 따라서 프로젝트의 일시적 성격 때문에, 후원 기관은 **외부 품질 비용**external cost of quality을 줄이기 위해 제품 품질 개선에, 특히 결함 예방과 평가에, 투자하는 것을 선택할 수 있다.

### 8.1.1 품질 관리 계획을 개발하기plan quality management 프로세스[1)]

**Box 8-2 품질 관리 계획**quality management plan **및 프로세스 개선 계획**process improvement plan[2)]

품질 관리 계획은 어떻게 조직의 품질 정책이 구현될 것인가를 서술하는, 프로젝트 관리 계획의 구성요소이다. 이것은 프로젝트 관리 팀이 프로젝트에 주어진 품질 요구사항들을 충족시키기 위해서 어떻게 계획을 짤 것인가를 기술한다. 이 계획은 프로젝트의 필요에 따라서 공식적이거나 비공식적, 그리고 개략적이거나 또는 매우 상세할 수도 있다. 이 계획의 스타일과 세부사항들은 프로젝트 요구사항에 따라서 결정된다. 이 계획은 의사결정들이 정확한 정보에 의거해서 내려지는 것을 보장하기 위해서 프로젝트 초기에 검토되어야 한다. 이 계획의 효과 중의 하나는 프로젝트의 가치 체계에 좀 더 예리하게 집중하고, 재작업에 의한 비용 초과 및 일정 지연을 줄이는 것이다.
프로세스 개선 계획은 프로젝트 관리 계획의 보조물이다. 이것은 고객 가치를 증대할 수 있는 활동들을 확인하기 위해서 프로세스들을 분석하는 절차들을 상세히 기술한다. 다음과 같은 항목을 포함할 수 있다.

- **프로세스 경계**process boundaries : 프로세스의 목적, 시작과 끝, 투입물과 산출물, 필요한 자료가 있을 경우 해당 데이터, 프로세스의 소유자 및 이해관계자에 대해 설명한다.
- **프로세스 구성**process configuration : 분석을 촉진하기 위한, 식별된 인터페이스를 포함하는, 프로세스에 대한 시각적 묘사.
- **프로세스 메트릭**process metrics : 통제 한계와 함께 사용되어, 프로세스 효율성을 분석할 수 있게 한다.
- **성능 향상 목표**target for improved performanace : 프로세스 개선 활동을 인도한다.

**품질 관리 계획을 개발하기**는 프로젝트와 그 산출물들에 대한 품질 요구사항 및/또는 표준을 식별하고, 프로젝트가 어떻게 관련 품질 요구사항들을 충족시킬 것인가를 문서화하는 프로세스이다. 이 프로세스의 주요 효과는 품질이 어떻게 프로젝트 전체를 통해서 관리되고 확인validate될 것인가에 대한 지침과 방향을 제공하는 것이다.

**품질 관리 계획**은 다른 프로젝트 계획 프로세스들과 병행해서 수행되어야 한다. 예를 들면, 식별된 품질 표준 충족을 위한 제품의 변경 요청은 비용 또는 일정 조정을 필요로 할 수 있고, 계획에 대한 충격의 상세한 위험 분석을 필요로 할 수 있다. 이 프로세스에서 갱신되는 프로젝트 문서에는 이해관계자 등록부 및 **책임**

1) PMBoK2013, pp..228-231
2) PMBoK2013, p.241.

**할당 행렬**responsibility assignment matrix 등이 포함된다.

상위 경영층에 의해서 승인된, 수행 조직의 품질 지향 방향을 정하는 품질 정책은 품질 관리 프로세스에 투입될 가장 중요한 조직 프로세스 자산 중의 하나이다. 수행 조직의 제품에 대한 품질 정책은 해당 프로젝트에 "현재 상태as is" 그대로 채용될 수 있다. 만약 수행 조직에 공식적인 품질 정책이 없거나 또는 프로젝트가 복수의 수행 조직을 포함한다면(합작 사업에서와 같이), 프로젝트 팀이 해당 프로젝트를 위해서 품질 정책을 개발해야 한다. 품질 정책의 원천과는 상관없이, 프로젝트 관리 팀은 적절한 정보 배포를 통해서 모든 이해관계자가 품질 정책에 대해서 숙지하도록 해야 한다.

범위 선언은 프로젝트 기술서, 주요 프로젝트 인도물들, 수용 기준을 포함한다. 제품 범위 기술서는 종종 품질 관리 계획에 영향을 줄 수 있는 기술적 및 기타 이슈들에 대한 상세한 내용을 포함한다. 수용 기준의 정의는 프로젝트 및 품질 비용에 큰 영향을 미칠 수 있다. 모든 수용 기준을 충족시킨다는 것은 고객의 필요가 충족되었다는 것을 의미한다.

품질 관리 계획 프로세스에 투입될 주요 기업 환경 요소에는 다음과 같은 것이 포함된다.

- 정부 및 공공 기관의 규제
- 해당 응용 분야에 특수한 규칙, 표준 및 지침들
- 제품/프로젝트 품질에 영향을 미칠 수 있는 작업/운영 조건들

## 8.1.2 품질 보증을 수행하기perform quality assurance 프로세스

**품질 보증을 수행하기**는 적절한 품질 표준과 운영적 정의operational definitions가 사용되는 것을 보장하기 위해서 프로젝트 요구사항과 품질 통제 측정으로부터의 결과들을 **감사**audit하는 프로세스이다. 이 프로세스는 품질 수행 통제 프로세스에서 생성된 자료들을 사용하는 실행 프로세스이다. 품질 보증 부서가 종종 품질 보증 활동들을 감독한다. 부서 명칭과는 관계없이, 품질 보증 지원은 프로젝트 팀, 수행 조직의 관리자, 고객 또는 후원자뿐만 아니라 프로젝트의 작업에 활동적으로 참여하지 않는 다른 이해관계자에게도 제공될 수 있다. 이 프로세스는 또한 다른 중요한 품질 보증 활동인 지속적인 프로세스 개선을 위한 기반을 제공한다. 지

**Box 8-3 품질 감사**quality audits[3]

품질 감사는 프로젝트 활동들이 조직 및 프로젝트의 정책, 프로세스, 절차들에 부합하는가를 결정하기 위한 구조적이고 독립적인 검토structured and independent review이다. 품질 감사의 목적은 다음과 같다.

- 구현되고 있는 모든 좋은 관행이나 나쁜 관행들을 확인한다.
- 모든 결함이나 불충분한 점들을 확인한다.
- 조직이나 산업의 비슷한 프로젝트에 도입되거나 실행되고 있는 바람직한 관행들을 공유한다.
- 팀의 생산성을 높이는 데 도움이 되는 프로세스들의 실행을 개선하기 위해서 적극적이고 전향적으로 도움을 제공한다.
- 조직의 교훈 저장소에 저장된 각 감사의 기여점을 부각시킨다.

어떤 결함을 수정하기 위한 후속 조치들은 절감된 품질 비용과 프로젝트 제품에 대한 스폰서 및 고객 수용의 증가로 귀결되어야 한다. 품질 감사는 수정 조치, 결함 보수, 예방 조치를 포함하는 승인된 변경의 수행을 확인할 수도 있다. 품질 감사는 미리 일정이 계획될 수도 무작위로 수행될 수 있으며, 내부 또는 외부 감사인에 의해서 수행될 수도 있다. 품질 감사에서 획득된 정보는 프로세스 개선을 위한 가장 핵심적인 정보 중의 하나로 사용될 수 있다.

속적인 프로세스 개선은 낭비를 줄이고 가치를 부가하지 않는 활동들을 제거한다. 이것은 프로세스가 개선된 수준의 효율성과 효과성을 달성하게 한다.

프로젝트 관리 계획의 요소 중에서 이 프로세스에서 갱신될 수 있는 것들에는 품질 관리 계획, 일정 관리 계획, 비용 관리 계획 등이 포함된다. 그 외에 프로세스에서 갱신될 수 있는 프로젝트 문서에는 품질 감사 보고서, 훈련 계획, 프로세스 문서 등이 포함된다.

품질 보증 수행 프로세스에 투입되는 프로젝트 관리 계획의 주요 요소에는 품질 관리 계획과 프로세스 개선 계획이 포함된다. 작업 성과 정보 중에서는 기술적 성과 측정치, 프로젝트 인도물 상태, 일정 진도, 발생한 비용 등이 이 단계의 주요 투입물이다.

### 8.1.3 품질 통제를 수행하기perform quality control 프로세스

**품질 통제를 수행하기**는 관련된 성과를 평가하고 필요한 변경들을 추천하기 위

3) PMBoK2008, pp.173, 195

해서 품질 활동들의 수행 결과를 모니터링하고 기록하는 프로세스이다. 품질 통제는 프로젝트 전 기간 동안 수행되어야 한다. 품질 표준은 프로젝트 프로세스와 프로젝트 목적들을 포함한다. 프로젝트 결과는 인도물들과, 비용 및 일정 성과와 같은 프로젝트 관리 결과를 포함한다. 품질 통제는 종종 품질 통제 부서 또는 유사 명칭의 조직 부서에 의해 수행된다. 품질 통제 활동들은 낮은 프로세스 및 제품 품질의 원인들을 확인하고 그것들을 제거하기 위한 행동을 권고 및/또는 수행한다.

프로젝트 관리 팀은 품질 통제 산출물들을 평가하기 위한 통계적 품질 관리에 — 특히 표본 추출과 확률 — 대한 실무적 지식이 있어야 한다. 프로젝트 관리 팀은 여러 가지 주제들 중에서도 특히, 다음의 용어 쌍들 간의 차이점을 구분할 수 있어야 한다.

- **예방**prevention(프로세스에서 오류를 제거하는 것) vs **검사**inspection(고객에게 전달되는 오류를 제거하는 것)
- **속성 샘플링**attribute sampling(결과가 부합하거나 부합하지 않거나) vs **변수 샘플링**variable sampling(결과가 부합도의 정도를 반영하는 연속 척도로 평가된다)
- **수용 한계**tolerances(수용 가능한 결과의 특정된 범위) vs **통제 한계**control limits(프로세스가 통제가 되지 않고 있다는 것을 나타낼 수 있다)

품질 통제 수행 프로세스에서 갱신될 수 있는 조직 프로세스 자산에는 완성된 점검표 및 교훈 문서 등이 있다. 프로젝트 관리 계획에서 갱신될 수 있는 부분에는 품질 관리 계획과 프로세스 개선 계획이 포함된다. 기타 갱신 가능한 프로젝트 문헌에는 품질 표준이 포함된다.

품질 통제 수행 프로세스에 투입될 수 있는 조직 프로세스 자산에는 결함과 관련된 이슈들과 결함보고 절차 및 의사소통 정책이 포함된다. 실제의 진도를 계획된 진도에 대비해서 평가하기 위해서 작업 성과를 측정할 수 있다. 이 프로세스에서 사용될 수 있는 작업 성과 측정 메트릭으로는 다음과 같은 것들이 포함된다.

- 기술적 성과 : 실제 대 계획
- 일정 성과 : 실제 대 계획
- 비용 성과 : 실제 대 계획

### Box 8-4 체크리스트(요구사항 및 설계) : 소프트웨어 개발 프로젝트의 예

| 단계 | 항 목 | Y | N | NA |
|---|---|---|---|---|
| | 1. 요구사항이 일관되게 기술되었는가? | | | |
| | 2. 요구사항이 명백하게 기술되었는가? | | | |
| | 3. 정의된 모든 요구사항은 소프트웨어로 구현 가능한가? | | | |
| | 4. 하나의 요구사항은 여러 요구사항에 중복됨 없이 유일하게 존재하는가? | | | |
| | 5. 기능적 요구사항이 작성되었나? | | | |
| | 6. 기능적 요구사항에 대해서는 기능 개요, 입력, 처리방법(Sequence, Formula, conversion), 출력 등을 기술하였는가? | | | |
| | 7. 고객의 성능 요구사항이 테스트 가능하도록 정량화가 되어 있는가? | | | NA |
| | 8. 개발해야할 소프트웨어와 다른 소프트웨어 및 하드웨어 사이의 인터페이스가 요구명세에 적절하고도 완전하게 기술되었나? | | | |
| | 9. 보안관련 요구사항이 기술되었나? | | | |
| | 10. 하드웨어 환경(제약사항 포함)이 완전하게 정의되었는가? | | | |
| | 11. 설치 및 마이그레이션 요구사항이 완전하게 정의되었는가? | | | NA |
| | 12. 에러 복구 및 백업 요구사항이 완전하게 정의되었는가? | | | NA |
| | 13. 요구사항이 Safety/Standard를 준수하는가? | | | |
| | 14. 주요 기능적 요구사항에 대해선 계층적으로 세분화되어 기술되어 있는가? | | | |
| | 15. 모든 요구사항이 모델링 결과물(각 모델 ID)과 연결되어 있는가? | | | |
| | 16. 도출된 요구사항은 프로젝트에서 구축해야 할 모든 영역을 충분히 커버하고 있나? | | | |
| | 17. 요구사항에 대한 변경관리가 이루어지는가? | | | |
| | 18. 소프트웨어 요구분석 결과는 관련자와 합동 검토를 하고 그 결과는 문서화되는가? | | | |
| | 19. 요구사항이 현재 시스템으로 수용 가능한가? | | | |
| | 20. 모든 요구사항이 최소한 하나 이상의 테스트 활동을 통해서 검증될 수 있는가? | | | |
| | 1. 설계가 요구사항 문서에 추적 가능한가? | | | |
| | 2. 설계가 일관되게 기술되었는가? | | | |
| | 3. 설계가 명백하게 기술되었는가? | | | |
| | 4. 인터페이스가 명백하게 정의되었는가? | | | |
| | 5. 모든 에러 메시지가 정의되었는가? | | | |
| | 6. 요구사항의 제약사항이 설계로 통합되었는가? | | | |
| | 7. 모든 의존성dependencies이 명백하게 식별되었는가? | | | |
| | 8. 설치 및 마이그레이션 요구사항이 설계로 통합되었는가? | | | |
| | 9. 요구사항에 명시된 성능 요구사항이 설계에 정확하게 반영되었는가? | | | |
| | 10. 모든 설계가 최소한 하나 이상의 테스트 활동을 통해서 검증될 수 있는가? | | | |
| | 11. 에러 복구 및 백업 요구사항이 설계로 통합되었는가? | | | |
| | 12. 컴포넌트와 모듈의 구조가 명백하게 정의되었는가? | | | |
| | 13. 컴포넌트와 모듈의 명명법naming convention 표준이 준수되었는가? | | | |
| | 14. 설계에 명시된 모든 알고리즘이 명백하게 기술되었는가? | | | |

## 8.2 품질의 정의 및 종류

### 8.2.1 품질의 정의

일반 제품 또는 서비스의 **품질**quality이란 '그것의 유용성을 결정하는 성질', 더 자세히는 '그것의 사용 또는 적용 목적을 만족(또는 충족시켰는가 그러지 못했는가)시켰는지를 결정하기 위한 평가의 대상이 되는 고유의 성질 또는 성능의 전부'라고 정의할 수 있다. 즉, 품질이란 제품이나 서비스가 그 사용 또는 적용 목적을 충족시키기 위해서 갖추고 있어야 할 성질로 '가격price과 납기delivery 이외의 모든 것'이라고 정의할 수도 있다.

제품 또는 서비스를 비롯한 모든 것은 모두 그 고유의 성질 또는 속성을 갖고 있으며, 이러한 모든 성질 또는 속성은 그 자체로는 품질이 될 수 없다. 이러한 속성 또는 성질이 어떤 관점에서 좋다 · 나쁘다 등의 평가의 대상이 되었을 때야만 비로소 품질이 된다.

조명용 전구의 예를 들면, 소비 전력, 직경, 길이, 구금의 형상이나 치수, 구금의 접착 강도, 시동 특성, 광속 유지율, 광원 색, 외관 등의 고유의 성질이나 성능이 있다. 이러한 전구가 공부방의 조명을 위해서 사용되느냐 또는 나이트클럽의 조명을 위해서 사용되느냐에 따라서 비로소 품질 문제가 야기된다. 제품이나 서비스가 평가될 때, 평가의 기준이 되는 속성이나 특성을 **품질 특성**quality characteristic이라고 한다.

즉, 품질에는 반드시 평가가 전제되며, 평가라는 관점에서 품질을 객관적 품질과 주관적 품질로 구분할 수 있다.

- **주관적 품질** : 사용자가 직접 또는 사용자의 관점에서 평가한 품질
- **객관적 품질** : 제품이나 서비스의, 그 사용이나 적용 목적과 관련되어 있다고 생각되는 물리적이고 객관적인 특성을 측정하여 평가한 품질

품질은 또한 기능, 성능 및 품질에 관련된 제반사항에 있어 명시된 요구사항 및 내재된 요구사항을 충족할 수 있는 '제품 특성의 총체'로 정의할 수 있다. 즉, 품질이란 주어진 요구사항 또는 사용 목적을 만족할 수 있는 능력을 가지고 있는 제품

## Box 8-5 소프트웨어 품질의 시대에 따른 진화

소프트웨어 품질에 대한 개념 및 주요 이슈들은 시대에 따라서 계속 진화하고 있다. 초기에는 효율성이나 신뢰성 등이 중요시 되다가, 하드웨어의 가격이 계속 하락하고 컴퓨터의 활용 영역이 넓어짐에 따라서 기능성이나 사용성이 점점 중요시 되고 있다. 이러한 변화는 시대에 따라서 다음과 같이 정리할 수 있다.[WV02 참조]

**● 창세기(Genesis): 1950년대**

컴퓨터는 군사용 또는 과학용의 복잡한 계산을 하기 위해서 사용되었고, 사용자도 극히 소수에 그쳤다. 소프트웨어 품질은 인간의 수작업을 대신할 정확한 수치 계산에 역점이 두어졌다.

**● 대 이동기(Exodus): 1960년대**

경제적인 문제 때문에 컴퓨터를 일반 업무에 적용하기에는 한계가 있었으나, 소프트웨어의 적용 분야가 좀 더 다양한 분야로 확대되기 시작하였다. 컴퓨터가 복잡한 업무를 지원하기 위해서 사용됨에 따라서 심각한 장애를 줄이려는 노력이 시작되었다. 그러나 아직도 주로 메인프레임 컴퓨터를 사용하는 전문적인 프로그래머들이 소프트웨어를 개발하였으며, 일반적으로 높은 품질이 유지되었다.

**● 혼돈기(Chaos): 1970년대**

개인용 PC의 출현은 많은 조직에서 컴퓨터의 응용 분야의 급격한 증대를 가져왔다. 많은 조직들이 숙련되지 않은 요원들이 소프트웨어를 테스트하도록 했으며, 특히 행정 요원들을 소프트웨어 테스트 요원으로 전환시켰다. 잘못된 코드의 남용으로 품질이 악화되는 경우가 빈번히 발생하였으며, 이에 따라서 소프트웨어의 품질의 중요성이 인식되기 시작했다. 요구사항 분석의 중요성이 부각되기 시작했다.

**● 회복기(Repair): 1980년대**

4세대 프로그램 언어(4GL), CASE 툴, 그리고 공학적 방법론 등이 등장하면서 품질과 생산성의 동시적인 향상이 소프트웨어 관계자들 사이에 중요한 이슈로 등장하였다. 또한 최종사용자들도 고품질의 소프트웨어를 요구하게 되었다.

**● 프로세스(Process): 1990년대**

소프트웨어가 거대화되고 기능이 복잡해지면서 높은 소프트웨어 품질을 보장하는 소프트웨어 개발 프로세스를 구축하고자 하는 노력이 증가하였고, CMM(Capability Maturity Model) 및 6-Sigma와 같은 정형화된 프로세스 품질 평가 및 프로세스 개선 방법들이 개발되고 보급되었다. 제품 개발 과정에서부터 최종 산출물의 품질을 예측하고 피드백하기 위해서 다양한 내부 및 외부 품질 메트릭이 개발되었으며, 컴포넌트 기반 소프트웨어 공학(CBSE: component-based software engineering) 및 객체지향 방법론이 소프트웨어 공학을 명실상부한 개발 공학으로 변화시켰다. 또한 인터넷과 웹이 보급됨에 따라서 사용성의 중요성이 부각되기 시작했다.

**● 엔지니어링(Engineering): 2000년대**

소프트웨어 활용 영역이 전사적이고 전산업화되면서 다양한 전문가들이 참여한 소프트웨어 프로젝트가 등장하였으며, 산업적 특성을 반영한 표준화된 소프트웨어가 등장하였다. 다양한 관점에서의 소프트웨어 품질 평가가 중요시되기 시작하였다.

의 특성과 특징의 총체라고 정의할 수 있다.

품질 특성은 크게 **기능성**(또는 기능적 품질)과 **비기능적 품질**로 대별되기도 한다. IEEE는 품질을 '주어진 요구사항을 만족시킬 수 있는 능력의 총량'이라고 정의한다(ISO/IEC2001). 종종, 품질은 기능성을 제외한 비기능적 품질만을 뜻하는 의미로 사용되기도 한다. 프로젝트에서는 목적 기능은 일반적으로 범위 관리에서 규정되며, 비기능적 품질만이 품질 관리의 대상이 된다.

### 8.2.2 품질의 종류

품질은 또한 제품 또는 서비스의 생애주기에 따라서 다음과 같이 구분할 수도 있다.

- **요구 품질**requirement of quality : 제품을 사용하거나 서비스를 적용받을 사람의 관점에서 요구되는 품질
- **설계 품질**quality of design : 명세specification와 설계design에 의해서 정의된 품질
- **제품 품질**quality of manufacture : 제조 공정에 의해서 실현된 제품의 품질. 일반적으로 객관적 품질은 제품 품질의 설계 품질에 얼마나 적합한가에 따라서 평가되며, 이러한 관점에서 제품 품질을 적합 품질quality of conformance이라고도 한다.
- **사용 품질**quality in use : 제품이 시장에서 상품화된 후에, 소비자들이 사용한 후에 주관적으로 평가한 품질. 시장 품질이라고 하기도 함. 사용 품질은 제품의 자체 품질 속성뿐만 아니라 제품이 사용되는 환경 및 맥락context에 의해서 복합적으로 영향을 받는다.

신제품 개발의 경우에는 기획 단계에서 제품이 갖추어야 할 품질의 수준이 요구 품질로 제시된다. 프로젝트의 경우에는 발주자에 의해서 목표 산출물의 품질이 요구사항으로 제시된다. 설계 또는 명세는 이러한 요구 품질 또는 품질에 대한 요구사항을 충족시켜야 하나, 현실적인 제약 때문에 모든 요구사항을 충족시키는 것이 불가능하거나 바람직하지 않을 수도 있다. 이런 경우에는 **비용 편익 분석**cost/benefit analysis 등을 통하여, 품질 요구사항의 우선순위를 정하고 주어진 기간과 예산 내에서 우선순위가 높은 요구사항을 설계에 반영하여야 한다.

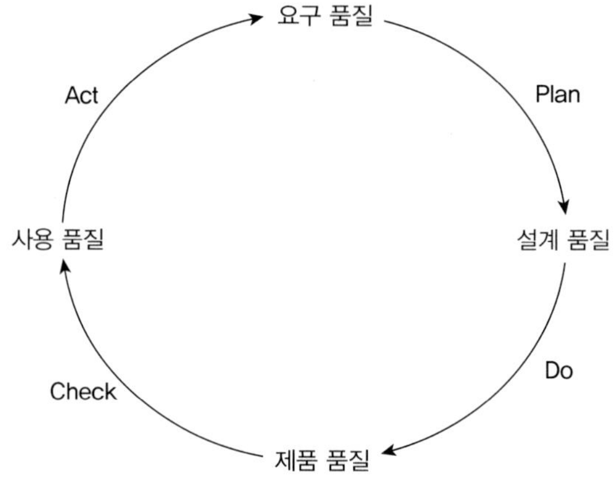


**[그림 8-1]** 품질의 종류와 PDCA 사이클

제품 설계가 완성되면 생산 시설과 공정을 설계하고 구축한 후에, 구축된 생산 시스템을 운영하여 제품을 생산하게 된다. 이러한 과정에서 능력의 한계 등의 여러 가지 제약으로 인하여 생산된 제품이 설계와 정확히 일치하지 않을 수 있으며, 따라서 제품 품질과 설계 품질 간에 차이가 발생할 수 있다.

**동시공학**concurrent engineering에서는 제품 설계와 생산 시설 및 공정 설계를 동시에 실시함으로써 생산하기 쉬운 제품 설계를 달성하고, 보다 현실적인 요구사항에 대한 비용편익분석을 수행하려고 시도한다. 품질 기능 전개는 동시공학을 위한 효과적인 도구이다.

생산된 제품은 시장에서 판매되어 사용되며, 이러한 사용을 통해서 평가된 품질을 사용 품질이라고 한다. 설계 등 모든 과정이 이상적으로 수행되었다면 사용 품질이 요구 품질과 일치하겠지만, 일반적으로는 사용 품질과 요구 품질 간에는 크고 작은 괴리가 존재하게 된다. 이러한 괴리는 피드백되어서 제품의 개선 과정에 투입되어야 한다. 이러한 과정의 개요를 PDCA 사이클의 관점에서 정리하면 [그림 8-1]과 같이 표현할 수 있다.

이러한 품질 사이클의 궁극적인 목표는 높은 사용 품질을 달성하는 것이다. 따라서 요구 품질은 사용 품질과 같은 관점에서, 즉 사용자의 관점에서 정의되는 것이 바람직하다. 따라서 요구 품질은 일반적으로 주관적으로 정의되고 평가된다.

반면에 설계 품질은 생산 과정에 의해서 물리적으로 실현되어야 하므로 객관적으로 정의되고 평가된다. 품질 사이클에서 가장 중요하고 어려운 것 중의 하나는 이렇게 객관적으로 정의된 설계 품질이 주관적으로 정의된 요구 품질에 부합하는가를 확인하는 것이다. 만약 설계 품질이 요구 품질에 부합한다는 것을 확인하지 못한다면, 제품이 시장에서 성공할 것을 기대할 수 없다.

### 8.2.3 품질의 측정 : 외부 메트릭과 내부 메트릭

**메트릭**metric이란 일반적으로 어떤 사물의 특성을 객관적이고 정량적으로 측정할 수 있는 측정 도구를 지칭한다. 예를 들면, 길이를 측정하는 자, 무게를 측정하는 저울, 사람의 지적 능력을 측정하는 IQ 테스트 등이 널리 사용되는 메트릭이다.

신뢰성 있는 벤치마킹 및 제품 비교를 하기 위해서는 엄격한 품질 측정이 필요하다. 사용하는 메트릭 및 측정 절차는 품질 특성(혹은 부특성)에 대해 기준을 설정하고 비교할 수 있도록 충분히 정확해야 한다. 점검표Checklist에 의한 자료와 전문가 의견 등은 여러 가지의 상이한 제품들을 비교할 경우에는 신뢰할 수 없을 수도 있다.

**외부 품질 메트릭**은 사용자, 평가자, 시험자나 개발자에게 시험 수행이나 운영 중에 제품의 품질을 평가할 수 있게 한다. 제품을 구매하거나 사용하기 전에 특정한 조직이나 기술적 환경에서 제품의 사용, 개발 및 관리와 관련된 기업 목적을 토대로 외부 메트릭을 사용하여 제품을 평가해야 한다. 소프트웨어의 예를 들면, 외부 품질 메트릭에 대한 표준으로는 ISO/IEC 9126-2 등이 있다.

**내부 품질 메트릭**은 설계 도중에 검사할 수 없는 제품의 품질을 측정한다. 내부 메트릭은 중간 제품이나 최종 제품의 정적인 성질을 분석함으로써 제품의 품질을 측정한다. 중간에 작성되는 문헌들은 내부 메트릭을 사용하여 평가한다. 내부 메트릭은 사용자, 평가자, 시험자 또는 개발자가 제품의 품질을 평가할 수 있도록 도와주며, 제품이 완성되기 이전 단계에서 외부적으로 발생될 수 있는 품질 문제점들을 사전에 검증하게 해 준다.

내부 메트릭은 특정한 외부 메트릭과 상관관계가 있어야 한다. 즉, 제품의 특정 속성에 대한 내부 측정은 그 제품이 사용될 경우에 측정 가능한 외부 측정과 상관관계가 있어야 한다. 왜냐하면 제품이 완성되기 이전에 외부적으로 발생될 수 있는 품질 문제점들을 사전에 검증할 수 있어야 하기 때문이다.

품질 요구사항이 정의되면, 품질 요구사항에 부합되는 품질 특성이나 부특성이 열거된다. 그 다음으로 사용자 요구를 만족하는지를 확인하는 품질 기준을 정량화하기 위해 적절한 외부 메트릭 및 수용 가능한 범위가 명시된다.

그 이후에 요구된 외부 품질과 사용 중 품질이 최종적으로 성취될 수 있도록 계획하고, 개발 중의 중간 인도물에 대하여 그 품질을 성취할 수 있도록 제품에 대한 내부 품질 특성을 정의하고 명시한다. 내부 품질 특성의 정량화를 위해 적절한 내부 메트릭 및 수용 가능한 범위를 명시하여 개발 도중에 중간 인도물이 내부 품질 명세서를 만족하는지를 검증하는 데 사용될 수 있도록 한다.

## 8.3 품질 비용과 프로세스 개선

### 8.3.1 품질 비용

**품질 비용**은 완전하지 못한 제품의 생산에 기인하는 모든 비용을 의미하며, 다음과 같이 분류할 수 있다.

- **예방 비용**prevention cost : 불량을 사전에 방지하기 위한 활동에 소요되는 비용. 품질 계획, 신제품 설계의 검토, 품질 교육 및 훈련, 생산 공정 계획 및 개선, 파괴 검사를 비롯한 품질 자료의 수집 및 분석 등에 소요되는 비용 등을 포함 한다.
- **평가 비용**appraisal cost : 불량이 발생한 후에, 제품이 고객에 인도되기 전에 불량을 제거하기 위한 평가나 검사에 소요되는 비용. 원자재의 수입 검사, 공정 검사, 완제품 검사, 품질 연구실의 운영비용 등 완제품이나 부품, 구입 자재, 혹은 공정 상태가 품질 기준에 일치하는가를 측정하고 평가하는 데 드는 비용 등을 포함한다.
- **내부 실패 비용**internal failure cost : 완성되었으나 품질 요건을 충족시키지 못하는 제품을 고객에게 인도하기 전에 결함을 교정하거나 처분하기 위한 비용. 폐기물, 재가공, 등급저하, 재검사, 실패 분석 등에 관련된 비용을 포함한다.
- **외부 실패 비용**external failure cost : 제품이 고객에게 인도된 후에 품질 결함으로 만족스럽게 기능을 하기 못할 때 발생하는 비용으로 품질 보증, 반품, 클레임, 소

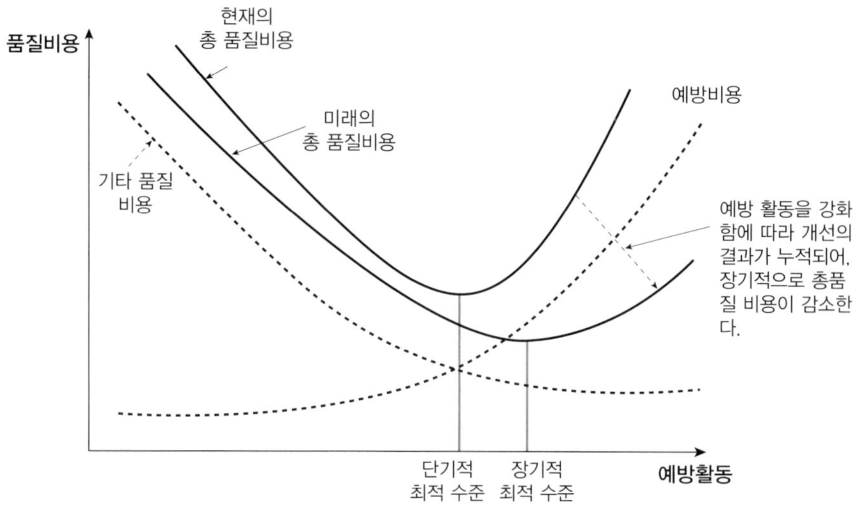


**[그림 8-2]** 단기적 최적 예방 활동 수준과 장기적 최적 예방 활동 수준

비자 불평 처리, 손실된 비즈니스 등에 관한 비용을 포함한다.

이상과 같이 정의된 품질 비용은 제조품의 **부적합 비용**cost of nonconformance(제품 품질과 관련된 비용)을 의미하나, 사용 품질에도 확대 적용될 수 있다. 예방 비용과 평가 비용은 제조 과정에서 불량을 제거하기 위한 활동에 관한 비용이며 **통제 비용**control cost으로, 내부 실패 비용과 외부 실패 비용은 완성된 제품의 품질이 일정한 품질 수준에 미달함으로써 발생하는 비용이며 **실패 비용**failure cost으로 분류된다. 통제 비용과 실패 비용을 모두 합쳐 (총)품질 비용이라고 한다. 품질 비용에 대한 가정들이 프로젝트 활동 비용 추정치들을 준비하는 데 사용될 수 있다.

일반적으로 통제 활동을 강화할수록 실패 비용이 감소하며, 특히 예방 활동을 강화하면 평가 비용을 비롯한 모든 다른 품질 비용이 절감된다. 그러나 예방 활동을 어느 정도 이상으로 강화하면, 단기적으로는, 다른 품질 비용의 절감 효과가 급속히 감소되며, 이러한 시점을 중심으로 예방 활동과 다른 품질 활동 간의 균형을 맞추어야 한다. 이러한 관계를 그림으로 표현하면 [그림 8-2]와 같이 된다.

그러나 다른 품질 활동의 효과는 단기적으로 발휘되고 사라져버리나, 예방 활동의 효과는 TQC나 TQM 등을 수행함으로써, 프로세스 및 조직 역량의 개선으로 유도되고 장기적으로 누적될 수 있다. 예방 활동을 개선으로 유도하고 그 효과를 장기적으로 누적시키기 위한 노력은 단기적으로는 추가적인 비용을 유발하나, 장기적으로는 개선의 효과가 누적됨에 따라서 총 품질 비용을 절감시키고(즉, [그림 8-2]에서 총 품질 비용을 우하 방향으로 이동시킴으로써) 결국에는 이익을 발생시킨다. 따라서 장기적으로는 현재 가장 최적으로 생각되는 수준보다 예방 활동을 더 활발히 수행하는 것이 바람직하다.

### 8.3.2 프로세스 품질과 프로세스 개선

품질 비용은 종종 매출액의 20% 이상이 되기도 한다. 그러나 어쨌든 일용품의 경우에는 생산된 제품의 품질을 평가하여, 해당 제품이 불량품으로 판명이 나면 다른 제품으로 대체할 수 있다. 프로젝트의 경우에도 프로젝트가 완료된 후에 산출물의 품질을 평가하여, 품질이 요구 수준에 맞지 않을 경우에는 인수를 거부하거나 벌금을 물릴 수 있다.

그러나 프로젝트의 경우에는 유일하고 특수하다는 특성상 산출물의 품질이 미흡하더라도 다른 제품으로 대체할 수 없다. 만약 프로젝트의 산출물을 적시에 사용할 수 없다면, 벌금 등으로는 상쇄할 수 없는 엄청난 손실이 발생할 수도 있다. 따라서 프로젝트 계약을 체결하기 전에 프로젝트 수행 조직이 프로젝트를 성공적으로 수행할 수 있는 능력이 있는가를 사전에 평가하는 것이 매우 중요하다.

뿐만 아니라, 특수한 경우에는 품질을 정확히 평가하는 것이 매우 어렵다. 소프트웨어 프로젝트의 예를 들면, 규모나 복잡도가 어느 정도 이상 커지면 에러들을 검사에 의해서 완전히 찾아내는 것이 거의 불가능해진다. 현실적으로 실행 가능한 모든 검사 후에도 이미 작성된 에러의 일정 비율은 남아 있게 되며(따라서 처음부터 에러를 적게 범하는 것이 매우 중요하다), 이러한 에러들은 일반적으로 사용 중에 실패가 발생되었을 때 발견되고 수정된다. 그런데 만약, 핵시설 통제 소프트웨어나 전투기 통제 프로그램, 또는 미사일에 내장된 임베디드 프로그램 등에 결정적인 에러가 숨어 있다고 상상해 보라!

이러한 이유로 미국 국방성은 1995년에 소프트웨어 프로젝트 수행 조직의 소프트웨어 프로젝트 수행 능력을 측정하기 위해서 **능력성숙모델**CMM : Capability Maturity Model ver. 1.0을 개발하였다.[4] CMM은 최초의 도입 이후에 CMMICapability

4) 일반적인 상품을 위한 프로세스 품질 표준으로는 1987년에 발표된 ISO 9000 시리즈 등이 있다.

Maturity Model Integrated 등의 새로운 버전들이 계속 개발되고 있으며, Bootstrapt, ISO 15504(일명 SPICE) 등의 다양한 소프트웨어 프로세스의 품질 또는 소프트웨어 프로젝트 수행 조직의 능력을 측정하기 위한 모델들이 개발되고 있다. 이러한 모델들은 소프트웨어 프로젝트 수행 조직들이 자신의 프로세스를 개선하고 프로젝트 수행 능력을 강화하기 위한 로드맵을 제공한다.

## 8.4 품질 관리 기법 및 도구

### 8.4.1 품질 관리의 발전

품질 관리의 역사적 발전 단계는 다음과 같이 네 단계로 구분할 수 있으며, 시대에 맞추어 다양한 품질 관리 기법 및 도구가 개발되었다.

- **전통적 품질 관리** : 통계적 품질 관리가 도입되기 전까지는 작업자 개개인이 자신의 제품에 대하서 품질을 책임지는 작업자 품질 관리, 직장(감독자)이 감독하는 작업자가 생산하는 제품에 대해서 품질을 책임지는 직장 품질 관리, 제품의 제조 후에 전문적인 검사자(또는 검사 부서)가 자신이 검사한 제품에 대해서 품질을 책임지는 검사 품질 관리 등이 사용되었다. 작업자 품질 관리는 가장 전통적인 방법이며, 직장 품질 관리는 산업 혁명 이후에 분업의 개념이 보편화되면서 도입되었으며, 검사 품질 관리는 제1차 세계 대전 후에 제품이 더욱 복잡해지고 한 사람의 직장이 거느리는 작업자 수가 증가함에 따라서, 직장이 작업 감독과 품질을 동시에 책임지기 어려워지면서 도입되었다.
- **통계적 품질 관리**SQC : statistical quality control : 1920년대에 통계적 품질 관리도statistical quality control chart와 샘플링 검사법acceptance sampling 등이 개발된 후에 1940년대에 미국의 산업계에 보급되었으며, 1950년대에 데밍과 쥬란에 의해서 일본에 전파되면서 전 세계에 보급되었다. 통계적 품질 관리는 대량으로 생산mass production되는 제품에 적합하며, 프로젝트에 적용하는 데에는 한계가 있다.
- **전사적 품질 관리**TQC : total quality control : 제품의 생산 및 검사 부서만이 아니라, 제품의 설계 단계에서부터 원자재 구입, 공정 설계, 생산, 출하, 판매, 제품 보증

**Box 8-6 파레토 분석의 예**

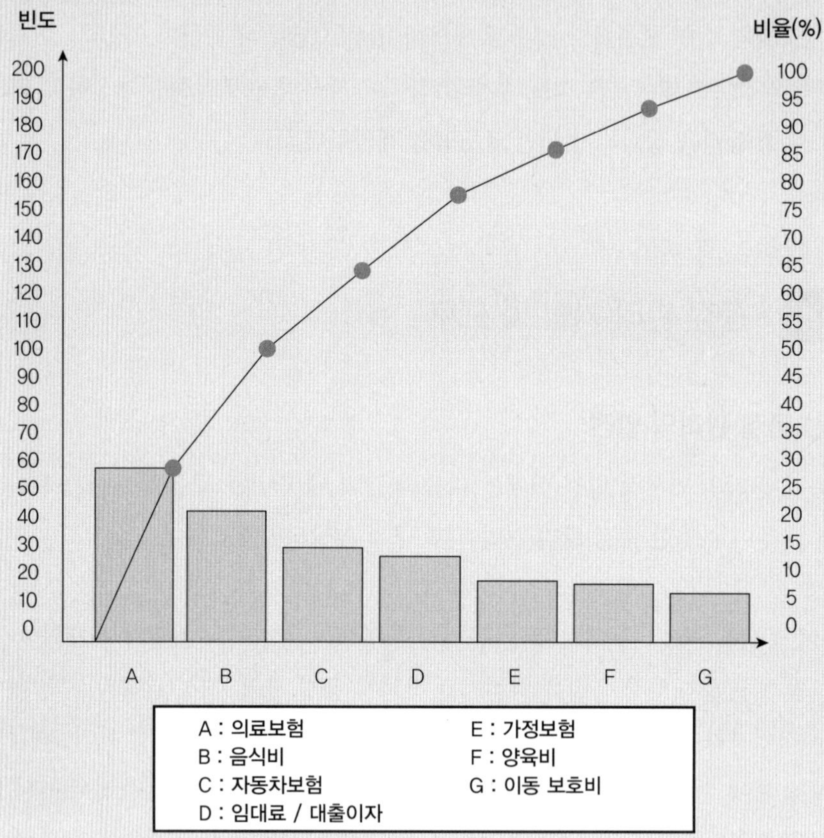


- 질 문 : 생활비 문제를 해결하기 위해 무엇이 가장 중요한가?
- 답 변 자 : 팀 구성원 200명
- 분석결과 : 의료보험과 음식비가 전체의 50%를 차지하고 있다. 만약 팀에서 이 두 가지 요인을 조사한다면, 그들은 입증된 주요한 원인 중에 절반은 초점을 맞춘 것이다. 하지만 가장 낮은 두 가지 요인('양육비'와 '아동 보호비')을 골랐다면 그들은 요인 중에 단지 15%에 중점을 두는 데 시간을 허비하는 것이다.

및 애프터서비스에 이르기까지 전 단계에 걸쳐 품질에 영향을 미치는 회사 내 모든 부분이 노력을 모아서 전사적으로 품질 관리를 한다. 전사적인 품질 개발, 품질 유지 및 품질 개선을 위한 노력을 효과적으로 통합하고 조정할 수 있는 시스템의 구축이 강조된다.

- **전사적 품질 경영**TQM : total quality management : 기존의 SQC와 TQC를 포함하는 넓은 개념으로 고객 참여, 지속적 개선, 전원 참여의 세 가지 원칙을 강조하는 고객 만족을 극대화하기 위한 기업의 총제적인 전략이라고 할 수 있다.

### 8.4.2 품질분임조

**품질분임조**QC circle : quality control circle는 품질, 생산성, 원가 등 작업에서 발생하는 여러 문제들을 해결하기 위해서 같은 부서나 작업장에서 유사한 작업에 종사하는 10명 내외의 작업자들의 모임을 말한다. 품질분임조의 리더는 작업자나 감독자 중 한 사람이 되며, 문제를 토의하고 해결책을 강구하기 위해서 보통 1주일에 1시간 이상 정기적으로 모인다. 문제는 개별 작업자에 의해서 자발적으로 파악되기도 하고 경영층에 의해서 주어지기도 한다.

품질분임조는 작업자들이 그들 자신의 문제를 가장 잘 파악하고 해결할 수 있다는 원칙에 기반을 두고 있다. 효과적인 문제 해결을 위해서 작업자들은 자료의 수집과 분석 기법을 중심으로 문제 해결 방법에 대해서 교육받는다. 품질분임조는 작업자 자신들로 하여금 스스로 해결책을 강구하도록 하기 때문에 조직 내의 변화에 대한 저항을 줄일 수 있다.

### 8.4.3 자료 수집 및 통계적 분석

품질 향상을 위한 첫 번째 단계는 자료의 수집이다. 수집된 자료를 분석함으로써 개선이 요구되는 활동을 파악하고 요구되는 개선 조치의 범위를 알 수 있다. 품질 및 성능 향상을 위해 자료를 조직화하고 나타내는 데에는 다음과 같은 방법들을 사용할 수 있다.

- **점검표** : 점검표checklist를 이용하여 제품이나 서비스의 품질과 관련된 특성의 발생빈도를 기록한다.
- **히스토그램/막대 그림/산포도** : 점검표 등에 의해서 수집된 자료는 히스토그램이나 막대그림, 산포도, 또는 파이차트 등을 이용하여 시각화함으로써 그 특징을 간명하고도 분명하게 나타낼 수 있다.
- **파레토 분석** : 파레토 분석Pareto analysis은 소수의 불량 항목이 전체 분량의 대부

## Box 8-7 공정 통제와 관리도[5]

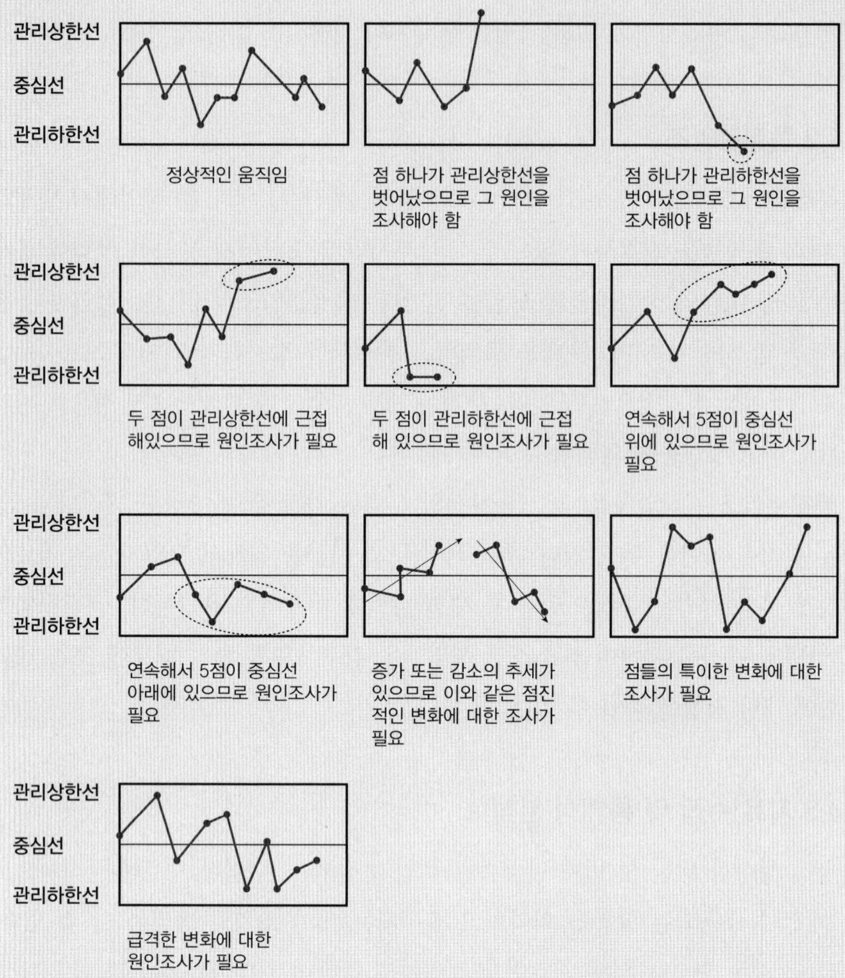


반복적인 생산 과정에서는 품질이 시간에 따라서 변하게 된다. 이러한 제품 품질의 변화를 품질 변동이라고 하며, 통계적 품질 관리에서는 품질 변동의 원인을 피할 수 있는가 또는 없는가에 따라서 우연 변동과 이상 변동으로 구분한다. 우연 변동은 자연적인 또는 정상적인 상태의 변동으로서 생산 공정에서 불가피하게 일어나는 우연 원인chance cause에 의해서 발생하며, 이러한 변동의 원인을 규명하는 것은 의미가 없다.

통계적 품질 관리에서는 이상 변동을 우연 변동과 구분하고, 이상 변동이 발생하였을 때 그 원인, 즉 이상원인assignable cause을 발견하여 제거하거나 시정하는 것을 목표로 한다. 이상 원인은 주로 작

5) 이2000, p.555.

작업자, 기계 자재 등으로부터 비롯되며, 마모된 부품의 교체, 기계의 조정 및 수리, 작업자의 교체, 부품을 새로운 발주처로 발주 전환 등의 시정 조치 등에 의해서 제거될 수 있다. 이상 변동이 발견되면 생산 과정은 중단되며, 이상 원인이 제거된 후에 재개된다.

관리도에서는 y축은 통제되어야 할 품질 특성치를 나타내며, x축은 생산 공정으로부터 추출한 표본의 추출 시점 또는 표본 번호를 나타낸다. 관리도에서는 일반적으로 중심선과 두 개의 관리선, 즉 관리 상한선과 관리 하한선(일반적으로, 각각 공정 평균으로부터 ±3 표준편차 σ로 설정된다. 정규 분포를 따른다면 관찰된 우연 변동의 99.7%가 이러한 관리 한계 내에 포함된다)을 이용하여 다음과 같은 방법으로 이상 변동을 우연 변동으로부터 구별한다.

생산 공정이 안정되면 정기적으로 표본을 추출하여 필요한 표본 통계량sample statistics(예를 들면 표본 평균, 표본 범위, 표본의 불량률 등)을 관리도상에 점으로 찍는다. 이러한 점들이 관리 한계 내에서 무작위로 변동하고 있다고 판단되면, 생산 공정에는 우연 변동만이 있고 이상 변동은 없다고 간주하고 생산 공정을 계속 가동시킨다. 만약, 그렇지 않다면, 즉 점들이 관리 한계를 벗어나거나, 관리 한계 내에 있더라도, 규칙적인 움직임을 보인다면 이상 원인이 작용하고 있는 것으로 간주하고 생산 공정을 중단시킨다.

이렇게 제품이 생산되고 있는 도중에 품질을 모니터링하고 품질을 일정하게 유지하려는 노력을 공정 통제process control라고 한다. 공정 통제의 주요 목적은 ① 현재 생산되고 있는 제품이 설계 요건을 충족시키고 있는지에 대한 정보를 적시에 제공하고, ② 제품의 품질에 영향을 미치는 공정상의 변화를 찾아내는 데에 있다.

분을 차지한다는 파레토 원칙에 근거한다. 파레토 분석에서는 여러 가지 불량 유형에 대해서 수집한 다음, 이를 빈도순으로 나열하여 불량 항목을 중요도를 파악하고, 불량 항목들을 그 중요도에 따라서 등급을 매긴다. 파레토도에서는 불량 항목을 빈도순에 따라서 막대 그림으로 나타내며, x축은 불량 항목을, y축은 빈도 및 (누적) 구성비를 나타낸다.

- **관리도** : 관리도control chart는 프로세스가 안정적으로 운영되고 있으며 예측 가능한 성과를 내고 있는가를 확인하기 위해서 사용된다. 관리도는 측정값의 변화가 허용되는 최대 및 최소 한계control limits가 설정하고, 측정값들이 이 한계 내에 머무르고 있는지, 만약 그렇더라도 인접한 측정들 간에 특정한 패턴이 있는지를 조사하는 통계적 품질 관리 기법이다. 그러기 위해서 생산 공정으로부터 정기적으로 표본을 추출하여 얻은 자료치를 점으로 표시하고, 이 점들의 위치 또는 움직임의 양상에 따라 공정의 이상 유무를 판단한다. 관리도에는 평균치 관리도(x 관리도), 범위 관리도(R 관리도), 평균치 및 범위(x–R 관리도)와 같은 계량형 관리도와 불량률 관리도(p 관리도) 및 단위당 결점 수 관리도(c 관리도)

**Box 8-8 특성 요인도**

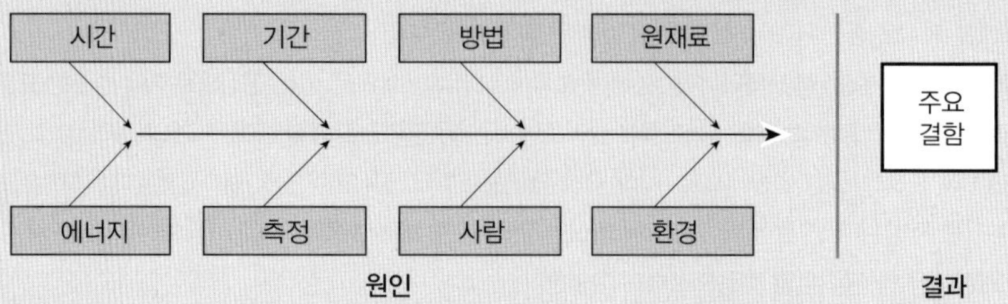


특성 요인도cause and effect diagram, 인과 분석도, 또는 원인-결과도라고 번역하기도 함)는 결과인 불량 항목에 대해서 가능한 원인이 될 수 있는 잠재적인 원인을 나열하고 체계적이고 시각적으로 분류하는 방법이다. 특성 요인도는 일본의 이시카와가 처음으로 개발했다고 이시카와도라고 하기도 하며, 그 모양이 생선뼈와 같이 생겼다고 생선뼈 그림fishbone diagram이라고 하기도 한다.

특성 요인도에 대해서는 토론의 주제(일반적으로는 품질 불량 항목이 된다)가 들어가고, 해당 불량의 잠재 원인들이 가지로 표시된다. 불량의 원인은 다양하지만, 제조품의 경우에는 일반적으로 작업자, 원자재, 기계 장비, 작업 방법의 큰 가지를 토대로 계층적으로 세부 가지를 쳐서 나타낸다. 소프트웨어 서비스의 실패와 관련된 문제의 경우에는 사용자, 관리자, 소프트웨어, 하드웨어 등으로 분류할 수도 있다. 특성 요인도에 의해서 문제의 잠재 원인이 드러나고 정리된다. 특성 요인도가 완성되면 문제의 진정한 원인을 찾기 위해 이들 잠재 원인을 하나하나 평가한다.

특성 요인도는 중요한 문제 각각에 대해서 작성할 수 있다. 이러한 모든 과정은 여러 사람들이 모여서 수행하는 것이 효과적인 경우가 많다. 예를 들어, 품질분임조원 모두가 모여 브레인스토밍을 통해 가능한 잠재 원인을 선별하고 특성 요인도를 그린 후에, 자료를 수집하여 분석하여 실제 원인을 밝혀내고, 효과적인 시정 조치를 강구할 수 있다.

와 같은 계수형 관리도가 있다. 관리도는 일반적으로 운영 환경에서 주로 사용되나, 프로젝트 환경에서도 사용될 수 있다.

### 8.4.4 기본적인 품질 관리 도구

앞에서 소개한 기본적인 자료 수집 및 통계적 분석 도구 중에서 히스토그램histogram, 파레토 차트Pareto chart, 산포도scatter diagram, 통제도control charts의 네 가지와 특성 요인도cause and effect diagram, 흐름도flow charting, 런 차트run chart의 세 가지를 합쳐서 이시카와의 일곱 가지 기본적 품질 관리 도구들Ishikawa's seven basic tools of quality이라고 한다(PMBoK2008).

**Box 8-9 역장 분석**force field analysis

역장 분석 기법은 미국의 사회심리학자인 Kurt Lewin에 의해서 개발되었다. 그는 조직에는 변화를 촉진하는 추진력driving forces과 현상을 유지하고자 하는 억제력restraining forces의 서로 반대 방향으로 작용하는 두 가지의 힘이 존재하며, 변화를 달성하기 위해서는 추진력이 억제력을 초과하도록 하여 평형 상태를 이동시켜야 한다고 주장하였다. 이러한 힘으로는 사람, 습관, 관습 및 태도 등이 있다. 역장 분석 가장 중요한 것은 이해관계자들을 정확이 파악하는 것이며, 그 절차는 다음과 같다.

① 현재의 상황과 바람직한 상황을 기술한다.
② 아무 조치도 취하지 않았을 경우에 현재 상황이 어떻게 변할지를 확인한다.
③ 바람직한 상황으로 변화를 추진할 수 있는 모든 힘을 확인한다.
④ 바람직한 상황으로의 변화에 저항하는 모든 힘을 확인한다.
⑤ 각각의 힘에 대해서, 그 힘들이 얼마나 유효한지, 그 힘들이 바뀔 수 있는지에 대해서 토의하고, 그 힘의 크기에 대해서 점수를(예, 가장 약함 1, 가장 강함 10) 매긴다.
⑥ 역장도force field diagram를 이용하여 그 힘들을 시각화한다. 역장도에서는 맨 위에 변화의 제목을 적고 그 밑에 수직선을 그린 후, 추진력은 왼쪽에, 억제력은 오른쪽에 중앙의 수직선을 향하는 화살표로 표현한다. 화살표의 길이는 단계 ⑤에서 파악된 해당 힘의 크기에 비례하도록 한다.
⑦ 변화가 가능하고 진전할 수 있는지 결정한다.
⑧ 억제력의 강도를 줄이거나 또는 추진력의 강도를 늘림으로써 변화가 어떻게 영향을 받는지를 토의한다. 이때 각 힘들 간의 상관관계(즉, 하나의 힘에 변화가 생기면 다름 힘에도 변화가 생기거나, 새로운 힘이 생기는)에 주의한다.

- **특성 요인도**cause and effect disgram : 이것은 어떻게 다양한 요인들이 잠재적인 문제점이나 효과에 연계되어 있는가를 보여준다. 가능한 근본 요인들을 일련의 선분들을 따라서 반복적으로 "왜"라고 물음으로써 확인한다. "왜-왜" 및 "어떻게-어떻게" 그림이 근본 원인 분석에 사용될 수 있다. 이 기법은 위험 분석에서도 사용할 수 있다.
- **흐름도**flowchart : 흐름도는 주로 프로세스를 시각적으로 표현하여 이해하기 쉽도록 하려는 목적으로 작성된다. 흐름도는 일반적으로 활동이나 상태를 나타내는 노드node(일반적으로 직사각형 또는 타원 등의 기호로 나타낸다), 활동 간의 선후 관계를 나타내는 아크arch(보통 화살표로 나타낸다), 분기 및 합류(일반적으로 마름모나 굵은 선분 등의 기호로 나타낸다) 등의 요소로 구성된다. 최근에 널리 사용되는 흐름도의 유형으로는 OMGObject Management Group의 UMLUnified

**Box 8-10 행렬도 및 우선순위화 행렬**

행렬도matrix diagrams는 둘, 셋, 또는 네 집단의 정보들 간의 관계를 보여준다. 이것은 또한 그 강도 또는 개인들 및 측정들의 역할 등, 정보들 간의 관계에 대한 정보도 제공할 수 있다. 매트릭스 내의 자료는 열과 행의 형태로, 해당 행과 행에 해당하는 항목들 간의 관계에 대한 정보를 기입하는 셀 안에 정리된다. 얼마나 많은 집단이 비교되어야 하는가에 따라서 L-형, T-형, Y-형, C-형, X-형, 지붕형roof-shaped의 여섯 가지 방법이 사용될 수 있다.
우선순위화 행렬prioritization matrix은 다양한 문제들 또는 이슈들(예를 들어서 브레인스토밍에 의해서 생성된)의 우선순위를 특정한 기준에 의거해서 매기는 방법이다. 이 방법에서는 문제들의 목록을 작성하고, 해당 문제들을 평가할 기준들을 적는다. 예를 들어서, 문제들의 중요도를 평가하기 위해서 다음과 같이 다섯 개의 열로 구성된 문제들의 목록을 사용할 수 있다.

- 문제 : 검토할 문제들의 이름을 적는다.
- 빈도 : 해당 문제의 발생 빈도를 적는다.
- 중요도 : 사용자의 관점에서, 해당 문제의 중요도를 평가한다.
- 실행 가능성 : 해당 문제를 해결할 가능성을 평가한다.
- 총점 : 2, 3, 4 열의 값들에 대한 총점을 적는다.

위의 2, 3, 4 열은 문제들의 평가 기준들에 해당한다. 물론, 문제에 따라서 비용, 소요 시간, 기타 수량적 지표들로 구성된 평가 기준이나 아니면 다른 적절하다고 판단되는 임의의 평가 기준들을 사용할 수도 있다. 각 기준 별 평가는 전형적으로 세 번 실시한다. 이 경우, 위의 예에서는 각각의 참여자들은 총 9번의 투표를 하게 되며, 이 9개의 평가치를 합하여 총점을 계산한다.

Modeling Language(그 중에서도 특히 활동도activity diagram 및 상태도statechart diagram)과 BPMNBusiness Process Modeling & Notation이 있다.

- **런 차트**run chart : 런 차트는 관리도에서와 마찬가지로, 공정으로부터 얻은 시계열 자료를 그 발생 순서에 따라서 점으로 표시하며, 변이의 역사와 패턴을 검토하기 위해서 사용된다. 런 차트는 관리 한계치가 없는 관리도에 해당하며, 런 차트 분석은 관리도에서의 추세 분석에 해당한다고 할 수 있다.

이 외에도 프로젝트 품질 관리를 위해서는 식스 시그마six sigma, 린 식스 시그마lean six sigma, CMMI, 브레인스토밍brainstorming, 친화도affinity diagrams, 역장 분석force field analysis, 명목적 집단nominal group techniques, 행렬도matrix diagrams, 우선순위화 행렬prioritization matrices 등의 다양한 기법들을 사용할 수 있다.

### Box 8-11 벤치마킹benchmarking

벤치마킹은 자사의 제품, 서비스, 공정, 업무 수행 과정 등을 다른 우수 기업(동일 산업 내의 경쟁 기업과 비교하는 경우를 경쟁적 벤치마킹, 모든 산업 분야의 우수 기업과 비교하는 경우를 기능적 벤치마킹이라고 한다. 한 기업 내의 한 단위 조직이 다른 우수한 단위 조직을 벤치마킹하는 경우를 내부 벤치마킹이라고 한다)의 그것과 비교함으로써 개선을 꾀하는 지속적이고 체계적인 절차이다. 벤치마킹에서 사용되는 전형적인 비교 항목으로는 (단위당) 원가, (단위당) 생산 시간, 고객 만족도, 투자 수익률, 고객 반응 시간, 불량률 등을 들 수 있다.

프로젝트에서 벤치마킹은 실제 또는 계획된 프로젝트 활동들을, 최선의 관행들을 확인하고, 개선을 위한 아이디를 만들고, 성과를 측정하기 위한 근거를 제공하기 위해서, 상응하는 프로젝트와 비교하는 것과 관계된다(PMBoK2008, p.197). 벤치마킹은 다음과 같은 네 가지 기본 단계로 구성된다.

① 계획 : 벤치마킹의 대상이 될 제품, 서비스 또는 공정을 결정하고, 팀을 구성하고, 비교 기준을 결정하고, 벤치마크 조직을 결정한 후 자료를 수집한다.

② 분석 : 자사의 현행 성과와 벤치마크 조직의 성과를 비교하여 그 차이를 파악하고 원인을 분석한다.

③ 통합 : 개선의 목표를 설정하고, 개선을 위한 계획을 수립하고, 목표 달성을 위하여 경영자의 지원과 필요한 자원을 확보한다.

④ 실행 : 계획을 실천하고 진행 상황을 모니터링한다.

### Box 8-12 실험 설계DOE : design of experiments

연구 및 조사 방법은 크게 독립 변수를 실험자가 조작하는 실험experiments과 그렇지 않은 사후조사ex post fact researches로 나눌 수 있다. 실험은 다양한 형태의 설계가 가능하며, 크게 진실험true experiments, 준실험quasi experiments, 및 전실험pre-experiments으로 나눌 수 있다. 진실험은 통제 집단control groups이 있으며, 통제 집단과 실험 집단experimental groups에 실험 대상이 무작위로 할당된randomly assigned 실험을 말한다. 일반적으로 인과 관계는 진실험만을 통해서만 밝힐 수 있다고 인정되고 있다.

실험은 프로세스 또는 제품의 최적화에 이용될 수 있다. 실험은 제품 성능의 환경 또는 제조 과정의 차이로 인한 변이에 대한 민감도를 줄이는 데 사용될 수 있다. 실험은 모든 중요한 요인을 한꺼번에 체계적으로, 한 번에 한 요인씩이 아니라, 변경할 수 있는 통계적 틀을 제공한다.

실험 자료의 분석은 결과에 영향을 주는 요인을 밝혀내고 이러한 요인들 간의 상호작용과 시너지synergy를 밝힘으로써, 제품이나 프로세스의 최적 조건을 제공할 수 있다. 예를 들어서, 자동차 설계자는 이 기법을 어떤 서스펜션과 타이어의 조합이 최적의 승차 특성을 합리적인 비용으로 제공할 수 있는가를 결정하기 위해서 사용할 수 있다.

# 부 록 8A
## 식스 시그마six sigma 및 린 식스 시그마lean six sigma

| 구 분 | 식스 시그마six sigma | 린 방법lean manufacturing |
|---|---|---|
| 기원이 되는 회사 | 모토로라(전자) | 도요타(자동차) |
| 경영 분야 | 품질 경영 | 제조 경영 |
| 역사적 기초 | 서구 전자 업체의 품질 관리 | 포드 자동차의 흐름생산 |
| 개선의 중점 | 산포와 강건 설계 | 낭비 제거와 흐름화 설계 |
| 개선의 도구 | 품질 관리 7 도구들, 실험계획법, 회귀분석 등 | 흐름 차트, 프로세스 활동 매핑, 공급망 행렬, 붉은 표찰(5S) 등 |

출처 : [Kroslid2001], [유안2009, pp.23~43]에서 재인용

**시그마**sigma(σ)는 표준편차를 말하며, **6 시그마**는 3.4PPMparts per million을 의미한다. 즉, 식스 시그마는 불량률을 3.4PPM 이하로 통제하기 위한 품질 관리 기법을 말한다.

품질 수준을 이렇게 극단적인 수준으로까지 개선하기 위해서는 품질 관리 부서 등의 일부 부서의 노력만으로는 불가능하다. 따라서 식스 시그마에서는 최고 경영자층을 비롯한 전체 조직원의 참여와 품질을 중요시하는 기업 문화의 조성을 강조한다. 즉, 식스 시그마는 품질 수준을 정량적으로 평가하고, 문제 해결 과정과 전문가 양성 등의 효율적인 품질 문화를 조성하며, 품질 혁신과 고객 만족을 달성하기 위해 전사적으로 참여하는 21세기형 기업 경영 전략이다.

식스 시그마는 고객 만족이라는 관점에서 시작하여, 고객 만족을 높이기 위해 문제점을 찾아내고, 프로세스들을 개선하고, 경쟁력을 향상시키기 위한 다음과 같은 구체적인 프로젝트 방법론을 제시한다. 기존의 비즈니스 프로세스를 개선하기 위한 DMAICdefine, measurement, analysis, improvement, control와 새로운 제품 및 프로세스 설계를 위한 DMADVdefine, measurement, analysis, design, verify.

- **DMAIC** : 기존의 제품 및 프로세스의 개선
  - 정의define : 상위 수준의 프로젝트 목적과 현재 프로세스를 정의한다.

- 측정measure : 현재 프로세스의 주요 특성을 측정하고 관련 자료를 수집한다.
- 분석analyze : 원인-결과 관계를 확인하기 위해서 자료를 분석한다. 어떤 관계들이 있는지 결정하고 모든 요인들이 포함되었는지 확인한다.
- 개선improve : 자료 분석 결과에 근거하여, 실험 등의 방법을 이용하여 프로세스를 개선하고 최적화한다.
- 통제control : 목표로부터의 이탈이 불량으로 귀결되기 전에 수정되는 것이 보장되도록 한다. 프로세스 역량을 확립하기 위해 시범 운전을 한 후에 생산을 개시하며, 통제 기제를 확립하고 지속적으로 프로세스를 모니터링한다.

● **DMADV 또는 DFSS**Design For Six Sigma : 새로운 제품 및 프로세스 설계

- 정의define : 고객 수요와 기업 전략에 부합하는 설계 목표들을 정의한다.
- 측정measure : CTQscharacteristics that are Critical To Quality, 제품 성능, 생산 프로세스 능력, 위험을 측정하고 확인한다.
- 분석analyze : 설계 대안들을 개발하기 위해서 분석하고, 상위 수준의 설계를 만들고, 최선의 설계를 선택하기 위한 설계 역량을 평가한다.
- 설계design : 세부 사항들을 설계하고, 설계를 최적화하고 설계를 입증하기 위한 계획을 수립한다.
- 입증verify : 설계를 입증하고, 시범 운영을 하고, 생산 프로세스를 구현하고 프로세스 소유자에게 전달한다.

식스 시그마는 5왜5 whys나 품질기능전개QFD, 실험계획법 등의 다양한 품질 관리 및 분석 기법들을 적극적으로 활용한다. 이러한 일반적인 기법 외에 식스 시그마의 고유한 방법론으로는 품질 관리 기능의 전문화professionalizing를 들 수 있다. 식스 시그마는 무술의 품위 용어들을 차용해서 모든 비즈니스 기능들에 걸쳐서 최고 경영자층으로 승진하는 경력 경로를 정의한다. 식스 시그마는 다음과 같은 주요 역할들을 정의한다.

● **임원 리더십**executive leadership : CEO 및 기타 최고경영자들을 포함한다. 이들은 식스 시그마의 구현을 위한 비전을 확립하는 책임을 진다. 이들은 또한 다른 역할 보유자들이 혁신적인 개선을 위한 새로운 아이디어를 탐구할 자유와 자원을

사용할 수 있는 권한을 부여한다.

- **챔피언**champions : 식스 시그마가 조직 전체에 걸쳐서 통합된 방법으로 수행되는 것을 책임진다. 임원 리더십이 그들을 상위 경영층에서 임명한다. 챔피언들은 검은띠들의 멘토 역할을 한다.
- **마스터 검은띠**master black belts : 챔피언에 의해서 임명되어, 식스 시그마의 내부 코치 역할을 한다. 이들은 그들 시간의 100%를 식스 시그마에 투자한다. 이들은 챔피언을 보좌하고 검은띠와 초록띠를 지도한다. 통계 업무 외에, 이들은 식스 시그마가 기능들과 디파트먼트에 걸쳐서 일관성 있게 수행되도록 보장하기 위해서 시간을 사용한다.
- **검은띠**black belts : 매스터 검은띠 휘하에서 일하며, 식스 시그마 방법론을 특정 프로젝트들에 적용한다. 이들은 그들의 시간 100%를 식스 시그마에 투자한다. 이들은 주로 식스 시그마 프로젝트의 수행에 집중한다(챔피언이나 마스터 검은띠는 식스 시그마를 위한 프로젝트/기능들을 확인하는 데에 집중한다).
- **초록띠**green belts : 그들 자신의 직무 책임을 지고 식스 시그마를 수행하는 고용인으로서, 검은띠의 지도하에 작업한다.
- **노란띠**yellow belts : 식스 시그마 관리 도구의 사용에 대한 기본적인 훈련을 받고, 검은띠들과 함께 일한다.

식스 시그마는 1980년대 말 미국의 모토로라Motorola에서 Bill Smith에 의해서 제조품의 품질 혁신 운동으로 개발되어 실행된 이후 GEGeneral Electric 등 국내외의 세계적인 초우량 기업들이 채택함으로써 널리 알려지게 되었으며, 최근에는 서비스 부문 등 다양한 분야에서 응용되고 있다. 그러나 식스 시그마는 '완전히 새로운 것'은 아니며 독자적으로는 비즈니스 문제에 대한 유일한 해결책이 될 수 없다.

린 식스 시그마lean six sigma는 식스 시그마의 장점에, 최근에 중요시되는 경쟁우위 요소인 신속성을 추가하기 위해서, 린lean 방법의 장점을 더한 것으로, "고객 만족, 비용, 품질, 공정 속도, 자본 회수 등에 대한 개선을 가장 빠른 속도로 달성함으로써 기업의 가치를 극대화하는 방법론"이라고 정의할 수 있다[George2003]. 린 식스 시그마의 핵심 성공 요인으로서는 개선 방법론 및 자료 중심, 최고경영층의 몰입 및 적절한 리더십, 이해관계자의 참여 및 우수한 인재의 확보, 교육 · 훈련 계획, 측정 시스템 및 전체 최적화에 기초한 보상 시스템 등을 들 수 있다([유안2009, pp.23~43]).

# 부 록 8B
## 품질 기능 전개 QFD : quality function deployment

**품질 기능 전개**QFD : quality function deployment는 신제품의 개발 프로젝트에서 고객의 의견을 듣고 그들이 진정으로 원하는 것이 무엇인지 알아내고, 한정된 자원으로 고객의 요구를 최대한 충족시킬 수 있는 방법을 찾아내는 제품 및 생산 공정 설계를 위한 **동시공학**concurrent engineering적 기법이다. 품질 기능 전개의 목표는 각 품질 특성의 목표 수준 달성에 대한 객관적이고 체계적인 비용/편익 분석cost/benefit analysis을 가능케 함으로써 제한된 자원으로 최대한의 고객 만족을 창출하는 것이며, 이를 위해서 다음과 같은 사항을 수행한다.

- 소비자의 요구를 구체화하여 회사의 전체 조직에 전달한다.
- 경쟁 업체를 벤치마킹하여 목표 품질 수준을 설정한다.
- 주요 품질 특성의 우선순위를 정한다.
- 품질에 영향을 줄 수 있는 모든 요소들(제품 특성, 부품 특성, 설비 특성, 공정 특성 등)을 부각시키고 체계화한다.
- 품질에 영향을 주는 요소들 간의 인과관계를 밝히고 체계화한다.
- 제 요소들의 중요도를 품질에 미치는 영향의 관점에서 평가한다.

품질 기능 전개의 주효과는 제품 품질의 향상으로 인한 소비자 만족도의 향상과 신상품의 개발 기간 단축 및 제조 과정의 합리화로 인한 원가 절감이다. 품질 기능 전개의 구체적인 효과는 다음과 같다.

- **설계 변경의 감소** : 제품 개발과 관련된 모든 활동이 소비자 요구사항을 근간으로 하여 통합적으로 이루어지므로 전통적인 순차적 개발 방식에서와 같은 기능 부서 간 의사소통의 미비로 인한 (특히 제품 개발 후반의) 설계 변경의 필요성이 줄어든다. 제품 개발 사이클 후반에 발생하는 설계 변경은 시간적 금전적으로 특히 큰 손실을 초래한다.

**[그림 8B-1]** 품질의 집

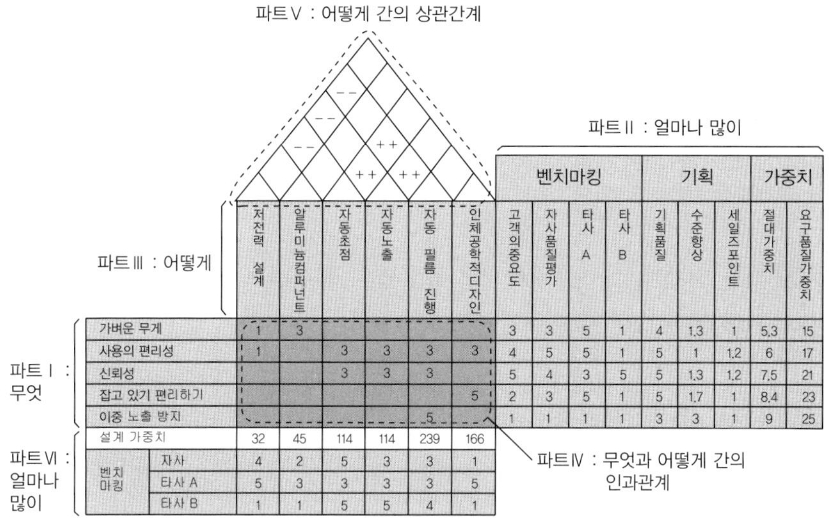


**■ 설계 가중치 계산하기**

- 수준향상: 기획품질/자사품질평가
- 세일즈 포인트
  - 고객의 중요도가 크고 기획 품질 수준이 타사보다 클 때 : 1.5
  - 고객의 중요도가 크고 기획 품질 수준이 타사와 동등할 때 : 1.2
  - 고객의 중요도가 보통이고 기획 품질 수준이 타사와 동등할 때 : 1
- 절대 가중치
  - 기획 품질×수준 향상×세일즈 포인트
- 요구 품질 가중치
  - (절대 가중치/절대 가중치의 합)×100
- 설계 가중치
  - (인과관계 점수×요구품질 가중치)의 세로 합

**■ 상관관계**

설계 특성간의 관계 : 같이 좋아지는가? 아니면 한쪽이 좋아지면 다른 한쪽은 나빠지는가?

기호 :

– : 약한 음의 상관관계

– – : 강한 음의 상관관계

++ : 약한 양의 상관관계

++ : 강한 양의 상관관계

● **개발 기간의 단축** : 일반적으로 제품의 개념 정립과 기초 설계 단계에서 약간의 시간이 더 소요되나, 이후 단계에서의 설계 변경의 감소로 인해 결과적으로 전체 개발 기간은 단축된다.

● **시운전 시의 문제점 감소** : 제품의 설계 과정에서 공정 및 생산 단계에서 발생 가능한 상충관계를 미리 고려하므로 시운전 시에 문제점 발생의 소지가 줄어든다.

● **설계 과정의 문서화** : 품질기능전개에서는 설계 변수 간 상충 관계 발생의 근원

및 해결의 논리적 근거, 설계 시에 특별히 고려되었던 제품의 특성 등이 상세히 기록되며, 이러한 기록은 제품의 개선이나 다른 신제품의 개발 시에 유용하게 사용된다.

- 기타 : 판매 후 하자 발생 감소, 품질 보증 비용 감소, 기능 부서간의 팀워크 향상 등.

품질 기능 전개에서는 전형적으로 총 4번의 전개가 수행된다. 각 전개는 다음과 같은 과정을 거쳐서 진행된다.

① 해당 단계에서 달성할 목표가 무엇인지 결정한다.
② 각 목표를 어느 정도로 달성할 것인가를 전략적으로, 정량적으로 결정한다.
③ 목표에 영향을 끼치는 요인, 즉 목표를 달성하기 위한 수단으로 사용할 수 있는 것들이 무엇인지 결정한다.
④ 수단을 어느 정도로 달성할 것인가를 결정한다.

i. **인과관계 행렬**casue-and-effect matrix을 작성한다: 단계 ③에서 확인된 요인 각각이 단계 ①에서 확인된 목표 각각에 미치는 영향력의 크기를 평가한다.
ii. **상관관계 행렬**correlation matrix을 작성한다: 단계 ③에서 확인된 요인들 간에에 상호보완관계 또는 상충관계가 있는지, 그 크기는 얼마인지를 평가한다.
iii. 인과관계와 상관관계 행렬을 이용하여 단계 ③에서 확인된 수단 각각을 어느 정도로 달성할 것인가를 정량적으로 결정한다.

이러한 전개는 기본적으로 단계 ①과 ②에서 달성해야 할 목표와 그 수준이 결정되어 있을 때, 단계 ③과 ④에서 그러한 목표를 달성할 수 있는 수단을 어느 정도로 달성할 것이냐를, 벤치마킹 등을 이용해서 결정하는 것이다. 품질 기능 전개는 이러한 연쇄적인 전개 과정을 통해서, 목표를 얼마나 달성할 것인가를 결정하고, 그 목표를 달성하기 위한 수단을 어느 정도로 달성할 것인가를 결정하고, 또 그 수단을 달성하기 위한 수단을 어느 정도로 달성할 것이냐 하는 것을 연쇄적으로 결정하는 과정이다.

이러한 연쇄적인 전개는 **품질의 집**house of quality을 작성하는 것으로부터 시작한다. 품질의 집은 고객의 요구사항을 가장 효과적으로 충족시킬 수 있는 제품(또는 서비스)의 특성을 설계하기 위한 시각적 도구이다. 품질의 집은 다음과 같은 4개의 요소로 구성된다.

- **고객의 소리**voice of the customer : 고객에 의해서, 고객의 관점에서 표현된 고객이 원하는 제품 특성, 즉 제품에 대한 고객의 요구사항. 제품 설계의 목표가 무엇이 되어야 하는가를 정의한다. 각 항목들의 상대적인 중요도와 목표 품질 수준이 시장 조사 및 벤치마킹 등의 방법에 의해서 정량적으로 밝혀져야 한다.
- **설계 특성**engineering characteristics : 제품 설계 팀에 의해서 기술적 또는 공학적 언어로 표현된, 고객 요구사항에 영향을 미치는 제품의 특성. 어떻게 고객 요구사항을 충족시킬 것인가를 밝힌다. 고객의 소리와 마찬가지로 각 항목별로 목표 수준과 중요도가 정량적으로 밝혀져야 한다.
- **인과관계** : 고객의 소리와 설계 특성의 각각의 항목 간에 인과관계가 있는가(즉, 설계 특성이 고객의 소리에 영향을 미치는지)와 인과관계가 있다면, 그 관계의 강도가 얼마나 큰가(얼마나 강한 영향을 미치는가)를 정의한다.
- **상관관계** : 설계 특성의 각 항목 간에 서로 영향을 주고받는가와 그 영향의 크기를 정의한다. 상관관계를 표현하는 부분은 품질의 집 상단에 위치하며, 이 부분이 집의 지붕과 같다는 이유로 전체 행렬이 품질의 집이라는 이름을 갖게 되었다.

품질 기능 전개에서는 일반적으로 총 4번의 전개가 이루어진다. 품질의 집을 작성하는 것은 4번의 전개 중 첫 번째 전개에 해당한다. 품질의 집에서는 **고객의 소리**voice of customer를 수집한 후, 벤치마킹 등을 통해서 고객의 소리를 통해서 밝혀진 요구사항 각각을 어느 수준으로 충족시킬 것인가를 결정한다. 일단 고객 관점에서의 품질 특성과 그 달성 수준이 결정되면, 전개 방법에 의해서 제품의 설계 특성과 그 달성 수준을 결정한다. 즉, 품질의 집을 작성하는 과정은 다음과 같다.

① 시장에서 (잠재) 고객이 새로 개발할 제품에서 무엇을, 그리고 그것을 얼마나 강하게 원하는가, 즉 고객 요구사항들을 파악하고 각 요구사항들 간의 상대적인 중요도를 정량적quantitative으로 확인한다(파트 I 의 작성).

② 벤치마킹 등을 통해서 각 요구사항들을 어느 수준으로 만족시킬 것인가가

**[그림 8B-2]** 연쇄적인 기능 전개 프로세스

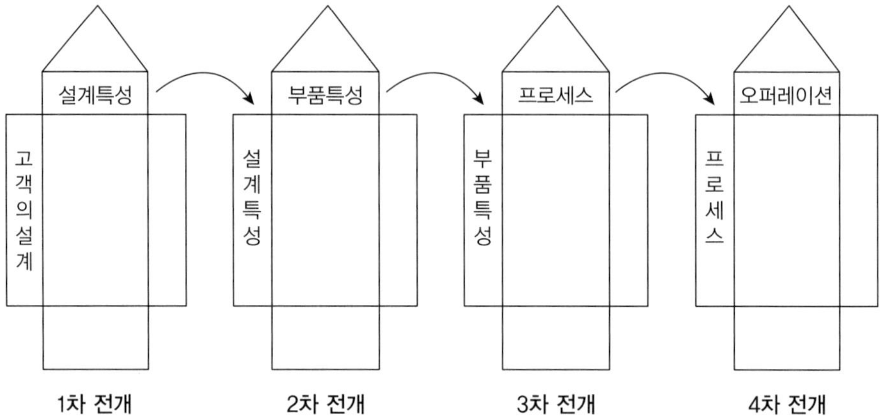


전략적으로, 정량적으로 결정한다(파트 Ⅱ의 작성).

③ 설계 팀이 각각의 요구사항에 영향을 미치는 설계 특성이 무엇인가를 확인한다(파트 Ⅲ의 작성).

④ 설계 팀이 각각의 설계 특성이 요구사항에 미치는 영향의 크기가 얼마인지를 평가하고(파트 ⅣⅤ의 작성), 설계 특성 간에 상호보완관계 또는 상충관계가 있는지, 그 크기는 얼마인지를 평가한다(파트 Ⅴ의 작성).

⑤ 인과관계와 상관관계 행렬을 이용하여 각 설계 특성의 중요도를 정량적으로 계산하고, 벤치마킹 등을 통하여 설계 특성을 어느 정도로 달성할 것인가를 정량적으로 결정한다(파트 Ⅵ의 작성).

2차 전개에서는 이러한 2차 목적인 설계 특성들의 목표 수준을 달성할 수단들

〈표 8B〉 품질 기능 전개 각 단계의 전형적인 이름

| 전개 | 행렬 | 무엇 | 어떻게 |
|---|---|---|---|
| 1차 | 품질의 집 | 고객의 소리 | 기술적 성능 척도 |
| 2차 | 하위시스템 설계 행렬 | 기술적 성능 척도 | 부품 특성 |
| 3차 | 부품 설계 행렬 | 부품 특성 | 프로세스 패러미터 |
| 4차 | 프로세스 설계 행렬 | 프로세스 패러미터 | 생산 오퍼레이션 |

출처 : [Cohen1995]

이 결정된다. 즉, 설계 특성에 영향을 미치는 요소들을 파악하고 그 요소들의 중요도를 정량적으로 산출하며, 설계 특성들의 목표 수준을 달성하기 위해서 설계 특성에 영향을 미치는 각 요소들의 달성 수준을, 벤치마킹 등을 이용해서, 정량적으로 결정한다. 이러한 과정은 1차 전개와 동일한 절차에 의해서 수행된다(그러나 1차 전개에서만 품질의 집이라는 명칭이 사용되며, 2차 전개 이상에서는 전개 내용에 따라서 다른 이름이 사용된다).

이러한 전개가 연쇄적으로 진행됨에 따라서 최종 목표인 고객 요구사항을 충족시키기 위한 방법이 좀 더 구체적이고 포괄적으로 작성된다. 이러한 과정 중에 기존의 설계가 비현실적이라는 것이 밝혀지면, 전개 과정을 거꾸로 올라가면서 어디서부터 비현실적인 설계가 수립되었나를 확인한다. 문제점이 확인되면 설계를 좀 더 현실적으로 수정하기 위해서 전개를 다시 수행한다. 이러한 전개와 피드백 과정을 거쳐서 현실적인 제품 설계와 부품 설계, 공정 설계가 동시에 엔지니어링 concurrently engineered된다. 전개는 전통적으로는 4차까지 전개하는 것이 일반적이나, 1차 전개만 할 수도 있다.

# 부 록 8C
## ISO 9126 소프트웨어 품질 분류 체계

다음의 표는 ISO/IEC 9126(정확히는 ISO/IEC 9126-1)의 소프트웨어 품질 체계를 보여 준다. 다음 표에는 가부를 묻는 형식으로 각 품질 부특성들이 설명되어 있지만, 실제로는 제품이 각 특성을 어느 정도로 보유하고 있는지가 측정되어야 한다. 제품이 특정 속성을 어느 정도로 보유하고 있는지를 정량적으로 측정할 수 있을 때, 그러한 측정 방법을 일반적으로 메트릭이라고 한다.

다음의 표에서는 재사용성과 같이 오직 개발자만이 관심을 갖는 소프트웨어 속성은 제외되어 있다. 품질 특성에 대한 정의는 다음과 같다.

- **기능성** : 소프트웨어가 규정된 조건에서 사용될 때, 명시된 요구와 내재된 요구를 만족하는 기능을 제공하는 정도. 다른 품질 특성들은 주로 소프트웨어가 언제 그리고 어떻게 하는 것에 관련이 있는 반면, 이 특성은 기능적 요구를 충족하기 위해서 소프트웨어가 무엇을 하는가에 관련이 있다.
- **신뢰성** : 소프트웨어가 규정된 조건에서 사용될 때, 규정된 성능 수준을 유지하고 사용자가 오류를 범하지 않는 정도. 소프트웨어는 해지거나 낡지 않기 때문에 성능 저하 및 실패는 사용 경과 시간보다는 잘못된 요구사항의 정의, 설계 및 구현의 논리적 결함, 사용자 숙련의 부족 그리고 사용 환경의 변화 등에 기인한다.
- **사용성** : 소프트웨어가 규정된 조건에서 사용될 때, 사용자가 쉽게 이해하고 학습하며, 매력을 느끼게 되는 정도. 기능성, 신뢰성, 효율성 등의 몇몇 특징들은 사용성에 영향을 줄 수 있지만, 사용성으로 분류되지는 않는다. 사용자에는 소프트웨어 사용에 영향을 받거나 의존하는 운영자, 최종 사용자 그리고 간접 사용자 등이 포함된다. 사용성은 사용 준비 및 결과 평가 등 소프트웨어가 영향을 줄 수 있는 모든 사용 환경에 대응한다.
- **효율성** : 소프트웨어가 규정된 조건에서 사용될 때, 요구된 성능을 제공하기 위해 필요한 자원의 양. 자원은 다른 소프트웨어 제품, 하드웨어 장비, 재료(예: 인쇄용지, 디스켓) 등을 포함한다.

| 품질 특성 | 품질 부특성 | 설 명 |
|---|---|---|
| 기능성 functionality | 적합성suitability | 규정된 작업과 사용자 목적을 위한 적절한 기능들을 제공하는가? |
| | 정확성accuracy | 요구하는 정밀도를 유지하거나 또는 허용 범위 내의 결과 값을 제공할 수 있는가? |
| | 상호운영성 interoperability | (하나 이상의) 규정된 시스템과 상호작용할 수 있는가? |
| | 보안성security | 사용자의 권한에 따라 시스템 또는 시스템 내 정보에 대한 접근 제어를 통하여 대상 정보를 보호하는가?[6] |
| | 준수성compliance | 기능성과 관련된 표준, 관례 또는 법적 규제 및 유사한 규정을 따르는가? |
| 신뢰성[7] reliability | 성숙성maturity | 제품 내의 결함으로 인한 고장을 피해갈 수 있는가? |
| | 결함 허용성 fault tolerance | 규정된 인터페이스의 위반 또는 결함이 발생했을 때, 규정된 성능 수준을 유지할 수 있는가? |
| | 회복성recoverability | 고장 발생 시에 규정된 성능 수준을 재유지하고 직접적으로 영향 받은 데이터를 복구할 수 있는가?[8] |
| | 준수성compliance | 신뢰성과 관련된 표준, 관례 및 규제 등을 따르는가? |
| 사용성 usability | 이해성 understandability | 제품이 특정한 작업 조건에서 어떻게 사용될 수 있는지를 사용자가 이해할 수 있는가? |
| | 학습성learnability | 사용자가 제품 사용을 학습할 수 있는가? |
| | 운용성operability | 사용자가 제품을 운영하고 제어할 수 있는가? |
| | 매력attractiveness | 사용자가 제품에 매력을 느끼는가? |
| | 준수성compliance | 사용성과 관련된 표준, 관례, 유형 안내 및 규제 등을 따르는가? |
| 효율성 efficiency | 시간효율성 time behavior | 규정된 조건에서 그 기능을 수행할 때 적절한 반응 및 처리 시간과 처리율을 제공하는가? |
| | 자원 효율성 resource utilization | 규정된 조건에서 제품이 그 기능을 수행할 때 적절한 자원의 양과 종류를 사용하는가? |
| | 준수성compliance | 효율성과 관련된 표준 및 관례를 따르는가? |

6) 전송 중인 데이터에도 적용된다. 안정성safety은 소프트웨어에만 적용되는 것이 아니라 전체 시스템에 대해서도 관련되기 때문에 사용중 품질(ISO/IEC 9126-4)의 부특성으로도 정의되어 있다.

7) 신뢰성과 밀접한 연관이 있는, 흔히 거론되는 소프트웨어 품질 속성으로 가용성availability이 있다. 가용성은 일반적으로 명시된 사용 환경에서 특정 시점에 요구되는 기능을 수행할 수 있는 소프트웨어 제품의 능력으로 정의되며, 외부적으로는 소프트웨어 제품이 정상 작동하는 시간의 전체 시간에 대한 비율로 측정된다. 가용성은 본원적인 소프트웨어 품질 특성이라기보다는, 성숙성(고장률), 오류 허용성, 회복성(각 고장의 작동 중지 시간) 등에 따른 결과와 관련된 개념이라고 할 수 있다.

8) 소프트웨어는 실패 이후에 때때로 회복성으로 판정될 수 있는 일정 시간 동안 작동이 멈출 수 있다.

| | | |
|---|---|---|
| 유지보수성 maintainability | 분석성analyzability | 결함이나 고장의 원인 혹은 변경될 부분들의 식별에 대한 진단이 가능한가? |
| | 변경성changeability | 변경이 쉽게 구현될 수 있는가?[9] |
| | 안정성stability | 변경으로 인한 예상치 않은 결과를 최소화할 수 있는가? |
| | 시험성testability | 변경된 제품을 확인verify할 수 있는가? |
| | 준수성compliance | 유지보수성과 관련된 표준 및 관례를 따르는가? |
| 이식성 portability | 적응성adaptability | 제품이 기본적으로 제공하는 방법만으로 다른 환경으로 이전할 수 있는가?[10] |
| | 설치성installability | 규정된 환경에 설치될 수 있는가?[11] |
| | 공존성co-existence | 공통 자원을 공유하는 공동환 경에서 다른 독립적인 소프트웨어와 공존할 수 있는가? |
| | 대체성replacement compatibility | 동일한 환경에서 동일한 목적으로, 지정된 다른 소프트웨어 제품을 대신하여 사용될 수 있는가? |
| | 준수성compliance | 이식성과 관련된 표준 및 관례를 따르는가? |

- 유지보수성 : 변경을 쉽게 수용하는 정도. 변경에는 운영 환경과 요구사항 및 기능적 사양에 따른 소프트웨어의 수정, 개선 혹은 개작 등이 포함된다.
- 이식성 : 운영될 수 있는 환경의 다양성과 이식 용이성의 정도. 환경은 소프트웨어를 운영하기 위하여 요구되는 하드웨어, 소프트웨어 및 운영체계 등을 포함한다.

ISO/IEC 9126은 구매, 요구사항 명세, 개발, 사용, 평가, 지원, 유지보수, 품질보증 및 소프트웨어 감사 등과 관련된 사람들이 서로 다른 관점에서 소프트웨어 제품 품질을 정의하고 평가할 수 있도록 한다. ISO/IEC 9126 소프트웨어 품질 모델은 다음 예와 같은 다양한 평가 요구사항을 지원한다.

- 사용자나 사용자의 업무 단위 : 소프트웨어 제품이 업무와 환경에 얼마나 적합한가?
- 구매자 및 설계자 : 소프트웨어 제품이(사용자들의) 다양한 요구사항을 어느 정

9) 구현은 코딩, 설계, 문서화 등의 변경을 포함한다. 소프트웨어가 최종 사용자에 의해 변경된다면 변경성은 운용성에 영향을 미칠 수 있다.

10) 적응성은 내부용량(예: 화면영역, 테이블, 트랜잭션 크기, 보고서 형식 등)등의 확장성을 포함한다. 소프트웨어가 최종 사용자에 의해 수정될 수 있다면 적응성은 ISO 9241-10에 정의된 바와 같이 개별화를 위한 적합성에 대응되고 운영성에 영향을 줄 수 있다.

11) 소프트웨어가 최종사용자에 의해 설치된다면 설치성은 적합성과 운영성에 영향을 줄 수 있다.

도로 충족하고 있는가?

- 유지보수자 : 환경 및 요구사항의 변화를 수용하기 위해서 어느 정도의 노력이 들 것인가?
- 설치 담당자 : 얼마나 다양한 환경에 어느 정도의 노력을 들여서 소프트웨어 제품을 설치할 수 있는가?
- 개발자 : 개발하고 있는 중간 인도물과 최종 결과물이 요구사항에 어느 정도 부합하는가(또는 부합할 것인가)?

ISO/IEC 9126은 다음과 같은 주요 하위 규정을 포함한다.

- ISO/IEC 9126-1 : 세부적인 부특성sub-characteristics들로 구성된, 사용성usability을 포함한 여섯 가지의 소프트웨어 품질 특성을 규정.
- ISO/IEC 9126-2 : 제품 개발 완료 후 실행 코드 상태에서의 품질의 정량적인 측정을 위한, 외부 메트릭을 규정.
- ISO/IEC 9126-3 : 제품 개발 단계에서의 품질의 정량적인 측정을 위한, 내부 메트릭을 규정.
- ISO/IEC 9126-4 : 사용 품질quality in use 메트릭을 규정.

CHAPTER

# 09

# 프로젝트 인적자원 관리

CHAPTER

# 09 프로젝트 인적자원 관리

이 장에서는 다음에 대해 학습한다.

- 프로젝트를 수행하기 위한 프로젝트 조직화 방법 및 유형과 이에 따른 특징과 장단점
- 프로젝트를 수행하기 위해 필요한 인력의 충원과 인력개발 방법
- 프로젝트 수행 인력이 최상의 생산성을 발휘할 수 있도록 충원된 인력의 동기부여 방법

## 9.1 프로젝트 인적자원 관리 프로세스들

**프로젝트 인적자원 관리**는 프로젝트 팀을 조직하고, 관리하고, 지휘하는 프로세스들을 포함한다. 프로젝트 팀은 프로젝트를 완성하기 위해 배정된 역할과 책임들이 부여된 사람들로 구성된다. 프로젝트 팀원들의 유형과 수는 프로젝트가 진전됨에 따라서 자주 바뀔 수 있다. 프로젝트 팀원project team members은 프로젝트 요원project's staff이라고 불리기도 한다. 프로젝트 팀원들에 대한 구체적인 역할과 책임들이 할당되어 있지만, 모든 팀원들이 프로젝트 계획과 의사결정에 참여하는 것이 바람직하다. 초기의 팀원들의 참여는 계획 프로세스 동안에 그들의 기능을 추가하며 프로젝트에 대한 참여의식을 고취시킨다.

**프로젝트 관리팀**은 프로젝트 팀의 하위 집합이며, 다양한 단계들의 착수, 계획, 실행, 모니터링, 통제, 종료와 같은 프로젝트 관리와 리더십 활동들에 책임이 있다. 이 집단은 핵심core, 임원executive, 또는 리더십 팀leadership team이라고 불리기도 한다. 소규모의 프로젝트에서는, 프로젝트 관리 책임은 전체 팀이 분담하거나 또는 전적으로 프로젝트 관리자에 의해서 집행될 수 있다. 프로젝트 후원자는, 전형적으로 프로젝트 자금을 조달하기, 범위를 명확히 하기, 진도를 모니터링하기, 다른 사람들에 영향을 미치기 같은 일들을 도우면서, 프로젝트 관리팀과 함께 일한다. 프로젝트 팀을 관리하고 지도하는 것은 다음과 같은 것들을 포함한다.

〈표 9-1〉 프로젝트 인적자원 관리 프로세스들

| 프로세스 이름 | | |
|---|---|---|
| 요약 | | |
| **산출물** | **도구 및 기법** | **투입물** |
| **인적자원 관리 계획을 수립하기**plan human resource management **(계획)** | | |
| 프로젝트 역할, 책임, 요구되는 기술들을 식별하고 기록하며, 관계들을 보고하고, 충원 관리 계획staffing management plan을 작성하는 프로세스 | | |
| • 인적자원 계획 | • 조직도 및 직위 기술<br>• 네트워킹<br>• 조직 이론 | • 활동 자원 요구사항<br>• 기업 환경 요인<br>• 조직 프로세스 자산 |
| **프로젝트 팀을 획득하기**acquire project team **(실행)** | | |
| 인적자원의 가용성을 확인하고 프로젝트 할당들project assignments을 완수하는 데 필요한 팀을 획득하는 프로세스 | | |
| • 프로젝트 직원 배정<br>• 자원 달력<br>• 프로젝트 관리 계획(갱신된) | • 사전 할당<br>• 협상<br>• 획득<br>• 가상 팀virtual teams | • 프로젝트 관리 계획<br>• 기업 환경 요인<br>• 조직의 프로세스 자산 |
| **프로젝트 팀을 개발하기**develop project team **(수행)** | | |
| 프로젝트 성과를 향상시키기 위해서 능력, 팀 상호작용, 전체적인 팀 환경을 개선하는 프로세스 | | |
| • 팀 성과 평가<br>• 기업 환경 요인(갱신된) | • 개인 간 기술들<br>• 훈련<br>• 팀 구축 활동들<br>• 그라운드 룰ground rules<br>• Co-location 인정recognition과 보상 | • 프로젝트 직원 배정<br>• 프로젝트 관리 계획<br>• 자원 달력 |
| **프로젝트 팀을 관리하기**manage project team **(실행)** | | |
| 프로젝트 성과를 최적화하기 위해서 팀원 성과를 추적하고, 피드백을 제공하고, 이슈들을 해결하고, 변경들을 관리하는 프로세스 | | |
| • 조직 환경 요인(갱신된)<br>• 조직 프로세스 자산(갱신된)<br>• 변경 요구<br>• 프로젝트 관리 계획(갱신된) | • 관측과 대화<br>• 프로젝트 성과 측정<br>• 갈등 관리<br>• 이슈 로그<br>• 대인 기술 | • 프로젝트 직원 배정<br>• 프로젝트 관리 계획<br>• 팀 성과 평가<br>• 성과 보고서<br>• 조직프로세스 자산 |

● **프로젝트 팀에 영향을 미치기** : 프로젝트에 충격을 줄 수 있는 인적자원 요소들에 대해서 알고 가능할 때 영향을 미치기. 이것은 팀 환경, 팀원들의 지리적 위치, 이해관계자들 간의 의사소통, 내적 · 외적 정치, 문화적 이슈들, 조직적 특성,

프로젝트 성과를 바꿀 수 있는 기타 인적 요소들

- **전문적 및 윤리적 행위** : 프로젝트 관리 팀은 반드시 모든 팀원들이 윤리적 행위를 준수해야 한다는 것은 알고, 서명하며 보장해야 한다.

프로젝트 관리 프로세스들은 일반적으로 정의된 인터페이스를 갖는 분리된 프로세스들로 묘사되지만, 실제로는 완전히 상세하게 설명하기 매우 어려운 방법으로 중첩되고 상호작용한다. 추가적인 계획을 필요로 하는 상호작용의 예로는 다음과 같은 것들을 들 수 있다.

- 초기 팀원들이 WBS를 작성한 다음에, 추가적인 팀원들을 획득할 필요가 있을 수 있다.
- 추가적인 팀원들이 획득됨에 따라서, 그들의 경험 수준 및 부족이 프로젝트 위험을 늘이거나 줄임으로써 추가적인 위험 계획 갱신에 대한 필요를 발생시킬 수 있다.
- 모든 프로젝트 팀원들과 그들의 능력 수준이 확인되기 전에 활동 기간이 추정되고, 예산이 할당되며 범위가 정해지고, 또는 계획되었다면, 그러한 활동 기간들이 변경되어야 할 수 있다.

### 9.1.1 인적자원 관리 계획을 수립하기plan human resource management 프로세스

**인적자원 관리 계획을 수립하기 프로세스**는 프로젝트 역할, 책임 및 기술을 확인하고 기록하며, 보고 관계를 결정하고, 충원 관리 계획을 생성한다. 인적자원 계획은 프로젝트 성공을 위해서 필요한 기술을 가진 인적자원을 결정하고 파악하기 위해서 사용된다. 인적자원 관리 계획은 프로젝트 역할과 책임, 프로젝트 조직도, 인력의 획득과 방출에 대한 시간표를 포함하는 충원 관리 계획을 문서화한다. 충원 관리 계획은 필요한 훈련, 팀 구축 전략, 표창 및 포상을 위한 계획, 적법성 및 안전 이슈, 직원 관리 계획이 조직에 미치는 영향 등을 확인하는 것을 포함할 수 있다.

**Box 9-1 인적자원 관리 계획**human resource management plan[1]

인적자원 관리 계획은 프로젝트 관리 계획의 일부로 어떻게 인적자원이 정의되고, 충원되며 관리되고 통제되며, 최종적으로 해제될 것인가에 대한 지침을 제공한다. 인적자원 관리 계획은 다음을 포함해야 한다.

- **역할과 책임**roles and responsibilities : 프로젝트를 완성하기 위한 역할과 책임들의 목록을 만들 때에는 다음의 것들을 반드시 다루어야만 한다.
  - 역할role : 사람이 책임 질 프로젝트의 부분에 대한 제목. 그 예로는 프로젝트 관리자, 토목 엔지니어, 비즈니스 분석가 등을 들 수 있다.
  - 권한authority : 프로젝트 자원을 적용하고, 의사결정을 내리며 승인을 할 수 있는 권한. 팀원들은 그들 개인의 권한 수준이 그들의 책임에 부합할 때 가장 잘 일할 수 있다.
  - 책임responsibility : 프로젝트 활동들을 완수하기 위해서 팀원들이 수행할 것으로 기대되는 일.
  - 역량competency : 프로젝트 활동들을 완수하기 위해서 필요한 기술과 능력. 만약 팀원들이 필요한 능력을 보유하고 있지 못하다면, 성과가 파국적이 될 수 있다. 그러한 불일치가 발견된 경우에는, 훈련, 고용, 일정 변경, 또는 범위 변경 등의 능동적인 조치가 취해져야 한다.
- **프로젝트 조직도**project organization charts : 프로젝트 조직도는 팀원들과 그들 간의 관계에 대한 그림이다. 이것은 프로젝트 필요에 따라서 공식적이거나 비공식적일 수도, 매우 자세하거나 개략적일 수도 있다.
- **충원 관리 계획**staffing management plan : 이것은 언제, 어떻게 인적자원 요구사항이 충족될 것인가를 서술한다. 이것은 프로젝트 필요에 따라서 공식적이거나 비공식적일 수도, 매우 자세하거나 개략적일 수도 있다. 이 계획은 지속적인 팀원 확보와 개발 조치들을 지시하기 위해서 프로젝트 동안에 계속적으로 갱신된다. 이 계획에 포함될 정보들은 응용 분야와 프로젝트 규모에 따라서 다르지만, 다음의 항목들을 포함해야 한다.
  - 인원 획득staff acquisition : 프로젝트 팀원의 획득에 대한 계획을 수립할 때에는 몇 가지의 질문이 생긴다. 예를 들면, 인적자원들이 조직 내에서 아니면 또는 외부로부터 계약에 의해서 충원될 것인가? 팀원들이 한 곳에서 또는 원격으로 작업할 것인가? 프로젝트에 필요한 각 수준의 숙련도와 관련된 비용은 얼마인가? 어느 정도의 도움을 조직의 인적자원 부서와 기능 관리자들이 프로젝트 팀에게 제공할 것인가?
  - 자원 달력resource calendars : 충원 관리 계획은 개인적 또는 집단적으로 프로젝트 팀원들에 대해 필요한 모집과 같은 획득 활동을 언제 시작할 것인가와 같은 시간 틀을 서술한다. 기간별 인적자원 수요를 도표로 나타내기 위해서 자원 히스토그램resource histogram을 그릴 수 있다.
  - 인원 해제 계획staff release plan : 팀원을 해제하는 방법과 시점을 결정하는 것은 프로젝트와 팀원들에게 모두 유익할 수 있다. 팀원이 프로젝트로부터 해제되면, 해당 자원과 관련된 비용은 더 이상 해당 프로젝트에 부과되지 않으며, 따라서 프로젝트 비용이 절감된다. 다음 프로젝트로의 매끄러운 전환을 위한 계획이 미리 수립되면 사기가 올라간다. 인원 해제 계획은 또한 프로젝트 동안 또는 마지막에 발생할 수도 있는 인적자원 위험을 완화시키는 데 도움이 된다.

1) PMBoK2008, pp.222-225.

- 훈련 필요training needs : 만약 할당된 팀원이 필요한 역량을 보유하고 있지 못하다고 예상되는 경우에는, 훈련 계획이 프로젝트의 일부로 개발될 수 있다. 이 계획은 팀원이 프로젝트에 기여할 수 있는 능력이 있다는 것은 입증하는 자격증을 취득하는 것을 도와주는 방법을 포함할 수 있다.
- 인정과 보상recognition and rewards : 보상에 대한 명확한 기준과 그 사용에 대해 계획된 시스템은 바람직한 행동들을 증진시키고 강화한다. 효과적으로 되기 위해서는, 인정과 보상은 해당 인원이 통제할 수 있는 활동과 성과에 기반해야 한다. 예를 들어서, 비용 목표의 충족에 대해서 보상을 받는 팀원은 비용에 영향을 미칠 수 있는 결정에 대해 적절한 수준의 영향을 미칠 수 있어야 한다. 보상 시점에 대한 계획을 수립하는 것은 인정이 발생할 것이라는 것을 보장한다. 인정과 보상은 프로젝트 팀 개발 프로세스의 한 부분이다.
- 적합compliance : 충원 관리 계획은 관련 정부 규제, 노동조합 계약, 기타 기존의 인적자원 정책들에 적합해야 한다.
- 안전safety : 팀원들을 안전 위해safety hazards로부터 보호할 정책과 절차는 위험 등록부뿐만 아니라 충원 관리 계획에도 포함될 수 있다.

희소하거나 제한된 인적자원의 가용성, 또는 그에 대한 경쟁에 대하여 특별한 고려가 주어져야 한다. 프로젝트 역할은 사람 또는 그룹에 할당될 수 있으며, 그러한 사람 또는 그룹은 프로젝트 수행 조직의 내부 및 외부에서 나올 수 있다. 다른 프로젝트들이 동일한 능력과 기술 집합을 지닌 자원에 대해서 경쟁할 수 있다. 이러한 경우에는 프로젝트 비용, 일정, 위험, 품질, 그리고 기타 사항들이 심각하게 영향받을 수 있다. 효과적인 인적자원 계획은 이러한 요소들을 고려하여 인적자원 대안들을 개발해야 한다.

### 9.1.2 프로젝트 팀을 획득하기acquire project team 프로세스(실행)

**프로젝트 팀을 획득하기 프로세스**는 인적자원의 가용성을 확인하고 프로젝트 완수에 필요한 인적 자원을 얻는 프로세스이다. 프로젝트 관리 팀은 일반적으로 프로젝트를 위해 선정된 팀원에 대한 통제권을 가지나, 집단적 협상 협약collective bargaining agreements, 하도급 계약 인력의 사용, 매트릭스 프로젝트 환경, 내적 외적 보고 관계 등의 이유에 의해서, 그렇지 않을 수도 있다. 프로젝트 팀을 확보하는 과정에서 다음과 같은 요소들을 고려하는 것이 중요하다.

- 프로젝트 관리자 또는 프로젝트 관리 팀은 프로젝트를 위한 인적자원을 제공할

수 있는 사람들과 효과적으로 협상하고 영향을 미칠 수 있어야 한다.

- 프로젝트를 위해 필요한 인적 자원 획득의 실패는 프로젝트 일정, 예산, 고객 만족, 품질, 위험에 영향을 미칠 수 있다. 그것은 성공할 확률을 떨어트리고 결국 프로젝트의 취소를 초래할 수도 있다.
- 제약, 경제적 요인, 또는 다른 프로젝트에 할당 등의 이유로 인하여 어떤 인적 자원을 확보할 수 없을 때에는, 프로젝트 관리자 또는 프로젝트 관리 팀은, 법 또는 기타 규정 등의 기준에 위반되지 않는 한, 더 낮은 능력을 지닌 다른 자원을 확보하여야만 할 수도 있다.

이러한 요소들은 프로젝트의 계획 단계에서 감안하고 대비해야 한다. 프로젝트 관리자 또는 프로젝트 관리 팀은 인적 자원의 비가용성의 영향을 이러한 자원을 요구하는 프로젝트 일정, 예산, 고객 만족, 품질, 위험, 훈련 계획, 및 기타 프로젝트 관리 계획들에 반영해야 한다.

수행 조직에서 프로젝트 완수에 필요한 자체 인력이 부족할 때에는 필요한 서비스를 외부 출처로부터 취득할 수 있다. 여기에는 개인 컨설턴트의 고용 또는 다른 조직과의 하도급 계약이 포함될 수 있다.

프로젝트 팀원 획득 시에 **가상 팀**virtual team의 이용은 새로운 가능성을 만들어 낼 수 있다.[2] 가상 팀은 공통된 목표를 가진 사람들의 그룹으로, 직접 맞대면하는 시간을 거의 또는 전혀 가지지 않은 채 자신들의 역할을 수행하는 사람들의 그룹으로 정의될 수 있다. 전자 메일 및 화상 회의와 같은 전자적 의사소통이 이러한 조직을 실현가능 하게 만들었다. 가상 팀은 다른 장소, 다른 시간대의 사람들끼리 협동할 수 있게 하며, 재택 근로자나 이동에 장애가 있는 사람이 함께 일할 수 있게 한다. 또한, 가상 팀은 출장비로 인해 무시되었던 프로젝트를 진행할 수 있게 한다. 의사소통 계획 수립은 가상 팀 환경에서 더욱 중요하다. 기대를 명확하게 하고, 의견 충돌 해결을 위한 조약을 개발하고, 의사 결정에 사람들을 포함시키고 성공의 공훈을 공유하는 데 추가적인 시간이 필요할 수도 있다.

이 프로세스에서 갱신되는 프로젝트 관리 계획에는 인적자원 계획이 포함된다.

---

2) PMBoK2008, p.228.

### 9.1.3 프로젝트 팀을 개발하기develop project team 프로세스

**프로젝트 팀을 개발하기**develop project team 프로세스는 프로젝트 성과 강화를 위해 팀원의 역량 및 상호작용, 전반적인 팀 환경을 개선한다. 프로젝트 관리자들은 높은 팀 성과를 달성하고 프로젝트 목표들을 달성하기 위해서 프로젝트 팀을 확인하고, 구축하며 유지하며 동기를 부여하며 리드하고, 영감을 불어넣을 수 있는 기술을 습득하여야 한다. 팀 개발 노력은 초기에 수행될 때 더 큰 이익이 있지만 프로젝트 생애주기 동안 계속 수행되어야 한다.

팀워크는 프로젝트 성공에 결정적인 요소이며, 효과적인 프로젝트 팀을 개발하는 것은 프로젝트 관리자의 주요 책임 중의 하나이다. 프로젝트 관리자는 지속적으로 도전과 기회를 제공하고, 필요한 때마다 적시에 피드백과 지원을 제공하며 우수한 성과를 인정하고 보상함으로써 그들의 팀을 동기부여 해야 한다. 높은 팀 성과는 공개되고 효과적인 의사소통을 사용하고, 팀원들 간의 신뢰를 개발하고, 건설적인 방법으로 갈등을 관리하고, 집단적인 문제 해결과 의사결정을 장려함으로써 달성될 수 있다. 프로젝트 관리자는 효과적인 프로젝트 팀을 개발하기 위해서 필요한 자원을 확보하기 위해서 관리 지원을 요청하고 적절한 이해관계자에 영향을 미쳐야 한다.

**프로젝트 관리자**는 프로젝트 생애주기 전체에 걸쳐서 프로젝트 팀을 개발하고 유지해야 하며, 서로 신뢰하는 분위기에서 서로 유기적으로 협력하면서 일하도록 고무하여야 한다. 프로젝트 팀을 개발하는 것은 사람들의 기술 및 능력과, 전반적인 팀 분위기와 최종적으로 프로젝트 성과를 개선하는 것이다. 그러기 위해서는 전 프로젝트 생애주기에 걸친 팀원들 간의 명확하고, 시의적절하고, 효과적이고, 또 효율적인 의사소통이 필요하다. 프로젝트 팀 개발의 목표는 다음 사항들을 포함한다.

- 비용은 낮추고, 일정은 단축하고, 품질은 높이면서 프로젝트 인도물들을 완성할 수 있는 능력을 높이기 위해서 팀원들의 지식과 능력을 향상시킨다.
- 사기를 진작하고, 갈등을 줄이고, 팀워크를 높이기 위해서 팀원들 간의 신뢰 및 합의의 느낌을 증진한다.
- 개인과 팀 생산성, 팀 사기, 협동을 증진하고 지식과 기능을 공유하기 위한 팀

### Box 9-2 팀-구축 활동team-building activities[3)]

팀-구축 활동들은 상태 검토 회의에서의 5분 의제 항목five-minute agenda item으로부터, 개인 간 관계를 개선하기 위해 설계된 현장을 떠나서 수행되는 전문적으로 촉진되는 경험professionally facilitated experience까지 다양하다. 팀-구축 활동의 목표는 개별적 팀원들이 함께 효과적으로 일하도록 도와주는 것이다. 팀-구축 전략은 원격으로, 직접 얼굴을 맞대고 일하지 않을 때 특히 가치가 있다. 비공식적인 의사소통과 활동들이 신뢰를 구축하고 좋은 작업 관계를 확립하는 데 도움이 될 수 있다.

팀 환경을 개발하는 데 가장 중요한 기술 중의 하나는 프로젝트 팀 문제들을 팀 이슈로 다루고 토론하는 것을 포함한다. 전체 팀이 이러한 이슈들을 협력해서 해결하도록 격려되어야 한다. 효과적인 프로젝트 팀을 구축하기 위해서 프로젝트 관리자는 최고 경영진의 지원을 확보해야 하며, 팀원들의 헌신을 얻어야 하며, 적절한 보상과 인정을 제공해야 하며, 팀 정체성을 창조하고, 갈등을 효과적으로 관리하고, 팀원들 간의 신뢰와 열린 의사소통을 증진시켜야 하고, 그리고 무엇보다도 좋은 팀 리더십을 제공해야 한다.

지속적인 프로세스로 팀 구축은 프로젝트 성공을 위해서 필수적이다. 팀 구축은 프로젝트 초기의 핵심적인 활동이지만, 또한 절대로 끝나지 않는 프로세스이기도하다. 프로젝트 환경의 변화는 불가피하며, 그리고 이러한 변화를 잘 관리하기 위해서, 지속적인 또는 갱신된 팀 구축 노력이 경주되어야 한다. 프로젝트 관리자는 다양한 팀 문제들을 방지하고 수정하기 위해서 어떠한 조치가 필요한가를 결정하기 위해서 팀의 활동과 성과를 모니터링해야 한다.

팀의 발전 단계에는 다섯 단계가 있으며, 일반적으로 팀들은 순차적으로 이러한 단계들을 지나간다. 그러나 팀이 하나의 특정 단계에 고착되거나 또는 전 단계로 퇴행하는 경우도 흔하다. 또한 과거에 함께 일했던 팀원들로 구성된 프로젝트는 일부 단계들을 생략할 수도 있다.

- **형성**forming : 팀이 서로 만나고, 프로젝트와 그들의 역할과 책임이 무엇인지 배운다. 팀원들은 서로 독립적인 경향이 있으며 아직 개방적이지 않다.
- **뭉치기**storming : 팀이 프로젝트 작업, 기술적 의사결정, 프로젝트 관리 접근 방법에 본격적으로 착수한다. 팀원들이 협조적이지 않고 상이한 생각이나 관점들이 마음이 열려있지 않을 때에는, 환경이 파괴적으로 된다.
- **규범화**norming : 팀원들이 함께 일하고 팀을 떠받치는 습관과 행동들을 조정하기 시작한다. 팀원들이 서로 믿기 시작한다.
- **수행**performing : 하나의 잘 조직된 단위로 작동한다. 그들은 서로 상호의존적이며 이슈들을 부드럽고 효과적으로 해결한다.
- **이동**adjourning : 작업을 완수하고 프로젝트로부터 이동한다.

특정 단계의 지속 기간은 팀 역동성team dynamics, 팀 규모, 팀 리더십에 따라 달라진다. 프로젝트 관리자는 팀원들이 모든 단계들을 효과적으로 이동하게 하기 위해서 팀 역동성을 잘 이해해야 한다.

3) PMBoK2008, pp.232-233.

원들 간의 교차 훈련과 멘토링을 촉진하기 위해서 역동적이고 응집력 있는 팀 문화를 생성한다.

### 9.1.4 프로젝트 팀을 관리하기manage project team 프로세스

**프로젝트 팀을 관리하기**에는 팀원 성과 추적, 피드백 제공, 이슈 해결과 프로젝트 성과를 강화하기 위한 변경 조정 등이 포함된다. 프로젝트 관리 팀은 팀의 행동을 관찰하고, 팀원들 간의 대화 및 의사소통을 촉진하고, 동기를 부여하며 충돌을 관리하고, 이슈를 해결하며, 팀원의 성과를 평가한다. 이슈는 서로 다른 의견, 조사되어야 하는 상황, 프로젝트 팀원의 한 사람에게 배정되어야 하는 새로운 또는 예상치 못한 책임 등을 포함한다. 이러한 이슈에 관한 사항들은 기록되어야 하며, 이슈 일지는 프로젝트 팀이 이슈가 종료될 때까지 모니터링하는 데 도움이 되며, 프로세스 개선을 위한 귀중한 피드백을 제공한다.

프로젝트 팀을 관리하는 것은 높은 성과의 팀을 창조하기 위해서 팀워크를 조장하고 팀원들의 노력을 통합하기 위한 다양한 관리 기술을 필요로 한다. 프로젝트 관리는 의사소통, 갈등 관리, 협상, 리더십에 특별히 중점을 둔 다양한 기술을 필요로 한다. 프로젝트 관리자는 팀원들에게 도전적인 과업을 제공해야 하며 또한 높은 성과에 대해서 응분의 인정을 해 주어야 한다.

프로젝트 팀 관리의 결과로 직원 관리 계획이 갱신되고 변경 요청서가 제출되며 이슈가 해결되고 조직성과 평가를 위한 입력 사항이 제공되며 조직 데이터베이스에 교훈이 추가된다. 프로젝트 팀의 관리는 팀원이 매트릭스 조직 내에서 기능 조직 관리자 및 프로젝트 관리자 둘 다 속해 있는 경우 복잡해진다. 이러한 이중보고 관계의 효과적인 관리는 종종 프로젝트의 주요 성공 요인이 되기도 하며 일반적으로 프로젝트 관리자의 책임이다.

### Box 9-3 개인 간 기술interpersonal skills[4)]

프로젝트 관리자는 이해관계자들의 기대와 태도를 바꾸고, 신뢰를 형성하고, 갈등을 해소하고, 변경에 대한 저항을 극복하기 위해서 다양한 개인 간 기술을 사용할 수 있다. 특히 프로젝트 관리자는 상황을 분석하고 팀원들과 적절히 상호작용하기 위해서 다양한 조합의 기술적, 인간적, 개념적 기술들을 사용한다. 적절한 개인 간 기술을 사용하는 것은 프로젝트 관리자가 팀원들의 장점을 발현시키는 데 도움이 된다.

개인 간 기술은 종종 "소프트 기술soft skills"이라고 불리기도 하며, 팀 개발에 있어서 특히 중요하다. 프로젝트 관리 팀은 프로젝트 팀원들의 감정을 이해하고, 그들의 반응을 예상하며 그들의 우려들을 인정하고, 그들의 이슈들을 추적함으로써 대폭적으로 문제들을 감소시키고 협력을 증진할 수 있다. 공감하기, 영향 미치기, 창조성, 집단 촉진group facilitation은 프로젝트 관리의 값진 자산이다.

프로젝트 및 비-프로젝트 작업을 위한 다양한 개인 간 기술들이 있다. 그 중에서 프로젝트 관리자가 가장 자주 사용하는 기술로는 다음의 것들을 들 수 있다.

- **리더십**leadership : 성공적인 프로젝트는 강력한 리더십 기술을 필요로 한다. 리더십은 프로젝트 생애의 전 단계들을 통해서 중요하다. 높은 성과를 달성하기 위해서 비전을 의사소통하고 프로젝트 팀을 격려하는 것이 특히 중요하다.
- **영향 미치기**influencing : 매트릭스 환경에서는 프로젝트 관리자가 종종 그의 팀원에게 대한 직접적인 권위를 거의 또는 전혀 지니지 못하기 때문에, 적절한 시점에 이해관계자에게 영향을 미칠 수 있는 능력이 프로젝트 성공에 결정적인 영향을 미친다. 주요 영향 미치기 기술에는 다음의 것들이 포함된다.
  - 설득적으로 되고 명확하게 요점과 입장을 밝힐 수 있는 능력
  - 고도의 적극적이고 효과적인 경청 기술
  - 어떤 상황에서도 다양한 관점을 고려하기
  - 중요한 이슈들을 해결하고 상호 간의 신뢰를 유지하면서 합의에 도달하기 위한 적절하고 핵심적인 정보를 수집하기
- **효과적인 의사결정**ffective decision making : 여기에는 협상하고 조직과 프로젝트 팀에 영향을 미치는 능력을 포함한다. 의사결정을 위한 지침에는 다음의 것들이 포함된다.
  - 달성해야 할 목적에 초점을 맞추기
  - 의사결정 프로세스를 준수하기
  - 환경적 요소들을 연구하기
  - 팀원들 개인의 능력을 계발하기
  - 팀 창의성을 촉진하기
  - 기회와 위험을 관리하기

4) PMBoK2008, pp.232, 240-241, 264, 417.

**Box 9-4 인정 및 보상**recognition and reward[5)]

바람직한 행위를 인정하고 보상하는 것은 팀 개발 프로세스의 일부분이다. 사람들을 보상하는 방법에 대한 원래의 계획은 인적자원 계획 개발하기 프로세스에서 개발된다. 보상은 보상을 받는 당사자가 가치 있다고 생각하는 필요를 충족시킬 때에만 효과가 있다는 것을 명심하는 것이 중요하다.

보상은 공식적 비공식적으로, 프로젝트 팀 관리 프로세스 동안에 프로젝트 성과 평가를 통해서 결정된다. 인정 및 보상을 결정할 때에는 문화적 차이가 고려되어야 한다. 예를 들어서, 개인주의를 장려하는 문화에서는 적절한 팀 보상을 개발하는 것이 힘들 수 있다.

바람직한 행위만이 보상되어야 한다. 예를 들어서, 공격적인 일정 목표를 달성하기 위한 초과근무를 기꺼이 하려는 자세는 인정과 보상을 받아야 하지만, 형편없는 계획의 결과로 초과 근무가 필요하게 하는 것은 보상을 받으면 안 된다. 그러나 상위 관리자에게 끊임없이 비현실적인 기대를 강요받았다면 형편없는 계획으로 인하여 팀원이 처벌을 받으면 안 된다. 이달의 팀원과 같은, 단지 제한된 인원만 달성할 수 있는 승-패zero-sum 보상은 팀 응집성을 저해할 수 있다. 보고서를 제 때에 제출하는 것과 같은, 모든 사람이 달성할 수 있는 행위를 보상하는 것이 팀원들 간의 지원을 증진하는 경향이 있다.

사람들은 그들이 조직에 의해서 존중되고 그들의 가치가 그들에게 주어진 보상에 의해서 과시될 때에 동기부여된다. 일반적으로, 돈은 대부분의 사람들에 의해서 모든 보상 시스템의 매우 물질적인 측면으로 간주되지만, 다른 물질적인 보상들도 효과적이다. 대부분의 프로젝트 팀원들은 성장하고, 성취하고, 새로운 도전에 그들의 전문적 기술을 적용할 수 있는 기회에 의해서도 또한 동기부여된다. 우수한 성과에 대한 공개적인 인정은 긍정적인 강화positive reinforcement를 생성한다. 프로젝트가 완료된 후보다는 생애주기 중간에 가능한 모든 인정을 팀에 제공하는 것이 프로젝트 관리자를 위해 좋은 전략이다.

## 9.2 조직화 및 직무 설계

### 9.2.1 조직화의 기본 원칙

**조직화**organizing란 전체 조직 수준에서는 전체 조직을 비교적 대규모의 단위(예를 들어, 사업 본부, 부, 국, 실 등)로 분할하고, 업무가 효과적으로 배분되고 조정되도록 하는 것을 의미한다. 또한, 실무 부서 수준에서는 개인의 직무를 적절하게 설계하고 배분함으로써 종업원들이 효율적으로 자신의 업무를 수행하고 주어진 목표를 달성함으로써 조직 전체의 목표 달성에 효과적으로 기여하도록 함을 의미

5) PMBoK2008, p.234.

한다.

조직화의 가장 기본적인 원칙 중의 하나는, 아담 스미스가 1776년 그의 저서 국부론에서 주장한 분업과 전문화의 원칙이다. 이 원칙의 내용은 다음과 같다.

- **분업의 원칙** : 업무를 가능한 한 세분화하여 단순화시킨다.
- **전문화의 원칙** : 작업자들을 단순화된 업무에 관하여 전문화 또는 숙달시킨다.

선택된 조직 구조를 실제적으로 잘 운영하기 위해서는 누가 누구에게 명령과 지시 권한을 행사하거나 보고의 책임을 가지느냐를 공식화해야 한다. 효율적인 명령 · 보고 체계를 구성하기 위한 원칙에는 다음과 같은 것들이 있다.

- **명령 단일화의 원칙** : 종업원이 한 명의 상사에게 보고하도록 한다. 종업원이 누구에게 명령과 지시를 받아야 하는지를 공식화함으로써 중복되거나 모순된 명령으로부터 유발되는 갈등의 소지를 없앤다.
- **명령 체계의 원칙** : 부하와 상급자를 연결하는 명령 체계를 분명히 함으로써 하위 종업원으로부터 최고 경영층까지의 모든 종업원들 간의 명령의 상하관계를 체계화하고, 업무에 대한 책임 소재를 명확히 한다.
- **통제 범위의 원칙** : 한 사람이 적정 숫자의 부하를 관리하도록 한다.

### 9.2.2 조직 구조의 유형

조직 구조는 자원 가용도와 프로젝트에 영향을 미치는 방법에 영향을 미칠 수 있는 기업 환경 요인이다. 〈표 9-2〉는 주요 조직 구조의 프로젝트와 관련된 주요 특성을 보여준다. 공식적 조직 유형으로는 다음과 같은 것들이 있다.

- **라인 조직**line organization : 최고 경영자의 권한과 명령이 수직적으로 말단 직원까지 전달된다.
- **기능 조직**functional organization : 분업의 원리에 입각하여 관리자가 담당하는 일을 전문화하고, 부문마다 다른 관리자를 두어 작업자를 전문적으로 지휘하고 감독하게 한다. 전통적인 기능 조직은 각 종업원이 한 명의 명확한 상사를 갖는 계

〈표 9-2〉 프로젝트에 대한 조직 구조의 영향

| 조직 구조 / 프로젝트 특성 | 기능 funtional | 행렬matrix | | | 프로젝트 projectized |
|---|---|---|---|---|---|
| | | 약한weak | 균형balanced | 강한strong | |
| 프로젝트 관리자의 권위 | 없거나 매우 적음 | 제한적 | 낮음 내지 보통 | 보통 내지 높음 | 높거나 거의 전적임 |
| 자원 가용도 | 없거나 매우 적음 | 제한적 | 낮음 내지 보통 | 보통 내지 높음 | 높거나 거의 전적임 |
| 프로젝트 예산을 통제하는 사람 | 기능 관리자 | 기능 관리자 | 혼합 | 프로젝트 관리자 | 프로젝트 관리자 |
| 프로젝트 관리자의 역할 | 파트-타임 | 파트-타임 | 풀-타임 | 풀-타임 | 풀-타임 |
| **프로젝트 관리 행정 인원** | **파트-타임** | **파트-타임** | **파트-타임** | **풀-타임** | **풀-타임** |

출처 : PMBoK2008, p.28.

층 구조를 취한다. 조직원들은 일반적으로 전문성에 따라 생산, 마케팅, 엔지니어링, 회계 등의 분야로 분류된다. 전문성은, 기계 및 전자 엔지니어링과 같이, 기능 조직들로 더욱 세분될 수 있다. 기능 조직 부서에서 프로젝트를 수행할 경우에는 프로젝트 범위가 해당 부서의 고유한 기능 범위로 한정되는 것이 일반적이며, 이때 기능 조직부서는 타 부서와는 독립적으로 자신의 프로젝트 작업을 수행한다.

- **라인/스태프 조직**line/staff organization : 라인 업무의 지원을 위해 스태프 기능을 분화하여 발달시킨 형태로, 라인 조직과 스태프 조직의 절충 형태이다. 조직의 규모가 커져서 제품 계열 수가 늘어나면서 기존의 라인 기능만으로는 업무 수행이 불가능할 경우에 많이 사용된다.
- **사업부제 조직**divisional organization : 전체 조직을 제품, 지역 또는 고객 유형 등을 기준으로 구분된 책임 경영 단위를 중심으로 구성하고, 각 사업부 내에 독자적인 생산, 마케팅 및 관리 권한을 부여한다.
- **프로젝트 조직**projectized organization : 프로젝트 조직에서는 조직원들은 종종 공동 배치되며co-located, 대부분의 조직 자원이 프로젝트 작업에 관계되며, 프로젝트 관리자들이 높은 독립성과 권리를 갖는다. 프로젝트 조직에는 종종 "과department"라는 명칭을 갖는 조직 단위들이 있으나, 이러한 집단은 프로젝트 관

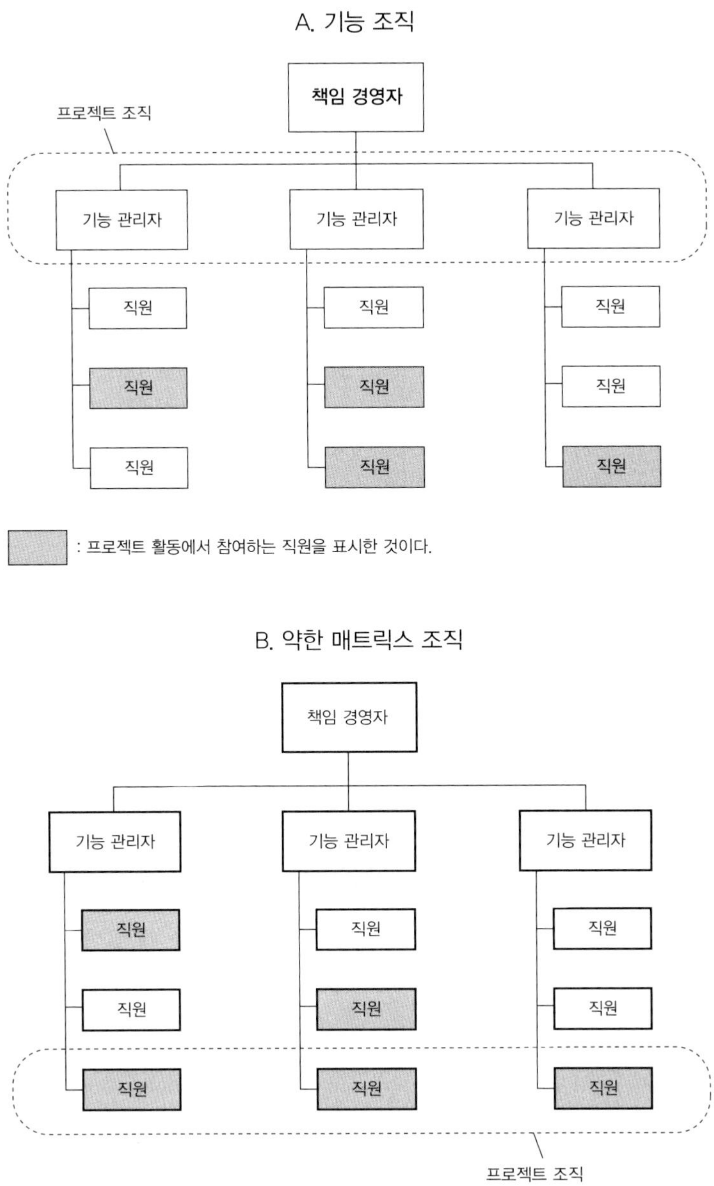


**[그림 9-1]** 조직 구조의 형태

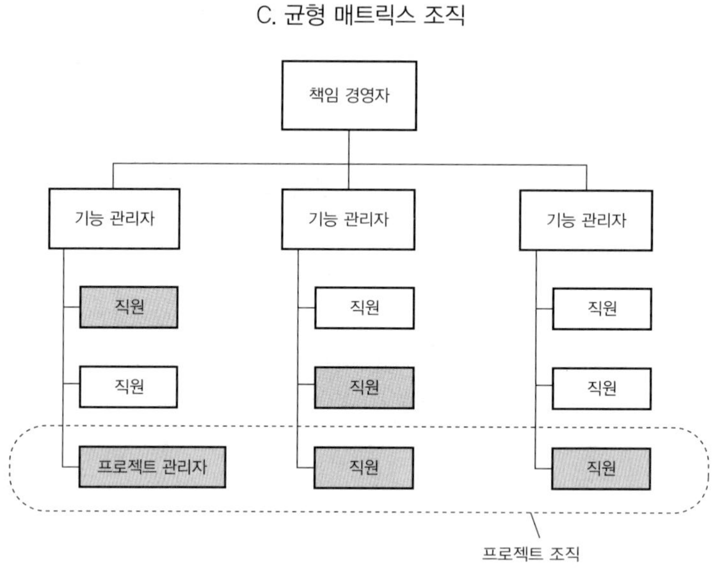


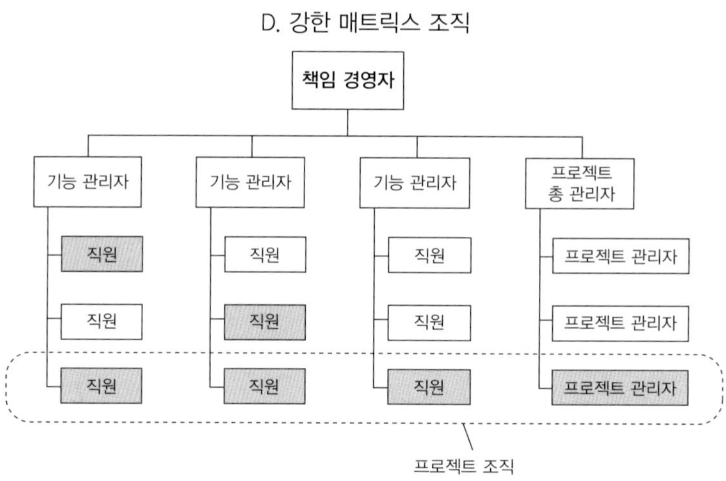


**[그림 9-1]** 조직 구조의 형태 [계속]

E. 프로젝트 조직

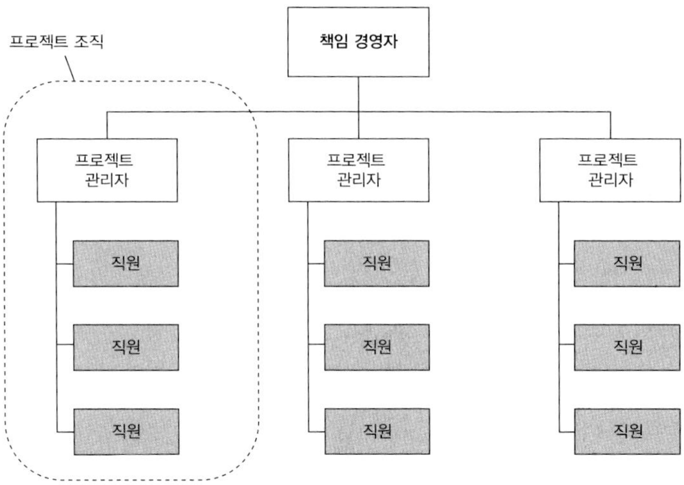


F. 복합 조직

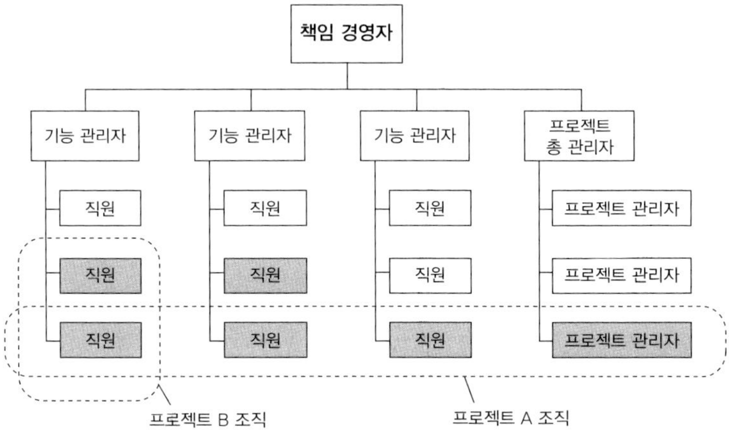


출처 : PMBoK2008, pp.29-31.

**[그림 9-1]** 조직 구조의 형태 [계속]

리자에게 직접 보고하거나 또는 다양한 프로젝트에 지원 서비스를 제공한다.[6)]

- **매트릭스 조직**matrix organization : 기능별 조직 구조를 근간으로, 새로운 프로젝트가 생기면 필요한 인원을 기능 부서에서 차출하여 배정하며, 프로젝트가 종료되면 해당 프로젝트에 배정되었던 인원은 기존의 부서로 되돌아간다. 조직원

6) PMBoK2008, p.30.

은 두 명의 상사와 동시에 지시-보고의 관계를 가질 수 있으며, 두 명의 상사로부터 상충하는 지시를 받을 경우에 조직원이 자기 역할에 대한 혼란을 경험할 수 있다. **약한 매트릭스 조직**weak matrix organization은 기능 조직의 많은 특징들을 유지하며, 프로젝트 관리자는 관리자라기보다는 **조정자**coordinator 또는 **촉진자**expeditor의 역할을 한다. **강한 매트릭스 조직**strong matrix organization은 프로젝트 조직의 많은 특징들을 보유하며, 상당한 권위를 갖는 전임 프로젝트 관리자와 전임 프로젝트 행정 인원들이 있다. **균형 매트릭스 조직**balanced matrix organization에서는 프로젝트 관리자의 필요성이 인정되기는 하지만, 프로젝트 관리자에게 프로젝트와 프로젝트 자금 조달에 대한 전적인 권위가 부여되지는 않는다.[7)]

- **복합 조직**composite organization : 복합 조직에서는 다양한 조직 형태가 다양한 조직 수준에서 나타난다.[8)]
- **학습 조직**learning organization : 모든 조직원이 학습할 수 있도록 모든 기회와 자원을 제공하며, 지속적인 변화를 추구하는 수평 조직. 정보 및 지식의 중요성을 강조한다.
- **네트워크 조직**network organization : 각 개인의 전문성에 따라 전문가 풀pool을 구성하고, 인터넷 및 IT를 적극적으로 활용하여 각 기능 간에 인적, 기술적 네트워크를 형성하는 조직이다.
- **가상 조직**virtual organization : 공동작업 네트워크를 이용해 인력, 자금, 아이디어를 교류하며, 전통적인 조직의 경계나 물리적 위치에 제약을 받지 않으면서 제품과 서비스를 창출하는 조직. 주로 일정 기간 동안 특정 목적을 이루기 위해서 구성되기 때문에, 목표가 달성되면 자동적으로 해체된다.

### 9.2.3 직무 설계

**직무**job는 개별 구성원에게 맡겨져 수행되는 일들의 묶음이라고 할 수 있으며, **직무 설계**jog design는 조직 구성원들이 맡아서 처리해야 할 일을 구체화하여 할당하는 과정으로 정의할 수 있다. 직무 설계는 조직의 틀 안에서 누가, 무엇을, 어디서, 언제, 왜, 어떻게 해야 할 것인가를 결정하는 것이다. 직무 설계의 원칙은 크게 직무 단순화와, 직무 단순화의 부작용을 극복하기 위한 노력으로 구분할 수 있다.

7) PMBoK2008, p.29.
8) PMBoK2008, p.32.

직무는 그 조직 또는 과업의 목적과 기술 요건에 부합될 뿐 아니라, 작업자의 요건이나 요구를 만족시킬 수 있도록 규정되어야 한다. 직무 설계 시에 일반적으로 가장 중요시되는 직무 특성은 직무의 폭과 직무의 깊이다. 한 직무에 포함되어 있는 일들이 다양할수록 직무의 폭이 넓으며, 직무 담당자가 재량권을 많이 가지고 있을수록 직무의 깊이가 깊다. 직무의 폭과 깊이를 기준으로 한 직무 설계 원칙은 다음과 같은 것들이 있다.

- **직무 단순화**job simplification : 직무의 폭을 좁힌다. 직무를 단순하고 반복적인 일로 구성하고, 일을 처리하는 절차를 명확하게 규정한다. 종업원들이 직무에 쉬게 숙달되고, 훈련 비용이 적게 드는 장점이 있다. 생산성을 높이기 위한 가장 기본적인 방법으로 사용된다. 그러나 직무 담당자가 쉽게 지루해 할 수 있으며, 직무에 불만을 갖게 될 수가 있다.
- **직무 순환**job rotation **및 직무 확대**job enlargement : 직무 순환은 직무 담당자가 일정한 기간을 주기로 다른 직무를 맡도록 하는 방법이며, 직무 확대는 한 사람이 동시에 여러 개의 직무를 맡도록 하는 방법이다. 직무 단순화와 병행하여, 직무 단순화의 단점을 완화하기 위해서 사용된다. 직무 순환은 종업원의 훈련을 위해서도 사용된다.
- **직무 충실화**job enrichment : 직무의 폭과 깊이를 동시에 넓고 깊게 해 준다. 직무 담당자에게 직무에 관한 권한을 보다 많이 허용함으로써 직무에 관한 자율성과 책임감을 갖도록 하고, 동기 부여를 하는 것이 목적이다. 종업원들이 자신의 직무에 대해서 더 많은 것을 배우고 자신의 성장을 위해서 노력할 수 있도록 해주는 효과도 있다. 그러나 단순 작업의 경우에는 동기 부여의 효과보다는 효율성의 저하라는 부작용이 더 클 수 있다.

## 9.3 충원

직무가 설계되고 어떤 직무에 어떤 사람이 얼마나 필요한가가 정해지면 거기에 알맞은 인력을 충원하여 배치한다. 인력을 모집하고, 여러 가지 방법을 이용하여 지원자를 평가하여 프로젝트에 가장 적합한 사람을 선발하며 그들을 필요한 직무에 배치한다.

채용 시에는 프로젝트 내부 및 외부의 여러 가지 환경을 고려하여 채용 계획을 수립하여야 한다. 프로젝트에서 필요한 인력이 전문화되고 고도화 된 경우에는 자격과 경력을 가지 숙련가를 채용해야하며, 사회적 법규 등에 따른 제약 조건 등을 고려해야 한다. 내부 모집인지 외부 모집인지 등의 결정이 필요하며, 기존 인력의 나이, 성, 기술 수준 등과 기존 인력의 퇴사, 재투입, 프로젝트 참여 종료 등과 기존 인력의 기술 수준에 따른 재교육 등도 고려해야 한다.

### 9.3.1 채용 계획

직무 분석 결과를 기초로 해서 구체적으로 어떤 부분에서 어떤 종류의 인력이 얼마만큼이나 필요한가를 검토한다. 프로젝트 목적 달성을 위해 소요되는 전체적인 인원수를 산정하고, 총 소요 인력을 다시 직종이나 숙련도, 연령 등으로 분류하고 각 부분별 인원을 산정한다.

각 직무에 어떠한 인적 자격 요건을 갖추고 있는 인력이 필요한지를 결정하기 위해서 직무 분석을 수행해야 하며, 직무 분석의 의해서 필요한 노동의 질이 결정되면 채용할 노동의 양도 결정해야 한다. 작업량과 시간과의 관계를 측정하여, 즉, 각 작업의 총량을 1인당 담당량으로 나누어 소요 인력을 산출한다.

### 9.3.2 모집

채용 과정을 크게 나누어 보면 모집, 선발, 배치로 구분할 수 있다. 모집이란 필요로 하는 인력 선발 계획을 외부에 알려서 희망자들이 지원토록 하는 것이다. 좋은 인력을 선발하려면, 효율적인 모집이 선행되어야 하며, 이를 위해서는 적절한 모집 방법과 절차가 필요하다.

모집 활동은 모집한 사람 중에서 부적합한 사람을 제거하면 되는 것이 아니라, 보다 유능한 사람을 선발한다는 적극적인 의미를 내포하고 있는 이상, 유능한 인재를 보다 많이 흡수하려는 적극적인 모집 활동 노력이 필요하다.

모집 대상이 되는 지원자들을 조직의 내부에서 충원할 것인가, 외부에서 충원할 것인가를 결정해야 하며, 모집 공고를 내부에만 할 것인가 외부에도 할 것인가 등을 결정해야 한다. 또한 모집 대상의 능력, 교육 수준, 사업장의 위치에 따른 지역적 요인 등에 대해서도 고려해야 한다. **외부 모집**의 경우에는 특히 모집 공고를 위해 어떠한 광고 매체를 사용할 것인가, 시기는 언제로 할 것인가 등의 정책을 수립해야 한다.

**내부 모집**에서는 조직과 직 · 간접적으로 이미 관련을 맺고 있는 사람들을 모집한다. 조직 내의 타부서 또는 지점에서 모집하거나, 동일 부서라도 계약 기간 만료자 등을 대상으로 선발하면 내부 채용으로 분류된다. 내부 모집을 위해서는 사내 정보망을 이용하여 조직 내에서 지원자를 모집 공모하는 사내 공모제 등의 방법을 사용할 수 있다.

### 9.3.3 선발

다수의 인력을 모집한 후에는 그 중에서 직무에 최적인 사람을 일정한 기준과 절차에 의해 **선발**하여야 한다. 이때, 조직에서 필요로 하는 인력의 현재 지식과 기능을 갖고 있는 사람을 뽑는 것도 중요하지만, 장차 직무를 담당해서 성공할 수 있는 잠재 능력을 보유하고 있는 사람을 뽑는 것도 중요하다. 이러한 인력을 과학적인 기법을 통해 선발하는 것이 채용 관리의 핵심 부분이다. 선발 기준에는 직무 능력과 함께 환경에 적응해 나갈 수 있는 성격이나 감정적인 특성도 포함될 수 있다.

지원자에 대한 정보를 알아내는 데는 무수히 많은 방법들이 존재하며, 계속해서 새로운 방법들이 개발되고 있다. 최근에는 유전자 검사를 통해 해당 직무에 적합한지를 판단하는 기법까지 시도되고 있으며, 컴퓨터 프로그램화된 시험 문제 및 인터넷 상의 전자 서류 등의 여러 가지 기법들이 개발되고 있다. 현재에도 가장 널리 쓰이고 있는 전통적인 선발 방법으로는 다음과 같은 것들이 있다.

- 서류 심사
- 시험
- 면접
- 인턴 사원 근무

서류 심사에서는 지원자로부터 신분, 가족, 성적, 경력, 자격증, 특기, 취미 등에 대한 정보가 들어있는 서류를 받은 후에, 이러한 서류에 대한 검토를 한다. 서류 심사는 일반적으로 시험이나 면접을 위한 사전 심사로 사용되나, 서류 심사만으로 선발할 수도 있다.

**선발 시험**은 지원자의 전문 능력이나 성격, 심리 특성 등을 측정하기 위해 많이 행해지고 있다. 대표적인 유형으로는 다음과 같은 것들이 있다.

- 기능 시험 : 직무를 성공적으로 수행하기 위해서 요구되는, 구체적인 기능을 지원자가 어느 정도로 보유하고 있는가를 (정량적으로)측정하기 위한 시험.
- 지능 검사 : 학습 능력, 사고의 속도 및 정확도, 분석력, 주의 집중력, 지도를 이해하고 그에 따르는 능력 등을 정량적으로 나타내는 검사이다. 일반적으로 IQ 점수로 결과를 표시하며, 일반 지능은 수학적 능력, 단어 이해력, 공간 파악력, 단어 사용력, 추리력, 기억력 등을 포함한다.
- 적성 검사 : 최단 시간에 최고의 능률로 기본적인 조작을 할 수 있는 육체적, 감각적, 운동적, 지능적 능력을 확인한다. 직업, 교육 훈련, 작업 등을 효과적으로 수행하거나 그러한 환경에 적응할 수 있는 기질, 성격, 지식 등의 개인적인 잠재적인 정신 능력과 체격, 기능, 건강 등의 신체적 능력을 검사한다. 개인의 심신의 성질 및 능력이 사회적으로 이미 분류 대표적인 직군 중에서 어느 것에 적합한지를 판정하는 방법이다.
- 성격 검사 : 직무 성과는 노동 의욕, 기질, 감정, 성격, 정직도, 신뢰성, 충성심, 태도 등에 의해서도 영향을 받는다. 성격은 장기적으로 지속되는 인간의 행동 경향이며, 각 개인의 심리적 구조 및 특성과 처해진 환경에 의하여 형성된다.

**면접**은 크게 직무에 관한 전문 능력을 파악하기 위한 질문 사항을 미리 준비되어 있는 구조적 면접과, 질문 내용이 미리 준비되지 않고 면접관이 중요하다고 여기는 내용을 자율적으로 질문하는 비구조적 면접으로 분류할 수 있다. 면접의 장점은 다른 방법으로는 파악하기 힘든 창조성, 협조성, 지도성, 성격, 태도, 인품 등에 대해 효과적으로 파악할 수 있다는 데 있다.

면접의 방법에는 여러 지원자를 함께 놓고 면접함으로써 시간을 절약하고 비교 평가를 할 수 있도록 하는 집단 면접과 면접관 여러 명이 한 명의 지원자를 놓고 집중적인 질문을 하는 위원회 면접이 있다. 스트레스 면접에서는 스트레스를 유발시키는 상황을 조성한 후에 이에 대한 반응을 살피며, 상황 면접에서는 (주로) 직무 수행 중에 일어날 것으로 예상되는 상황을 조성한 후에 이에 대한 대응 능력을 살펴본다.

**인턴사원제**에서는 채용 예정 대상자들에게 일정 기간 동안에 수습을 받도록 하고, 수습 기간 동안의 성과를 평가한 후에 채용을 결정한다. 경우에 따라서 인턴사원제는 채용을 전제로 하지 않고, 인턴의 실무 능력을 육성하기 위한 교육적 목적으로 사용되기도 한다.

## 9.4 인적 자원 개발

### 9.4.1 인적 자원 개발의 의미

교육 또는 훈련이라고 흔히 일컬어져 오던 영역에 대해서 최근 경영학에서는 **인적 자원 개발**human resource development이라는 보다 포괄적인 용어를 사용하고 있다. 인적 자원 개발은 "조직의 장·단기적 전략 및 목표를 달성하기 위해서, 조직의 인적 자원을 조직의 전략 및 목표에 맞게 개발하여, 궁극적으로 인적 자원의 효율적 활동을 통해 조직의 유효성을 증진하는 기능"으로 정의된다.

인적 자원 개발의 목적은 조직을 개선하기 위해 인적 자원의 업무 능력을 향상시키는 것이며, 크게 다음과 같은 세 가지 측면을 지니고 있다.

- 개인 개발 : 종업원 개인이 현재 종사하고 있는 직종에 관련된 새로운 지식, 기술을 습득하고 긍정적 태도 및 행동을 보이게 함으로써 업무 향상을 꾀한다.
- 조직 개발 : 인적 자원과 관련된 여러 가지 조직 변수, 즉 조직 구조, 과정, 전략, 문화 등의 상호작용을 분석하는 조직 진단을 통하여 문제점을 도출하고, 조직 구조 전반에 대한 시스템적 접근을 통해서 문제를 해결한다.
- 경력 개발 : 미래에 조직이 어떠한 인력을 필요로 할 것인가를 분석하고, 필요한 인력을 체계적으로 육성하기 위해서 종업원이 어떠한 직무 경력을 통해서 기능을 개발해 나갈 것인가를 결정한다. 종업원 개인의 관심, 가치관, 적성, 활동 및

업무 등을 파악함으로써 조직의 요구와 개인의 요구를 합치시킨다.

개인 개발과 경력 개발의 초점은 개인 종업원에게 있고, 조직 개발의 초점은 조직에 있다. 시간적으로 개인 개발은 단기적 효과를 지향하는 데 반해, 경력 개발과 조직 개발은 중 · 장기적 효과를 추구한다.

전통적으로는 교육 및 훈련이 인적 자원 개발의 주된 방법이었으나, 최근에는 학습이 더 중요시되고 있다. 기업은 교육 · 훈련을 통해서 종업원들의 능력을 직접 개발할 뿐만 아니라, 종업원들이 전문적인 교육 · 훈련이나 평생 교육 기관, 또는 온라인 교육을 통해 자기 개발을 할 수 있도록 지원해 주어야 한다.

### 9.4.2 교육 및 훈련 방법

일반적으로 흔히 쓰는 교육 및 훈련 방법으로 강의식, 사례 연구, 비즈니스 게임, 시뮬레이션, 회의 또는 토론식 교육 등이 있다. 멘토링에서는 교육 대상자들과 고참 직원들을 개별적으로 맺어 주고 개인적인 교류를 갖도록 하면서, 교육 · 훈련뿐만 아니라 조직 내의 모든 사안에 대해 대처하도록 교육하고 훈련시킨다.

기업의 교육 · 훈련은 교육 · 훈련의 환경을 기준으로 크게 두 가지로 나눌 수 있다.

- **직무 현장 훈련**OJT : on the job training : 직장에서 구체적인 직무에 임하여 직속상사가 부하에게 직접적으로 개별 지도를 하고 교육 · 훈련시킴. 업무 중에 계속적으로 발생하는 부분적이고 개별적인 업무나 구체적인 사안에 대한 교육에 효과적이다. 공식적으로 이루어진다면 이는 직업훈련법상의 '현장 훈련'에 해당하며, 비공식적으로 이루어진다면 통상적으로 표현되는 '직무 중 훈련'에 해당한다고 할 수 있다.
- **직무 현장 외 교육**Off-JT : 교육을 담당하는 전문 스태프의 책임 하에 이루어지는 것으로서 OJT 이외의 모든 교육 · 훈련을 의미하며, 일반적으로 집합 교육의 형태로 수행된다. Off-JT는 근로자 직업훈련촉진법상의 '집체 훈련'에 주로 해당하며, 파견 교육 · 훈련, 공공 직업 훈련 기관 및 모회사에의 위탁 교육 · 훈련, 학교에의 위탁교육 등이 있다.

교육 대상자의 구분에 따라 분류하면 다음과 같다.

- **신입 사원 교육** : 개인의 태도와 가치관을 조직에 일치시키도록 하는 사회화 교육이 중요하며, 조직의 목표, 규칙, 업무 내용 등에 관한 오리엔테이션도 필요하다.
- **관리자 교육** : 계획, 전략 수립, 조정, 통제 활동의 리더십, 의사결정 능력, 인간관계 능력 교육 등이 주가 된다.
- **실무자 교육** : 조직의 업무 수행에 필요한 교육으로, 구체적인 기술 습득에 초점을 두어야 한다.

## 9.5 동기 부여

조직 구조를 통해 분업과 조정의 문제를 다루고 조직 구성원들이 무엇을 어떻게 해야 하는지를 결정한 후에는, 조직 구성원이 일을 열심히 하도록 동기를 부여하는 것이 필요하다.

사람의 행동은 반드시 그 원인이나 이유가 있기 마련이다. 사람의 행동은 현재의 주관적 욕구, 욕구와 대상 간의 관계 등 다양한 조건에 의해 결정된다. 사람은 욕구가 증가하면 긴장이 유발되고, 이런 긴장을 해소시킬 수 있는 대상을 발견해 특정 행동을 취함으로써 긴장을 해소시키려고 한다. 이때 주관적 욕구를 동인motive, 이런 동인이 활성화하여 조성된 긴장을 해소하려는 목적 지향적 활력 특성을 **동기 부여**motivation라고 한다. 동기 부여는 "사람의 내부에 존재하면서 목적지향적인 행동을 유발하는 활성화된 상태" 또는 "인간의 내적 긴장 상태를 감소시키기 위한 적극적이고 능동적인 동인driving force"이라고 정의할 수 있다.

동기 유발 이론은 다음과 같이 두 가지로 나눌 수 있다.

- **내용 이론** : 어떠한 요인이 인간의 행동을 일으키고 유지시키는지에 대해 논함. 매슬로의 욕구 계층 이론, 맥그리거의 X/Y이론, 허즈버그의 동기-위생 이론, 엘더퍼의 ERG 이론 등이 있다.

● **과정 이론** : 동기가 어떻게 유발되는지에 대해 논함. 브룸의 기대 이론, 아담스의 공정성 이론, 럭크의 목표 설정 이론, 아지리스의 미성숙-성숙 이론, 오우치의 Z 이론 등이 있다.

### 9.5.1 매슬로의 욕구단계설

매슬로에 의하면, 인간의 욕구는 타고난 것이며 욕구를 강도와 중요도에 따라 다음과 같이 5단계로 나눌 수 있다.

● **생리적**physiological **욕구** : 배고픔, 갈증, 먹고, 자고, 성욕, 종족 보존 등 가장 기본적인 욕구이다.
● **안전**safety **욕구** : 육체적 또는 심리적으로 상처받지 않기를 바라는 욕구로 추위 · 질병 · 위험 등으로부터 자신을 보호하는 욕구. 장래를 위해 저축하는 것도 안전 욕구의 표출이라 할 수 있다.
● **사회적**social **욕구** : 애정과 소속에 대한 욕구. 가정을 이루거나 친구를 사귀는 등 어떤 단체에 소속되어 애정을 주고받고자 하는 욕구이다.
● **존경**esteem **욕구** : 자기 존중, 자율성, 성취감과 관련된 내적 존경 욕구(보다 상위의)와 사회적 지위 및 타인의 인정과 관심과 관련된 외적 존경 욕구(보다 하위의)의 두 가지로 다시 나눌 수 있다.
● **자아실현**self-actualization**의 욕구** : 자기의 가능성을 완전히 구현하고자 하는 욕구이며, 자신의 재능과 잠재력을 완전히 활용하여 자기가 이룰 수 있는 모든 것을 성취하려는 최고 수준의 욕구이다.

매슬로에 의하면, 이러한 욕구들은 계층적이며(위에서는 하위 단계에서 상위 단계로의 순으로 소개되어 있다), 하위 단계의 욕구가 충족되어야 그 다음 단계의 욕구가 발생한다. 욕구는 행동을 일으키는 동기 요인이며, 인간의 욕구는 병렬적으로 열거되어 있는 것이 아니라 낮은 단계에서부터 그 충족도에 따라 높은 단계로 성장해 간다. 특히, 밑의 네 단계는 **결핍 욕구**D-Needs: deficit needs로 결핍되면 이를 해소하고자 하는 동기가 유발이 되지만, 일단 충족되면 더 이상 동기를 유발하지 않는 욕구이다. 이와 달리 자아실현 욕구는 **존재 욕구**B-Needs: being needs로 지속적으로 일어난다.

매슬로는 생리적 욕구와 안전 욕구는 외부적 요인에 의해서 욕구가 충족된다는 관점에서 **하위 욕구**low-order needs로, 사회적 욕구, 존경 욕구, 자아실현 욕구는 개인 내부적인 요인에 의해서 욕구가 충족된다는 관점에서 **상위 욕구**high-order needs로 분류했다.

매슬로의 이론에 따르면, 조직 내 개인의 동기 유발은 그가 어떤 욕구 단계에 와 있느냐에 따라 다르다. 안전 욕구가 제대로 충족되지 않아서 그에 대한 동기 유발이 되지 않는 직원에게 내적 존중이나 자아 실현의 기회를 제공하는 것은 그다지 효과적이지 않을 수 있다.

**매슬로의 욕구단계설**은 이론 자체가 선구적이었고 직관적으로 쉽게 이해가 되기 때문에 광범위하게 퍼졌으나, 실증 연구에서는 그의 이론을 뒷받침할 만한 증거가 나타나지 않았다. 욕구가 과연 매슬로의 주장처럼 5단계로 세분화되어 있느냐도 불확실할 뿐만 아니라, 앞 단계가 충족되고 나서야 다음 단계 욕구 충족을 위한 동기가 유발이 된다는 것도 증명되지 못했다. 그러나 매슬로의 욕구 단계설은 동기 유발 이론의 기초를 제공했으며, 여전히 동기 유발 이론의 대명사처럼 언급되고 있다.

### 9.5.2 맥그리거의 X/Y이론

맥그리거는 관리자들이 직원들에 대해 어떤 생각을 갖고 있는지를 조사한 결과, 인간성에 대해 긍정적으로 보는 사람과 부정적으로 보는 사람의 두 종류로 분류할 수 있다는 것을 발견하고, 부정적인 시각을 X 이론, 긍정적인 시각을 Y 이론이라고 명명했다.

**X 이론**을 믿는 관리자는 다음과 같이 생각한다.

- 직원들은 원래 일을 하기 싫어하며, 항상 게으름을 피울 기회만 찾는다.
- 따라서 목표 달성을 위해서는 계속 모니터링하고 통제해야 한다.
- 책임을 맡는 것을 꺼리며, 지침을 받아 일을 하는 것을 선호한다.
- 야심찬 계획보다는 안전에 우선순위를 둔다.

Y **이론**을 믿는 관리자는 다음과 같이 생각한다.

- 직원들은 일을 휴식처럼 자연스러운 것으로 받아들인다.
- 목표를 공유하기만 한다면 스스로 방향을 잡고 열심히 일한다.
- 책임을 맡아 일을 하는 것을 배울 수 있으며, 그것을 추구하기도 한다.
- 얼마든지 혁신적 결정을 내릴 수 있다.

맥그리거의 조사에 따르면 대부분의 관리자는 X 이론 아니면 Y 이론 중 어느 한 편에 속한다고 한다. 두 이론 중 맥그리거 자신은 Y 이론이 옳다고 믿었다. 의사결정에 동참시키고, 책임을 부여하며, 도전적인 과제를 제시하는 것이 직원들의 동기 부여에 도움이 된다고 생각했다. 하지만, X 이론이나 Y 이론 모두 어느 쪽이 옳은지 대해 단정적인 실증 증거는 나오지 않았으며, 일반적으로는 상황에 따라 다르다고 생각되고 있다.

### 9.5.3 허즈버그의 동기-위생이론

허즈버그는 만족-불만족은 연속적인 것이 아니고 만족은 만족대로, 불만족은 불만족대로 별개의 차원이라고 주장하고, 직무에 만족을 주는 요인을 **동기 요인** motivators, 불만을 초래하는 요인을 **위생 요인** hygiene factors으로 분류하였다. 그는 동기 요인이 충족되면 만족감을 느끼고, 위생 요인이 충족되지 못하면 불만족을 느끼며, 동기 요인이 충족되지 못하더라도 불만족을 느끼지는 않으며, 위생 요인이 아무리 개선되어도 만족감을 느끼지는 않는다고 주장하였다.

이 이론에 따르면, 회사 규칙과 관리, 감독, 상사와의 관계, 작업 조건, 급여, 동료와의 관계, 개인 생활, 부하 직원과의 관계, 지위, 안전 등의 (일반적으로 앞의 것이 영향력이 더 크다) 위생 요인이 만족되었을 때 종업원들이 만족을 느끼는 것이 아니라 단지 불만족을 느끼지 않을 뿐이다. 위생 요인을 충족시키는 것은 단지 직무 불만족 요인을 제거하여 '불만족스럽지는 않은 상태no dissatisfaction'를 만들 뿐 동기 유발과는 직접적인 관계가 없으며, 위생 요인을 어느 한계 이상으로 개선하더라도 직무 만족에는 큰 영향을 미치지 못한다.

동기는 동기 유발자가 제공되어야 유발된다. 동기 유발자에는 성취, 인정, 일

자체, 책임감, 발전, 성장 등이 있다(일반적으로 앞의 것이 영향력이 더 크다). 구성원들의 궁극적인 동기를 불러일으키기 위해서는 '동기 요인'을 자극할 그 무엇이 있어야 한다. 종업원에 대한 경력 관리, 종업원의 성공 체험 공유, 종업원에게의 권한 이양 등은 이러한 동기 유발자를 제공하기 위한 노력의 일환이다.

### 9.5.4 브룸의 기대 이론expectancy theory

빅터 브룸Victor Vroom이 주장한 이론으로서, 어떤 일을 수행하는 것이 자기 자신의 개인적 목표를 만족시킬 수 있다고 기대될 때 최선을 다해 열심히 노력해 보자는 동기가 유발된다는 주장이다. **기대 이론**은 직원들을 최대한 동기 유발하고 싶다면, 개개인의 목표가 무엇인지를 정확히 파악해서 노력 · 성과, 성과 · 보상, 보상 · 개인적 목표 사이의 관계를 확실하게 인식시켜 주어야 한다고 주장한다.

이 일을 열심히 했을 때, 제대로 인정받을 수 있을까? 원래 능력이 모자란다고 생각되면 아무리 열심히 해도 제대로 안 될 것이라고 미리 생각하기 때문에 동기가 부여되지 않을 수 있다. 회사에서 성과보다는 충성심이나 용기나 적극적인 모습을 더 높게 평가하는 경우에도 실제 성과를 좋게 하고자 하는 동기가 부여되지 않을 수 있다. 또한, 상관이 자신을 별로 좋지 않게 생각하기 때문에 (그것이 사실이든 아니든) 아무리 열심히 해도 상사가 제대로 평가해줄 리가 없을 것이라고 예단하고 있을 때에도 최선을 다하지 않을 수가 있다.

내가 제대로 평가받더라도 그것이 실제 어떤 보상이나 대가로 돌아올 수 있을까? 작업성과가 좋아도 그것이 실제 보상으로 되돌아 올 것으로 기대되지 않는다면, 동기가 유발되지 않을 수 있다. 예를 들어, 어떤 직원이 조직의 작업결과보다는 연공서열이나 조직에 충성하는 태도 등을 더 감안하여 급여 체계나 보상 체계를 운용한다고 믿는다면(그것이 사실이냐 아니냐에 상관이 없이), 그 직원은 최선을 다하지 않을 수 있다. 이때 성과가 분명히 보상으로 돌아온다는 것을 적절한 의사소통을 통해 환기시키면서 이에 관한 구체적 계획을 알림으로써 동기를 유발할 수 있다.

실제로 보상을 받더라도 그 보상이 내 개인적인 목표에 맞는 것일까? 승진을 바라고 열심히 노력한 사원에게 급여를 올려 주거나, 보다 흥미진진한 일을 맡아보고 싶어서 어떤 일을 훌륭하게 해낸 사람에게 칭찬만 하고 만다면 제대로 동기

〈표 9-3〉 브룸의 기대이론

| 상황 | 결과의 가치에 대한 유의성valence | 성과 → 결과에 대한 기대 instrumentality | 노력 → 성과에 대한 기대 expectancy | 동기 |
|---|---|---|---|---|
| 1 | 높음 | 높음 | 높음 | 높음 |
| 2 | 높음 | 높음 | 낮음 | 낮음 |
| 3 | 높음 | 낮음 | 높음 | 낮음 |
| 4 | 중간 | 중간 | 중간 | 중간 |
| 5 | 낮음 | 높음 | 높음 | 낮음 |
| 6 | 낮음 | 낮음 | 낮음 | 낮음 |

가 부여될 수 없다. 사원들이 원하는 것이 다양할 수 있으며, 이런 경우에는 보상 체계도 다양화해서 성과를 올린 직원이 자신의 개인적 목표에 맞는 보상을 가져갈 수 있도록 하여야 한다.

기대 이론은 직원들이 장기적으로 왜 최선을 다해 일을 하지 않는지를 명쾌하게 잘 설명해 주지만, 일상적인 직무 행동이나 하위 직무와 관련된 동기 부여에는 별로 큰 의미가 없을 수 있다. 다음의 표는 동기 부여의 강도를 간단히 요약한다.

### 9.5.5 ERGexistence, relatedness, growth 이론

**ERG 이론**은 앨더퍼Clyton Alderfer가 매슬로의 이론을 실증적 자료에 부합하도록 개선한 것으로서, 후속 연구도 많이 나왔으며 인간 욕구에 대해 보다 현실적 시각을 제시했다. 이 이론은 매슬로의 욕구 5단계를 다음과 같이 3가지로 다시 구분해서 단순화하였다.

- 존재Existence = 생리적 + 안전
- 관계Relatedness = 사회적 + 존경의 외적 요인
- 성장Growth = 존경의 내적 요인 + 자아 실현

앨더퍼는 두 가지 점에서 매슬로의 이론을 보강하였다. 먼저 E, R, G는 반드시 계층적으로만 작용하는 것은 아니며, 고차원적 욕구가 충족된 이후에 저차원적 욕구를 충족하기 위한 동기가 유발되거나 E, R, G가 동시에 작용할 수도 있다고

주장한다.

존경을 받고 싶다는 욕구와 안전의 욕구가 동시에 작용해서 동기를 유발시킬 수 있다. 또 고차원적 욕구가 만족되지 않거나 좌절되면 저차원적 욕구를 더 많이 충족시키려 할 수도 있다. 예를 들어, 내적 존경을 위해 노력한 것이 좌절되는 경우에 외적 존경을 가져올 수 있는 부분(물질적 자산 등)에 더 집착하게 될 수 있다.

### 9.5.6 맥클러랜드의 욕구 이론theory of needs

맥클러랜드는 동기 유발에 관여하는 욕구에는 크게 세 가지가 있다고 주장했다.

- **성취 욕구**achievement need; nAch : 탁월해지고, 평균보다 나은 결과를 내고 싶어하며 성공하고 싶어하는 욕구
- **권력 욕구**power need; nPow : 타인의 행동에 영향을 미쳐 변화를 일으키고 싶어하는 욕구
- **제휴 욕구**affiliation need; nAff : 개인적 친밀함과 우정에 대한 욕구

세 요소는 그 강도가 사람에 따라 각각 다르며 각기 다른 형태로 동기를 부여한다. 성취 욕구가 높은 사람은 타인에 비해 월등한 성과를 냄으로써 자신의 존재 의미를 확인하고자 한다. 이들은 지나치게 가능성이 낮은 업무나 아주 쉽게 달성할 수 있는 목표에는 거의 관심을 갖지 않고, 책임이 주어지고 결과를 즉각 확인할 수 있으며 중간 정도의 위험이 있는 일에 참여할 때 강하게 동기가 부여되며 자신의 능력을 드러내고자 한다. 즉, 스스로의 능력을 자신이 확인할 수 있는 상황을 좋아한다.

권력 욕구가 높은 사람은 타인에 대해 영향력을 행사하며 통제할 수 있는 일에 자극받고, 책임을 맡는 것을 즐기며, 권력 쟁탈전이 심한 상황에 기꺼이 참여하며, 실제적인 업무 성과보다는 높은 지위에 올라서 타인에 영향을 미치는 것에 관심을 갖는다.

제휴 욕구가 높은 사람은 다른 사람에게 인정받고 이들과 좋은 관계를 맺는 것에 우선순위를 두고, 경쟁적인 상황보다는 협동적인 분위기를 좋아하며, 상호 이

해를 넓힐 수 있는 상황을 지향한다.

### 9.5.7 인지적 평가 이론cognitive evaluation theory

**인지적 평가 이론**은 '강한 목표 의식과 성취욕에 의해 매우 열심히 일을 하고 있을 때, 그 사람의 직무 성과에 보너스 등의 외적인 보상을 부여하면 동기 유발 정도에 어떠한 영향을 미칠 것인가?'라는 질문에서 출발한다. 인지적 평가 이론에 따르면, 성취감이나 책임감에 의해 동기가 유발되어 있을 때에 외적인 보상을 도입하면 오히려 동기 유발 정도가 감소한다.

인지적 평가 이론은 내재적 동기와 외재적 동기로 설명된다. 내재적 동기는 활동에 대한 흥미나 관심, 또는 자기 만족감 등에서 비롯되는 동기로 외부의 별다른 보상을 필요로 하지 않는다. 내재적으로 동기화된 사람들에게 최선의 보상은 실력 향상, 자기 통제의 느낌, 자기만족, 혹은 자신이 해낸 일에 대한 뿌듯함 등이다. 외재적 동기란 과제 참여의 이유가 과제 외부에 있다. 조직에서 인정을 받으려는 것이나, 상사의 칭찬이나 인정을 받는 것을 위해 과제에 참여한다면 외재적으로 동기화된 것이다.

이 이론은 교육이나 학습에 적용하기에 적합한 이론이나, 일률적으로 적용하기에는 적합하지 않다. 아주 높은 내적 동기 유발에 의해 일을 하는 사람이 종종 동시에 그에 맞는 외적 보상을 기대하기도 한다.

### 9.5.8 목표 설정 이론goal-setting theory

욕구 이론과 달리, **목표 설정 이론**은 내적인 욕구보다 외부에서 명확한 목표가 설정될 때 더 강한 동기 유발이 된다고 전제한다. 막연하게 '최선을 다하자'는 것은 동기를 거의 유발하지 않으며, 명확하고 확인 가능한 목표가 주어질 때 높은 생산성을 달성할 수 있다는 것이다. "불량률 1/1,000,000 달성", "매출액 1,000억"처럼 구체적이고 검증 가능한 목표 강한 내적 자극을 일으키며 생산성 향상을 가져온다고 본다. 이 때, 목표가 달성하기 어려울수록 직무 성과가 올라간다는 것이다. 즉, 구성원 모두가 목표를 받아들여 공유한다면 도전적이고 구체적이며 결과를 확인할 수 있는 목표가 강한 내적 동기 유발로 이어진다고 한다.

목표와 직무 성과 사이의 관계에 영향을 미치는 요소는 다음과 같다.

- **목표 몰입**goal commitment : 구성원들이 목표를 수용하는 정도. 구성원들이 목표 설정 과정에 참여하는 것이 이를 높이는 데 도움이 된다.
- **자아 권능감**self-efficacy : 구성원 자신이 스스로의 능력을 믿고 있는 정도. 자아 권능감이 높다면 난관을 극복하고 도전적 목표 달성에 더욱 매진할 수 있다.

### 9.5.9 공정성 이론equity theory

각 개인은 자신이 기울인 노력에 대한 보상이 적절한가를 판단할 때 절대적인 기준뿐만 아니라 다른 사람과 비교한 상대적 기준도 중요하게 감안한다는 전제에서 출발한 이론이다.

절대적 기준 하에서는 적절히 대우받고 있다고 생각하는 사람이라도 다른 사람과 비교해서 상대적으로 대우받지 못하고 있다고 생각하면 **공정성**에 대한 긴장이 생기고 이는 곧 공정성 긴장을 해소하고자 하는 동기 부여로 이어진다는 이론이다.

이 때 사용되는 비교 기준은 다음과 같다.

- **자신-내부**self-inside : 자신이 현재 조직 내에서 다른 부서 또는 직책을 수행한 경우와 비교.
- **자신-외부**self-outside : 자신이 다른 조직에서 근무할 당시의 경우와 비교.
- **타인-내부**other-inside : 현재 조직 내의 다른 사람과 비교.
- **타인-외부**other-outside : 다른 조직의 다른 사람과 비교.

자신이 대우를 제대로 받지 못하다고 느낀다면 공정성에 대한 긴장이 생기고, 이를 해소하고자 하는 방향으로 동기가 부여되며, 투입과 산출을 맞추려는 노력을 하게 된다. 공정성을 회복하려는 시도는 크게 네 가지로 분류할 수 있다.

- 더 많은 보상을 받도록 수단을 동원한다.
- 공평성에 대한 평가를 수정한다.
  - 자기 자신에 대한 생각을 바꾼다(예, 내가 과업을 효과적으로 수행하지 못했나 보다. 더 잘하자).

- 다른 사람에 대한 생각을 바꾼다(예, 동료가 급여를 더 받지만 하는 일은 훨씬 더 힘들다).
- 비교 대상을 바꾼다(자기와 비슷한 대우를 받고 있다고 생각되는 사람을 찾는다).

● 일을 열심히 하지 않는다.
● 그만둔다.

자신이 공정한 수준보다 대우를 더 잘 받고 있다고 느껴도 공정성에 대한 긴장이 생기며, 긴장을 해소하고자 하는 방향으로 동기가 부여된다. 이때에는 충분한 대우를 받지 못하다고 느낄 때와 대칭적인 시도를 하게 된다. 이에 따르면 대우를 너무 잘 받는 종업원은 그만둘 수도 있다.

투입은 기울인 노력, 경험, 교육받은 정도, 기술 수준 등이다. 산출은 급여 수준, 급여 인상, 다른 사람에게 인정받는 것 등이다. 공정성 이론은 다음과 같은 네 가지 가설을 주장한다. 급여가 공정성에 대한 판단 기준이고, 생산량에 따라 급여를 책정하는 경우는 다음과 같다.

● **부족한 급여를 받는 사원** : 생산량을 늘리려고 하며, 부작용으로 품질은 낮아질 수 있다. 생산량이 증가하면 보상이 증가하고, 공평성이 개선될 수 있다.
● **우대 받고 있는 직원** : 수량을 늘리기보다 고품질의 생산을 하려 한다. 생산량을 증가시키면 보수도 따라서 증가하고, 공정성은 개선되지 않는다.

시간당 급여제를 실시하는 경우는 다음과 같다.

● **부족한 급여를 받는 직원** : 근무 강도를 낮추며, 부작용으로 생산물의 양 또는 품질이 낮아질 수 있다.
● **우대 받는 직원** : 근무 강도를 높인다. 왜냐하면, 좋은 대우를 받는 사람은 더 열심히 일해서 투입을 늘림으로써 공정성을 되찾고자 하기 때문이다. 결과적으로 생산물의 양 또는 품질이 개선될 수 있으나, 반드시 이러한 바람직한 결과가 보장되는 것은 아니다.

이러한 가설은 상당히 유효한 것으로 받아들여지고 있으나, 현실에 적용할 때에는 몇 가지 유의할 점이 있다. 첫째, 공정성에 대한 민감성이 사람에 따라 다를 수 있다. 드물지만, 일한 것에 비해 대우가 부족하더라도 크게 불만을 갖지 않는 사람도 있다. 공정성에 대한 평가 기준이 사람마다 또 상황에 따라서 다양할 수 있다. 급여보다도 사람에 따라서는 사무실 환경이나 작업 환경, 또는 직함을 더 중요하게 생각할 수 있다. 그리고 남들에 비해 더 나은 대우를 받는 사람은 불공정성을 민감하게 느끼지 않을 수도 있다.

또 다른 유의할 점은 이러한 분배적 공정성 외에도, 성과의 분배가 결정되는 방법의 절차적 공정성procedural justice이나 조직 충성도, 상사에 대한 신뢰 등에 의해서도 조직원이 느끼는 불공정성이 영향을 받을 수 있다는 것이다. 투명하고 공정한 과정을 거쳐 보상이 주어진다면, 다소 부당한 급여를 받고 있거나 승진이 부적절하게 되었다고 생각하는 사람도 조직과 상사를 긍정적으로 볼 수 있다.

## 9.6 평가와 보상

**평가**와 **보상**은 조직원들에게 매우 중대한 영향을 미친다. 효과적인 보상을 위해서는 무엇보다도 정확하고 객관적인 평가가 선행되어야 한다. 평가는 궁극적으로 조직원들이 고객(조직 내부의 고객과 외부의 고객 모두)에게 어떠한 이익이나 서비스를 제공했는가에 기반해야 한다.

보상의 대원칙은 보상을 받는 사람이 원하는 것을 주어야 하며, 효과적으로 동기를 부여할 수 있어야 한다는 것이다. 금전적인 보상은 가장 기본적인 것이나, 허즈버그에 의하면 위생 요인에 속하며 어느 한도 이상으로 많이 주어도 동기 부여에 기여하지 못하며, 다양한 보상에 제공되어야 한다. 보상은 개인의 업적과 성과를 기준으로 한 개인별 보상과 그룹별 보상으로 나눌 수 있다.

**Box 9-5 팀 성과 평가team performance assessments[9]**

훈련, 팀 구축, 공동-배치co-location와 같은 프로젝트 팀 개발 노력이 수행됨에 따라서, 프로젝트 관리 팀은 프로젝트 팀의 유효성에 대해서 공식적 또는 비공식적 평가를 하게 된다. 효과적인 팀 개발 전략 및 활동들은 팀의 성과를 향상시키고, 프로젝트 목표들을 충족시킬 가능성을 증진할 것으로 기대된다. 팀 성과 평가 기준들은 적절한 모든 당사자들에 의해서 결정되어야 하며 프로젝트팀 개발 프로세스의 투입물에 통합되어야 한다. 이것은 계약과 관련된 또는 단체 협상 프로젝트의 경우에는 특히 중요하다.

성공적인 팀의 성과는 합의된 프로젝트 목표, 프로젝트 일정에 대한 성과(정시 완료), 예산에 대한 성과(재무적 제약 내에서의 완료)에 의거한 기술적 성공의 관점에서 평가된다. 높은 성과의 팀은 이러한 과업 지향적이고 결과지향적인 성과에 의해서 특징지어진다. 그들은 또한 프로젝트 성과의 간접적 측정을 나타내는, 구체적인 직무 및 사람에 연관된 특징을 보여준다.

팀의 유효성에 대한 평가는 다음과 같은 지표들을 포함할 수 있다.

- 개개인이 할당된 직무를 좀 더 효과적으로 수행할 수 있게 하는 기술들의 개선.
- 팀이 팀으로서 좀 더 잘 업무를 수행할 수 있게 하는 역량의 개선.
- 인력 이직률의 감소.
- 팀원들이 전체 프로젝트 성과를 향상시키기 위해서 정보와 경험들을 공개적으로 공유하고 서로 돕는 팀 응집력의 개선.

팀의 전체적 성과 평가의 결과로, 프로젝트 관리 팀은 팀의 성과를 개선하기 위해서 필요한 구체적인 훈련, 코칭coaching, 멘토링mentoring, 도움, 또는 변화들을 파악할 수 있게 된다. 여기에는 또한 평가에서 파악된 개선을 달성하고 수행하기 위해서 필요한 적절한 자원의 확인이 또한 포함되어야 한다. 이러한 팀 개선을 위한 자원과 권고들은 잘 기록되고 적절한 당사자에게 전달되어야 한다. 이것은 팀원들이 노동조합원이거나, 단체 협약에 관계되거나, 계약의 성과 조항에 연계되거나, 또는 기타 연관된 상황에 처해 있을 때에는 특히 중요하다.

9) PMBoK2008, p.235.

CHAPTER

# 10

# 프로젝트 의사소통 관리

10.1 프로젝트 의사소통 관리 프로세스들

10.2 의사소통 관리

10.3 리더십

10.4 갈등 관리

CHAPTER

# 10 프로젝트 의사소통 관리

프로젝트를 수행하는 주체는 결국 사람이고, 프로젝트를 수행하기 위해서는 여러 사람들이 공동으로 작업을 해야 한다. 따라서 사람 간의 의사소통은 필수적으로 발생한다. 이 장에서는 다음에 대해 학습한다.

- 프로젝트를 수행하기 위한 의사소통 네트워크 형태와 장단점
- 프로젝트를 수행하는 사람들이 모인 집단을 지휘할 수 있는 리더십과 리더
- 많은 구성원들 간에 의사소통이 이루어지는 경우에 발생하는 갈등의 형태와 처리 방법

## 10.1 프로젝트 의사소통 관리 프로세스들

프로젝트 의사소통 관리는 프로젝트 정보의 적시의 그리고 적절한 생성, 수집, 배포, 저장, 인출, 최종적인 폐기를 보장하기 위한 프로세스들을 포함한다. 프로젝트 관리자는 조직 내외의 팀원들과 기타 프로젝트 이해관계자들과 의사소통하기 위해서 대부분의 시간을 사용한다. 효과적인 의사소통은 프로젝트에 관계된 다양한 이해관계자들 간의 연결 통로를 만들고, 다양한 조직 및 문화적 배경, 상이한 기술 수준, 프로젝트 수행과 결과에 있어서의 다양한 관점과 이해관계들을 연결한다.

의사소통 활동은 다음을 포함하는 다양한 잠재적 차원을 갖는다.

- 내부(프로젝트 내) 및 외부(고객, 기타 프로젝트, 미디어, 공중)
- 정형적(보고서, 메모, 브리핑) 및 비정형적(이메일, 우발적 토의)
- 수직적(조직 상하) 및 수평적(동료와)
- 공식적(신문, 연차보고서) 및 비공식적(비공개 의사소통)
- 기록written 및 구두oral
- 언어적verbal 및 반 · 비언어적(음성의 고저, 몸짓)

대부분의 의사소통 기술은 일반 관리자와 프로젝트 관리자에게 공통적이며, 다음과 같은 것들을 포함한다.

〈표 10-1〉 프로젝트 의사소통 관리 프로세스들

| 프로세스 이름 | | |
|---|---|---|
| 요약 | | |
| 산출물 | 도구 및 기법 | 투입물 |
| **의사소통 관리 계획을 개발하기**plan communications management **(계획)** | | |
| 프로젝트 이해관계자들의 정보 필요를 결정하고 의사소통 방법을 정의한다. | | |
| • 의사소통 관리 계획<br>• 프로젝트 문서(갱신된) | • 의사소통 요구사항 분석<br>• 의사소통 기술<br>• 의사소통 모델<br>• 의사소통 방법 | • 이해관계자 명부<br>• 이해관계자 관리 전략<br>• 기업 환경 요인<br>• 조직 프로세스 자산 |
| **의사소통을 관리하기**manage communications **(수행)** | | |
| 사용할 관련 정보를 계획대로 프로젝트 이해관계자들이 사용할 수 있게 한다. | | |
| • 조직의 프로세스 자산(갱신된) | • 의사소통 방법들<br>• 정보 배포 도구들 | • 프로젝트 관리 계획<br>• 성과 보고서<br>• 조직 프로세스 자산 |
| **의사소통을 통제하기**control communications **(모니터링 및 통제)** | | |
| 상태 보고, 진도 측정, 예측을 포함하는 성과 정보를 수집하고 배포한다. | | |
| • 성과 보고서<br>• 조직 프로세스 자산(갱신된)<br>• 변경 요구 | • 편차 분석<br>• 예측 방법들<br>• 의사소통 방법들<br>• 보고 시스템 | • 프로젝트 관리 계획서<br>• 작업 성과 정보<br>• 작업 성과 측정치<br>• 예산 예측<br>• 조직 프로세스 자산 |

- 적극적이고 효과적으로 경청하기.
- 좀 더 잘 이해하기 위해서 아이디어와 상황에 대해서 질문하고 확인하기.
- 팀의 지식을, 그들이 좀 더 효과적으로 되게 하기 위해서, 증진시키기 위해서 교육하기.
- 정보를 식별하고 확인하기 위해서 사실을 발견하기.
- 기대를 설정하고 관리하기.
- 조치를 취하기 위해서 사람과 조직을 설득하기.
- 당사자들 간에 서로 받아들일 수 있는 합의를 달성하기 위해서 협상하기.
- 파괴적 충격을 방지하기 위해서 갈등을 해소하기.
- 다음 단계를 요약하고 확인하기.

### 10.1.1 의사소통 관리 계획을 개발하기plan communications management 프로세스

**의사소통 관리 계획을 개발하기** 프로세스는 이해관계자의 정보 필요 및 의사소통 접근방법을 결정한다. 의사소통 계획 프로세스는 이해관계자의 정보 및 의사소통 필요에 응답한다. 예를 들면, 누가 어떤 정보를 원하는지, 언제 그것을 필요로 할 것인지, 어떻게 그들에게 전해질 것인지, 누구에 의해 전해질 것인지 등이다. 의사소통 요구사항 분석의 결과는 프로젝트 이해관계자의 필요 정보의 합으로 나타난다. 모든 프로젝트들이 프로젝트 정보의 의사소통을 필요로 한다는 점에서 공통적이지만, 정보 필요와 배포 방법은 매우 상이하다. 이해관계자의 정보

**Box 10-1 의사소통 관리 계획**communication management plan[1)]

프로젝트 의사소통 관리 계획은 프로젝트 관리 계획에 포함되거나 그 부속 계획으로, 일반적으로 다음 같은 항목을 포함한다.

- 이해관계자 의사소통 요구사항.
- **의사소통될 정보** : 사용될 언어, 형식, 내용 및 상세도 수준.
- 해당 정보 배포의 이유.
- 요구되는 정보의 배포를 위한 시간 틀과 주기.
- 해당 정보의 소통에 대한 책임자.
- 정보의 수신자 또는 그룹.
- **정보 전달에 사용될 방법 또는 테크놀로지** : 메모, 이메일, 공개적 보도 등.
- **의사소통 활동을 위해 할당된 자원** : 시간과 예산을 포함.
- **단계적 확대 프로세스** : 하위 직원 수준에서 해결될 수 없는 이슈들의 단계적 확대를 위한 시간 틀 및 경영진 사슬(이름)의 식별.
- **의사소통 관리 계획의 갱신 및 개선 방법** : 프로젝트가 진행하고 발전함에 따라서.
- 공통 용어집.
- 프로젝트 내에서의 정보 흐름에 대한 흐름도, 가능한 일련의 권한이 첨가된 작업 흐름workflows, 보고서 목록, 회의 계획 등.
- **의사소통 제약** : 일반적으로 구체적인 법규나 규제, 테크놀로지, 조직의 정책 등으로부터 유도.

의사소통 관리 계획은 또한 프로젝트 상태 회의, 프로젝트 팀 회의, e-회의, e-메일 등에 대한 지침이나 템플릿들을 포함할 수 있다. 프로젝트 웹사이트 및 프로젝트 관리 소프트웨어의 사용도 이것들이 사용된다면 포함될 수 있다.

1) PMBoK2008, pp.256-257.

**Box 10-2 프로그램 의사소통 관리 계획**[2]

프로그램 의사소통 관리 계획program communication management plan은 프로그램 관리 계획에 국한되거나 또는 보조 계획이다. 이 계획은 다음의 사항들의 개요를 정한다.

- 이해관계자 의사소통 요구사항
- 의사소통되어야 할 정보 : 형식, 내용, 그리고 상세도의 정도를 포함한다.
- 해당 정보의 소통에 대한 책임이 있는 사람
- 해당 정보를 받을 사람 또는 집단
- 정보를 전달할 방법 또는 테크놀로지: 메모, 이메일, 및/또는 언론 공개
- 의사소통의 빈도
- 시간 틀의 확인을 위한 점증escalation 프로세스 및 하위 스태프 수준에서 해결할 수 없는 이슈들의 점증에 대한 책임이 있는 관리 요원
- 프로그램이 진행하고 발전함에 따라서 의사소통 계획을 갱신하고 정제하기 위한 방법
- 일반적 용어에 대한 용어집

프로그램 의사소통 관리 계획은 또한 프로그램 상태 점검 회의, 프로그램 팀 회의, 전자 회의에 대한 지침들을 포함할 수 있다. 이 계획은 프로그램 필요에 따라서 공식적일 수도 아닐 수도 있으며, 매우 상세하거나 대체적인 틀만 정할 수도 있다.
의사소통을 계획하는 것은 종종 추가적인 시간과 노력을 요구하는 추가적인 인도물을 유발시킬 수 있다. 따라서 프로그램 작업 분할구조, 프로그램 일정, 그리고 프로그램 예산이 그에 맞추어 갱신되어야 한다.

욕구를 파악하고 이러한 욕구를 충족할 적절한 방법을 정하는 것은 프로젝트 성공을 위해서 중요하다.

적절치 못한 의사소통 계획은 메시지 전달의 지연, 민감한 정보를 잘못된 청중들에게 전달, 또는 일부 필요한 이해관계자와 의사소통 부족 등의 문제로 귀결된다. 의사소통 계획은 프로젝트 관리자가 이해관계자들과 가장 효과적이고 효율적으로 의사소통할 수 있는 방법을 문서화할 수 있게 한다. 효과적인 의사소통은 정보가 올바른 영향과 올바른 형식으로 제공된다는 것을 의미한다. 효율적인 의사소통은 꼭 필요한 정보만 제공하는 것을 의미한다. 대부분의 프로젝트에서 의사소통 계획은 프로젝트 초기에, 예를 들면, 프로젝트 관리 계획 개발 시에 수립된

2) StdPgM2008, pp.146-147.

다. 이것은 시간이나 예산과 같은 적절한 자원이 의사소통 활동들에 할당될 수 있도록 한다. 그러나 이러한 계획 수립 프로세스의 결과는 프로젝트를 통틀어 정기적으로 검토되고 개정되어야 한다.

이 프로세스에서 갱신될 수 있는 프로젝트 문서에는 프로젝트 일정, 이해관계자 등록부, 이해관계자 관리 전략 등이 포함된다. 프로젝트 조직 구조가 프로젝트의 의사소통 요구사항에 미치는 영향이 크므로 기업 환경 요소 및 조직적 요인이 의사소통 계획에 반영되어야 한다.

### 10.1.2 의사소통을 관리하기manage communications 프로세스

**의사소통을 관리하기**manage communications는 의사소통 관리 계획에 따라서 프로젝트 정보를 생성, 수집, 배포, 저장, 인출, 그리고 최종적으로 제거하는 프로세스이다. 이 프로세스의 핵심적 효과는 이해관계자들간의 효율적이고 효과적인 의사소통을 가능하게 하는 것이다. 이 프로세스는 관련 정보의 배포뿐만 아니라, 이해관계자에게 전달된 정보가 적절히 생성되고, 인도되며 이해되는 것을 보장하려고 노력하는 것을 포함한다. 또한 이것은 이해관계자에게 추가적인 정보와 확인, 그리고 토의를 요청할 수 있는 기회를 제공하는 것을 포함한다. 이를 위해서 다음과 같은 기법을 사용할 수 있다.

- 송신자 · 수신자 모델들sender-receiver models : 피드백 루프와 의사소통에 대한 장애들
- 매체의 선택 : 상황에 맞추어서 문서 또는 구두로 의사소통할지, 비공식적인 메모 또는 공식적 보고서를 사용할지, 또는 면대면으로 또는 이메일로 의사소통할지를 결정해야 한다.
- 문장 스타일 : 능동태 또는 수동태, 문장 구조, 단어의 선택
- 회의 관리 기법들 : 아젠다를 준비하거나 갈등을 다루기
- 발표 기법들 : 몸동작 및 시각적 보조물들
- 촉진 기법들 : 동의를 구축하고 장애를 극복하기
- 경청 기법들 : 능동적으로 경청하고(대꾸하기, 명확히 하기 그리고 이해하고 있다는 것을 확인하기) 이해를 저해하는 장애요인을 제거하기

**교훈 회의**는 의사소통 관리를 위해 사용되는 주요 기법 중의 하나이다. 교훈 회의에는 프로젝트 팀과 주요 이해관계자가 참가하며, 프로젝트의 성공 및 실패를 식별하고, 추후 프로젝트에 대한 성과 개선을 위한 권고 사항을 작성한다. 교훈 회의는 다양한 초점을 가질 수 있다. 어떤 경우에는 기술적 또는 제품 개발 프로세스에 초점이 집중될 수도 있지만, 작업의 수행에 도움이 되었거나 방해가 된 프로세스에 초점이 집중될 수도 있다. 교훈은 미래의 프로젝트 팀에 프로젝트 관리의 효과성과 효율성을 높일 수 있는 정보를 제공하며, 교훈 회의를 통해서 편찬되고, 공식화되며, 저장된다.

특히, 프로젝트가 원하는 결과보다 적은 것을 생산했을 경우에는 프로젝트 관리자는 반드시 교훈 회의를 주요 내 · 외부 이해관계자와 함께 수행하여야 한다. 교훈 회의의 주요 결과는 다음과 같다.

- 교훈 지식 기반의 갱신
- 기업 정책, 프로시저 및 프로세스의 갱신
- 업무 기술의 개선
- 제품 및 서비스의 개선
- 위험 관리 계획의 갱신

### 10.1.3 의사소통을 통제하기control communications 프로세스

**의사소통을 통제하기**control communications는 이해관계자들의 정보 필요를 충족시키기 위해서 전체 프로젝트 생애주기를 통해서 의사소통을 모니터하고 통제하는 프로세스이다. 이 프로세스의 주요 효과는 모든 순간에 모든 의사소통 참여자들 간에 최적의 정보 흐름을 보장하는 것이다.

의사소통 통제 프로세스는 의사소통 관리 계획 개발이나 의사소통 관리 프로세스들의 반복을 촉발할 수 있다. 이러한 반복은 프로젝트 의사소통 관리 프로세스들의 지속적인 특징을 보여준다. 이슈나 핵심 성과 지표들(예를 들어, 실제 대 계획된 일정, 비용, 그리고 품질)과 같은 특정 의사소통 요소들은 즉각적인 개정을 촉발할 수 있지만, 다른 것들은 그렇지 않을 수도 있다. 프로젝트 의사소통의 직 · 간접적인 영향은 올바른 메시지가 올바른 시점에 올바른 청중에게 전달되는

## Box 10-3 성과 보고서performance report[3]

| WBS 요소 | 성과 지표 값 | | | 편차 | | 성과 지수 | |
|---|---|---|---|---|---|---|---|
| | 계획 가치 PV | 획득 가치 EV | 실제 비용 AC | 일정 EV-PV | 비용 EV-AC | 일정 EV/PV | 비용 EV/AC |
| | | | | | | | |
| | | | | | | | |
| | | | | | | | |
| | | | | | | | |
| 합계 | | | | | | | |

성과 보고서는 프로젝트 성과와 상태 정보를 배포하기 위해서 사용되며, 프로젝트 회의 전에 작성되어야 하고, 가능한 한 간결하고 최신이어야 한다. 성과 보고서는 수집된 정보들을 조직화하고 요약하며, 성과 측정 기준선과의 비교 분석 결과를 보여준다. 보고서는, 의사소통 관리 계획에 기록된, 각 이해관계자에 의해서 요구되는 상세도 수준으로 상태 및 진도 정보를 제공해야 한다. 성과 보고를 위한 일반적인 서식은 막대그래프, S-커브, 히스토그램, 그리고 표를 포함한다. 편차 분석, 획득 가치 분석, 예측 자료들이 종종 성과 보고의 일부로서 포함된다. 위의 표는 획득 가치 분석 자료를 위한 표 양식을 보여준다.

성과 보고서는 정기적으로 발행되며, 각각의 청중들에게 맞는 수준으로 정보를 제공해야 한다. 그 양식은 단순한 상태 보고서로부터 좀 더 복잡한 보고서까지 다양할 수 있다. 단순한 상태 보고서는 완성된 비율 또는 각 영역을 위한 상태 대시보드status dash-boards와 같은 성과 정보(예를 들어, 범위, 일정, 비용, 품질)만을 보여줄 있다. 좀 더 복잡한 상태 보고서는 다음과 같은 것들을 포함할 수 있다.

- 과거 성과의 분석
- 위험과 이슈들의 현재 상태
- 보고 기간에 완성된 작업
- 다음 보고 기간에 완성되어야 하는 작업
- 해당 기간에 승인된 변경들의 요약
- 편차 분석의 결과
- 예측된 프로젝트 완료(시간과 비용을 포함)
- 검토되고 토의되어야 할 기타 연관된 정보

예측은, 프로젝트가 진행됨에 따라 제공된 작업성과 측정에 근거하여, 갱신되고 재발행된다. 이러한 정보는, 예를 들어, 완료 시점에서의 추정치estimates at completion 및 완료 시점까지 추정치

3) PMBoK2008, pp.90, 259, 270-271.

estimates to completion와 같이, 미래에 프로젝트에 영향을 미칠 수 있는 과거의 프로젝트 성과에 대한 것이다. 예측 정보는 종종 획득 가치 방법을 이용하여 작성되나, 과거 프로젝트를 이용한 유사 추정, 잔여 작업의 재추정, 일정 기간 동안의 외부 사건의 충격의 포함 등과 같은 다른 방법들도 사용될 수 있다. 이러한 정보는 성과 정보와 의사결정 프로세스를 위해 배포되어야 하는 기타 중요 정보들과 함께 사용할 수 있어야 한다.

것을 보장하기 위해서 조심스럽게 평가되고 통제되어야 한다. 이 프로세스는 다음과 같은 활동을 포함할 수 있다.

- **성과 정보 수집 및 편찬**performance information gathering and compilation : 수작업 서류 체계, 전자적 데이터베이스, 프로젝트 관리 소프트웨어, 공학도면, 설계 명세서, 테스트 계획과 같은 기술 문서로의 접근을 가능케 하는 시스템을 포함한 다양한 매체로부터 예측뿐만 아니라 성과, 상태 및 진도 보고를 위해 정보가 수집되고 편찬될 수 있다.
- **상태 검토 회의**status review meetings : 상태 검토 회의는 프로젝트에 대한 정보의 교환을 위해 정기적으로 계획되는 일이다. 대부분의 프로젝트에서 상태 검토 회의는 다양한 빈도 및 서로 다른 수준으로 개최될 것이다. 예를 들면, 프로젝트 관리팀은 팀끼리 주간 단위로 회의를 하고 고객과는 월 단위로 회의를 할 수 있다.

## 10.2 의사소통 관리

### 10.2.1 의사소통이란

의사소통communication이란 유기체 사이에 공통되는 경험을 매개로 하여, 어떤 정보나 내용을 상호 교환하여 공통된 이미지를 가지고, 서로의 지각, 사고, 감정 등에 변화를 가져오는 과정이라고 정의할 수 있다. 의사소통을 조직의 관점에서 연구할 때에는 협의의 (정보적 수단, 설득적 수단, 비언어적 수단을 통한) 의사소통뿐만 아니라, 인간관계를 포함하여 조직내 구성원 간의 공감대 형성을 위하여 노력하는 제반 의미, 의견, 정보의 소통 활동을 일컫는다.

의사소통이 강조되는 이유는 그것이 조직 내 목표 성취에 깊이 관여하기 때문이다. 이를 좀 더 자세히 살펴보면 의사소통은 다음과 같다.

- 조직의 목표 달성에 기여하며, 조직의 성과(생산성, 효율성)에 영향을 미친다.
- 조직 구성원들이 조직 내에서의 자신의 역할을 이해하도록 한다.
- 조직의 여러 하위 체계들을 통합한다.
- 다른 조직내 변인들보다 조작하기가 쉬워 관리적 유용성이 크다.

프로젝트를 효과적으로 수행하여야 하는 프로젝트 관리자는 조직내의 여러 활동을 조정하고, 정보를 공유하기 위해서 의사소통을 활성화해야만 된다. 특히 조직이 프로젝트 팀 중심으로 운영될 때 프로젝트 팀과 관리자간 갈등의 해결과 합리적 의사결정을 위해서 의사소통의 중요성은 더욱 커진다.

프로젝트 의사소통 관리는 적절한 프로젝트 정보를 적시에 생성하고, 수집하며 분배하고, 저장하며 복구하고, 최종적으로 축적하는 데에 관한 지식 영역이다. 프로젝트 의사소통 관리 프로세스는 성공적인 의사소통에 필요한 인력과 정보 등의 중요한 연결 고리 역할을 수행한다. 프로젝트 관리자는 프로젝트팀, 이해관계자, 고객 및 스폰서와의 의사소통에 상당한 비중을 두는 경우가 많다. 또한, 프로젝트와 관련된 모든 사람은 의사소통이 프로젝트에 전반적으로 미치는 영향에 대해 알고 있어야 한다.

### 10.2.2 의사소통 네트워크의 형태

**의사소통 네트워크**는 팀원 간의 의사소통 형태에 따라 다음과 같이 5가지 형태로 구분할 수 있으며, 이중 앞의 3가지는 프로젝트 관리자를 중심으로 하향식으로 전달되기 때문에 중앙집중식 네트워크로, 뒤의 두 가지는 분권화 네트워크로 분류할 수 있다.

- **Y자형 네트워크** : 프로젝트 팀 내 어느 정도 대표성이 있는 사람을 통해 팀 구성원 간 의사소통을 하는 형태이며, 집단 내에 특정의 리더가 있는 것은 아니지만 비교적 집단을 대표할 수 있는 인물이 있는 경우에 흔히 나타난다. 특히 라인과

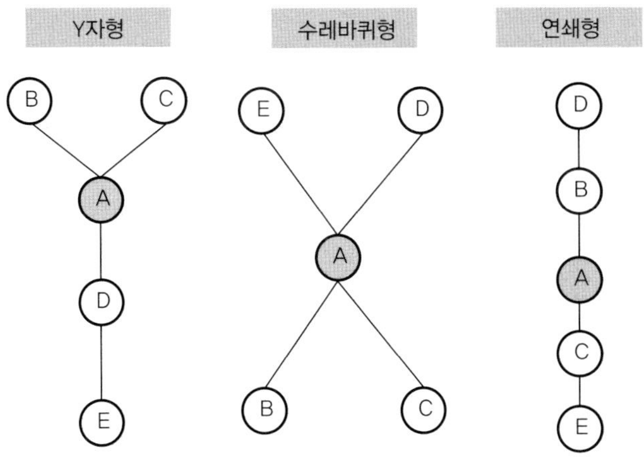


**[그림 10-1]** 중앙집중식 네트워크 구조

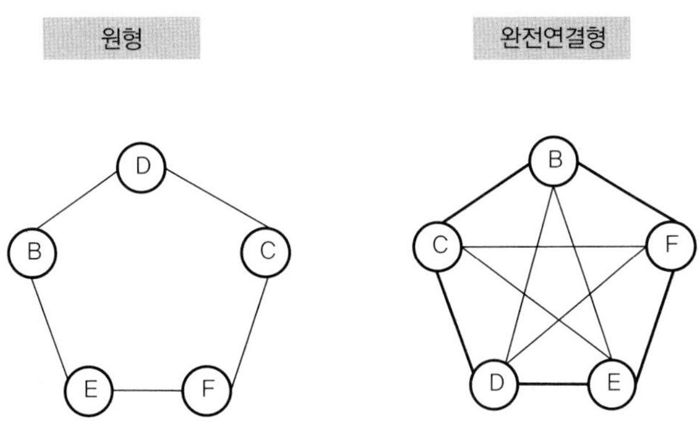


**[그림 10-2]** 분권화 네트워크 구조

스태프의 혼합 집단에서 찾아볼 수 있으며, 단순한 문제를 해결하는 것에 있어서의 정확도는 비교적 높다. 조정 영역을 통해야만 전체 의사소통이 이루어지게 된다. 즉 서로 다른 집단(라인과 스태프)에 속한 사람들 간의 의사소통에 조정 역할이 필요할 때 사용될 수 있다.

- **수레바퀴형 네트워크** : 팀 내의 강력한 리더를 중심으로 의사소통이 이루어지는 형태. 특정의 리더에 의해서 모든 정보의 전달이 이루어지기 때문에 정보가 특정 리더에게 집중되는 현상을 보인다. 힘이 한 곳에 집중되어 구성원들 간의 정보 공유가 안 된다는 단점이 있다.
- **연쇄형 네트워크** : 팀 내의 서열이나 직급 체계 등을 따라 의사소통이 이루어진다. 공식적인 계통과 수직적인 경로를 통해서 의사(정보)전달이 이루어지므로

〈표 10-2〉 의사소통 형태의 성격

| | 연쇄형 | Y자형 | 수레바퀴형 | 원형 | 완전연결형 |
|---|---|---|---|---|---|
| 권한의 집중 | 고 | 중 | 중 | 저 | 매우 저 |
| 의사소통 속도 | 중 | 중 | 단순직무 : 빠름<br>복잡직무 : 느림 | 단합 : 빠름<br>개별 : 느림 | 빠름 |
| 의사소통 정확도 | 서면 : 고<br>복잡 : 저 | 단순 : 고<br>복잡 : 저 | 단순직무 : 고<br>복잡직무 : 저 | 단합 : 고<br>개별 : 저 | 저 |
| 구성원 만족도 | 중 | 중 | 저 | 고 | 고 |
| 의사결정 속도 | 중간 | 중간 | 중간 | 느림 | 빠름 |
| 의사결정 수용도 | 중간 | 중간 | 중간 | 고 | 고 |
| 조직 구조 형태 | 높음 | 높음 | 평평함 | 평평함 | 평평함 |

명령과 권한의 체계가 명확한 공식적인 조직에서 주로 사용된다.

- **원형 네트워크** : 팀 구성원들이 서로 동일한 입장에서 의사소통을 한다. 위원회 조직이나 태스크 포스 조직에서와 같이, 권력의 집중도 없고 지위의 고하도 없이 특정 문제 해결을 위해서 구성된 조직에서 주로 발생한다. 집단 사고 및 정치적 프로세스에 의한 차선의 결정을 내릴 위험이 있다.
- **완전연결형 네트워크** : 팀 구성원들이 서로 자유롭게 의사소통하는 형태. 제한 없이 자유롭게 의견이 교환되며, 창의적이고 참신한 아이디어 산출이 가능해진다. 광고 문안을 만든다든가, 새로운 대안을 찾아내려 할 때, 브레인스토밍 과정에서 많이 사용될 수 있다. 공식적 리더가 없는 비공식적 조직에서 주로 발견되며, 최근에는 조직에서 많이 시도되고 있는 형태이다.

### 10.2.3 공식적, 비공식적 의사소통

**공식적 의사소통**은 조직이 공식적으로 규정하는 바에 따르는 의사소통이다. 정보는 그 가치가 해당 정보의 수집과 배포를 위한 시간 및 비용을 상회한다고 판단될 때에 한해서 수집되고 배포되어야 한다.

이를 위하여 조직은 의사소통의 기본적인 내용과 방법 및 통로를 설계하고 규범적으로 규정한다. 이러한 공식적 규정이 없으면 대규모 조직의 질서를 유지하고 목표를 효율적으로 달성할 수 없게 된다.

프로젝트 관리자는 프로젝트 의사소통의 복잡성에 따른, 가능한 의사소통 채널 또는 경로의 수를 고려해야 한다. 사람의 수가 n이라면, 가능한 의사소통 채널의 총 수는 n(n-1)/2이다. 즉, 20명이라면 총 190개의 가능한 의사소통 경로가 생긴다. 프로젝트 의사소통 계획의 핵심은 이러한 다양한 의사소통 경로 중에서 누가 누구와 의사소통할 것이며, 누가 어떤 정보를 수신할지를 결정하고 제한하는 것이다.

그러나 조직에서는 이러한 공식적인 의사소통 외에 비공식적인 의사소통이 존재한다. 조직원들을 친소 관계에 따라서 자신의 고유한 의사소통 네트워크를 구축하는 경향이 있다. 조직원들은 이러한 사적인 의사소통 네트워크로부터 개인적인 정보를 입수하고 사회적 욕구를 충족시킬 뿐만 아니라, 업무에 관한 다양한 정보를 수집한다.

**비공식적 의사소통** 네트워크는 조직 구성원들이 자신의 감정이나 느낌을 자연스럽게 표현할 수 있도록 도와주며 갈등을 해소하는 역할을 한다. 유능한 프로젝트 관리자는 이러한 비공식적인 의사소통도 효과적으로 활용하여야만 한다.

### 10.2.4 효율적 의사소통

정확하지 못한 의사소통을 초래하는 **의사소통 저해 요인들**로는 다음과 같은 것들이 있다.

- 해석상의 오류 : 단어의 잘못된 선택이나, 어의의 혼동 등
- 개인적 특성 : 송신자와 수신자 간의 이질적인 나이, 교육 수준, 문화적 환경 등
- 여과 : 수신자가 필터링을 통해 재해석
- 감정 상태 : 예를 들어, 당사자들이 흥분해 있다면, 오해가 발생할 수 있다.
- 충분하지 못한 시간 및 과다한 정보량

이러한 의사소통 저해 요인들을 방지하고 효율적인 의사소통을 달성하기 방법으로는 다음과 같은 것들이 있다.

- 감정의 억제

- 적절한 매체의 선택
- 피드백의 활용
- 적극적인 경청
- 비공식적 의사소통 네트워크의 이용

프로젝트 관리자는 다양한 의사소통 매체를 사용할 수 있어야 한다. 프로젝트 관리자가 활용할 수 있는 대표적인 의사소통 매체로는 다음과 같은 것들이 있다.

- **대화** : 일—대—일, 일—대—다, 다—대—다.
- **회의** : 대면 회의, 전화 회의, 화상 회의 등.
- **서류** : 메모, 공문서, 매뉴얼 등.
- **경영 정보 시스템**MIS : 공동 데이터베이스, 자료 처리 및 응용 프로그램 등.
- **전자적 의사소통 도구** : 이메일, 팩스, 음성 메일, 웹 출판 등.
- **전자적 프로젝트 관리 도구** : 일정 및 프로젝트 관리 소프트웨어 등.
- **전자적 공동 작업 관리 도구** : 회의 및 가상 오피스 지원 소프트웨어 등,

조직의 관리자는 구성원과의 의사소통에서 일방적이 아닌 피드백을 이용한 양방향으로 의사소통하여야 하며, 구성원에게 직무에 대하여 충분히 설명하여야 하며, 말과 행동을 일치시킴으로써 구성원으로부터 신뢰를 받아야 한다.

조직은 정보의 자유로운 소통이 가능하도록 환경과 시스템을 구축해야 하며, 권위주의적 분위기를 쇄신하고, 공개적이고 다양한 의사소통 경로를 개발하여야 한다. 또한 복잡한 사항을 위해서는 반복적 의사소통이 가능하도록 하여야 한다.

효과적인 회의 문화의 정립도 또한 중요하다. 회의 시간은 곧 자원이며 경쟁력이므로 시간 관리가 잘 되어야 한다. 관리자와 구성원 간에 대등한 의견 교환이 이루어지고, 독창적인 아이디어가 나올 수 있는 회의 분위기가 확립되어야 한다. 회의 결과는 자주 번복되지 않도록 보장되어야 한다. 또한 회의가 군중 심리나 어느 한 사람에 의해서 좌우되지 않도록 보장되어야 한다.

**회의 방법**에는 다음과 같은 것들이 있다.

- **캔미팅**can meeting : 상사와 부하 간에 위계 의식 없이 자유롭게 의견을 진술하고,

회의석상에서 오고간 이야기에 대해 외부에 발설하지 않는다.

- **델파이 법**delphi method : 각자 무기명으로 다른 모든 구성원들의 의견을 수렴하고, 수렴된 의견을 무기명으로 공유하여, 다시 각자 수정하여 의견을 모으는 행동을 반복하여 최적의 결과를 도출한다.
- **브레인스토밍**brainstorming : 여러 명이 한 가지 문제를 놓고 무작위로 아이디어를 교환하고, 상대방의 아이디어에 자기 의견을 첨가하여, 현장에서 새로운 발상을 유도한다.
- **변증법적 토론** : 회의 참석자들을 둘로 나누어 찬 · 반을 토론을 하고, 각 대안에 대하여 장 · 단점이 모두 드러나게 하여, 비판적 정보를 많이 검토할 수 있도록 한다. 관리자 구성원 사이에 위계의식 없이 자유롭게 의견을 진술하고, 회의석상에서 오고간 이야기에 대해 외부에 발설하지 않으며, 모든 안건을 토론 가능하게 한다.

## 10.3 리더십

### 10.3.1 리더십과 리더

**리더십**은 '조직의 목표를 달성하기 위해서 조직원들에게 영향을 미치는 과정'이라고 정의할 수 있다. 리더십은 다음과 같은 세 가지 핵심 개념을 이용하여 설명할 수 있다.

- **관계** : 리더십은 구성원들과의 관계 속에서 형성되는 역동적 현상이다. 효과적인 리더가 되기 위해서는 구성원들과 의사소통하고, 구성원들을 이해하며 구성원들과의 인간적 유대를 돈독히 하고, 구성원들을 동기를 부여해야 한다.
- **과정** : 리더십은 주위의 구성원들과 계속적으로 상호작용하면서 자연스럽게 형성되는, 하나의 상태에 고착되지 않는 리더와 구성원들 간의 지속적인 교류 과정이다.
- **행동** : 리더는 다양한 방법을 이용하여 구성원들로부터 바람직한 행동을 이끌어야 내야 한다. 그러기 위해서 권한을 합법화하거나, 모델을 세우거나, 목표를

설정하거나, 보상과 벌을 주거나, 팀을 만들거나, 과업에 대하여 의미를 부여하거나, 비전을 전달하는 등의 방법을 활용할 수 있다.

리더십의 특징은 관리management와 대비해 봄으로써 더욱 명확해진다([Kotter 1999]).

- 리더십이 미래의 비전을 제시하고 방향을 설정하는 일이라면, 관리는 리더가 제시한 비전과 방향에 따라 계획하고 실행하는 일이다.
- 리더십은 리더의 비전을 구성원들에게 이해시키고 비전과 목표에 헌신하도록 솔선하는 것이며, 관리는 계획을 달성하기 위해서 필요한 사람들을 충원하고 조직화하는 것이다.
- 리더십은 사람들에게 신념을 갖게 하고 동기를 부여하며 열정을 확산시키는 미래지향적인 노력인데 비해, 관리는 통제 및 능률적인 문제 해결을 통해 계획을 달성하려는 노력이다.

관리자는 현상 유지에 주력하지만 리더는 늘 도전하며, 관리자는 제도와 구조에 주목하고 리더는 사람에게 초점을 맞춘다. 관리자는 '어떻게'와 '언제'를 묻지만 리더는 '무엇'과 '왜'를 물으며, 관리자는 '바르게' 일을 하고 리더는 '바른' 일을 하는 데 노력한다.

좋은 리더는 앞장에서 소개한 동기부여 이론 중 기대 이론에 의하면, 조직 구성원들의 업무와 관련된 목표와 개인적 목표를 달성할 수 있는 경로path를 명확하게 제시해 주고, 그들이 그 경로에 따라서 목적goal 달성을 위해 노력하는 과정에서 부딪히게 되는 여러 가지 장애 요인을 제거해 줄 수 있어야 한다.

### 10.3.2 리더십의 유형

성공적인 리더는 특별한 특성을 지니는 사람만이 될 수 있는 것인가? 행동론적 리더십 이론은 그렇지 않다고 대답한다. **행동론적 리더십 이론**은 리더가 반복적으로 나타내는 행동 패턴이 중요하며, 이러한 행동 패턴은 훈련될 수 있다고 주장한다. 행동론적 관점에서, 리더십은 사람과 과업에 어느 정도로 관심을 보이느냐

〈표 10-3〉 사람과 과업에 대한 강조에 따른 리더십 유형

| | | 과업에 대한 관심 | |
|---|---|---|---|
| | | 낮음 | 높음 |
| 사람에 대한 관심 | 낮음 | 방임적 리더십 | 지시적 리더십 |
| | 높음 | 인간관계적 리더십 | 민주적 리더십 |

따라서 다음과 같이 네 가지로 분류할 수 있다.

- **방임형 리더십** : 사람과 과업에 모두 낮은 관심을 보인다. 사실상 리더십의 행사가 거의 없는 유형으로, 리더는 의사결정에 참여하거나 간섭하지 않으며 구성원들이 필요로 하는 자료나 정보를 제공한다.
- **지시적 리더십** : 과업에 대해서는 높은 관심을 보이지만 사람에 대해서는 관심을 보이지 않는다. 리더가 조직의 목표나 방침을 일방적으로 정하고, 구성원들에게 세부 사항에 관해서까지 상세하게 지시한다.
- **인간관계적 리더십** : 사람에 대해서는 높은 관심을 모이지만 과업에 대해서는 낮은 관심을 보인다. 리더가 구성원들 간의 화합, 구성원들의 리더에 대한 신뢰, 좋은 조직 분위기 등에만 주로 관심을 보인다.
- **민주형 리더십** : 과업과 사람 모두에 높은 관심을 보인다. 집단의 토의나 결정을 권장하고, 칭찬이나 비판 시에는 객관적 입장을 취하며, 정신적으로 그 집단의 일원이라는 점을 강조하는 리더십으로, 리더의 대폭적인 책임과 권한이 구성원들에게 위양되고 직무의 수행 과정에서 구성원들의 자주성과 주체성이 허용된다. 구성원들로 하여금 참여와 단결을 유도함으로써 주인의식을 고취시키고 높은 성과를 달성하려고 한다.

### 10.3.3 상황론적 리더십

앞의 네 가지 리더십 유형 중에서 어떤 것이 가장 효과적일까? **상황론적 리더십 이론**은 모든 상황에 언제나 적합한 최선의 리더십 유형은 없으며, 리더는 상황에 따라 리더십 유형을 적절히 바꾸어야 한다고 주장한다.

상황론적 리더십은 리더, 구성원, 조직이 처해 있는 상황에 의해서 리더십 유효

성이 결정된다고 본다. 리더십의 효율성을 결정하는 요소 중의 하나로는 **조직 구성원의 성숙도**maturity or readiness를 들 수 있다.

구성원의 성숙도는 구성원들의 직무를 성취하고자하는 의지와 능력인데, 능력에는 직무에 필요한 경험과 지식 그리고 세부적 기술들이 포함되며, 의지는 심리적 준비로 자신감과 동기부여 등이 포함된다. 이 성숙도는 다음의 4단계로 분류할 수 있다.

- R1(낮음 : 능력과 의지 모두 없음)
- R2(중하 : 능력은 있으나 의지는 불확실)
- R3(중상 : 능력은 불확실하나 의지는 있음)
- R4(높음 : 능력과 의지 모두 있음)

구성원들의 성숙도가 높아짐에 따라서 적절한 리더십이 지시형에서 설득형으로, 다시 참여형으로, 최종적으로는 위임형으로 변하여간다(HB1988). 지시형, 설득형, 참여형, 위임형 리더십은 각각 대체적으로 앞에서 언급한 지시적, 민주형, 인간관계적, 방임형 리더십에 대응되며, 구체적으로는 다음과 같다.

- **지시형**telling **리더십** : 높은 지시적 · 낮은 지원적 행동 유형으로 대부분의 의사소통의 초점이 목표 달성에 맞추어져 있으며, 리더는 구성원들이 무슨 목표를 어떻게 달성해야 하는가에 대한 작업 지시를 하고 구성원들의 작업 활동을 주의 깊게 감독한다.
- **설득형**selling **리더십** : 높은 지시적 · 높은 지원적 행동 유형으로 의사소통의 초점을 목표 달성과 정서적 지원 양쪽에 맞추고 있다. 설득형 리더는 종업원들의 참여를 고무하고 아이디어를 장려함으로써 자신과 구성원들의 모두 참여하는 팀 정신을 촉구하지만, 여전히 무슨 목표를 달성할 것인가에 대한 최종 결정은 리더가 내린다.
- **참여형**participating **리더십** : 높은 지원적 · 낮은 지시적 행동 유형으로 리더는 목표에만 초점을 맞추지 않고 지원적 행동을 통하여 구성원들이 달성해야 할 과업을 위해 능력을 발휘하도록 동기 유발을 시도한다. 참여적 리더는 일상적 의사결정의 책임은 부하에게 넘기지만 문제 해결을 촉진하는 책임을 리더가 가지고

있다.

- **위양형**delegating **리더십** : 낮은 지원적 · 낮은 지시적 행동 유형으로 리더는 계획, 통제 등의 활동을 줄이고, 수행해야 할 업무에 대한 합의가 이루어지면 그 직무의 수행 방법의 결정과 직무 책임을 부하에게 위양한다.

조직 구성원들의 성숙도 외에 리더십의 유효성을 결정하는 대표적인 요소는 다음과 같다.

- **리더 · 구성원 관계**leader–member relations : 집단 구성원이 리더를 신뢰하고, 리더가 지시하는 바를 기꺼이 따르는 정도인데, 집단 분위기를 통해 측정되며, 리더가 구성원으로부터 지지와 신뢰를 얻게 되면 상황에 대한 통제력도 높아지며 리더십 효과가 증대한다.
- **과업 구조**task structure : 과업의 목표, 달성 방법, 성과 기준 등이 분명하게 명시되어 있는 정도인데, 과업의 구조화 정도가 높을수록 리더가 구성원의 과업 행동을 감독하고 영향력을 행사하기가 용이하다.
- **리더의 지위 권력**position power : 리더가 부하들을 지도 · 평가하고, 필요한 상과 벌을 제시할 수 있는 권한을 지니고 있는 정도인데, 리더의 직위 권력이 클수록 구성원을 자신의 정책 및 통제에 순응하도록 할 수 있다.

리더–구성원 관계가 좋을수록, 과업의 구조도가 높을수록, 리더의 지위 권력이 클수록(일반적으로 앞의 요소가 더 중요하게 작용한다), 리더가 처해있는 상황이 더 좋아진다. 일반적으로 상황이 매우 좋거나 나쁘다면 과업 지향적 리더십이, 상황이 중간 정도라면 관계 지향형 리더십이 효과적이다.

### 10.3.4 팀 임파워링 리더십

**임파워링**empowering이란 팀 구성원이 자기 책임 하에 스스로 업무를 추진할 수 있게 권한과 책임을 주는 것을 말한다. 팀 구성원들을 임파워링하기 위해서 리더는 팀이 구성되고 발전함에 따라 계속해 변하는 역할을 수행해야 한다. 임파워링 리더십에서는 리더의 역할은 팀의 발전 단계에 따라 중심적 역할 → 과도기적 역할 → 협력자 역할 → 임파워링 역할로 변해야 한다.

팀의 발전 초기 단계에서는 팀 리더는 전통적 조직에서의 습관대로 수직적 명령 체계로 팀원을 관리하고, 팀의 중심적 역할을 한다. 팀 리더가 중심적 위치에 있는 팀에서는 다음과 같은 특징이 있다.

- 리더와 구성원이 하는 일이 구별된다.
- 모든 정보가 리더에게 집중되고, 리더가 의사소통의 중심이 된다.
- 모든 의사결정은 리더의 허락을 얻어야 한다.
- 팀이 발전함에 따라서 리더는 과도기적 역할을 한다.
- 리더가 의사결정 권한과 책임을 구성원에게 부여하기 시작한다.
- 구성원은 책임감을 갖기 시작하며, 리더는 의사소통, 팀워크, 협동 분위기를 조성하나, 여전히 팀 내에서 중심에 위치한다.

팀이 성숙하면 리더는 협력자 역할을 수행하여야 한다. 협력자 역할 단계에서는 다음과 같은 특징이 있다.

- 리더와 구성원 사이에 파트너 관계가 형성되며, 팀워크가 강해진다.
- 구성원 스스로 정보 교류와 의사결정을 하기 시작한다.
- 구성원이 리더와 공동으로 책임과 의사결정권을 갖게 된다.

마지막으로 팀이 더욱 성숙해감에 따라 리더는 임파워링 역할을 하여야 한다. 임파워링 역할 단계에서는 다음과 같은 특징이 있다.

- 구성원이 스스로 업무를 추진하고, 책임과 의사결정권을 가진다.
- 리더는 구성원의 업무 수행 능력을 신장시키기 위해 단순히 자문이나 지원을 해준다.구성원이 팀의 업무 수행에 대한 책임감과 주인 의식을 지속적으로 가지도록 한다.
- 리더는 팀 활동과 새로운 도전에 관심을 가진다.

## 10.4 갈등 관리

### 10.4.1 갈등이란

사회적 상호작용은 개인과 개인, 조직과 개인, 조직과 조직의 여러 유형이 있으며, 조직의 단합과 협동을 불러일으키기도 하고, 갈등을 야기하기도 한다.

**갈등**은 인간 상호작용 과정 중에 발생하며, 개인이나 조직의 목표 달성을 저해하기도 하지만, 동시에 문제 해결의 출발점이라는 순기능을 지니기도 한다. 갈등이 유익한가 아니면 유익하지 못한가의 여부는 갈등의 유형과 그 대응 방법에 달려있으며, 리더는 갈등에 적절히 대처하여 역기능은 최소화하고 순기능은 최대화하여야 한다.

갈등은 행동 주체를 기준으로 다음과 같이 분류할 수 있다.

- **개인적 갈등**intrapersonal conflict : 개인이 느끼는 심리적 갈등으로, 다시 목표 갈등, 좌절 갈등, 역할 갈등으로 분류된다.
- **개인 간 갈등**interpersonal conflict : 개인 간에 또는 개인과 집단 간에 발생한다. 이 갈등은 대부분 개인 간의 목표나 성격 차이에 의하여 발생한다.
- **부문 간 갈등**intergroup conflict : 조직 내의 상호의존적인 두 부문이 상충되는 이해관계로 인해 서로 적대시하거나 대립하는 과정. 여기에서 부문이란 일반적으로 조직의 과, 부서, 또는 팀 등과 같은 공식적인 집단을 말하나, 경우에 따라서는 엔지니어나 환경 전문가 등과 같은 특정의 사람들이 수행하는 업무를 의미하기도 한다. 부문 간의 갈등은 개인 간의 갈등과는 달리 관련된 구성원들의 수가 많기 때문에 일반적으로 더 복잡하고 파급 효과가 크다.
- **조직 간 갈등**inter-organizational conflict : 둘 이상의 조직 사이에 발생 하는 갈등. 조직 간의 협의 사항이나 기본 원칙에 대한 불일치에 의해 발생하는 구조적 갈등과, 이러한 합의에 근거하여 설립된 프로세스 내부에서 일어나는 업무 갈등으로 분류된다.

개인적 갈등을 종류별로 좀 더 자세히 설명하면 다음과 같다.

- **목표 갈등** : 서로 양립할 수 없는 목표들 사이에서 쉽게 의사결정을 내리지 못할 때 느끼는 갈등.
- **좌절 갈등** : 심리적 목표를 달성할 수 없을 때 느끼는 갈등. 욕구가 좌절되면 방어 기제로 철회, 공격, 고착 및 타협 등의 반응을 통하여 좌절된 욕구를 해소하려고 한다.
- **역할 갈등** : 개인에게 상충하는 지시가 복합적으로 부여되었을 때 느끼는 갈등.

### 10.4.2 갈등의 관리

갈등에 대한 대응 방법은 협조성과 독단성을 기준으로 다음과 같이 분류할 수 있다([Tomas1992, pp.265~274]).

- **회피** : 자신과 상대방의 관심사를 동시에 무시하고, 갈등 이슈로부터 물러나거나 갈등 해결을 위한 적극적인 역할의 수행을 거부한다.
- **수용** : 자신의 관심사는 포기하고 상대방이 관심사를 충족하게끔 한다.
- **타협** : 갈등 당사자들이 서로 양보함으로써 서로 부분적인 만족을 취한다.
- **협조** : 서로의 관심사, 즉 갈등의 원인에 대하여 논의하고, 협력하여 서로의 목표를 추구한다.
- **경쟁** : 타인에 대해 배려함이 없이 강력한 압력을 행사하고 대결한다.

이러한 5가지 유형을 전략적 관점에서 구분하면 다음과 같다.

- **패/패**lose- lose **전략** : 어느 누구도 자기가 원하는 것을 얻지 못하거나 어느 한 편만 원하는 것의 일부만을 얻는다. 회피 및 타협이 이에 속한다.
- **승/패**win- lose **전략** : 갈등의 어느 한 편이 다른 한 편을 희생하거나 배제함으로써 자기가 원하는 것을 얻는다. 경쟁 및 수용이 해당한다.
- **승/승**win- win **전략** : 양 편이 모두 받아들일 수 있는 이익에 집중하며, 갈등 당사자들 간의 차이를 조정하고, 문제 해결과정을 수행한다. 협조가 해당한다.

승/승 전략이 개인적인 관점이나 조직적인 관점 모두에서 가장 바람직한 전략

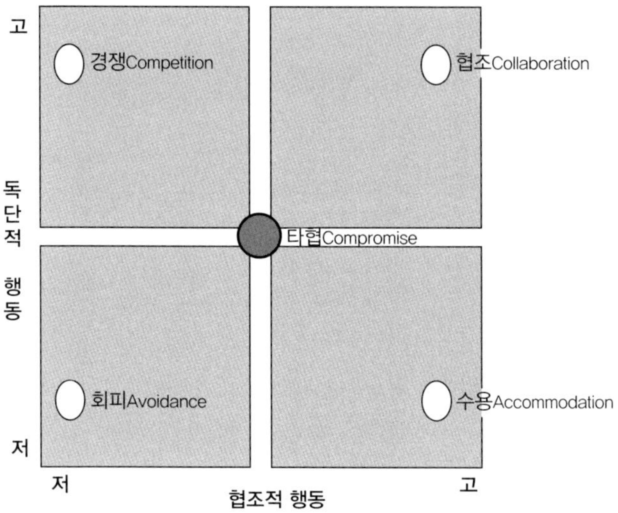


**[그림 10-3]** 갈등관리

이다. 이러한 전략은 의사소통 기술을 개선함으로써 보다 효과적으로 수행할 수 있다.

**요하리의 창**이라는 모델은[Luft1986 pp.6~7; Hall1973] 자신과 타인과의 관계에 있어서 갈등의 원인이 어디에 있는지를 의사소통에 근거하여 설명한다. [그림 10-4]에서와 같이 내가 타인과 의사소통을 하고 있다고 가정하자. 내가 나에 관한 정보를 얼마나 타인에게 노출시키는가와 타인이 나에게 자신의 정보를 얼마나 개방하는가를 기준으로 다음과 같이 4가지의 영역을 정의할 수 있다.

- **공공 영역** : 나와 타인이 서로에 대해 잘 알고 있는 영역으로, 대인 관계에 있어서 갈등의 소지가 없는 영역이다.
- **사적 영역** : 나는 타인에 대해 많이 알지만 타인은 나에 대해 모르는 경우로, 대인 관계에 있어서 갈등이 야기될 잠재성이 있는 영역이다.
- **맹목 영역** : 나는 정보를 개방했지만 타인은 반응을 보이지 않는 경우로 갈등의 소지가 크다.
- **미지 영역** : 나와 타인 모두가 모르는 영역이며, 대인 관계에 있어서 갈등의 소지가 가장 크다.

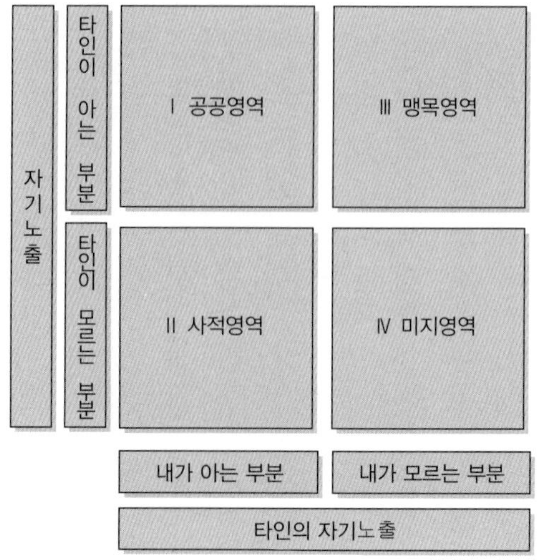


**[그림 10-4]** 요하리의 창 모델

이 모델의 결론은 대인 관계에 있어서 자신을 타인에게 노출시키고, 또한 타인으로부터 피드백을 받아 공공 영역을 늘려 나가야 한다는 것이다. 그럼으로써 개인 간 갈등의 소지가 줄어들고, 공감대가 형성되며, 보다 원만하게 공동으로 의사결정을 내리고, 문제를 신속하게 효과적으로 해결할 수 있게 된다.

조직 내에서 의사소통은 집단 구성원들의 활동을 조정하고 통합하는 기능을 하며, 조직 구성원들이 동기 부여되도록 하며, 조직 구성원들이 좌절이나 만족과 같은 감정을 표현하게 함으로써 스트레스를 해소한다. 이러한 특성 때문에 의사소통은 갈등 관리의 기본적 요소가 된다.

그러나 의사소통은 그 자체가 갈등을 유발할 수 있다. 다음은 갈등을 유발할 수 있는 의사소통 요인들이며, 이러한 요인들은 잘 관리되어야 한다.

- 어의 불일치 : 사람들이 하나의 단어 또는 문장을 서로 다른 의미로 사용한다.
- 정보 부족 및 과잉 : 개인 및 집단 간에 정보가 충분히 교환되지 않거나 너무 많이 교환된다.
- 잡음 : 정보가 유통되는 과정에서 변형된다.

### 10.4.3 협상

**협상**negotiation은 갈등을 관리하고 상호 간에 만족스러운 결과를 도출하기 위한 의사소통 기술이다. 예를 들어서, 프로젝트 관리 팀은 다음과 같은 사람 또는 조직과 협상을 할 수 있다.[4)]

- **기능 관리자** : 요구되는 기간 범위 내에서 적절한 능력이 있는 인원을 공급받고, 그들의 책임이 완수될 때까지 프로젝트 팀원들이 프로젝트 일을 할 수 있고, 하려고 하고, 권한을 받는 것을 보장하기 위해
- **수행 조직 내의 다른 프로젝트 관리 팀** : 희귀하고 전문적인 인적자원을 적절히 할당하기 위해
- **외부 조직, 후원자, 공급자, 계약자 등** : 적절하고, 희귀하며 전문적이고, 자격 있으며 자격증을 소지하고, 또는 기타 특수한 인적자원을 위해, 외부와의 협상 정책, 관행, 프로세스, 지침, 법률, 그리고 기타 기준에 대해 특별히 고려해야 한다.

프로젝트 관리 팀의 다른 사람들에 대해 영향을 미칠 수 있는 능력은 인원 배정에 대한 협상에서 중요한 역할을 한다. 예를 들어서, 기능 관리자는 여러 프로젝트 팀에 의해서 요청된 예외적인 수행자를 어디에 배정할 것인가를 결정할 때 서로 경쟁하는 프로젝트들 간에 혜택과 어느 것이 두드러져 보이는가를 저울질한다.

협상을 성공적으로 이끄는 데는 협상 당사자 간에 서로의 믿음이 얼마나 있느냐, 각 측은 상대방에게 자신의 의견을 얼마나 명확히 전달할 수 있는 능력이 있는가, 각 측의 목표와 관심은 서로 얼마나 일치하느냐 등 여러 요인에 크게 의존하다. 협상을 성공적으로 이끌기 위해서는 다음과 같은 가이드라인을 사용할 수 있다([Richardson1985 pp.168~169]).

- 모든 협상 항목의 목표와 목표에 내재되어 있는 상황 및 배경을 이해한다.
- 서두르지 않는다.
- 의견이 정해져 있지 않을 때는 회의를 연다.
- 명확한 목표 설정을 지원할 수 있는 자료를 준비한다.

4) PMBoK2008, pp.227-228.

- 협상 상대가 원하는 것의 근본적인 동기부여 요인을 찾는다.
- 협상이 교착상태에 빠지지 않도록 한다. 만약 한 항목에서 더 이상의 진전이 없다면 다음 항목으로 넘어가고, 해당 항목은 나중에 검토한다.
- 상대의 체면을 세워준다.
- 상대의 의견을 경청한다.
- 상대에게 공정하면서도 단호하다는 인상을 심어준다.
- 감정을 통제한다.
- 협상은 타협 과정임을 명심한다.
- 사람을 이해하는 법을 배운다.
- 협상된 각 조항의 문구들에 각별히 유의를 한다.
- 협상 과정 중 목표에 위배되는 흐름을 파악한다.
- 현재의 협상이 미래의 협상에 미칠 파급 효과를 고려한다.

CHAPTER

# 11

# 프로젝트 조달 관리

CHAPTER

# 11 프로젝트 조달 관리

이 장에서는 다음에 대해 학습한다.

- 외부에서 조달하기 위한 구매 절차와 방법
- 조달된 자재의 관리 방법
- 조달하기 위한 여러가지 계약 형태와 각 형태의 장단점

## 11.1 프로젝트 조달 관리 프로세스들[1]

**프로젝트 조달 관리**project procurement management는 제품, 서비스, 또는 결과를 프로젝트 팀 외부로부터 구매하거나 획득하는 데 필요한 프로세스들을 포함한다. 해당 조직은 프로젝트의 제품, 서비스, 또는 결과의 구매자 또는 판매자 중 어느 하나가 될 수 있다. 프로젝트 조달 관리는, 권한을 부여 받은 프로젝트 팀원이 발행한 계약 또는 구매 주문을 개발하고 집행하는 데 필요한, 계약 관리와 변경 통제 프로세스들을 포함한다. 프로젝트 조달 관리는 또한 해당 프로젝트를 수행 조직으로부터(판매자) 획득하는 외부 조직(구매자)에 의해서 발행된 모든 계약을 집행하고, 또 해당 계약에 의해서 프로젝트 팀에 부과된 계약상의 의무를 집행하는 것을 포함한다.

1) 이 절은 PMBoK2008의 Ch.12 Project Procurement Management의 내용을 번역 또는 편집하여 작성하였다.

〈표 11-1〉 프로젝트 조달 관리 프로세스들

<table>
<tr><th colspan="3">프로세스 이름</th></tr>
<tr><th colspan="3">요약</th></tr>
<tr><th>산출물</th><th>도구 및 기법</th><th>투입물</th></tr>
<tr><td colspan="3">조달 관리 계획을 개발하기plan procurement management (계획)</td></tr>
<tr><td colspan="3">프로젝트 구매 결정을 기록하고, 그 접근방법을 구체화하며 잠재적 판매자들을 확인한다.</td></tr>
<tr><td>• 조달 관리 계획<br>• 작업의 조달 결정서<br>• 제조-또는-구매 결정<br>• 조달 문서들<br>• 판매자 선정 기준<br>• 변경 요구들</td><td>• 제조-또는-구매 분석<br>• 전문가 판단<br>• 계약 유형들</td><td>• 범위 기준선<br>• 요구사항 문서<br>• 티밍 협약<br>• 위험 등록부<br>• 위험과 관련된 계약 의사결정<br>• 기업 환경 요인<br>• 활동 자원 요구사항<br>• 프로젝트 일정<br>• 활동 비용 추정치<br>• 비용 성과 기준선<br>• 조직 환경 요인<br>• 조직 프로세스 자산</td></tr>
<tr><td colspan="3">조달을 수행하기conduct procurements (수행)</td></tr>
<tr><td colspan="3">판매자 응답을 획득하고, 판매자를 선정하고, 계약을 체결한다.</td></tr>
<tr><td>• 선정된 판매자<br>• 조달 계약 체결</td><td>• 입찰자 회의<br>• 제안서 평가 기법들<br>• 독립 추정치들<br>independent estimates</td><td>• 프로젝트 관리 계획<br>• 조달 문서<br>• 판매자 선정 기준<br>• 자격 있는 판매자 목록<br>• 판매자 제안서<br>• 프로젝트 문서<br>• 제조-또는-구매 결정<br>• 티밍 협약teaming agreements<br>• 조직프로세스 자산</td></tr>
<tr><td colspan="3">조달을 통제하기control procurements (모니터링 및 통제)</td></tr>
<tr><td colspan="3">조달 관계를 관리하고, 계약 성과를 모니터링하고, 필요한 변경과 수정을 한다.</td></tr>
</table>

| | | |
|---|---|---|
| • 선정된 판매자<br>• 조달 계약 체결 | • 입찰자 회의<br>• 제안서 평가 기법들<br>• 독립 추정치들 | • 프로젝트 관리 계획<br>• 조달 문서<br>• 판매자 선정 기준<br>• 자격 있는 판매자 목록<br>• 판매자 제안서<br>• 프로젝트 문서<br>• 제조–또는–구매 결정<br>• 티밍 협약teaming agreements<br>• 조직프로세스 자산 |
| **조달을 종결하기**close procurements **(종료)** | | |
| 각 프로젝트 조달을 완료한다. | | |
| • 종료된 조달<br>• 조직 프로세스 자산(갱신된) | • 조달 감사<br>• 분쟁 해결 협상 negotiated settlements<br>• 기록 관리 시스템 | • 프로젝트 관리 계획<br>• 조달 문서 |

프로젝트 조달 관리 프로세스들은 구매자와 판매자 간의 법적 문서인 계약을 수반한다. 계약은 판매자에게는 명세된 제품을 제공할 것을 의무화하고 구매자에게는 금전적 또는 기타 가치 있는 보상을 할 것을 의무화하는, 상호구속적인 합의를 표현한다. 이러한 합의는 간단할 수도 있고 복잡할 수도 있으며, 인도물 또는 요구되는 노력의 단순성 또는 복잡성을 반영할 수도 있다.

**조달 계약**은 **지불 조항과 조건들**terms and conditions을 포함하며, 구매자는 판매자가 수행하거나 제공해야 하는 것을 명시한 기타 항목들을 포함할 수도 있다. 모든 조달이 조직의 조달 정책을 준수하면서 프로젝트의 구체적인 필요들을 충족시킨다는 것을 보장하는 것은 프로젝트 관리 팀의 책임이다. 응용 영역에 따라서, 계약은 합의 또는 하청 등의 다양한 이름으로 불리기도 한다. 대부분의 조직들은 특별히 조달 규칙을 정의하고 누가 조직을 대신하여 그러한 합의에 서명하고 집행할 것인가를 밝히는 문서화된 정책과 절차들을 보유한다.

## Box 11-1 아웃소싱

| 산업 | 아웃소싱 기회 |
|---|---|
| 은행 및 금융 | 수표 및 전자 지불 처리, 신용 보고서 발행, 체납 관리, 증권, 거래 처리 |
| 보험 | 클레임 보고 및 처리, 보험 증권 운영, 수표 처리, 위험 평가 |
| 통신 | 청구서 및 영수증 발행, 트랜잭션 처리 |
| 의료 보건 | EDI, 데이터베이스 관리, 회계 |
| 소송 | 티켓 및 주문 관리 |
| 정부 | 대부 처리, 의료 보험 처리 |
| 소매업 | 전자 지불 처리 |

위의 표는 각 산업별로 아웃소싱이 주로 이루어지고 있는 업무를 보여준다. 아웃소싱outsourcing은 조직 전체의 비즈니스 기능 관리 및 일상적인 업무 수행을 외부의 서비스 제공자에게 위탁하는 것을 말한다. 아웃소싱에서는 서비스 제공자가 인력, 설비 등의 자원을 직접 제공한다. 해당 업무에 투입되었던 고객의 기존 자원은 아웃소싱 계약으로 서비스 제공자에 의해서 취득된다.
아웃소싱은 비용 절감을 위해서 사용될 수도 있지만, 기업의 해당 기업 핵심 역량에 자원을 집중시키고, 나머지 활동은 외부의 전문 기업에 위탁 처리함으로써 전략적인 효과를 극대화하고, 장기적으로 성장과 경쟁력을 극대화하기 위해서 사용될 수 있다. 보통 상호 복합적이고, 의존적이며, 장기적인 파트너 관계를 형성해 하나의 전체 시스템과 통합적으로 운영된다는 점에서, 구매 및 컨설팅, 하청 등과는 많은 차이가 있다.
아웃소싱은 1980년대에 미국의 제조업 분야에서, 세계적인 경제 상황 악화와 이에 따른 경쟁의 격화로 인해 한정된 자원을 가진 기업이 모든 분야에서 최고의 위치를 유지하기 어렵게 되면서, 도입되기 시작한 이후 전 세계 기업들로 급격히 확산되었다. 최근에는 특히 정보 처리 분야에서 매우 활발하게 활용되고 있다.
최근에는 아웃소싱은 정보 시스템 분야에서 가장 활발히 사용되고 있으며, 정보시스템의 아웃소싱이 아웃소싱의 대명사처럼 인식되고 있다. 정보시스템의 아웃소싱의 경우, 모든 전산 시스템을 외부에 위임하는 '전체 아웃소싱'과 특정 부분만을 위탁하는 '선별적 아웃소싱'으로 분류되기도 한다. 아웃소싱은 시스템 및 네트워크의 관리 및 운영 활동이 강조된다는 점에서 새로운 시스템 및 운영 프로그램의 개발 활동이 강조되는 시스템 통합SI : system integration과 구별된다.
아웃소싱으로부터 얻을 수 있는 이익은 다음의 것들을 포함한다.

- 프로세스, 서비스, 또는 기능의 질과 효율성의 개선
- 운영비용의 절감
- 자원의 핵심적 이익 창출 역량에의 집중
- 대규모 자본 투자에 따른 위험에의 노출의 감소
- 아웃소싱 서비스 제공자의 규모의 경제에의 접근

- 아웃소싱 서비스 제공자의 숙련과 최상의 실무 경험에의 접근
- 최신 기술에의 접근
- 변화하는 시장에 신속히 대응할 수 있는 능력과 유연성의 증진
- 자본금의 지출 방지
- 인원수와 관련 오버헤드 비용의 감축
- 전문가가 부족한 인력 시장에서 종업원을 고용하고 유지하는 것과 연관된 조절과 비용의 감축
- 제품과 서비스의 출시 기간의 단축

아웃소싱에는 많은 주의할 사항들이 있다. 기업들이 아웃소싱을 도입할 때에는 이러한 주의 사항들에 대해서 잘 고려해야 한다. 많은 주의 사항들이 아웃소싱 서비스 제공자에 대해서 잘 조사함으로써 해결될 수 있다. 이러한 주요 주의 사항들은 다음과 같다.

- **계약 기간** : 대부분의 IT 아웃소싱 계약들은 비교적 장기간(보통 5년 내지 10년)이다. 그 이유는 기술 투자를 지속하면서 자산과 피고용자들을 전환하는 것에 많은 비용이 들기 때문이다. 이러한 장기 계약은 여러 가지 문제점을 유발한다.
- **비밀성** : 어떤 조직은 이러한 기밀 사항을 서비스 제공자에게, 특히, 그 서비스 제공자가 같은 시장의 경쟁자에게 서비스를 제공하고 있을 경우에는 더욱 전달하는 것을 꺼려하여 아웃소싱을 하지 않기도 한다. 만약, 계약에 비밀 준수 조약을 포함시켜 이러한 위험을 방지하더라도, 조직은 아웃소싱 약정의 순이득을 계산할 때 비밀성 파기의 잠재적인 위험과 비용을 반드시 평가하여야 한다.
- **범위 정의** : 일반적으로 아웃소싱 계약의 범위는 매우 넓으며, 모든 것을 구체적이고 정확히 정의하기가 어려운 경우가 많다. 결과적으로, 종종 어떤 서비스에 대해서, 조직들은 해당 서비스가 계약 범위 내에 있다고 믿는 반면에 서비스 제공자들은 범위 밖에 있으며 따라서 추가적인 비용이 지불되어야 한다고 생각한다.

모든 프로젝트 문서들이 어떠한 형태로든 검토와 승인을 받도록 되어 있지만, 그 법적 구속력 때문에, 계약은 좀 더 철저한 승인 절차를 거치는 것이 일반적이다. 모든 경우에, 검토와 승인 절차의 핵심은 계약 용어가 확인된 프로젝트 필요를 충족시키는 제품, 서비스 또는 결과는 서술하는 것을 보증하는 것이다.

프로젝트 관리팀은 계약, 구매, 법률 및 기술 분야 전문가의 지원을 받을 수도 있다. 이러한 참여는 조직의 정책에 의해서 지정될 수 있다.

프로젝트 조달 관리 프로세스에 포함된 다양한 활동들이 계약 생애주기를 구성한다. 계약 생애주기를 능동적으로 관리하고 조달의 지불 조항과 조건들을 조심스럽게 서술함으로써, 확인 가능한 프로젝트 위험의 일부가 회피되거나, 완화되

**Box 11-2 판매자 선정 기준** source selection criteria[2)]

선정 기준이 종종 조달 문서의 일부로 포함된다. 이러한 조달 기준은 판매자 제안서를 평가하고 점수를 매기기 위해서 사용되며, 객관적이거나 또는 주관적일 수도 있다. 선정 기준은, 소수의 수용할 수 있는 판매자들로부터 쉽게 획득할 수 있다면, 구입 가격만으로 한정될 수도 있다. 이러한 경우, 구입 가격에는 해당 항목의 비용과 운송료와 같은 부수 비용이 포함된다. 보다 복잡한 제품을 위해서는 기타 선정 기준이 식별되고 문서화될 수 있어야 한다. 그 중에는 다음과 같은 항목이 포함될 수 있다.

- **필요에 대한 이해** : 판매자의 제안서가 조달 작업 서술을 얼마나 잘 반영하였는가?
- **전체 또는 생애주기 비용** : 선정된 판매자가 최소의 소유 비용(구매 비용과 운영 비용의 합)을 보장할 것인가?
- **기술적 능력** : 판매자가 필요한 기술을 갖고 있거나 또는 획득할 것이라고 합리적으로 기대할 수 있는가?
- **위험** : 작업 기술에 어느 정도의 위험이 내포되어 있는가, 어느 정도의 위험이 선정된 판매자에게 할당될 것인가, 그리고 어떻게 판매자가 위험을 완화할 것인가?
- **관리 방법** : 판매자가 성공적인 프로젝트를 보장할 수 있는 관리 프로세스와 절차들을 갖고 있거나 또는 획득할 것이라고 합리적으로 기대할 수 있는가?
- **기술적 접근 방법** : 판매자가 제안한 기술적 방법론, 기법, 해결책, 그리고 서비스들이 조달 문서 요구사항에 부합하는가, 또는 예상되는 결과를 산출해 낼 수 있을 것인가?
- **보장** : 제안자가, 최종 제품을 보장하기 위해서, 무엇을 어떠한 시기에 제공할 것이라고 제안하는가?
- **재정 능력** : 판매자가 필요한 재원을 갖고 있거나 또는 획득할 것이라고 합리적으로 기대할 수 있는가?
- **생산 능력 및 이해관계** : 판매자가 잠재적인 미래의 요구사항을 충족시킬 수 있는 능력과 이해관계를 갖고 있는가?
- **사업 규모와 유형** : 판매자가 구매자 또는 법규에 의해서 정의된 유형과 규모(중소기업 등의)에 부합하는가?
- **판매자의 과거 실적** : 선정된 판매자와의 과거 경험은 어떠했는가?
- **지적재산권** : 판매자가 사용할 작업 프로세스 또는 서비스 프로젝트를 위해서 생산할 제품에 지적재산권을 주장하는가?
- **재산권** : 판매자가 사용할 작업 프로세스 또는 서비스 프로젝트를 위해서 생산할 제품에 재산권을 주장하는가?

거나, 또는 판매자에게 전가될 수 있다. 제품 또는 서비스를 위해서 계약을 체결하는 것은 잠재적인 위험을 관리하고 분담하기 위한 책임을 배분하기 위한 방법

2) PMBoK2008 pp.327-328.

중의 하나이다.

복잡한 프로젝트에서는 다수의 계약 또는 하위 계약들을 동시에 또는 연속적으로 관리하여야 할 수도 있다. 이러한 경우, 계약 생애주기 각각은 프로젝트 생애주기 어느 단계에서도 종료할 수 있다. 프로젝트 조달 관리는 구매자 · 판매자 관계의 관점에서 논의된다. 구매자 · 판매자 관계는 하나의 프로젝트 에서도 여러 수준이 존재할 수 있으며, 획득 조직의 내부 또는 외부 조직 간에도 존재할 수 있다.

응용 영역에 따라서, 판매자는 계약자 또는 벤더 등으로[3] 다양하게 불릴 수 있다. 프로젝트 획득 주기에서의 구매자의 위치에 따라서, 구매자는 고객 또는 획득 조직 등으로[4] 다양하게 불릴 수 있다. 판매자는 계약 생애주기 동안에 입찰자, 그 후로는 선택된 공급원, 계약된 공급자 또는 벤더로 간주될 수 있다.[5]

판매자는 재고 자재나 재화, 또는 일용 상품의 획득이 아니라면, 전형적으로 해당 작업을 프로젝트로 관리한다. 이러한 경우는 다음과 같은 특징이 있다.

- 구매자는 고객이 되며, 따라서 판매자의 주요 프로젝트 이해관계자가 된다.
- 판매자의 프로젝트 관리팀은 이 지식 영역만이 아니라, 모든 프로젝트 관리 프로세스들과 관계된다.
- 계약의 지불 조항 및 조건들은 판매자의 많은 관리 프로세스의 주요 투입물이 된다. 계약은 실제로 투입물들(예, 주요 인도물, 주요 이정표, 비용 목표)을 포함하거나 또는 프로젝트 팀의 선택 범위를 제한할(예, 설계 프로젝트에서는 종종 충원 결정이 구매자의 승인을 받아야 한다) 수도 있다.

이 절에서는 프로젝트 팀이 직접 구매를 하며 판매자는 외부 조직이라고 가정한다. 또한 공식적인 계약 관계가 개발되고 구배자와 판매자 간에 존재한다고 가정한다. 그러나 이 절의 대부분의 논의가 프로젝트 팀 이외의 조직과의 비-계약적인 내부 부서 간 작업에도 동일하게 적용된다.

3) 영어로는 “contract” 대신에 “agreement”, “understanding”, “subcontract”, “purchase order” 등이 쓰이기도 한다.

4) 영어로는 “seller” 대신에 “contractor”, “subcontractor”, “vender”, “service provider”, “supplier” 등의 용어가 쓰이기도 한다.

5) 영어로는 “buyer” 대신에 “client”, “customer”, “prime contractor”, “acquiring organization”, “governmental agency”, “service requester”, “purchaser” 등의 용어가 쓰이기도 한다.

### 11.1.1 조달 관리 계획을 수립하기plan procurement management 프로세스

**조달 관리 계획을 수립하기**는 프로젝트 구매 결정을 문서화하고, 그 방법을 구체화하고, 그리고 잠재적인 구매자를 식별하는 과정이다. 그것은 프로젝트 조직 외부의 제품, 서비스 결과의 구매 또는 취득을 통해 가장 잘 충족될 수 있거나 프로젝트 팀에 의해서 충족될 수 있는 프로젝트 필요를 판별한다.

이 프로세스는 외부의 지원을 획득할 것인지를 결정하고, 또 그런 경우에는 무엇을 획득할 것인가, 그것을 어떻게 취득할 것인가, 그것이 얼마나 필요한가, 그것을 언제 획득할 것인가에 대한 고려를 포함한다. 프로젝트가 프로젝트 성과를 위해서 필요한 제품, 서비스, 결과를 수행 조직 외부에서 조달할 경우에는, 조달 계획에서부터 조달 종료의 전 프로세스들이 각각의 항목에 대해서 수행된다.

조달 계획 프로세스는 특히, 구매자가 계약 결정에 영향을 미치고 어느 정도의 통제를 구사하기를 원하는 경우에는, 잠재적 판매자에 대한 고려를 포함한다. 프로젝트를 수행하는 데 법률, 규제, 조직의 정책에 의해서 요구될 수 있는 관련 허가와 전문적인 라이선스를 획득하고 보유하는 데 누가 책임이 있는지에 대해서도 고려해야 한다.

프로젝트 일정 요구사항은 조달 계획 프로세스 기간의 전략에 중대한 영향을 끼칠 수 있다. 조달 관리 계획을 개발하는 도중에 내려진 의사결정들은 프로젝트 일정에 영향을 미치고 개발 일정, 활동 자원 추정, 제조 또는 구매 결정과 통합될 수 있다.

**Box 11-3 조달 관리 계획**procurement management plan[6]

조달 관련 문서를 개발할 때부터 계약이 종료될 때까지 조달 프로세스가 어떻게 관리되는지를 기술한다. 일반적으로 다음과 같은 사항들에 대한 지침을 포함할 수 있다.

- 사용할 계약 유형.
- 위험 관리 이슈들.
- **독립적 추정치들을 사용할 것인지 여부** : 그것들이 평가 기준으로 필요한 경우에.
- **프로젝트 관리팀이 독자적으로 취해야 할 조치들** : 수행 조직에 지정되어 있는 조달, 계약 또는 구매부서가 있는 경우.
- **표준화된 조달 문서** : 필요한 경우에.
- 복수 공급자의 관리.
- **조달의 조정** : 일정 관리 및 성과 보고와 같은 다양한 프로젝트 요소에 맞춘.
- **제약 및 가정** : 계획된 구매 및 획득에 영향을 줄 수 있는.
- 판매자로부터 구매하거나 획득하는 데 필요한 리드 타임을 다루고 그것을 프로젝트 일정 개발과 연계시키기.
- 제작-구매 의사결정을 다루고 그것을 활동 자원 추정하기 및 일정 개발하기 프로세스와 연계시키기.
- 계약 인도물들에 대한 각 계약들 내의 계획된 일자들을 결정하고 그것을 일정 개발과 통제 프로세스에 연계시키기.
- 일정 유형의 프로젝트 리스크를 완화하기 위한 채무 증서performance bond(계약 이행 보증용 금전 채무 증서) 또는 보험 계약서에 대한 요구사항을 확인하기.
- 계약 작업 분류 체계의 개발 및 유지에 대한, 판매자에게 제공될 지시사항들을 작성하기.
- 계약 작업 기술서procurement/contract statement of work의 양식과 형식을 결정하기.
- **사전에 선정된 판매자를 식별하기** : 그러한 판매자가 존재할 경우에.
- **조달 메트릭**metrics : 계약을 관리하고 판매자를 평가하는 데 사용하기.

조달 관리 계획은 각 프로젝트의 필요에 따라서 공식적이거나 비공식적일 수도, 자세하거나 대략적일 수도 있다. 조달 관리 계획은 프로젝트 관리 계획의 보조적 요소이다.

조달 계획 프로세스는 각각의 제조 또는 구매 결정과 관련된 위험에 대해 고려하는 것을 포함한다. 위험을 완화하고, 경우에 따라서는 위험을 판매자에게 전가하기 위해 어떤 종류의 계약 형태를 사용할 것인가를 검토하는 것을 포함한다.

6) PMBoK2008, pp.324-325.

## Box 11-4 프로그램 조달 관리 계획[7)]

프로그램 조달 관리 계획program procurement management plan은 조달을 정의하고, 통합하고, 조정하기 위해 필요한 모든 활동과 인도물들에 대한 서술을 포함한다. 이 계획의 내용과 복잡도는 작용 영역과 원하는 결과에 따라서 달라진다. 이 계획은 프로그램 변경 모니터 및 통제 프로세스를 통해서 갱신되고 수정된다. 프로그램 조달 관리 계획은 다음의 사항들을 서술한다. 어떻게 공급자를 획인할 것인가. 해당 조직의, 조달된 서비스 및 제품을 평가하고, 획득하고, 관리하기 위한 능력. 계약 관리가 어떻게 수행될 것인가. 도입될 계약 유형들. 인도된 서비스 및 제품에 대한 지불. 그리고 계약의 종료. 이 계획에는 최소한 다음과 같은 사항들이 포함되어야 한다.

- **컴포넌트 작업기술서 갱신**component statement of work update : 프로젝트 작업기술서는 모든 컴포넌트 작업기술서와 컴포넌트에 고유한 작업들을 편집한다. 프로젝트 작업기술서는 주어진 컴포넌트를 위한 조달 프로세스에 지침을 제공한다. 그것은 작업이 어떻게 상이한 컴포넌트들에 의해서 관리될 것인가, 작업이 내부에서 또는 외부에서 수행될 것인가, 외부 노력이 통합해서 또는 개별 계약에 의해서 관리될 것인가 등등을 확인한다.
- **계약 유형**contract type : 다양한 유형의 계약이 가능하다. 특정 컴포넌트의 필요에 따라서 적절한 계약이 정해져야 한다. 어떤 경우에는 단순한 시간간 및 자재 계약time and material contract이 적당할 수 있고, 어떤 경우에는 비용 추가 계약cost plus contract이 적절할 수도 있다. 프로그램에서 사용할 구체적인 계약 유형이 정의되고 기록되어야 한다.
- **필요한 그리고 가능한 자원의 확인**identification of required and available resources : 조달 결정 프로세스에는 필요한 자원을 결정하고(프로그램 계획 프로세스의 일부이다) 그것이 조직 내에서 확보할 수 있는가를 확인하는 것이 포함된다. 그렇지 않다면, 외부 판매자로부터 획득되어야 한다.
- **제작/구매 결정**sourcing decisions : 이 결정은 문제의 제품을 직접 생산할 것인가 또는 외부 벤더로부터 구입할 것인가를 정한다.
- **필요한 조달의 확인**identification of required procurement : 이것은 전체 프로그램에 대해서 적용되어야 한다. 조달한 항목들을 프로그램의 다양한 컴포넌트에 사용함으로써 비용을 절감할 수 있다. 종유 자원에 대한 적절치 못한 계획과 각 컴포넌트를 위한 적절한 자재를 구입하지 않는 것은 추가적인 비용을 유발할 수 있다.
- **제안서**proposals : 프로세스, 절차, 그리고 평가 기준들이 벤더가 제출한 제안서를 객관적으로 평가하기 위해서 필요하다. 어떤 경우에는, 프로그램 조직에 있을지도 모르는 편향을 제거하기 위해서 외부 대리인을 고용하는 것이 바람직할 수도 있다.
- **검증된 판매자 목록**qualified seller lists : 검증된 판매자 목록은 조직 자산을 이용하여 개발하거나 프로그램 관리 팀이 개발할 수 있다. 일반적인 정보는 인터넷이나 카탈로그 등으로부터 널리 수집할 수 있다. 특정 원천에 대한 상세한 정보는 현장 방문이나 과거 고객들과의 면담 등과 같이 좀 더 많은 노력을 필요로 할 수도 있다.

---

7) StdPgM2008, pp.190-191.

**Box 11-5 조달 협상**procurement negotiations[8)]

협상은 구매의 구조, 요구사항 및 기타 조건들을 명확하게 하여 계약에 서명하기 전에 상호 합의에 이를 수 있게 한다. 최종 계약 내용은 도달한 모든 합의를 반영해야 한다. 포함된 주제는 책임, 변경을 할 수 있는 권한, 적용 가능한 조건과 법규, 기술적 및 비즈니스 관리 방법, 재산권, 자금 조달, 기술적 해결안들, 전체 일정, 지불 및 가격 등을 포함해야 한다. 협상은 구매자와 판매자 모두에 의해서 수행될 계약 문서를 작성함으로써 종료된다.

복잡한 조달 항목에 대해서, 계약 협상은 그 자체 입력물(이슈와 공개된 항목 목록)과 출력물(기록된 의사결정)을 갖는 독립된 프로세스가 될 수 있다. 단순한 조달 항목에 대해서는, 지불 조항과 조건들이 사전에 결정되고 협상 가능하지 않아서 판매자는 단지 수용할 수밖에는 없을 수도 있다.

프로젝트 관리자는 조달 협상가를 리드하지 않을 수도 있다. 만약 프로젝트의 기술, 품질, 그리고 관리 요구사항을 보다 분명하게 하기 위해서 필요하다면, 프로젝트 관리자와 프로젝트 관리 팀의 다른 팀원이 도움을 주기 위해서 협상 현장에 있을 수도 있다.

### 11.1.2 조달을 수행하기conduct procurements 프로세스

**조달을 수행하기**는 판매자 응답을 획득하고, 판매자를 선정하고, 계약을 체결하는 프로세스이다. 이 프로세스에서는, 팀은 입찰 또는 제안서들을 받고 해당 작업을 수행할 수 있고, 판매자로서 수용 가능하다고 인정되는 판매자를 선정하기 위해서 미리 정의된 선정 기준을 적용한다.

주요 조달 품목의 경우에는, 판매자 응답을 요청하고 그 응답을 평가하는 전체 과정이 반복될 수 있다. 자격 있는 판매자들의 목록이 이전의 제안서들로부터 작성될 수 있다. 좀 더 자세한 평가가 목록의 판매자들로부터 좀 더 구체적이고 포괄적인 요구사항 문서들에 의거해서 수행될 수 있다. 뿐만 아니라, 여기에서 소개된 도구 및 기법들이 판매자를 선정하기 위해서 단독으로 또는 통합되어 사용될 수 있다. 예를 들어서, 가중 체계weighting system는 다음을 위해서 사용될 수 있다.

- 표준 계약에 서명할 것을 요청받을 단일 판매자를 선정하기
- 각 제안서에 부여된 가중 평가 점수에 의해서 모든 제안서들의 순위를 정함으로써 협상 순서를 결정하기

8) PMBoK2008, pp.332-333.

**Box 11-6 조달 계약 문서의 주요 요소**[9)]

계약 문서의 주요 요소들은 일정하지는 않으나, 다음과 같은 것들을 포함할 수 있다.

- 작업 또는 인도물에 대한 서술,
- 일정 기준선,
- 성과 보고,
- 수행 기간,
- 역할 및 책임,
- 판매자 수행 장소,
- 가격,
- 지불 조건,
- 인도 장소,
- 검사 및 인수 기준,
- 보장,
- 제품 지원,
- 부채의 한도,
- 보수fees 및 미지급금retainage,[10)]
- 벌금,
- 인센티브incentives,
- 보험과 채무 증서performance bonds,
- 보조적 하청계약자 승인,
- 변경 요청 취급,
- 종료 및 대체적 분쟁 해결ADR : alternative dispute resolution[11)] 기제 : ADR 방법이 조달 체결의 일부로서 사전에 결정될 수 있다.

이 프로세스에서 갱신될 수 있는 프로젝트 관리 계획의 요소로는 비용 기준선, 범위 기준선, 일정 기준선 및 조달 관리 계획 등이 있다. 이 프로세스에서 갱신될 수 있는 프로젝트 문서에는 요구사항 문서, 요구사항 추적 가능성 문서requirement

9) PMBoK2008, pp.333-334.

10) "Fee"는 의사, 변호사, 컨설턴트와 같은 전문직의 서비스에 대해 지불된 가격을 말하며, 일반적으로 오버헤드, 임금, 비용, 그리고 이윤을 포함한다. "retainage"는 건설 계약에서 계약자가 벌었으나 건설 완료 또는 기타 합의된 일자까지 지불되지 않은 돈을 말한다. 한편, "retained earnings/profit"은 사내 유보금을 말하며, "retaining fee"는 변호사 의뢰료 또는 착수금을 말한다.

11) ADR이란 형식적으로는 법원의 소송 이외의 방식으로 이루어지는 분쟁 해결 방식을 말하며, 실질적으로는 법원의 판결 형태가 아니라 화해, 조정, 중재와 같이 제3자의 관여나 직접 당사자 간에 교섭과 타협으로 이루어지는 분쟁 해결 방식을 말한다.

**Box 11-7 조달 문서**procurement documents[12)]

조달 문서는 잠재적 판매자들에게 제안서를 제출할 것을 요청하기 위해서 사용된다. 판매자 선정이 주로 가격에 의해서 결정될 때에는 (일용 상품이나 표준품을 살 때와 같이) 입찰서, 입찰 견적서, 견적서와 같은 용어들이 주로 사용되나, 기술적 능력이나 접근 방법 같은 기타 고려 사항이 주안점일 때는 제안서와 같은 용어가 일반적으로 사용된다.[13)] 제안 요청, 견적 요청, 입찰 고지와 같은 용어들은 다양한 종류의 조달 문서에서 공통적으로 사용되기도 한다.[14)] 조달의 장소 및 산업에 따라서 특수한 조달 용어가 사용될 수도 있다.

구매자는, 각 잠재적 판매자로부터의 정확하고 완전한 응답을 촉진하고, 이러한 응답에 대해 용이한 평가를 촉진하기 위해서, 조달 문서를 구조적으로 만든다. 이러한 문서는 응답의 바람직한 양식에 대한 서술, 적절한 조달 작업 서술, 그리고 필요한 모든 계약 조항들을 포함한다. 정부 조달의 경우에는, 조달 문서의 내용 및 구조의 전체 또는 일부가 법규로 정의될 수도 있다.

조달 문서의 복잡도와 상세도 수준은 계획된 조달의 가치 및 연관된 위험에 상응해야 한다. 조달 문서는 일관성 있고 적절한 응답을 보장하기에 충분하여야 하나, 동일한 요구사항을 충족시킬 수 있는 더 좋은 방법에 대한, 어떠한 판매자의 제안도 감안할 수 있도록 충분히 유연해야 한다.

잠재적 판매자들에게 제안서 또는 입찰을 제출하도록 하는 조달 요청은 대중 신문, 전문 잡지, 또는 공보 등에 게재할 수 있으며, 일반적으로 구매자 조직의 정책에 맞추어서 발행된다.

traceability documentation 및 위험 등록부 등이 포함된다.

### 11.1.3 조달을 통제하기control procurements 프로세스

**조달을 통제하기**는 조달 관계를 관리하고, 계약 성과를 모니터링하고, 필요할 때 변경과 수정이 이루어지도록 하는 것이다. 구매자와 판매자가 모두 조달 계약을 비슷한 목적으로 관리한다. 각자가 두 당사자가 그들의 계약 의무사항들을 이행하고 또 그들 자신의 법적 권리가 보호되도록 해야 한다. 조달 행정 프로세스는 판매자의 성과가 조달 요구사항을 충족하고 또 구매자가 법적 계약 조건에 의거하여 행동하도록 보장한다. 계약 관계의 법적 성질 때문에 프로젝트 관리 팀이 어떤 조달 행정을 수행하든지 취해진 행동의 법적 의미를 알아야만 한다. 다중 제

12) PMBoK2008, pp.326-327.

13) 영어로는, 전자의 경우에는 "bid", "tender", "quotation" 등이, 후자의 경우에는 "proposal"이 이에 해당한다.

14) 영어의 경우에는, "RFPrequest for proposal", "RFrequest for information", "IFBinvitation for bid", "RFQrequest for quatation", "tender notice, invitation for negotiation, invitation for seller's initial response" 등이 이에 해당한다.

**Box 11-8 조달 작업 기술서**procurement statements of work[15)]

각 조달에 대한 범위 중에서 계약 내에 포함된 부분만을 정의하는 작업 기술서가 프로젝트 범위 기준선으로부터 작성된다. 이 조달 작업 기술서는 잠재적 판매자가 자신이 해당 제품, 서비스, 또는 결과를 제공할 수 있는가를 결정할 수 있도록 충분히 자세하게 조달 품목을 서술한다. 어느 정도로 자세히 기록해야 하는가는 항목의 특성, 구매자의 필요, 또는 예상되는 계약 유형에 따라 변할 수 있다. 작업 기술서는 명세, 요구 수량, 품질 수준, 성과 자료, 수행 기간, 작업 위치 및 기타 요구사항 등의 정보가 포함될 수 있다.

조달 작업 기술서는 명확하고, 완전하고, 간단하게 작성되어야 한다. 이것은, 조달 품목에 대한 성과 보고 또는 프로젝트 이후의 운영지원과 같이 요구되는 모든 부수 서비스에 대한 서술을 포함해야 한다. 일부 응용 영역에서는, 조달 작업 기술서를 위한 특수한 내용 및 형식 요구사항이 있다. 각 개별적 조달 품목 당 하나의 작업 기술서가 작성되어야 한다. 그러나 다수의 제품이나 서비스가 하나의 작업 기술서 내에 하나의 조달 항목으로 묶일 수 있다.

조달 작업 기술서는 그것이 서명된 계약 체결까지 조달 프로세스에서 이동하는 과정에 필요할 때마다 갱신되고 정제될 수 있다.

품, 서비스 및 결과 제공자를 가진 대규모 프로젝트에서는 계약 관리의 핵심은 다양한 제공자들 간의 인터페이스를 관리하는 것이다.

다양한 조직 구조 때문에, 많은 조직들이 계약 행정을 프로젝트 조직으로부터 분리된 행정 기능으로 취급한다. 조달 담당자가 프로젝트 팀에 속하는 경우에도, 이러한 인원은 전형적으로 다른 부문의 감독자에게 보고한다. 이러한 것은 수행 조직이 외부 고객에의 프로젝트 판매자일 경우에도 일반적으로 해당된다.

**조달 통제**는 적절한 관리 프로세스들을 계약 관계에 적용하는 것과 이러한 프로세스의 산출물을 전체 프로젝트 관리에 통합하는 것을 포함한다. 다수의 판매자와 다수의 제품, 서비스, 또는 결과가 연관되어 있을 경우에는, 이러한 통합은 종종 여러 계층에서 수행된다. 적용되는 프로젝트 관리 프로세스들은 다음을 포함한다.

- 프로젝트 수행 지시 및 관리 : 계약자의 작업을 적시에 승인한다.
- 성과 보고 : 계약 범위 비용, 일정 및 기술적 성과를 모니터링한다.
- 품질 통제 수행 : 계약자 제품 적정성의 검사 및 검증한다.

15) PMBoK2008, p.325.

- 통합 변경 통제 : 변경이 적절히 승인되었으며, 그러한 변경을 알아야 할 필요가 있는 모든 사람들이 인지하고 있음을 보증한다.
- 위험 모니터링 및 통제 : 위험이 완화되었음을 보장한다.

조달 통제는 판매자에게의 지불을 모니터링하는 것을 포함하는 재정적 관리 요소를 포함한다. 이것은 계약서에 정의된 지불 조건이 충족되었는지, 그리고 판매자 보상이 계약에 명시된 대로 판매자 진도와 연계되었는지를 보장한다. 지불할 때의 주요 주의사항 중의 하나는 지불이 완수된 작업과 긴밀하게 연관되도록 하는 것이다.

조달 통제 프로세스는 판매자가 얼마나 좋은 성과를 내고 있는가 또는 냈는가를 계약에 의거해서 검토하고 기록하며, 필요할 때 수정 조치를 취한다. 이러한 성과 검토는 미래의 프로젝트에서 비슷한 작업을 위한 판매자 능력의 척도로 사용될 수 있다. 판매자가 판매자의 계약상 의무를 이행하지 못해서 구매자가 수정 조치를 고려하고 있는 경우에도 또한 비슷한 평가가 수행될 수 있다. 조달 행정은 계약된 작업(원인, 편의, 불이행으로 인한)의 모든 조기 종결을 포함한다. 조달 행정을 위해 다양한 기법들을 사용할 수 있다.

계약은 계약 종결 전에 언제든지 계약의 변경 통제 조항에 따라서 상호합의로 수정될 수 있다. 그러한 수정은 종종 판매자와 구매자 모두에게 똑같이 이롭지는 않을 수 있다. 이 프로세스에서 갱신될 수 있는 프로젝트 관리 계획 요소에는 조달 관리 계획과 기준선 일정이 포함된다.

### 11.1.4 조달을 종결하기close procurements 프로세스

**조달을 종결하기**는 프로젝트 조달 각각을 완수하는 프로세스이다. 그것은, 작업과 인도물들이 인수가능한지에 대한 확인을 포함하기 때문에, 프로젝트 또는 단계 종료 프로세스를 보조한다.

조달 종결 프로세스는 해결되지 못한 분쟁을 종료하고, 최종 결과를 반영하기 위해서 기록을 갱신하고 추후 사용을 위해, 데이터를 보관하는 것과 같은 행정적인 활동들을 포함한다. 조달 종결 프로세스는 프로젝트 또는 하나의 프로젝트 단계에 적용할 수 있는 개개의 계약을 취급한다. 다중 단계 프로젝트에서 계약서의 내용은 단지 주어진 단계에만 적용 가능할 수 있다. 이러한 경우, 계약 종결 프로세스는 프로젝트의 해당 단계에 적용 가능한 계약(들)을 종료한다. 해결되지 않은 분쟁은 종결 후에 소송할 수 있다. 계약 내용 및 조건은 계약 종결을 위한 측정 프로시저를 명시할 수 있다.

계약의 조기 종결은 계약 종결의 특별한 경우이며, 부서 간 상호합의로부터 또는 부서 중 한 곳에서의 불이행으로부터 야기될 수 있다. 조기 종결 시 부서들의 권한 및 책임은 계약서의 종결 조건에 포함된다. 계약서의 내용 및 조건에 기반하여 구매자는 계약 또는 프로젝트의 특정 부분에 대한 종결 권한을 가질 수 있다(판매자에게 판매자가 수행한 작업에 대해 보상해야 할 수도 있다).

## 11.2 구매 관리

### 11.2.1 구매란

필요한 물자 및 서비스의 **조달**procurement은 크게 다음과 같이 세 가지로 구분할 수 있다.

- 자체 조직에 의한 내부 생산
- 외부로부터의 구매
- 외부로부터의 무상 취득

**구매**purchasing는 조직이 재화 및 서비스의 생산에 필요한 설비나 원재료, 부품 자재 및 서비스를 외부에서 대가를 지불하고 취득 또는 획득하는, 즉 구입하는 행위를 말한다. 구매는 설비 임차를 통한 서비스의 구매를 포함한다. 특정 물품 또는 서비스를 자체 생산할지 또는 구매할지를 결정하기 위해서 제조 **구매 분석** make-or-buy analysis 또는 **가치 분석**value analysis 등을 수행할 수 있다. 이러한 분석들에서는 직접비와 간접비가 모두 고려되어야 한다.

### Box 11-9 가치 분석

- 그 물건을 이용하여 가치를 높일 수 있나?
- 그 물건의 원가와 용도가 규정에 맞는가?
- 그 물건의 형상은 전부 필요한가?
- 사용 목적에 맞는 것으로 다른 것은 없는가?
- 좀 더 낮은 가격에 의한 방법으로 기능적인 부품을 만들 수는 없는가?
- 좀 더 유용한 표준을 발견할 수는 없는가?
- 사용하는 수량을 고려한 타당한 공구, 설비로 생산하고 있나?
- 자재비, 노무비, 간접비, 이윤은 적절한가?
- 좀 더 싸게 공급할 수 있는 업자는 없나?
- 좀 더 싸게 구입하고 있는 기업은 없나?

이상은 G.E.사의 가치 분석value analysis을 위한 체크리스트이다([이철근2007]). 가치 분석은 부품의 가격과 기능을 분석하여 부품 변경의 가능성을 탐색하는 구매품이나 하청품의 원가 분석 기법이다. 가치 분석은 G.E사에서 최초로 사용하였으며, 이를 미국 해군에서 도입하여 가치 공학value engineering으로 발전시켜 복잡한 장비의 원가 절감을 위하여 사용했다. 가치 공학은 제품을 구성하는 부품이 주어진 기능에 적합한가를 분석하고 기능을 최소의 비용으로 제공할 수 있는 설계 변경 가능성을 탐색한다.

그러나 가치 분석과 가치 공학은 그 목적이 근본적으로 동일하며, 모두 다음의 공식에 근거한다.

$$가치_{value} = \frac{기능_{function}}{원가_{cost}}$$

여기에서 기능에는 사용use 목적과 관련된 주요 기능만이 아니라, 매력esteem을 포함하는 기타 보조 기능을 포함한다. 기능은 최종적으로는 금전적으로 측정되어야 한다.

구매의 목적과 역할은 조직의 활동을 원활하게 지원하는 데 있다. 조직은 일반적으로 다량의 물품이나 서비스를 구매하므로 구매 담당자 및 부서를 두고 있다. 구매 부문은 구입 의뢰가 들어온 물품이나 서비스를 최적의 QCDquality, cost, delivery(품질, 비용, 납기)로 공급해야 한다.

통상 구매 활동으로부터 구입한 물품이나 서비스를 **구매품**이라고 한다. 구매품은 다음과 같이 나눌 수 있다.[16]

16) 매매의 다상이 되는 재화나 용역을 칭하는 일반적인 용어로는 '상품(商品)'이 있다. '구매품'은 '구매된 상품'을 의미한다. '시판품(市販品)'은 '시장에서 판매되는 물품'을 의미한다. 시장은 '상품이 거래되는 장소'이며, 따라서 시판품은 본질적으로 상품과 같은 뜻이나, 제조업에서는 규격품 중에서, 주문에 의해서 생산한 것이 아닌, 시장에서 즉시로 구매할 수 있는 완성품에 한정해서 사용되기도 한다. 제조업

**Box 11–10 제조/구매 분석**make-or-buy analysis[17)]

제조/구매 분석은 특정 작업에 대해 프로젝트 팀이 가장 잘 수행할 수 있는지 또는 외부로부터 구입(임대를 포함하여)하는 것이 유리한지를 판단하기 위한 일반적인 관리 기법이다. 특정 설비가 프로젝트 조직 내에 존재하기는 하나, 다른 프로젝트에 할당된 경우가 있을 수 있으며, 이러한 때에는 해당 프로젝트는 일정을 준수하기 위해서 해당 노력을 조직 외부로부터 조달해야 할 필요가 있을 수 있다. 프로젝트는 예산에 대한 제약이 반영되어야 한다. 구입 결정이 내려졌다면, 추가적으로 구매할 것인가, 리스할 것인가에 대한 결정이 내려져야 한다. 제조/구매 분석은 간접비뿐만 아니라 직접비를 포함한 모든 관계된 비용을 감안해야 한다. 예를 들어서, 구입에 대한 분석에서는 해당 제품을 구매하기 위해 실제로 지불된 비용만이 아니라, 구매 프로세스와 구매된 항목을 지원하기 위한 간접비용도 포함시켜야 한다.

프로젝트 팀이 속한 조직의 장기 전략도 제조/구매 분석의 구성 요소이다. 프로젝트 팀의 조직이 상품을 지속적으로 필요로 한다면, 프로젝트에 할당된 구매 비용의 일부는 조직의 미래를 위한 투자로 간주할 수 있으며, 차익 분석을 기반으로 비용을 할당할 수 있다.

- **원재료** : 제품을 만드는 데 사용되는 원료나 재료
- **반제품** : 구입한 시점에서 이미 어떤 형상이 만들어져 있으나, 사용하기 위해서는 추가적인 가공이 필요한 물품. 제품의 실체를 구성하게 되는 주물이나 단조품 등이 이에 해당한다.
- **완제품** : 일정한 조건에 알맞게 제작 공정을 완전히 마친 제품. 누구의 도면이나 규격에 의해서 만들었느냐에 따라서 다음과 같이 나눌 수 있다.
  - 규격품 : 품질, 모양, 크기, 성능 따위를 통일된 규격에 맞추어 만든 물품. 판매자의 도면이나 규격 등에 기초하여 생산된 물품.
  - 외주품 : 주문에 의해서 구매자의 도면이나 규격 등에 기초하여 생산된 물품.[18)]
- **서비스** : 규격이나 매뉴얼 등에 따른 활동 및 설비의 임차를 통한 이용.

---

에서는 또한, 상품은 '원재료'와 협의의 '시판품'을 통칭하는 말로 쓰이기도 한다. '표준품'은 견본을 이용하기 어려운 경우 매매 계약을 위해 표준으로 정한 물품을 말하며, 규격화시키기 어려운 미곡이나 소맥, 면화 등의 농산물이나 광산물의 무역 거래에서 주로 사용된다.

17) PMBoK2008, p.321.

18) '외주(外注)'는 문자상의 의미는 외부에 주문을 한다는 뜻이며, 영어로는 "subcontract"에 해당한다. 외주는 아웃소싱outsourcing에 대응하는 한국어로도 사용되기도 하며, 경우에 따라서는 '구매'와 같은 뜻으로 사용되기도 하나, 구분하여 사용하는 것이 바람직하다. 그러나 '외주품'은 일반적으로 이 경우에 국한되어 사용된다. 경우에 따라서 외주품은 주문에 의해서 구매자의 도면이나 규격 등에 기초하여 생산된 반제품도 포함하는 의미로 사용되기도 한다.

〈표 11-2〉 집중 구매와 분산 구매의 비교

| 구분 | 집중 구매 | 분산 구매 |
|---|---|---|
| 전문성의 축적 및 활용 | 쉽다 | 어렵다 |
| 가격 등 거래 조건 협상 | 유리 | 불리 |
| 자재 및 업무의 표준화 | 쉽다 | 어렵다 |
| 구매 인력의 효율적 활용 | 쉽다 | 어렵다 |
| 구매 수속 및 절차 | 복잡 | 단순 |
| 각 공장 및 현장의 특수성 반영 | 어렵다 | 쉽다 |
| 공장 및 현장 주변 공급자와의 협력 | 어렵다 | 쉽다 |
| 공장 및 현장부터 원거리 공급자와의 협력 | 쉽다 | 어렵다 |
| 긴급 수요에 대한 신속한 대응 | 어렵다 | 쉽다 |

구매는 관련 업무를 한 곳에 모아서 수행하느냐 또는 각 공장이나 프로젝트 현장에서 수행하느냐에 따라서 집중 구매와 분산 구매로 분류할 수 있다. 두 가지 방법은 각각의 장단점이 있으며(표 11-2), 집중 구매는 구매량에 따라서 가격의 차이가 있는 품목의 경우에 특히 유리하며, 분산 구매는 사무용 소모품 등의 시장에서 일상적으로 판매되는 상품 및 소량 품목의 경우에 유리하다. 구매는 필요할 때마다 그때그때 구입하는가 또는 일정 기간 동안의 소요량을 미리 예측하여 한꺼번에 구입하는가에 따라서 수시 구매와 예측 구매로 나눌 수도 있다.

### 11.2.2 구매 절차

구매 절차는 일반적으로 특정 물품을 필요로 하는 조직이 수량과 일정을 정하여 구매 부서에 구매를 의뢰하는 것으로부터 시작한다. 구매 절차는 조직 규모나 종류에 따라 다르지만, 일괄 구매의 경우 다음과 같은 절차를 사용할 수 있다([이 2007b]).

- **구입 의뢰** : 각 부서가 수주 사양서, 도면, 일정 계획에 근거하여 구입 재료 및 부품의 품목과 구입량, 납기를 명시하여 구매부에 구입을 의뢰한다.
- **주문서의 발행** : 구매부서가 납기를 검토하여 구입품명별과 구입처별로 분류 정

리하여 주문서를 작성한다.

- **주문서의 배포** : 구매부서가 작성한 주문서를 공급자에게 송부하고, 기타 부속서류들(주문 보고서, 발주 통지서 등)을 관련 부서로 배포한다.
- **납기 관리** : 구매 담당자가 정기적으로 각 구입처에 대해 진척 상태를 파악하고 납기 지연 방지에 노력한다.
- **납품서의 작성** : 공급자가 지정 납품서(납품서 원안, 물품 수령서, 납품서, 구매표, 검사 통지서, 구입 보고서, 조달 전표 등)를 작성한다.
- **물품의 납입** : 공급자가 지정 납품서를 첨부하여 물품을 납입한다.
- **현품의 수입** : 창고 책임자가 납품서와 발주 통지서를 조회하여, 물품 주문품에 과부족이 없는가를 확인한다.
- **납품 확인** : 구매부서가 납기 관리 카드(주문 카드)를 조회하여 납품을 확인한다.
- **품질 검사** : 검사 부문에서 납입 물품과 검수서, 주문 사양에 의하여 검사한 후, 검수서에 검수 결과를 기록한다.
- **수입기장** : 창고 책임자가 현품과 검수 통지서를 조회 확인하고, 검수 통지서로부터 발주 통지서의 입고수를 확인하여 구매 전표와 검수 통지서, 구입 보고서, 조달 전표를 구매부서에 송부한다. 물품은 보관 구역에 보관하고 재고량을 갱신한다.
- **조달 계상** : 구매부서가 검수 통지서와 주문 카드를 조회하여 검수 통지서의 금액을 검산한다. 구매부서는 구매 전표는 구매처별로 정리함으로써 외상 매출매입 보조 원장으로 하고, 검수 통지서는 공급자에게, 구입 보고서는 구입을 의뢰한 부서에게, 조달 전표는 경리부서로 송부한다.
- **지불 계획** : 경리부서가 조달 전표와 주문 통지서를 비교하여 지불 계획을 검토한 후 분개장에 기입한다.
- **대금 청구** : 공급자가 검수 통지서를 조정 마감일 전에 집계하여 청구서를 작성하고, 검수 통지서를 첨부한 후 구매부에 제출한다.
- **대금 지불 의뢰** : 구매부서가 청구서 및 그 명세를 외상 매입금 보조 원장과 대조하여 지불 확인한 후 청구서를 경리 부문으로 송부한다.
- **대금 지불** : 경리부서는 청구서와 지불 계획(조달 전표)을 조회하여 소정의 지불일에 지불 전표를 체크한 후 대금을 지불한다.
- **외상 매입금 보조원장의 정리** : 구매부서는 지불 통지표에 의하여 외상 매입금 보

조 원장에 지불필 인을 날인하여 지불 완료와 미불 사항을 명확하게 구분한다.

## 11.3 자재 관리

### 11.3.1 자재 발주

**자재 관리**material management는 **재고 관리**inventory management의 일부다. 재고 관리는 완제품의 재고 관리를 포함한다. 보관된 물품을 **재고**inventory라고 하며, 재고는 시간이 지남에 따라서 소진되며, 정기적으로 또는 부정기적으로 보충replenish된다.

재고는 일반적으로 주문의 발행, 즉 발주에 의해서 보충된다. **리드타임**lead time은 발주 후에 물품이 도착할 때까지의 시간을 말한다. 리드 타임은 행정 소요 시간, 생산 소요 시간, 납품 소요 시간 등으로 구성된다.

자재 발주 방법은 주문 수량과 시기에 따라서 크게 세 가지로 나눌 수 있다.

- **정량 발주** : 주문할 때마다 미리 정해진 일정한 양을 주문한다. 수요가 일정하지 않고 변동하는 경우에는 부정기적으로 주문하게 된다.
- **정기적 발주** : 정기적으로 주문한다. 수요가 일정하지 않은 경우에는 발주 시마다 다른 양을 주문하게 된다.
- **부정기 부정량 발주** : 부정기적으로 부정량을 발주한다. 적시JIT : just in time 생산 시스템에서는 최종 제품에 대한 주문이 들어오면, 생산 시점에 맞추어 주요 부품에 대한 주문이 발행된다. 최종 제품의 생산이 불규칙적인 경우에는 자재의 발주도 불규칙적으로 된다. 고가이거나 쉽게 상하거나 부피가 커서 저장하기 힘든 물품에 적합하다.

가장 단순한 정량 발주 유형의 재고 관리 방법으로는 **두 상자 방법**two bin system을 들 수 있다. 이 방법 방법에서는 물품을 두 개의 커다란 통에다 보관하다가, 한 통이 비면 주문을 발행하고 다른 상자의 물품을 사용하기 시작한다. 이 때, 한 통의 보관량은 리드타임 동안의 소요량보다 충분히 커야 하다. 이 방법은 사용하는 수량은 많으나, 부피가 작고 싼 물품의 경우에 적합하다. 일반적으로 소요량이 많

**Box 11-11 경제적 주문량과 경제적 생산량**

$$Q^* = \sqrt{\frac{2C_0 D}{C_H}}$$

위 식은 유명한 경제적 주문량EOQ : economic order quantity의 계산 공식이다. 여기에서 $C_0$는 주문을 한 번 하는데 드는 주문 비용, $C_H$는 물품 1개를 1년간 재고로 유지하는 데 소요되는 재고 유지비, $D$는 연간 총 소요량을 나타낸다. 위 식에서 개당 조달 가격이 포함되지 않은 데 주의하라.
예를 들어, 연간 소요량 10,000개인 물품을 한 번 주문할 때 20만원이 들고, 개당 1년간 재고 유지비용이 1,000원이 든다면 다음과 같다.

$$Q^* = \sqrt{\frac{2 \times 200,000 \times 10,000}{1,000}} = 2,000$$

즉, 한 번 주문할 때 2000개씩을 주문하는 것이 가장 경제적으로 된다. 연간 총소요량이 10,000개이므로, 1년에 5번, 2.4개월마다 재고가 소진되는 시점에 한 번씩 주문하는 것이 가장 경제적이다. 또한, 리드타임이 0.01년이라면 재주문점은 100개이다.

경제적 주문량 공식은 대량 구매에 따른 가격 할인이 적용되지 않고, 소요율이 항상 일정하며 재고 부족이 허용되지 않는 경우에 사용할 수 있다. 대량 구매에 따라 가격이 할인되는 경우에는 경제적 주문량보다 더 많은 양을 주문하는 것이 바람직할 것이다. 만약 소요량이 일정하지 않고 변동한다면, 일정량의 안전 재고safety stock를 추가적으로 보유하고 있는 것이 바람직하며, 재주문점도 좀 더 높게 잡아야 한다.

경제적 주문량 공식에서는 주문한 물품이 일시에 도착한다고 가정한다. 그러나 자체 생산 시에는 일반적으로 생산이 진행됨에 따라서 재고량이 점진적으로 증가한다. 만약 연간 생산 능력이 P이고, 생산이 연간 일정한 속도로 이루어진다면, 이러한 경우에 최적 1회 생산량인 경제적 로트 크기 또는 경제적 생산량EPQ : economic production quantity은 다음과 같다.

$$Q^* = \sqrt{\frac{2C_0 D}{C_H\left(1 - \frac{D}{P}\right)}}$$

고 금액은 중간 정도인 물품에 대해서 사용할 수 있다.

또 다른 정량 주문 유형으로는 **경제적 주문량**EOQ : economic order quantity 방법이 있다. 이 방법은 대량 구매에 따른 가격 할인이 적용되지 않고, 소요가 항상 일정하며 재고 부족이 허용되지 않는 경우에 1회 주문량을 결정하기 위해서 사용된다. 경제적 주문량 모형에서는 소요가 항상 일정하므로, 주문이 정기적으로 발행된다.

경제적 주문량 공식은 수요량이 많고 가격이 중간 정도인 품목에 적용하기 적당하며, 원래의 조건이 정확히 충족되지 않는 경우에도 널리 응용된다. **MRP**material requirements management 또는 manufacturing requirements planning[19]에서는 부품의 조달 시기를 최종 제품의 생산 시점으로부터 리드타임 등을 고려해서 역산한다. MRP 환경에서는 일반적으로 경제적 주문량 모형의 전제 조건이 충족되지 않으나, 로트 크기를 결정할 때 경제적 주문량을 응용하는 것이 바람직한 경우가 많다.[Possl1994]

**재 주문점**reordering point은 재고량을 기준으로 주문을 다시 해야 하는 시점을 말한다. 경제적 주문량 모형에서 재 주문점은 리드타임에 총 소요량을 곱한 값이 된다. 수요량이 변동하는 경우에는 리드타임 동안의 재고 소진을 방지하기 위한 안전 재고safety stock를 추가적으로 보유해야 하며, 그에 해당하는 양만큼 재주문점을 증가시켜야 한다.

수요가 변동하는 경우에는 주문 간격이 불규칙적으로 되며, 재고량이 **POP**point of production 등에 의해서 자동으로 집계된다면, 부정기적인 재주문점에서 경제적 주문량을 주문한다. 그러나 재고량이 별도의 재고 또는 재물 조사에 의해서 파악되어야 한다면, 정확히 재주문점에서 주문을 할 수 없다. 재고 조사는 비용이 들므로, 일반적으로 일정 시간 간격을 두고 정기적으로 수행된다. 이때 재주문점은 재고 점검 주기 동안의 소요량을 고려하여 추가적으로 상향 조정되어야 한다.

재고 관리 대상 품목의 수가 많은 경우에는, 재고 항목들을 그룹으로 묶어서, 그룹 단위로 관리하는 것이 효율적일 수 있다. 이때에는 재고 조사 시점만이 아니라 발주 시점도 같이 통일하는 것이 효율적일 수 있다. 이러한 그룹 관리의 경우에는 품목 별로 최대 재고량을 정해놓고, 주기적으로 같은 그룹의 각 품목에 대해서 현재 재고와 최대 재고량과의 차이를 발주할 수 있다. 이러한 그룹 관리는 중저가 품목에 적합하다.

각 품목에 대해서 어떤 발주 방법을 적용할 것인가를 정하기 위해서 파레토 분석을 수행할 수 있다. 품질 및 재고 관리 부문에서는 파레토 분석을 일반적으로 **ABC 분석**이라고 한다. 재고 품목의 관리 등급을 정하기 위해서, ABC 분석에서는 품목들을 총 구매액이 많은 순서로 정렬한 후, 일반적으로 다음과 같이 세 단계로

19) 정확히는, material requirements management는 MRP Ⅰ, manufacturing requirements planning는 MRP Ⅱ로 표시한다. 그러나 일반적으로는 이 두 가지를 구별하지 않고 쓰며, 우리나라에서는 MRP Ⅰ에 해당하는 '자재 소요량 계획'으로 통칭한다.

분류한다.

- A 그룹 : 누적액이 70%까지의 품목들로, 품목 수로는 보통 전체에서 10%의 비중을 차지한다. 각 품목에 대해서 개별적으로 중점 관리한다. JIT를 적용할 수 있다.
- B 그룹 : 누적액이 70%에서 90%까지의 품목들로, 품목 수로는 보통 전체에서 20%의 비중을 차지한다. 정량 발주, 또는 경우에 따라서 그룹 관리를 한다. MRP를 적용할 수도 있다.
- C 그룹 : 누적액이 90%에서 100%까지의 품목들로, 품목 수로는 보통 전체에서 70%의 비중을 차지한다. 그룹 발주 또는 두 상자 방법 등을 사용한다. 관리 절차를 단순화시키는 데 중점을 둔다.

### 11.3.2 자재 보관

창고는 재고를 보관하는 것을 목적으로 하는 곳이며, 재고의 분실이나 손상을 방지하는 동시에, 재고의 신속한 불출을 가능케 하고, 재고량을 명확하게 파악할 수 있게 한다. 저장의 일반 원칙에는 저장 위치 표기, 분류 정장, 품질 보존, 선입선출, 공간 할용의 원칙 등이 있으며, 효과적인 창고 관리를 위해서는 다음과 같은 창고 관리 지침들을 사용할 수 있다.[이2007b]

- 동일 종류(재료, 규격 등)의 것은 동일 장소에 종합하여 둔다.
- 대형이거나 무거운 것은 하부 또는 출입구 근처에 둔다.
- 입출 빈도가 높은 품목은 운반 거리를 최소화한다. 불출 빈도가 낮은 것은 안쪽 또는 중앙에 둔다.
- 소형(특히, 고가품)은 특수 포장을 한다.
- 소형물 대량품은 로트 단위로 포장한다.
- 특수한 형상은 특수 장소에 보관한다.
- 수량을 확인하기 쉽도록 겹쳐서 쌓아 올린다.
- 외관이 비슷한 것은 식별이 용이하게 배열한다.
- 선반의 치수를 표준화한다.

● 입출고를 고려하여 운반 기계의 통로를 확보한다.

● 부품의 위치 설명도를 입구에 설치한다.

## 11.4 계약 관리

### 11.4.1 개요

계약contract은[20] 판매자에게 특정 제품, 서비스 또는 결과를 제공할 의무를 지우고, 구매자에게 금전적 또는 다른 가치 있는 보수를 제공할 의무를 지우는 상호간 구속력 있는 합의이다. 계약은 법원에서 배상에 대한 법적 관계를 가지게 된다.

우리나라의 민법은 계약 자유의 원칙에 입각하고 있기 때문에 계약의 내용과 방식에 특정한 제약은 두지 않으며, 구두 계약도 유효하다. 그러나 일반적으로 서면 계약이 더 명확하고, 법적 증거력에서 더 우월하다.[21]

조직은 계약 하에서 제품, 서비스 또는 결과의 구매자가 될 수도 있고, 판매자가 될 수도 있다. 구매자와 판매자 모두 비슷한 목적을 위해 계약을 관리한다. 양자는 자신과 타 부문이 그들의 계약적 임무를 충족하고 그들의 법적 권한이 보호되고 있음을 보장한다. 계약서는 계약 종료 전에 양쪽 합의와 계약서의 변경 통제 기준에 따라 어느 때든지 수정될 수 있다.

구매 계약은 우리나라의 민법상의 규정에 따르면, 다음과 같이 크게 3가지로 나눌 수 있다[시마즈 스카사 1986].

● **매매 계약** : 상품과 대금을 교환하는 계약을 말하며, 거래에서 일방이 상품 등의 재산권을 상대방에게 이전할 것을 약속하고, 상대방은 이에 대한 대금을 지급할 것을 약정하여 성립된다(민법 제563조). 제조업자가 시장 규격에 따라 일반 재료 또는 부품과 같이 시판하는 물건을 대금을 지불하고 취득하는 경우임. 이

20) 광의의 계약은 물권 계약, 채권 계약, 신분 계약 등을 포함한다. 그중에서 채권 계약을 좁은 의미의 계약이라고 한다. 일반적으로는 계약은 좁은 의미로 사용된다.

21) 우리나라의 경우에는 단체 협약(노동조합 및 노동관계 조정법 제31조), 건설 공사 도급 계약(건설업법 제21조), 지정 상품의 월부 계약(할부 거래에 대한 법률 제21조), 농지 임대차 계약(농지법 제23조) 등의 경우에는 서면 계약을 원칙으로 한다.

경우는 목적물에 대체성이 있기 때문에 물품의 인도에 중점을 두게 된다.

- **도급 계약** : 당사자의 일방(수급인)이 어떤 일을 완성할 것을 약정하고, 상대방(도급인)이 그 일의 결과에 대하여 보수를 지급할 것을 약정함으로써 성립하는 계약(민법 제664조). 일반적으로 도급인이 도면 또는 방식서를 제시하며, 목적물에 대체성이 없기 때문에 작업에 중점을 두게 된다.
- **혼합 계약** : 수주자가 주로 자기의 재료를 사용해서 주문자가 제공한 도면에 따라 제작하는 경우. 완성된 제품은 주로 자기의 재료를 사용하고 있으므로 소유권이 수주자에게 있어서 대금을 받고 상대방에게 제공한다는 측면도 있지만, 반면에 주문자가 제공한 도면에 의해 제작하고 있으므로 작업의 완성을 약속했다고 하는 도급의 성격도 있다. 매매 계약인지 또는 도급 계약인지에 따라 담보 책임 등의 법적인 권리 의무가 달라지기 때문에 혼합 계약의 경우에는 그 성격을 분명히 할 필요가 있다.

구매 계약은 기본 계약과 개별 계약으로 구성될 수 있다.[시마즈 스카사1986]

- **기본 계약** : 거래의 기본이 되는 계약
- **개별 계약** : 주문자가 교부하는 '주문서'를 수주자가 '청구서' 등에 따라 수락함으로써 성립된다.

계약은 용어 및 조건을 포함하며 판매자의 제안 또는 시장 보고서, 판매자가 수행 하거나 제공할 것의 수립을 위해 구매자가 의존한 모든 다른 문서와 같은 항목을 포함할 수 있다. 계약은 가격 조건에 따라 다음과 같이 크게 네 가지로 분류할 수 있다.[22)]

- **고정 가격 계약**fixed-price contracts : 명확한 제품에 대하여 고정된 가격을 책정한

22) 이 절에서 소개되는 계약의 종류는 GDN05의 분류에 의한다. GDN05는 이 네 종류의 계약 외에도 "incentive contracts"를 별도의 유형으로 분류하여 규정하고 있으나, 그 하위 유형이 고정 가격 계약 fixed-price contracts 및 원가 배상 계약cost-reimbursable contracts의 그것들과 중복되므로 여기에서는 독립적인 계약 유형에서 제외하였다. GDN05는 미국 정부의 조달 계약에 관한 규정이므로, 여기에서 계약자contractor는 제품 및 서비스를 제공하는 판매자, 즉 "을"을 말한다. 정부 또는 관련 공무원은 구매자이며 "갑"에 해당한다. 한편, PMBoK2008에서는 계약을 (1) fixed-price contracts, (2) cost-reimbursable contracts, (3) time and materia(T&M) contracts의 세 가지로 나눈다.

다. 명확히 정의된 제품이나 서비스들에 대해서, 사전에 공정하고 합리적인 가격을 설정할 수 있을 경우에 사용할 수 있다. 계약자에게 원가와 이익 및 손실에 대한 모든 책임과 위험을 전가한다. 계약 당사자들에게 최소한의 행정적 부담을 부가한다.

- **원가 배상 계약**cost-reimbursable contracts : 승인 가능한 발생 원가allowable incurred costs를 계약자에게 지불(배상)한다. 고정 가격 계약을 사용할 수 없을 정도로 계약 수행과 관련된 불확실성이 클 경우에 사용할 수 있다. 이 계약은 계약자의 회계 시스템이 신뢰할 수 있고, 계약자가 효과적인 방법들을 사용하고 효율적으로 원가를 통제하는 것을 보장할 수 있는 충분한 모니터링을 할 수 있을 경우에만 사용할 수 있다.
- **비확정 납기 계약**indefinite delivery contracts : 계약 시에는 정확한 납품 일시 및 수량이 정해지지 않으며, 실제 납품은 계약 기간 동안에 주문을 발행함으로써 실행된다.
- **기타 계약** : 기간 및 재료 계약time and material contracts, 노동 시간 계약labor-hour contracts, 서신 계약letter contracts 등이 있다.

이 중에서 가장 기본적인 계약들은 고정 가격 계약과 원가 배상 계약이다. 원가 배상 계약에서는 실제로 원가가 얼마나 발생하느냐에 따라서 지불 금액이 변한다. 일부 고정 가격 계약에서도 가격이 사후에 변경될 수 있다. 봉함된 입찰의 경우에는 단지 고정 가격 계약만이 사용될 수 있다. 또한, 이 두 계약들에는 계약자에게 특정한 동기를 부여하기 위해서 인센티브가 제공될 수도 있다.

적절한 가격 조건은 다음의 요소들을 고려하여 선택하여야 한다.

- **가격 경쟁** : 일반적으로 효과적인 가격 경쟁은 합리적인 가격을 유도하며, 이러한 경우에는 고정 가격 계약이 가정 적절하다.
- **가격 분석** : 기존의 구매들과 합리적인 가격 비교를 할 수 있는 경우에는 고정 가격 계약이 적절하다.
- **원가 분석** : 계약자가 합리적인 원가 위험을 감당하여야 한다.
- **요구사항의 종류와 복잡도** : 요구가 반복되거나 대량 생산의 경우에는 원가 위험이 계약자에게 전가되어야 하며, 따라서 고정 가격 계약이 사용되어야 한다.

- **요구사항의 긴급성** : 인센티브를 제공할 수 있다.
- **수행 기간 또는 생산 주기의 길이** : 장기간이어서 필요한 납품의 시점이나 횟수를 사전이 확정할 수 없는 경우에는 비확정 납기 계약을 사용할 수 있다.
- **계약자의 능력** : 기술 및 자금.
- **계약자의 회계 시스템** : 원가 배상 계약은 계약자의 회계 시스템이 신뢰할 수 있어야만 가능하다. 고정 가격 계약의 경우에도, 가격을 합리적으로 재조종하기 위해서는 계약자의 회계 시스템을 신뢰할 수 있어야 한다.
- **동시에 집행될 계약들** : 관련된 계약들의, 만약 있다면, 가격 정책을 포함한 주요 특성들이 고려되어야 한다.
- **제안된 하위 계약들의 정도와 성격** : 많은 하위 계약이 포함되어 있을 경우에는, 이 하위 계약들이 본 계약에 미치는 영향이 분석되어야 한다.
- **조달 이력** : 해당 요구사항이 반복적으로 조달된 경우에는 계약자 위험이 감소한다. 또한 제품이나 서비스의 명세도 좀 더 명확하게 명시될 수 있다.

### 11.4.2 인센티브

**인센티브**incentive는[23] 가격의 절감이나 납기의 단축, 제품의 기술적 성능 및 기타 계약자 성과 특성의 개선이 가능하여 확정 고정 가격 계약이 적절하지 않은 때 사용된다. 일반적으로는 인센티브의 크기는 사전에 협상된 공식에 의해서 결정되나, 상금 보수award fee는 그 크기와 결정 방법이 오로지 발주기관정부 등의 판단에 의해서 일방적으로 결정된다.

인센티브는 특정의 취득 목적들을 다음의 방법에 의해서 달성하기 위해서 설계된다.

- 계약자에게 명료하게 전달될 수 있는 합리적이고 달성 가능한 목표들targets의 설립.

23) GDN2005에서는, "Fee"는 크게 "incentive fee", "award fee" 그리고 "fixed fee"의 세 가지가 있으며, 앞의 두 가지가 지급되는 계약들을 "incentive contracts"로 분류한다. "Fee"는 "수수료"로 번역되기도 하나, 수수료는 "국가나 공공 단체 또는 공공 기관이 특정한 사람을 위하여 공적인 일을 하였을 때, 그 보상으로 받는 요금"을 말하며, 이 경우에는 적절하지 않은 것으로 판단된다. 또한 "Fee"는 "이익"으로 번역되기도 하나, 이익은 "수입–비용"이며 영어로는 "revenue"가 이에 해당한다. "가격–원가"는 "이윤profit"이 된다.

- (a) 계약자에게, 다른 방법으로는 강조될 수 없는 방법으로 노력에 대한 동기를 부여하고, (b) 계약자의 비효율과 낭비를 방지하기 위해서 설계된 적절한 인센티브 조항의 포함.

인센티브의 크기는 원칙적으로 미리 정해진 공식에 의해서 결정되어야 한다. 인센티브 공식은 **목표 이윤**target profit 또는 **목표 보수**target fee를 포함하여야 하며, 기술적 성과 및 납기에 대해서 인센티브가 주어질 경우에는, 목표들을 상회하는 성취에 대해서만 제공되어야 하고, 목표들에 미달한 부분에 대해서는 벌금이 부과되어야 한다.

인센티브는 그것이 제공되는 기준에 의해서 다음과 같이 네 가지로 나눌 수 있다.

- **원가 인센티브**cost incentives : 효율적으로 원가를 관리하도록 계약자를 동기부여하도록 의도된 공식에 의해서 이윤 또는 보수를 조정한다. 가장 일반적인 인센티브이며, 다른 인센티브는 원가 인센티브 없이 단독으로 제공될 수 없다. 인센티브 공식에는(보상 · 보수 계약의 경우를 제외하고) 목표 원가target cost와 실제 원가actual cost가 포함되며, 인센티브의 크기를(가격 상한 또는 최소/최대 보수 제약 내에서) 다음과 같이 결정해야 한다.
  - 실제 원가가 목표와 같은 경우에는 목표 이윤 또는 보수가 제공된다.
  - 실제 원가가 목표를 초과한 경우에는 이윤 또는 보수가 목표에서 감액된다.
  - 실제 원가가 목표보다 절감된 경우에는 이윤 또는 보수가 목표보다 증액된다.
- **성능 인센티브**performance incentives : 제품의 특정 속성들(예를 들어, 미사일의 사정거리, 비행기의 속도, 엔진의 추력, 또는 차량의 기동성 등) 또는 계약자 성과의 특정 기타 요소와 연관되어 고려된다. 이 인센티브는 반드시 이윤 또는 보수가 명세된 목표들specified targets에 대비한 실제로 달성된 결과에 연계되도록 설계되어야 한다.
- **납기 인센티브**delivery incentives : 납기 단축이 정부의 중요 목적일 경우에 사용할 수 있다. 정부 귀책 지연이나 기타의 통제 불가능한(계약자나 하위 계약자의 과실이나 태만에 의한 것이 아닌) 지연에 대한 보상–벌금 체계에 대한 규정이 포

함되어야 한다.

- **복합 인센티브**multiple incentives : 그 원가가 가치를 상회할 경우에는 계약자에게 우수한 기술적 성능이나 납기 결과에 대해 보상하지 못하도록 작용하는 원가 인센티브가 반드시 포함되어야 한다.

### 11.4.3 고정 가격 계약의 형태

**고정 가격 계약**fixed-price contracts은[24] 명확한 제품에 대하여 고정된 가격을 책정한다. 단, 보상이나 인센티브가 원가 이외의 다른 요인에 전적으로 의거할 경우에는, 보상금이나 인센티브와 함께 사용될 수 있으며, 이런 경우 해당 계약은 고정 가격 계약으로 분류된다. 고정 가격 계약에는 다음과 같은 하위 유형이 있다.

- **확정적 고정가격 계약**firm-fixed-price contracts : 계약을 수행하는 동안의 계약자의 원가 경험에 근거한 어떠한 가격의 재조정도 허락하지 않는다. 이 형태의 계약은 모든 원가와 그 결과의 이윤이나 손실에 대한 위험을 계약자에게 전가하며, 계약 당사자들에게 최소한의 행정적 부담을 발생시킨다.
- **경제적 가격 조정이 있는 고정가격 계약**fixed price contracts with economic price adjustment[25] : 특정 상황의 발생에 맞추어서 선언된 계약 가격의 상향 또는 하향 조정이 가능하다. 계약 가격의 조정은 다음의 세 가지의 경제적 가격의 하락이나 상승에 근거한다.
  - 확립된 가격established prices : 특정 항목들 또는 계약 최종 항목들의 공표된 또는 다른 확립된 가격
  - 노동이나 자재의 실제 가격actual cost of labor or material : 계약 수행 중에 계약자가 경험하는 특정 노동 또는 자재의 가격
  - 노동 또는 자재의 원가 지수cost indexes of labor or material : 계약에 명시된 노동이

24) "고정가 계약"이라고 하기도 한다. PMBoK2008에서는 고정가격 계약의 가장 대표적인 하위 유형으로 'firm fixed price contractFFP'와 'fixed price incentive fee contractsFPIF'의 두 가지를 든다. PMBoK2008에 의하면, FPIF는 합의된 메트릭들의 달성에 연계된 재정적 인센티브가 있는, 구매자와 판매자에게 어느 정도의 유연성을 제공하는 계약이다. 전형적으로 이러한 재정적 인센티브는 비용, 일정, 또는 판매자의 기술적 성과에 연계된다. 성과 목표는 처음에 수립되고, 최종 계약 가격은 모든 작업이 완료된 후에 판매자 성과에 근거해서 결정된다. 가격 상한선이 주어지며, 이 가격 상한선 이상의 모든 비용에 대한 책임은 작업을 완수할 책임이 있는 판매자에게 주어진다.

25) "경제가격 조정 고정가격 계약"으로 불리기도 한다.

나 자재의 원가 표준 또는 지수들

● **고정가격 인센티브 계약**fixed price incentive contracts : 최종적으로 협상된 총 원가total final negotiated cost와 총 목표 원가total target cost 간의 관계에 근거한 공식을 적용하여 이윤을 조정하고 최종 계약 가격final contract price을 결정한다. 이 최종 가격에는 계약 시에 협상된 가격 상한price ceiling(그러나 이윤 상한 및 하한은 아님)이 적용된다. 이윤이 원가와 반대로 변하기 때문에, 이 계약은 계약자에게 프로젝트를 잘 관리할 인센티브를 제공한다.

- **확정 목표 계약**firm target contracts : 다음과 같은 절차에 의해서 집행된다.
  ① 계약 시 : 목표 원가, 목표 이윤, 가격 상한, 그리고 이윤 조정 공식을 확정한다. 계약자에게 지불될 금액은, 계약 조항에 의해서 조정되지 않는 한, 가격 상한을 초과할 수 없다.
  ② 과업 완수 후: 계약 당사자들이 최종 원가를 협상하고, 공식을 적용함으로써 최종 가격이 결정된다. (a) 만약 최종 가격이 목표 원가보다 적으면, 최종 이윤이 목표 이윤보다 크게 된다. 반대로 (b) 만약 최종 가격이 목표 원가보다 크면, 최종 이윤이 목표 이윤보다 작게 되며, 경우에 따라서는 순손실도 발생할 수 있다.
- **연속적 목표 계약**successive target contracts : 다음과 같은 절차에 의해서 집행된다.
  ① 계약 시 : 초기 목표 원가, 초기 목표 이윤, 확정 목표 이윤firm target profit을 계산하기 위한 초기 이윤 조정 공식(확정 목표 이윤의 상한과 하한을 포함한다), 확정 목표 원가와 확정 목표 이윤이 협상될 생산 시점production point, 및 계약자에게 지급될 가격 상한(단, 별도의 조항으로 조정 가능하게 할 수 있다)을 정한다.
  ② 수행 중, 미리 정한 생산 시점 : 계약 당사자들이 실제 원가와 기타 관련 요소들을 감안하여 확정 목표 원가에 대해서 협상한다. 확정 목표 이윤은 공식에 의해서 결정된다. 이 시점에서 계약 당사자들에게는 두 가지의 선택이 있다. 즉, (a) 확정 목표 원가와 확정 목표 이윤의 합을 기준으로 확정 목표 가격을 협상하거나, (b) 확정 목표 원가와 확정 목표 이윤을 이용하여 최종 가격을 계산할 공식에 대해서 협상하는 것이다.
  ③ 과업 완수 후 : 확정 목표 계약에서와 같이, 최종 원가를 결정하고, 공식에

의해서 최종 이윤을 계산한다.

- **상금 보수가 있는 고정가격 계약**fixed price contracts with award fees : 계약자의 성과를 객관적으로 측정할 수 없어서 다른 인센티브를 사용할 수 없을 경우에, 계약자에게 동기부여하기 위해서 사용된다. 이 계약은 다음의 절차에 의해서 집행된다.
  ① 계약 시 : 노력에 대한 고정가격(정상적인 이윤을 포함하는)을 설정한다. 이 가격은 만족스러운 계약자 성과에 대해서 지불된다. 획득된 보상 보수award fee earned가 만약 있다면, 이 고정가격에 추가되어 지급된다.
  ② 과업 수행 중 : 보상-보수 계획에 대비하여 계약자의 성과를 주기적으로 평가한다.
- **사전적 가격 재결정이 있는 고정가격 계약**fixed price contracts with prospective price redetermination : (a) 계약 초기에 납품이나 수행에 대한 확정 고정가격 및 (b) 미리 선언된 수행 중 시점에서 후속 기간에 대한 사전적 가격 재결정 조항을 포함한다.
- **사전적 가격 재결정이 있는 고정최고가격 계약**fixed ceiling price contracts with retroactive price redetermination : (a) 고정된 최고 가격 및 (b) 계약 종료 후에 상한가 이내에서의 사후적 가격 재결정에 대한 조항을 포함한다.
- **확정된 고정가격 노력 수준 조항 계약**firm-fixed-price, level-of-effort term contracts : 이 계약에서는 다음의 두 주체가 정의되어야 한다 : (a) 사전에 명시된 기간에 단지 일반적 용어로 정의된 작업에 대해서, 명세된 수준의 노력을 제공하기 위한 계약자 및 (b) 고정 금액을 제공할 스폰서

### 11.4.4 원가 배상 계약의 형태

**원가 배상 계약**cost-reimbursable contracts에서는[26] (계약에 사전에 정의된 한도 내에서) 승인 가능한 발생 원가를 계약자에게 지불(배상)한다. 공공 계약의 경우에는,

26) "원가 정산 계약"이라고 하기도 한다. PMBoK2004에서는 원가배상계약을 'cost-plus-fee(CPF) or cost-plus-percentage of cost(CPPC)', 'cost-plus-fixed-fee(CPFF)', 'cost-plus-incentive-fee(CPIF)'의 세 가지로 분류하고, CPF 또는 CPPC를 원가에 대해 일정 비율로 책정된 보수가 추가되는 계약으로 정의하였다. 그러나 이 계약은 공급자에게 원가를 조절할 동기부여를 거의 하지 못한다는 점에서 바람직하다고 할 수 없다. PMBoK2008에서는 이 계약의 대표적인 하부 유형으로 'cost plus fixed fee contracts(CPFF)', 'cost plus incentive fee contract(CPIF)', 'cost plus award fee contracts(CPAF)'의 세 가지를 들었다.

기금을 확보하고 계약자가 계약 공무원의 승인 없이는 초과할 수 없는 (계약자가 위험을 부담하는 경우는 예외) 상한치를 설정하기 위해서 총원가의 추정치를 수립한다. 원가 외에 이윤 및 인센티브 보수를 어떻게 추가적으로 계상하느냐에 따라서 다음과 같이 세분할 수 있다.

- 원가 계약cost contracts : 계약자가 보수를 받지 않는다.
- 원가 공유 계약cost-sharing contracts : 계약자가 보수를 받지 않으며, 또한 승인 가능한 원가에서 합의된 일정 부분에 대해서만 배상을 받는다.
- 원가배상 인센티브 계약cost-reimbursement incentive contract
  - **인센티브 보수 가산 원가 계약**cost-plus-incentive-fee contracts[27] : 초기에 협상에 의해서 보수를 결정하며, 초기 협상 보수initially negotiated fee는 최종적으로 총 허용 가능한 원가와 총 목표 원가에 근거한 공식에 의해서 조정된다. 이 계약은 목표 원가, 목표 보수, 보수 조정 공식을 명세한다. 계약 수행 후에, 공식에 의거해서 계약자에게 지불될 보수가 결정된다. 이 공식은 보수를 정해진 한계 내에서, (a) 총 승인 가능한 원가가 총 목표 원가보다 적을 경우에는 목표 보수보다 크게, (b) 총 승인 가능한 원가가 총 목표 원가보다 클 경우에는 목표 보수보다 작게 한다. 이 증감은 계약자가 프로젝트를 효과적으로 관리할 인센티브를 제공하도록 설계된다. 총 허용 가능한 원가가 보수-조정 공식이 적용되는 원가 범위 밖인 경우에는, 계약자는 총 허용 가능한 원가에 최소 또는 최대 보수를 더한 금액을 지불받는다.
  - **상금 보수 가산 원가 계약**cost-plus-award-fee contracts : (a) 계약 시에 결정된 기준 금액(영일 수도 있다) 및 (b) 품질, 적시성, 기술적 독창성 및 효율적인 원가 관리 분야의 수월성을 위한 동기를 부여하기에 충분한 금액의 보상award(이 보상은 수행 중에 부분적으로 또는 최종적으로 한꺼번에 지급될 수 있다)으로 구성된 보수가 추가된다. 보상 보수의 크기는 계약에 명시된 기준 대비, 계약자 성과 수준에 의해서 결정된다.
- 고정 보수 가산 원가 계약cost-plus-fixed-fee contracts : 계약 시에 결정된 고정된 보수가 추가된다. 고정 보수는 실제 원가에 따라서 변하지 않으나, 계약에 의해서

27) "성과급 가산 원가 계약"이라고 하기도 한다.

수행되는 일이 변경되는 경우에는 조정될 수 있다. 이 계약은 다른 방법으로는 계약자에게 위험이 너무 큰 경우에 사용될 수 있으나, 계약자가 원가를 통제할 최소한의 동기만을 부여한다는 단점이 있다.

### 11.4.5 비확정 납품계약

비확정 납품 계약indefinite delivery contracts에서는 계약 시에는 정확한 납품 일시 및 수량(단, 확정 수량 계약에서는 수량은 명시된다)이 정해지지 않으며, 실제 납품은 계약 기간 동안에 주문을 발행함으로써 실행된다. 이 계약은 최소한의 재고 수준을 유지하고, 제품이나 서비스가 사용자들에게 직접 배달될 수 있게 하며, 수량과 납기를 요구에 따라서 결정할 수 있는 유연성을 제공한다. 이 계약에는 다음과 같은 종류가 있다.

- **확정 수량 계약**definite-quantity contracts : 계약 시에는 수량과 기간이 명시되고, 명세 된 제품 납품 또는 서비스 수행은 정해진 장소에서 주문에 따라서 이루어진다.
- **요구 계약**requirement contracts : 계약 시에는 계약 기간은 결정되나, 구매 수량은 확정되지 않고 예상 구매량이 제시된다. 실제 주문은 계약 기간 동안에 발행된다. 가능하다면, 총 구매량의 상한이 계약에 명세되어야 한다. 또한 각 주문당 구매량의 상 · 하한과 및 총 구매량의 하한이 명세될 수도 있다. 납품 주문 계약delivery order contracts이라고 하기도 한다.
- **불확정 수량 계약**indefinite-quantity contracts : 계약서에 계약의 대상이 되는 과업들이 명세가 된다는 것 외에는 기본적으로 요구 계약과 동일하다. 과업 주문 계약task order contracts이라고 하기도 한다.

### 11.4.6 기타 계약들

이상의 계약들 외에도 다음과 같은 계약들이 있다.

- **시간 및 자재 계약**time-and-materials contracts : 단지 계약 시에 작업의 범위나 기간을 정확하게 예측할 수 없거나 또는 원가를 어떤 합리적인 신뢰 범위 내에서도

예측할 수 없을 경우에만 사용된다. 전체 가격과 인도되어야 할 정확한 상품의 수량이 계약 시점에서 결정되지 않으며, 다음 사항에 따라 결정된다.

- **직접 노동 시간**direct labour hours : 임금, 오버헤드, 일반 및 행정 원가, 그리고 이윤 등을 포함하며, 고정된 시간당 금액이 책정된다. 여기에는 본 계약자, 하위 계약자, 그리고 공동의 통제 하에 있는 계약자의 사업부 및 하위 조직들 간의 이전을 포함한다.
- **자재의 실제 원가**actual cost for materials : 자재는 직접 자재direct materials(최종 제품에 직접적으로 포함되거나 최종 제품이나 서비스를 제공하기 위해서 직접적으로 소모된 자재로, 공동의 통제 하에 있는 계약자의 사업부 및 하위 조직들 간에 이전된 공급 품들을 포함한다), 이 계약에는 명세되어 있지 않는 공급 품들과 부수적 서비스들을 위한 하위 계약, 기타 직접비(계약에 직접 노동으로 명세 되지 않은 부수적 서비스, 여비, 컴퓨터 사용료 등), 적용 가능한 간접비가 포함된다.

● **노동 시간 계약**labor-hour contracts : 기간 및 재료 계약의 변형으로, 재료가 계약자에 의해서 공급되지 않는다는 것만이 다르다.

● **서신 계약**letter contracts : 계약자에게 즉각적인 공급품의 제작 또는 서비스의 수행을 시작할 수 있는 권한을 주는 예비 계약 도구preliminary contractual instrument이다.

CHAPTER

# 12

# 프로젝트 위험 관리

CHAPTER

# 12 프로젝트 위험 관리

프로젝트 목표를 달성하기 위해 수립한 계획대로 이루어지지 못할 위험은 항시 존재한다. 따라서 이를 준비하고 대비하여야 한다. 이 장에서는 다음에 대해서 학습한다.

- 프로젝트 수행에 따른 위험의 종류와 형태
- 위험을 분석할 수 있는 여러가지 방법
- 여러가지 위험에 대처할 수 있는 방법

## 12.1 프로젝트 위험 관리 프로세스들

**프로젝트 위험**은 항상 미래에 있다. 프로젝트 위험은 불확실한 사건 또는 상태로 만약 발생한다면 시간, 비용, 범위 또는 품질과 같은 프로젝트 목표 중의 적어도 하나에 긍정적 또는 부정적 충격impact을 끼치는 것을 말한다. 일단 발생한 위험은 하나의 이슈로 간주될 수 있다.

프로젝트 위험은 모든 프로젝트들에 존재하는 불확실성에 그 기원이 있다. 위험은 크게 두 가지로 분류할 수 있다.

- **알려진 위험** : 발견되고 분석되어서 대처하기 위한 계획의 수립과 관리가 가능한 위험.
- **미지의 위험** : 알려지지 않아서 사전에 관리할 수 없는 위험으로, 상황 대응 계획의 필요성을 발생시킨다.

**프로젝트 위험 관리**에는 프로젝트에 대한 위험 관리 계획 수립, 발견, 분석, 대응 계획 수립 그리고 모니터링 및 통제를 수행하는 것과 관련된 프로세스들이 포함된다. 프로젝트 위험 관리의 목표는 긍정적 사건의 가능성과 영향을 높이고 프로젝트에 불리한 사건의 발생 가능성과 충격을 줄이는 것이다. 그러나 위험은, 방지하기 위한 **기대 비용**expected cost이 방지했을 때의 **기대 이익**expected benefit보다 작

〈표 12-1〉 프로젝트 위험 관리 프로세스들

| 프로세스 이름 | | |
|---|---|---|
| 요약 | | |
| 산출물 | 도구 및 기법 | 투입물 |
| **위험 관리 계획을 개발하기**plan risk management **(계획)** | | |
| 프로젝트를 위해서 어떻게 위험 관리 활동을 수행할 것인가를 정의한다. | | |
| • 위험 관리 계획 | • 계획 회의와 분석 | • 프로젝트 범위 기술서<br>• 비용 관리 계획<br>• 일정 관리 계획<br>• 의사소통 관리 계획<br>• 기업 환경 요인<br>• 조직 프로세스 자산 |
| **위험을 식별하기**identify risks **(계획)** | | |
| 프로젝트에 영향을 미칠 수 있는 위험을 파악하며 위험의 특성을 문서화한다. | | |
| • 위험 등록부 | • 문헌 검토<br>• 정보 수집 기법들<br>• 점검표 분석<br>• 가정 분석<br>• 도표 분석<br>• SWOT 분석<br>• 전문가 판단 | • 위험 관리 계획<br>• 활동 비용 추정치들<br>• 범위 기준선<br>• 이해관계자 등록부<br>• 비용 관리 계획 |
| **정성적 위험 분석을 수행하기**perform qualitative risk analysis **(계획)** | | |
| 위험 발생 확률과 그 영향을 평가하고 종합함으로써, 추가 분석이나 조치를 위한 위험의 우선순위를 결정한다. | | |
| • 갱신된 위험 등록부(갱신된) | • 위험 확률 및 영향 평가<br>• 확률 및 영향 행렬표<br>• 위험 자료 품질 평가<br>• 위험 분류<br>• 위험 긴급도 평가<br>• 전문가 판단 | • 위험 등록부<br>• 위험 관리 계획<br>• 프로젝트 범위 기술서<br>• 조직 프로세스 자산 |
| **정량적 위험 분석을 수행하기**perform quantitative risk analysis **(계획)** | | |
| 식별된 위험이 프로젝트의 목표 전반에 미치는 영향을 수량적으로 분석한다. | | |
| • 위험 등록부(갱신된) | • 자료 수집 및 표현 기법<br>• 정량적 위험 분석 및 모델링 기법<br>• 전문가 판단 | • 위험 등록부<br>• 위험 관리 계획<br>• 비용 관리 계획<br>• 일정 관리 계획<br>• 조직 프로세스 자산 |

| 위험대응 계획을 개발하기plan risk responses (계획) | | |
|---|---|---|
| 긍정적 기회를 증대하고 프로젝트 목표를 위협하는 요소를 줄일 수 있는 선택과 조치들을 개발한다. | | |
| • 위험 등록부(갱신된)<br>• 위험 관련 계약들<br>• 프로젝트 관리 계획(갱신된)<br>• 프로젝트 문서(갱신된) | • 부정적 위험 및 위험을 위한 전략들<br>• 긍정적 위험 및 기회를 위한 전략들<br>• 상황 의존적 대응 전략들 전문가 판단 | • 위험 등록부<br>• 위험 관리 계획 |
| **위험을 통제하기control risks (모니터링 및 통제)** | | |
| 프로젝트 전체 생애주기에 걸쳐서 위험대응 계획들을 실행하고, 식별된 위험을 추적하고, 잔존 위험을 모니터링하고, 새로운 위험을 식별하고, 위험 프로세스의 유효성을 평가한다. | | |
| • 위험 등록부(갱신된)<br>• 조직 프로세스 자산(갱신된)<br>• 변경 요구<br>• 프로젝트 관리 계획(갱신된)<br>• 프로젝트 문서(갱신된) | • 위험 평가<br>• 위험 감사<br>• 편차 및 추세 분석<br>• 기술적 성과 측정<br>• 예비 분석<br>• 상태 회의 | • 위험 등록부<br>• 프로젝트 관리 계획<br>• 작업 성과 정보<br>• 성과 보고서 |

을 때에는 수용될 수 있다. 알려진 위험의 경우에도, 사전 대응 활동의 개발이 비용 효과적이지 못하거나 불가능할 때에는, 발생했을 때 응급조치를 하는 것이 효과적일 수 있다. 예를 들어, 일정 지연으로 인한 기대 비용이 무리한 **급행 일정**fast track을 위한 추가 비용보다 작다면, 일정 지연의 위험은 수용될 수 있다. 조직들은 위험을 불확실성으로 인한 프로젝트 또는 조직 목표들에 대한 영향으로 인식한다.

조직 또는 이해관계자들은 다양한 정도의 위험들을 수용하려고 한다. 이러한 것을 **위험 수용한계**risk tolerance라고 한다. 프로젝트를 위협하는 위험들이 수용 한계 내에 있고 해당 위험들을 감수함으로써 얻을 수 있는 보상과 균형이 맞는다면 수용될 수 있다. 각 개인 및 조직은 그들이 반응하는 방법에 영향을 미치는 위험에 대한 견해를 갖고 있다. 이러한 위험 태도risk attitudes는 인식perception, 수용도tolerance, 기타 편향biases들에 의해서 영향을 받으며, 이러한 요소들은 가능한 한 공개되어야 한다. 위험에 대한 일관된 접근법이 각 프로젝트에 대해서 개발되어야 하며, 위험과 그 처리에 대한 의사소통이 공개되야 한다. 위험 대응은 조직의 **위험 감수**risk taking와 **위험 회피**risk avoidance 간의 인식된 균형 감각을 반영한다.

위험은 한 개 이상의 원인이 있을 수 있으며, 만약 발생한다면, 한 개 이상의 충격을 가질 수 있다. **위험의 원인**cause of risk은 부정적 또는 긍정적 결과를 초래할 가능성이 있는 요구사항, 가정, 제약, 또는 조건 등을 말한다. 예를 들어, 만약 작업을 위해 외부 허가를 받아야 하는 조건이 있다면, 이러한 조건이 위험의 원인이 될 수 있다. 만약 실제로 해당 인허 기관의 허가를 받는 데 계획보다 더 많은 시간이 걸렸다면 이것이 **위험 사건**risk event이 된다. 설계에 배정할 인원의 부족은 위험 원인의 한 예가 될 수 있다. 그런데 부족하게 할당된 설계 인력이 제시간에 작업을 완료함으로써 적은 자원을 사용하여 작업이 완수된다면, 이것도 또한 하나의 위험 사건이다. 이러한 불확실한 사건들 중의 하나가 발생하면, 프로젝트 비용, 일정, 또는 성과에 영향을 줄 수 있다. **위험 조건**risk conditions은 성숙하지 못한 프로젝트 관리 관행, 통합된 관리 시스템의 결여, 동시다발적인 다수의 프로젝트들, 또는 통제할 수 없는 외부 참여자에의 의존 등과 같은 프로젝트 위험을 가중시키는 제측면들을 포함할 수 있다.

성공하기 위해서, 조직은 프로젝트 전 기간 동안 우선적으로 꾸준히 위험의 관리에 전념해야 한다. 프로젝트의 전 생애 동안 효과적인 위험 관리를 능동적으로 수립하고 실행하기 위한 의식적인 선택이 조직의 모든 수준에서 이루어져야 한다. 위험은 프로젝트가 구상되는 순간부터 존재한다. 위험 관리에 대한 전향적인 고려 없이 프로젝트를 진행시키는 것은 실현된 위험이 프로젝트에 미치는 충격을 증가시키며 잠재적으로 프로젝트의 실패를 초래할 수 있다.

위험 관리 프로세스들도 서로 다른 지식 영역의 프로세스들과 상호작용한다. 각 프로세스는 프로젝트 필요에 따라서 한 명 또는 그 이상의 노력을 수반한다. 각 프로세스는 모든 프로젝트에서 최소한 한 번은 발생하며, 만약 프로젝트가 단계들로 분할되어 있다면, 한 개 이상의 프로젝트 단계에서 발생한다. 비록 이 프로세스들이 잘 정의된 인터페이스를 갖는 분리된 요소들로 표현되어 있지만, 실제로는 이것들은 여기에서는 자세히 설명되지 않은 방법으로 서로 겹치며 상호작용한다.

### 12.1.1 위험 관리 계획을 개발하기plan risk management 프로세스

**위험 관리 계획을 개발하기**는 프로젝트를 위해서 어떻게 위험 관리 활동들을 수행할 것인지를 정의하는 프로세스이다. 신중하고 명료한 계획 수립은 다른 다

**Box 12-1 위험 관리 계획**risk management plan[1)]

위험 관리 계획은 어떻게 위험 관리가 프로젝트에서 구조화되고 수행될 것인지를 서술한다. 이것은 프로젝트 관리 계획의 하위 집합이 된다. 이것은 다음과 같은 요소들을 포함한다.

- **방법론**methodology : 해당 프로젝트에서 위험 관리를 위해 사용될 가능성이 있는 접근 방법, 도구, 그리고 자료원을 정의한다.
- **역할 및 책임들**roles and responsibilities : 위험 관리 계획 내의 활동 각 유형에 대해서 주도자, 지원자, 위험 관리 팀원들을 정의하고 그들의 책임을 명확히 한다.
- **예산**budgeting : 자원을 할당하고, 비용 성과 기준선에 포함시키기 위해서 위험 관리에 소요될 자금을 추정하고, 상황 예비비contingency reserve를 지출하기 위한 규정을 수립한다.
- **시점**timing : 프로젝트 생애주기를 통해서 위험 관리 프로세스가 언제, 얼마나 자주 수행되어야 할 것인가를 정하고, 일정 상황 예비비schedule contingency reserves를 지출하기 위한 규정을 수립하며, 프로젝트 일정에 포함될 위험 관리 활동들을 결정한다.
- **위험 유형들** : 위험 확인 프로세스의 유효성과 품질을 보장하기 위해서는 위험이 체계적으로 분류되어야 한다. 조직은 유형들의 단순한 목록 또는 위험 분할 구조RBS : risk breakdown structure 형태의 기존에 준비된 분류 틀을 사용할 수 있다.
- **위험 확률 및 충격의 정의**definitions of risk probability and impact : 정성적 위험 분석 프로세스의 품질과 신뢰도를 높이기 위해서는 위험의 발생 확률과 충격의 크기가 정의되어야 한다. 확률 수준과 충격 수준들에 대한 일반적인 정의가 위험 관리 계획 프로세스 동안에 정성적 위험 관리 분석 프로세스에서 사용하기 위해서 해당 프로젝트에 맞추어서 조정된다.
- **확률 및 충격 매트릭스**probability and impact matrix : 확률과 충격을 종합하여 위험을 낮음, 보통, 또는 높음 등으로 우선순위의 등급을 결정하거나 또는 위험 노출도를 계산한다.
- **이해관계자의 수용 갱신된 한계**revised stakeholder's tolerance : 이해관계자의 위험 수용 한계가 위험 관리 계획 프로세스에서 갱신될 수 있다.
- **보고 양식**reporting formats : 어떻게 위험 관리 프로세스들의 산출물들이 기록되고, 분석되며 의사소통이 될지를 정의한다. 이것은 위험 등록부 및 기타 필요한 위험 보고서들의 내용 및 양식을 기술한다.
- **추적**tracking : 현재 프로젝트와 미래의 필요, 교훈을 위해서 어떻게 위험 활동들이 기록될 것인가와 위험 관리 프로세스들이 감사를 받을 것인가 여부와(만약 감사를 받는다면) 어떻게 감사를 받을 것인가를 문서화한다.

섯 개의 위험 관리 프로세스의 성공 가능성을 높게 한다. 위험 관리 계획 개발 프로세스는 위험 관리의 수준, 유형, 가시성이 위험과 프로젝트의 조직에 대한 중요

1) PMBoK2008, pp.279-282.

## Box 12-2 프로그램 위험 관리 계획과 위험 범주[2)]

프로그램 위험 관리 계획program risk management plan은 프로그램의 위험이 어떻게 구성되고 수행될 것인가를 서술한다. 이 계획은 프로그램 위험을 확인하고, 분석하며 계획하고, 추적하며(효과성을 측정할 메트릭을 포함해서), 통제하기 위한 방법론, 역할, 책임, 표준적 절차, 도구와 기법들을 기록한다.

- **접근방법** : 프로그램 위험 관리를 수행하기 위한 방법론, 도구, 및 자료원을 정의한다. 이것은 컴포넌트와 그 결과들이 어떻게 프로그램 관리 프로세스와 연결되는지를 기록한다.
- **역할 및 책임** : 위험 관리 계획 내의 각 활동들에 대한 지휘, 지원, 그리고 위험 관리 팀 자격을 정의한다. 이것은 사람들에게 역할을 할당하고 그들의 책임을 분명히 한다.
- **예산** : 자원을 할당하고, 위험 관리 비용을 추정하고, 예비contingency reserve를 적용하기 위한 규약을 정한다.
- **시간** : 위험 관리 프로세스가 프로그램 생애주기를 통하여 언제 그리고 얼마나 자주 수행될 것인가를 정하며, 또한 프로그램 일정에 포함될 위험 관리 활동을 확인한다.
- **위험 범주** : 위험을 일관성 있는 상세도로 확인할 종합적인 프로세스가 마련되어 있는지와 그 프로세스가 프로그램 위험 확인 프로세스의 효과성과 품질에 기여할 것이라는 것을 보장한다. 기존에 정의된 범주 틀은 범주들의 단순한 목록일 수도 있고, 또는 위험 분할구조risk breakdown structure: RBS로 잘 정리되어 있을 수도 있다. RSB는 위험의 원인을 위험 범주와 하위 범주로 체계적이고 조직적으로 정리해서 표현한다. 기존 프로그램의 위험 범주는 현재 프로그램에 적용되기 전에 새로운 상황에 맞추어 정리, 조정, 또는 확장될 필요가 있을 수 있다. 위험 범주 또는 RBS는 프로그램 위험 확인 프로세스에서 갱신될 수 있다.
- 확률 및 충격 행렬
- **갱신된 이해관계자 용인한계**tolerance : 이해관계자의 용인한계는 프로그램 위험 관리 계획 프로세스의 반복에서 갱신될 수 있다.
- **보고 서식** : 프로그램 위험 등록부와 필요한 기타 위험 보고서의 내용과 서식을 서술한다. 위험 관리 프로세스의 결과가 어떻게 기록되고, 분석되며 소통될 것인지를 정의한다.
- **추적** : 어떻게 위험 활동의 모든 측면들이 현재 프로그램의 효익과, 미래의 필요, 그리고 학습된 교훈을 위해서 기록될 것인지를 서술한다. 위험 관리 프로세스가 어떻게 감사를 받을 것인가를 서술한다.
- **승인** : 프로그램 위험 관리 계획은 프로그램 거버넌스 구조에 따라서 검토되고 승인되어야 한다.
- **전사적 프로그램 위험 관리 프로세스에로의 투입** : 전사적 위험 관리 프로세스가 존재한다면, 프로그램 위험 정보가 전사적 지침에 따라서 제공되고 통합되어야 한다.

위험을 범주화하는 것은 위협과 기회 모두에 대해서 수행되어야 한다. 이것은 위험을 분석하는 것뿐만

2) StdPgM2008, pp.163-164, 173.

아니라 대응책을 계획하는 데에도 도움이 된다. 이러한 항목들은 프로그램 RBS의 일부를 형성해야 한다. 범주는 일반적으로 해당 산업에 따라 다르나, 다음과 같은 목록이 일반적으로 적용가능하다.

- 전략적(프로그램 관리자의 관할 내에 있지 않다면 하위 수준으로부터 올라왔을 수 있다는 것에 주의해야 한다)/운영적/특정 프로젝트/복합적 인도물 위험
- 조직적/정치적/기술적: 예로는 인프라스트럭처
- 전사적/상업적 위험
- 스태프 요인/변경 관리 위험
- 경제적/외환/금융/시장 위험
- 법률/규제/정부 위험
- 전사적 관리/인적 요인
- 정치적/사회적 요인
- 특정 국가/여러 국가/범 문화적 요소
- 여론
- 환경적 요인 및 불가항력적 사건
- 조달 방법PPP: public private partnership(아웃소싱)
- 프로세스 요소(예를 들어, 다수의 수행 조직들이 포함되고 그들의 프로세스가 정렬되지 않은 경우)

도 두 가지와 비례함을 보장하기 위해서 중요하다. 계획은 또한 위험 관리 활동을 위한 충분한 자원과 시간을 제공하고, 위험 평가를 위한 합의된 기반을 수립하기 위해 중요하다. 프로젝트가 시작하자마자 이 프로세스는 시작되고 프로젝트 계획 수립 기간 초기에 완료되어야 한다.

프로젝트 팀은 위험 관리 계획의 개발을 위한 계획 수립 회의를 개최한다. 이 회의의 참석자는 프로젝트 관리자, 선정된 프로젝트 팀원 및 이해관계자, 그 외 위험 계획 수립 및 활동 수행을 관리할 책임이 있는 조직 내 인원 등이 필요에 따라 포함될 수 있다. 위험 관리 활동 수행을 위한 상위 수준의 계획이 이 회의에서 수립된다. 위험 관리의 비용 요소 및 활동 일정들이 각각 프로젝트 예산 및 일정에 포함시키기 위해 개발된다. **우발 위험 준비비 집행 방법**risk contingency reserve application approaches이 수립되거나 검토된다. 위험에 대한 책임도 할당되어야 한다. 위험 유형들에 대한 조직의 일반적인 템플릿과 위험 수준, 위험 유형별 확률, 각 목표 유형에 충격, 확률과 충격 매트릭스와 같은 용어들에 대한 정의가 프로젝트의 특성에 맞게 정리된다. 이해관계자의 위험 수용 한계risk tolerance도 갱신될 수

있다. 이러한 활동의 결과는 위험 관리 계획에 요약되어야 한다.

위험 관리 계획 개발 프로세스에 영향을 미칠 수 있는 주요 조직 프로세스 자산에는 다음과 같은 것들이 포함된다.

- 위험 분류
- 개념과 용어의 일반적 정의
- 위험 관리 서식
- 표준 템플릿
- 역할과 책임
- 의사결정에 대한 권한 수준
- 교훈
- 이해관계자 등록부

### 12.1.2 위험을 식별하기identify risks 프로세스

**위험을 식별하기**는 어떤 위험이 프로젝트에 영향을 미칠 것인지를 결정하고 그들의 특성을 문서화하는 프로세스이다. 위험 식별 활동의 참석자는 다음의 인원들이 포함될 수 있다. 프로젝트 관리자, 프로젝트 팀원, 위험 관리 팀(할당된 경우에), 프로젝트 팀 외부로부터의 해당 분야 전문가, 고객, 최종 사용자, 타 프로젝트 관리자, 이해관계자들, 위험 관리 전문가. 이러한 인원이 일반적인 위험 식별을 위한 주요 참여자이지만, 모든 프로젝트 인원이 적극적으로 위험을 식별하도록 권장되어야 한다.

프로젝트 생명 주기를 통해서 프로젝트가 진행됨에 따라 새로운 위험이 알려질 수 있으므로 위험 식별은 반복적으로 수행되어야 한다. 반복 주기 및 각 주기의 참여자는 경우에 따라 매우 다양하다. 위험 기술서 양식은 위험 사건들의 상대적 영향을 프로젝트의 다른 것들과 비교할 수 있게 하기 위해서 일관성이 있어야 한다. 프로젝트 팀은 위험 및 관련된 위험 대응 활동에 대한 주인의식과 책임감을 개발하고 유지하기 위해서, 이 프로세스에 참여해야 한다. 프로젝트 팀 외부의 이해관계자는 추가적인 객관적 정보를 제공할 수 있다. 위험 식별 프로세스는 일반적으로 정성적 위험 분석 프로세스로 연결되거나, 경험이 풍부한 위험 관리자에 의해 수행될 경우에는, 직접적으로 정량적 위험분석 프로세스로 연결된다. 이 프

### Box 12-3 위험 등록부risk register

위험 등록부에 등록될 항목들의 초기 목록은 위험 확인 프로세스의 주요 산출물이다. 위험 등록부는 최종적으로는 여타 위험 관리 프로세스들이 진행되면서 만들어지는 산출물들을 포함하며, 결과적으로 시간이 지남에 따라서 위험 등록부에 수록된 정보의 수준과 유형들이 증가한다.

위험 등록부의 준비는 위험 확인 프로세스로부터 얻어지는 다음과 같은 정보로부터 시작되어, 다른 프로젝트 관리와 프로젝트 위험 관리 프로세스들에 투입된다. 위험 등록부는 다음과 같은 항목을 포함한다.

- **식별된 위험의 목록 및 서술** : 확인된 위험은 합리적인 한도 내에서 가능한 한 자세히 서술되어야 한다. 목록 형태의 단순한 구조(중요도 또는 우선순위, 발생할 수 있는 사건, 미치는 충격, 근본 원인)가 각 위험을 서술하기 위해서 적용될 수 있다. 근본 원인은 확인된 위험을 발생하게 하는 기본적 조건 또는 사건들이며, 기록되어서 해당 프로젝트 및 미래의 프로젝트에서 미래의 위험 확인 활동을 지원하기 위해서 사용되어야만 한다. 또한 각 위험 발생에 대한 촉발자triggers, 증상symptoms, 경고 표시가 기록되어야 한다. 주요 위험에 대해서는 평가된 확률과 충격에 대한 왜곡bias이 서술되어야 한다. 위험의 우선순위를 표시하기 위해서는 회오리바람 도표tornado diagram를 사용할 수도 있다.
- **위험의 분류** : 위험 분류는 특별한 주의를 필요로 하는 위험 및 프로젝트 영역들의 공통적인 근원 원인을 밝혀줄 수 있다. 위험의 집약점concentrations of risks을 발견하는 것이 위험 대응의 효과를 증진시킬 수 있다. 당장의 대응을 필요로 하는 긴급한 위험과 추후에 대응해도 되는 위험을 분류하는 것도 유용할 수 있다. 위험을 추가적인 분석 및 대응을 필요로 하는 것과 그렇지 않은 것으로 분류하는 것도 또한 유용할 수 있다. 당장 조치가 필요하지 않지만, 지속적인 모니터링을 필요로 하는 위험들의 목록을 별도로 작성하는 것도 유용할 수 있다.
- **비용 및 시간 목표를 달성할 확률을 포함하는, 프로젝트에 대한 확률적 분석** : 현재 당면하고 있는 것으로 파악된 위험에 대한 정보를 이용해서, 가능한 일정 및 비용 결과들의 확률에 대한 추정치가 계산될 수 있다. 이러한 정보를 이용해서 현재의 계획이 프로젝트 목표를 달성할 확률을 정량적 위험 분석에 의해 계산할 수 있다.
- **대응 대안들의 목록 및 위험 소유자**risk owners : 개별 위험에 대한 대응 전략(잠재적인 대응 전략을 포함하여)과 구체적인 행동 방안들이 개발되고, 합의되고, 기록되어야 한다. 상황 대응 전략들과 그 수행 촉발자들도 또한 기록되어야 한다. 위험이 일단 발생한 후에 주 대응 계획이 적절하지 않은 것으로 밝혀졌을 때 사용할 비상 계획들도 또한 기록되어야 한다. 계획적으로 수용된 위험들 외에도, 계획된 대응들이 수행된 후에 남을 잔존 위험들residual risks 및 위험 대응 계획 수행의 직접적인 결과로서 발생하는 이차 위험secondary risks들도 기록되어야 한다. 각 위험에 대해 책임자가 할당되고, 그 책임이 명시적으로 기록되어야 한다.
- **우발 위험 준비비**contingency reserves : 우발 위험들을 대비해서 준비비 및 기타 여유 자원이 확보될 수 있다. 우발 위험 준비비는 일반적으로 정량적 위험 분석과 조직의 위험 수용 한계에 근거하여 계산한다.

- **위험 분석 결과의 추세** : 위험 분석(정성적 및 정량적)이 반복됨에 따라서 특정 위험의 추세가 분명하게 드러날 수 있으며, 이에 따라서 위험 대응과 추가적인 분석의 필요성이 분명해질 수 있다. 조직의 프로젝트 일정, 비용, 품질, 성과에 대한 역사적 정보에 위험 분석에서 얻어진 새로운 통찰이 반영되어야 한다. 이러한 역사적 정보는 위험 분석 보고서의 형식을 취할 수도 있다. 이 보고서는 위험 등록부와 분리될 수도 있고 연계될 수도 있다.
- **프로젝트 위험 및 대응들의 실제 결과** : 이 정보는 프로젝트 관리자들이 미래의 프로젝트뿐만 아니라, 조직 전체 위험에 대한 계획을 작성하는 데에도 도움을 줄 수 있다.

로세스는 위험 등록부의 다음과 같은 항목들을 생성한다.

- 식별된 위험의 목록 : 확인된 위험은 합리적인 한도 내에서 가능한 한 자세히 서술된다. 목록 형태의 단순한 구조(발생할 수 있는 사건, 미치는 충격, 근본 원인)가 각 위험을 서술하기 위해서 적용될 수 있다. 위험의 근본 원인은 확인된 위험을 발생하게 하는 기본적 조건 또는 사건들이다.
- 잠재적 대응 대안들의 목록 : 개별 위험에 대한 잠재적인 대응 방안들이 위험 확인 프로세스 동안에 확인되기도 한다. 이러한 것은 위험 대응 계획 수립 프로세스에서의 추가적인 분석 및 이행을 위해 기록되어야 한다.

위험 식별을 위한 기법 및 활동에는 다음과 같은 것들이 포함된다.

- 문서 검토documentation reviews : 계획, 가정 사항, 이전 프로젝트 자료 및 다른 정보를 포함한 프로젝트 문서들 간의 일관성에 대한 구조화된 검토. 계획들의 품질, 그리고 계획과 프로젝트 요구사항 및 가정들 간의 일관성이 프로젝트 위험의 지표가 될 수 있다.
- 정보 수집information gathering : 프로젝트 위험에 대한 광범위한 목록을 얻기 위해서는 브레인스토밍, 델파이 기법, 또는 인터뷰 등의 기법을 사용할 수 있다. 확인된 위험은 근본 원인 식별root cause identification을 통해서 정의가 심화되고 원인별로 집단화되고, 강약기회위협 분석SWOT Analysis : strengths, weaknesses, opportunities, and threats analysis을 통해서 수집된다.
- 점검표 분석checklist analysis : 이전의 유사 프로젝트와 다른 정보의 원천지로부

**Box 12-4 RBS: 위험 분할 구조**

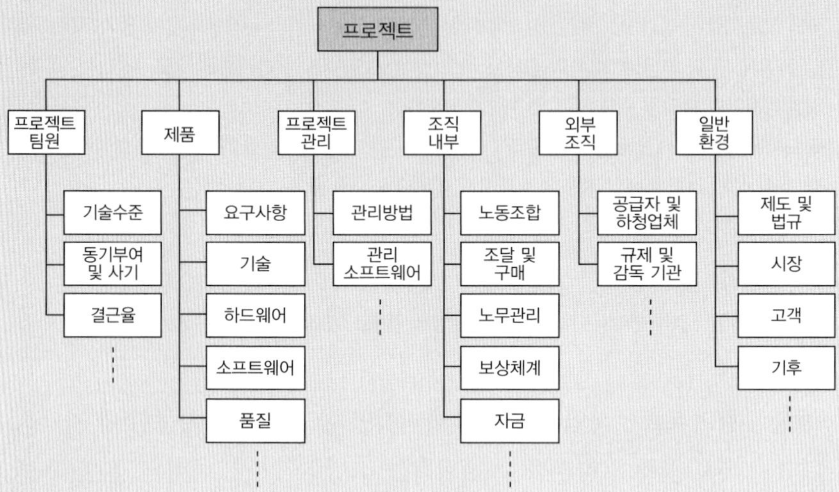


위험 관리의 시작은 위험을 식별하는 것으로부터 시작한다. 위험은 그 상세함의 수준이 일관성 있게, 체계적인 방법에 의해서 식별되어야 한다. 위험을 체계적으로 식별하기 위해서는 각 위험에 대한 근본적인 원인을 조사하는 것이 바람직하다. 근본 원인 식별root cause identification을 통해서 위험의 정의는 심화되고 원인별로 집단화된다. 위험의 근본 원인이 분석되었을 때 효과적인 위험 대응이 개발 가능하다.

RBSrisk breakdown structure는 이러한 과정을 통해서, 그 근본 원인에 따라서 조직화된 위험들 간의 관계를 표현한다. RSB는 일반적인 프로젝트에서 발생할 수 있는 위험 또는 위험의 범주를 계층적으로 나열한다. RBS는 프로젝트 종류와 조직에 따라 다를 수 있다. 위의 그림은 일반적인 프로젝트에서 가능한 예를 보여준다.

위험을 식별하기 위해서는 관련 문헌을 조사하거나, 이미 개발되어 있는 체크리스트를 이용하거나, 경험 있는 프로젝트 참여자, 이해관계자, 또는 관련 분야의 전문가를 인터뷰할 수 있다. 이 외에도 위험을 식별하기 위해서 브레인스토밍brainstorming, 델파이 기법Delphi technique, 원인-효과 도표cause-and-effect diagram, SWOTstrengths, weaknesses, opportunities, and threats 분석 등의 방법들을 사용할 수 있다.

터 축적된 이력 정보 및 지식을 기반으로 위험 식별 점검표가 개발될 수 있다. RBS의 가장 하위 수준 또한 위험 점검표로 사용될 수 있다. 비록 점검표가 단순하고 신속하게 개발할 수 있지만, 완벽한 것을 만드는 것은 불가능하다. 프로젝트팀은 빠진 항목이 없는가 항상 확인하여야 한다. 이 점검표는 프로젝트 종료 단계에서 새로운 교훈을 반영하고 미래의 프로젝트를 위한 개선을 위해서 검토되어야 한다.

- **가정 분석**assumptions analysis : 모든 프로젝트와 모든 프로젝트 위험은 일련의 가설, 시나리오 또는 가정으로부터 착상되고 개발된다. 가정 분석은 이러한 가정이 프로젝트에 적용될 때 그 타당성을 확인한다. 이것은 가정의 부정확성, 불완전성, 비일관성으로부터 발생하는 프로젝트 위험을 식별한다.
- **도식화**diagramming : 원인-효과 도표cause-and-effect diagrams, 시스템 또는 프로세스 흐름 차트system or proves flow charts, 영향 도표influence diagrams 등의 도식화 기법을 이용하여 위험 및 그 원인을 분석한다.
- **SWOT**strength, weakness, opportunity, threat **분석** : 내부적으로 생성된 위험을 포함시킴으로써 확인된 위험의 폭을 넓히기 위해 프로젝트를 각 SWOT의 관점에서 점검한다.
- **전문가 판단**expert judgment : 위험은 유사한 프로젝트나 비즈니스 영역의 적절한 경험이 있는 전문가로부터 직접적으로 도출될 수 있다.

이 프로세스에 투입될 기타 문헌에는 다음과 같은 것들이 포함될 수 있다.

- 가정 목록assumption log
- 작업성과 보고서들work performance reports
- 획득가치 보고서earned value reports
- 네트워크 도형들network diagrams
- 기준선들baselines
- 위험을 확인하는 데 도움이 된다고 확인된 기타 프로젝트 정보

이 프로세스에 영향을 미칠 수 있는 주요 기업 환경 요인에는 다음과 같은 것들이 포함된다.

- 상업적 데이터베이스를 포함하는 발표된 정보들
- 학술적 연구들
- 발표된 점검표들published checklists

- 벤치마킹
- 산업 연구들industry studies
- 위험 태도risk attitudes

이 프로세스에 영향을 미칠 수 있는 주요 조직 프로세스 자산에는 다음과 같은 것들이 포함된다.

- 실제 비용을 포함하는 프로젝트 파일들project files
- 조직 및 프로젝트 프로세스 통제
- 위험 서술 템플릿들risk statement templates
- 교훈lesson learned

### 12.1.3 정성적 위험 분석을 수행하기perform qualitative risk analysis 프로세스

**정성적 위험 분석을 수행하기**는 발생 확률과 충격을 평가하고 통합으로써 식별된 위험의 우선순위를 결정한다. 위험의 우선순위는 추가적인 분석이나 조치를 위해서 사용된다. 조직은 우선순위가 높은 위험에 집중함으로써 프로젝트의 성과를 개선할 수 있다. 정성적 위험 분석 프로세스에서는 식별된 위험의 상대적 발생 가능성 및 (발생했을 경우에) 프로젝트 목표에 미치는 영향 외에도, 반응까지의 시간 프레임time frame for response, 프로젝트의 비용, 일정, 범위, 품질 등과 같은 제약 사항들에 대한 조직의 위험 허용 한계risk tolerance를 함께 감안하여 우선순위를 결정할 수 있다. 이러한 평가는 프로젝트 팀과 여타 이해관계자들의 위험에 대한 태도를 반영한다. 따라서 효과적인 평가는 정성적 위험 분석 프로세스의 주요 참여자들이 위험 태도에 대한 명시적인 확인과 관리를 필요로 한다. 이러한 위험 태도가 확인된 위험들의 평가에 왜곡을 초래할 때에는, 반드시 이러한 왜곡을 평가하고 수정하기 위해 주의해야 한다.

확률과 충격 수준을 정의하는 것은 왜곡의 부작용을 감소시킬 수 있다. 위험 대응의 시간적 긴급성은 위험의 중요성을 가중시킬 수 있다. 프로젝트 위험에 대한 정보의 질을 평가하는 것도 또한 위험의 중요도를 정확히 평가하는 데 도움이 된다.

정성적 위험 분석 프로세스는 우선순위 결정을 위한 신속하고 비용-효과적인 방법이며, 필요한 경우에, 정량적 위험 분석 프로세스를 위한 기반을 조성한다. 이 프로세스는 프로젝트 위험에 변화가 있을 때마다 반복해서 수행되어야 한다. 이 프로세스는 정량적 위험 분석, 또는 위험 대응 계획 프로세스에 직접 연결된다. 이 프로세스는 위험 등록부의 다음과 같은 항목들을 갱신한다.

- 위험의 상대적 중요도 또는 우선순위 목록
- **위험의 분류** : 예상되는 발생 시점, 추가적인 분석 및 대응의 필요성, 특별한 주의 및 모니터링의 필요성 등을 기준으로 위험을 분류하는 것은 위험 관리의 효율성을 증가시킬 수 있다.
- **정성적 위험 분석 결과의 추세** : 분석이 반복됨에 따라서 특정 위험의 추세가 분명하게 드러날 수 있으며, 이에 따라서 위험 대응과 추가적인 분석의 필요성이 분명해질 수 있다.

정성적 위험 분석 프로세스에는 다음과 같은 활동들이 포함된다.

- **위험 가능성 및 영향 평가**risk probability and impact assessment : 위험 확률 평가는 각각의 특정 위험이 발생할 확률을 측정하는 것이다. 위험 충격 평가는 시간, 비용, 범위 또는 품질과 같은 프로젝트 목표에 위협이 되는 부정적 영향과, 기회가 되는 긍정적 영향 두 가지 모두를 포함한 잠재적인 영향을 측정하는 것이다. 각 식별된 위험의 확률 및 충격이 평가된다. 위험은 인터뷰 또는 위험 분류에 익숙한 참석자 회의를 통해 평가된다. 프로젝트 팀원 및 프로젝트 외부로부터 지식을 가진 사람이 포함된다. 과거 프로젝트에 대한 조직의 데이터베이스로부터 위험에 대한 정보가 거의 없다면 전문가적 판단이 필요하다. 전문가들은 일반적으로 너무 오래지 않은 과거의 비슷한 프로젝트에 경험이 있는 사람이 바람직하다. 참석자가 위험 평가에 대한 경험이 거의 없다면 경험을 가진 촉진자가 토의를 이끄는 것이 바람직하다. 각 위험에 대한 확률의 크기 및 각 목표에 대한 충격이 인터뷰 또는 회의 동안 평가된다. 위험 확률 및 충격은 위험 관리에서 주어진 정의에 따라 등급이 매겨진다. 종종, 낮은 확률 및 충격을 가진 위험은 등급이 매겨지지 않을 것이지만 추후 모니터링을 위한 모니터링 사항 목록

에는 포함되어야 한다.

- **위험 우선순위 결정** : 정량적 분석 및 대응을 위해 위험의 등급을 기반으로 우선순위를 매기고 확률 및 충격 행렬probability and impact matrix을 작성한다. 등급은 위험에 대해 평가된 가능성 및 영향을 기반으로 배정한다.
- **위험 데이터 품질 평가**risk data quality assessment : 정성적 위험 분석이 신뢰성이 있기 위해서는 정확하고 편향되지 않은 자료가 필요하다. 위험 데이터 품질 평가에서는 위험 데이터의 유용성 대한 등급을 평가한다. 이것에는 위험에 대한 이해의 정도, 위험에 대한 자료의 정확성, 품질, 신뢰도 및 일관성 수준에 대한 검토가 포함된다. 만약 자료가 수용할 만하지 않다면 더 높은 품질의 자료를 수집할 필요가 있을 수도 있다.
- **위험 분류**risk categorization : 위험의 원천(예, RBS을 이용하여), 영향 받는 프로젝트의 영역(예, WBS를 사용하여), 또는 다른 유용한 분류(예, 프로젝트 단계)에 따라 불확실성의 영향에 가장 노출된 프로젝트의 영역 결정을 위해 위험을 분류한다. 공통된 위험 원인에 따라 위험을 분류함으로써 효과적인 위험 대응 계획을 개발할 수 있다.
- **위험 긴급도 평가**risk urgency assessment : 가까운 장래에 대응을 필요로 하는 위험은 좀 더 긴급히 해결해야 할 것으로 간주될 수 있다. 우선순위의 지표는 위험 대응, 징후, 경고 표시 및 위험 등급에 영향을 미치는 시기를 포함할 수 있다.

정성적 위험 분석 프로세스에 영향을 줄 수 있는 조직 프로세스 자산에는 다음과 같은 것들이 포함된다.

- 기존에 완료된 유사한 프로젝트에 대한 정보
- 위험 전문가에 의한 유사한 프로젝트들에 대한 연구
- 산업 또는 상업적 위험 데이터베이스

### 12.1.4 정량적 위험 분석을 수행하기perform quantitative risk analysis

**정량적 위험 분석을 수행하기**는 확인된 위험들이 전체적 프로젝트 목표들에 미치는 영향을 수량적으로 분석하는 프로세스이다. 정량적 위험 분석 프로세스는 프로젝트에 상충하는 요구들 때문에 잠재적이거나 실제적인 영향을 미칠 것으로 판정된 위험에 대해서 수행되며, 위험 사건의 영향을 분석한다. 이 프로세스는 위험들에 대해서 개별적으로 수치 등급을 부여하거나, 또는 프로젝트에 영향을 미치는 모든 위험들의 종합적인 영향을 평가한다. 이 프로세스는 또한 불확실한 상황 하에서의 의사결정을 위한 정량적 접근법을 제공한다. 이 프로세스의 구체적인 목표는 다음과 같다.

- 프로젝트의 가능한 결과 및 확률을 정량화한다.
- 특정 프로젝트 목표를 달성할 가능성을 평가한다.
- 각 위험이 전체적인 프로젝트 위험에 대해 미치는 영향을 정량화함으로써 주의를 가장 많이 기울여야 할 위험을 식별한다.
- 어떤 상태 또는 결과가 불확실할 때 취해야 할 최적의 프로젝트 관리 의사결정을 확인한다.

정량적 위험 분석은 일반적으로 정성적 위험 분석 프로세스의 뒤를 따른다. 경우에 따라서는 정량적 위험 분석 프로세스는 효과적인 위험 대응안들을 개발하는데 필요하지 않을 수도 있다. 정성적 위험 분석과 정량적 위험 분석은 둘 중의 하나 또는 둘 다 모두 생략될 수도 있다. 가용한 시간과 예산, 그리고 위험과 충격들에 대한 정성적 또는 정량적 서술에 대한 필요성에 따라서 어떤 방법(들)이 필요할 것인가가 결정된다. 그러나 일반적으로는 정량적 위험 분석은 전체 프로젝트 위험이 만족스러운 수준으로 감소하였는가를 확인하기 위해서 위험 대응 계획 수립 이후에 위험 모니터링 및 통제의 일부로 반복해서 수행되어야 한다. 추세로부터 어느 정도의 위험 관리 행동들이 필요한지를 확인할 수 있다.

정량적 위험 분석 프로세스의 주요 산출물은 갱신된 위험 등록부이다. 다음은 이 프로세스에서 갱신되는 위험 등록부의 주요 내용이다.

- 프로젝트의 확률적 분석
- 비용 및 시간 목표를 달성할 확률
- 우선순위가 부여된, 정량화된 위험 목록
- 정량적 위험 분석 결과의 추세

정량적 위험 분석을 위해서 사용할 수 있는 대표적인 기법에는 다음의 것들이 포함된다.

- **자료 수집과 표현 기법** : 인터뷰 기법을 이용해서 변수의 분포 등에 대한 자료를 수집할 수 있다. 가장 간단한 방법은 낙관적, 가장 확률이 높은, 비관적 추정치의 3가지 추정치를 확인하는 것이다. 이러한 3점 추정치들three-point estimates과 베타 분포 또는 삼각 분포의 가정을 이용해서 변수들의 기대치와 분산을 계산할 수 있다. 위험에 대한 추정치들과 이러한 추정에 사용한 가정들의 근거를 기록하는 것은, 그것이 분석의 신뢰도를 가늠할 수 있게 하기 때문에, 위험 인터뷰의 중요한 요소이다.
- **정량적 위험 분석과 모델링 기법** : 흔히 사용되는 기법으로는 민감도 분석sensitivity analysis, 기대 화폐 가치EMV : expected monetary value 분석, 시뮬레이션, 의사결정 나무 분석decision-tree-analysis과 같은 사건 지향event-oriented 및 프로젝트-지향 project-oriented 등이 있다. 민감도 분석은 어느 위험이 프로젝트 목표에 가장 큰 영향을 미치는가를 결정하는 데 도움을 준다. 기대 화폐 가치는 일반적으로 기회에 대해서는 양수로, 위협에 대해서는 음수로 표시된다.
- **전문가 판단** : 전문가(이상적으로는 최근의 연관성 있는 경험이 있는) 판단이 잠재적인 비용 및 시간 충격을 확인하고, 확률을 평가하고, 도구들의 투입(확률 분포와 같은)을 정의하기 위해서 필요하다.

### 12.1.5 위험 대응 계획을 개발하기plan risk responses

**위험 대응 계획을 개발하기**는 프로젝트 목표에 대한 기회를 강화하고 위협을 감소시키기 위한 방안과 행동을 개발하는 프로세스이다. 이 프로세스에서는 우선순위에 맞추어 위험을 다루며, 필요에 따라 예산, 일정, 프로젝트 관리 계획에 자원 및 활동을 추가한다. 이 프로세스는 정성적 위험 분석과 정량적 위험 분석(생략될 수 있다)의 다음에 온다.

이 프로세스에서는 위험 각각에 대해서 대응 전략을 개발하고(경우에 따라서는 복수의 대안을 개발하고, 최상의 것이 선택된다), 개발된 전략의 수행을 위한 구체적인 활동들이 개발된다(해당 위험에 대해서 자금이 할당되어야 한다). 계획된

### Box 12-5 예비 분석reserve analysis[3]

예비reserve는 만약의 상황을 대비해서 추가적으로 준비하는 여유이다. 이러한 예비는 시간 또는 예산 등의 다양한 형태를 취할 수 있다. 예산의 관점에서는, 예비는 일반적으로 '예비비'라고 번역되며, 이 예비비에는 우발위험 준비금과 관리 예비비 등이 포함된다. 예산 예비비 분석은 우발위험(또는 손실) 준비금contingency reserves 또는 contingency allowance과 관리 예비비management reserve를 모두 설정할 수 있다. 우발위험 준비금은 계획되지는 않았으나, 위험 등록부에 식별되어 있는 위험의 실현으로부터 초래할 수 있는 잠재적으로 필요한 변경을 위한 예비비이다. 우발위험 준비비는 자금 조달 요구사항의 일부이다. 관리 예비비는 프로젝트 범위와 비용의 계획되지 않은 변경을 대비한 예비비이다. 프로젝트 관리자는 관리 예비비를 집행하거나 지출하기 전에 승인을 받을 수 있다. 관리 예비비는 프로젝트 비용 기준선의 일부는 아니나, 프로젝트의 전체 예산 안에 포함될 수는 있다. 관리 예비비는 획득가치 계산의 일부로 포함되지는 않는다.

기간 추정 시에도 일정 불확실성을 반영하기 위해서 전체 프로젝트 일정에 우발 위험 예비contingency reserve를 추가할 수 있다. 시간 추정의 경우에는 우발 위험 예비를 특히 시간 예비time reserve 또는 버퍼buffers라고 부르기도 한다.

이 우발위험 예비는 활동 기간 또는 비용의 일정 비율로 할 수도 있고, 고정된 작업 기간으로 할 수도 있고, 수량적 분석 방법을 이용하여 개발할 수도 있다. 프로젝트에 대한 좀 더 정확한 정보가 획득됨에 따라 우발위험 예비가 사용되거나, 삭감 또는 제거될 수도 있다. 우발위험은 관련 문서에서 정확히 식별되어 있어야 한다.

위험 대응 방법은 위험의 중대성에 맞추어 적절하여야 하며, 문제를 해결하는 데 비용 효과적이어야 하고, 적시적이야 하며, 프로젝트 맥락 내에서 현실적이야 하며, 참여된 모든 부서의 의해서 합의되어야 하며, (한 명의) 책임자(**위험 대응 주인**the risk response owner)에게 할당되어야 한다.

상위 우선순위의 위험에 대해서는 기본 전략 외에도 다수의 예비 전략들이 개발될 수 있다. **이차적 위험**(위험 대응 전략에 이해서 초래된 위험secondary risks)에 대해서도 또한 검토해야 한다. 선택된 전략이 충분히 효과적이지 않다는 것이 밝혀지거나 또는 허용된 위험(어떤 위험들은 사전에 적극적인 대응을 하는 것 보다는, 일단 발생한 후에 사후적으로 적절한 조치를 취하는 것이 더 효과적일 수도 있다)이 발생한 경우를 위해서 비상 계획이 개발될 수 있다. 하위 우선순위의 위험들에 대해서는 특별한 대응 방안을 개발하지 않고 **우발 위험 준비비**contingency reserves를 할당할 수도 있다. 최종적으로 **상황적 계획**contingency plan이, 이행 촉발 조

3) PMBoK2008, pp.151, 173, 177.

건의 식별과 함께, 개발될 수도 있다.

위험 대응 계획 개발 프로세스에서 적절한 대응이 선정되고 합의가 되면, 위험 등록부에 등록되어야 한다. 각 위험은 우선순위와 계획된 대응 수준에 맞는 상세 수준으로 작성되어야 한다. 높거나 중간 순위의 위험들은 자세히, 반면에 하위 순위의 위험들은 단순히 주기적인 관찰을 위한 '모니터링 목록watchlist'에 포함시킬 수 있다. 이 프로세스에서는 위험 등록부 및 프로젝트 관리 계획의 거의 모든 요소들이 갱신될 수 있다. 위험 전가를 위한 보험과 같은 위험과 관련된 계약들도 이 프로세스의 산출물에 포함된다. 새로운 정보가 입수됨에 따라서 가정 로그assumption logs와 기술적 문서들technical documentation도 갱신될 수 있다.

### 12.1.6 위험을 통제하기control risks

**위험을 통제하기**는, 프로젝트 생애주기 전체에 걸쳐서, 위험 대응 계획들을 수행하고, 위험들을 확인하며 잔존 위험들을 모니터링하고, 새로운 위험들을 확인하며 위험 프로세스의 효과성을 평가하는 프로세스이다. 프로젝트 생애주기 동안에 프로젝트 관리 계획에 포함된 계획된 위험 대응책들이 수행되더라도, 새롭고, 변화하며 종료된 위험들에 관해서 프로젝트 작업들을 지속적으로 모니터링해야 한다. 이 프로세스는 대체 전략의 선정, 상황적 또는 비상 계획의 수행, 시정 조치 수행과 프로젝트 관리 계획의 수정 등의 기능을 수행하며, 다음의 사항들을 확인한다.

- 프로젝트 가정 사항이 여전히 유효한가?
- 평가된 위험이 바뀌거나 또는 소멸되지는 않았는가?
- 위험 관리 정책과 프로시저가 준수되고 있는가?
- 비용 또는 일정에 대한 상황 예비contingency reserves of cost or schedule가 현재의 위험 평가에 맞추어 수정되어야 하는가?

위험 대응 주인risk response owner은 프로젝트 관리자에게 주기적으로 계획의 효과성, 모든 예상하지 못한 영향들, 위험을 적절하게 다루기 위해 필요했던 모든 수정 조치에 대해 보고해야 한다.

상황 대응 계획 또는 예비책들workarounds은 종종 변경 요청change request을 유발한다. 변경 요청들은 작성되어 통합 변경 통제프로세스에 제출된다. 만약 승인된 변경 요청이 위험 관리 프로세스들에 영향을 미치면, 프로젝트 관리 계획의 해당 부분이 갱신되고 다시 발부reissue되어야 한다. 프로젝트 관리 계획 및 기타 프로젝트 문헌들의 내용은 위험 대응 계획 프로세스의 그것과 같다. 위험 모니터링 및 통제 프로세스에서 갱신되는 위험 등록부의 주요 내용에는 다음의 것들이 포함된다.

- 위험 재평가, 위험 감사, 그리고 주기적 위험 검토들의 결과 : 더 이상 적용할 수 없는 위험의 종료와 해당 예비를 해제하는 것을 포함한 위험에 대한 거의 모든 것이 갱신될 수 있다.
- 프로젝트 위험 및 해당 대응들의 실제 결과

여섯 개의 위험 관리 프로세스들은 미래의 프로젝트들을 위해서 사용할 수 있는 정보들을 생산하며, 이러한 정보들은 반드시 조직 프로세스 자산에 반영되어야 한다. 이 프로세스들에 의해서 갱신될 수 있는 조직 프로세스 자산에는 다음의 것들이 포함된다.

- 확률 및 충격 행렬과 위험 등록부를 포함하는 위험 관리 계획의 템플릿들
- **위험 분할 구조**RBS : risk breakdown structure
- 프로젝트 관리 활동들로부터의 교훈

이러한 문서들은 필요할 때마다 프로젝트 종료 시에 갱신되어야 한다. 위험 등록부, 위험 관리 계획 템플릿, 점검표, 그리고 RSB의 최종 버전이 여기에 포함된다.

**Box 12-6 위험 확인표**

# 위험확인표

프로젝트 ID: 12
위 험 ID: 7

| 발생 확률 | | 발생 시점 | | 영향 | |
|---|---|---|---|---|---|
| 높다(p>70%) | ☑ | 멀다 | ☑ | 크다 | ☑ |
| 보통(70%>p>30%) | ☐ | 보통 | ☐ | 보통 | ☐ |
| 낮다(p<30%) | ☐ | 가깝다 | ☐ | 작다 | ☐ |

위험의 내용

잘못된 소프트웨어 기능의 개발

잠재적인 영향

- 수용 테스팅에서 지적을 받고, 재작업을 한다(개발팀).
- 일정 지연 및 예산 초과를 초래할 가능성이 매우 높다(PM, 경영진).
- 수정되지 않고 인도되었을 경우에는 사용자 불만을 초래할 수 있다(사용자).

위험/문제/기회 처리에 대한 권고

- 사용자 서베이를 실시한다.
- 스토리보딩 및 프로토타이핑을 철저히 수행한다.
- 사용자 매뉴얼을 초기에 개발한다.

미해결 이슈(선택)

감시 방법과 감시 책임자를 결정해야 한다.

| 작성자 및 작성일 | | 1차 수정 | 2차 수정 | 3차 수정 | 4차 수정 |
|---|---|---|---|---|---|
| 작성자 | 홍길동 | | | | |
| 작성일 | 06.4.7 | | | | |

위의 그림은 가능성, 충격, 발생 시점의 세 가지 기본 위험 속성을 포함하는 위험의 기록에 대한 기본적인 서식의 예를 보여 준다.

위험 영향의 크기는 화폐 단위로, 위험 발생 확률은 퍼센트로 정확히 정량적으로 평가하는 것이 바람직하다. 그러나 많은 경우에 이러한 정확한 측정이 실용적이지 않을 수 있다. 이러한 경우에는 위의 그림에서와 같이 그 값을 범주화해서 정성적으로 측정하는 것이 바람직할 수 있다. 이러한 경우에는 정확한 위험 노출을 계산할 수 없게 되며, 표의 예와 같이 위험 등급 결정 규칙과 그 대응 방법을 표준화할 수 있다.
앞의 서식에는 이러한 세 기본 속성 외에도, 위험의 내용, 잠재적 영향, 위험/문제/기회 처리에 대한 권고, 그리고 미해결 이슈를 기록하도록 되어 있다. 잠재적인 영향은 관련된 이해관계자를 밝히어 적는 것이 바람직하다. 여기에서는 약식으로 처리되었으나, 서식에 미리 칸을 만들어 반드시 이해관계자를 기입하도록 정형화하는 것도 바람직하다. 잠재적인 영향에 대해서는 관련된 요구사항을 기입하도록 하는 것도 또한 바람직하다.
위험에 대한 대응을 위해서는 다음의 두 가지 전략을 사용할 수 있다.

- 가능성 또는 충격을 줄임으로써 위험 노출도를 감소시킨다.
- 위험이 발생했을 경우를 대비한 상황 계획이나 시나리오를 작성한다.

주요 위험은 예방되어야 한다. 그러나 예방 비용이 그 효과보다 더 클 경우에는 위험이 일단 발생한 후에 대응을 하거나 또는 아무런 대응도 하지 않는 것이 바람직할 수도 있다. 또한 방지를 하려고 노력했음에도 불구하고, 위험이 발생하는 경우가 있다. 주요 위험의 경우에는 이러한 경우를 대비해서 대응 시나리오 등을 미리 작성하는 것이 바람직할 수 있다. 서식에는 이러한 비상 시나리오 등에 대한 참조를 추가할 수도 있다.

위험 모니터링 및 통제 프로세스에 포함되는 활동 및 분석들에는 다음의 것들이 포함된다.

- **위험 재평가**risk reassessment : 새로운 위험을 확인하고, 현재의 위험을 재평가하며, 소멸된 위험을 종료시킨다. 프로젝트 위험 재평가는 정기적으로 수행되어야 한다. 반복 주기와 그 상세함은 프로젝트 목표에 대비한 진도에 맞추어서 결정해야 한다.
- **위험 감사**risk audits : 얼마나 효과적으로 위험 대응들이 식별된 위험과 그 근본 원인들을 처리하는가와, 위험 관리 프로세스의 효과성에 대해 검사하고 문서화한다. 프로젝트 관리자는 위험 감사가 프로젝트 관리 계획에 정의된 대로 적절한 주기로 수행되고 있는가를 보장하는 책임을 진다. 위험 감사는 정규적인 프로젝트 검토 회의에 포함될 수도 있고, 별도의 위험 감사 회의가 개최될 수도 있다. 감사의 형식과 그 목표들이 감사가 수행되기 전에 명료하게 정의되어야 한다.
- **편차 및 경향 분석**variance and trend analysis : 획득 가치 분석 기법 등의 방법을 이용하여 비용 및 일정 목표로부터의 잠재적인 (완료 시의)편차를 예측한다.

- **기술적 성과 측정**technical performance measurement : 프로젝트 수행 기간 동안의 기술적 성과와 프로젝트 관리 계획의 기술적 달성 일정을 비교한다.
- **예비 분석**reserve analysis : 남아 있는 우발 위험 준비비가 적절한지에 대한 판단을 위해 남아있는 준비비와 남아있는 위험의 양을 비교한다.
- **현황 확인 회의**status meetings : 위험 관리는 정기적 현황 확인 회의의 주요 의제가 되어야 한다. 해당 의제를 위한 시간은 파악된 위험들, 우선순위, 대응의 난이도에 따라서 달라진다. 위험 관리는 자주 수행될수록 더 쉬워진다. 위험에 대한 빈번한 토의는 사람들이 좀 더 쉽게 위험과 기회를 확인할 수 있게 한다.

위험 모니터링 및 통제 프로세스에 필요한 작업성과에 대한 주요 정보로는 다음의 것들이 포함된다.

- 인도물들의 상태
- 일정 진도
- 발생한 비용

## 12.2 위험 분석

### 12.2.1 위험 노출도

위험 분석에서 사용되는 가장 기본적인 위험의 속성으로는 위험이 발생할 확률인 위험 가능성risk likelyhood과 위험이 발생할 경우에 프로젝트에 미치는 영향의 크기인 위험 충격risk impact이다. 위험 충격의 크기가 화폐 가치로 정확히 측정되고, 위험 가능성 또한 그 크기가 정량적으로 정확히 측정되면, **위험 노출도**risk exposure or risk value는 다음과 같이 계산할 수 있다.

위험 노출도 = 위험 가능성 * 위험 충격

이러한 경우 위험 노출도는 해당 위험의 기대 비용expected costs 또는 기대 가치

expected value가 된다. 따라서 다양한 위험들은 위험 노출도에 의거해 서로 객관적으로 비교할 수 있으며, 각종 상황 계획의 기대 비용과도 직접적으로 비교할 수 있게 된다.

그러나 위험 충격은 화폐 가치로 정확히 측정할 수 없는 경우가 많다. 이럴 때는 몇 가지 기준에 의해서 그 크기를 정량화해야 한다. 이때에는 다음과 같은 잠재적인 비용들을 반드시 고려해 넣어야 한다.

- 일정 지연으로 인한 비용
- 추가적인 또는 더 비싼 자원을 사용함으로써 발생하는 비용 초과
- 시스템의 품질과 기능에 대한 절충으로 인한 명시적 또는 암묵적 비용

### 12.2.2 위험의 우선순위

일반적으로 위험 노출도는 위험의 우선순위를 결정하기 위한 가장 중요한 기준이 된다. 그러나 위험의 우선순위를 결정하기 위해서는 이것들 이외의 요소도 고려하는 것이 바람직하다.

- **위험 평가의 신뢰도** : 위험 노출도는 종종 정확하지 않을 수 있다. 정확히 계산하기 어려울 수 있다. 위험 노출도의 정확성이 특히 떨어질 때에는 추가적인 조사를 하거나, 위험의 영향을 정성적으로 분석하는 것이 바람직할 수 있다.
- **위험 간 상호의존성** : 일부의 위험은 다른 위험에 의존적이다. 상호의존성이 높은 위험들은 통합하여 하나의 위험으로 다루는 것이 바람직할 수도 있다.
- **위험의 수** : 프로젝트 관리자 또는 관리팀이 적절히 관리할 수 있는 위험의 수는 일반적으로 한계가 있다. 파악된 위험의 수가 이러한 한계를 초과한다면, 우선순위를 절대적인 기준이 아니라 상대적인 기준에 의해서 결정할 수 있다.

**Box 12-7 위험의 우선순위 결정 : 발견적 방법**

| 우선순위 | 위험 속성 | | | 조 치 |
|---|---|---|---|---|
| | 영향 | 가깝다 | 발생 확률 | |
| 1 | 크다 | 가깝다 | 높다, 보통, 낮다 | 즉각적인 조취를 취한다. |
| 2 | 크다 | 보통 | 높다, 보통, 낮다 | 추가적인 정보를 수집하고, 세부 대응 계획을 작성하며 필요한 경우 조치를 취하고, 지속적으로 모니터링을 한다. |
| 3 | 크다 | 멀다 | 높다, 보통, 낮다 | 추가적인 정보를 수집하고, 대응 계획을 작성하며 지속적으로 모니터링을 한다. |
| 4 | 보통 | 가깝다 | 높다, 보통, 낮다 | 필요한 경우 조취를 취한다. |
| 5 | 보통 | 보통 | 높다, 보통 | 대응 계획을 (재)작성하고, 지속적으로 모니터링한다. |
| 6 | 보통 | 멀다 | 높다, 보통 | 대응 계획을 작성하고, 정기적으로 모니터링한다. |
| 7 | 보통 | 보통, 멀다 | 낮다 | 정기적으로 모니터링하고, 다음 회의에서 재평가한다. |
| 8 | 작다 | 가깝다 | 높다, 보통 | 지속적으로 모니터링한다. |
| 9 | 작다 | 보통, 멀다 | 높다, 보통 | 정기적으로 모니터링한다. |
| 10 | 작다 | 가깝다, 보통, 멀다 | 낮다 | 발생한 후에 처리한다. |

참조 : JONESOO

위험을 비롯한 거의 모든 것의 우선순위는 AHP를 이용하여 결정할 수 있다. 그러나 AHP는 경우에 따라서 사용하기에 많은 노력이 필요하다. 위험 분석 시에 가장 일반적으로 사용되는 위험 속성으로는 위험 가능성과 위험 충격이다. 그러나 또 하나 반드시 고려해야 할 속성으로 위험의 발생 시점이 있다. 위의 표는 이 세 가지 기본 위험 속성을 정하는 발견적 기법의 한 예를 보여 준다.

위험 노출도를 정확하게 정량적으로 측정할 수 없을 경우에는 위험의 영향을 정성적으로 측정할 수 있다. 위험의 영향을 정성적으로 평가할 경우, 위험에 의해서 어떤 이해관계자와 요구사항이 영향을 받는지와 어떻게, 얼마나 영향을 받는지, 그리고 이해관계자 또는 요구사항별로 용인할 수 있는 영향의 한계를 고려하여 우선순위를 결정하여야 한다. 위험의 우선순위를 결정하기 위해서는 AHPanalytical hierachical process와 같은 정형적인 방법을 사용할 수도 있다.

### 12.2.3 민감도 분석과 위험 감소 리버리지

**Box 12-8 회오리바람 그림**tornado diagram

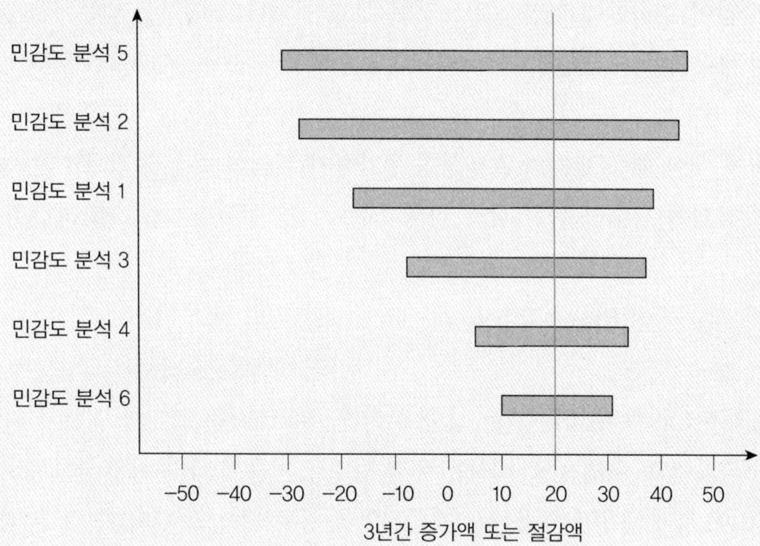


회오리바람 그림은 민감도 분석의 결과를 불확실성이 높은 변수들의 상대적인 중요도와 충격에 좀 더 안정적인 변수들에 대비해서 보여준다. 위 그림은 신규 약재가 의료보험 재정에 미치는 영향을 분석한 것으로 6개 범주의 민감도 분석이 수행되고, 이 민감도 분석에 의해 생성된 범위들을 표시한 것이다. 이 값들은, 예를 들어 3년의 시간범위time horizon 동안 재정 영향을 나타내는 모든 사항을 고려한 것이다. 이 민감도 분석의 그림에 덧붙여 산출된 3년간의 재정 영향 값인 20(중간 선 부분) 역시 이들 값에서 X축을 교차하는 하나의 선을 사용하여 표현된다. 이 여섯 개 민감도 분석들은 Y축을 따라서 순서대로 배열되어 있는데 민감도 분석 카테고리에서 얻어진 값의 범위가 클수록 다이어그램의 위쪽에 위치되도록 제시되었다. 이 회오리바람 그림을 사용해서 의사결정자들은 재정 영향 모델에 가장 큰 영향을 미치는 가정들을 빨리 확인할 수 있을 뿐만 아니라 신약이 의약품 선별 목록에 등재되었을 때 의약품 보험에 감당해야할 비용이나 그에 대한 절감도 바로 확인할 수 있다([김허변2008, pp.205~206]).

어떤 위험은 일단 식별되면, 매우 적은 비용으로 즉시 감소 또는 제거할 수 있다. 이러한 위험은 그 위험 노출도와 상관없이 조치를 취하는 것이 합리적이다. 그렇지 않은 위험에 대해서는 조치를 취하기 위한 기대 비용과 해당 위험이 감소했을 때의 기대 이익을 비교하여 가장 큰 효과가 발생하는 곳에 노력을 집중하여야 한다.

민감도 분석sensitivity analysis은 특정 위험 요소의 프로젝트의 목표에 미치는 충격의 정도를, 다른 모든 요소가 베이스라인값에 고정되어 있다는 조건 하에서 해당 요소의 값이 변화함에 따라서 프로젝트 목표가 얼마나 영향을 받는가를 분석함으로써 정량화한다. 민감도가 클수록 해당 위험을 감소 또는 제거할 필요성이 커진다.

위험에 대한 대응 방법의 효율성을 평가하기 위해해 가장 널리 쓰이는 방법은 다음의 공식에 의해서 **위험 감소 리버리지**RRL: risk reduction leverage를 계산하는 것이다.

$$RRL = (REbefore - REafter)/위험\ 감소\ 비용$$

단, REbefore는 원래의 위험 노출 값이며, REafter는 조치를 취한 후의 기대 위험 노출값이고, 위험 감소 비용은 위험 감소 조치를 취하기 위해 소요된 비용이다. RRL이 화폐 단위를 이용해서 계산되었을 경우에는, 그 값이 1보다 클 때에는 위험 감소 계획이 비용–효과적이고, 1보다 작을 때에는 비용–비효과적이라는 것을 의미한다. 특정 위험에 대해서 대응 방법이 여러 개 있을 경우에는 RRL(1보다 큰 것 중에서)이 가장 큰 것을 선택한다.

## 12.3 위험 대응전략[4)]

### 12.3.1 부정적 위험에 대한 전략

**위험 대응전략**은 위험의 성격에 따라서 크게 4가지로 분류할 수 있다. 그 중의 하나는 부정적 위험 또는 위협에 대한 전략들이다. 만약 발생한다면 프로젝트의 목표에 부정적 영향을 끼치는 위협이나 위험을 다루는 전략으로는 전통적으로 세 가지가 사용된다.

- **회피**avoid : 위험 회피는 해로운 위험을 야기하는 위협의 제거, 위험의 영향으로부터 프로젝트 목표를 격리하거나 일정의 연장 또는 범위 감소와 같은 위험에

4) PMBoK2008, pp.303–305.

빠진 목표들을 완화하기 위한 프로젝트 관리 계획의 변경을 포함한다. 프로젝트 초기에 발생한 몇몇 위험은 요구사항을 명확하게 하고, 정보를 획득하며 의사소통을 개선하거나 전문가적 견해를 얻음으로써 회피될 수 있다.

- **전가**transfer : 위험 전가는 위협의 부정적 영향을, 대응에 대한 책임과 함께, 제삼자에게 넘기는 것이다. 위험을 전가하는 것은 단순히 위험에 대한 관리의 책임을 다른 단체에 주는 것이지 위험을 제거하는 것은 아니다. 위험에 대한 책임의 전가는 재정적 위험 노출을 다루는 가장 효과적인 것이다. 위험을 전가하기 위해서는 거의 항상 위험을 맡을 단체에 대해 위험 할증금을 제공하여야 한다. 위험의 전가 방법은 보험, 금전 채무 증서, 보증서, 담보 등을 포함하며 매우 다양하다. 계약서가 특정 위험을 다른 단체에 책임을 전가하기 위해 사용될 수 있다. 대부분 비용 형태의 계약cost-type contract은 위험 비용을 구매자에게 전가하는 반면, 고정 비용 계약은 프로젝트의 설계가 안정적일 경우 판매자에게 위험을 전가할 수 있다.
- **완화**mitigate : 위험 완화는 해로운 위험 사건의 발생 가능성 및 영향을 허용 가능한 기준 내로 감소시키는 것을 의미한다. 프로젝트에 발생하는 위험의 가능성 및 영향 감소를 위해 초기 조치를 하는 것은 종종 위험이 발생하고 난 후 피해의 복구 시도보다 더 효과적이다. 덜 복잡한 프로세스의 적용, 더 많은 테스트의 수행, 또는 더 안정적인 업체의 선정이 완화 조치의 예가 된다. 시제품 개발하는 것도 완화의 한 예이다. 잉여를 하위 시스템 내에 설계함으로써 본 구성요소의 실패로 인한 영향을 감소시키는 것도 완화의 한 예이다.

**Box 12-9 소프트웨어 프로젝트의 전형적인 위험 종류와 대응 전략**

| 위험 | 위험 감소 전략 |
|---|---|
| 인력 부족 | 우수한 인력의 충원, 직무 할당 – 훈련 및 경력 개발 – 주요 인력에 대한 일정 계획의 조기 작성 |
| 비현실적인 시간과 비용 예측 | 다양한 예측 기법, 비용까지 설계, 증분적 개발, 과거 프로젝트들의 문서화와 분석, 방법론의 표준화 |
| 잘못된 소프트웨어 기능의 개발 | 개선된 프로젝트 평가, 정형적 명세화 방법, 사용자 서베이, 프로토타이핑, 사용자 매뉴얼의 조기 개발 |
| 잘못된 사용자 인터페이스의 개발 | 프로토타이핑, 과업 분석, 사용자 참여 |
| 황금 도금gold plating | 요구사항 정리하기requirement scrubbing, 프로토타이핑, 비용–편익 분석, 비용까지 설계하기 |
| 요구사항에 대한 지연된 변경 | 엄격한 변경 통제 프로세스, 높은 변경 임계점, 증분적 프로토타이핑, 증분적 개발(변경의 연기) |
| 외부에서 공급된 컴포넌트의 결함 | 벤치마킹, 인스펙션, 정형적 명세, 계약적 합의, 품질 보증 절차 및 인증 |
| 외부에서 수행된 과업의 결함 | 품질 보증 절차, 경쟁적 설계 또는 프로토타이핑, 팀 빌딩, 인센티브 계약 |
| 실시간 성능의 결함 | 시뮬레이션, 벤치마킹, 프로토타이핑, 튜닝, 기술적 분석 |
| 기술적으로 너무 어려운 개발 | 기술적 분석, 비용–효익 분석, 프로토타이핑, 훈련 및 인적 자원 개발 |

자료원: BOEHM98

위의 표는 대표적인 소프트웨어 리스크와 그에 대한 대응 전략을 보여 준다. 지금까지 언급된 그리고 앞으로 언급될 모든 요소들은 잠재적인 위험 요소이다. 그러나 이러한 모든 요인들에 대해 똑같은 정도의 주의를 기울여서는 안 된다.

일반적인 소프트웨어 프로젝트의 위험 요인으로는 다음과 같은 것들이 있다.

- 애플리케이션 요인 : 애플리케이션의 종류, 크기 등
- 인적 요인 : 전문가 및 팀원의 수 및 기술 수준, 사기 및 동기 부여, 결근율 등
- 프로젝트 요인 : 프로젝트 목적 및 제약의 명료성 – 일정, 예산, 품질 계획에 대한 합의 정도 등
- 프로젝트 방법 : 프로젝트에의 적합도, 프로젝트 팀의 방법에 대한 친숙도 등
- 하드웨어/소프트웨어 요인 : 프로젝트 팀의 친숙도 등
- 전환 요인 : 새로운 시스템으로 전면적인 전환 또는 점진적 전환 등
- 공급자 요인 : 외부 조직에 대한 의존
- 환경적 요인 : 예를 들면, 세법의 변경 등
- 건강 및 안전 요인 : 일반적으로 소프트웨어 프로젝트에서는 문제가 되지 않으나, 경우에 따라서는 중요해질 수도 있다.

소프트웨어 프로젝트에서 특히 구현 및 프로그래밍과 관련된 주요 위험 요소로는 다음과 같은 것들이 있으며, 이러한 요소들은 테스팅 및 기타 확인과 입증validation and verification 과정에서 특히 중요하게 다뤄야 한다.

- 과도한 개발자 스케줄 압력
- 부적당한 개발자에 대한 훈련 및 경험
- 많은 변화를 초래하는 요구사항
- 새로운 기술, 기법, 도구의 사용
- 정확하고 최적화되어야 하는 복잡한 로직이나 알고리즘
- 엄격한 실패 모드나 많은 예외 조건을 갖고 있는 산출물의, 임무나 안전과 직결된 부분 – 그것들이 테스팅 동안에 촉발시키기 어려운 경우에는 특히 그러함
- 차후의 산출물 진화의 기초를 제공하는 주요 아키텍처적인 컴포넌트
- 재사용될 컴포넌트
- 다른 컴포넌트를 위한 모델이나 템플릿의 역할을 할 컴포넌트
- 산출물의 다양한 부분에 영향을 주는 다중 인터페이스를 갖고 있는 컴포넌트

## 12.3.2 긍정적 위험에 대한 전략

프로젝트 목표에 잠재적으로 긍정적인 영향을 미치는 위험을 다루기 위해서는 일반적으로 다음의 세 가지 대응이 널리 사용된다.

- **개척**exploit : 이 전략은 조직이 기회가 현실화되는 것을 보장하기를 원하는 긍정적 영향을 가진 위험에 대해 선택될 수 있다. 이 전략은 기회를 확실히 발생시킴으로써 특별한 성장 위험과 관련된 불확실성의 제거를 추구한다. 직접적인 개척 대응에는 완료 기간을 줄이거나 또는 초기 계획보다 더 나은 품질을 제공하기 위해 프로젝트에 좀 더 재능 있는 자원을 배정하는 것이 포함된다.
- **공유**share : 긍정적 위험을 공유하는 것에는 프로젝트의 이익을 위한 기회를 가장 실현할 수 있는 제삼자에게 소유권을 할당하는 것이 포함된다. 조치 공유의 예로는 위험 공유 협력 체제, 팀, 특별 목적 회사 또는 기회 관리의 특별한 목적을 가지고 설립된 합작회사의 구성이 포함된다.
- **강화**enhance : 이 전략은 발생 확률 및/또는 긍정적 영향을 증가시키거나, 이러한 긍정적 위험의 주요 구동자들driver을 발견하고 최대화함으로써 기회의 규모를 수정한다. 기회의 원인을 촉진하거나 강화함으로써, 그리고 적극적으로 그 발

생 조건을 조성하고 강화함으로써 확률을 높일 수 있다.

### 12.3.3 위험과 기회에 대한 전략

- **수용**acceptance : 프로젝트로부터 모든 위험의 제거가 불가능하므로 수용이라는 전략이 적용된다. 이 전략은 프로젝트 팀이 위험을 다루기 위해 프로젝트 관리 계획을 변경하지 않기로 결정했거나 적절한 대응 전략을 발견할 수 없었음을 의미한다. 이것은 위협이나 기회에 모두 적용될 수 있다. 이 전략은 수동적이거나 능동적일 수 있다. 수동적 수용은 아무런 조치도 마련하지 않고 위협 또는 기회가 발생하는 그대로 두는 것이다. 가장 일반적인 수용 전략은 시간, 돈 또는 (알려진, 잠재적, 또는 미지의) 위협이나 기회의 처리를 위한 자원을 포함하는 예비reserves를 확보하는 것이다.

### 12.3.4 상황 대응 전략contingent response strategy

이상의 전형적인 대응 방법 외에, 몇몇 위험에 대해서는 상황에 맞는 특수한 대응을 하는 것이 바람직할 수 있다. 특정 상황에 맞춘 대안이 시행될 경우에는 대응의 발단이 되는 상황이나 사건은 사전에 정의되어야 하고 추적되어야 한다.

## 12.4 Win-Win 나선형 모델

### 12.4.1 나선형 모델의 개요

Boehm은 1988년 **나선형 모델**Spiral Model을 발표하였다. 나선형 모델은 여러 개의 주기(단계)로 구성되어 있으며, 각 주기는 다시 다음과 같은 순차적인 활동들로 구성된다.

- 목적, 대안, 제약들의 결정
- 대안 평가, 식별, 위험 해결
- 인도물의 개발과 검정
- 다음 단계에 대한 계획

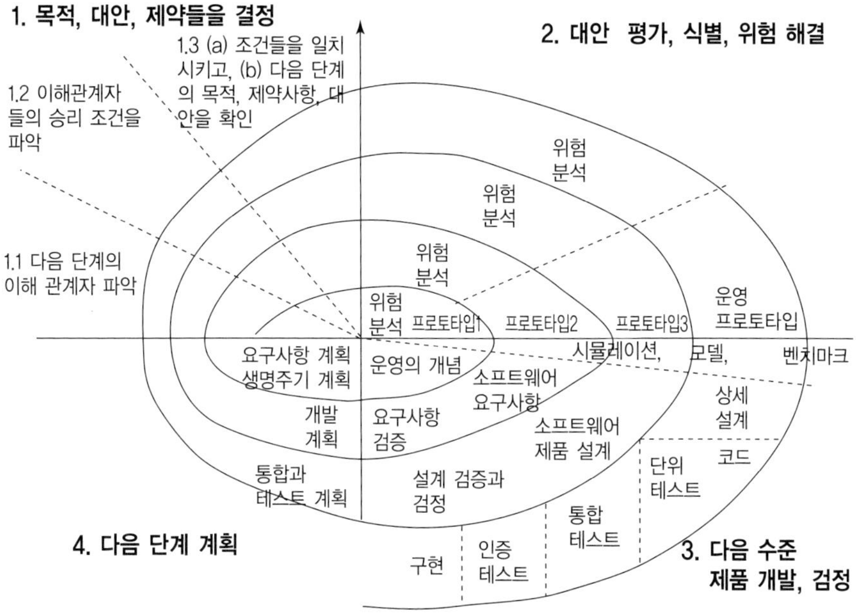


**[그림 12-1]** Win-Win 나선형 모델

Boehm은 기존의 발표한 나선형 모델의 [그림 12-1] 단계1.1~단계1.3(a)의 이해관계자 분석을 보완하여 Win-Win 나선형 모델을 완성하였다. 나선의 각 주기는 기본적으로 폭포수 모델의 각 단계와 같으며, 원점에서 나선까지의 거리는 현재까지의 누적 비용을 나타낸다. 따라서 나선의 원점에서부터의 거리는 계속 증가하여야 한다(원 저자가, 순전히 미적인 관점에서, 나선형을 납작하게 그렸다).

나선형 모델은 개발 초기에 주요한 불확실성과 위험을 빨리 해소하는 데 주안점을 두고 있다. 나선형 모델의 각 사이클은 다음과 같은 것을 확인하는 것으로부터 시작한다.

- 제품의 구축하여야 할 부분의 목표들(성능, 기능성, 변화 수용 능력 등)
- 이 부분을 구현할 대안적 방법들(설계 A, 설계 B, 재사용, 구매 등)
- 대안들의 적용에 가해진 제약들(비용, 일정, 인터페이스 등)

각 사이클은 제품에 대한 주요 이해관계자를 포함하는 검토에 의해서 종료된다. 이 검토는 다음 사이클을 위한 계획과 그 계획을 수행하기 위한 자원을 포함하는, 해당 주기에서 개발된 모든 제품에 대해서 수행된다. 이 검토의 주목표는 모든 이해관계자가 다음 단계의 접근 방법에 대하여 공동으로 지지하는 것을 보장하는 것이다.

### 12.4.2 프로토타이핑에 의한 위험의 최소화와 그 한계

소프트웨어 개발에는 항상 위험 요소가 내재되어 있으며, 소프트웨어 개발자들은 가능한 한 어디서든지 위험을 최소화시키려고 노력한다. 위험을 최소화시키는 한 방법은 프로토타입의 구축이다. 인도된 제품이 고객의 실제 필요 사항을 만족시키지 못하는 위험을 감소시켜 주는 좋은 방법은 요구사항 단계에 라피드 프로토타핑rapid prototyping을 하는 것이다. 그 이후 단계에서는 다른 종류의 프로토타핑이 적합하다.

각 단계마다 프로토타입과 기타 방법들을 사용해서 위험을 최소화시킨다는 아이디어는 나선형 모델의 기초 개념이다. 이 모델은 기본적으로 폭포수 모델 전반부 각 단계의 초기에 위험 분석과 해소 활동을 추가한 것과 같다. 만약 각 단계에서 중요한 모든 위험을 해결할 수 없다면 이 프로젝트는 즉시 중단되어야 할 수도 있다.

프로토타입은 특정한 종류의 정보를 제공하는 데 효과적으로 사용될 수 있다. 그러나 위험의 어떤 영역은 프로토타이핑과 크게 관련이 없다. 예를 들면, 제품 구축에 필요한 소프트웨어 직원을 채용할 수 없거나 핵심 직원이 프로젝트가 완성되기 전에 사직하는 것도 또 다른 위험이다. 또 잠재적인 위험은 특정 팀이 특정한 대규모 프로젝트를 개발하는 데 충분히 경쟁력을 갖지 못한 경우이다. 단독주택을 건설하는 능력이 있는 사람이 복합 빌딩을 건축할 수 없으며, 마찬가지로 소규모와 대규모 소프트웨어 사이에는 차이점이 분명히 있다.

**Box 12-10** Win-Win 나선형 모델의 주요 전방 이정표 : LCO 및 LCA

| 주요 요소 | LCO | LCA |
|---|---|---|
| 운영 개념 정의<br>Definition of Operational Concept | • 상위 레벨의 시스템 목적과 범위<br>-시스템 경계<br>-환경 모수와 가정<br>• 운영 개념<br>-운영 및 유지 보수 시나리오와 모수<br>-조직의 생명주기 책임(이해관계자) | • 증분별 시스템 목적과 범위의 정교화<br>• 증분별 운영 개념의 정교화 |
| 시스템 요구사항 정의<br>Definition of System Requirements | • 우선순위를 포함하는, 상위 레벨의 기능, 인터페이스, 품질 특성 수준<br>• 주요사항에 대한 이해관계자간의 합의 | • 증분별 기능, 인터페이스, 품질 특성의 정교화<br>-'앞으로 결정할' 항목의 정의<br>• 우선순위에 대한 이해관계자들의 합의 |
| 시스템과 소프트웨어 아키텍처 정의<br>Definition of System and Software Architecture | • 최소한 한 개 이상의 가능한 아키텍처의 상위 수준 정의.<br>-물리적 또는 논리적 요소와 연관 관계<br>-COTS와 재사용 가능한 소프트웨어 요소의 선택<br>• 실행 불가능한 구조 선택 사항의 확인 | • 아키텍처의 선택과 증분별 정교화<br>-물리적이고 논리적인 요소, 연결 부위, 형상, 제약 조건<br>-COTS, 재사용 선택<br>-도메인 아키텍처와 구조 스타일의 선택<br>• 아키텍처 진화 모수들 |
| 생애주기 계획 정의<br>Definition of Life-Cycle Plan | • 각 생애주기의 이해관계자의 확인<br>-사용자, 고객, 개발자, 관리자, 내부 운영자, 일반 대중, 기타.<br>• 생애주기 프로세스 모델의 확인<br>-상위 수준 단계, 증분<br>• 단계별 상위 수준의 6하 원칙* | • IOC에 대한 6하 원칙*의 정교화<br>-부분적인 정교화, 더 뒤의 증분을 위한 '앞으로 결정할' 항목들의 확인 |
| 실행가능성 논리<br>Feasibility Rationale | • 위의 요소들 간의 일관성 보장<br>-분석, 측정, 프로토타이핑, 시뮬레이션 등을 통하여<br>-요구사항에 대한 비즈니스 사례 분석, 실행 가능한 아키텍처 | • 위의 요소들 간의 일관성 보장<br>• 위험 관리 계획에 의해 해결되거나 언급된 모든 주요 위험들 |

*6하 원칙: 왜? 무엇을? 언제? 누가? 어디서? 어떻게? 얼마나?
참조 : BOEHM98

Win-Win 나선형 모델의 가장 주요한 초기 이정표는 LCOLife-Cycle Objective와 LCALife-Cycle Architecture이다. LCO와 LCA의 구조와 그 구성 요소는 본질적으로 동일하며, LCA는 LCO를 보강하고 정교화한 것이다. LCO의 핵심 요소는 시스템의 목적에 대한 이해 관계자들의 합의이다. LCA의 핵심 요소는 시스템과 소프트웨어 아키텍처의 정의이다. LCA의 LCO와의 차이는 시스템의 주요 위험들이 해소되거나, 또는 적어도 시스템의 위험 관리 계획에 의해서 구성 요소로 다루어져야 한다는 것이다.

### Box 12-11 LCO와 LCA 이정표의 완성 시점

LCO ↑ LCA ↑

| 주기 1 | 주기 2 | 주기 3 |
|---|---|---|
| 운영의 상위 수준 개념을 결정 | 운영의 세부 개념을 결정 | 운영과 IOC의 세부 사항을 조금씩 정교화하기 |
| 시스템 범위/경계 인터페이스 – 상위 요구사항 | 상위 수준의 하드웨어, 소프트웨어, 인적 요구사항 | 요구사항과 IOC를 조금씩 정교화하기 |
| 주요 COTS, 재사용에 관한 가능한 선택을 포함하는 소수의 실행 가능한 아키텍처 대안들 | 상위 정보 아키텍처를 잠정적으로 선택 | 생명주기 아키텍처를 선택 |
| 상위 수준의 생명주기 책임(이해관계자), 프로세스 모델, 비용/스케줄 모수 | 상세한 프로세스 전략, 책임, 비용/스케줄 할당을 정함 | IOC를 위한 철저한 육하 원칙 계획 – 차후의 증분에 대한 필수 요소 |
| Win-Win 충족을 지원하는 상위 수준 분석에 대한 이해관계자들의 합의 | Win-Win 충족을 지원하는 좀 더 상세한 분석 | Win-Win 충족을 지원하는 분석에 대한 이해관계자들의 합의 |
| 기각된 아키텍처 대안을 포함하는, 상위 수준의 원칙 | 시스템 선택의 기초가 되는 좀 더 상세한 원칙 | 위험 해소 결과를 포함하는, 원칙들을 정교화하기 |

참조 : BOEHM98

대규모의 시스템의 경우에는 LCA 이정표를 지나갈 때에는 인력과 자원의 할당이 충분한 수준으로 증가되어야 한다. 주요한 위험이 해소되지 않은 채로 LCA 단계까지 진행하는 것은 대부분의 대규모 프로젝트에 재앙을 초래한다.

LCO와 LCA는 다음과 같은 특색을 지닌다.

- 초점이, 요구사항의 스냅 사진이나 아키텍처의 한 시점의 해답이 아니라, 시스템의 진화를 예측하고 수용하는 요구사항과 아키텍처의 명세에 주어진다.
- 요소들은 명세나 자료를 사용하는 실행 프로그램(프로토타입이나 COTS 제품과 같은)의 어느 것이든 될 수 있다.
- 명세는 완성도보다는 위험에 대한 고려에 의해서 작성된다. 중요한 인터페이스 명세가 완전해야 한다. 그러나 사용자 인터페이스에 대한, 완벽한 글로 쓰인 명세를 작성하려고 하면 안 된다. 사용자 인터페이스는 프로토타입으로 정의하는 것이 덜 위험하다.
- 실행가능성 논리는 선택적 첨가 사항이 아니라 필수 요소이다.

프로토타이핑이 적용될 수 없는 또 다른 위험 영역은 하드웨어 공급자의 인도 약속을 평가하는 일이다. 개발자가 채택할 수 있는 전략은 공급자가 이전 고객들의 요구사항을 얼마나 잘 충족시켰는지를 확인하는 것이지만, 과거의 성과가 미

**Box 12-12** Win-Win 나선형 모델의 주요 후방 이정표: IOC

| 주요 요소 | 세부 내역 |
|---|---|
| 소프트웨어 준비 | 적절한 주석과 문서가 있는 운영과 지원 소프트웨어, 자료 준비 또는 전환, COTS와 재사용 소프트웨어에 대한 필요한 라이선스와 권리, 운영 준비에 대한 적절한 테스팅 |
| 사이트 준비 | 시설, 기구, 공급품, 판매자 지원 |
| 사용자, 운영자, 관리자의 준비 | 선발 – 팀 결성 – 사용, 운영, 또는 유지에 대한 훈련 |

참조 : BOEHM98

IOCInitial Operational Capabilities는 개발 사이클의 후반의 가장 중요한 이정표이다. 이것은 부적절한 소프트웨어, 사이트에 대한 부실한 준비, 또는 부실한 사용자 준비 등의 사용자 소외를 방지하고 실패한 프로젝트의 주요한 원인을 갖고 있는 새로운 시스템을 사용자에게 인도하는 것을 방지하는데 도움이 된다. LCO에서 IOC로, 또는 LCA로부터 IOC로 진행하기 위해서는 폭포수, 진화적, 증분적, 나선형, 비용 또는 일정까지 설계하기 등의 모델들의 어떤 적절한 조합도 사용할 수 있다. 따라서 중간 과정에 대하여 과도한 제약을 가하지 않고 LOC, LCA,그리고 IOC 이정표를 기준점으로 사용할 수 있다.

또한 이 이정표들은 비용과 일정 예측을 위한 종료 시점을 정의할 수 있게 해준다. 이러한 예측치들은 잘 정의된 종료 시점이 없다면 무의미하게 된다. 실제로 LOC, LCA, 그리고 IOC 이정표의 기업과 정부에 대한 타당성에 대한 주요 확인은 COCOMO 2.0 비용 모델 예측치에 대한 공통의 이정표를 정의하고자 하는 노력으로부터 나왔다.

Boehm(1996)은 이 세 이정표들의 중요성을 특히 강조한다. 그는 또한 LCO와 LCA는 개발초기에, IOC는 개발 주기의 끝에 작성하고, 이들 이정표들을 통합적으로 사용할 것을 강력히 권장한다.

그는 또한 소프트웨어 재사용으로 인한 비용, 일정, 그리고 품질에서의 이점을 달성하기 위해서는, '소프트웨어 제품 계열 관리' 접근 방법을 취할 것을 권장한다. 이것은 LCO와 LCA 이정표의 정의를 확장하는 것을 포함한다. LCO 이정표에 대해서는, 재사용 가능한 컴포넌트가 공유될 제품 계열 영역의 폭(폭 선정의 한 예로는 거래 처리, 메시지 처리, 군사 메시지 처리, 또는 군사 의료 메시지 프로세싱을 들 수 있다)을 정한다. LCA이정표에 대해서는, 단순히 개별의 시스템을 위한 생명주기 아키텍처보다는 해당 제품 계열을 위한 영역 아키텍처를 개발한다.

래의 성과를 보장하는 것은 아니다. 벌칙 조항은 필요한 하드웨어의 정시 인도를 보장하는 한 방법이지만, 벌칙 조항에도 불구하고 늦게 인도되는 상황이 발생하고 결국에 소프트웨어 개발자는, 약속된 하드웨어가 인도되지 않아, 약속된 소프트웨어를 인도하지 못하여 파산할 수도 있다. 요컨대 프로토타이핑은 일정 영역에서는 위험을 감소시켜 주지만 다른 영역에는 전혀 해답이 되지 못한다.

### 12.4.3 위험 해소 정도에 의존적인 프로세스 전개

나선형 모델의 각 단계는 해당 단계의 목적과, 그 목적을 달성할 수 있는 대안과 전략, 그리고 해당 대안의 제약 조건을 결정함으로써 시작된다. 프로토타입이 구축되고 만약 어떤 위험이 해결될 수 없다면 그 프로젝트는 즉시 종료된다. 단 어떤 대안과 전략이 위험의 관점에서 분석되는 상황 아래서는 프로젝트가 아주 작은 규모로 계속되도록 결정될 수도 있다. 모든 위험이 성공적으로 해결되면, 개발 단계가 시작된다([그림 12-1]의 하단부 우측 마지막 사분원). [그림 12-1]에서는 이 부분은 순수한 폭포수 모델과 같이 표현되었으나, 실제로는 증분적 모델이나 기타 어떤 다른 모델도 상황에 따라 사용될 수 있다. 이런 관점에서 나선형 모델은, 일반적으로는 소프트웨어 프로세스 모델로 분류되나, 소프트웨어 프로젝트 위험 관리 모델로 간주할 수 있다.

### 12.4.4 나선형 모델의 장단점

나선형 모델은 많은 강점을 갖고 있다. 대안과 제약에 관한 조건에서 강조하는 것은 기존 소프트웨어의 재사용과 소프트웨어 품질의 통합을 지원한다. 소프트웨어 개발에서 공통적인 문제는 특정 단계의 제품들이 테스트되는 시기를 결정하는 일이다. 테스팅에 너무 많은 시간을 소비하는 것은 자금의 낭비이고 제품의 인계가 책임 없이 지연될 수 있다. 역으로 테스팅을 너무 적게 수행하면, 인도된 소프트웨어에는 개발자를 불쾌하게 하는 내재된 결함이 포함될 수 있다. 나선형 모델은 충분한 테스팅을 하지 않거나, 너무 많은 테스팅을 해서 일어날 위험들에 관한 문제를 해결해 준다. 가장 중요한 유지보수는 나선형 모델의 구조 안에서 나선형의 하나의 주기가 될 수도 있다.

나선형 모델의 주요 강점은 위험 중심risk-driven이지만 이것은 약점이 될 수도 있다. 소프트웨어 개발자들이 가능한 위험을 지적하고, 위험을 정확히 분석하는데 숙련되어 있지 않아 실제로는 프로젝트가 실패하고 있을 때 팀이 모든 것이 잘되고 있다고 믿는 것도 실제 위험이 된다. 개발 팀의 구성원들이 능력이 있다면, 그리고 있어야만 나선형 모델은 최선의 대안이 될 수 있다.

# 부 록 12A
## 확인과 입증 : 부정적 소프트웨어 위험에 대한 완화 전략

확인과 입증은 소프트웨어 프로젝트에서 부정적인 위험을 완화하기 위한 가장 대표적인 방법이다. 확인과 입증은 소프트웨어 프로젝트의 가장 중요한 부정적 위험 중의 하나인 오류를 발견하고 전체 개발 비용을 절감하는 데에 결정적인 도움을 주며, 제품 오류들을 개발 초기에 발견하여 수정하는 것이 나중에 하는 것보다 효과적이라는 믿음에 근거한다. 확인과 입증은 각각 다음과 같이 정의될 수 있다.[5)]

- **확인**validation : 실제의 요구사항들이 인도된 시스템에 구현되었다는 것을 확인하는 과정.
- **입증**verification : 설계안이 요구사항들을 충족시킨다는 것을 확실히 하는 과정.

실제 요구사항real requirements은 사용자와 고객이 실제로 필요로 하고 원하는 것이다. 개발자는 종종 고객의 필요를 반영하는 데에 실패하며, 개발자에 의해서 기록된 명목상의 요구사항들은 실제 요구사항과 다를 수 있다. 사용자 중심, 참여적 설계, 과업 중심, 그리고 **맥락적 설계**contextual design 등은 실제의 요구사항들을 밝히는 것을 목적으로 하는 방법들이다. 그러나 이러한 모든 노력에도 불구하고, 우리는 종종 고객의 실제 요구사항을 밝히는 데에 실패한다. 따라서 우리는 가급적 빨리 실제 요구사항이 밝혀졌는가를 확인하여야 한다. 이런 관점에서, 확인은 많은 자금이 설계에 투자되기 전에 요구사항에 의해서 제기된 설계 위험이 최소화 되었다는 것의 증거를 개발하는 과정으로 해석할 수 있다.

〈표 12A〉는 명세에 대한 입증 방법들에 대한 평가이다. 입증은 명세가 작성된

---

5) 'Verification'과 'validation'은 'verification and validation'으로 함께 묶어서 쓰는 경우가 많으며, 이 경우에는 단순히 V&V로 줄여서 표기하는 경우가 많다. 일반적으로 '이 두 단어는 '검증'이나 '확증', 또는 '입증' 등으로 서로 잘 구별되지 않고 번역된다. 이 책에서는 'verification'과 'validation'을 각각 '입증'과 '확인'으로 번역하였다. '증거'를 들어서 옳음을 밝히는 것은 'verification'에 해당하지만 'validation'에는 해당되지 않는다. 'Validation'은 바르게 되었다는 것을 (사용자에게) 확인하는 것을 의미한다.

후에 수행되며, 입증 방법에는 다음과 같은 것들이 있다.

- **테스트**test : 테스트 항목에 통제된, 일련의 자극이 주어지고, 그 항목의 반응이 모니터되고 표준적 또는 예측된 결과와 비교된다.
- **분석**analysis : 사람이 설계 개념이 요구사항에 부합하는가를 그것의 요소들과 관계들을 이해함으로써 검토한다.
- **실연**demonstration : 항목이 사용법에 맞춰서 조작되고 그 결과가 계획된 결과와 비교된다.
- **인스펙션**inspection **및 기타 동료 검토**peer review : 사람(도구에 의해서 지원을 받을 수 있음), 기계, 또는 특수한 센서가 개체의 측정되거나 관측된 특성을 표준과 비교한다.

확인 및 입증은 소프트웨어 개발과 병행하여 수행되어 다음과 같은 이익을 제공한다.

확인 및 입증은 다음과 같다.

- 중요한 위험들을 조기에 발견하며, 설계 팀에 마감일을 맞추기 위한 땜질식 수정이 아니라 포괄적인 해결안을 진화시킬 수 있는 시간을 준다.
- 제품을 시스템 요구사항을 기준으로 평가한다.
- 경영진에게 개발 작업의 품질과 진행에 대한 지속적이고 포괄적인, 주요 검토 이정표들(간혹 발생하는)에서만이 아닌, 가시성을 제공한다.
- 사용자들에게 시스템 성능에 대한 점증적인 사전 검사를 제공함으로써 조기에 수정할 수 있는 기회를 제공한다.
- 다음 개발 단계로 진행할 것인가 말 것인가에 대한 의사결정 기준을 제공한다.

〈표 12A〉에서 '상대적 경제성'은 각 기법이 소규모 프로젝트와 대규모 프로젝트 각각의 경우에 얼마나 경제적인가에 대한 상대적인 정도를 나타내며, 나머지 평가 기준은 명세의 다음과 같은 특성들을 나타낸다.

- **완전성** : 결정하여야 할(아직 결정하지 않은) 것이 없고, 존재하지 않는 참조가

〈표 12A〉 명세에 대한 입증 방법들의 평가

| | 완전성 | | 일관성 | | 추적성 | | 인간 공학 | 자원 공학 | 유지용이성 | | 상대적 경제성 | |
|---|---|---|---|---|---|---|---|---|---|---|---|---|
| | 소규모 | 대규모 | 소규모 | 대규모 | 소규모 | 대규모 | | | 신뢰도 | 정확성 | 소규모 | 대규모 |
| **간단한 수동적 기법들** | | | | | | | | | | | | |
| 읽기 | ★★ | – | ★★ | – | ★★ | – | ★★ | – | ★★ | – | ★★★ | ★ |
| 수동적 교차 참조 | ★★★ | ★ | ★★★ | ★ | ★★★ | ★ | ★ | – | ★ | – | ★★ | ★ |
| 인터뷰 | ★ | ★[a] | ★ | ★[a] | ★ | ★★[a] | ★★[a] | – | ★★[a] | – | ★★★ | ★★★ |
| 점검표 | ★ | ★ | – | – | – | – | ★★★ | ★ | ★★★ | ★ | ★★ | ★ |
| 수동적 모델들 | – | – | – | – | – | – | – | ★[b] | – | ★[b] | ★★ | ★★ |
| 간단한 시나리오 | ★ | – | ★ | – | ★★ | ★ | ★★★[c] | – | – | – | ★★ | ★★ |
| **간단한 자동화된 기법들** | | | | | | | | | | | | |
| 자동화된 교차 참조 | ★★★ | ★★★ | ★★★ | ★★★ | ★★★ | ★★★ | – | – | – | – | ★[d] | ★[d] |
| 간단한 자동화된 모델 | – | – | – | – | – | – | – | ★★[b] | – | ★★[b] | ★ | ★★ |
| **자세한 수동적 기법들** | | | | | | | | | | | | |
| 자세한 시나리오 | ★ | ★ | ★ | ★ | ★★ | ★★ | ★★★ | – | – | – | – | ★ |
| 수학적 증명 | ★★★[e] | – | ★★★[c] | – | ★★★[c] | – | – | – | – | – | – | – |
| **자세한 자동화된 기법들** | | | | | | | | | | | | |
| 자세한 자동화된 모델들 | ★★ | ★★ | ★★ | ★★ | ★★ | ★★ | – | ★★★ | – | ★★ | – | ★ |
| 프로토타입 | ★★ | ★★ | ★★ | ★★ | ★★ | ★★ | ★★★ | ★★★ | ★ | ★★★ | – | ★ |

평정 등급:
★★★ 매우강하다
★★ 강하다
★ 보통이다
– 약하다.

Note:
a. 인터뷰는 잠재적인 대규모 문제들을 확인하는 데는 효과적이나, 세부 사항에 대해서는 그리 효과적이지 않다.
b. 간단한 모델들은 작은 시스템의 전면적 분석과 대규모 시스템의 상위 수준 분석에 효과적이다.
c. 간단한 시나리오는 소규모 시스템에 대해서는 매우 효과적이고, 대규모 시스템의 사용자 측면에 대해서 효과적이다.
d. 자동화된 교차 참조에 대한 경제성 등급은 중간 규모 시스템에 대해서 높다. 만약 교차 참조 도구가 개발되어야 한다면, 그 등급은 낮다로 내려간다.
e. 증명은 소프트웨어의 유한 수학finite mathmatics 측면에 대한 거의 확실한 맞음을 제공한다.

자료원: BOEHM84.

없고, 결여된 명세 항목이 없고, 결여된 기능이 없고, 결여된 제품이 없음. 즉, 모든 부분들이 존재하며 완전히 개발되어 있다.

- **일관성** : 내용들이 서로 간에 또는 지배하는 명세나 목적들에 충돌하지 않음. 일관성을 확인하기 위해서는 요구사항이 추적가능traceable(즉 그 근원, 이유, 상호간의 연관성, 그 구현 내용 등이 기록되고 확인할 수 있음)하여야 한다.
- **가능성** : (인간 공학, 자원 공학, 소프트웨어 공학적인 관점에서) 해당 시스템이 구체화하는 생명주기 혜택이 그것의 생명주기 비용을 상회함.
- **테스트 가능성** : 명세를 만족시키는 소프트웨어를 개발할 것인가 또는 말 것인가를 결정하기 위한, 경제적으로 실행가능한 기법을 확인할 수 있음. 즉, 구체적이고, 모호하지 않으며, 정량적이다.

확인과 입증은 이미 발생한 오류, 즉 잠재하고 있는 위험을 조기에 제거함으로써 그 부정적인 영향을 완화하는 데 주안점을 둔다. 반면에 프로토타이핑은 가장 중요한 요구사항 오류의 발생을 예방하려는, 소프트웨어 제품 프로세스와 관련된 대표적인 위험 회피 전략이다.

# 부 록 12B
## AHP에 의한 상대적 중요도의 평가

### 1. 기본 절차

AHPanalytic hierachy process는 다수 항목들 간의 상대적 중요도를 평가한다 AHP는 여러 항목들 간의 상대적인 중요도(우선순위는 중요도의 순서에 따른다)를 평가하는 거의 모든 경우에 사용할 수 있으며, 각종 공학 부분, 품질 관리, 경영 분석, 신제품 개발, 디자인 평가, 공법 선택, 구매처 결정, 마케팅 또는 설문 조사, 정책 결정, 인사 평가 등의 광범위한 의사결정 분야에 적용되고 있다.

그림 A에서는 항목의 수가 4개인 예를 들어 AHP의 기본 절차를 설명하고 있다.

단계 1 : 모든 쌍 간의 상대적 중요도를 평가하여 쌍체 비교 행렬을 작성한다(①, ②).

단계 2 : 쌍체 비교 행렬을 표준화하여, 항목 간 상대적 중요도를 열별로 계산한다(③, ④).

단계 3 : 열별로 계산한 항목 간 상대적 중요도의 평균을 구한다(⑤, ⑥, ⑦).

AHP는 피평가 항목들의 상대적 중요도를 계산하며 각 항목들의 중요도를 합하면 1이 된다. 초기 행렬(②)에서 j 번째 열의 값들은 j 번 항목 Aj를 기준으로 한 다른 항목들의 상대적 중요도이다. 단계 2는 이러한 상대적 중요도의 합이 1이, 모든 열에 대해서, 되도록 하는 표준화 과정이다. 단계 3은 각 열별로 구한 상대적 중요도의 평균을 구하여, 측정의 신뢰도를 높이는 과정이다.

즉, AHP에서는 각 항목들의 상대적 중요성을 항목 수만큼 반복하여 측정한 후, 평균을 구함으로써 신뢰도를 높인다. 또한 AHP에서는 이러한 반복적인 측정 간의 일관성 지수를 계산하여 측정의 전체적인 신뢰도에 대한 평가한다.

**[그림 12B]** AHP의 절차

① 쌍체 비교 : 모든 $A_i$와 $A_j$ 쌍에 대해서 조사한다.

$A_1$와 $A_2$중에서 (전자, 후자)가 나머지보다

| 똑같이 중요하다 | | 약간 중요하다 | | 꽤 중요하다 | | 상당히 중요하다 | | 절대적으로 중요하다 |
|---|---|---|---|---|---|---|---|---|
| □ | ■ | □ | □ | □ | □ | □ | □ | □ |
| 1 | 2 | 3 | 4 | 5 | 6 | 7 | 8 | 9 |

모든 $A_i$와 $A_j$ 쌍에 대해서 조사하여 행렬 형태로 정리한다.

② 쌍체 비교 행렬 다음과 같은 행렬 형태로 정리한다.

| i \ j | $A_1$ | $A_2$ | $A_3$ | $A_4$ |
|---|---|---|---|---|
| $A_1$ | 1 | 2 | 1/2 | 2 |
| $A_2$ | 1/2 | 1 | 1/5 | 1 |
| $A_3$ | 2 | 5 | 1 | 2 |
| $A_4$ | 1/2 | 1 | 1/2 | 1 |

- j번째 열의 있는 수치의 의미는 $A_j$를 기준으로 한 요소들의 상대적인 중요도이다. 예를 들어, 두 번째 열은 $A_1$, $A_2$, $A_3$, $A_4$가 $A_2$보다 각각 2배, 1배, 5배 배 중요하다는 의미이다.
- 모든 대각선 요소는 1이다.
- 모든 i, j에 대해서 $A_{ij} = 1/A_{ij}$이다. (단, $A_{ij}$는 i번째 행, j번째 열에 있는 요소)

③ 모든 열에 대해서 합계한다.

| | | | | |
|---|---|---|---|---|
| | 4 | 9 | 2 1/5 | 6 |

모든 열에 대해서 : 소계로 각 요소를 나눈다.

④ 표준화된 쌍체 비교 행렬

| i \ j | 1 | 2 | 3 | 4 |
|---|---|---|---|---|
| 1 | 1/4 | 2/9 | 5/22 | 1/3 |
| 2 | 1/8 | 1/9 | 1/11 | 1/6 |
| 3 | 1/2 | 5/9 | 5/11 | 1/3 |
| 4 | 1/8 | 1/9 | 5/22 | 1/6 |

⑤ 종합적 중요도 → 합계로 나눈다 → ⑦ 표준화된 종합적 중요도

| ⑤ 종합적 중요도 | ⑦ 표준화된 종합적 중요도 |
|---|---|
| 1.03 | 0.26 |
| 0.49 | 0.12 |
| 1.84 | 0.46 |
| 0.63 | 0.16 |

3.99 ⑥ 합계한다.

## 2. AHP의 분석 절차

AHP는 모든 가능한 쌍에 대해서 비교를 수행하므로, 항목의 수가 n이라면 n(n−1)/2 번의 비교를 수행하여야 한다. 즉, n = 20이라면 총 190번의 비교를 수행하여야 한다. 따라서 비교해야 할 항목의 수가 어느 이상이 되면 항목들을 계층적으로 분류한 후에 AHP를 적용하여야 한다.

항목들이 계층적으로 분류되어 있을 때에는 부모가 같은 항목에 대해서 위에서 설명된 기본 절차를 반복적으로 적용하면 된다. 5장에서 소개된 소프트웨어 품질 체계의 예를 이용하여 설명하면: 우선 최상위 수준 항목들의 집합 {기능성, 신뢰성, 사용성, 효율성, 유지보수성, 이식성}에 기본적 절차를 적용한다. 이때 얻어진 상대적 중요도가 (0.3, 0.1, 0.2, 0.1, 0.2, 0.1)라 하자. 그 다음에는 최상위 항목 각각에 해당하는, 제 2 수준의 항목들의 집합 {적합성, 정확성, 상호운영성, 안전성, 기능준수성},{성숙성, 결함허용성, 회복성, 준수성}, {이해성, 학습성, 운용성, 친밀성, 준수성}, {시간효율성, 자원효율성, 준수성}, {분석성, 변경성, 안정성, 시험성, 준수성}, {적응성, 설치성, 공존성, 대체성, 준수성} 각각들에 대해서 기본 절차를 적용한다(우리의 예에서는 기본 절차를 6번 수행한다). 이렇게 구한(해당 집합 내에서의) 상대적 중요도가 옆 표 ( ) 안에 있는 값들이라고 하자(한 집합의 항목들의 값의 합이 1인 것에 주목하라). 세부 항목의 상대적 중요도는 각 항목의 집합 내 상대적 중요도에 상위 항목의 중요도를 곱하여 구한다. 제 2 수준 항목들의 상대적 중요도의 합이 1인 것에 주목하라. 이런 방법으로 중요도를 계산하면 마지막 항목들의 중요도의 합이 항상 1이 된다.

〈표 12B〉 중요도의 계층적 구조

| 품질특성 | 품질 부특성 | | |
|---|---|---|---|
| 기능성 0.3 | 적합성 | (0.2) | 0.06 |
| | 정확성 | (0.3) | 0.09 |
| | 상호운영성 | (0.2) | 0.06 |
| | 안전성 | (0.2) | 0.06 |
| | 기능준수성 | (0.1) | 0.03 |
| 신뢰성 0.1 | 성숙성 | (0.2) | 0.02 |
| | 결함허용성 | (0.4) | 0.04 |
| | 회복성 | (0.3) | 0.03 |
| | 준수성 | (0.1) | 0.01 |
| 사용성 0.2 | 이해성 | (0.2) | 0.04 |
| | 학습성 | (0.3) | 0.06 |
| | 운용성 | (0.1) | 0.02 |
| | 친밀성 | (0.3) | 0.06 |
| | 준수성 | (0.1) | 0.02 |
| 효율성 0.1 | 시간효율성 | (0.5) | 0.05 |
| | 자원효율성 | (0.4) | 0.04 |
| | 준수성 | (0.1) | 0.01 |
| 유지보수성 0.2 | 분석성 | (0.2) | 0.04 |
| | 변경성 | (0.1) | 0.02 |
| | 안정성 | (0.3) | 0.06 |
| | 시험성 | (0.2) | 0.04 |
| | 준수성 | (0.2) | 0.04 |
| 이식성 0.1 | 적응성 | (0.2) | 0.02 |
| | 설치성 | (0.1) | 0.01 |
| | 공존성 | (0.3) | 0.03 |
| | 대체성 | (0.2) | 0.02 |
| | 준수성 | (0.2) | 0.02 |

## 3. 다수의 이해관계자 또는 평가 기준에 의거한 중요도 평가

AHP에는 또한 집단적 의사결정을 위한 다양한 방법이 개발되어 있다. 가장 간단한 방법으로는 각 이해관계자가 독립적으로 중요도를 평가한 후에, 이해관계자들의 상대적 중요도를 AHP 등의 방법으로 결정하고, 각 항목의 중요도를 이해관계자의 중요도를 반영한 가중 평균을 계산하여 구할 수 있다. 즉 이해관계자가 3명이고, 이들의 중요도가 각각 0.5, 0.3, 0.2이고, 이들이 평가한 A라는 항목의 중요도가 각각 0.2, 0.3, 0.4라면, 이 항목의 종합적 중요도는 0.5*0.2 + 0.3*0.3 + 0.2*0.4 = 0.27이다.

평가 기준이 복수인 경우에도 마찬가지로 종합적 중요도를 계산할 수 있다.

PART 03

# 소프트웨어 제품 프로세스

제 III 부에서는 소프트웨어 프로젝트에서 제품 프로세스에 대해서 소개한다. 13장에서는 대표적인 소프트웨어 프로세스 모델을 소개한다. 소프트웨어 프로세스 모델은 '각 단계에서 무엇을 할 것인가?'와 '그것을 어떤 순서로 할 것인가 그리고 시간이 얼마나 걸릴 것인가?'의 문제를 역점을 두어 다룬다. 소프트웨어 프로세스 모델에는 일반적으로 프로젝트 관리 프로세스들은 포함되지 않는다.

소프트웨어 프로세스 모델에서 제시된 제 단계나 과업들을 어떻게 수행할 것인가는 일반적으로 소프트웨어 방법론software method or methodology에서 다룬다. 소프트웨어 프로세스 모델과 소프트웨어 방법론은 프로젝트의 WBSwork breakdown structure(작업 분할 구조)의 기본 틀을 규정하고, WBS 작성 방법을 제공하며, 작업 단위 간의 시간적 논리적 선후 관계를 규정하고, 각 작업 단위를 수행하기 위해서 어떤 자원이 필요한가를 밝혀준다. 이러한 정보는 시간 관리, 원가 관리, 범위 관리, 그리고 프로젝트 관리 계획을 작성을 위한 기본 정보를 구성한다.

소프트웨어 프로세스 모델마다, 그리고 소프트웨어 방법론마다 상이한 소프트웨어 제품 프로세스를 규정한다. 14장에서는 최근에 가장 중요한 소프트웨어 개발 프로젝트로 부상한 웹사이트 개발 프로젝트의 제품 프로세스에 대해 소개할 것이다. 웹사이트 개발 프로젝트는 일반적으로 중소 규모이며, 일반적으로 폭포수 모델에 의거해서 수행된다. 15장에서는 가장 대표적인 증분적 개발 방법론이자 대규모 비즈니스 애플리케이션 개발을 위한 가장 대표적인 객체지향적 개발 방법론 중의 하나인 UPUnified Process에 대해서 소개할 것이다. 14장과 15장에서는 소프트웨어 제품 프로세스를 작성해야할 인도물을 중심으로 구체적으로 설명하였다. 각각의 인도물에 대한 자세한 소개는 대부분 Box에서 하였으며, 본문에서는 그러한 인도물을 작성 방법, 수행해야 할 활동, 그리고 각 활동들의 수행 순서에 초점을 맞추어서 설명할 것이다.

CHAPTER

# 13

# 소프트웨어 프로세스 모델

13.1 소프트웨어 프로세스 모델이란 무엇인가?

13.2 폭포수 모델

13.3 진화적 개발 모델

13.4 증분적 인도 모델

13.5 전환 모델과 제4세대 모델

13.6 소프트웨어 프로세스 모델들의 비교

CHAPTER

# 13 소프트웨어 프로세스 모델

이 장에서는 다음을 중심으로 하나의 프로젝트에서 어떻게 제품 프로세스와 관리 프로세스가 상호 작용하는가에 대해서 학습한다.

- 소프트웨어 프로세스 모델과 소프트웨어 방법론의 차이
- 주요 소프트웨어 프로세스 모델
- 각 소프트웨어 프로세스 모델이 프로젝트 관리에 미치는 함의 implications

## 13.1 소프트웨어 프로세스 모델이란 무엇인가?

### 13.1.1. 소프트웨어 프로세스 모델과 소프트웨어 방법론

이 장에서는 소프트웨어 프로젝트의 제품 프로세스에 대해서 학습한다. 소프트웨어는 일련의 개발 단계를 거쳐 개발된다. 소프트웨어 제품은 대부분 흔히, 다음과 같은 모호한 개념으로부터 출발한다. 그 개념은 "컴퓨터가 방사선 그래프를 잘 그릴 수 있을까?", "만약 회사가 일별 현금 유동성에 관해 정확히 파악하지 못한다면, 우리는 6개월 내에 침몰할 것이다"라든가 또는 "만약 우리가 새로운 유형의 스프레드시트를 개발해서 영업한다면, 우리는 백만 달러를 벌 수 있다"이다. 일반적으로 소프트웨어는 명세화되어 설계된 후에 구현된다. 만약 고객이 만족하면 소프트웨어가 설치되어 운영된다. 운영 시에는 유지보수 활동이 병행된다. 소프트웨어의 생명이 다 되면 폐기된다. 이렇게 소프트웨어가 겪어 나가는 일련의 단계들을 일반적으로 소프트웨어 **생애주기 모델**life-cycle model 또는 **소프트웨어 프로세스 모델**이라고 부른다.

소프트웨어 프로세스 모델의 기본적인 기능은 다음과 같다.

- 소프트웨어 개발과 연관된 제 단계의 순서를 결정하고
- 한 단계에서 다음 단계로 진행하기 위한 전이 기준을 확립한다.

여기에는 현 단계의 종료 기준과 함께 다음 단계의 선정 기준과 진입 기준이 포함된다. 소프트웨어 프로세스 모델에는 일반적으로 프로젝트 관리 프로세스들은 포함하지 않는다. 소프트웨어 프로세스 모델은 '각 단계에서 무엇을 할 것인가?'와 '그것을 어떤 순서로 그리고 시간이 얼마나 걸릴 것인가?'의 문제에 역점을 두어 다룬다.

소프트웨어 프로세스 모델에서 제시된 제 단계나 과업들을 어떻게 수행할 것인가는 일반적으로 소프트웨어 방법론software method or methodology에서 다룬다. 따라서 소프트웨어 방법론은 소프트웨어 프로세스 모델에 종속적이라고 볼 수 있으며, 다음과 같은 문제에 초점을 맞춘다.

- 각 단계를 어떻게 수행할 것인가(자료나 통제 또는 아키텍처를 결정하고, 기능들을 분석하고, 요구사항을 할당하기)?
- 각 단계의 산출물을 어떻게 표현할 것인가(예를 들어, 구조도, 자극-반응 스레드, 상태 전이도 등의 작성)?

### 13.1.2 소프트웨어 프로세스 모델과 소프트웨어 프로젝트 범위 관리

왜 소프트웨어 프로세스 모델이 중요할까? 기본적으로 프로세스 모델은 프로젝트가 수행해야 할 과업들의 종류와 그 과업들을 수행해야 하는 순서(단계, 증분, 프로토타입, 확인 과업 등)에 대해 지침을 제공하기 때문이다. 많은 소프트웨어 프로젝트가 여러 가지 개발과 진화 단계를 생략하거나 잘못된 순서로 진행하였기 때문에 실패로 돌아갔다.

소프트웨어 프로세스 모델은 프로젝트의 WBSwork breakdown structure(작업 분할 구조)의 기본 틀을 제공하고, 사용할 수 있는 소프트웨어 방법론의 종류를 제한한다. 소프트웨어 프로세스 모델은, 소프트웨어 방법론과 함께, WBS 작성 방법을 정의하며, 작업 단위 간의 시간적 논리적 선후 관계를 규정하고, 각 작업 단위를 수행하기 위해서 어떤 자원이 필요한가를 밝혀준다. 이러한 정보는 시간 관리, 원가 관리, 범위 관리, 그리고 프로젝트 관리 계획의 작성을 위한 기본 정보를 구성한다.

이 장에서는 기본적인 소프트웨어 프로세스 모델들을 소개한다. 이 장에서 소개된 가장 대표적인 폭포수 모델과 증분적 모델에 의거한 방법론들의 예를 각각

**Box 13-1 빌드-수정 모델의 절차**

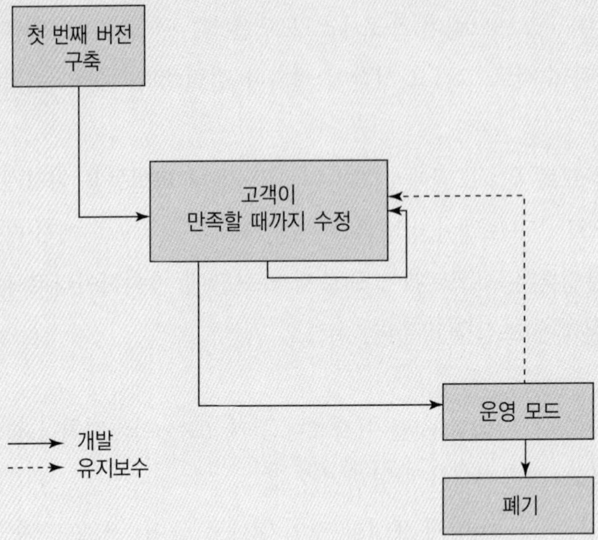


빌드-수정build-and-fix or code-and-fix 모델은 소프트웨어 개발의 가장 초기에 사용된 기본적인 모델이며, 다음의 두 단계를 포함한다.

(1) 약간의 코드를 작성한다.
(2) 그 코드의 문제점을 해결한다.

즉, 먼저 약간의 코드를 작성하고, 그 후에 요구사항, 설계, 그리고 유지에 대해서 생각한다. 이 모델에는 세 개의 주요 문제점이 존재한다(BOEHM98).

- 몇 번의 수정을 거친 후에는, 코드의 구조가 매우 나빠져서 더 이상 수정하기가 매우 힘들어진다. 이러한 점은 코딩 전에 설계 단계가 필요하다는 것을 부각시켰다.
- 종종, 잘 설계된 소프트웨어조차도 사용자의 필요에 전혀 부합하지 못하며, 즉시 폐기되거나 비싸게 재개발되었다. 이러한 점은 설계 전에 요구사항 단계가 수행되어야 할 필요성을 부각시켰다.
- 테스트와 수정에 대한 준비가 매우 부실하기 때문에 코드를 수정하는 데 비용이 많이 든다. 이러한 점은 테스트와 진화 계획과 준비 과업을 초기에, 그리고 명시적으로 수행하여야 할 필요성을 부각시켰다.

14장과 15장에서 소개하고, 각각의 경우에 어떠한 방법으로 WBS를 작성하는가를 보여 준다.

## 13.2 폭포수 모델

### 13.2.1 폭포수 모델의 절차

**폭포수 모델**waterfall model은 1970년 Royce(1970)가 처음 제안했다. 맨 먼저 요구사항이 결정되면 고객과 SQAsoftware quality assurance(소프트웨어 품질 보증) 그룹 멤버가 이를 점검하고, 그 후에 해당 제품에 대한 명세가 만들어진다. 즉, 소프트웨어가 무엇을 해야 하는지를 언급한 문서가 명세로 작성된다. 이 명세가, SQA 그룹이 점검한 후에, 고객에게 제시된다. 명세 문서가 인정돼 서명된 후에 소프트웨어 개발하기 위한 소프트웨어 프로젝트 관리 계획과 세부적인 일정 계획이 작성된다. 이 계획도 SQA 그룹이 점검한다. 소프트웨어가 무엇을 수행하는지를 기술한 명세 문서와는 달리 설계 문서는 소프트웨어가 어떻게 수행되는지를 기술한다.

설계 단계에서 명세 문서에 있는 결함이 자주 발견된다. 명세에는 불완전(즉, 제품에 관한 기능이 생략된 경우), 모순(명세 문서에 있는 두 개 이상의 문장이 상반된 방법으로 제품을 정의한 경우), 또는 모호함(명세 문서가 두 가지 이상으로 해석될 수 있는 경우)이 있을 수 있다. 불완전이나 모순 또는 모호함의 존재는, 소프트웨어 개발이 다음 단계로 진행하기 전에, 명세 문서를 수정하기 위하여 명세 단계를 다시 수행하도록 한다. 즉, 개발자들이 설계 단계에서 명세 문서를 수정해야 할 경우에는 피드백 루프를 따라 다시 명세 단계로 되돌아간다. 승인을 받아 필요한 사항이 반영되어 명세 문서가 수정되면 계획과 설계 문서들도 이들 변경된 내용에 적합하도록 수정된다. 개발자들이 만족하게 되면 설계 문서는 구현을 위해 프로그래머들에게 전달된다.

모듈들이 구현되고, 문서화되면서 완전한 제품이 되기 위해 통합된다(실제로는 구현과 통합 단계는 흔히 병행으로 수행된다. 각 모듈은 구현되어 테스트된 후 바로 통합된다). 개발자들이 소프트웨어가 성공적으로 완성됐다고 느낄 때 고객에게 인수 테스트를 받는다. 이 단계에서 제공해야 할 것은 사용자 매뉴얼과 계약서에 명시된 다른 문서들이다. 고객이 해당 소프트웨어의 명세 문서를 만족해하면 소프트웨어가 인계되고 설치되어 운영 상태에 돌입하게 된다.

V&Vvalidtion and verification(확인과 입증)는 폭포수 모델의 모든 단계에 내재되어

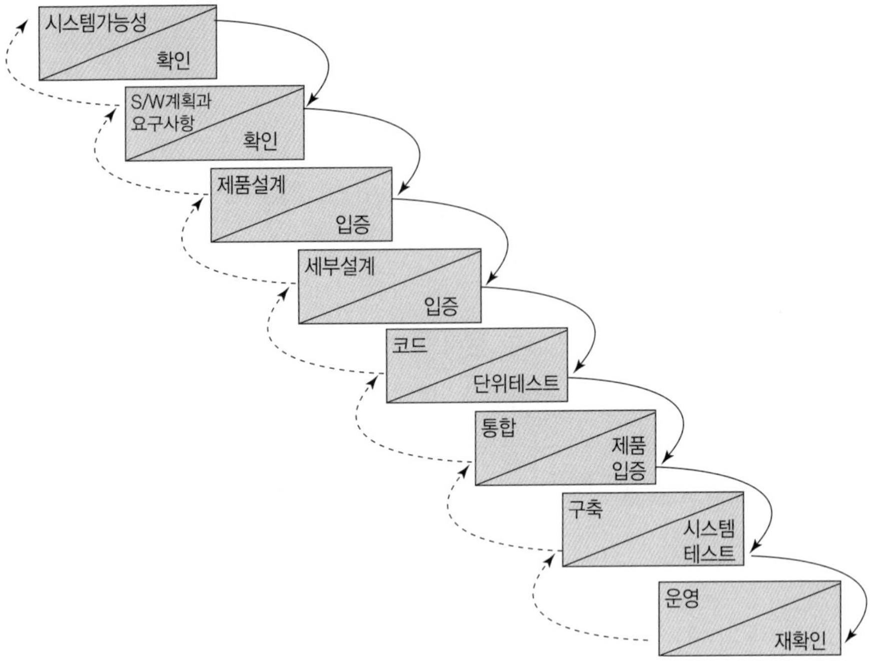


**[그림 13-1]** 폭포수 모델의 절차

있다. V&V는 제품이 구축된 후에만 수행되는 별개의 단계도 아니고 또 각 단계의 끝 부분에서 수행되는 것도 아니다. V&V는 소프트웨어 전체 프로세스에서 지속적으로 수행된다. 특히 요구사항이 파악된 후에 그 내용이 올바른지, 명세 문서가 소프트웨어 프로젝트 관리 계획에 맞는지 확인되어야 한다. 코드는 다양한 방법으로 테스트되어야 한다. 유지보수 단계에서는 소프트웨어의 수정된 버전이 전 버전이 수행했던 것을 아직도 정확하게 잘 수행하고 있는지를 확인하고, 고객이 요구한 새로운 요구사항이 완전히 만족되는지를 확인해야 한다.

고객이 소프트웨어를 인수한 후에 제품에 존재하는 결함이나 기능을 확장해 달라고 요구하는 변경은 유지보수 시에 수행된다. 유지보수에서는 구현에 대한 것뿐만 아니라 설계 및 명세 단계의 변경도 요구될 수 있다. 특히 기능 향상은 요구사항의 변경 때문에 시작되며. 명세 문서와 설계 문서 그리고 프로그램 코드의 변경을 통해 구현된다.

폭포수 모델은 동적인 모델이며, 피드백 루프가 이러한 동적인 특성에 중요한 역할을 한다. 문서가 프로그램 코드처럼 꼼꼼하게 유지보수되고 각 단계의 산출물들이 다음 단계가 시작되기 전에 주의 깊게 검토된다.

많은 사람들이 폭포수 모델은 요구사항 단계에서 프로토타이핑을 배제한다고 생각한다. 그러나 프로토타이핑은 소프트웨어 방법론으로 요구사항 밝히기와 분석의 가장 중요한 방법 중의 하나이며, 생애주기와는 논리적으로 독립적이다. 실제로 폭포수 모델은 'build it twice'의 형태로 프로토타이핑을 명시적으로 활용한다. 폭포수 모델에는 많은 변형들이 존재하며, 다른 중요한 생애주기 모델의 기본을 이룬다.

### 13.2.2 폭포수 모델의 장단점

폭포수 모델의 선행 모델로는 빌드-수정 모델과 단계적 모델을 들 수 있다. 빌드-수정 모델은 소프트웨어 개발의 가장 초기에 사용된 기본적인 모델이다. 현재에도 많은 소프트웨어가 이 모델에 의거해서 개발된다는 것은 불행한 일이다. 즉, 소프트웨어를, 명세도 없이 설계도 하지 않고, 구축 후 고객을 만족시키기 위해 필요한 수만큼 재작업하여 인도한다. 이 접근법은 〈Box 13-1〉에 있다. 비록 이 접근법은 100 또는 200 라인 이내의 작은 소프트웨어 작성에는 유용할 수 있지만, 중간 규모 이상의 프로젝트에는 매우 좋지 않은 기법이다. 빌드-수정 접근법에 의해 작성된 소프트웨어는 적절하게 명세화되고 주의 깊게 설계된 경우보다 비용이 많이 들며 품질이 나쁠 뿐만 아니라, 명세나 설계 문서가 없으므로 유지보수가 아주 어렵고, **회귀 결함**regression faults이 발생할 확률도 크게 증가한다.

**단계적 모델**stage-wise models은 종종 폭포수 모델과 혼동되어 거론되는 것으로, 폭포수 모델이 극복한 다음과 같은 두 가지 단점이 있다.

- 각 단계간의 피드백 루프를 인식하고, 많은 단계에 걸친 피드백과 관련된 비싼 재작업을 최소화하기 위하여 피드백 루프를 인접한 단계 간에만 제한시키기 위한 가이드라인을 제공하였다.
- 요구사항 분석과 설계와 병행하여 수행되는 "두 번 작성하기build it twice" 단계를 통하여, 프로토타이핑을 소프트웨어 생애주기에 최초로 통합하였다.

**Box 13-2 수정된 폭포수 모델들: 사시미 모델**

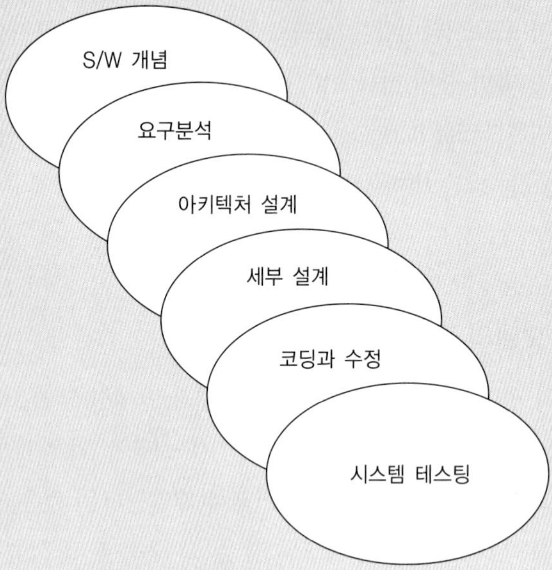


자료원 : McCONELL96, p.144.

전통적인 폭포수 모델은 각 단계의 마지막인 검토/테스트에서만 다음 단계와의 중첩을 허용함으로써, 단계 간의 최소한의 중첩만을 허용한다. 사시미 모델sashimi model은 더 강한 중첩을, 예를 들면, 요구사항 분석이 종료되기 전에 아키텍처 설계나 부분적인 세부 설계를 시작할 수 있도록 허용한다.

순수한 폭포수 모델에서는, 이상적인 문서는 한 팀이 다음 단계의 완전히 다른 팀에 인도할 수 있는 문서이다. 그러나 만약 소프트웨어 개념과 요구사항 분석, 아키텍처 설계, 세부 설계, 코딩과 수정 등의 단계에서 작업자의 계속성을 허용한다면, 그렇게 많은 문서화는 필요치 않게 된다. 따라서 사시미 모델은 문서의 필요성을 감소시킨다.

그러나 사시미 모델에서는 이정표가 불확실하며, 진행 상황을 정확히 추적하기가 어렵고 비효율성이 초래될 수 있다. '사시미'라는 명칭은 생선회가 겹쳐서 썰어져 있는 것을 형상화한 것이며 원래는 일본의 후지 제록스의 하드웨어 개발 모델에서 유래하였다.

폭포수 모델은 다양한 영역의 프로젝트를 수행하는 데에 성공적이다. 그러나 이 모델에도 결함은 있다. 프로젝트에 폭포수 모델을 사용할 것인지 아닌지를 결정하기 위해 강점과 약점을 정확히 이해하는 것이 필요하다.

**Box 13-3** 수정된 폭포수 모델들: 하위 프로젝트를 갖는 폭포수 모델

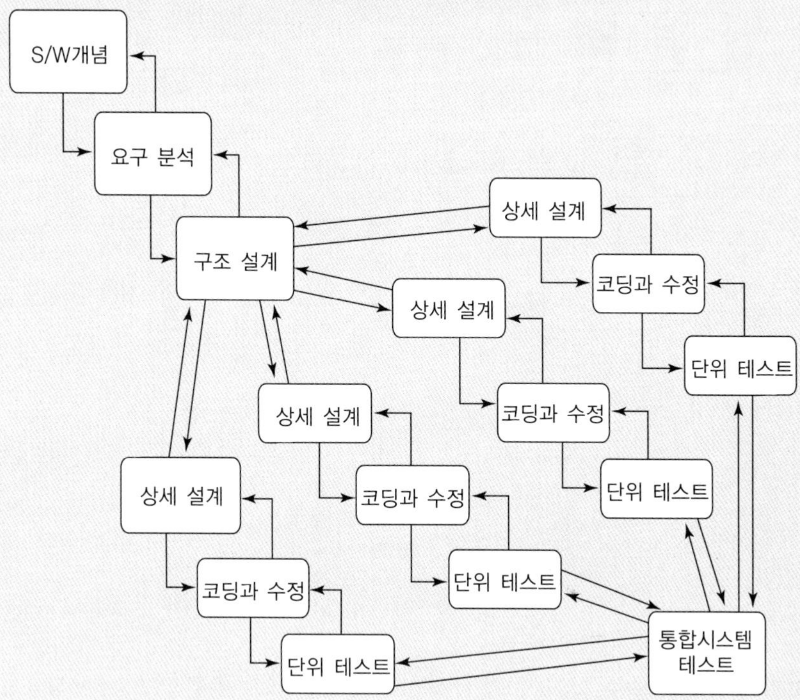


자료원 : McCONELL96, p.145.

폭포수 모델은, 일단 아키텍처 설계가 완성된 후에는, 그리고 아키텍처가 전체 시스템을 논리적으로 독립적인 하위 시스템들로 분할시킨다면, 복수의 독립적인 프로젝트가 각자의 일정에 맞추어 진행될 수 있도록 쉽게 확장된다. 하위 프로젝트를 갖는 폭포수 모델은 모든 하위 시스템이 통합되어 한꺼번에 인도된다는 점에서 증분적 인도 모델과 다르다(13.4 증분적 인도 모델 참조).

이러한 접근 방법의 주된 위험성은 예상하지 못한 상호의존성에 있다. 이러한 문제점은 전체 프로젝트를 하위 프로젝트로 분할시키는 시점을 상세 설계 이후로 연기함으로써 일부 해소할 수 있다.

폭포수 모델은 문서 중심적이다. 각 단계마다 명세문서, 설계문서, 코드문서, 데이터베이스 매뉴얼, 사용자 매뉴얼, 그리고 운영 매뉴얼 등의 상세한 문서들이 생성되고 변경이 관계된 문서에 반영되어야 한다. 이러한 문서들이 SQA 그룹에 의해서 확인되고 승인되어야만 각 단계가 종료된다. 폭포수 모델이 크게 성공한 것은 이 모델이 문서 중심 모델이기 때문이다.

### Box 13-4 수정된 폭포수 모델들: V-프로세스 모델

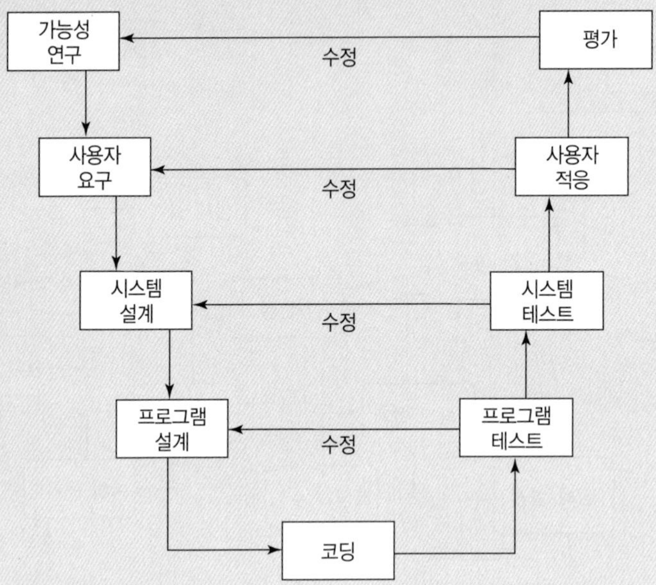


자료원 : HC99

V-프로세스 모델은 폭포수 모델에서 테스팅 활동을 확장시킨 것으로 볼 수 있다. 각 테스팅의 단계는, 결함이 발견되면 해당하는 개발 단계로 돌아가서 후속 단계들을 재수행하는 회귀 루프를 유발시키는, 대응 확인 과정을 갖는다. 이상적으로는, 이 되돌아가기는 특정 활동에 의해서 규정된 것과 V 루프의 왼쪽 하향 사면에서의 다음 하위 활동에서 실제로 구현된 것과의 사이에 괴리가 있을 때만 수행되어야 한다. 예를 들어, 시스템 설계자는 계산이 특수한 방법으로 수행되도록 설계하였을 수 있다. 그러나 개발자는 이러한 요구사항을 잘못 이해했을 수도 있다. 시스템 테스팅 단계에서, 시스템 디자이너가 설계 문서에서 규정된 대로 소프트웨어가 구현되었는가를 확인하기 위해서 점검을 하고, 구현자가 그 문서를 잘못 해석했다는 것을 발견할 수 있다. 이때 단지 수정 사항만이 다시 피드백되어야 하며, 만약 디자이너가 그 후에 생각한 추가 사항도 같이 피드백된다면 이 프로젝트는 진화적(프로토타이핑) 모델로 변질된다.

그러나, 만약 시스템이 구현된 뒤에 검토가 이루어져서 몇 달, 또는 몇 년 전에 수행된 가능성 조사 단계로 되돌아 가야한다면, 무슨 일이 일어나겠는가 생각해보라. 잘 될 수 있을까?

폭포수 모델과 관련된 가장 큰 어려움은 초기의 요구사항과 설계 단계의 종료 기준으로서의 완전히 정련된 문서화에 대한 강조에 있다. 이러한 방법은 컴파일러와 신뢰성 있는 운영체계와 같은 특정 소프트웨어 계층에 있어서는 가장 효율적이다. 그러나 이 방법은 많은 종류의 소프트웨어들, 특히 상호작용적interactive

최종 사용자 응용의 경우에는 잘 작동하지 않는다. 문서 중심의 표준들이, 많은 프로젝트에서, 잘 이해되지 않는 사용자 인터페이스와 의사결정 지원 기능을 정교하게 명세화하도록 강요함으로써 많은 양의 사용불가능한 코드가 설계되고 개발되도록 하였다.

## 13.3 진화적 개발 모델

### 13.3.1 진화적 개발 모델의 절차

**진화적 개발 모델**evolutionary development model은 **반복적 개발 모델**iterative development model의 한 형태이다. 일반적으로 반복적 개발 모델은 코딩 단계가 반복적으로 수행되는 모델을 총칭하며, 진화적 개발 모델 외에 **증분적 인도 모델**incremental delivery model을 포함한다.

진화적 개발 모델과 증분적 인도 모델은 코딩 활동의 결과물인 소프트웨어가 여러번 반복적으로 인도된다는 점에서 공통적이다. 그러나 진화적 개발 모델에서는, 새로운 인도물은 기존의 인도물과 기본적으로 같은 기능을 갖는다. 즉, 진화적 개발 모델에서는 모든 인도물은 목표로 하는 기능의 대부분을 구현하며, 실제 운영 환경에서 사용되어 그 경험이 다음 번 개선 단계에 피트백이 된다.

진화적 개발 모델은 종종 진화적 프로토타이핑과 혼동되기도 한다. 그러나 프로토타이핑은 요구사항 밝히기와 분석을 위한 기법을 지칭하며, 진화적 프로토타이핑은 요구사항 단계에서 사용된 프로토타이핑에 사용된 코드가 후속 코딩 단계에서 사용되는 경우를 말한다. 진화적 프로토타이핑은 일단 개발이 시작된 후에는 그 작업이 몇 번에 걸쳐 나뉘어 수행될 것인가에는 아무런 제약도 가하지 않는다는 점에서 진화적 인도와는 구별된다.

### 13.3.2 진화적 개발 모델의 장단점

폭포수 모델의 문제점에 대한 최초의 주요 해결안은 진화적 개발이다. 이 모델의 중심적인 이정표milestones는 시스템 능력의 증분적 인도이며, 새로운 능력의 내용은 기존에 시스템 인도된 시스템의 사용 경험에 의해서 결정된다. 따라서 가장

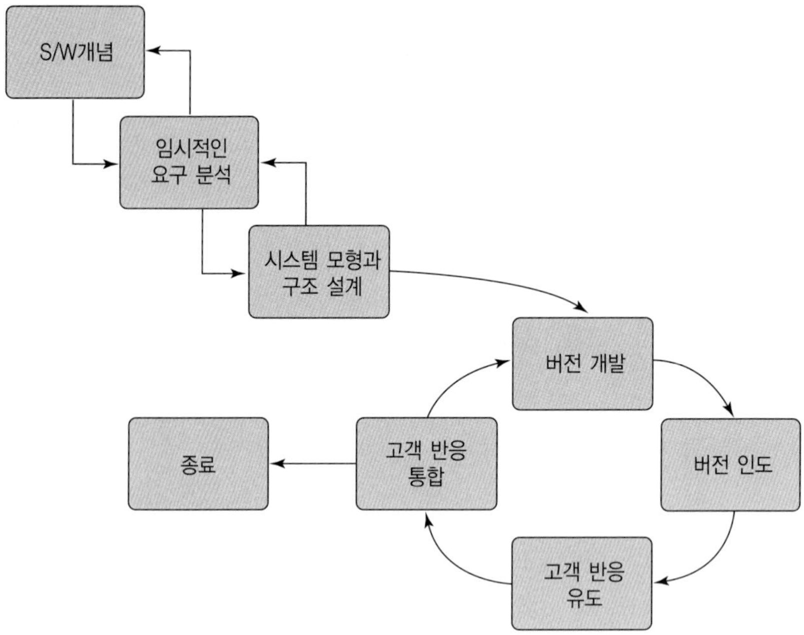


**[그림 13-2]** 진화적 개발 모델의 절차

결정적인 이정표는 첫 번째 인도물이며 이 첫 번째 인도물은 사용자 경험과, 평가, 그리고 진화적 개선의 근거가 될 수 있을 정도의 충분한 능력을 갖는 소프트웨어의 패키지이다. 그러나 이 '최초의 인도' 이정표는 종종 다음의 세 가지 주요 문제점을 지닌다.

- **유연성 없는 국부적 해결책** : 종종 최초의 인도는 초기의 시범과 탐색적 목적을 위하여 최적화된다. 예를 들어서, 그것은 신속한 반응 시간을 위해서 모든 것을 주기억 장치에 기억시킬지도 모른다. 그러면 사용자들이 대규모 사용으로의 전환을 원할 때, 초기의 국부적 아키텍처 해결책이 쉽게 확장되지 않을 수도 있다.
- **고위험 후속 능력** : 초기 인도는 초기의 기능성과 사용자 인터페이스 능력을 제공하기 위해서 종종 안전, 결함 용인성 그리고 분산 처리 등에 대한 고려를 뒤로 미룬다. 사용자들은 그 결과를 좋아하고 연기된 고려 사항들이 똑같이 빠르게 제공될 것을 기대할 수 있다. 그러나 이러한 것은, 초기 인도의 아키텍처가 이러한 다른 주요 고려 사항들을 지원할 수 있도록 쉽게 확장될 수 없기 때문에, 프로젝트 관리에 큰 문제점을 일으킬 수 있다.

- **목표에서 벗어난 최초 인도** : 진화적 개발자들은 종종 일단 최초의 인도를 작성하고, 그 후에 사용자들이 무엇을 개선하기를 원하는 것을 봄으로써 사용자들이 무엇을 원하는가를 발견하려고 한다. 그러나 초기의 사용자 활동 분석의 결여는 종종 최초 인도가 사용자의 필요와는 너무 동떨어져 그들이 그것을 배우거나 사용하려고 수고를 감수하지 않는 결과를 초래할 수 있다.

## 13.4 증분적 인도 모델

### 13.4.1 증분적 인도 모델의 절차

**증분적 인도 모델**incremental delivery model에서는 일련의 인도물들 모두가 각 단계에서 운영 가능한 고품질의 제품으로 고객의 요구사항 중 단지 일부분만을 만족시키며, 마지막 인도물이 완성되었을 때 전체 제품이 완성된다. 증분적 인도 모델에서는 요구사항의 일부분만을 구현한 **증분**incrementals이 시간적 간격을 두고 순차적으로 인도되며, 나중에 인도된 증분은 앞서 인도된 증분들과 통합되어 하나의 소프트웨어를 구성하게 된다. 일반적으로 앞의 증분들은 상위의 요구사항을 구현한다.

증분적 인도가 성공하기 위해서는 철저하고 완벽한 요구사항과 아키텍처 설계가 필수적이다. 증분적 인도는 하위 프로젝트를 갖는 폭포수 모델에 비해서 인도가 시차를 두고 일어나므로, 변화에 기인하거나 예상하지 못한 상호의존성에 더 취약하다. 증분적 모델에서 요구사항, 명세, 아키텍처 설계는 다양한 구축의 구현이 시작되기 전에 모두 완벽해져야 한다.

고객의 요구사항이 추출되면 첫 번째 구축용 명세가 요약된다. 구축은 병렬적으로 진행될 수 있다. 이 경우에는, 첫 번째 명세를 완성한 후, 명세팀은 설계팀이 첫 번째 구축을 설계하는 동안 두 번째 구축할 명세 작업을 담당한다. 결과적으로, 다양한 구축이 병렬적으로 진행된다. 이때 이전에 구축했던 모든 정보를 사용하면서 구축한다.

경우에 따라서는, 후반부에 인도하기로 계획된 증분들은 시간과 자본이 고갈될 경우에는, 그 개발이 취소되기도 한다. 종종 이러한 경우는 '일정(또는 비용)까지 설계하기design to schedule/costs'라고 불리기도 한다.

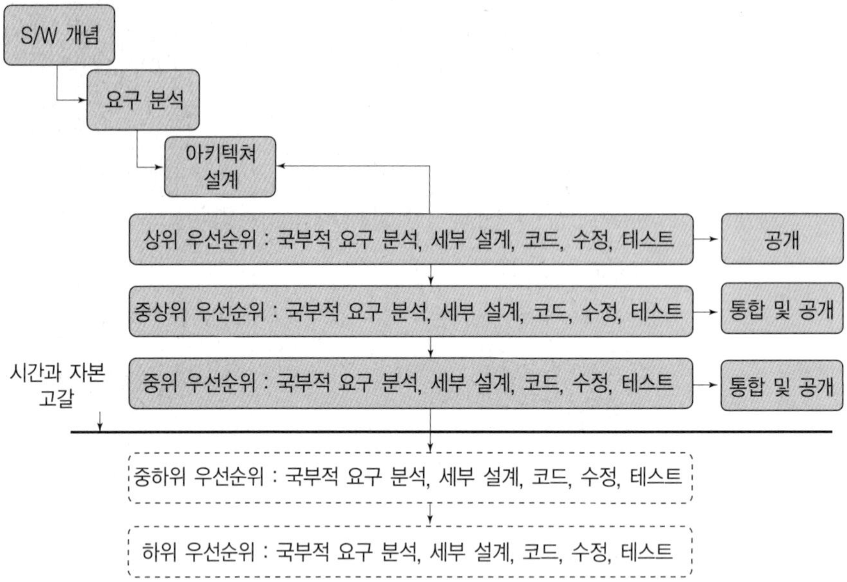


**[그림 13-3]** 증분적 인도 모델의 절차

### 13.4.2 증분적 인도 모델의 장단점

증분적 인도에서는 일반적으로 중요한 기능 순으로 개발된다. 따라서 첫 번째 구축을 인계 받은 고객은 유용한 작업을 수행할 수 있다. 증분적 모델을 사용한 경우에는 전체 제품의 주요 부분을 몇 주 안에 유용하게 사용하기 시작할 수 있다. 반면에 폭포수 모델을 사용해 구축한 경우에는 고객은 몇 달 또는 몇 년을 기다려야 할 수도 있다.

증분적 모델의 또 다른 장점은 고객 조직에 완전히 새로운 제품을 한 번에 주었을 때의 큰 충격을 완화시켜 줄 수 있다는 것이다. 단계적인 소프트웨어의 도입은 조직에 단계적인 변화를 요구한다. 소프트웨어는, 변경과 적응이 점진적으로 일어날 때에는 큰 위협이 되지 않을 수 있지만, 한 번에 대규모로 도입될 때에는 큰 위협이 될 수 있다.

고객의 재정적인 관점에서 보면 단계별 인도는 대규모 자금을 한 번에 요구하지 않는다. 대신에 초기의 구축에서 투자 효과가 높은 것을 구축하면 현금 흐름이 원활해진다. 증분적 모델의 장점은 투자 효과를 얻기 위해 제품 전체를 완성할 필요는 없다는 점이다. 고객은 필요하다면 제품의 개발을 중간에 중단시킬 수 있다.

증분적 모델의 단점은 각 단계의 구축을 현재까지 구축했던 것을 버리지 않고, 기존의 구조에 통합시켜야 하는 점이다. 그래서 증분적 모델은 폭포수 모델이나 진화적 개발 모델보다 더 세심하고 완벽한 설계가 요구된다. 이러한 보다 완벽한 설계, 특히 완벽한 아키텍처 설계의 필요성은 증분적 인도 모델의 장점이자 단점이다. 아키텍처 설계가 불완전하다면 증분적 개발은 악몽이 될 수 있다. 그러나 유연하고 좋은 구조의 아키텍처는, 일단 설계에 성공하였다면, 유지보수 단계에서의 비용을 절감시킨다. 즉 설계 시에 투자한 비용이 유지보수 시에 반환된다. 만약 설계가 증분적 모델을 지원할 수 있을 정도로 충분히 유연하면, 그것은 어떤 종류의 유지보수에도 잘 기능할 수 있다.

### 13.4.3 DSDM : 증분적 인도 모델의 예

증분적 인도 모델은 많은 방법론의 메타 모델이다. **DSDM**Dynamic System Development Model은 영국의 사실상 **RAD**Rapid Application Development 표준이며, 증분적 인도 모델에 의거하고 있다. 또한 미국의 Rational Software Corporation이 작성하여 발전시키고 있는 **RUP**Rational Unified Process도 증분적 인도 모델의 한 종류이다.[1)]

DSDM은 반복적이고 증분적이다. 제품이 인도된 후, 사용자는 무엇이 좋고 무엇이 개선될 수 있는지에 대하여 피드백을 제공한다. DSDM은 프로세스에 대하여 활동 중심적인 관점이 아니라 제품 중심적인 관점을 취함으로써, 생산 방법보다는 산출물에 통제의 초점이 맞춰질 수 있게 한다.

DSDM은 9개의 원칙에 기반한다.

1. 참여자들의 활동적인 참여가 필수적이다.
2. 반드시 DSDM 팀들에 결정권이 주어져야 한다.
3. 산출물의 잦은 인도가 초점이다.
4. 사업 목적에 대한 적합성은 인도물deliverable의 승인에 대한 필수적 기준이다.
5. 반복적이고 증분적인 개발은 정확한 비즈니스 해결 안에 수렴하기 위해서 필요하다.

1) UP는 가장 중요한 객체지향적 모델들 중의 하나이며, 제 15장에서 자세히 설명되어 있다.

## Box 13-5 소프트웨어 아키텍처와 컴포넌트

| 이해관계자 | 관심 사항 / 평가 기준 |
|---|---|
| 고객 | • 일정과 예산 예측<br>• 실행 가능성과 위험 추정<br>• 요구사항 추적가능성<br>• 진행 추적<br>• 제품 라인 적합성 |
| 사용자 | • 요구사항 및 사용 시나리오의 부합성<br>• 미래에 요구사항 증가의 수용<br>• 성과, 신뢰성, 상호 운용성, 기타 품질 속성 |
| 아키텍처 및 시스템 엔지니어 | • 제품 라인 적합성<br>• 요구사항 추적가능성<br>• 상충성 분석의 지원<br>• 완전성, 아키텍처의 일관성 |
| 개발자 | • 설계 및 개발에 대한 충분히 세밀한 내용<br>• 컴포넌트를 선택하고 모으기 위한 프레임워크<br>• 개발 위험의 해소<br>• 제품 라인 적합성 |
| 병행 운영자 | • 병행 운영자의 시스템의 병행 운영의 결정 |
| **관리자** | • 소프트웨어 수정 지침<br>• 아키텍처 진화에 대한 지침<br>• 현재 시스템과의 병행 운영 가능성의 결정 |

소프트웨어 아키텍처의 정의는 매우 다양하다[BCK2003 참조].

- 소프트웨어 요소들, 이러한 요소들의 외적으로 가시적인 속성들, 그리고 그것들 간의 관계로 구성되는 구조
- 상위 수준의 설계
- 시스템의 전반적인 설계
- 프로그램이나 시스템의 컴포넌트들의 구조, 그것들 간의 관계, 그리고 그것들의 설계와 시간에 따른 진화를 관장하는 원칙과 지침들
- 컴포넌트들과 연결자들

소프트웨어 아키텍처는

- 이해관계자들 간의 상호 이해, 협상, 의견의 일치, 그리고 의사소통을 위한 기초를 제공하고,
- 시스템에 대한 초기의 의사결정들의 내용을 나타내며,
- 시스템의 전이(다른 시스템으로의)가 가능하고 비교적 전이가 작고 이해 가능한 요약을 제공한다.

Boehm은 나선형 모델에서 아키텍처 설계 전까지 모든 주요 위험들이 해소되어야 한다고 강조한다(제7장 참조). 아키텍처는 고객, 사용자, 아키텍처와 시스템 엔지니어, 개발자, 그리고 관리자 등의 다양한 이해관계자에게 앞의 표와 같은 이익을 제공해야 한다.

소프트웨어의 재사용은 비용, 시간, 그리고 품질의 이익을 동시에 줄 수 있는 몇 안 되는 소프트웨어 기술 중에 하나이다. 소프트웨어 모듈을 한 번 설계한 후, 그것을 상이한 컨텍스트들 안에서 반복적으로 재사용함으로써 커다란 생산성 향상을 실현하고, 최선의 해결책들을 활용함으로써 품질을 높일 수 있다. 소프트웨어 재사용은 아웃소싱 분야의 중심적인 기술이며, 경쟁력을 결정하는 가장 중요한 요인 중의 하나이다.

소프트웨어 컴포넌트는 특정의 원칙들에 의거해서 구조화된 소프트웨어 단위들이며, 소프트웨어 재사용을 경제적으로 타당성 있도록 해줄 것으로 기대되고 있는 가장 중요한 기술이다. 컴포넌트의 근본적 원칙들은 객체지향 테크놀로지의 기초가 되는 원칙들이며, 컴포넌트는 객체 지향 원칙들과 객체 명세화의 개념을 인터페이스interface라고 불리는 명세화 의존성의 명시적 표현으로 정교화하고 확장한다. 컴포넌트 시스템은 복잡성을 관리하기 위해서 분할과 정복의 원칙priciple of devide and conquer을 준수한다 – 하나의 큰 문제를 여러 개의 작은 조각들의 하위 문제들로 분할하고 이러한 조그만 문제들을 각각 해결한 후에, 이러한 간단한 해답들을 통합하여 좀 더 정교하고 큰 해답을 구한다.

매우 쉽다. 많은 사람들에게 이것은 수십 년간 사용되어온 구조적 방법structured method과 비슷하게 들린다. 도대체 무엇이 다른가? 핵심적인 차이는 컴포넌트 접근 방법은 기능들과 관련된 자료들을 하나의 단위로 통합한다는 객체지향 원칙을 따른다는 데 있다. 전통적인 구조적 방법은 주로 기능 분할에 초점을 맞추고 자료와 기능 간의 강한 분리를 유지하는 경향이 있다.

컴포넌트의 또 하나의, 가장 중요한 동기는 그것이 (같은 기능들의 완전히 다른 구현이나 또는 현재 구현의 개선된 버전에 의해서) 쉽게 대체 가능하다는 것이다. B2B 전자상거래에서처럼, 모든 것들이 계속 변하며 또한 종종 중앙 집중적인 통제가 더 이상 작동할 수 없는 환경에서는 컴포넌트의 이러한 특성은 특히 중요해진다.

전체 시스템 안의 컴포넌트들이 쉽게 대체되게 하기 위해서는, 개별 컴포넌트들이 여러 컴포넌트 시스템들에서 재사용이 가능하도록 만드는 것도 중요하지만, 다양한 컴포넌트들이 진화하고 그것의 요구사항들이 계속 바뀌더라도 전체 시스템을 계속 관리할 수 있는 구조, 즉 시스템의 아키텍처를 만드는 것이다.

컴포넌트 접근 방법이 시스템 개발에 제기하는 가장 큰 도전은 변경을 관리하는 것이다[CD01 참조]. 이것은, 변경을 전제로 하여, 무엇보다 아키텍처와 설계 활동에서의 주안점을 컴포넌트들 간의 의존성과 이러한 의존성의 관리에 둔다는 것을 의미한다. 개별 컴포넌트들의 목적은 분명히 중요하기는 하지만 여러 가지 측면에서 제 2차적인 관심사항이다. 즉, 중요한 것은 부분들이 아니라 전체이다.

6. 개발 내에서 모든 변화들은 되돌릴 수 있다.
7. 요구사항은 상위 수준에서 기준선화baselined된다.
8. 테스팅은 생명주기 전체에 통합된다.
9. 모든 이해관계자들 간의 협력적이고 협동적인 접근이 필수적이다.

앞의 원칙들 중에서 처음 4개는 DSDM의 기초를 제공하며 나머지 5개는 방법의 구조를 규정한다. 이 원칙들은 품질 높은 시스템을 비즈니스가 요구하는 일정 내에 공급할 수 있게 해준다. 5번째 원칙에 의해서 규정된 반복적이고 증분적인 프로세스는 5단계로 구성된다(Box 13-6 참조).

DSDM에는 단기간(며칠 또는 몇 주)의 타임박스를 이용함으로써 제 3, 4 그리고 8번째 원칙을 실현한다(Box 13-8 참조). DSDM에서는 테스트는 전 과정에 걸쳐 분산되어 수행된다. 개발 말기에 독립된 테스트 단계가 수행될 수 있으나, 폭포수 모델에서와 같이 많은 노력과 자원이 투입되어서는 안 된다. 6번째의 가역적 변경 원칙은 모든 산출물은, 그것이 잘못되었다는 것이 밝혀지면, 알려진 상태로 되돌아갈 수 있도록 충분히 잘 통제되어야 한다는 것을 의미한다.

DSDM은 모든 소프트웨어 개발 프로젝트에 적용할 수 있는 만병통치약이 아니다. DSDM은 공학적 또는 과학적 애플리케이션보다는 비즈니스 시스템에 더 잘 적용될 수 있다. 뿐만 아니라, 해당 조직은 그러한 시스템의 구축에 성공한 충분한 경험이 있어야 한다. DSDM에 성공하기 위해서는 다음과 같은 조건이 충족되어야 한다.

- 개발하여야 할 기능들이 사용자 인터페이스 수준에서 충분히 가시적이여야 한다.
- 모든 종류의 최종 사용자들을 명확히 확인할 수 있어야 한다.
- 애플리케이션이 계산적으로 복잡하지 않아야 한다.
- 응용이 크지 않아야 한다. 응용이 크다면, 좀 더 작은 기능 컴포넌트로 분할되고, DSDM은 분할된 각각의 기능 컴포넌트에 적용되어야 한다.
- 프로젝트가 반드시 시간 제약적이어야 한다.
- 모든 요구사항이 유연하고, 상위 수준에서만 정의되어 있어야 한다. 모든 세부적인 요구사항이 합의되고 결정되어 있다면, 대부분의 DSDM의 장점이 발휘될 수 없다.

## Box 13-6 DSDM의 절차

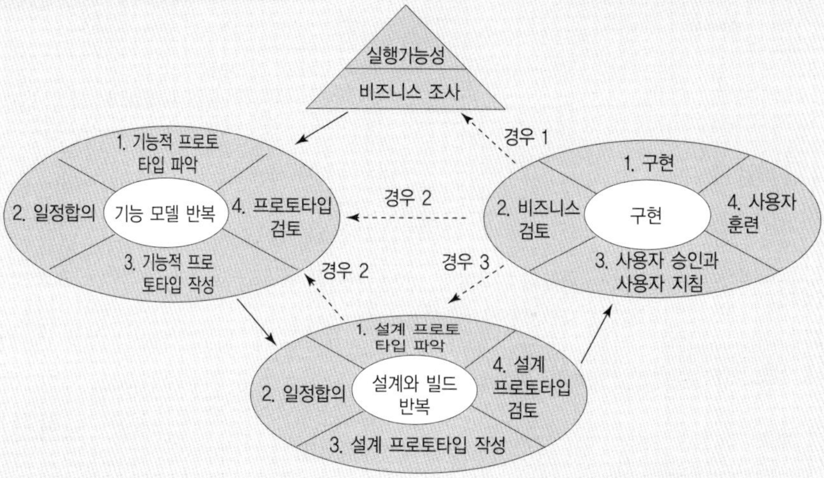


자료원 : STAPLETON97

DSMS은 다섯 단계로 이루어진다. 처음의 두 단계는 순차적이다. 시스템이 이 방법에 적합한지를 평가하고 비용 등에 대한 초기 예측치를 제공하기 위한 가능성 분석과 프로젝트의 나머지 부분의 비즈니스적, 기술적 기초를 구축하기 위한 비즈니스 조사. 비즈니스 조사 후에는 반복적 단계들의 첫 단계인 기능적 모델 반복이 시작한다. 이 반복에서는 비즈니스 조사에서 시작된 분석이 더 세부적인 수준에서 수행되며, 이 분석은 비즈니스 조사에서 정의된 시스템 아키텍처 내에서 수행되는 기능에 대한 진화적 프로토타이핑에 의해서 지원된다. 기능의 영역이 충분히 잘 이해된 후에, 설계와 빌드 반복에서 구현 단계에 인도되기에 충분한 품질을 가진 시스템 컴포넌트들이 엔지니어링된다. 구현은 시스템을 생산 환경으로 이전하는 것과 함께 사용자를 훈련시키는 것을 포함한다.

구현의 끝에, 해당 증분이 검토되고, 후속 증분에서는 어떤 추가 작업이(만약 있다면) 수행될 필요가 있는지에 대한 비즈니스 결정이 이루어진다. 모든 요구사항이 충족되고 더 이상의 작업이 예견되지 않는다면, 작업이 종료된다. 그렇지 않다면, 다음의 각 경우에 해당하는(점선의 화살표)의 피드백 루프를 따라서 전단계로 되돌아가서 해당 단계와 그 후속 단계를 수행한다.

- 경우 1 : 비즈니스 기능의 주요 영역이 개발 중간에 발견되었으나, 요구된 날에 현재 개발 중인 시스템을 인도하기 위해서는 새로 발견된 비즈니스 기능의 개발은 일시적으로 대기 상태로 두어야 했던 경우. 이는 비즈니스 조사로 되돌아가 새로운 개발을 처음부터 끝까지 다시 시작해야 하는 것을 의미한다.
- 경우 2 : 시간 제약 때문에 하위 우선순위의 기능이 개발에서 제외되었으나, 이제는 추가하려는 경우.
- 경우 3 : 시간 압박 때문에 설계와 빌드 반복에서 하위 우선순위의(품질에 큰 영향을 주지 않는) 비기능적 요구사항이 제외되었으나, 이제는 역점을 두어 다룰 수 있게 된 경우.

**Box 13-7 DSDM의 단계별 산출물**

| 산출물 | 설명 | 단계 |
|---|---|---|
| 가능성 보고서<br>Feasibility Report | 모든 일반적인 토픽을 모두 다루며, 자세할 필요는 없으나, 주요 위험을 관리하기에 충분한 정보를 포함해야 한다. | 가능성 조사 |
| 개발 계획 개요<br>Outline Plan for Development | 가능성 보고서의 내용을 보강한다. | 가능성 조사 |
| 신속한 프로토타입<br>Fast Prototype | 가능성 보고서에 가치를 부여할 수 있는 경우에 한해서 선택적으로 수행되어야 한다. | 가능성 조사 |
| 비즈니스 영역 정의<br>Business Area Definition | 자동화될 프로세스의 상위 수준에서의 조감도. 구조적 분석 환경에서는, 주요 프로세스를 보여 주는 DFDdata flow diagram와 첫 번째의 ERDentity-relationship diagram를 포함할 수 있다. 객체지향 환경에서는 첫 번째 작성한 비즈니스 객체 모델을 포함할 수 있다. 여기서 확인된 모든 상위 수준의 기능들에는 우선순위가 주어져야 한다. | 비즈니스 조사 |
| 시스템 아키텍처 정의<br>System Architecture Definition | 개발할 소프트웨어의 아키텍처를 주요 컴포넌트와 그것들 간의 인터페이스라는 관점에서 기술하고, 개발과 목표 플랫폼을 기술한다. 후속 과정에서 수정될 수 있음. | 비즈니스 조사 |
| 프로토타이핑 계획 개요<br>Outline Prototyping Plan | 모든 프로토타이핑 활동을 총괄하며, 프로토타이핑 전략과 함께 형상 관리 계획을 포함. | 비즈니스 조사 |
| 기능적 모델<br>Functional Model | 분석모델과 주요 기능들과(특히 사용성과 관련된) 비기능적 요구사항의 일부를 충족시키는 사용가능한 소프트웨어 컴포넌트들의 두 가지를 모두 포함한다. 분석 모델이 먼저 작성되기 시작한 후, 두 요소가 함께 작성된다. | 기능적 모델 반복 |
| 우선순위가 정해진 기능들<br>Prioritised Function | BAD에서 규정된 상위수준의 기능들의 우선순위들이 조정되며, 현 증분의 끝에서 사용자들에게 인도될 기능들이 구체화된다. | 기능적 모델 반복 |
| 기능적 프로토타이핑 검토 다큐멘트<br>Functional Prototyping Review Documents | 시스템이 유저들에 의해서 반복적으로 검토되는 과정에서의, 코멘트들이 기록된다. | 기능적 모델 반복 |
| 비기능적 요구사항<br>Non-Functional Requirements | 비즈니스 조사와 기능 모델 반복에서 확인된 모든 요구사항을 기록한다. 기록된 요구사항의 일부는 기능 모델 반복에서 충족되나, 대부분은 설계와 빌드 반복에서 충족된다. | 기능적 모델 반복 |
| 미래의 개발에 대한 위험 분석<br>Risk Analysis of Future Development | 기능 모델 반복에서 좀 더 분명해진 위험들을 설명하고 분석한다. | 기능적 모델 반복 |

| | | |
|---|---|---|
| 테스트된 시스템<br>Tested System | 중간 산출물인, 설계 프로토타입과 관련된 설계 프로토타이핑 검토 문서들이 설계와 빌드 반복의 초기에 작성되어, 진화적으로 TS로 발전된다. | 설계와 빌드 반복 |
| 인도된 시스템<br>Delivered System | 소프트웨어 외에 모든 필요한 문서들을 포함한다. | 구현 |
| 사용자 매뉴얼<br>User Manual | 구현 단계에서 완성되나, 종종 앞 단계에서 시작됨. 사용자의 참여가 중요하며, 개발자는 기술적인 측면에만 집중하는 것이 바람직하다. | 구현 |
| 훈련된 사용자 집단<br>Trained User Population | 훈련된 사용자는 UM과 함께 DS의 가장 중요한 요소 중의 하나이다. | 구현 |
| 프로젝트 리뷰 다큐멘트<br>Project Review Document | 프로젝트가 그것의 단기적 목적이라는 관점에서 무엇을 달성했는가를 요약한다. 시스템이나 시스템 증분이 완성되었다고 판단되는 즉시 작성한다. | 구현 |

참조 : STAPLETON97

어느 소프트웨어 프로세스 모델이나 생성해야 할 산출물들의 종류는 기본적으로 동일하다. 여기에서 제시된 산출물들은 기본적으로 폭포수 모델과 폭포수 모델에 기반한 각종 표준에서 정의하는 산출물과 동일하다.

소프트웨어 프로세스 모델 간의 주된 차이점은 각 산출물들을 생성하는 시점과 산출물 간의 상대적인 중요도가 다르다는 것이다. 어느 한 종류의 산출물이, 생성되는 시점이나 모델에 따라 여러 가지의 형태로 세분되는 등, 모델마다 명칭이나 형식상의 차이점은 있을 수 있다. 반복적 모델의 기본적인 공통점은 요구사항의 지속적인 확인이며, DSDM에서도 지속적인 요구사항의 확인을 위해서 다양한 프로토타입과 모델을 작성하도록 규정한다.

### Box 13-8 타임박스 명세

<table>
<tr><td>프로토타입 될 기능:</td><td>기능적 명세 참조:</td></tr>
<tr><td>개시일 :<br>종료일 :</td><td>승인된 기술적 작업:</td></tr>
<tr><td colspan="2">의존성</td></tr>
<tr><td colspan="2">목적<br>(1)<br>(2)..</td></tr>
<tr><td colspan="2">결과:</td></tr>
<tr><td colspan="2">우선 순위<br>(1)<br>(2)..</td></tr>
<tr><td colspan="2">결과:</td></tr>
<tr><td colspan="2">기준<br>(1)<br>(2)..</td></tr>
<tr><td colspan="2">결과:</td></tr>
<tr><td colspan="2">합의된 최소한의 사용가능한 하위 집합(목적과 교차 참조):</td></tr>
<tr><td colspan="2">성능 목표<br>(1)<br>(2)</td></tr>
<tr><td colspan="2">결과:</td></tr>
<tr><td colspan="2">유지 보수성 목표</td></tr>
<tr><td colspan="2">결과:</td></tr>
<tr><td>품질 검토 방법</td><td>사용자의 서명:<br>코드의 기술적 검토 수행자: (세 번째 반복 작업 후)</td></tr>
<tr><td>1번째 반복(날짜):<br>2번째 반복(날짜):<br>3번째 반복(날짜):</td><td>....................<br>〈참석한 사람들의 이름을 기록한다.〉</td></tr>
<tr><td>수정된 다큐멘테이션 :<br>RQ(날짜)<br>FS(날짜)</td><td></td></tr>
<tr><td>생산된 인도물:</td><td>〈파일이름/버전번호〉</td></tr>
<tr><td>보관된 장소</td><td>〈라이브러리〉</td></tr>
</table>

이 양식은 타임박스 명세time box specification를 위한 양식의 예이며, 시스템의 설계와 빌드 측면을 통제하는 데에, 중점을 두고 있다. 이 양식은 DSDM을 사용한다는 결정이 내려지기 전에 충분한 분석이 수행되었을 경우에 사용하기 적합하다.
타임박스는 프로젝트의 개시일과 종료일 사이의 시간으로 정의할 수 있다. 종료일은 어길 수 없으며 시스템은 그날에 인도되어야 한다. DSDM은 타임박스의 개념을 더욱 발전시킨다. DSDM은 무엇인가가 인도되어야 할 일련의 고정된 최종 기한을 제공하기 위해 프로젝트의 전체 타임박스 안에 타임박스들을 내포시킨다. 여기에서 '무엇'은 분석 모델, 기능의 일부분, 이들의 조합이거나 또는 주어진 날짜에 유용한 시스템을 인도한다는 목표에 프로젝트를 더 접근시키는 그 어떤 것도 된다. DSDM에서 타임박스는 전형적으로 2주와 6주 사이이며 짧을수록 좋다. 종료일은 위반 불가능하다.
각 타임박스들은 전형적으로 3단계를 거친다.

1. 조사investigation : 타임박스 내의 활동들이 올바른 방향으로 진행되고 있는가를 신속히 검토한다.
2. 정련refinement : 조사 결과를 보완하고, 주어진 시간 안에 최대한의 인도물이 생산되도록 하는 것이 목적이다.
3. 통합consolidation : 인도물이 완전하고 그 자체로 일관성이 있고, 만약 그것이 해당 타임박스의 목적의 일부라면, 그것이 다른 인도물에 부합하도록 하는 것이 그 목적이다.

이 세 단계의 각각은 해당 타임박스에 참여하는 팀 전원이 참석하는 목적 설정 모임으로 시작하며, 그 목적들이 어떻게 충족되고 있는가의 확인으로 끝난다. 인도물이 무엇인가에 따라서, 확인은 검토review가 될 수도 있고, 실연이나 공식적 테스팅이 될 수도 있다. 가능하기만 하면 각 단계의 종료일도, 타임박스의 종료일과 같이, 고정되어야 한다.

## 13.5 전환 모델과 제4세대 모델

### 13.5.1 전환 모델의 절차

**전환 모델**transform model은 소프트웨어 제품의 **정형적 명세**formal specification를 그 명세를 충족시키는 프로그램으로 자동적으로 전환시킬 수 있는 능력을 전제로 한다. 전환 모델에 의해서 규정된 단계들은 다음과 같다.

1. 원하는 제품에 대한 최선의 초기 이해의 정형적 명세
2. 명세의 코드에로의 자동적 전환

3. 전환 시스템에 최적화 지침을 제공함으로써 산출 코드의 성능을 개선하기 위한, 만약 필요하다면, 반복 루프
4. 산출된 제품의 시험
5. 산출된 운영 경험에 의거하여 명세를 조정하고, 조정된 소프트웨어 제품을 재정렬하고, 재최적화하고 시험하기 위한 외부 반복 루프

**제 4세대 모델**4GM: 4th generation model에서 초기의 요구사항 모으기 단계는 통합적으로 수행된다. 일단 기본적인 요구사항들이 수집된 후에는, 요구사항들은 그 특성에 따라서 분류되고, 각각의 분류된 요구사항 집합에 대해서 그 특성에 맞는 개발 방법이 적용된다. 즉, 그 특성이 잘 알려진 요구사항들에 대해서는, 비교적 표준적인 폭포수 모델 부분(왼쪽에 그려진)이 적용된다. 요구사항이 잘 알려지지 않은 부분에서는 프로토타이핑 경로가 수행된다. 그리고 제 4세대 기술4GT: 4th generation technique이 적용될 수 있는 부분에 대해서는 도구를 이용하여 자동적으로 코드를 생성한다.

### 13.5.2 전환 모델의 장단점

전환 모델은, 수정이 명세에만 가해지므로, 반복된 재최적화에 의해서 구조가 나빠진 코드를 수정해야만 어려움을 우회해 간다. 이것은 또한 중간 설계와, 코드, 그리고 테스트 활동들과 관련된 추가적인 시간과 지출을 제거한다.

전환 모델에는 여러 가지 문제점들이 있다. 자동적 전환 능력은 몇몇 제한적인 영역의 소수의 제품에 대해서만 적용 가능하다. 스프레드시트, 소규모의 제 4세대 응용 프로그램, 그리고 제한적인 컴퓨터 과학 영역들이 그것이다. 전환 모델은 또한 사용자의 운영 시스템이 계획되지 않은 진화 경로를 항상 지원할 수 있을 정도로 유연하다는 가정이 필요한 것과 같은, 진화 모델의 일부 문제점을 공유한다.

### 13.5.3 제 4세대 모델과 제 4세대 기법

제 4세대 모델은 소프트웨어 개발자들이 매우 높은 추상화 수준에서 소프트웨어 특성을 묘사할 수 있도록 해주는 다양한 도구를 제공하는 4GT에 기반하고 있다. 4GT란 다음과 같은 공통성을 지닌 소프트웨어 도구를 통틀어 지칭한다. 소프

트웨어 엔지니어가 소프트웨어의 특성을 고수준에서 명시할 수 있다. 이러한 도구들은 개발자가 명시한 조건에 따라서 소스 코드를 자동적으로 생성할 수 있다. 사람이 보다 쉽게 소프트웨어의 기능을 결정할 수 있다면, 보다 빨리 프로그램을 만들 수 있을 것이다. 4GT에서는 특별한 언어의 형태나 그래픽 개념을 사용하여 소프트웨어의 기능을 명시하여 고객이 문제들을 이해할 수 있게 하는 데에 그 초점을 두고 있다.

근래에 나온 4GT 도구들은 다음과 같은 기능들을 포함하고 있다. 데이터 베이스에 대한 비절차적 질의, 리포트 생성, 데이터 조작, HTML이나 유사한 언어를 사용한 웹 사이트를 만드는 코드의 자동 생성 등의 기능이다. 이러한 기능의 소프트웨어는 아직까지 한정된 영역에서만 사용되고 있으나, 이러한 기능들은 점점 더 많은 소프트웨어서 지원되고 있는 추세이다.

다른 모델들과 마찬가지로, 4GM도 역시 고객의 요구사항을 수집하는 일로부터 시작된다. 작은 응용에서는 요구사항 수집과 구현이 **제 4세대 언어**4GL: 4th generation language나 그래픽 아이콘들의 구조를 사용하여 직접 진행될 수도 있다. 그러나 좀 더 큰 응용에서는 4GT를 이용하더라도 설계 단계가 필요하다. 큰 프로젝트에서 설계 없이 4GT를 사용하면, 전통적인 방법들과 같은 어려움(낮은 품질, 어려운 유지보수, 고객의 불만)을 겪게 된다. 4GL을 이용한 구현은 개발자가 의도한 대로 자동적으로 코드를 생성해 주게 된다. 물론 자료 구조들 역시 4GL이 쉽게 다룰 수 있도록 존재하고 있어야 한다. 4GT의 구현을 제품으로 변환하기 위해서, 개발자는 시험하고 문서를 만들고, 다른 제품들과의 통합 작업을 수행해야 한다. 또한 4GT로 만든 소프트웨어는 고객의 요구사항을 신속하게 반영할 수 있는 상태로 만들어져야 한다.

다른 소프트웨어 공학 패러다임과 마찬가지로, 4GT 역시 장단점이 있다. 4GT는 개발 시간을 단축시키고 개발자의 생산성을 증가시킬 수 있다. 실증 조사에 의하면, 4GT는 작거나 중간 규모의 소프트웨어 개발 시간을 크게 단축시켰고, 소규모의 응용을 개발하는 데 필요한 설계와 분석 단계에 소모되는 시간도 역시 단축시켰다. 또한, 4GT를 이용해 대규모의 소프트웨어를 개발할 때에는 코드 생성의 자동화로 얻은 시간 단축으로, 분석과 설계와 시험에 보다 많은 시간과 노력을 투입할 수 있게 된다.

그러나 4GT 도구에 의해 생성된 코드들은 비효율적이고 유지보수하기 힘들 수

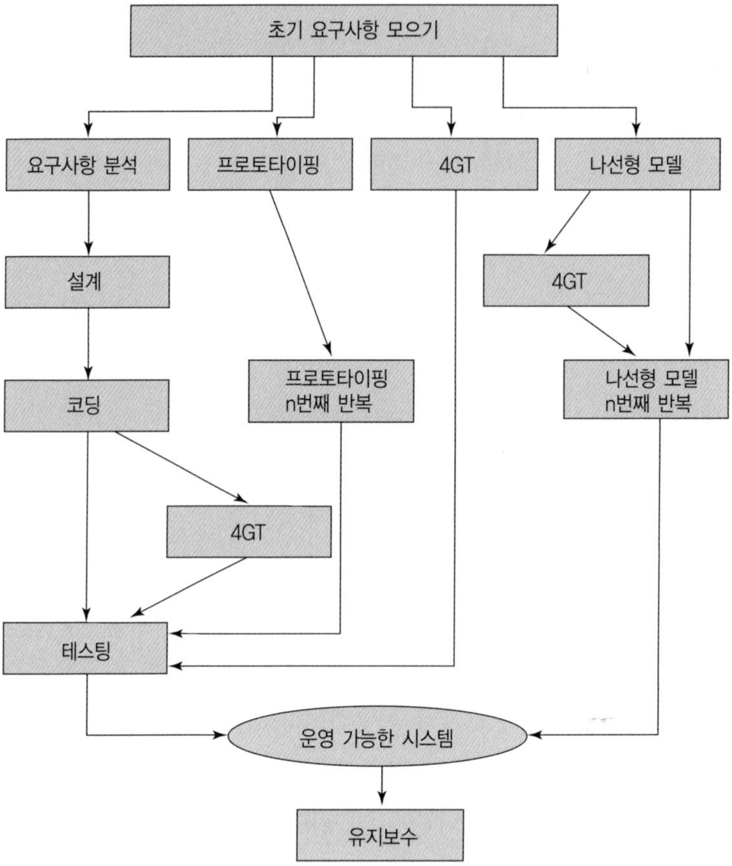


**[그림 13-4]** 제 4세대 혼합 모델의 절차

있다. 물론 새로운 4GT를 사용하기 위해서는 공부를 해야만 하며, 4GT를 배우는 것도 역시 다른 프로그램 언어를 배우는 것과 마찬가지로 쉽지 않다는 것은, 일반적으로 개별적인 4GT는 적용 범위가 넓지 않다는 점을 고려하면, 큰 단점이 될 수 있다. 따라서 4GT나 4GM은 다른 생명주기 모델과 혼합하여 사용되는 경우가 많다. [그림 13-4]는 4GT를 이용하는 가장 대표적인 제 4세대 혼합 모델hybrid models을 보여준다.

## 13.6 소프트웨어 프로세스 모델들의 비교

이 장에서는 대표적인 소프트웨어 생애주기 모델들을 소개했다. 이 들 중에서 가장 널리 사용되는 모델은 폭포수 모델과 증분적 모델이다. 폭포수 모델은 다른 모델들의 원형을 제공하며, 아직도 가장 널리 쓰이는 모델 중의 하나이다. 증분적 모델은, UP를 비롯하여, 최근에 개발된 거의 모든 객체 지향 모델들을 포함한다. 폭포수 모델은 프로젝트 규모가 중간 이하이고 불확실성이 적을 때 가장 효율적인 반면에, 증분적 모델은 프로젝트의 규모가 크고 불확실성이 높을수록 폭포수 모델에 비해서 더 효과적으로 된다.

다른 모델들은, 아래의 두 가지 모델들에 비해서 매우 제한적으로 사용된다. 빌드-수정 모델은, 매우 작고 단순한 프로젝트의 경우를 제외하고는, 회피되어야 한다. 수정된 폭포수 모델들과 진화적 모델도, 이들 모델이 폭포수 모델이나 증분적 모델보다 더 효율적인 경우를 찾기 힘들다. 즉, 거의 모든 경우에 폭포수 모델이나 증분적 모델 안에서 프로토타이핑을 적극적으로 수행함으로써 진화적 모델보다 더 좋은 결과를 가져올 수 있다. 수정된 폭포수 모델들도 폭포수 모델에 비해서 더 많은 관리 능력과 오버헤드 활동들을 요구하며, 폭포수 모델의 단점을 부분적으로만 완화시킨다. 전환 모델은 아주 좁은 분야에서만 사용 가능하다.

〈표 13-1〉 폭포수 모델과 증분적 모델의 비교

| 요소 | 폭포수 모델 | 증분적 모델 |
|---|---|---|
| 요구사항이 잘 정의되지 않았다. | 위험 | 기회 |
| 시스템이 한 번에 개발하기엔 너무 크다. | 위험 | 기회 |
| 시스템의 전체적인 능력이 즉시 필요하다. | 기회 | 위험 |
| 부분적인 능력이 일찍 필요하다. | 위험 | 기회 |
| 과거 시스템에서 단계적으로 벗어난다. | 위험 | 기회 |
| 요구사항의 신속한 변화가 예상된다. | 위험 | 위험 |
| 기술의 신속한 변화가 예상된다. | 위험 | 위험 |
| 직원/자금의 장기간의 확보가 의심스럽다. | 위험 | 기회 |

CHAPTER

# 14

# 웹 사이트 개발 프로젝트

CHAPTER

# 14 웹 사이트 개발 프로젝트

이 장에서는 제품프로세스와 관리 프로세스 간의 상호작용에 대해서 폭포수 모델에 기반한 소규모 웹 사이트 개발 프로젝트에서 전형적으로 발생할 수 있는 예를 이용하여 보다 구체적으로 알아본다.

## 14.1 웹 사이트 개발 프로젝트 진행 절차

웹 서비스는 1989년 팀 버너스리의 WWWWorld Wide Web라는 개념에서 시작해서 지금은 전세계 인터넷 이용자의 대부분이 사용하는 정보 공유 서비스이다. 웹 사이트는 개인이 자신의 취미 활동으로 운영하는 소형부터 ERP 같은 수백억의 예산이 필요로 하는 엔터프라이즈급의 초대형까지 그 규모가 매우 다양하다. 웹 사이트 개발 프로젝트의 제품 프로세스 역시 개발할 사이트의 규모 및 성격에 따라서 다양한 절차와 방법을 사용해야 한다.

웹 사이트 개발도 일반적인 소프트웨어 개발과 그 방법이 크게 다르지 않다. 다만 웹 사이트만의 특수성이라면 일반적인 소프트웨어보다 사용자 인터페이스UI: user interface의 디자인이 더 강조된다는 점이다. 웹 사이트 개발에서 UI는, 드문 경우지만, 플래시Flash와 같은 그래픽 툴만으로 구현될 수 있다. 그러나 일반적으로는 UI의 구현은 그래픽 도구와 HTMLhypertext markup language을 같이 사용하여 수행된다. 이러한 경우에는 브라우저가 직접 인식하는 것은 HTML이므로, 그래픽 툴들을 이용해서 UI를 디자인하였을 경우에는 이러한 그래픽 툴로 만들어진 디자인을 HTML로 바꾸어서 표현해야 된다. 이 책에서는 HTML 기반의 중소 규모 웹 사이트 개발 프로젝트의 제품 프로세스에 대해서 설명하겠다.

중소 규모의 웹 사이트 개발 프로젝트에서는 일반적으로 폭포수 모델이 가장 널리 사용되고 있으며, 또한 그것으로 충분하다. 웹 사이트 개발의 최상위 수준의 제 단계는 일반적인 비즈니스 애플리케이션 개발 단계와 다르지 않으며, 다음과 같이 7단계로 구성할 수 있다.

〈표 14-1〉 웹 사이트 개발 제품 프로세스의 단계별 산출물

| 1차 | 2차 | 3차 | 산출물 |
|---|---|---|---|
| 프로젝트 초기화 | | | 프로파일러, 프로젝트 개요서, 프로젝트 계약서, 프로젝트 예산안, 이해관계자 분석서 |
| 요구사항 분석 | | | 용어집, 요구사항 수집서, 요구사항 기술서, 유즈케이스 모형 기술서, 프로젝트 표준 |
| 아키텍처 설계 | 정보 아키텍처 설계 | 사용자 콘텐츠 설계 | 콘텐츠 정의서, 콘텐츠 구축 계획서, 메뉴 구조도 |
| | | 데이터베이스 구조 설계 | ERD, 데이터베이스 공간 설계서 |
| | 하드웨어 및 네트워크 아키텍처 설계 | | 하드웨어 및 네트워크 아키텍처 설계서 |
| | 소프트웨어 아키텍처 설계 | | 소프트웨어 아키텍처 설계서, 패키지도 |
| | 기타 기술 및 개발 전략 | | 기타 주요 기술 및 개발 전략 관련 자료 모음 |
| 상세 설계 | 디자인 설계 | WI 정의 | WI 정의서 |
| | | 화면설계 | UI 설계서, 메인 디자인 시안, 서브 디자인 시안 |
| | 데이터베이스 설계 | 상세 데이터베이스 설계 | 테이블 설계서 |
| | 소프트웨어 설계 | 패키지 설계 | 패키지 설계서 |
| | | 디렉토리 및 파일 네이밍 설계 | 페이지 목록 설계서 |
| | | 프로그램 상세 설계 | 자바빈즈 목록, 클래스 설계서, 단위 테스트 계획서 |
| 구현 | 메인/서브 페이지 디자인 Html 코딩 | | |
| | 프로그램 코딩 | | 단위 테스트 결과서 |
| | 프로그램과 디자인 통합 | | 단위 테스트 결과서 |
| 통합 및 테스트 | 소프트웨어 통합 및 테스트 | | 통합 테스트 계획서, 통합 테스트 결과서 |
| 인도 및 운영 | | | 교육훈련 계획서, 사용자 매뉴얼, 관리자 매뉴얼 |

① 프로젝트 초기화

② 요구사항 분석

③ 아키텍처 설계
④ 상세 설계
⑤ 구현
⑥ 통합 및 테스트
⑦ 인도 및 운영

웹사이트 개발 프로젝트에서 특수한 부분은 그 하위 단계들과 중간 산출물들이다. 〈표 14-1〉은 본서에서 소개할 웹 사이트 개발 제품 프로세스의 개요와 산출물의 목록을 보여 준다.

## 14.2 프로젝트 초기화

이 단계는 프로젝트를 정의하는 단계로서 프로젝트 시작을 위한 최소한의 활동으로 구성된다. 프로젝트가 시작되는 경우는 다음의 두 가지 정도를 생각해볼 수 있다. 한 회사가 제안요청서를 공표하고 다른 한 회사가 제출한 제안서가 선정된 경우와, 회사 내부 프로젝트로 (제안요청서 없이) 프로젝트 관리자가 기안한 계획서를 바탕으로 시작하는 경우이다. 프로젝트 초기화는 각각의 상황에 필요한 적절한 문서들(제안서, 계획서, 제안요청서 등)을 만드는 것부터가 시작이라고 할 수 있으며 이 문서들 안에는 최소한 프로젝트의 목적, 범위, 기간, 예산 등의 사항들은 반드시 기입되어야 한다.

제안서는 매우 자세히 작성되는 경우도 많다. 경우에 따라서는 아키텍처 설계 또는 부분적인 상세 설계를 포함하여 몇 백 페이지가 넘기도 한다. 그러나 이런 제안서를 작성할 때 프로젝트에 참여할 모든 팀원들이 포함되어 프로젝트의 목적, 범위, 기간 등을 모두 숙지하게 되는 경우는 거의 없다. 일반적으로는 대부분의 프로젝트 팀원들은 프로젝트가 확정된 후에 충원되며, 팀원들 간의 정보 공유는 그 이후에 수행된다. 따라서 본 교재에서의 프로젝트 초기화는 제안서, 계획서, 제안요청서 등의 작업은 제외한다.

프로젝트 초기화는 프로젝트를 수행할 팀 구성원과 프로젝트 관리자 간의 프로

**Box 14-1 프로파일러**

1. 회사
   1) 회사소개(연혁, 비전, 미션, 실적 등)
   2) CI, 로고, BI에 대한 설명
   3) 목표 시장
   4) 경쟁사
   5) 경쟁 사이트
   6) 프로젝트 관여 그룹
   7) 프로젝트 참여자
   8) 담당자
   9) 기획 단계에서 활용 가능한 인적자원
   10) 개발 단계에서 활용이 가능한 인적자원 및 수준

2. 프로젝트
   1) 프로젝트 목적
   2) 프로젝트 예산
   3) 이전에 다른 웹사이트 제작 또는 의뢰했던 경험 유, 무
   4) 중요도 정하기: 다음 항목들의 우선순위를 적어주시기 바랍니다.
      ( ) 우리 회사에 맞는 e-Biz 전략
      ( ) 마케팅 전략에 맞는 e-Biz 전략
      ( ) 기존 콘텐츠의 재활용
      ( ) 열성 방문자들을 위한 커뮤니티 창출
      ( ) 양질의 실행(그래픽, 원고, 검색 등)
      ( ) 시장 진입의 타당성
      ( ) 관리의 편의성
      ( ) 경쟁사보다 웹에서 우위를 점하고 있는 것
      ( ) 사람들이 정기적으로 방문하여 무엇인가 얻어갈 수 있도록 만드는 조건
      ( ) 예산을 초과하지 않는 것
      ( ) 우리가 웹에 대해 알고, 웹을 적절히 쓰고 있다는 것을 알리는 것
      ( ) 기타

3. 타깃
   1) 어떤 유형의 고객이 귀사의 사이트를 방문하길 원하십니까?
   2) 제작하게 될 사이트에서 고객 유형에 따른 귀사의 목표는 무엇입니까?
   3) 관계되는 제품과 서비스는 어떤 것이 있습니까?
   4) 이런 제품과 서비스를 제공하여 귀사가 얻고자 하는 것은 무엇입니까?

4. 콘텐츠
   1) 귀사가 제공하고자 하는 콘텐츠를 상세히 기술해 주십시오.
   2) 콘텐츠는 새로 제작합니까, 아니면 기존의 것을 재활용합니까?
   3) 콘텐츠는 누가 생산하며 누가 업데이트합니까?
   4) 콘텐츠 업데이트 주기는 어떻게 됩니까?

| 5. 기능<br>1) 제작될 웹사이트에서 귀사가 필요로 하는 기능은 어떤 것이 있습니까?<br>2) 사이트 제작 완료 후 사이트 관리 방식은 어떻게 하시겠습니까?<br>3) 보안 조치를 해야 하는 콘텐츠가 있습니까?<br>4) 어떤 저장 시스템과 데이터베이스가 준비되어 있습니까(없음, NT, 리눅스)? |
|---|
| 6. 성향 분석<br>1) 현재 구현하고자 하는 사이트와 비슷한 상황에 처해 있는 사이트를 접한 적이 있다면 3개 이상 적어 주십시오(좋은 사이트부터 순서대로).<br>2) 프로젝트 진행에 가장 제약이 되는 요소가 무엇이라고 생각하십니까?<br>3) 있다면 그 해결 방안은 무엇입니까? |

자료원 : GOID01

웹 사이트 제작을 위해서는 사이트의 기본적인 사항이나 고객의 취향, 타깃층의 취향 등 많은 부분을 이해해야 하는데 이를 위해 필요한 가장 기초적인 자료를 제공하기 위해서 프로파일러를 사용한다. 프로파일러는 클라이언트를 이해하기 위한 기초 자료이며, 프로젝트 초기에 클라이언트가 프로젝트를 추진하는 목적과 의도, 환경 등의 기본적인 사항을 파악하는 중요한 도구로 사용될 수 있다.
클라이언트 측의 기획서가 나와 있는 경우에도 기획서의 내용과는 별도로 기획자와 결정권자의 마인드는 상이한 경우가 많다. 이러한 경우에는 각각의 계층을 대상으로 별도의 프로파일러를 작성하는 것이 바람직할 수 있다. 프로파일러는 한 번의 작성으로 완성시키기보다는 계속 피드백을 받으며 고객에 대한 충분한 이해를 얻을 때까지 반복되어 수행하는 것이 바람직하다. 프로파일러는 일반적으로 다음과 같은 항목을 포함한다.

- 회사에 대한 일반 항목
- 프로젝트에 대한 일반 항목
- 사이트 구축의 타깃 대상
- 사이트에 들어가게 될 콘텐츠 관련 항목
- 요구하는 특별한 기능
- 클라이언트의 성향 분석을 위한 항목

젝트에 대한 기본적인 정보 공유의 단계이다. 초기화 단계를 통해 팀 구성원들은 프로젝트의 이름, 목적, 범위, 기간, 예산, 그리고 이해관계자 등을 이해하고 숙지할 수 있다. 프로젝트 초기화 단계를 위해 수행하는 절차는 브리핑 및 회의가 가장 일반적이며 이러한 브리핑 및 회의를 **킥오프**kick-off **미팅**이라고 부르기도 한다.

프로젝트 초기화 단계에서 작성하여야 하는 주요 산출물들은 다음과 같다.

- **프로파일러** : 프로젝트의 고객에 대한 기본적인 사항을 기술한다.

- **프로젝트 개요서** : 프로젝트의 목적, 범위, 요구사항, 일정 등을 정의함. 주어진 기간과 여건 하에서 최대한 자세히 기술하는 것이 바람직하다.
- **프로젝트 계획서** : 프로젝트 개요서를 대체 할 수 있는, 개요서보다 조금 더 구체적으로 프로젝트의 목적, 범위, 요구사항, 일정 등에 대한 계획을 정의한다.
- **예산안** : 자금의 출처 및 활용 방안 등을 기술한다.
- **이해관계자 분석서** : 프로젝트의 이해관계자를 분류하고 기술함. 추후에 이해관계자 그룹별로 요구사항이 상충될 수 있으므로 되도록 일찍 이해관계자들에 대한 분석을 시작하는 것이 바람직하다.

## 14.3 요구사항 분석

**요구사항 분석**은 구체적인 고객의 요구를 파악하여, 고객과 공급자 간에 공유된 비전을 달성하고, 요구사항을 위한 공동 책임을 보장하며, 다음 단계인 아키텍처 설계와 상세 설계 단계에서 활용할 수 있는 산출물들을 만드는 것이 기본 목표이다. 요구사항 분석 프로세스는 시스템과 소프트웨어의 개발 동안에 수행되는 모든 활동들에 대해서 영향을 미친다. 잘못된 요구사항 분석은 프로젝트의 전체적인 실패나, 또는 적어도 기간 및 예산의 초과를 초래한다.

요구사항 분석 단계에서 가장 중요한 점은 다음의 두 가지 사항을 확인하는 것이다.

- 프로젝트 팀이, 요구사항을 제시할 수 있는 이해관계자 그룹들과의 지속적인 의사소통을 통해, 그들의 요구 사항을 명확히 이해했는가?
- 산출물들이 아키텍처 설계 및 상세 설계에서 사용될 수 있을 정도로 충분히 구체적이고 완전한가?

요구사항을 효과적으로 관리하고 추적tracking하기 위해서는 **CASE 도구**computer-aided software engineering tools가 필요하다. 요구사항 도구들은 각 요구사항의 우선순위, 그것들 간의 연관 관계, 그것이 프로그램 코드 안에서 충족되어 있는 곳, 그리

**Box 14-2 사용자 요구사항 수집서의 종류**

- 사용자 정의서 : 시스템 사용자들의 목록으로 사용자 그룹 또는 개인명과 각 사용자에 대한 간략한 설명을 기록한다.
- 면담 계획서 : 사용자의 요구사항을 파악하기 위해서 사용자와의 면담이 필요한 경우, 면담일정계획에 대한 내용들을 기술한다.
- 면담서 : 시스템의 사용자들과 면담하여 그 결과를 정리한 내용으로, 면담자명, 면담대상자, 면담장소와 일시, 면담 내용을 기술한다. 면담 내용은 비정형적인 형태로 기술하며, 면담자는 면담 사전에 면담에서 알아내고자 하는 항목을 분명히 해야 한다.
- 설문 계획서 : 사용자의 요구사항을 파악하기 위해서 설문 조사가 필요한 경우, 설문 조사 계획에 대한 내용들을 포함한다. 설문의 목적, 설문 방법, 설문 내용, 표본의 설계 및 추출, 설문 분배 및 수집 방안, 분석 방안, 일정 및 비용, 참여 인원을 기술한다.
- 설문서 : 사용자에게 분배될 설문지로 설문 항목들을 포함한다.
- 설문 분석서 : 설문 조사를 수행한 결과를 분석하여 향후 시스템 개발 시 고려할 정보들을 기술한다.
- 현행 시스템 분석서 : 기존 시스템이 존재하는 경우 기존 시스템에 대한 분석을 기술한다.
- 수집 자료 정의서 : 시스템 개발에 관련된 서류, 보고서, 업무 매뉴얼, 규정 등을 수집하고 이에 대한 목록을 작성하고 수집 자료를 철해 놓는다.

위의 목록은 전형적인 사용자 요구사항 수집서의 종류를 보여 준다. 이러한 서류들이 반드시 모두 있어야 하는 것은 아니며 상황에 따라 생략되거나 추가될 수 있다.
사용자 요구사항 수집서는 다양한 방법을 통해서 사용자로부터 수집한 요구사항들을 모아 놓은 문서들이다. 따라서 다분히 사용자 중심적이며 서술식의 내용들이 많을 수 있다. 수집자의 해석보다는 사용자가 말하거나 기록한 그대로 정리하는 방법으로 작성한다. 보조적인 다양한 자료들을 함께 수집하는 것이 중요하며, 이러한 수집 자료들은 가능하면 원래 형태대로 수집하여야 한다.

고 그것이 입증되고 테스트된 방법 등과 같은 속성들을 제공한다. 요구사항 분석 단계의 전형적인 주요 산출물들은 다음과 같다.

- **용어집** : 프로젝트 진행 동안에 사용자와 개발팀 등의 모든 이해관계자들이 동일한 용어를 오해 없이 사용하기 위하여, 업무 도메인과 방법론 및 개발 과정 상에서 통용되는 용어에 대한 엄격한 정의를 기술한다.
- **요구사항 수집서** : 개발될 시스템에 대한 사용자의 요구사항을 수집하고 정리한 산출물. 요구사항 수집은 사용자 면담, 설문, 자료 수집 등 다양한 방법으로 수

**Box 14-3** 요구사항 기술서

| ID | 요구사항명 | 유형 | 관련 요구사항 | 요구사항 설명 | 전체 조건 | 관련 부서 | 우선 순위 |
|---|---|---|---|---|---|---|---|
| | | | | | | | |
| | | | | | | | |
| | | | | | | | |
| | | | | | | | |
| | | | | | | | |
| | | | | | | | |
| | | | | | | | |
| | | | | | | | |

자료원: 마르미03

상위 수준 요구사항을 기반으로 하여 사용자와의 면담, 설문, 워크숍 등을 수행하고 상세한 요구사항을 도출하여 기술한다. 요구사항 수집서에 존재하는 다양한 경로로부터의 요구사항들을 분석 정리하여 요구사항을 도출한다. 요구사항을 유형에 따라 구분하여 기술하며 중요도에 따라 우선순위를 기술한다. 각 항목의 내용은 다음과 같다.

- ID : 사용자의 요구사항별로 ID를 부여한다.
- 요구사항명 : 사용자의 요구사항 내용을 축약하여 기술한다.
- 유형 : 사용자의 요구사항을 업무와 관련한 기능 요구사항과 시스템 환경 및 성능 등의 비기능 요구사항으로 구분하여 기술한다.
- 관련 요구사항 : 사용자 요구사항과 관련하여 밀접하게 연관된 상위 요구사항을 기술한다.
- 요구사항 설명 : 사용자 요구사항에 대하여 구체적이고 상세하게 기술한다.
- 전제 조건 : 사용자 요구사항과 관련된 제약 사항 및 해결 방안을 기술한다.
- 우선순위 : 업무상 중요도에 따라 요구사항에 대한 우선순위를 기록한다.

행될 수 있다.

- **요구사항 기술서** : 요구사항 수집서를 기반으로 요구사항 분석 후에 이해관계자 요구사항을 체계적으로 정리한 산출물로, 요구사항을 유형에 따라 구분하여 기술하며 중요도에 따라 우선순위를 기술한다.
- **쓰임새 기술서** : 쓰임새usecase는 사용자에게 가시적인 기능을 포착하며, 사용자와 컴퓨터 시스템 간의(개별적인 목표를 달성하기 위한) 전형적인 상호작용을

**Box 14-4 프로젝트 표준 기술서**

가. 프로그램 작성 원칙
  1) 모듈 설계 규칙
  2) 프로그램 명명 규칙
  3) 프로그래밍 절차
  4) 코딩 원칙
    • 파일이름 및 확장자
    • 주석comment 처리
    – 프로그램 설명 부분에 포함할 내용
      프로그램 명, 프로그램 목적, 버전, 작성자, 최초 작성일, 최종 작성일, 주의할 점, 사용방법 등.
      예)

```
//
//      프로그램 명 :
//      프로그램 목적 :
//      프로그램 버전 :
//      작성자 :
//      최초 작성일 :
//      최종 작성일 :
//      주의할 점:
//      Description :
```

    – 변수의 주석 처리: 중요한 변수에 대해서는 주석 처리
    – 모듈 내의 코드부에 대한 주석 : 모듈 내에 특정 루틴이 이루어질 때 기입한다.
    – 들여쓰기 : 탭의 단위 설정 : 4 칼럼
      논리적인 단위는 한 line space로 구분한다.
    – 라인 길이 : 모듈 구문 작성 시 칼럼 수는 100칼럼 이하로 한다.

나. 이미지 파일 명명 규칙
  1) 공통으로 쓰이는 이미지는 이해하기 쉬운 이름으로 정한다.
    예) back.gif
  2) 첫 자는 한국어(k), 영어(e), 일본어(j), 중국어(c)로 표기
  3) 공통이미지 – 메인 메뉴 : 국가명_main_기능 + .gif

| | | | |
|---|---|---|---|
| | 소 제목 바 | : 국가명_subtitle_기능 | + .gif |
| | 요약 제목 바 | : 국가명_subhead_기능 | + .gif |
| | 버튼 | : 국가명_button_기능 | + .gif |
| | 아이콘 | : 국가명_icon_기능 | + .gif |
| | 테이블 배경 | : 국가명_tablebk_기능 | + .gif |
| 4) 메뉴별 이미지 : | 제목 바 | : 국가명_메뉴명_title | + .gif |
| | 요약 제목 바 | : 국가명_메뉴명_subhead | + .gif |
| | 그밖의 이미지 | : 국가명_메뉴명_img | + .gif |

다. 시스템 개발 도구 기준
1) JSP
• 공통 부분은 클래스를 활용하여 프로그래밍한다.
2) HTML
• HTML 4.0 이상을 기반으로 작성한다.
3) Javascript
• Javascript 1.2를 기반으로 Explorer 5.0 이상에서 실행 가능하도록 작성한다.

앞의 표는 프로그램 표준의 부분적인 작성 예를 보여 준다. 프로젝트 표준 기술서는 본격적으로 프로젝트에 들어가기 전에 행정 관리적인 표준과 분석, 설계, 구현, 통합, 인도의 각 단계에서 생성되는 산출물에 대한 표준 및 데이터베이스 설계의 표준, 프로그램 코딩의 표준 등 모든 프로젝트 팀 구성원들이 인지하고 있어야 할 공통 표준 사항들을 정의한다.

- 행정 관리 표준 : 프로젝트 진척 회의의 주기 및 참석 대상 등을 구분하여 정의한다.
- 산출물 표준 : 각종 산출물 작성 시에 적용해야 할 표준들을 정의한다.
- 데이터베이스 표준 : 데이터베이스 설계시 지켜야 할 표준들로 설계 방법 및 데이터베이스 설계시의 각 단계에서 지켜야할 설계 지침과 설계 규칙 등의 표준을 정의할 수 있다.
- 프로그램 표준 : 프로그램 표준은 프로그램 설계 및 코딩시 모든 팀원들이 공통적으로 적용해야 할 사항들을 정의한다. 일반적인 설계 규칙서부터 구체적인 디렉터리 및 파일 명명 방법까지 기술할 수 있다.

기술한다.

- 프로젝트 표준 기술서 : 프로젝트에 사용되는 이미지, 데이터베이스, 디렉터리, 파일 등의 네이밍 규칙, 소스코드의 배치 규칙 등을 기술한다.

## 14.4 아키텍처 설계

아키텍처 설계는 크게 다음의 네 부분으로 나눌 수 있다.

- 정보 아키텍처 설계
- 하드웨어 및 네트워크 아키텍처 설계

- 소프트웨어 아키텍처 설계
- 기타 기술 및 개발 전략

이 중에서 정보 아키텍처 설계는 다른 부분의 기초 자료를 제공하며 다른 작업보다 먼저 시작할 수 있다. 그러나 이 네 부분은 서로 매우 밀접한 연관이 있으며, 전반적으로 병행해서 수행되어야 한다.

### 14.4.1 정보 아키텍처 설계

정보 아키텍처 설계에서는 사이트를 구성하기 위해서 생성해야 하는 콘텐츠를 정의하고, 각 콘텐츠의 구축 계획을 수립한 후, 전체 사이트의 메뉴 구조도를 작성한다. 이때 필요한 경우 사용자 사이트에 대한 메뉴 구조도와 관리자 사이트에 대한 메뉴 구조도를 별도로 작성한다.

콘텐츠 중에서 프로그래밍을 통해서 동적으로 생성해야 할 것이 있다면, 데이터베이스를 사용하여야 한다. 동적인 데이터가 있다면, 정보 아키텍처 설계는 다음과 같이 크게 두 부분으로 나누어 수행할 수 있다.

- **사용자 콘텐츠 설계** : 사용자 콘텐트 설계의 핵심은 메뉴 구조를 결정하는 것이다. 메뉴의 깊이는 제한이 있는 것은 아니지만, 일반적으로 4단계 이상 내려가면 사용자 내비게이션이 많이 불편해질 수 있으므로 조심해야 한다. 메뉴 구조는 요구사항 분석을 통해 정의된 콘텐츠 정의 기반으로 사이트 메뉴 구조도를 구성하고 고객에게 확인 받아야 한다. 사용자가 제공받는 모든 콘텐츠를 html로만 표현되는 정적인 데이터와 프로그래밍을 필요로 하는 동적인 데이터로 구분하여 설계한다.
- **데이터베이스 구조 설계** : 동적인 콘텐츠 제공을 위해 데이터베이스를 설계 한다. 정보 아키텍처 설계 단계에서는 앞선 요구사항 분석 단계의 산출물 및 콘텐츠 정의서 및 메뉴 구조도를 분석하여 ERD를 생성한다.

데이터베이스 모델링 방법은 사용할 데이터베이스 종류에 따라 매우 다양할 수 있다. 경우에 따라서는 관계형 데이터베이스RDB: relational DB를 사용하지 않고 객체지향 데이터베이스OODB: object-oriented DB를 사용한다면 ERD 대신 EERDExtend ERD

같은 다른 모델링 방법을 사용해야 할지도 모른다. 웹 사이트를 자바 플랫폼으로 구축하는 경우에 객체 지향 언어인 자바와 RDB와의 만남은 그리 반가운 일은 아니다. 그러나 아직까지는 객체지향 프로그래밍 언어를 사용하는 경우에도 일반적으로는 RDB가 사용되고 있으며, 이러한 경우에는 ORMobject-relational mapping 프레임워크를 사용하여 객체와 개체를 맵핑할 수 있다.[1]

### 14.4.2 소프트웨어 아키텍처 설계

소프트웨어 아키텍처 설계에서는 크게 다음과 같은 세 가지 직업을 수행한다.

- 하드웨어 및 네트워크 구성도에 웹서버의 프로그램명과 버전 및 DBMS의 이름과 버전 등의 소프트웨어 구성을 추가한다.
- 전체적인 소프트웨어의 구조(예를 들어, Java 계열 프로그래밍 언어들을 사용한다면, JSP Model 1 또는 JSP Model 2 등)를 결정하고, 사용할 웹 애플리케이션 프레임워크(만약 JSP Model 2를 사용하기로 했다면, Struts 또는 SPRING 등)를 선정한다.
- 애플리케이션을 구성하는 상위 수준의 모듈들을 기술하여 산출물을 작성한다.

복잡하며 상호의존적인 업무가 많이 존재할 때에는 도메인 클래스도domain class diagram를[2] 이용하여 모듈들 간의 관계를 명확히 정의하는 것이 바람직하다. 그러나 소프트웨어가 커지고 복잡해지면 전체적인 틀을 한 눈에 보기 어려워지는 경우가 많다. 이런 경우에 일군의 서로 밀접한 연관을 갖는 모듈들을 묶어서 패키지로 만들고, 이들 패키지들 간의 관계를 패키지도pakage diagram로 정리하면 전체적인 틀을 한 눈에 파악할 수 있게 된다.

### 14.4.3 기타 기술 및 개발 전략

기타 기술 및 개발 전략은 정보, 하드웨어 및 네트워크, 소프트웨어 아키텍처

1) 데이터베이스에 대한 자세한 설명은 이 책의 범위를 벗어난다. 이 책에서는 데이터베이스와 관련된 산출물에 대한 자세한 예는 제시하지 않았으며, 이를 위해서는 관련 전문 서적을 참조하기 바란다.
2) 분석 클래스도라는 용어를 사용하기도 한다. 패키지도도 클래스도의 일종이다. 클래스도는 UML의 가장 중요한 도해 중의 하나이다. UML에 대한 간단한 설명을 위해서는 14장을 참조하면 된다. UML에 대한 자세한 설명은 이 책의 범위를 벗어나며, 관련 전문 서적을 참조하길 바란다.

Box 14-5 데이터베이스 공간 설계서

| 데이터베이스명 | 자료실 데이터베이스 | 물리 파일명 | /usr/local/data/pds1.db<br>/usr/local/data/pds2.db | |
|---|---|---|---|---|
| 테이블 공간 설명 | | | | |
| 테이블 구분 | 현재 건수 | 최대 예상건수 | 레코드 크기 | 레코드 크기byte x 최대 예상 건수 |
| LOVE 쌀 캠페인 | 3 | 400 | 4233 | 1,693,200 |
| 보도 자료실 | 22 | 1000 | 4233 | 4,233,000 |
| 보도 자료실 첨부 파일 | 0 | 1000 | 53 | 53,000 |
| 쌀 포럼 설정 | 5 | 200 | 138 | 27,600 |
| 쌀 포럼 | 10 | 3000 | 282 | 846,000 |
| 쌀 포럼 첨부 파일 | 0 | 3000 | 53 | 159,000 |
| 사진 카테고리 | 8 | 20 | 58 | 1,160 |
| 합 | 48 | 8,620 | 9,051 | 7,012,960 |

데이터베이스도 결국은 운영체제의 파일 시스템으로 저장된다. 이때 웹 사이트가 사용하는 데이터베이스를 용도에 따라 분리하여 별도의 물리적 파일로 작성할 것인지 결정하고 각각의 데이터베이스가 가지는 테이블들이 차지하는 디스크 공간은 어느 정도나 되는지를 분석함으로써 필요한 전체 디스크 공간의 사이즈를 예측할 수 있다.

데이터베이스 공간 설계서는 물리적 데이터베이스 구축 시에 필요한 문서이며, 데이터베이스가 사용하는 각각의 물리적 파일들을 저장 공간과 이름, 인덱싱 등을 정의함으로써 시스템의 지속적인 사용으로 데이터베이스 내의 데이터가 증가하였을 때 유연한 대처를 할 수 있도록 도와준다.

이외에 특별히 주목할 만한 기술이 사용되는 경우에 해당 내용을 적절히 기술해 프로젝트 참여 팀원들에게 사용 기술에 대한 이해를 쉽게 하는 용도로 작성한다. 예를 들어, Ajax나 Flex와 같이 최신의 Web 2.0 기술을 사용하여야 한다면, 이에 대해서 기술할 수 있다. 또한 소프트웨어 기술 이외에도, 예를 들어, RFID를 활용하는 사이트라면 RFID 같은 하드웨어적인 특징 및 특성에 대한 기술도 가능하다. 형식은 자유 형식이며 프로젝트에서 지정하는 프로젝트 표준에 의거 머리말과 꼬리말에 대한 템플릿만 맞추면 내용을 구성하는 것은 자유롭게 해도 무방하다.

**Box 14-6 메뉴 구조도 및 기타 부속 문헌들**

| 1차 메뉴 | 2차 메뉴 | 3차 메뉴 | 형식 | 설명 |
|---|---|---|---|---|
| 연구소 소개 | | | | |
| | 연구소장 인사말 | | html | |
| | 연구소 소개 | | html | |
| | 연구소 연혁 | | jsp | 연구소 연혁을 프로그램을 통해 업데이트가 가능하도록 구축 |
| | 찾아오시는 길 | | html | |
| 연구소 업무 | | | | |
| | 연구 과제 | | | |
| | | 국책 연구 과제 | html | |
| | | 기업 연구 과제 | html | |
| | | 위탁 연구 | html | |
| | | | | |
| | | | | |
| | | | | |
| | | | | |

메뉴의 깊이는 제한이 있는 것은 아니지만, 일반적으로 4단계 이상 내려가면 사용자 내비게이션이 많이 불편해질 수 있다. 위의 그림은 메뉴 구조도의 예를 보여 준다. 메뉴 구조도는 사이트의 모든 메뉴가 표현될 수 있도록 작성하며, 메뉴 이름만으로 기능을 파악하기 모호한 경우에는 명시적으로 해당 메뉴의 기능을 설명한다. 형식 란에는 프로그램이 필요한 메뉴인지 정적인 데이터로 html 형태로 제공되면 되는지를 명시한다.

메뉴 구조도는 상기 샘플과 같이 테이블의 형태로도 작성 가능하나, 트리 모양의 형태로 작성할 수도 있다. 트리 형태의 메뉴 구조도는 전체적인 메뉴 구조를 이해하는 데에는 효과적일 수 있으나 공간적인 제약을 받을 수 있다. 그러한 경우에는 1차 또는 2차 메뉴까지는 트리 형태로 한 장에 전체 구조를 볼 수 있게 하고, 다음에 테이블의 형태로 전체 메뉴 구조를 기술할 수 있다.

웹 사이트의 메뉴 구조는, 일반 응용 애플리케이션에 비해서, 더 다양하다. 설령 구성되는 메뉴의 기능이 같다고 하더라도 순서를 민감하게 생각하거나 이름을 다르게 해달라는 고객의 요청이 있을 수도 있기 때문에 요구사항 분석을 통해 정의된 콘텐츠 정의서를 기반으로 사이트 메뉴 구조도를 구성하고 고객에게 확인 받아야 한다.

콘텐츠 정의서는 요구사항 분석을 통해 확인된, 사이트에 사용될 콘텐츠의 종류를 분류하고 내용을 간단히 기술한다. 사이트에 사용되는 콘텐츠의 종류는 크게 텍스트, 이미지, 동영상 및 다양한 이러닝

포맷 등으로 분류할 수 있다. 콘텐츠 정의서를 작성할 때에는 단순히 종류에 의한 분류보다는 콘텐츠를 사용자의 요구에 대응하는 개체의 측면으로 구분하여 기술한다. 다음의 표는 콘텐츠 정의서의 예를 보여 준다.

| 콘텐츠 구분 | 종류 | 설명 |
|---|---|---|
| 학생 신상정보 | 텍스트 | 주민번호, 학번, 학과, 주소 등 |
| 학생 사진정보 | 이미지 | 학생 사진 디지털 파일 |
| 자기소개서 | 워드문서 | 학생의 자기소개서 파일 |
| | | |
| | | |

콘텐츠 정의서에 나타나있는 콘텐츠들을 어떻게 구축하고 생성할 것인지를 기술하기 위해서 콘텐트 구축 정의서를 작성할 수 있다. 웹 사이트에서 사용되는 콘텐츠의 종류가 단순히 텍스트 위주의 데이터라도 구축을 위해서 때로는 전문가나 고객의 도움이 필요할 수 있다. 따라서 각 콘텐츠별로 어떻게 해당 데이터를 개발팀이 입수할 것인지, 그리고 그것이 합의가 된 것인지가 명시되어야 한다. 콘텐츠 구축 계획서는 이러한 내용을 각 구축 대상 콘텐츠별로 수립하여 기술하고, 이를 고객에게 확인 받아 고객에게서 필요로 한 자료를 적절한 시간에 받을 수 있도록 하는 것이 목적이다.
작성 양식은 콘텐츠의 종류별로 특성을 고려하여 작성하도록 한다. 텍스트의 경우에는 누구로부터 언제, 어떤 형태로 받을 것인가를 명시한다. 이미지나 동영상은, 고객이 자료를 가지고 있다면 텍스트 자료와 마찬가지로 누구에게, 언제, 어떤 형태를 명시하고, 새롭게 촬영을 해야 한다면 촬영 일시와 담당자 등을 명시한다. 이러닝 자료라면 어떤 내용의 것을 어떤 형태로 누구에게서 제공받을 것인지가 명시되어야 한다.

**Box 14-7** 하드웨어 및 네트워크 아키텍처 설계서

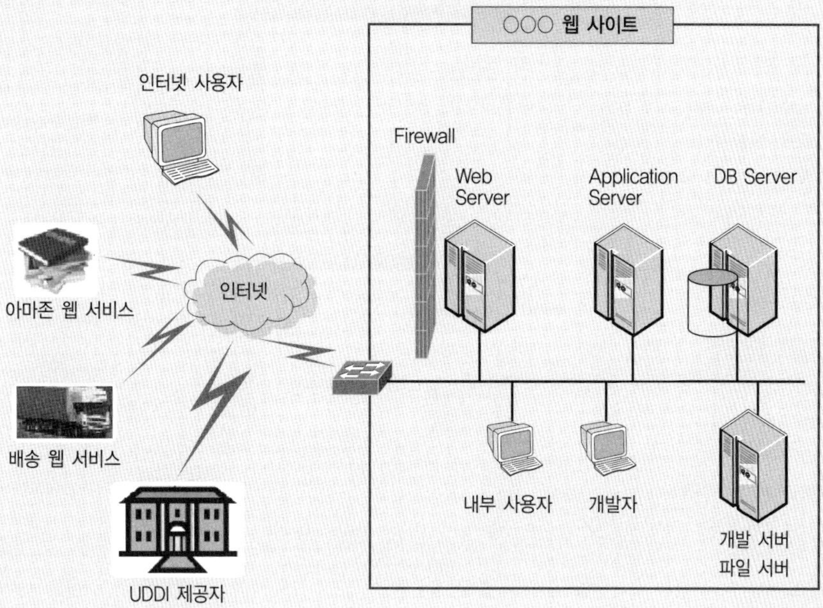


하드웨어 및 네트워크 아키텍처 설계서에는 웹 사이트가 구성되는 하드웨어 및 네트워크의 구조를 설명한다. 아주 대형의 사이트가 아닌 경우에도 웹 서버와 데이터베이스 서버를 분리하여 구성하는 경우도 많으며, 서버가 존재하게 될 네트워크의 구조도 파악하여 기술한다. 네트워크 구성에는 방화벽이나 라우터 등의 추가 장비도 포함될 수 있으며, 네트워크 구성을 포함하는 웹 사이트 구축 프로젝트가 아닌 경우에는 기존의 전산망에 대한 도해 정도가 들어가는 경우가 많다.

### Box 14-8 JSP 모델 1 과 모델 2

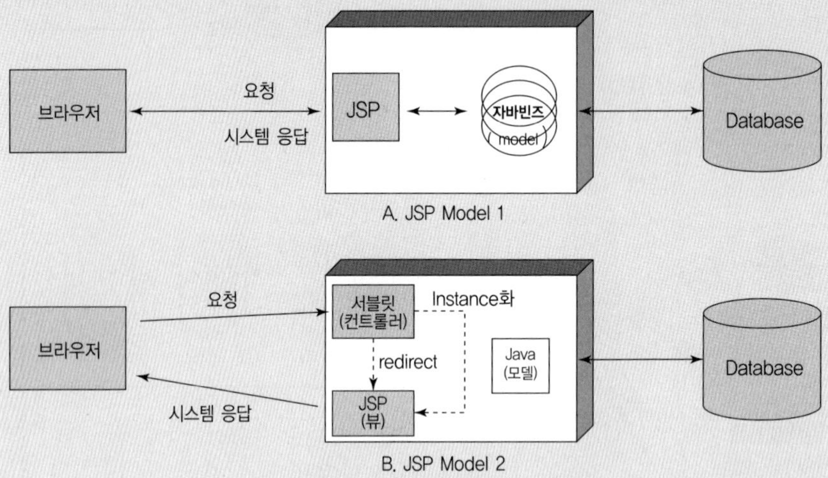


가장 널리 사용되는 웹 애플리케이션 언어 중의 하나인 JSPJava Server Page는 객체지향 프로그래밍 언어인 Java와 함께 사용된다. 이러한 경우에는 일반적으로 프레젠테이션에 관련된 것들은 JSP, 로직과 자료 처리 부분은 Java가 담당한다. 이때 JSP와 Java 중에서 어느 부분이 어느 부분을 호출하느냐에 따라서 전체 소프트웨어 구조를 다음과 같이 두 가지로 분류할 수 있다.

- JSP Model 1 : 자바빈Java bean 구조라고 하기도 하며, 사용자 요청의 흐름을 각각의 JSP 페이지에서 처리하고 JSP 페이지가 자바 객체를 생성하거나 호출한다. 웹 애플리케이션이 커지고 페이지가 많아지면 관리가 어려워지고 유지보수에 많은 시간이 소비되는 단점이 있다.
- JSP Model 2 : J2EE 구조라고 하기도 하며, MVCmodel-controller-view 모델에 따라 하나 또는 일군의 컨트롤러(Java로 작성된)가 모든 사용자 요청을 받아서 모델에 데이터 처리를 위임하며, 모델에서 받은 회신 내용에 따라 적절한 웹 페이지를 선택하여 사용자에게 제시한다.

JSP Model 2는 Model 1보다 사이트 구축 시에는 더 많은 기술적 지식과 추가적인 분석 등 오버헤드를 요구하지만 구축 후에는 유지보수 비용이 현저히 낮아진다. MVC 모델을 구현하여 JSP Model 2로 웹 사이트를 구축하기 위해서는 일반적으로 사용 프로그래밍 언어 계열에서 제공하는 프레임워크를 사용하게 된다. 자바 계열에서는 Struts나 SPRING 등 많은 공개 프레임워크를 제공하고 있다.

## Box 14-9 패키지 설계서

| 작성일 | | 2006. 3. 20. | | 작성자 | 홍길동 |
|---|---|---|---|---|---|
| No. | 웹 애플리케이션 명 | 유형 | 경로 명 | 패키지 명 | 비고 |
| 1 | admin | JSP | admin\jsp | | |
| 2 | | HTML | admin\html | | |
| 3 | | Image | admin\image | | |
| 4 | | Servlet | admin\WEB-INF\classes | com.sds.web.adminservlet | |
| 5 | | Javabeans | admin\WEB-INF\classes | com.sds.admin.usermng | |
| 6 | | | | com.sds.admin.usermng | |
| 7 | ordernng | JSP | ordermng\jsp | | |
| 8 | | HTML | ordermng \html | | |
| 9 | | Image | ordermng \image | | |
| 10 | | Servlet | ordermng \WEB-INF\ classes | com.sds.web.loginservlet | |
| 11 | | Javabeans | ordermng \WEB-INF\ classes | com.sds.order.orderinfo | |
| 12 | | | | com.sds.order.shoppingcart | |
| 13 | | library | ordermng \WEB-INF\lib | | |
| | | | | | |
| | | | | | |
| | | | | | |

자료원: 마르미03

패키지 설계서는 HTML/JSP 페이지, 서브릿servlet, 자바빈즈 등 웹 컴포넌트들 간의 구조를 정의하고 물리적으로 위치할 디렉터리를 정의한다. 각 항목들에 대한 설명은 다음과 같다.

- 웹 애플리케이션 명 : 해당 웹 컴포넌트가 포함된 웹 애플리케이션 명.
- 유형 : 해당 요소의 종류를 기술한다. 즉 HTML/JSP, 서브릿, 자바빈, 이미지 등으로 나누어 기술할 수 있다.
- 경로 명 : 웹 애플리케이션이 위치하는 루트root 디렉터리를 기준으로 각 웹 컴포넌트가 위치하는 경로. 웹 애플리케이션이 실제 운영 환경에 배치될 경우에는 루트는 변경될 수 있다.
- 패키지 명 : 서브릿이나 자바빈과 같은 웹 클래스의 경우에는 Java의 관례를 따라 논리적인 패키지 구조를 정의한다.
- 비고 : 기타 추가적인 내용을 기술한다.

## 14.5 상세 설계

상세 설계는 요구사항 분석 및 아키텍처 설계에 대한 상세화가 이루어지는 단계이다. 상세 설계는 일반적으로 다음과 같은 일련의 활동으로 구성된다.

① **디자인 설계** : 웹 사이트 전체가 공통적으로 가져야 할 콘셉트를 결정web identity definition하며 사이트 방문자 및 운영자가 보게 될 사이트내의 각 페이지에 대한 화면 설계를 완성한다.

② **데이터베이스 상세 설계** : ERD에 근거해 데이터베이스의 구조 및 각각의 테이블을 완성한다.

③ **프로그램 상세 설계** : 도메인 클래스 다이어그램을 충분히 상세하게 확장하여 설계 클래스 다이어그램을 작성하는 것이 목표이며, 이를 위해 패키지를 정의하고, 사용자 뷰view를 위한 페이지 목록을 이름 지으며, 자바빈 및 클래스 설계서 등을 작성한다.

상세 설계가 끝나고 패키지 설계서, 클래스 목록, 그리고 페이지 목록이 작성되면 모든 페이지 및 모듈들을 기술하여 각 개발팀 및 개발자 간에 업무 분담과 소요 시간을 실질적으로 확인할 수 있게 된다. 프로젝트의 범위 및 기간 산정은 프로젝트 초기화 단계에서 이루어지지만, 페이지 목록 설계 및 패키지 설계를 통해 실제 소요 시간을 정확히 추정할 수 있게 된다.

### 14.5.1 디자인 설계

디자인 설계는 다음과 같은 세 단계로 나눌 수 있다.

① **웹 아이덴티티 정의** : 웹 아이덴티티WI: web identity는 개발 사이트의 각각의 디자인 요소들의 표준을 의미한다. WI의 확립을 통해 레이아웃, 내비게이션 구조, 웹 컬러, 인터페이스 구조, 웹 폰트/타이포그래피에 일관성과 통일성을 확보함으로써 방문자나 사용자가 적은 학습으로도 손쉽게 원하는 정보를 찾을 수 있도록 한다.

② **사용자 인터페이스 설계** : 사용자 인터페이스UI: user interface 설계는 먼저 UI 흐름도를 통해 UI의 이름을 정의하고 흐름을 파악한 후에 정의된 UI의 이름에 따라 상세 화면 정의를 한다. 흐름도와 정의서를 취합해 UI 설계서를 작성한다.

③ **메인 디자인 시안 및 서브 디자인 시안 작성** : 확립된 WI와 화면 정의서에 의거해서 메인 디자인 시안을 작성한다. 서브 디자인은 메인 디자인과 크게 다르지 않고 콘텐츠 부분만 콘텐츠의 형식이나 내용에 따라 달라지기 때문에, 메인 디자인에 대한 의뢰자와의 협상이 어느 정도 확정되면 바로 서브 디자인을 시작하는 것이 바람직하다.

WI 정의는 하나의 대형 기관 사이트 내에 여러 개의 하위 기관 사이트가 존재하는 경우에는 반드시 필요한 작업이다. 특히 기존에 각 하위 기관별로 웹 사이트가 구축 · 운영 중이었다면, 사이트 통합 프로젝트에서는 반드시 거쳐야하는 작업이다. 구축 대상 사이트의 구축 목적과 전략에 적합한 WI를 의뢰자와의 충분한 검토를 통해서 확립하여야 한다. 웹 아이덴티티 확립과 의뢰자의 확인이 없이는 다음의 상세 설계 작업을 효율적으로 진행할 수 없다.

UI 설계와 메인 디자인 시안 및 서브 디자인 시안 작성은 크게 화면 설계로 분류되기도 한다. 확립된 WI에 의해 디자인 시안을 작성하더라도, 디자인이란 이렇게 보면 이렇고 저렇게 보면 저런 것이기에, 변경은 항상 뒤따르게 마련이다. 가능한 한 자주 의뢰자와의 미팅을 통해 확인 받아 디자인을 확정하는 것이 프로젝트 원활한 진행을 위해 필수적이다. 메인 디자인이 확정될 때까지 많은 시간이 소요되는 것이 일반적이므로, 가급적이면 빨리 서브 디자인 시안 작성을 시작하고 html 코딩하는 것이 바람직하다.

### 14.5.2 데이터베이스 상세 설계

데이터베이스 상세 설계는 논리 설계와 물리 설계가 이루어지는 단계로 아키텍처 정의 단계에서 도출된 ERD를 통해 논리 모델과 물리 모델을 정의한다. 중요 산출물은 논리 모델 설계서, 물리 모델 설계서(논리/물리 다이어그램이라고 칭하기도 함) 및 테이블 설계서가 있다. 일반적으로 데이터베이스 상세 설계 과정은 다음과 같이 개념 설계, 논리 설계, 물리 설계의 세 단계로 나눌 수 있다.

**Box 14-10** 사용자 인터페이스 흐름도

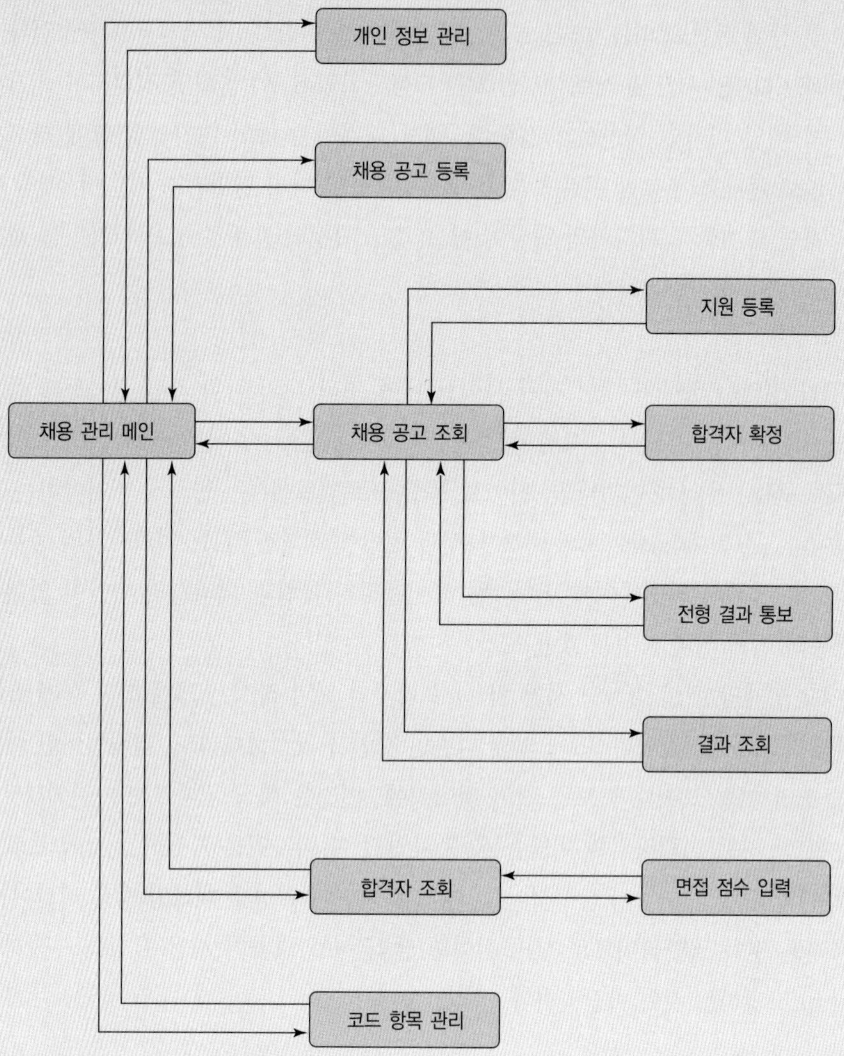


자료원: 마르미03

**Box 14-11 화면 정의서**

| 화면 ID | SCN-0011 | 화면 명 | 사이버 박물관 메인 화면 |
|---|---|---|---|
| 설 명 | 사이버 박물관 메인화면에 대한 설명<br>각 구성요소에 대한 설명 | | |
| 양식 | | | |

1. 화면양식

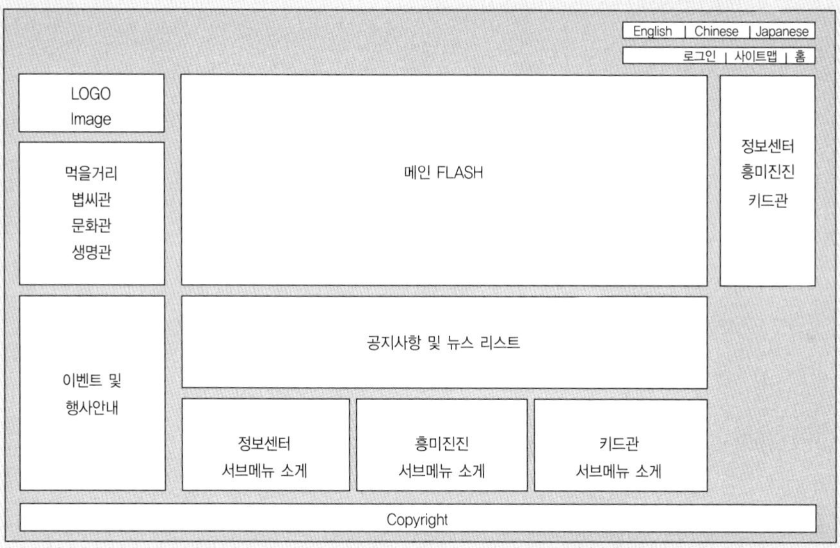


2. 화면 항목 설명

| 항목 명 | 항목 속성 | I/O | 길이 | 관련 데이터 명 |
|---|---|---|---|---|
| | | | | |
| | | | | |
| | | | | |
| | | | | |
| | | | | |

화면 정의서는 사용자와 시스템 간의 인터페이스를 담당하는 화면의 레이아웃 및 구성항목에 대한 설명을 포함하는 산출물이다. 화면 정의서는 다음과 같은 항목들로 구성되며, 내용이 많고 화면이 커지면 화면 예시와 화면 항목 설명을 서로 분리하여 작성할 수 있다.

- 화면 ID : 화면의 식별자.
- 화면 명 : 화면 명.
- 설명 : 화면의 용도 및 기능에 대해 간략하게 기술한다.
- 양식 : 화면 구성항목들의 배치 형태를 나타낸다.
- 항목 명 : 화면의 각 구성 개체들의 이름.
- 항목 속성 : 항목 속성으로는 Push Button, Radio Box 등이 있다.
- I/O : 입/출력을 구분한다.
- 길이 : 각 항목의 길이를 바이트byte 수로 나타낸다.
- 관련 데이터명 : 각 항목과 관련된 테이블이나 파일의 이름.

**Box 14-12** 테이블 설계서

| 테이블 이름 | VOCItems | 논리명 | 요구품질 특성 |
|---|---|---|---|
| 테이블 설명 | 요구품질 특성 정보 저장 테이블 | | |

| 이름 | 타입 | 길이 | NULL? | 논리명 | 설명 | Key |
|---|---|---|---|---|---|---|
| key | int | 8 | not | 품질 특성 키 | 시퀀스 값 | PK |
| itemName | String | 12 | not | 특성 이름 | | |
| parentId | int | 8 | | 부모 특성 키 | | |
| children | int | 8 | | 자식 특성 키 | | |
| description | String | 100 | | 특성 설명 | | |
| importance | int | 8 | | 중요도 | | |
| value_asis | int | 8 | | 측정 항목 | | |
| value_tobe | int | 8 | | 기댓값 | | |
| | | | | | | |
| | | | | | | |
| | | | | | | |
| | | | | | | |
| | | | | | | |

테이블 설계서는 논리 설계와 물리 설계를 합쳐서 충분히 자세하게 기술하여 테이블에 대한 모든 필요한 정보를 확인할 수 있도록 한다.

**Box 14-13 페이지 목록**

| 웹 애플리케이션 명 | | 유지보수 관리 | 작성일 | 2006. 3. 20. | 작성자 | 홍길동 |
|---|---|---|---|---|---|---|
| No. | 경로 명 | 파일 명 | 페이지 ID | 관련 페이지 | 관계 | 비고 |
| 1 | root | index.html | homepage | | Build | |
| 2 | | | | menu.html | Include | |
| 3 | | | | body.html | Include | |
| 4 | ordermng | Main.jsp | Ordermng | | Build | |
| 5 | | ListTransact.jsp | OrderList | | Build | |
| 6 | | Login.jsp | Login | | Build | |
| 7 | | | | Banner.jsp | Include | |
| 8 | | | | Footer.jsp | Include | |
| | | | | | | |
| | | | | | | |
| | | | | | | |

자료원: 마르미03

페이지 목록은 웹 페이지를 구성하는 HTML, JSP 페이지 목록과 그 위치를 정의하는 문서로, 상세 설계 단계에서 완성할 수 있으며, 일반적으로 다음과 같은 항목들로 구성된다.

- 웹 애플리케이션 이름 : 페이지가 속한 웹 애플리케이션의 이름.
- 작성일 : 목록의 작성일자.
- 작성자 : 목록의 작성자.
- No. : 목록의 번호.
- 경로 명 : HTML/JSP 페이지가 위치할 디렉터리.
- 파일 명 : 페이지 ID에 매핑되는 HTML/JSP 페이지의 파일명.
- 페이지 ID : UI목록에서 페이지를 식별하기 위해 부여한 페이지 ID.
- 관련 페이지 : 해당 페이지에 관계되는 페이지들. 이 정보는 UI 흐름도에 표시된 페이지 간 호출 관계와 일관성을 유지하도록 한다.
- 관계 : 관련 페이지와의 관계. 'Build', 'Link', 'Include' 등으로 기재한다.
  - Build : 클라이언트 페이지를 JSP 등의 서버페이지로 구현한 경우
  - Link : 단순한 페이지 간의 하이퍼링크
  - Include : 다른 파일을 포함하는 경우
- 비고 : 참조할 만한 간략한 부가 설명.

**Box 14-14** 자바빈 목록

| 작성일 | | 2006. 3. 20. | 작성자 | | 홍길동 |
|---|---|---|---|---|---|
| No. | 자바빈 명 | 애플리케이션 | 경로 | 패키지 명 | 관련 view |
| 1 | OrderBean | /order | WEB-INF/classes | com.soft.ordermgr | order_v.jsp |
| | | | | | |
| | | | | | |
| | | | | | |
| | | | | | |
| | | | | | |
| | | | | | |
| | | | | | |
| | | | | | |
| | | | | | |
| | | | | | |

자료원: 마르미03

JSP Model 1을 채택한 경우에는 자바빈이 데이터 처리 로직을 담당하며, 모든 Java 클래스는 자바빈이 된다. 자바빈 목록은 일반적으로 다음과 같은 항목들로 구성된다. JSP Model 2를 채택했을 경우에는 자바빈 목록은 클래스 목록으로 대치되며, 클래스의 종류가 추가적으로 밝혀져야 한다.

- No : 목록의 번호.
- 작성일 : 산출물의 작성 일자.
- 작성자 : 산출물의 작성자.
- 자바빈 명 : 자바빈의 이름.
- 애플리케이션 명 : 빈즈가 사용될 애플리케이션 이름.
- 경로 및 패키지 : 자바빈이 시스템 상에서 위치할 경로. 자바빈의 패키지명은 Java 웹 애플리케이션의 아키텍처 하에서는 자동으로 경로 명이 되어서 패키지 명이 경로 명이 될 수도 있다.
- 관련 view : 해당 자바빈을 사용하는 view 페이지. jsp이거나 servlet일 수 있다.

### Box 14-15 클래스 설계서

| 클래스이름 | Characteristics | 슈퍼클래스 | |
|---|---|---|---|
| 패키지 | com.hoq | 서브클래스 | |
| 가시성 | public | | |
| 설 명 | 요구 품질 정보를 담고 요청하는 클래스에 해당 hoq의 요구품질을 리턴한다. | | |

| 속성 목록 | | | | | |
|---|---|---|---|---|---|
| 이름 | 타입 | 가시성 | 설명 | 디폴트 | 비고 |
| id | int | Private | Pk 아이디 | | |
| name | String | Private | 특성 이름 | | |
| parented | int | Private | 부모 특성 아이디 | | |
| children | Vector | Private | 자식 특성 아이디 | | |
| description | String | Private | 설명 | | |
| importance | int | Private | 중요도 값 | | |
| value_asis | int | Private | 값이름 | | |
| value_tobe | int | Private | 기대값 | | |

| 메소드 목록 | | | | | |
|---|---|---|---|---|---|
| 가시성 | 리턴 타입 | 이름 | 파라미터 | 설명 | 관련 테이블 |
| public | Vector | makeChildren | int QFDId, int productId | 자식노드생성 | qfd, product, vocItem |
| | | | | | |
| | | | | | |
| 주요메소드 상세 설명 | public Vector makeChildren(int QFDId, int productId)<br>: qfdid와 productid를 입력받아 해당 요구품질의 자식 노드들을 생성한다. | | | | |

클래스 목록의 작성이 끝나면 각 구현클래스의 상세 클래스 설계서를 작성한다. 클래스 설계서는 가능한 한 상세히 기록하여 클래스가 가지는 모든 특징을 기술할 수 있도록 한다.

## Box 14-16 단위 테스트 계획서

| 테스트 유형 | 테스트 항목 | 테스트 특성 | 테스트 케이스ID | 입력값 | 예상결과 | 사전조건 | 순서 |
|---|---|---|---|---|---|---|---|
| | | | | | | | |
| | | | | | | | |
| | | | | | | | |
| | | | | | | | |
| | | | | | | | |

소프트웨어 생애주기 내에서 테스팅은[3] 모든 단계에서 수행된다. 입력 항목의 수가 많지 않고 업무 로직이 단순하여 입력된 것이 출력되기만 하면 되는 프로그램에서는 중요하지 않을 수 있지만, 업무 로직이 복잡해지고 웹 에디터 같은 많은 문자열 파싱을 거치는 프로그램을 작성하는 경우에는 반드시 계획된 테스팅을 통해 해당 프로그램의 무결성을 입증해야 한다.

간단히 평균을 구하는 프로그램을 고려해보기로 하자. 입력값이 2~3개인 경우에는 눈으로 확인이 가능하겠지만, 전체 10개에 대한 평균값을 구해야 한다면 보통 사람의 경우 눈으로 계산하는 것은 불가능할 것이다. 따라서 테스트하기 전에 미리 테스팅 시에 입력할 입력 데이터를 지정해 놓고 해당 입력 데이터가 입력되었을 경우 출력되어야 하는 결과 값을 미리 계산하여 놓고 테스팅 시에 활용해야 한다. 일군의 입력 데이터와 예상되는 일군의 결과의 조합을 테스트 케이스test case라고 한다. 테스트 케이스는 상세 설계 단계에서 도출될 수 있으며, 프로젝트 요구사항 수집 단계에서 유스케이스에 대한 시나리오를 통해 도출될 수도 있다.

단위 테스트 계획서에 포함되어야 하는 항목들은 다음과 같으며, 크게 테스팅 개요와 테스트 케이스 목록 그리고 각 테스트 케이스별 테스팅 절차의 세 부분으로 구분해서 기술할 수 있다. 위의 표는 테스트 케이스 목록의 예이다.

- 테스팅 개요 : 현재 수행 중인 미니 프로젝트를 명시하고, 테스트 범위 및 목표 등을 기술한다.
- 테스트 유형 : 해당 테스트 활동의 유형 즉 컴포넌트 테스트, 컴포넌트 통합 테스트, 시스템 테스트, 인수 테스트 등을 구분한다.
- 테스트 항목 : 테스트 활동에서 테스트하는 대상.
- 테스트 특성 : 테스트 항목에 대해 어떤 테스트 특성(즉, 기능성, 성능, 일관성, 사용성, 적용성 등 등)을 고려할지 정의한다.

3) 소프트웨어의 테스트는 소프트웨어의 품질 및 품질 보증 활동과 직결되는 매우 중요한 활동으로 테스팅만을 위한 많은 전문 서적이 존재한다. 이 책에서는 테스팅 및 평가에 관련한 자세한 내용은 논외로 하고 소프트웨어 상세 설계 단계에서 각 컴포넌트별로 단위 테스트를 실행하기 위한 산출물 양식과 방법에 대해서만 언급하기로 한다.

- 테스트 케이스 ID : 각 테스트 케이스마다 유일하게 구분할 수 있는 식별자.
- 입력 값 : 해당 테스트 케이스를 위한 구체적인 입력값.
- 예상 결과 : 해당 테스트 케이스를 수행할 때 입력값에 의해 기대되는 결과. 컴포넌트 테스트의 경우에는 리턴값이 될 수 있으며, 시스템 테스트의 경우에는 나타나야 하는 구체적이고 완전한 사용자 화면이 될 수 있다.
- 사전 조건 : 각 테스트 케이스를 시작하기 전에 미리 갖추어야 할 조건.
- 순서 : 테스트 케이스 간의 수행 순서(있는 경우에).
- 테스트 케이스 수행 절차 : 각 테스트 케이스를 수행하기 위한 절차. 복잡할 경우에는 표 밖에서 각 테스트 케이스별로 작성할 수 있다.

① **개념 설계** : 비즈니스 요구사항을 파악하고, 사용자가 무슨 일을 하며 그들이 무엇을 요구하는지 이해하고 이를 ERD로 표현한다.

② **논리 설계** : 개념 설계 과정에서 도출된 모델을 데이터베이스 종류의 특성에 따른 논리적인 모델로 발전시켜 개체를 정의하고, 개체들 간의 관계를 정의하며, 개체가 가지고 있는 속성을 정의한다. 정의된 속성에서 슈퍼 키를 정의한다.

③ **물리 설계** : 특정 데이터베이스 관리 시스템을 선정하고 해당 제품의 특징을 고려해 논리적인 모델을 물리적인 모델로 옮겨 실제 사용할 물리적 스키마를 정의한다. 데이터베이스 밴더마다 지원 데이터 타입, 저장 구조, 인덱싱indexing 방법 등이 상이하므로 물리 설계 단계에서 특정 데이터베이스 관리시스템에 맞는 물리적 구조를 정의한다.

개념 설계 단계에서의 ERD는 비지오나 파워포인트와 같은 프레젠테이션 툴을 이용하여, 논리 다이어그램과 물리 다이어그램은 ER-Win과 같은 데이터베이스 모델링 툴을 이용하여 작성할 수 있다. 논리/물리 다이어그램은 실무적으로는 ERD를 추상화시켜 대체하는 경우도 많으나, ERD와 논리/물리 다이어그램은 개념이 다르므로, 별도로 작성하는 것이 바람직하다. 물리 다이어그램이 완성되면 각각의 테이블들에 대해 다이어그램에서는 표현하기 어려웠던 부분들을 구체적으로 기술하여 테이블 설계서를 작성한다.

### 14.5.3 프로그램 상세 설계

프로그램 상세 설계 단계에서는 데이터 처리 로직을 담당하는 클래스 목록을 패키지 정의서를 참조하여 작성하고, 각 클래스를 설계하며 단위 테스트 계획을 작성한다. 프로그램 상세 설계까지의 산출물이 웹 사이트 구축 프로젝트의 지금까지의 산출물의 대부분을 구성하게 된다. 이 단계의 주요 활동은 크게 다음의 두 가지로 분류할 수 있다.

- **패키지 및 클래스 상세 설계** : UML의 순차도 및 활동도 등을 이용하여 각각의 패키지 및 클래스를 설계한다.
- **디렉터리 및 파일 네이밍 설계** : 각 웹페이지 및 프로그램 모듈들의 파일명을 정하고, 각 파일이 위치할 디렉토리명을 정하고, 각 페이지 간의 관계를 정한다.

개발자의 입장에서 설명하면 이 단계는 앞선 단계에서 나온 ERD과 테이블 설계서, 패키지 다이어그램, 패키지 설계서, 페이지 목록을 참조하여 클래스 목록을 뽑고, 각각의 구현 클래스를 설계하는 단계라고 할 수 있다.

## 14.6 구현

최근에는 CASE 도구들을 이용하여 설계로부터 소스 코드를 직접 생성함으로써 구현을 생략하려는 시도가 어느 정도 결실을 맺고 있다. 예를 들어서, CASE 도구를 이용하여 UML 모델들을 만들면, 소스 코드를 생성해 낼 수 있다. 그러나 아직까지는 이렇게 생성된 소스 코드는 완전치 않다. 뿐만 아니라 UML 모델에 모든 세부 사항을 기입해 넣는 것은, 프로그래밍 언어로 해당 내용을 코딩하는 것보다, 더 비효율적일 수도 있다. 따라서 아직까지는 설계를 구현하기 위해서는 코딩을 하여야만 한다. 웹 사이트는 전형적으로 다음과 같은 일련의 활동들을 통하여 구현된다.

① **UI 디자인의 구현** : 메인/서브 디자인 시안은 일반적으로 디자이너가 html로 구체

화하며, 프로그래머는 html 코드에 자바스크립트Javascript나 JPS 등의 웹 애플리케이션 언어로 작성된 코드를 추가하여 UI 페이지들을 완성한다.

② **프로그래밍의 코딩** : 아키텍처 설계 및 상세 설계 단계의 산출물들을 기반으로 프로그램을 구현한다. 직접적인 산출물은 소스 코드이며, 개발을 수행하면서 진행해온 단위 테스트 결과서를 추가적으로 작성하여 소스 코드의 정확성 및 신뢰성을 높인다.

③ **프로그램과 디자인의 통합** : 개발된 세부 상세 프로그램과 전체 웹 사이트의 디자인적 요소를 통합한다.

코드 작업을 최소화시키려는 노력이 가장 성공적인 결실을 거둔 곳이 UI 디자인 구현 분야이다. 액티브엑스ActiveX 컨트롤이나 플래시Flash를 사용하면 html로 코딩하지 않아도 UI를 구현할 수 있다. 그러나 아직까지는 이러한 경우는 예외적이며, 대부분은 아무리 이미지가 많이 들어가고 플래시가 많아도 결국에는 html로 표현해 내어야 한다.

디자인을 html 페이지로 바꿔주는 작업은 일반적으로 디자이너가 한다. 이때 디자이너는 html과 프로그램의 기본적인 개념을 잘 이해하여 html 구조 때문에 코딩이 비효율적으로 되거나 코딩 작업을 다시 해야 하는 상황을 최소화해야 한다.

근래에는 Web CMScontent management system를 이용해서 웹 사이트를 구현하는 경우가 많다. Web CMS는 일반적으로 웹 콘텐츠의 관리 및 사이트의 디자인 관리 기능을 제공한다. Web CMS를 통해 메뉴 체계를 등록하고 디자인을 설정한다. 그리고 각 메뉴에 개발된 프로그램을 Web CMS에 등록하면 개발된 프로그램에 사이트의 헤드 및 레프트, 푸터[4] 등이 자동으로 추가되어 웹 페이지들이 생성된다. Web CMS를 사용하면 프로그램 코딩을 전혀 하지 않아도 되는 경우도 있지만, 이런 경우에는 만들 수 있는 사이트에 많은 제한이 있다. 프로그램을 개발하였다면, Web CMS를 사용하더라도 프로그램과 사이트 전체 구조를 별도로 결합하여야 한다.

---

4) 웹 사이트의 레이아웃에서 서브페이지 모두 공통된 영역으로 코딩이 같은 부분이다.
헤드head : 상위 메뉴 링크, 공통 이미지, 로고 등
레프트left : 왼쪽에 위치하는 하위 메뉴링크, 해당 이미지 등
푸터footer : 하단에 저작권, 관리자 연락처 등

**Box 14-17 단위 테스트 결과서**

<table>
<tr><th>테스트 유형</th><th>특성</th><th></th><th>통과 기준</th><th>통과율</th></tr>
<tr><td rowspan="12">컴포넌트<br>테스트</td><td rowspan="3">기능성</td><td>오류 밀도 : X = A/B<br>A : 발견된 오류 수<br>B : 프로그램 크기</td><td>0.0</td><td>0.0</td></tr>
<tr><td>오류 제거 : X = A/B<br>A : 정정된 오류 수<br>B : 발견된 오류 수</td><td>1.0</td><td>1.0</td></tr>
<tr><td>테스트 적절성 : X = A/B<br>A : 실행된 테스트 케이스 수<br>B : 계획된 테스트 케이스 수</td><td>0.8</td><td>1.0</td></tr>
<tr><td rowspan="3">메소드 호출 관계에 따른 기능성</td><td>오류 밀도 : X= A/B<br>A : 발견된 오류 수<br>B : 프로그램 크기</td><td>0.0</td><td>0.0</td></tr>
<tr><td>오류 제거 : X = A/B<br>A : 정정된 오류 수<br>B : 발견된 오류 수</td><td>1.0</td><td>1.0</td></tr>
<tr><td>테스트 적절성 : X = A/B<br>A : 실행된 테스트 케이스 수<br>B : 계획된 테스트 케이스 수</td><td>0.8</td><td>1.0</td></tr>
<tr><td rowspan="3">객체 상태에 변화를 일으키는 임의의 메소드 호출 순서에 따른 기능성</td><td>오류 밀도 : X= A/B<br>A : 발견된 오류 수<br>B : 프로그램 크기</td><td>0.0</td><td>0.0</td></tr>
<tr><td>오류 제거 : X = A/B<br>A : 정정된 오류 수<br>B : 발견된 오류 수</td><td>1.0</td><td>1.0</td></tr>
<tr><td>테스트 적절성 : X = A/B<br>A : 실행된 테스트 케이스 수<br>B : 계획된 테스트 케이스 수</td><td>0.8</td><td>1.0</td></tr>
<tr><td rowspan="3">상속 관계에 따른 기능성</td><td>오류 밀도 : X= A/B<br>A : 발견된 오류 수<br>B : 프로그램 크기</td><td>0.0</td><td>0.0</td></tr>
<tr><td>오류 제거 : X = A/B<br>A : 정정된 오류 수<br>B : 발견된 오류 수</td><td>1.0</td><td>1.0</td></tr>
<tr><td>테스트 적절성 : X = A/B<br>A : 실행된 테스트 케이스 수<br>B : 계획된 테스트 케이스 수</td><td>0.8</td><td>1.0</td></tr>
<tr><td>…</td><td>…</td><td>…</td><td>…</td><td>…</td></tr>
</table>

자료원: 마르미03

앞의의 표는 단위 테스트 결과 평가표의 한 예를 보여 준다. 앞 표의 각 항목의 내용은 다음과 같다.

- 테스트 레벨 : 테스트 케이스가 해당되는 테스트 레벨을 단위 메소드 테스트, 상호 메소드 테스트, 상호 클래스 테스트, 컴포넌트 테스트 레벨 중에서 기술한다.
- 특성 : 해당 레벨에서 테스트해야 할 특성을 명시한다.
  - 단위 메소드 테스트 레벨 : 기능성
  - 상호 메소드 테스트 레벨 : 메서드 호출 관계에 따른 기능성과 객체 상태에 변화를 일으키는 임의의 메소드 호출 순서에 따른 기능성
  - 상호 클래스 테스트 레벨 : 상속에 따른 기능성과 연관 관계에 따른 기능성
  - 컴포넌트 테스트 레벨 : 기능성
- 척도 : 각각 테스트 특성에 대한 척도를 기술한다.
- 통과 기준 : 척도에 따른 통과 기준을 기술한다.
- 통과율 : 척도에 실제 적용한 결과를 기술한다.

테스트는 계획에 따라 수행되어야 하며, 그 결과가 문서화되어야 한다. 테스트 결과 보고서는 위의 단위 테스트 결과 보고서 외에도 개요, 변동 사항, 오류 수정 목록, 결과 요약/평가/승인 등에 관한 다양한 문서를 포함할 수 있다. 테스트 결과 보고서는 보고를 위한 측면도 존재하지만 궁극적으로는 작성한 프로그램에 대한 피드백 자료의 역할을 하여야 한다.
다음은 발견된 각각의 오류에 대한 오류 수정 목록의 예이다. 이런 목록 외에 각각의 오류에 대한 기록도 작성하여 한다.

| 테스트 케이스 ID | 수정 여부 |
|---|---|
| M2-comp1-12-1 | ○ |
| M2-comp1-12-2 | × |
| M2-comp1-12-3 | ○ |
| M2-comp1-12-4 | ○ |
| M2-comp1-12-5 | ○ |
| M2-comp1-12-6 | ○ |
| M2-comp1-13-1 | × |
| M2-comp1-13-2 | × |
| ...... | |

자료원: 마르미03

## 14.7 통합 및 테스트

이 단계는 서로 분리되어 테스트되던 단위 모듈들을 통합하고 테스트하는 단계이다. 소규모의 웹 사이트 경우에는 디자인과 프로그램의 통합이 통합의 전부인 경우도 많이 존재하며, 이러한 경우에는 이 단계는 생략되기도 한다. 전체 시스템을 서로 메시지를 주고받지만, 어느 정도 독립적인 패키지들로 분할하여 개발한 경우에는 통합 후에 철저히 테스트를 해야 한다. 패키지로 분할해서 개발하였더라도 패키지 간에 메시지를 주고받지 않는다면 통합 테스트는 무의미해진다.

최근에는 Web CMS(contents management systems)을 이용하여 웹 사이트를 개발하는 경우가 많은데, 이때 CMS 시스템과 CMS에 등록하여 사용할 프로그램 간의 통합 과정에서 철저한 테스트가 필요할 수 있다. 이론적으로는 통합 전에 단위 테스트 용도로 만들어진 모든 테스트 케이스를 CMS에 프로그램 등록 후 모두 다시 수행하여 테스트하는 것이 바람직하다. 이런 경우 단위 테스트 계획서에 작성된 테스트 케이스 목록을 참조하여 테스트를 수행하면 된다.

또한 SMS나 메일링 시스템을 사용한다면, 이것들은 웹 사이트와는 별도의 시스템들이므로 해당 모듈에 대한 개발 사이트와의 통합 테스트가 반드시 이루어져야 한다. 이 밖에도 서로 유기적으로 연계되어 있지는 않지만 중요 모듈별로 다른 시스템 상에서 즉 다른 하드웨어 장비나 다른 O/S에서 개발되고 테스트된 모듈들이 있다면 하나의 시스템으로 통합하면서 기존의 환경에서 수행했던 테스트들을 다시 수행해야 한다.

통합 테스트 계획서는 단위 테스트 계획서와 동일하게 테스팅 개요와 테스트 케이스 목록 그리고 각 테스트 케이스별 테스팅 절차 등을 기술하여 작성할 수 있다. 별도의 시스템 들이 존재하는 경우에는 어떠한 방식으로 데이터를 이관하고 프로그램들을 이관할지를 추가하여야 한다. 통합 테스트 결과서도 단위 테스트 결과서와 같은 양식을 사용하여 작성하면 문서의 혼란 없이 작성할 수 있다. 단위 테스트의 양식과 통합 테스트의 양식은 동일 양식으로 사용 가능하다.

## 14.8 인도 및 운영

통합 테스트까지 모두 통과하여 시스템이 안정적인 것이 확인되면 고객에게 인도하고 필요한 교육을 계획하고 실시하며, 운영 단계로 접어들면 프로젝트가 종료된다. 인도를 위한 주요 활동으로는 다음의 두 가지를 들 수 있다.

- **고객의 교육 및 훈련** : 고객과 협의하여 장소, 시간, 대상, 강사 등을 정하고 고객이 인도된 사이트를 운영하는 데 지장이 없도록 충분한 교육 기간을 잡아 진행하여야 한다. 사전에 교육 훈련 계획서를 작성하여 배포하는 것이 바람직하다.
- **사용자 매뉴얼과 관리자 매뉴얼 작성** : 좋은 교육 교재가 된다. 고객뿐만 아니라, 개발 업체에서도 업무 인수인계 시에 아주 유용한 자료가 되므로 충분히 자세히 작성하여야 한다.

사용자 매뉴얼과 관리자 매뉴얼은 웹 사이트 화면을 기능별로 또는 메뉴별로 한 화면 한 화면 캡처를 받아가며 해당 화면에서의 기능을 순차적으로 자세히 설명하는 형식으로 작성하거나, 또는 html문서나 윈도우즈 도움말 형식으로 작성하여 배포할 수도 있다.

시간에 쫓기어 사용자 매뉴얼과 관리자 매뉴얼을 형식적으로 만드는 경우가 많은데, 별도의 문서 작업자를 두고 구현이 어느 정도 진행이 되어 매뉴얼 작성에 필요한 화면을 다른 사람이 볼 수 있는 단계가 되면 매뉴얼 작성에 들어가는 것이 좋다. 매뉴얼의 작성은 일종의 테스트 작업이 되기 때문에 개발자의 테스팅 시간을 줄여주는 효과도 있다.

CHAPTER

# 15

# 대규모 비즈니스 시스템 개발 프로젝트

CHAPTER

# 15 대규모 비즈니스 시스템 개발 프로젝트

이 장에서 제품 프로세스와 관리 프로세스 간의 상호작용에 대해서 가장 중요한 반복적 생애주기 모델 중의 하나인 UP에 기반한 대규모 비즈니스 응용 소프트웨어 개발 프로젝트에서 전형적으로 발생할 수 있는 예를 이용하여 보다 구체적으로 알아 본다.

## 15.1 UP: Unified Process

### 15.1.1 UP의 기본 개념

UML Ufified Modeling Language과 UML 메타모델은 '무엇'은 제시하지만, '어떻게'는 말해 주지 않는다. 소프트웨어 개발 프로세스 모델이 각종 소프트웨어 인조물들을 언제 어떠한 순서로 작성할 것인가를 말해주며, 나아가 어떻게 작성할 것인가에 대해 대강 설명한다.

UP Unified Process는 객체지향 시스템을 개발하기 위한, UML에 기반한 소프트웨어 개발 프로세스이다. 특히, UP의 상세한 개선인 RUP Rational Unified Process는 널리 사용되고 있다. UP는 반복적 개발과 위험 중심적 개발과 같은 널리 수용된 베스트 프랙티스들을 하나의 응집적이고 잘 정리된 설명으로 통합한다.

UP의 가장 중심적인 아이디어는 반복적이고 증분적인 개발이다. UP는, UML 도해들을 포함하는, 다양한 인조물들을 반복적이고 증분적으로 작성한다. UP는 또한 다음과 같은 추가적인 베스트 프랙티스와 개념들을 포함한다(LARMAN02 참조).

- 변화를 적극적으로 포용한다 : 피드백과 적합화를 적극적으로 촉진하고 활용한다.
- 각 반복의 길이를 2~6주로 제한하고 타임박싱(고정된 반복의 길이)을 적용한다.
- 고위험 고부가가치 이슈들을 초기 반복에서 해결한다.
- 평가, 피드백 그리고 요구사항을 위해서 사용자들을 지속적으로 포함시킨다.

- 품질을 지속적으로 입증하고 초기에, 자주, 그리고 현실적으로 테스트를 한다.
- 쓰임새를 활용한다.
- 소프트웨어를(UML로) 시각적으로 모델링한다.
- 요구사항을 조심해서 관리한다.
- 변경 요청과 형상 관리를 실시한다.

### 15.1.2 UP의 디시플린

UP에서는 모든 작업들이 반복적이고 점진적으로 수행된다. UP에서 수행되는 모든 작업들은 본질적으로 폭포수 모델이나 나선형 모델의 그것과 동일하다. 다만 그것들이 수행되는 순서와 방법에 주요한 차이가 있다.

UP 내에서, 디시플린discipline은 한 주제 영역(예를 들면 요구사항 분석) 내의 일군의 활동들(그리고 연관된 인조물들)을 의미한다(〈Box 15-1〉 참조). UP에는 총 7개의 디시플린이 있다. 비즈니스 모델링business modeling, 요구사항requirements, 설계design, 구현implementation, 프로젝트 관리project management, 테스팅testing, 그리고 환경environment.[1] 이 중에서 중심적 디시플린들을 설명하면 다음과 같다.

- 비즈니스 모델링 : 하나의 개별 응용을 개발할 때에는, 이것은 도메인 객체 모델링을 포함한다. 대규모의 비즈니스 분석이나 비즈니스 프로세스 재공학BPR : business process reengineering에서는, 이것은 기업 전체에 걸친 비즈니스 프로세스의 동태적 모델링을 포함한다.
- 요구사항 : 쓰임새의 작성 또는 비기능적 요구사항들의 확인과 같은, 응용을 위한 요구사항 분석.
- 설계 : 전체적 아키텍처, 객체, 데이터베이스, 네트워킹 등을 포함하는, 설계의 모든 측면들.

### 15.1.3 UP의 작업 단계

UP는 인셉션inception, 일래버레이션elaboration, 컨스트럭션construction, 그리고 트

1) 2001년에 OMG SPEM의 국제 표준화 운동에 맞추어 기존의 용어인 '작업 흐름workflow'이 디시플린으로 대체되었다. UP에서, 이제 작업 흐름은 특정 프로젝트에서의 특정 작업들의 연쇄를 의미한다. LARMAN02 참조

랜지션transition의 네 단계를 순차적으로 수행한다. UP에서는 모든 디시플린들이 여러 단계에 걸쳐서 반복적이고 점진적으로 수행된다.

- **인셉션** : 제품 범위, 비전, 그리고 비즈니스 케이스를 밝힌다. 이해관계자들이 프로젝트의 비젼에 대해서 기본적으로 합의하는가, 그리고 본격적인 조사를 하는 것이 가치가 있는가에 대한 대답을 한다.
- **일래버레이션** : 필요한 활동과 요구되는 자원에 대한 계획을 수행하고 기능에 대한 명세를 만들고 아키텍처를 설계한다. 일래버레이션의 끝부분에서는 프로젝트의 남은 작업량과 기간을 좀 더 현실적으로 평가하는 것이 가능하다.
- **컨스트럭션** : 사용자 가이드나 온라인 도움말을 작성하는 것과 같은 활동들을 통해서 응용 구축을 완료하고, 알파 테스팅을 하고(트랜지션 단계의), 베타 테스팅을 준비하고, 배치를 준비한다.
- **트랜지션** : 시스템을 사용할 수 있는 제품으로 전환한다.

인셉션 단계의 기본적인 목적은 새 시스템의 전반적인 목적과 가능성에 대한 합리적이고 정당화할 수 있는 견해를 형성할 수 있는(최소한의) 기본적인 조사를 수행하고, 더 이상의 탐색(일래버레이션 단계의 목적인)이 가치가 있을 것인가를 결정하는 것이다. 따라서 인셉션 단계는 비교적 짧아야 하며, 대부분의 프로젝트에서 한두 주 이내이어야 한다.

일래버레이션 단계에서는 필요한 활동과 요구되는 자원에 대한 계획을 수행하고 기능에 대한 명세를 만들고 아키텍처를 설계한다. 높은 위험에 관한 이슈가 해결되었을 때, 구조적인 핵심이나 골격이 완성되었을 때, 그리고 "대부분"의 요구사항이 이해되었을 때, 일래버래이션이 끝난다.

컨스트럭션 단계의 목적은 본질적으로 사용자 가이드나 온라인 도움말을 작성하는 것과 같은 활동들을 통해서 응용 구축을 완료하고, (트랜지션 단계의) 알파 테스팅을 하고, 베타 테스팅과 배치를 준비하는 것이다. 이것은 일래버레이션 단계에서 생성된 "골격에 살"을 붙이는 것으로 요약할 수 있다. 일래버레이션이 시스템의 위험이 높고 구조적으로 중요한 핵심을 구축하는 것으로 특징지을 수 있다면, 컨스트럭션은 그 나머지를 구축하는 것으로 설명될 수 있다. 시스템이 운영 배치를 위해서 준비가 되었다고 간주될 때, 그리고 사용자 가이드

**Box 15-1 주요 UP 인조물**

UP에서, 디시플린discipline은 한 주제 영역(예를 들면 요구사항 분석) 내의, 일군의 활동들(그리고 연관된 인조물들)을 의미한다. UP에는 총 7개의 디시플린이 있다. 비즈니스 모델링, 요구사항, 설계, 구현, 프로젝트 관리, 테스팅, 그리고 환경이 그것이다. UP는 설계와 구현 디시플린에서는, 객체지향 생명주기 모델로의, 특유한 인조물들을 생성해 낼 것을 기대한다.[2] 그러나 증분적 모델로, UP는 설계와 구현을 제외한 다른 디시플린에서는 생성할 것을 권장하는 인조물들이 다른 증분적 생명주기 모델과, 또는 심지어는 폭포수 모델과 거의 동일하다.

**비즈니스 모델링**business modeling

- 도메인 모델domain model : 이것은 도메인 개념의 시작화이다. 이것은 도메인 엔티티들의 정태적 정보 모델과 비슷하다.

**요구사항**requirements

- 쓰임새 모델usecase model : 기능적 요구사항과 관련된 비기능적 요구사항을 기술한다.
- 비전 및 비즈니스 케이스vision, system features, business cases : 상위 수준의 목표와 제약, 그리고 비즈니스 케이스를 기술하고, 임원 요약을 제공한다.
- 보완적 명세supplementary specification : 기타 요구사항들을 서술한다. 기능성functionality은 쓰임새에서 명시되며, 특정 쓰임새들에 관련된 기타 품질 속성들도 해당 쓰임새에서 서술된다. 다른, 전체 시스템에 관련된 FURPSfunctionality, usability, reliability, performance, supportability + 품질 속성들은 보조 명세에서 기술되어야 한다. 기능성도 품질 속성이나, 일반적으로 '품질 속성'은 기능성 이외의 시스템 속성들을 의미하는 것으로 사용된다.
- 용어 사전data dictionary 또는 glossary : 주요 도메인 용어들과 그 설명.
- 프로토타입과 개념 증명prototypes and proof-of-concepts : 비전을 명확하게 하고, 기술적 아이디어의 타당성을 확인한다.
- 쓰임새 이야기판, UP 프로토타입use case storyboards, UP prototypes : 사용자 인터페이스, 운행 경로navigation path의 기술, 그리고 사용성 모델 등.

**설계**design

- 설계 모델design model : 이것은 논리적 설계를 기술하는 도표들의 집합이다. 소프트웨어 클래스도, 객체 교류도, 패키지도, 기타.
- 소프트웨어 아키텍처 문서software architecture document : 주요 아키텍처 이슈들과 그것들의 설계에의 반영을 요약하는 학습 보조 도구.

---

2) 여기에서 각 디시플린별로 제시된 인조물은 '권장 상항'들이다. 즉, 제시된 인조물들을 해당 디시플린에서 생성할 것이, 바람직하다고 생각되어 권장되지만 반드시 생성해야 한다고 요구되는 것은 아니다.

- 자료 모델data model : 데이터베이스 스키마와, 객체와 비객체 표현간의 매핑mapping.

**구현**implementation

- 구현 모델implementation model : 실제의 구현 – 소스 코드, 실행가능물executables, 데이터베이스, 기타.

**프로젝트 관리**project management

- 단계 계획과 소프트웨어 개발 계획phase plan & software development plan : 각 단계의 지속 기간과 작업량에 대한 예상 – 도구, 사람, 교육, 그리고 기타 자원들에 대한.
- 반복 계획iteration plan : 각 반복에서 할 것을 기술한다.
- 위험 목록 & 위험 관리 계획risk list & risk management plan : 위험(비즈니스, 기술, 자원, 일정)과 그 완화와 대응 방안을 기술한다.

**테스팅**testing

- 테스트 모델test model : 무엇을 어떻게 테스트할 것인가를 기술한다.

**환경**environment

- 개발 케이스development case : 이 프로젝트를 위해서 맞춘 UP 단계들과 산출물에 대한 기술, UP에서는 각 프로젝트마다 맞춤화가 수행된다.

나 훈련자료 등과 같은 모든 지원 자료들이 완성되었을 때 컨스트럭션이 끝난다.

컨스트럭션은 트랜지션 단계로 이어지고, 트랜지션의 목적은 시스템을 사용할 수 있는 제품으로 전환하는 것이다. 트랜지션은 베타 테스팅하기, 베타 테스트 피드백에 대한 반응하기, 미조정하기, 데이터 변환, 변환 훈련, 신발매 마케팅, 구 시스템과 새로운 시스템의 병행 운영과 같은 활동들을 포함할 수도 있다. 최종 단계인 트랜지션 단계의 이정표는, 어느 생명주기 모델과 동일하게, 완성된 제품이다. UP는 트랜지션 단계를 위해서는 상세한 지침을 제공하지 않는다.

전반 세 단계의 이정표로는 나선형 모델의 LCO, LAC, IOC가 사용될 수도 있다. 그러나 UP는 설계와 구현 단계에서는 객체지향 프로그래밍을 위해 특화된 인조물들을 생성할 것을 권장하며, 각 인조물들을 어떤 순서로 어떤 방법으로 작성할 것인가를 제시한다. UP와 UML은 주로 인셉션 단계와 특히, 일래버레이션 단계를 다룬다. 이 책에서도 UP의 인셉션 단계와 일래버레이션 단계에서 수행할 제품 활동들에 대해서 설명하겠다.

### Box 15-2 UP 인조물들의 점증적 작성

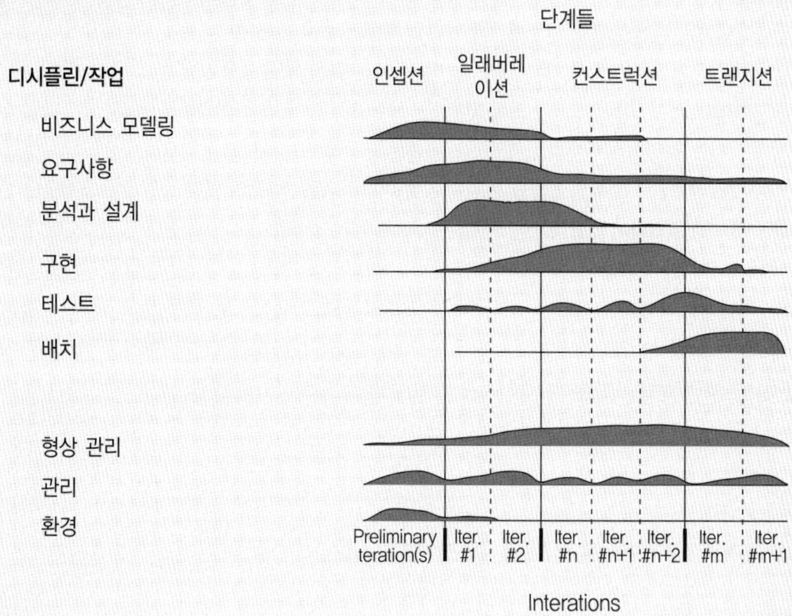


| 디시플린 | 반복 인조물 | 인셉션 I1 | 일래버레이션 E1..En. | 컨스트럭션 C1..Cn | 트랜지션 T1..T2 |
|---|---|---|---|---|---|
| 비지니스 모델링 | 도메인 모델 | 시작 | 정제 | | |
| 요구사항 | 쓰임새 모델 | 시작 | 정제 | | |
| | 비전 | 시작 | 정제 | | |
| | 보충적 명세서 | 시작 | 정제 | | |
| | 용어 풀이 | 시작 | 정제 | | |
| 설계 | 설계 모델 | | 시작 | 정제 | |
| | 소프트웨어 아키텍처 문서 | | 시작 | 정제 | |
| | 자료 | | 시작 | 정제 | |
| 구현 | 구현 모델 | | 시작 | 정제 | 정제 |
| 프로젝트 관리 | 소프트웨어 개발 계획 | | 정제 | 정제 | 정제 |
| 테스팅 | 테스트 모델 | | 시작 | 정제 | |
| 환경 | 개발 케이스 | | 정제 | | |

UP는 증분적 개발 방법론으로 각종 인조물들을 반복적이고 점진적으로 개발하도록 규정한다. 비즈니스 모델링, 요구사항, 프로젝트 관리, 그리고 환경과 관련된 인조물들은 대부분 인셉션 단계에서 초안을 작성하고, 일래버레이션 단계에서 정제된다. 설계 문서들은 일래버레이션 단계에서 작성하기 시작해서, 컨스트럭션 단계에서 정제된다. 소프트웨어 아키텍처 설계는 일래버레이션 단계에서 작성되어야 하며, 각 증분들이 개발되기 시작한 후에는 크게 변경되면 안 된다.

반복적이고 증분적인 개발 프로세스의 장점은 전 반복의 결과들이 다음 반복의 시작에 투입된다는 것이다. 따라서 후속 분석과 설계 결과들은 계속적으로 전구현 작업으로부터 정제되고 개선된다. 예를 들어, 반복 n의 코드가 반복 n의 설계와 달라질 때에는(결국 어느 한 반복에서는 이렇게 되기 마련이다), 구현에 의거한 최종적 설계가 반복 n+1의 분석과 설계 모델에 투입될 수 있다. 반복의 길이가 2주라면 최소한 매 반복의 초기에, 프로그래밍을 시작하기 전에, 최소한 반나절은 시각적 모델 설계 작업에 투자하는 것이 바람직하다.
반복 내의 초기 활동은 설계 도형들을 동기화하는 것이다. (일반적으로) 반복 n의 초기 도형들은 반복 n의 최종 코드와 일치하지 않게 되며, 그것들은 새로운 설계 결과로 확장되기 전에 동기화되어야 한다. 설계 동안에 생성된 도형들이 후속의 코딩 작업에서의 변경을 반영하기 위해서 반자동적으로 갱신되는 것이 바람직하다. 이상적으로는 이것은 소스 코드를 읽고 자동적으로, 예를 들어, 패키지, 클래스, 그리고 순차도들을 생성할 수 있는 CASE 도구를 이용해서 수행되어야 한다. 이것은 역공학reverse engineering(소스 코드, 경우에 따라서는 실행 가능한 코드로부터 도형들을 생성하는 행위)의 측면이다.

### 15.1.4 UP에 의거한 프로젝트 관리 프로세스

UP에서는 주요 계획 문서의 작성이 프로젝트의 가장 초기인 인셉션 단계에서 시작하나 대부분의 내용은 일래버레이션 단계에서 결정된다. 인셉션 단계에서는 다음과 같은 계획을 수립한다.

- **단계 계획과 소프트웨어 개발 계획**phase plan & software development plan : 일래버레이션 단계의 지속 기간과 작업량에 대한 낮은 정밀도의 예상 – 도구, 사람, 교육, 그리고 기타 자원들에 대한 것이다.
- **반복 계획**iteration plan : 첫 일래버레이션 반복에서 할 것을 기술한다.

소프트웨어 개발 계획은 가장 초기에 대강이 작성된 후에, 도메인 모델과 쓰임새 모델에 의거해서 개발된다. 소프트웨어 아키텍처 문서는 일래버레이션 단계에서 작성되며, 아키텍처가 작성된 후에 컨스트럭션 단계의 반복 계획이 구체적으로 수립되고, 각 반복에 개발할 쓰임새들이 할당된다.

쓰임새 모델은 시나리오, 쓰임새 이야기판, 그리고 계약 등으로 보완할 수 있다. 계약은 일반적으로 쓰임새 모델에서 정의된 각각의 시스템 이벤트(외부에서 촉발되는 시스템에 대한 요청 및 자료의 입력)에 대해서 작성되며, 일반적으로

### Box 15-3 요구사항과 프로젝트 관리 계획의 점증적인 구체화

| 디시플린 | 인조물 | 요구사항 활동과 관리 계획 구체화의 수준 | | | | |
|---|---|---|---|---|---|---|
| | | 인셉션<br>1주 | 일래버 1<br>4주 | 일래버 2<br>4주 | 일래버 3<br>3주 | 일래버 4<br>4주 |
| 요구사항 | 쓰임새 모델 | 2일 요구사항 워크숍. 대부분의 쓰임새가 이름이 확인되고, 짧은 문장으로 요약되었다. 세부사항의 10% 정도만이 기록되었다. | 반복 말에 2일간의 요구사항 워크숍을 개최한다. 구현 작업으로부터 통찰과 피드백을 획득하고, 30%의 쓰임새를 상세하게 완성한다. | 반복 말에 2일간의 요구사항 워크숍을 개최한다. 구현 작업으로부터 통찰과 피드백을 획득하고, 50%의 쓰임새를 상세하게 완성한다. | 반복. 70%의 쓰임새를 상세하게 완성한다. | 반복. 80~90%의 쓰임새를 상세하게 완성하려는 목적으로 작업한다. 이 중에서 단지 일부분만이 구현되고, 나머지는 컨스트럭션에서 구현된다. |
| 설계 | 디자인 모델 | 없음. | 위험이 높고 구조적으로 중요한 소수의 요구사항을 설계 | 반복. | 반복. | 반복. 위험이 높고 구조적으로 중요한 축면들은 이제 안정되어야 한다. |
| 구현 | 구현 모델 | 없음. | 설계된 것을 구현 | 반복. 목적 시스템의 5% 작성. | 반복. 목적 시스템의 10% 작성. | 반복. 목적 시스템의 15% 작성. |
| 프로젝트 관리 | SW 개발 계획 | 전체 노력에 대한 매우 막연한 예측. | 예측이 구체적으로 되기 시작한다. | 약간 더... | 약간 더... | 전체적 프로젝트 기간, 주요 이정표, 노력, 그리고 비용 예측치들을 합리적으로 결정할 수 있다. |

자료원: LARMAN2002, p.76.

위의 표는 UP에 의거한 요구사항의 점증적인 작성과 그에 따른 프로젝트 관리 계획의 점증적인 구체화의 한 예를 보여준다. 기술 팀이 요구사항이 일부, 예를 들어, 10% 정도가 구체적으로 되었을 때에 시스템의 핵심을 작성하기 시작한다. 보다 정확히 표현한다면, 최초의 일래버레이션 반복의 끝 무렵까지 의도적으로 본격적인 요구사항 작업을 지연시킨다. 따라서 구체적인 프로젝트 관리 계획의 작성도 함께 지연된다. 이러한 점이 폭포수 모델과의 가장 핵심적인 차이점이다.

**Box 15-4 UP 인조물들 간의 상호관계**

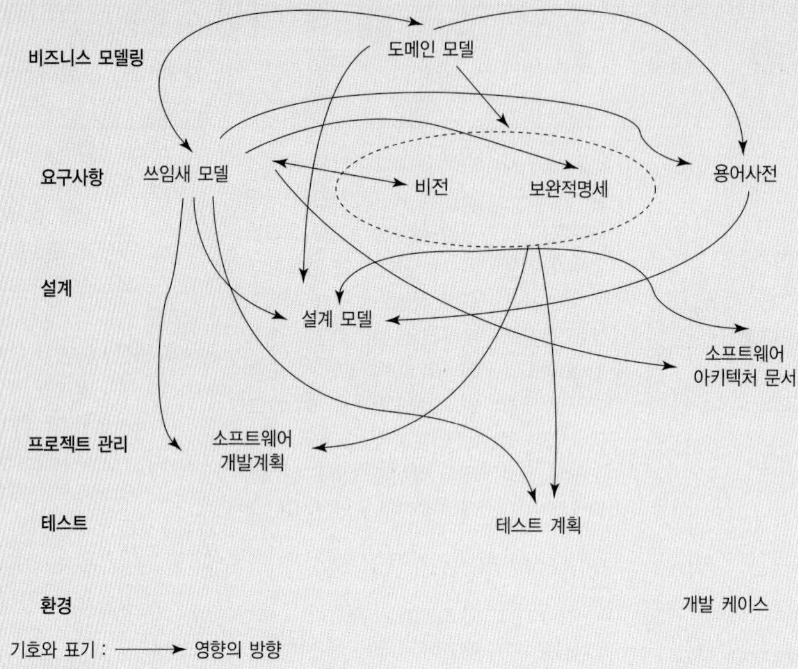


쓰임새 모델은 객체지향 방법론과는 전혀 상관없이 완전히 독립적이다. 쓰임새 모델은 행위적 요구사항을 정리하고 기술하는 여러 가지 방법 중의 하나이다. 그러나 쓰임새 모델은 현재 가장 널리 쓰이고 있는 객체지향 개발 방법론 중의 하나인 UP에서 중심축의 역할을 한다. 쓰임새 모델은 또한 보완적 명세, 용어 사전, 설계 모델, 소프트웨어 아키텍처 문서, 소프트웨어 개발, 그리고 테스트 계획에 대한 기초 자료를 제공한다.

UP의 또 다른 중심적 인조물은 도메인 모델이다. 도메인 모델은 쓰임새 모델과 상호작용하며, 보완적 명세, 용어사전, 그리고 설계에 기초 자료를 제공한다.

UP의 핵심적 설계 인조물은 설계 모델과 소프트웨어 아키텍처 문서이다. 설계 모델은 쓰임새 실체화와 설계 클래스도로 구성된다. UP에서 테스트 계획은 설계 모델과 병행적으로 작성된다.

WBS의 기초 단위를 구성한다. 주요 쓰임새의 계약들은 일래버레이션 단계에서 작성하는 것이 바람직하다. 일래버레이션 단계의 마지막에서 프로젝트의 남은 작업량과 기간의 현실적으로 평가와 구체적인 일정 계획의 수립이 가능해진다.

컨스트럭션 단계는 일반적으로 전체 프로젝트 노력의 70% 이상을 차지하며, 개발이 타임박스화된 방법을 통해서 진행된다. 충원의 관점에서는, 일래버레이션 동안에는 작고 응집력이 강한 팀을 사용하다가, 그 후 컨스트럭션 동안에 팀의 크기를 확장할 것이 권장된다. 컨스트럭션 단계에서는 좀 더 병렬적인parallel 팀 개발이 수행될 수 있다.

## 15.2 인셉션

### 15.2.1 비즈니스 모델과 소프트웨어 모델 간의 관계

UP에서 비즈니스 모델링은 인셉션 단계에서 시작되어 일래버래이션 단계에서 정제된다. 비즈니스 모델링의 궁극적인 목적은 비즈니스에 가장 잘 맞고 또 지원해주는 소프트웨어 시스템을 창조하는 것이다. 따라서 비즈니스 모델은 요구사항을 밝히고 소프트웨어를 설계하기 위한 매우 중요한 기반을 제공해야 한다.

비즈니스 모델과 소프트웨어 모델들은 다른 목적을 갖는, 두 개의 다른 모델들이다. 우리가 설계하고 구축하는, 보다 정확히는, 구축해야 하는 것은 사람-기계 시스템이다. 실세계에서는 기계(소프트웨어)보다는 사람이 더 중요한 역할을 하기 때문이다. 비즈니스 모델은 사람이 주인공인 비즈니스 세계를 기술하는 반면에, 소프트웨어 모델은 그 중에서 소프트웨어에 할당된 영역만을 기술한다.

**비즈니스 모델**은 소프트웨어 모델과 관련 없는 사항까지 포함하면 안 된다. 소프트웨어로 쉽게 전환될 수 있는 비즈니스 개념에 집중하는 것이 효과적이다. 비즈니스 모델의 목적이 더 광범위할 경우에만(예를 들어, 비즈니스를 문서화하거나 비즈니스 상의 혁신을 파악하기) 더 많은 것이 비즈니스 모델에 포함되어야 한다.

### 15.2.2 비즈니스 모델이 소프트웨어 모델링에서 맡아야 할 역할

비즈니스 모델은 비즈니스를 지원하는 소프트웨어의 모델링과 설계를 위한 기초의 역할을 하나, 전형적으로 비즈니스 모델링과 소프트웨어 모델링은 서로 다른 언어와, 기법, 그리고 개념을 쓰기 때문에 두 모델을 통합하기가 힘들었다. 그러나 UML은 소프트웨어 시스템 모델링을 위한 잘 알려진 기법이며, UML을 소프트웨어 모델링을 위해서 사용하는 많은 회사들이 비즈니스 모델링을 위해서도

UML을 사용하려는 시도를 하여 성공하고 있다.

비즈니스 모델의 많은 것이 소프트웨어의 분석과 설계에서 사용될 수 있다. 클래스들과 그것들의 속성과 오퍼레이션들, 그것들의 구조와 관계들, 그리고 클래스들의 객체간의 협력들을 확인하는 것과 같은 과업들이 소프트웨어 모델로 이어질 수 있다. 소프트웨어 시스템이 비즈니스를 다루고 지원하기 때문에, 비즈니스 모델의 많은 것들이 소프트웨어에 반영되고 구현된다. 따라서 비즈니스 모델을 두 가지 시스템의 각각의 관점에서 살펴보고, 각 시스템에서 실제로 필요한 클래스들이 무엇인가를 파악하는 것이 중요하다.

비즈니스 모델이 소프트웨어 모델링에서 맡아야 할 역할들은 다음과 같다 [EP00].

- **비즈니스 오퍼레이션을 가장 잘 지원하는 정보시스템의 확인** : 그 시스템은 새로 구축되어야 할 수도 있고, 제 3의 공급자에 의해 상업적으로 팔리는 표준적 COTS 패키지일 수도 있고, 또는 기존의 시스템일 수도 있다.
- **기능적 요구사항의 발견** : 비즈니스 과정을 지원하기 위해서 시스템이 제공하여야 하는 기능이나 쓰임새의 올바른 집합을 확인하기 위한 기반으로 사용된다.
- **비기능적 요구사항의 발견** : 강건성robustness, 보안성, 가용성, 그리고 성능과 같은, 전형적으로 전체 시스템에 걸쳐서 연관된 요구사항을 확인하기 위한 기반으로 사용된다.
- **시스템의 분석과 설계의 기반** : 예를 들어, 비즈니스 모델 내의 자원에 대한 정보는 시스템 내의 클래스를 확인하기 위해서 사용될 수 있다. 그러나, 비즈니스 모델의 클래스들을 소프트웨어 모델의 클래스들로 곧바로 전환하는 것은 가능하지 않다.
- **적절한 컴포넌트들의 확인** : 현대의 소프트웨어 개발은 컴포넌트들을 사용한다. 대부분의 컴포넌트 테크놀로지는 기술적 컴포넌트들에 집중되어 있다. 그러나 비즈니스 기능의 구체적이고 재사용 가능한 영역을 캡슐화하는 비즈니스 컴포넌트들을 정의하는 데에 대한 관심이 점점 증가하고 있다. 비즈니스 모델은 이러한 기능들의 영역을 확인하고 적절한 서비스의 집합을 정의하기에 좋은 방법이다.

## Box 15-5 비즈니스 모델링을 포함하는 정보시스템 개발 프로세스

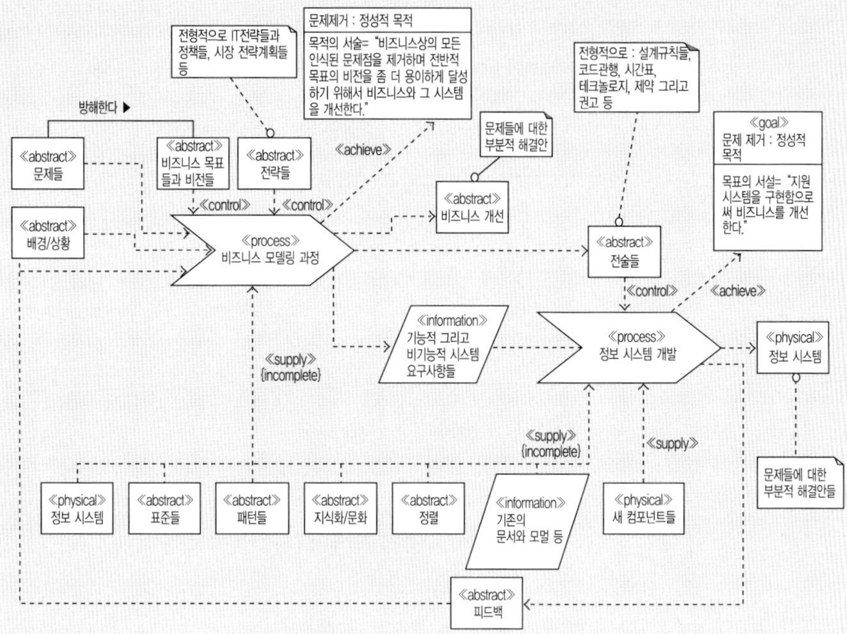


비즈니스 모델과 소프트웨어 모델은 종종 두 개의 상이한 팀들에 의해서 두 개의 상이한 프로젝트의 일부로서 개발된다. 그 모델들은 일-대-일 관계를 갖지 않는다. 비즈니스 프로세스의 모든 것이 다 소프트웨어로 개발되거나 나타나지 않기 때문에, 비즈니스 모델의 많은 요소들이 소프트웨어 모델의 요소가 되지는 않는다. 많은 프로세스들이 소프트웨어 시스템 밖에서 수동으로 수행되는, 따라서 소프트웨어 모델의 일부가 되지 않는 많은 활동들을 포함한다. 비즈니스 목표와 개념들은 보통 소프트웨어 시스템에서 제외된다. 마찬가지로, 소프트웨어 모델의 많은 요소들이 세부적인 기술적 소프트웨어 해결안이나 개념들로 구성되며, 따라서 비즈니스 모델에 포함되지 않는다.

**Box 15-6** Eriksson-Penker의 비즈니스 프로세스 표기법

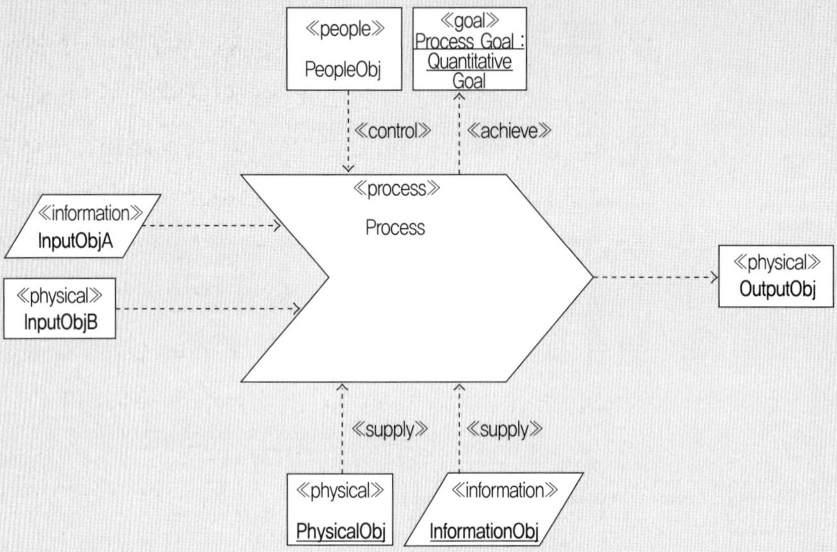


위의 기본적 프로세스도에 나타난 각 사물 종류의 정의는 다음과 같다.

- 목표 사물goal object : 목표 사물은 전형적으로 프로세스 심볼 위에 그려지며 《achieve》로 스테레오타입이 된 의존에 의해서 부착된다.
- 투입 사물input object : 프로세스에서 소비되거나 정련되는 사물. 이것은 자원이며 《physical》, 《abstract》, 《people》, 또는 《information》 등으로 스테레오타입이 될 수 있다. 투입 사물은 보통 프로세스 왼쪽에 위치한다.
- 산출 사물output object : 프로세스에 의해서 생산되거나 한 개 이상의 투입 객체의 정련의 결과인 사물. 산출 객체도 또한 자원이며, 일반적으로 프로세스 오른쪽에 위치한다.
- 공급(하는) 사물supplying object : 프로세스에 참가하나 소비되거나 정련되지 않는 자원. 일반적으로 프로세스 밑에 《supply》로 스테레오타입이 된 의존에 의해서 부탁된다.
- 통제(하는) 사물controlling object : 프로세스를 통제하거나 관리하는 자원. 일반적으로 프로세스의 위에 《control》로 스테레오타입이 된 의존에 의해서 부착된다.

### 15.2.3 비즈니스 프로세스 모델링

비즈니스 모델링은 크게 두 부분으로 나눌 수 있다.

- 비즈니스 프로세스 모델링
- 비즈니스 구조 모델링

비즈니스 프로세스는 비즈니스의 동태적인 부분이다. 그것은 비즈니스의 기능을 서술하며 사용되고, 변환되며 생산되는 자원들을 포함한다. 비즈니스 프로세스는 비즈니스에서의 자원들 간의 협조와 자원의 변환을 나타내는 추상화이다. 그것은 작업이 어떻게 수행되는가를, 그 프로세스로부터 결과되는 제품이나 서비스들을 서술하기보다는, 강조한다. 저자에 따라서 비즈니스 프로세스의 정의는 매우 다양하나 일반적으로 다음과 같은 공통점들을 갖는다.

- 목표를 갖는다.
- 구체적인 투입을 갖는다.
- 구체적인 산출을 갖는다.
- 자원을 사용한다.
- 해당 프로세스의 수행 중에 발생하는 사건이나 조건들에 의존하는, 일정한 순서에 따라서 수행되는 일련의 활동들을 갖는다.
- 한 개 이상의 조직 단위에 영향을 미친다.
- 특정 종류의 고객들에게 가치를 창조한다. 고객은 비즈니스 내부적일 수도, 외부적일 수도 있다.

프로세스 모델링은, 보다 좋은 정보 시스템을 개발하기 위해서, 작업들이 수행되는 방법에 대한 정확한 기록들을 생성한다. 그것은 또한 비즈니스 기능을 더 효율적으로 하기 위해서 프로세스를 개선하거나 혁신하기 위해서 사용될 수도 있다. 프로세스 모델링은 또한 비즈니스에서의 새로운 기회를 파악하고 조직이 보유하고 있는 자원과 자식들을 활용하는 새로운 프로세스를 창조하고 설계하기 위해 사용될 수 있다.

객체지향적 소프트웨어 개발 방법의 중심축인 쓰임새 모델링에서 봉착하는 일반적인 의문 중의 하나는 "내가 비즈니스의 관점에서 쓰임새를 올바르게 정의하였는지를 어떻게 확인할 수 있는가?"이다. Astrankan(1997)이 개발한 어셈블리 라인도assembly line diagram 등을 이용하여 비즈니스 프로세스 분석의 결과를 이러한 질문에 답하기 위해 사용할 수 있다.

### 15.2.4 도메인 모델

UP에서 도메인 모델domain model은 관심 영역의 개념적 클래스 또는 실세계 객체들의 개념적 클래스도를 이용한 시각적 묘사로 정의된다. 도메인 모델이 복잡할 때에는 패키지를 이용해서 도메인 모델을 분할partition하고 체계화할 수 있다.

도메인 모델은 개념적 모델conceptual model, 도메인 객체 모델domain object model, 또는 분석 객체 모델analysis object model이라고 불리기도 한다. UP는 도메인 모델을 비즈니스 모델링 규율 안에서 작성될 수 있는 인조물 중의 하나로 정의한다.

UP 도메인 모델은 UP BOMBusiness Object Model의 공식적 변형이다. UP BOM은 전체 비즈니스를 서술하기 위한 기업 전체 모델의 일종이다.[3] 그것은, 개별적인 응용 소프트웨어와는 관계없이, 비즈니스 프로세스 공학 또는 재공학BPR : Business Process Reengineering을 할 때에 사용될 수 있다. 그것은 비즈니스 작업자들과 비즈니스 단위들이 어떻게 연계되어야 할 필요가 있는가와 그것들이 비즈니스를 수행하기 위해서 어떻게 협력해야 하는가에 대한 요약의 역할을 한다. 그것은 개별 응용 프로그램을 작성할 때에는 일반적으로 작성되지 않는다.

### 15.2.5 모델-뷰 분리 원칙

UP에서 개념적 클래스도는 설계를 위한 가장 기초적인 산출물 중의 하나이며, 설계 클래스도로 정제된다. 모델-뷰 분리 원칙model-view separation principle은 도메인 모델을 조직화하여 설계 클래스도로 정제할 때 적용하여야 할 기본적인 원칙 중의 하나이다. 여기에서 모델은 도메인 계층의 객체들과, 뷰는 윈도우나 애플릿 또는 보고서와 같은 프레젠테이션 객체들과 동의어이다. 이 원칙은 모델 객체들을 뷰 객체들에 대한 직접적인 지식을, 적어도 뷰 객체들 같이는, 보유하면 안 된다고 선언한다.

3) 저자에 따라서 BOM은 다른 의미로 쓰이기도 한다. LARMAN02 참조.

**Box 15-7** UML 도메인 모델의 예 : POS 시스템

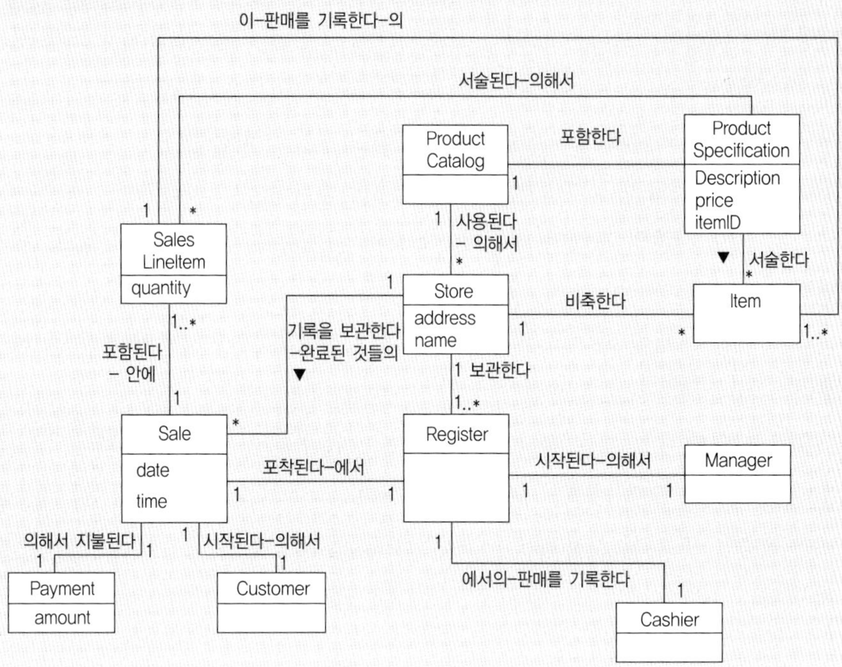


UML에서 도메인 모델은 중요한 추상화, 도메인 어휘들, 그리고 도메인의 정보 내용에 대한 시각적 표현으로 간주된다. 그것은 소프트웨어 컴포넌트에 대한 묘사도, 또는 소프트웨어 클래스들 또는 책임이 할당된 소프트웨어 객체들을 서술하는 일군의 도형들도 아니다.

UML을 이용하면 도메인 모델은 일군의, 그 안에 오퍼레이션이 정의되지 않은 클래스도로 도해될 수 있다. 도메인 모델을 표현하는 클래스도는 일반적으로 추상적 클래스도abstract class diagram 또는 개념적 클래스도CCD: conceptual class diagram로 불리며, 설계 클래스도DCD: design class diagram으로 정제된다. 개념적 클래스도는 다음의 것들을 보여 줄 수 있다.

- 도메인 객체들 또는 개념적 클래스들
- 개념적 클래스들 간의 연관들
- 개념적 클래스들의 속성들

이 원칙의 추가적인 부분은 도메인 클래스들이 응용 논리와 관련된 정보와 행위를 캡슐화한다는 것이다. 윈도우 객체들은 비교적 얇다. 그것들은 입력과 출력 그리고 GUI 사건들을 포착하는 데에 대해서 책임이 있으며, 자료를 유지하거나 직접적으로 응용 기능성을 제공하지는 않는다.

이 원칙의 동기는 다음을 포함한다.

- 사용자 인터페이스보다는 도메인 프로세스에 초점을 맞춘 응집적인 모델 정의를 지원한다.
- 모델과 사용자 인터페이스 계층들의 독립적인 개발을 허용한다.
- 인터페이스에서의 변경의 도메인 계층에 대한 충격을 최소화한다.
- 새로운 뷰가 기존의 도메인 계층에, 그 도메인 계층에 영향을 주지 않고, 쉽게 연결되게 한다.
- 하나의 모델 객체에 복수의 동시적 뷰들(판매 정보의 표나 챠트와 같은)을 허용한다.
- 사용자 인터페이스 계층(메시지 처리 시스템이나 배치 모드 시스템에서와 같은)에 독립적인 모델 계층의 수행을 허용한다.
- 모델 계층을 또 다른 사용자 인터페이스 프레임워크에 쉽게 이식porting할 수 있게 한다.

## 15.3 일래버레이션

### 15.3.1 쓰임새 모델과 계약

UP에서 일래버레이션 단계의 요구사항 분석은 쓰임새 모델링을 중심으로 수행된다(쓰임새 모델에 대해서는 제3장 참조). 계약contract은 쓰임새와 시나리오를 명세와 설계로 전환시키는 시발점의 역할을 한다. 계약은 상세한 시스템 행위를 시스템 오퍼레이션이 수행된 이후에 도메인 모델 내에서의 객체의 상태 변화의 관점에서 서술하며, 명세와 관련된 아직 해소되지 않은 이슈들을 포함할 수 있다.

계약은 어떻게how보다는 무엇what에 초점을 맞춘다. 계약의 핵심은 사후 조건post condition이다. 사후 조건은, 어떻게 설계할 것인가가 아니라 상태 변화를 강조하기 위해서, 선언적 과거 시제 형태로 선언하는 것이 바람직하다.

계약은 시스템 오퍼레이션(블랙 박스로의 시스템이 입력 시스템 사건을 처리하기 위해 외적 인터페이스에서 제공하는 오퍼레이션)을 위해서 정의될 수 있다. 시스템 오퍼레이션들은 시스템 이벤트들을 발견함으로써 확인할 수 있다. 모든 쓰임새들에 걸친, 시스템 오퍼레이션들의 전체 집합은 시스템의 외적 인터페이스를 정의한다. UML에서는 전체 시스템이 하나의 클래스로 표시될 수 있다. 계약에 의한 설계design by contract에서는 계약을, 시스템이나 하위시스템들의 외적 오퍼레이션들public operations만이 아니라, 작은 크기의 클래스들의 오퍼레이션들에 대해서도 작성한다.[4)]

### 15.3.2 아키텍처 분석

**아키텍처 분석**architectural analysis의 핵심은 아키텍처에 영향을 미치는 요소를 확인하고, 그것들의 변화 가능성과 우선순위를 결정하고, 그것들을 해결하는 것이다. 구조 분석은 기능적 요구사항의 맥락 하에서 비기능적 요구사항(예를 들어, 품질)의 확인하고 해결하는 것에 관련되어 있다.

아키텍처 분석과 관련한 주요 고려사항들은 다음과 같다.

- **비기능적 요구사항** : 아키텍처와 관련된 고려사항들은 특히 비기능적 요구사항에 관련되어 있으며, 애플리케이션의 비즈니스 또는 시장 맥락에 대해서 파악하는 것을 포함한다. 물론, 기능적 요구사항도 무시될 수는 없다. 그것들은 이러한 고려사항들이 해결되어야 할 맥락을 제공한다. 또한 그것들의 변경 가능성을 확인하는 것도 중요하다.
- **시스템 수준이고, 대규모이며, 광범위한 문제들** : 아키텍처와 관련된 고려사항들은 그 해결이 일반적으로 대규모이거나 근본적인 설계 의사결정(예를 들면, 애플리케이션 서버의 선정, 또는 사용 여부)과 관계있는 문제들을 포함해야 한다.
- **상호연관성과 상쇄관계**trade-offs : 예를 들어, 개선된 보안은 성능이나 사용성에 영향을 미칠 수 있으며, 거의 모든 선택이 비용에 영향을 미친다.
- **다양한 해결안들의 작성과 평가** : 숙련된 아키텍트는 새로운 소프트웨어를 구축하는 설계안과 동시에, 상업적 또는 공개적으로 구할 수 있는 소프트웨어나 하드웨어를 사용하는(부분적) 해결안을 제안할 수 있다.

4) 계약에 의한 설계는 1960년대의 정형적 명세 언어들formal specification languages에서 유래했으며, B. Meyer가 발전시켰다. LARMAN02 참조.

**Box 15-8 시스템 오퍼레이션과 계약**

| 항목 \ 계약명 | CO1: makeNewSale | CO2: enterItem |
|---|---|---|
| 오퍼레이션 | makeNew Sale() | enterItem(itemID: ItemID,quantity: Integer) |
| 교차 참조 | 쓰임새 : UC1 판매를 처리하기 | 쓰임새 : UC1 판매를 처리하기 |
| 사전 조건 | 없음 | 판매가 진행 중이다(즉, 진행중인 판매가 있다). |
| 사후 조건 | P1.1 Sale 인스턴스 s가 생성되었다(인스턴스생성).<br>P1.2 s가 Register와 연관되었다(Link 형성).<br>P1.3 s의 속성들이 초기화되었다. | P2.1 SalesLineItem 인스턴스 sli가 생성되었다(인스턴스 생성).<br>P2.2 sli가 현재의 Sale과 연관되었다(연관 형성).<br>P2.3 sli.quantity가 수량이 되었다(속성 수정).<br>P2.4 sli가, itemID 대응에 의거하여, Product Specification과 연관되었다(연관 형성). |

계약contract은 상세한 시스템 행위를 시스템 오퍼레이션이 수행된 이후에 도메인 모델 내에서의 객체의 상태 변화의 관점에서 서술한다. 쓰임새와 시나리오를 명세와 설계로 전환시키는 시발점 역할을 수행하는 계약은 명세와 관련된 아직 해소되지 않은 이슈들을 포함할 수 있으며, 일반적으로 다음의 항목들을 포함한다.

- 오퍼레이션 : 오퍼레이션의 ID 번호, 이름, 그리고 파라미터들
- 교차 참조 : (선택적) 그 안에서 이 오퍼레이션이 발생할 수 있는 쓰임새들
- 사전 조건들 : 오퍼레이션 수행 전에 도메인 모델 내의 시스템 또는 객체들의 상태에 대한 주요 가정들. 이것들은 맞는다고 가정될 것이며, 이 오퍼레이션의 논리 안에서 테스트되지 않을 것이다. 당연한 조건들은 적을 필요가 없다.
- 사후 조건들 : 이 오퍼레이션 수행 이후의 도메인 모델 내의 객체의 상태
- 해결되지 않은 이슈들 : (선택적) 명세와 관련된 아직 해소되지 않은 이슈들

UP에서는 아키텍처 분석은 다음과 같은 일련의 두 부분으로 구성된다.

① **구조 조사**architectural investigation : 구조에 중요한 영향을 미치는 비기능적 요구사항들을 확인하고 분석한다. 기능적 요구사항도 중요하나(특히 변화 가능성이라는 관점에서), 비기능적 요구사항에 일차적인 강조가 주어진다. 이러한 것들은 일반적으로 아키텍처 요소architectural factors(또는 architectural drivers)라고 불린다.

## Box 15-9 UP의 아키텍처 관점

UP에서는 아키텍처 요소들은 보완적 명세에 기록되며, 아키텍처 요소들을 해결하기 위한 아키텍처 결정들은 SADsoftware architecture document에 기록된다.

FURPSfunctionality, usability, reliability, performance, supportability + 요구사항들은 어느 것이나 시스템의 아키텍처에 심대한 영향을 미칠 수 있다. 그러나 아키텍처에 가장 강한 영향을 미치는 것은 FURPS+의 상위 범주에 국한되는 경향이 있다. 흥미롭게도, 기능적 요구사항보다도 비기능적(신뢰도나 성능과 같은) 요구사항이 특정 아키텍처에 독특한 특징을 부여하는 경향이 있다.

UP에서는 아키텍처에 대한 다음과 같은 여섯 가지(이외에도, 예를 들어, 보안 같은 관점이 추가될 수 있다)의 관점view이[5] 제안되어 있다. 이것들은 모두 선택적이나, 최소한 논리적, 프로세스, 쓰임새, 그리고 배치 관점의 문서화는 갖추도록 권장된다.

**논리적**

- 가장 중요한 계층layers, 하위 시스템, 패키지, 프레임워크framework, 클래스, 그리고 인터페이스들interfaces과 관련된 소프트웨어의 개념적 구조.
- 시스템의 주요 측면을 예시하는 주요 쓰임새 실체화 시니리오들(교류도와 같은)을 보여 준다.
- UML 패키지도, 클래스도, 그리고 교류도로 시각화된, UP 설계 모델에 대한 관점a view onto the Design Model.

**프로세스**

- 프로세스와 스레드threads. 그것들의 책임, 협력collaborations, 그리고 그것에 대한 논리적 요소(계층, 하위 시스템, 클래스 등)의 할당.
- UML 프로세스와 스레드 표기를 이용하여 UML 클래스도와 교류도로 시각화된, UP 설계 모델에 대한 관점.

**배치**

- 프로세스와 프로세싱 노드의 물리적인 배치, 및 노드들 간의 물리적 형상configuration 네트워크.
- UML 배치도로 시각화된, UP 배치 모델deployment model에 대한 관점.

**자료**

- 지속적 자료 스키마persistent data schema, 객체로부터 지속적 자료(일반적으로 관계형 데이터베이스)에로의 매핑, 객체로부터 데이터베이스로의 매핑 기제mapping mechanism, 데이터베이스에 저장된 절차와 촉발자들triggers.
- 데이터 모델을 서술하기 위해서 사용된 UML 클래스도로 시각화된, UP 데이터 모델에 대한 관점.

5) UP에서는 일반적으로 'view(여기에서는 관점으로 번역)'는 하나의 하위 집합이 아니라, 그 구성 요소 전제가 주목할 만한 가치가 있는, 전체 모델을 말한다.

**쓰임새**

- 구조적으로 중요한 쓰임새의 대부분에 대한 요약과 그것들의 비기능적 요구사항들. 즉, 그것이 구현이 되었을 때, 주요 구조적 범위를 예시하거나 많은 구조족 요소들을 구사하는 쓰임새들.
- 문장으로 표현되고 UML 클래스도로 시각화된 UP 쓰임새 모델에 대한 관점.

**구현**

- 구현 관점implementation view은 인도가능물과 인도가능물을 생성하는 것들의 주목할 만한 조직에 대한 요약이다.
- 문헌으로 표현되고 UML 패키지도와 컴포넌트도로 시각화된 UP 구현 모델에 대한 관점. UP의 구현 모델Implementation Model은, 문서 또는 도형인 다른 모델과 달리, 실제의 소스 코드 또는 실행가능물executables과 같은 것들이다. 이것은 인도가능물과(소스 코드와 그래픽 같은) 인도가능물을 생성하는 것의 두 가지로 구성된다. 구현 모델은 웹 페이지, DDL, 실행가능물, 소스 코드 등과, 그것들의(Java 패키지들 안의 소스 코드, 그리고 JAR 파일들로 조직화된 바이트 코드와 같은) 조직 등을 포함하는, 이러한 모든 것이다.

② **구조 설계**architectural design : 구조적으로 심대한 영향을 미치는 요구사항들에 대해서, 그 영향을 해결하기 위한 대안들을 분석하고 해결안을 작성한다. 즉, 아키텍처 결정을 내린다.

구조 분석은 인셉션 단계에서 초기에 시작하며, 일래버레이션 단계의 초점 중의 하나이다. 이것은 소프트웨어 개발에서 높은 우선순위의 영향력이 매우 강한 활동이다. UP에서는 구조적 요소들architectural factors은 보완적 명세에 기록되며, 구조적 요소들을 해결하기 위한 구조적 결정들은 소프트웨어 아키텍처 문서에 기록된다.

**Box 15-10** 확장된 UP

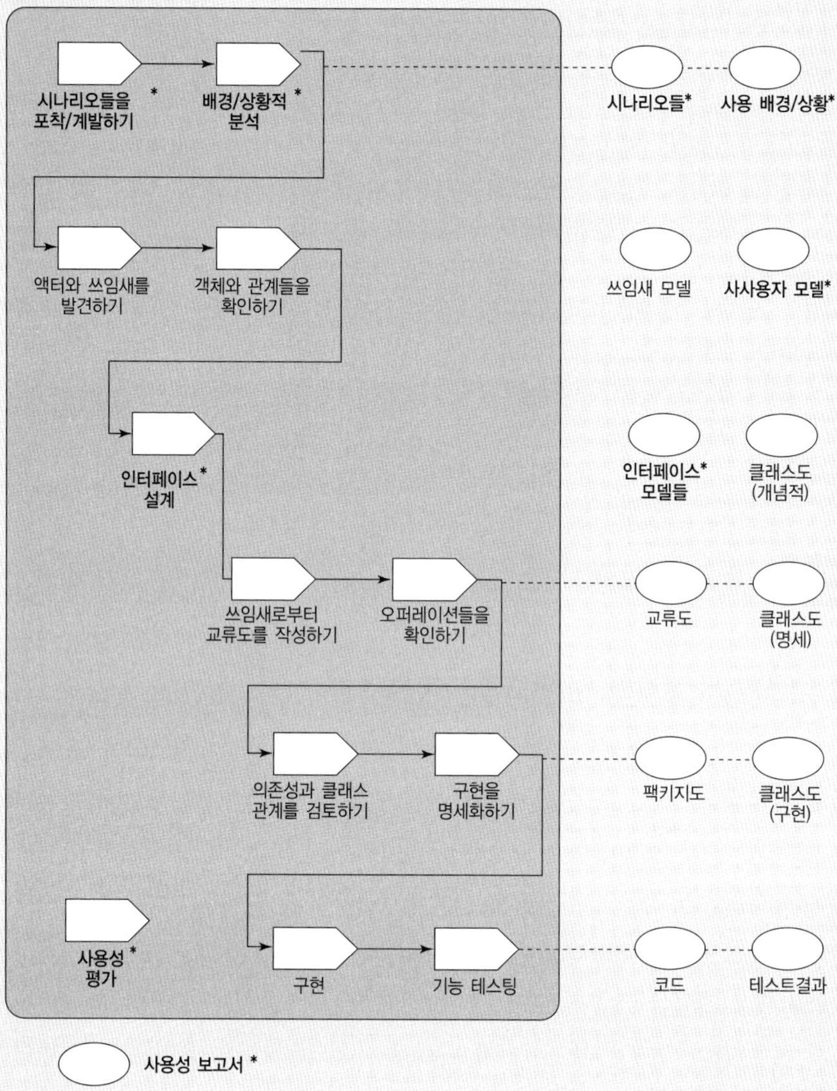


자료원 : HUDSON01

쓰임새는, 시나리오와 마찬가지로, 사용자의 시스템과의 상호작용을 기술하며 시스템 설계자와 그의 고객 간의 의사소통을 도와준다. 그러나 시나리오와는 달리, 쓰임새는 시스템 기능성의 명세로서 개발된다. 비록 프로젝트 자원이나 일정이 궁극적으로는 쓰임새의 적용 범위를 제한할 수는 있지만, 그 의도는 모든 중요한 상황과 결과가 기술되도록 하는 것이다. 이러한 점은 쓰임새가 시스템 기능성의 계층적 분할을 반영하도록 만든다. 따라서 표준적인 UML 방법론에는 사용성에 대한 고려가 결여(보다 정확하게는, 의도적으로 배제)되어 있다.

다른 일반적인 객체지향 방법들과 같이 UML 방법도, 특히 초기 활동들에서는, 반복적이나, 위의 작업 흐름도에서는 반복이 생략되었다. 위의 그림에서는 프로세스를 사용자 중심적으로 만들기 위해서 UP에, UML 기본 요소 외에, 다음 요소들이 추가되었다.

- 추상적 쓰임새abstract use case: 설계 과정은 요구사항의 선언으로서의 추상적 쓰임새에 기반하여야 한다. 이것은 구문syntax에 구애받지 않아야 하며, 설익은 설계 결정을 포함하지 않아야 하며, 전적으로 사용자 관점에서의 상호작용에 기반하여야 한다. Constantine & Lockwood(1999)의 "essential" 쓰임새는 이에 해당하며 구조적인 형식을 갖고 있다.
- 사용자 모델user model : 사용자의 개념적 모델은 도메인 모델과 비슷하나, 전적으로 사용자의 관점에 기반한다. 기본적인 UML 방법에 의한 객체와 관계들의 확인은, 사용자 인터페이스 설계 중에 생산되는 개념적conceptual 클래스도와 함께, 그것의 초기 인조물로서 사용자 모델이 생산되는 것을 필요로 한다. 사용자 인터페이스에 나타날 모든 개념과 용어는 사용자 모델에 부합하여야 한다.

## 15.4 컨스트럭션

### 15.4.1 쓰임새 실체화: 설계 모델의 작성

UP에서는 설계 모델링의 핵심 부분이 쓰임새 실체화의 형식으로 수행된다. 쓰임새 실체화usecase realization는 특정 쓰임새가 설계 모델 안에서 어떻게 실체화realization되는가를 협력하는 객체들의 관점에서 서술한다. 즉, 설계자가 한 쓰임새에 대해서 한 개 이상의 시나리오들의 설계를 서술할 수 있으며, 각 시나리오의 설계를 한 쓰임새 실체화라고 한다.

쓰임새 실체화는 쓰임새로 표현된 요구사항들과 그 요구사항들을 충족시키는 객체 설계 간의 연결을 상기시키기 위해서 사용되는 UP의 용어 또는 개념이다. 쓰임새 실체화의 절차는 다음과 같다.

- 객체와 클래스를 설계하기
- 설계 클래스도를 그리기
- UML 모델로부터 자료 모델을 설계하기

객체와 클래스를 설계하기 위해서는 Gang of Four의 GoF 패턴이나 Larman

(2002)의 GRASP 패턴과 같은 설계 패턴들을 사용할 수 있다[LARMAM02 참조]. GRASP 패턴을 이용하여 객체나 클래스를 설계할 때에는 교류도를 이용할 수 있다.

UML에서는 교류도는 설계 모델의 가장 핵심적인 도형중의 하나이며, 구축될 소프트웨어의 동적 측면을 표현한다. UML에서 하나의 교류란 하나의 목적을 달성하기 위한 하나의 맥락context 내에서 일군의 객체들 간에 교환되는 일군의 메시지들로 구성된 하나의 행동이다. 교류의 동적인 측면은 제어 흐름으로 가시화되고, 명세화되며, 구축되고 문서화된다.

UP에서는 구축될 소프트웨어의 정적인 구조를 나타내기 위해서는 설계 클래스도를 사용한다. 설계 클래스도는 일반적으로 교류도들과 병행하여 작성된다. 증분적으로 '교류도를 조금 작성하고, DCD를 갱신하고, 그리고 다시 교류도를 조금 더 작성하고…'라는 식으로 작업하는 것이 바람직하다.

DCD의 작성 순서는 다음과 같다.

① 소프트웨어 클래스들을 확인하고 도형화한다.
② 메소드 이름들을 추가한다.
③ 추가적인 타입 정보를 기입한다.
④ 연관과 항행성을 추가한다.
⑤ 의존성을 추가한다.

### 15.4.2 구현 : 설계를 코드로 전환시키기

현재의 반복을 위한 교류도와 DCD들이 완성되면, 도메인 계층 객체들을 위한 코드를 생성하기에 충분한 세부 사항들이 확보된다. 이들 설계 작업에서 생성된 UML 인조물들이 코드 생성 작업에 투입된다.

UP설계 모델에서 생성된 인조물들은 코드를 생성하는 데 필요한 정보들을 제공한다. 객체지향 분석과 설계OOA/D: object-oriented analysis and design와 객체지향 프로그래밍OOP: object-oriented programming의 장점은, 예를 들어, UP와 함께 쓰여서, 그것들이 요구사항에서 코드까지의 전 과정에 대한 로드맵을 제공한다는 것이다. 다양한 인조물들이 다음 인조물에 추적가능하고 유용한 방식으로 투입되며, 최종적으로 실행되는 응용 프로그램으로 완결된다. 이러한 과정은 반드시 순탄하지도 또는 단순히 기계적으로 따를 수 있는 것도 아니다. 그 과정에는 너무 많은 변수들이 있다.

소스 코드는 구현 모델의 핵심적 요소이다.[6] 객체지향 프로그래밍 언어로 구현하기 위해서는 다음에 대해서 소스 코드를 써야 한다.

- 클래스와 인터페이스 정의들
- 메소드 정의들

프로그래밍 작업은 단순한 코드 생성 작업이 아니다. 현실적으로는, 설계 동안에 생성된 결과들은 불완전한 초기 단계일 뿐이다. 프로그래밍과 테스팅 도중에, 수많은 변경이 이루어지며 세부적 문제들이 발견되고 해결된다. 잘 수행된다면, 설계 인조물들은 프로그래밍 동안에 맞닥뜨리는 새로운 문제들에 탄력적으로 맞추어 변경될 수 있는 핵심을 제공한다. 결론적으로, 프로그래밍 작업은, 프로그래밍 동안의, 설계로부터의 변경과 이탈을 예상하고 계획하여야 한다.

설계로부터의 변경과 이탈을 수용하는 구현 작업 순서 및 작업 분할 내용은 다음과 같다.

#### 단계 1. DCD들로부터 클래스 정의들을 작성하기

- 메소드와 단순 속성들로 클래스를 정의하기
- 참조 속성들reference attributes을 추가하기
- 참조 속성과 역할 이름role name을 결정하기
- 속성들을 대응시키기

#### 단계 2. 교류도들로부터 메소들을 작성하기

클래스들은 최소로 결합된 것에서부터 최대로 결합된 것의 순서로 구현될 필요가 있다. 설계 클래스도는 클래스 개발 순서를 제시한다. 메소드 몸체 구현은 UML 노트 박스에 표시함으로써 설계 시에 정의할 수 있다.

6) 소스 코드 외에도, 구현 모델은 데이터베이스 정의나 JSP/XML/HTML 등의 구현 인조물들을 포함한다.

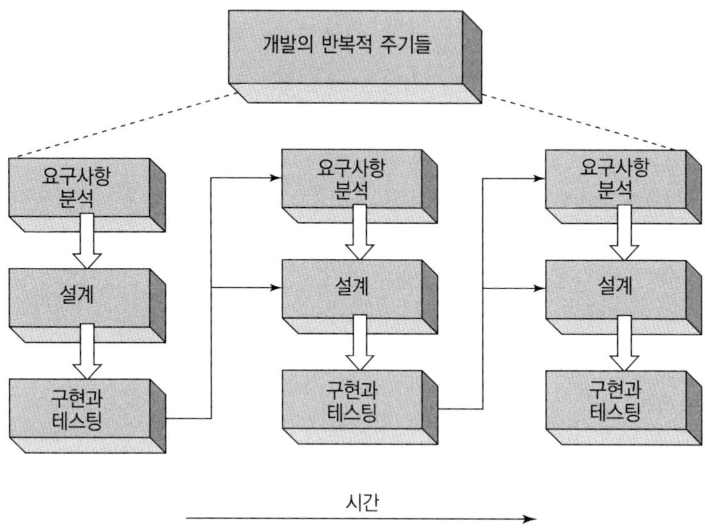


**[그림 15-1]** 반복적 개발 과정에서의 정보 피드백

### 15.4.3 구현 과정에서 획득된 정보의 피드백

반복적이고 증분적인 개발 프로세스의 장점은 전 반복의 결과들이 다음 반복의 시작에 투입된다는 것이다. 따라서 후속 분석과 설계 결과들은 계속적으로 전 구현 작업으로부터 정제되고 개선된다. 예를 들어, 반복 n의 코드가 반복 n의 설계와 달라질 때에는(결국 어느 한 반복에서는 이렇게 되기 마련이다), 구현에 의거한 최종적 설계가 반복 n+1의 분석과 설계 모델에 투입될 수 있다. 반복의 길이가 2주라면 최소한 매 반복의 초기에, 프로그래밍을 시작하기 전에, 최소한 반나절은 시각적 모델 설계 작업에 투자하는 것이 바람직하다.

반복 내의 초기 활동은 설계 도형들을 동기화하는 것이다. (일반적으로)반복 n의 초기 도형들은 반복 n의 최종 코드와 일치하지 않게 되며, 그것들은 새로운 설계 결과로 확장되기 전에 동기화되어야 한다.

설계 동안에 생성된 도형들이 후속의 코딩 작업에서의 변경을 반영하기 위해서 반자동적으로 갱신되는 것이 바람직하다. 이상적으로는 이것은 소스 코드를 읽고 자동적으로, 예를 들어, 패키지, 클래스, 그리고 순차도들을 생성할 수 있는 CASE 도구를 이용해서 수행되어야 한다. 이것은 역공학reverse engineering(소스 코드, 경우에 따라서는 실행 가능한 코드로부터 도형들을 생성하는 행위)의 측면이다.

### Box 15-11 UML을 이용한 설계 모델의 작성

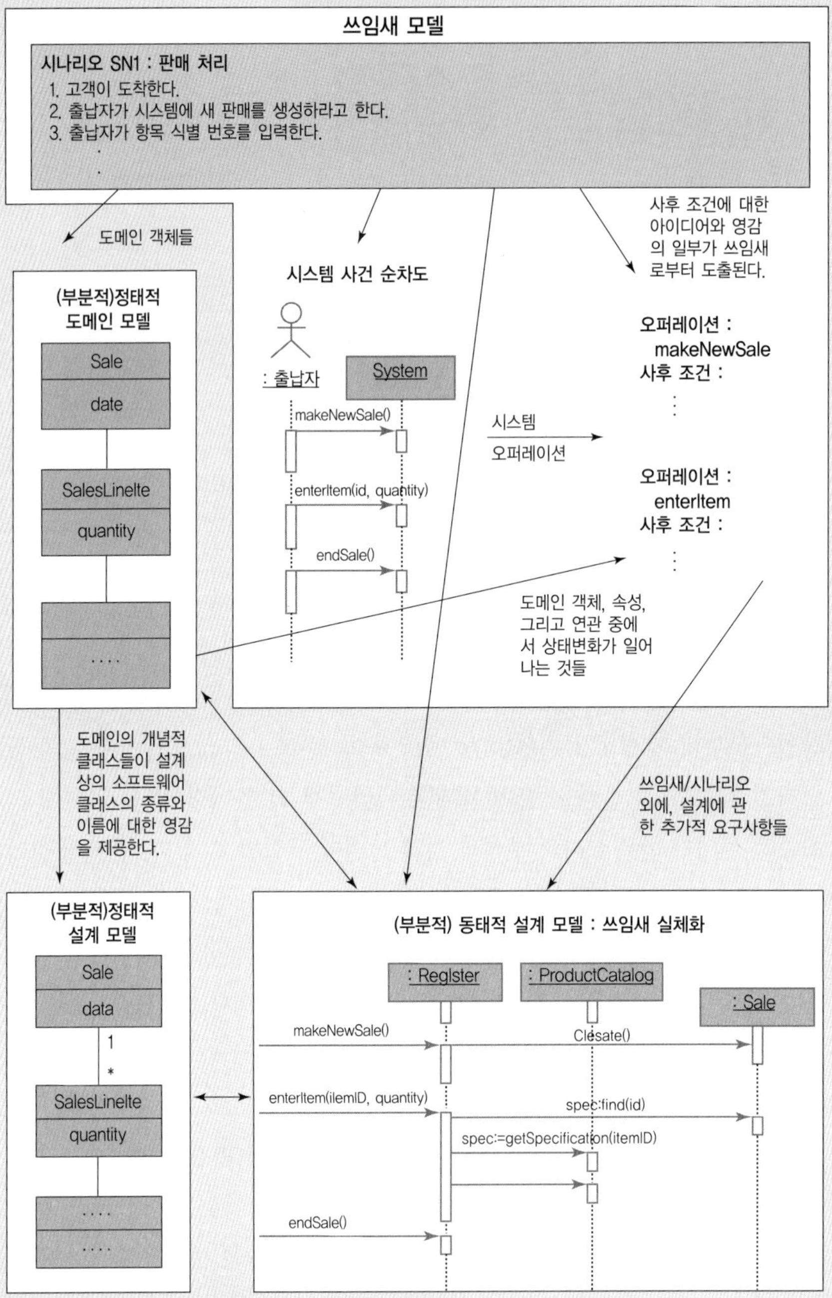


자료원 : LARMAN02, p.277.

UML은 객체지향적으로 소프트웨어를 설계하기 위한 탁월한 도구를 제공한다. UML의 대부분의 도해들은 소프트웨어 설계 과정에서 가장 유용하게 사용할 수 있다. UP는 이러한 도구를 이용하여 어떻게 설계를 할 것인가에 대한 해답을 제시한다.
UML에서 도해는 구성 요소들을 바라보는 수단이 되며, 하나의 도해는 일군의 요소들을 도형으로 표현한 것으로 대부분은 사물들과 그 관계들을 연결한 그래프 형태로 표현한다. 도해를 사용하면 시스템을 다양한 관점에서 바라볼 수 있다. 어떤 복잡한 시스템 전체를 단 하나의 관점으로 파악한다는 것은 불가능하기 때문에 UML에서는 다양한 도해를 정의하여 시스템을 독립적으로, 다양한 관점에서 바라볼 수 있게 한다.
좋은 도해는 개발 중인 시스템을 이해하기 쉽게 하고 접근하기 좋게 한다. 일련의 좋은 도해들을 선택하여 모델링하는 것은 시스템에 대한 올바른 질문들을 할 수 있도록 유도하고 우리가 내린 결정들의 파급 효과가 드러나도록 도와 준다.
구조가 좋은 도해는 다음과 같다.

- 시스템에서 하나의 관점view을 전달하는 데 초점을 가진다.
- 그 관점을 이해하는 데 필수적인 요소들만을 담고 있다.
- 추상화 수준에 맞는 정도로 상세한 정보를 제공한다.
- 중요한 의미를 전달하지 못할 정도로 간략하지 않아야 한다.

시스템은 하나의 목적을 수행하기 위해 구성된 하위 시스템들로 이루어지며 하위 시스템은 요소들의 모임으로 그 중 일부는 포함된 다른 요소들에 제공할 행동에 대한 명세를 구성한다. 모델은 시스템을 의미적으로 축약한 추상 개념이며 시스템을 더 잘 이해하기 위해 만든 완전하고도 충분한 현실의 축소판이다. 아키텍처 관점에서의 뷰는 시스템 모델에 대한 조직과 구조를 투영한 것이다.
UP는 도해들을 점진적으로 한 번에 하나씩 만들어내고, 반복적으로 설계와 구축을 조금씩 진행한다. 쓰임새와 시나리오는 UP에서 설계의 시발점이 된다. 쓰임새 모델로부터 도메인 객체들을 추출하고, 정태적 도메인 모델과 시스템 순차도를 작성하며, 각 시스템 이벤트에 대해서 계약을 작성한다.
그 다음에 정태적 설계 모델과 동태적 설계 모델들을 작성한다. 정태적 설계 모델과 동대적 설계 모델은 동시에 조금씩, 다른 모델의 작업 결과를 참조하면서 작성한다. 또한 이러한 과정에서 추가된 정보를 이용하여 정태적 도메인 모델을 갱신하고 정제한다.

### Box 15-12 설계 클래스도: Sale 패키지의 예

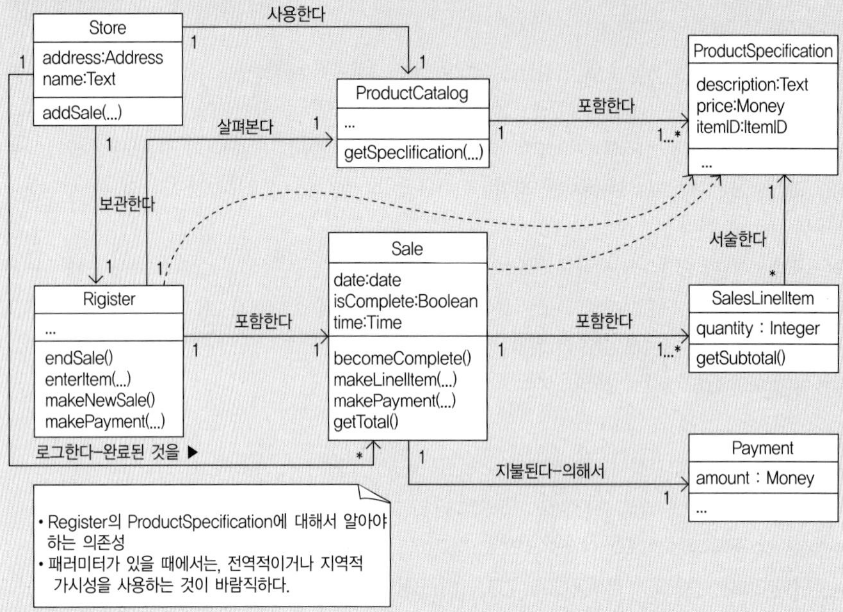


자료원 : LARMAN02

설계 클래스도DCD는 애플리케이션 내에서는 소프트웨어 클래스들과 인터페이스들에 대한 명세를 도해한다. 전형적으로 설계 클래스도는 다음의 정보들을 포함한다.

- 클래스, 연관, 그리고 속성
- 인터페이스, 그것의 오퍼레이션과 상수들과 함께
- 메소드
- 속성과 타입 정보
- 항행성
- 의존성

# 부 록 15A
## UML: Unified Modeling Language

실제의 사용 환경은 동태적이며, 요구사항이 끊임없이 변한다. 이러한 요구사항의 변경은 국부적인 수정 작업으로는 해결하기 어려운 것들이 많다. 이러한 완전히 해결이 되지 않은 요구사항이 어느 한계 이상으로 누적되면, 국부적인 수정과 개선 작업에도 불구하고 시스템의 실패가 증가하는 시점이 발생한다. 그 후 시스템의 실패 발생률이 감당할 수 있는 한계를 벗어나면(비용/효익 분석 후에) 시스템 전체의 구조적인 차원에서의 개선 작업(경우에 따라서 독립적인 개선 프로젝트로 수행되는)이 이루어진다. 구조적 개선 작업 이후에는 또한 국부적인 개선 작업들이 수행이 되어야 한다. 이러한 사이클은 여러 번 반복될 수 있다. 그러나 이러한, 기존 코드의 많은 부분을 재활용하는 구조 변경이나 개선에는 한계가 있으며, 이러한 개선 사이클이 어느 횟수 이상 진행된 후에는 기존의 소프트웨어는 폐기하고, 전혀 새로운 소프트웨어를 만드는 것이 경제적으로 되는 시점이 발생한다.

하드웨어의 경우에는 제품 모델의 설계 개선(또는 개선 프로젝트가)이 완료되면, 제조 설비와 조직, 그리고 절차들도 또한 변경되어야 한다. 그러나 소프트웨어의 경우에는, 초기 개발과 마찬가지로, 이러한 후속 단계(또는 프로젝트)가 생략된다. UML은 객체지향적으로 소프트웨어를 설계하기 위한 탁월한 도구를 제공한다. UP는 이러한 도구를 이용하여 어떻게 설계를 할 것인가에 대한 해답을 제시한다. OMG UML Specification. ver.1.4 [OMG01]에 의하면 UML 도해는 다음과 같이 분류할 수 있다.

### 1. 정태적 구조도

**정태적 구조도**static structure diagram들은 모델의 정태적 구조, 특히, 존재하는 사물들(클래스들과 타입들과 같은), 그것들의 내부 구조, 그리고 그것들의 다른 사물들에의 관계들을 보여 준다. 클래스도는, 비록 그것이 사물들의 구체적인 발생들이나 시간적 행위들을 서술하는 사물들을 포함할 수는 있으나, 시간적 정보는 보여 주지 않는다. 객체도는 하나의 구체적인 클래스도에 상응하는 인스턴스들을 보여 준다.

- **클래스도**class diagram : 클래스도는 분류자들(그것들의 여러 정태적 관계들로 연결된)의 도해이다. 주의할 것은 '클래스도'는 또한 인터페이스, 패키지, 관계, 그리고 객체나 링크와 같은 인스턴스까지도 포함할 수 있다는 것이다. 이런 의미에서, 패키지도package diagram는 클래스도의 특수한 형태로 간주할 수 있다. 아마도 '정태적 구조도'가 더 좋은 이름일 것이나, '클래스도'가 더 짧고 널리 사용되고 있다.
- **객체도**object diagram : 객체도는 객체와 자료값들을 포함하는 인스턴스들의 도해이다. 하나의 정태적 객체도는 클래스도의 한 인스턴스이다. 이것은 특정 시점에서의 시스템의 상세한 상태를 보여 준다. 객체도의 용도는 매우 제한되어 있으며, 주로 자료 구조의 예를 보여 주기 위해서 사용된다.

## 2. 쓰임새도

**쓰임새도**usecase diagram는 액터들, 일군의 쓰임새들, 경우에 따라서는 인터페이스들, 그리고 이러한 요소들 간의 관계를 보여주는 도형이다. 관계의 종류로는 액터들과 쓰임새들 간의 연관, 액터들 간의 일반화, 그리고 쓰임새들 간의 일반화와 확장 그리고 포함이 있다. 쓰임새들은 포함하는 시스템이나 클래스의 경계를 의미하는 직사각형으로 선택적으로 둘러칠 수 있다.

## 3. 교류도

행위의 서술은 두 가지의 측면을 내포한다. 한 측면은 참여자들의 구조적 서술이고 다른 한 측면은 통신 패턴들의 서술. 한 행위 내에서의 역할들을 수행하는 역할들과 그것들의 관계들의 구조는 협력collaboration으로 불린다. 특정의 목적들을 달성하기 위해서 역할들을 수행하는 인스턴스들에 의해서 수행되는 통신 패턴은 교류interaction라고 불린다. 행위의 이 두 측면들은 종종 하나의 도해 내에서 함께 서술되나, 경우에 따라서는 구조적 측면들을 분리해서 서술하는 것이 유용하다. 교류도interaction diagram에는 협력 그리고/또는 교류에 의해서 명시된, 동일한 배경 정보에 의거한 다음의 두 가지 종류가 있다.

- **순차도**sequence diagram : 통신의 명시적 순서를 보여 주며, 실시간 명세나 복잡한 시나리오에 더 적합하다.
- **협력도**collaboration diagram : 하나의 교류interaction를, 그 교류 내의 역할들과 그 역할들 간의 관계들을 중심으로 구성된 형태로 보여 준다. 이것은 시간을 하나의 독립된 차원으로 나타내지 않으며, 따라서 통신의 순서와 병행적 스레드들은 순차 번호로 나타내야 한다.

## 4. 상태도

하나의 상태도statechart diagram는 하나의 객체나 하나의 교류와 같은 한 모델 요소의 인스턴스들의 행위들을 서술하기 위해서 사용될 수 있다. 구체적으로, 이것은 해당 요소의 인스턴스들이 이산적 사건들(예를 들어, 신호, 오퍼레이션 호출)에의 반응의 결과로 그것의 생애 동안에 겪어 나가는 상태와 활동들의 가능한 연쇄들을 서술한다. 즉, 상태도는 동태적 행위를 할 수 있는 능력이 있는 요소들의 행위를 사건 인스턴스들의 수신에 대한 그것의 반응을 명세함으로써 나타낸다. 전형적으로, 이것은 클래스 인스턴스들의 행의를 서술하기 위해서 사용된다. 그러나 이것은 또한 쓰임새, 액터, 하위 시스템, 오퍼레이션, 또는 메소드들과 같은 다른 요소들의 행위를 서술할 수도 있다. UML 상태도의 어의와 표기는 기본적으로 David Hartel의 상태차트statechart의 그것에 근거하고 있다. 상태도 표기는 또한 전통적 상태 머신 모델들state machine model인 요소들도 구현한다.

- **활동도**activity diagram : 이것은 상태가 활동이나 하위 활동을 나타내고 전이는 해당 활동이나 하위 활동의 완료에 의해서 촉발되는, 상태 머신의 한 변형이다. 이것은 과정 그 자체의 상태 머신에 해당한다.
- **구현도**implementation diagram : 구현도들은 컴포넌트들의 구조와 실행시 배치 시스템을 포함하는 물리적 구현의 제측면들을 보여 준다. 이것들에는 컴포넌트와 배치도의 두 가지 형태가 있다. 이들 비즈니스 절차들이나 인조물들을 나타내고, 또한 배치 노드들은 비즈니스의 조직 단위들과 자원들(사람이나 기타 자원

들)을 나타내는, 보다 폭넓은 방법으로 비즈니스 모델링에 적용될 수 있다.

- **컴포넌트도**component diagram : 이것은 소프트웨어 컴포넌트들 간의 의존 관계들을 보여 주며, 소프트웨어 컴포넌트는 그것을 명세화하는 분류자들(예를 들어, 구현 클래스)과 그것을 구현하는 인조물(예를 들어, 소스 코드 파일, 이진 코드 파일, 실행 가능 파일, 그리고 스크립트들)을 포함한다. 컴포넌트도는 단지 타입 형태만을 포함하며, 인스턴트 형태는 포함하지 않는다. 컴포넌트 인스턴스를 나타내기 위해서는 배치도를 사용한다.
- **배치도**deployment diagram : 이것은 실행시의 프로세싱 요소들과 그것들 위에서 실행되는 소프트웨어 컴포넌트, 프로세스, 그리고 객체들의 형상configuration을 보여 준다. 소프트웨어 컴포넌트 인스턴스들은 소프트웨어 코드 단위들의 실행시 발현manifestations을 나타낸다. 실행시 실체로 존재하지 않는 컴포넌트들(그것들이 컴파일되어 없어졌기 때문에)은 이 도해에 나타나지 않으며, 컴포넌트도에서 보여야 한다. 비즈니스 모델링을 위해서는, 실행시 프로세싱 요소들은 작업자들과 조직 단위들을 포함하며, 소프트웨어 컴포넌트들은 작업자들과 조직 단위들에 의해서 사용되는 절차들과 문서들을 포함한다.

# 참고문헌

[고 외, 2008] 고석하, 권순동, 김태성, 민대환, 최형림, 홍순구(역)(2008), 비즈니스 정보시스템, 생능출판사.

[고홍2008] 고석하 홍정유(2008), 소프트웨어 프로젝트 관리, 생능출판사.

[김1994] 김세헌(1994), 현대경영과학 : 계량의사결정론, 무역경영사.

[김1999] 김식현(1999), 인사관리론, 무역경영사.

[김허변2008] 김성옥, 허순임, 변진록(2008), 신규 약제의 재정영향 분석 및 사후 모니터링 방법 개발을 위한 기초연구, 국민건강보험공단.

[마르미03] ETRI, 마르미-Ⅲ(MaRMI-Ⅲ: Magic and Robust Methodology/Integrated), 한국전자통신연구원, 2003.

[오04] 오종혁, 웹 기획 & 웹 프로젝트 매니지먼트(2nd ed.), 영진닷컴, 2004.

[이2005] 이재규(2005), 인적자원관리, 문영사.

[임2003] 임창희(2003), 신 인적자원관리, 명정사.

[정04] 정철환, 프로젝트 전문가로 되는 길, 영진닷컴, 2004.

[ARLOW03] Arlow, J., UML and the Unified Process: Practical Object-Oriented Analysis and Design, Addison-Wesley Professional, 2003.

[ASHLEY00] Ashley Friedlein, Web Project Management: Delivering Successful Commercial Web Sites, Morgan Kaufmann Publishers, 2000.

[BOEHM96] Boehm, B. W., "Anchoring the Software Process", IEEE, July, pp73-82.

[BOEHM98] Boehm, B. W., "Using the win-win spiral Model A Case Study", IEEE Computer Vol.31, No.7, July 1998, pp.33-44.

[BRJ99] Booch, G. and J. Rumbaugh and I. Jacobson, The Unified Modeling Language User Guide, Reading, MA: Addision-Wesley, 1999.

[CANTOR98] Cantor, M. R., Object-Oriented Projedt Management with UML, New York: John Wiley & Sons, Inc., 1998.

[CAVANESS04] Cavaness, C., Programming Jakarta Struts(2nd ed.), O'REILLY, 2004.

[CF1998] Ceriello, V. R. and C. Freeman(1998), Human Resource Management Systems: Strategies, Tatics, and Techniques, John Wiley & Sons Inc. 1998.

[DS90] DeGrace. P. and L. Stali, Wicked Problems, Righteous Solutions, Englewood Cliffs, NJ: Yourdon Press, 1990.

[EP00] Erikson H. E. and M. Penker, Business Modeling with UML: Business Patterns at Work, New York: John Wiley & Sons, Inc., 2000.

[GOID01] 051go id, e-Biz 속의 웹 디자인, 한빛미디어, 2001.

[GS2006] Goetsch, D. L., S. D. Stanley(2006), Quality management(5th ed.), NJ: Prentice Hall.

[HARMELEN01] van Harmelon, M., Object Modeling and User Interface Design: Designing Interactive systems, Boston: Addison-Wesley, 2001.

[HC99] Hughes, B. and M. Cotterel, Software Project Management(2nd ed.), McGraw-Hill, 1999.

[HIGHSMITH04] Highsmith, J., Agile Project Management: Creating Innovative Products, Boston: Addison-Wesley, 2004.

[HUDSON01] Hudson, W., "Towards Unified Models in User-Centered and Object-Oriented Design," in HARMELEN01, 2001, pp.313-362.

[JBR99] Jacobson, I. and G. Booch and J. Rumbaugh, The Unified Software Development Process, Reading, MA: Addision-Wesely, 1999.

[KRUTCHEN00] Krutchen P., The Rational Unified Process: An Introduction(2nd ed.), Reading, MA: Addison-Wesley, 2000.

[LARMAN02] Larman, C., Applying UML and Patterns: An Introduction to Object-Oriented Analysis and Design and the Unified Process(2nd ed.), Upper Saddle River, NJ: Prentice Hall PTR, 2002.

[MAYER97] Mayer, B., Object-Oriented Software Construction(2nd ed.), Upper Saddle River, NJ: Prentice Hall PTR, 1997.

[McCONNELL96] McConnell, Steve, Rapid Development: Taming Wild Software Schedules, Redmond, Washington: Microsoft Press, 1996.

[MJ2004] Mathis R. L. and J. H. Jackson(2004), Human Resource Management, Thomson Learning, 2004.

[OMG01] OMG, Unified Modeling Language Specification Version 1.4, OMG, 2001.

[OMG05] OMG, Unified Modeling Language: Superstructure, Version 2.0, OMG, 2005.

[PMBoK2008] PMI, PMBoK 2008.

[SCHACH99] Schach, S. R., Classical and Oject-oriented Software Engineering with UML and Java, McGraw-Hill, 1999.

[SDD06] Seth L. and K. Donald and D. Davison, Expert Spring MVC and Web Flow, APRESS, 2006.

[SM00] Schulmeyer G. G. and G. R. Mackenzie, Verificatkion & Validation of Modern Software-Intensive Systems, Upper Saddle River, NJ: Prentice Hall PTR, 2000.

[Sommerville2007] Sommerville, I.(2007), Software Engineering(8th ed.), New York : Addison-Wesley.

[STAPLETON97] Stapleton, J., DSDM: Dynamic Systems Development Method, Harlow, England: Addison-Wesley, 1997.

[TMG06] Techniques and Methodologies Group, UN/CEFACT's Modeling Methodolgy(UMM): UMM Meta Model - Base Module Version 1.0, Technical Specification 2006-10-06, UN/CEFACT, 2006.

[TR02] Thomas J. Shelford and G. A. Remillard, Real Web Project Management: Case Studies and Practices from the Trenches, Addison-Wesley, 2002.

[WS1995] Wood, J. and D. Silver(1995), Joint Application Development, New York : John Wiley & Son, Inc.

# 찾아보기

## 저자 약력

### 고석하

서울대학교 경제학사
KAIST 이학석사, 공학박사
충북대학교 경영학과 교수(현재)
(사)한국정보기술응용학회 명예회장(현재)

### 저서 및 역서

객체지향과 UML 중심의 비즈니스 시스템분석과 설계
비즈니스정보시스템
S/W 프로젝트 관리
R&D 프로젝트 관리

### 자격증

PMI(Project management Professional) No. 423975
소프트웨어 설계 SMT(Software Modeling Technician) No.SM78-008-101)
IT-EAP(Information Technology Enterprise Architecture) No. 2007-05-001

저자와의 협의에 의해
인지를 생략합니다.

**소프트웨어 프로젝트 관리**(개정3판)

고석하 지음

초 판 발 행 : 2007. 2. 26
제 3 판 5 쇄 : 2021. 2. 23
발 행 인 : 김 승 기
발 행 처 : (주)생능출판사
신 고 번 호 : 제406-2005-000002호
신 고 일 자 : 2005. 1. 21
I S B N : 978-89-7050-794-1(93320)

10881
경기도 파주시 광인사길 143
대표전화 : (031)955-0761, FAX : (031)955-0768
홈페이지 : http://www.booksr.co.kr

* 파본 및 잘못된 책은 바꾸어 드립니다.

정가 27,000원